Johanna Hey (Hrsg.)
Digitalisierung im Steuerrecht

Veröffentlichungen der Deutschen Steuerjuristischen Gesellschaft e.V.

DStJG Band 42

Digitalisierung im Steuerrecht

43. Jahrestagung
der Deutschen Steuerjuristischen Gesellschaft e.V.
Köln, 17. und 18. September 2018

Herausgegeben im Auftrag der
Deutschen Steuerjuristischen Gesellschaft e.V.

von

Prof. Dr. Johanna Hey

Universität zu Köln

2019

ottoschmidt

Zitierempfehlung
Verf., DStJG 42 (2019), S. ...

*Bibliografische Information
der Deutschen Nationalbibliothek*

Die Deutsche Nationalbibliothek verzeichnet diese
Publikation in der Deutschen Nationalbibliografie;
detaillierte bibliografische Daten sind im Internet
über http://dnb.d-nb.de abrufbar.

Verlag Dr. Otto Schmidt KG
Gustav-Heinemann-Ufer 58, 50968 Köln
Tel. 02 21/9 37 38-01, Fax 02 21/9 37 38-943
info@otto-schmidt.de
www.otto-schmidt.de

ISBN 978-3-504-62044-8

©2019 by Verlag Dr. Otto Schmidt KG, Köln

Das verwendete Papier ist aus chlorfrei gebleichten
Rohstoffen hergestellt, holz- und säurefrei, alterungs-
beständig und umweltfreundlich.

Satz: WMTP, Birkenau
Druck und Verarbeitung: Kösel, Krugzell
Printed in Germany

Inhalt

Ausführliche Inhaltsübersichten jeweils zu Beginn der Beiträge.

Inhalt

Dr. Hartmut Schwab, Vizepräsident der Bundessteuerberater-
kammer, Berlin, Präsident der Steuerberaterkammer München

Prof. Dr. Klaus-Dieter Drüen, Ludwig-Maximilians-Universität
München, Richter am FG Düsseldorf

Ministerialrat Dr. Peter Heinemann, Ministerium der Finanzen
des Landes Nordrhein-Westfalen

Inhalt

Prof. Dr. Johanna Hey, Universität zu Köln

Prof. Dr. Tina Ehrke-Rabel, Karl-Franzens-Universität Graz

Digitalisierung im Steuerrecht

Eröffnung der Jahrestagung

Prof. Dr. *Klaus-Dieter Drüen*
Vorsitzender der DStJG, München/Düsseldorf

I. Technologischer Wandel und Besteuerung

Die Digitalisierung zentraler Bereiche des Lebens und Wirtschaftens schreitet mit rasanten Schritten voran. Digitalisierung erweist sich derzeit als wirkmächtiger Megatrend des Wirtschaftens und Rechtslebens, wobei das Ende der Entwicklung noch nicht absehbar ist. Vom digitalen Zeitalter, von der digitalen Zeitenwende, vom digitalen Wandel und von der digitalen Transformation oder gar Revolution ist die Rede. Die neuen Rahmenbedingungen betreffen nicht nur die Modalitäten der Kommunikation und des Handels, sondern grundlegend das Leben, Wirtschaften und Verwalten. Die Modalitäten des Wirtschaftens geben den Rahmen für das Steuerrecht vor. Das Steuerrecht knüpft mit seinen Tatbeständen an wirtschaftlich-relevante und vom Gesetzgeber als besteuerungswürdig ausgewählte Lebenssachverhalte an. Ändern sich die Formen des Wirtschaftens, muss auch über Änderungen des Steuerrechts nachgedacht werden. So ist der 3D-Druck nicht nur ein neues und individuelles Herstellungsverfahren, sondern zugleich eine Herausforderung für das tradierte Umsatzsteuer- und Zollrecht. Das „vordigitale" Recht bedarf unter Umständen einer Anpassung an digitale Wirtschaftsusancen. Das ist keine neue Erkenntnis, die erst mit dem aktuellen Wandel der technischen Möglichkeiten verbunden ist. Vielmehr belegt ein historischer Rückblick, dass die Anpassungsnotwendigkeit und -fähigkeit eigentlich ein Urphänomen der Besteuerung ist.

Bei der Entwicklung der modernen Unternehmensbesteuerung stand die Besteuerung der Eisenbahnaktiengesellschaften als neue Form umfangreicher Kapitalinvestition am Anfang. Daraus hat sich erst mit der Förderung, später mit der Belastung von Eisenbahnaktiengesellschaften à la longue die moderne Körperschaftsteuer entwickelt. Die „Sondergewerbesteuer" für Eisenbahnaktiengesellschaften wurde bereits 1857 zu einer allgemeinen Gewerbesteuer für gewerblich tätige Aktiengesellschaften und Kommanditgesellschaften auf Aktien ausgebaut[1] und war systematisch weniger eine Gewerbesteuer als vielmehr eine Vorform der modernen Körperschaftsteuer in Deutschland[2].

Auch im Bereich der Umsatzsteuer, die im Jahre 2018 ihren hundertsten Geburtstag feiert, standen mit den Warenhaussteuern am Anfang Sondersteuern für die Inhaber von Warenhäusern[3]. Nach dem Vorbild Frankreichs wurden sie in mehreren deutschen Ländern Ende des 19. Jahrhunderts eingeführt, um das Warenhauswesen einzuschränken und dem Ladenkleinhandel die Konkurrenz zu erleichtern[4]. Zum Teil waren sie als Zwecksteuern zur Förderung des Kleinhandels und Handwerks ausgestaltet. Der Ertrag der Warenhaussteuer in Preußen betrug im Jahre 1906 2,5 Millionen Mark von 90 Steuerpflichtigen und floss den Gemeinden zu[5]. Die Aufkommenshöhe und die Konzentration der Betroffenen ist bezeichnend und schlägt die Brücke zu aktuellen Reformplänen für die Besteuerung digitaler Absatzformen und Produkte. Die historische Rückschau ins 19. Jahrhundert legt Phänomene offen, die unter anderen technologischen Vorzeichen heute bei der Besteuerung der digitalen Wirtschaft wiederkehren. Bereits damals ging es um unterschiedliche Steuerlasten und empfundene Lücken bei der Besteuerung der Leistungsfähigkeit von Warenhausinhabern durch die allgemeinen Steuern. Die Gewerbesteuer belastete nicht hinreichend und zugleich wurde die neue Steuer zur Lenkung der Warenabsatzformen instrumentalisiert. Die Warenhausbesteuerung in Preußen wurde bei ihrer Einführung als „steuerliche Ausgleichung", aber in erster Linie mit dem Schutz des Klein- und

---

1 Eingehend *Rasenack*, Die Theorie der Körperschaftsteuer, 1974, S. 25 ff., 31 f.

2 *Hüttemann*, Besteuerung von Unternehmen – Entwicklungen und Ausdifferenzierung, StuW 2014, 58 (59).

3 Dazu *Steindamm*, Die Besteuerung der Warenhäuser, Diss. Berlin 1903.

4 *Gehrig*, Die Warenhaussteuer in Preußen, Diss. Münster, 1904, S. 6 f. zum französischen Vorbild und zur Verbreitung in Deutschland, S. 14 ff. zum sozialpolitisch motivierten Eingriff in den wirtschaftlichen Wettbewerb und „Konkurrenzkampf". Zur späteren Instrumentalisierung der Warenhaus- und Filialsteuer im Nationalsozialismus vgl. *Wernsmann*, Verhaltenslenkung in einem rationalen Steuersystem, 2005, S. 38.

5 Hierzu und zum Folgenden m.w.N. aus der Zeit: Artikel „Warenhaussteuer" in Meyers Großes Konversations-Lexikon, 1909.

Mittelhandelsstandes begründet[6]. Zeitgenössische Schriften handeln vom „Kampfe gegen die Warenhäuser"[7] und dieser Kampf wurde mit Hilfe von Lenkungssteuern wie der Warenhaussteuer betrieben. Über den Warenumsatzstempel im Deutschen Reich zur Finanzierung der Kriegslasten im Jahre 1916 als Vorläufer der 1918 eingeführten Umsatzsteuer[8] hat sich schließlich eine allgemeine Verbrauchbesteuerung entwickelt.

Der Weg führte – sowohl bei direkten wie auch bei der indirekten Besteuerung – von aktionsgetriebenen Sondersteuern zu neuen Formen einer allgemeinen Besteuerung. Möglicherweise ist die aktuelle rechtspolitische Diskussion mit Vorschlägen von besonderen Digitalsteuern, einer digitalen Ausgleichsteuer und besonderen Technologiesteuern als Lenkungssteuern für den unternehmerischen Einsatz von Produktionstechniken (wie Roboter- und Maschinensteuern) nur die Fortschreibung der Anpassung der Besteuerung an die nunmehr modernen wirtschaftlichen Gegebenheiten. Vielleicht wird sich die Episode technologischer Sondersteuern aber später als Auftakt und Anstoß zu einer grundlegenden Modernisierung der Steuersysteme erweisen. Digitale „Zwischensteuern" könnten sich – so lehrt die Steuergeschichte – verselbständigen und zu einer allgemeinen Dauersteuer ausgebaut werden.

II. Digitales Besteuerungszeitalter?

Digitalität verkürzt Wege und Zeiten und überwindet Distanzen. Dabei steht Digitalität für die Form und einen Prozess, nicht dagegen für einen bestimmten Inhalt. Der digitalen Form mit ihren Chancen und Herausforderungen messen Regierungen in Bund und Ländern eine solche Bedeutung bei, dass ihr auch ohne eigenen Inhalt eigens Ministerien oder Staatsminister gewidmet werden. Die digitalen Möglichkeiten sind Motor eines durchgreifenden Wandels. Das sog. digitale Zeitalter hinterlässt schon jetzt Spuren bei der Besteuerung. In verschiedenen Ländern wird wegen des Phänomens der globalen Niedrigbesteuerung von Digitalkonzernen über Ausgleichsteuern beraten, zum Teil haben nationale Gesetz-

---

6 *Gehrig*, Die Warenhaussteuer in Preußen, 1904, S. 14 m.w.N.
7 *Grävéll*, Zum Kampfe gegen die Warenhäuser – eine Zeit- und Streitfrage, 1899.
8 *Kruse*, Lehrbuch des Steuerrechts I, 1991, S. 8; *Englisch* in Tipke/Lang, Steuerrecht[23], 2018, § 17 Rz. 1 m.w.N.

geber bereits Sondersteuern eingeführt[9]. Diese politische Grundhaltung ist der Gradmesser dafür, dass sich eine gewisse Mindestunternehmenssteuerung zur Akzeptanzbedingung der Besteuerung der global tätigen Wirtschaft und zur rechtspolitischen Zukunftsfrage entwickelt. Auslöser für Sondersteuern auf digitale Wirtschaftsformen waren – wie für die gesamte BEPS-Debatte – die digitalen Geschäftsmodelle großer Anbieter im Internet wie Amazon, Apple, Facebook, Google etc. Nicht zufällig stand bei den 15 Aktionspunkten der OECD die Besteuerung der digitalen Wirtschaft an erster Stelle[10]. Nur gibt es nicht „die Digitalwirtschaft" als solche[11], sondern vielmehr das Phänomen digitalen Wirtschaftens und viele herkömmliche Industrieunternehmen bedienen sich auch digitaler Wirtschaftsformen. Diese Sicht teilt nunmehr auch die OECD. Wenn aber die Form digitalen Wirtschaftens nicht allein die zunächst adressierten digitalen Großkonzerne betrifft, deren „gerechte" Besteuerung zum Wahlkampfthema geworden ist, dann liegt in jeder digitalen Sondersteuer bereits der Keim künftiger Allgemeinbesteuerung. Darum wurde bereits international zu Recht gefragt, ob die jüngsten Vorschläge zur digitalen Besteuerung die Büchse der Pandora öffnen[12]. *Wolfgang Schön* hat anlässlich der Vorschläge der Europäischen Kommission bereits im Frühjahr 2018 vor dem „digitale[n] Steuer-Irrweg" gewarnt[13].

Bei den steuerrechtlichen Konsequenzen der Digitalisierung hat die Entwicklung in den letzten Jahren ein beachtliches Tempo aufgenommen. Als wir vor zwei Jahren im wissenschaftlichen Beirat dieser Gesellschaft die Digitalisierung im Steuerrecht als Zukunftsthema identifiziert haben, konnten wir die Rasanz der Entwicklung so noch nicht absehen. Inzwischen haben verschiedene Normpräparatoren und -setzer Wegmarken für die Besteuerung digitalen Wirtschaftens gesetzt. Zu Beginn dieses Jahres hat die OECD am 16.3.2018 einen Zwischenbericht zur Besteuerung

---

9 Überblick bei *Lutzenberger*, Aktuelle Besteuerungsfragen der Digital Economy, GmbHR 2018, 894 (895 ff.); *Roderburg*, Neues zur Besteuerung der digitalen Wirtschaft, Ubg 2018, 249 (253).

10 OECD-Report 2015, Aktionspunkt 1 zur Besteuerung der digitalen Wirtschaft; im englischen Original: Adressing the Tax Challenges of the Digital Economy, Actions 1 – 2015 final Report.

11 *Eilers/Oppel*, Besteuerung der digitalen Wirtschaft: Trends und Diskussionen, IStR 2018, 361 (362 f.).

12 *Dourado*, Digital Taxation Open the Pandora Box: The OECD Interim Report and the European Commission Proposals, Intertax 2018, 565.

13 *Schön*, Der digitale Steuer-Irrweg, Die Ordnung der Wirtschaft, FAZ v. 6.4.2018, S. 16.

digitalen Wirtschaftens vorgelegt, der die Notwendigkeit einer Anpassung des internationalen Steuersystems an die Digitalisierung der Wirtschaft analysiert und einzelnen Maßnahmen regelungswilliger Staaten benennt[14]. Auch die EU, die seit kurzem im Windschatten des internationalen BEPS-Treibens segelt, hat am 21.3.2018 konkrete Vorschläge zu einer langfristigen Besteuerung digitalen Wirtschaftens[15] sowie für europäische Interimslösungen[16] vorgelegt[17]. Die Kommission favorisiert eine multilaterale, internationale Lösung für die digitalen Herausforderungen und ebnet auf Druck einzelner Mitgliedstaaten mit ihrem Richtlinienentwurf den Weg zu einer europäischen Digitalsteuer auf Zeit. Dabei zeigt die Mehrwertbesteuerung im europäischen Binnenmarkt, dass eine Interimslösung mangels eines Konsenses zur Neuregelung zu einer Dauerlösung auf Jahrzehnte werden kann. Aufgrund dieser Normgebungsimpulse wird die Digitalisierung des materiellen Steuerrechts derzeit vielfältig literarisch behandelt. Mithin ist das Thema äußerst aktuell und es bedarf als solches keiner besonderen Rechtfertigung.

Da Digitalisierung derzeit allenthalben auf verschiedenen Foren und mit den unterschiedlichsten Agenden diskutiert wird, ist allenfalls zu rechtfertigen, warum sich auch diese Gesellschaft des Themas auf ihrer Jahrestagung annimmt. Insoweit reicht bereits der Hinweis auf die Statuten und das Selbstverständnis dieser Gesellschaft: Die DStJG hat in besonderem Maße die Möglichkeit, das Thema im erprobten Format einer mehrtägigen Jahrestagung steuerjuristisch-wissenschaftlich und ohne spezifische Gruppeninteressen aufzuarbeiten und seine verschiedenen Perspektiven offen wie vorbehaltlos zu diskutieren. Das wollen wir in den nächsten zwei Tagen unternehmen. In der Tagungsgeschichte gab es ab und an dreitägige Tagungen und der Vorstand hat dies kurz erwogen, zumal das Großthema der Digitalisierung im Steuerrecht hinreichend

---

14 Inclusive Framework on BEPS, Tax Challenges Arising from Digitalisation – Interim Report 2018.

15 Vorschlag für eine Richtlinie des Rates zur Festlegung von Vorschriften für die Unternehmensbesteuerung einer signifikanten digitalen Präsenz v. 21.3.2018, COM(2018) 147 final.

16 Vorschlag für eine Richtlinie des Rates zum gemeinsamen System einer Digitalsteuer auf Erträge aus der Erbringung bestimmter digitaler Dienstleistungen v. 21.3.2018, COM(2018) 148 final.

17 Dazu *Dorenkamp*, EU-Vorschläge zur Besteuerung der Digitalwirtschaft sowie EU-Beihilfenrecht und Verrechnungspreise, IStR 2018, 640; *Haase*, Der EU-Richtlinienvorschlag zur Besteuerung einer signifikanten digitalen Präsenz Ubg 2018, 259; *Schlund*, Vorschläge der Europäischen Kommission für eine faire Besteuerung der digitalen Wirtschaft, DStR 2018, 937.

5

Stoff auch für einen dritten Tag ergeben hätte. Allerdings haben uns unsere Erfahrung mit der Abreisewelle bereits am zweiten Tag davor abgeschreckt. Um Ermüdungen der Teilnehmer zu vermeiden und die Frustration der später vortragenden Referenten zu ersparen, werden wir uns – wie üblich – auch bei dieser Jahrestagung auf zwei Tage konzentrieren.

III. Zum Inhalt der Tagung

Digitalisierung *im* Steuerrecht ist mehr als die bereits angedeutete Digitalisierung *des* Steuerrechts. Die Tagung soll die Grundlagen der Digitalisierung des Steuerrechts einschließlich digitaler Zukunftsfragen ebenso wie praktische Umsetzung durch die Steuerpflichtigen und die Steuerverwaltung beleuchten. Wir wollen Möglichkeiten, Risiken und Chancen der Digitalisierung des Rechtes aus verschiedenen Positionen in den nächsten zwei Tagen diskutieren. Das ambitionierte Tagungsprogramm können Steuerjuristen nicht alleine schultern. Darum sind wir sehr froh, dass für das Digitalisierungsthema auch externen Sachverstand gewinnen konnten, insbesondere wird uns Herr Professor *Peter Fettke* vom Deutschen Forschungsinstitut für künstliche Intelligenz unterstützen.

Den Auftakt der diesjährigen Jahrestagung wird Herr Kollege Professor *Heribert Anzinger* aus Ulm machen, der sich grundlegend und maßstabsbildend mit den „Möglichkeiten der Digitalisierung des Rechts" beschäftigen wird. Es geht um die rechtliche Einhegung des technischen Fortschritts, aber auch um qualitative Veränderungen bei der Erzeugung und Anwendung des Rechts. Einige Fragen, die sicherlich mit seinem Auftaktvortrag verbunden sind, lauten: Wie digitalisierbar ist das Recht? Wie verändert sich das Recht und seine Anwendung durch die Digitalisierung, insbesondere durch den Einsatz von „Legal Tech"[18]? Welche Anforderungen sind an ein digitalisierungsfähiges oder gar -freundliches Steuerrecht[19] zu stellen? Auf die Grundfrage, ob sich die Digitalisierung als Rechtsmotor erweisen wird, lassen sich freilich wohl nur zeitgebunden Antworten unter dem Fortentwicklungsvorbehalt geben.

An zweiter Stelle widmet sich mein Berliner Kollege Professor *Christian Waldhoff* den „Herausforderungen des Verfassungsstaates durch die Di-

---

18 Zu Letzterem *Hähnchen/Bommel*, Digitalisierung und Rechtsanwendung, JZ 2018, 334.

19 Zur „digitalfreundlichen" bzw. „digitalverträglichen" Ausgestaltung des öffentlichen Rechts *Ziekow*, Das Verwaltungsverfahrensrecht in der Digitalisierung der Verwaltung, NVwZ 2018, 1169 (1172).

gitalisierung". Das Grundgesetz aus dem Jahre 1949 hat sich als entwicklungsoffen für den technischen Fortschritt erwiesen. Es stammt aus einer Zeit als die Möglichkeiten der Computertechnik bis hin zur Blockchain-Technologie und künstlicher Intelligenz kaum absehbar waren, ist indes in seiner Auslegung durch das BVerfG an neuzeitliche Grundrechtsgefährdungen angepasst worden. Davon zeugen verschiedene Grundrechtsinnovationen, die das BVerfG rechtsschöpferisch mit dem Grundrecht auf informationelle Selbstbestimmung[20] und dem jüngsten sog. „Computer-Grundrecht"[21] als Antwort auf die Bedingungen der modernen Datenverarbeitung und die Nutzung informationstechnischer Systeme geschaffen hat[22]. Nicht allein beim Grundrechtsschutz, sondern auch bei der Wahrung des Rechtsstaates mit dem Gesetzesvorbehalt sowie dem Bestimmtheitserfordernis und der Kompetenzordnung muss sich das Grundgesetz gegenüber Herausforderungen der Digitalisierung bewähren[23]. So setzt die Finanzverfassung mit ihren herkömmlichen Steuertypen neuen, an Digitaltechniken anknüpfende Sonderunternehmenssteuern[24] ohne Verfassungsänderung Grenzen, die das BVerfG dem Gesetzgeber unlängst aufgezeigt hat[25]. Der Rahmen, den der Verfassungsstaat – abseits vom Datenschutz (dazu *Roman Seer*) – für das einfache Recht und seine Digitalisierung setzt, ist mithin stets neu zu vermessen. Der Prozess der Digitalisierung fördert unter Umständen neue verfassungsrechtliche Regelungsanliegen oder -aufträge zu Tage. Insoweit greifen das „digitalisierte Recht" (*Heribert Anzinger*) und das Verfassungsrecht ineinander und beide Grundlagenreferate sollen sich ergänzen.

Auf dieser Grundlegung aufbauend wird sich Professor *Ekkehart Reimer* aus Heidelberg vertiefend der ersten Gewalt im Digitalisierungsprozess zuwenden. „Der Einfluss der Digitalisierung auf die Rechtssetzung" lautet sein Thema. Verändern sich der Gang der Gesetzgebung und ihr Inhalt durch die Digitalisierung und „Big data"? Welche Möglichkeiten

---

20 BVerfG v. 15.12.1983 – 1 BvR 209/83, BVerfGE 65, 1 (Volkszählung).

21 BVerfG v. 27.2.2008 – 1 BvR 370/07, BVerfGE 120, 274 (Online-Durchsuchung) zum Grundrecht auf Gewährleistung der Vertraulichkeit und Integrität informationstechnischer Systeme.

22 Dazu *Jarass/Pieroth*[15], 2018, Art. 2 GG Rz. 37 f. m.w.N.

23 Vertiefend bereits *P. Kirchhof*, Die steuerliche Bedeutung der Digitalisierung für Unternehmen und Unternehmensberater, DStR 2018, 497.

24 Z.B. wäre eine Maschinensteuer bei Ausgestaltung als Erhebungsform der Gewerbesteuer zulässig, sofern ihr Ertrag den Gemeinden zufließt (so *Siekmann* in Sachs[8], 2018, Art. 105 GG Rz. 52).

25 BVerfG v. 13.4.2017 – 2 BvL 6/13, BVerfGE 145, 171 (Kernbrennstoffsteuer).

und Veränderungen bringt der Einsatz digitaler Techniken für die Vorbereitung und Verabschiedung von Steuergesetzen mit sich? Besteht für den Gesetzgeber eine Pflicht zur Nutzung künstlicher Intelligenz und verändert die Digitalisierung seine Einschätzungs-, Prognose- und Typisierungsspielräume? Als konkrete Frage drängt sich unweigerlich die Typisierungsbefugnis des Gesetzgebers und ihre (verfassungsrechtlichen) Grenzen auf. Diese stellt sich aktuell bei der Reform der Grundsteuer. Ein zentrales Argument für wertunabhängige Bewertungsverfahren ist der Aufwand und die Komplexität der zeitnahen und realitätsgerechten Bewertung von über 35 Millionen Grundstücken in Deutschland. Dabei bieten neue Informations- und Kommunikationstechniken im Internet die Möglichkeit, in spezialisierten Portalen Miet- und Immobilienpreise für eine Vielzahl von Objekten ableiten zu können. Lassen sich derart neue Typisierungsgrundlagen entwickeln und legislativ massentauglich ausgestalten? Das mag als Anschauungsbeispiel für die Grundfrage ausreichen, ob sich die Möglichkeiten, aber auch der Pflichtenkatalog des Gesetzgebers im Zeitalter der Digitalisierung erweitert, ändert oder fortschreibt.

Auf dem Boden dieser grundlegenden, juristischen Referate wollen wir praxisnäher diskutieren, wie die einzelnen Bereiche der steuerjuristischen Welt von der Digitalisierung tangiert werden. Verschiebt die Digitalisierung die Grenzen des Möglichen, so sollen die Sicht der Verwaltung (Dr. *Johann Bizer*, Vorstandsvorsitzender Dataport, Schleswig-Holstein), die Sicht der Wirtschaft (Prof. Dr. *Christian Kaeser* von der Siemens AG, München) und die Sicht der Beraterschaft (Dr. *Hartmut Schwab*, Vizepräsident der Bundessteuerberaterkammer) auf digitale Grenzverschiebungen zu Worte kommen. Während die Verwaltung die Digitalisierungsdividende durch rationalisierte, automationsgestützte Verfahren beim Steuervollzug anstrebt, treibt Unternehmen und Beraterschaft – wie eine Flut von aktuellen Seminaren belegt – die Hoffnung oder Sorge um, dass die Digitalisierung den beruflichen Alltag grundstürzend verändert. Wie verändern sich die beruflichen Anforderungen für Steuerjuristen, wenn rechtsanwendungsbezogene Technologien dazu führen werden, dass für standardisierte Alltagsaufgaben keine Volljuristen mehr benötigt werden[26]? Kommt es im digitalen Zeitalter zu einer Entlastung bei Deklarationspflichten, aber auch zu einer Mutation der steuerlichen Beratung? Drohen herkömmlichen Beratungsleistungen wegzufallen oder eröffnet künstliche Intelligenz als neues Ergänzungsbestandteil der Beratung

---

26 So *Hähnchen/Bommel*, JZ 2018, 334 (336).

nicht Raum und Zeit für anspruchsvollere Beratungsdienstleistungen? Gibt es Grenzen der Rechts- und Steuerberatung sowie des Steuervollzugs „durch den Algorithmus"[27]? Das sind exemplarisch die Fragestellungen, denen wir uns im zweiten Teil der Tagung in Vorträgen mit einer anschließenden Podiumsdiskussion unter Leitung von Professorin *Johanna Hey* zuwenden wollen.

Unser Thema lautet Digitalisierung *im* Steuerrecht und nicht nur Digitalisierung des Steuerrechts, so dass am zweiten Tagungstag morgens die Digitalisierung beim Steuervollzug durch die Finanzbehörden und die Konsequenzen für den Rechtsschutz in den Blick rücken. Im Steuerverfahren als Massenfallverfahren nutzt die Finanzverwaltung seit Jahrzehnten den technischen Fortschritt und die Entwicklungsschübe der Datenverarbeitungstechnik. Bei der Digitalisierung des Verfahrensrechts kommt dem Steuerverfahren eine Vorreiterrolle zu[28]. Die steuerrechtlichen Digitalisierungsnormen strahlen – wie das Beispiel des automatisierten Verwaltungsaktes (§ 155 Abs. 4 AO) zeigt – auf das allgemeine Verwaltungsverfahrensrecht aus[29]. Der Gesetzgeber hat den rechtlichen Rahmen für den Einsatz digitaler Techniken und Kommunikationsformen beim Steuervollzug durch das Gesetz zur Modernisierung des Besteuerungsverfahrens[30] verändert. Aufgrund der modernisierten Abgabenordnung liegt es nahe, dass wir uns mit der Veränderung der verifizierenden Verwaltungstätigkeit im digitalen Zeitalter beschäftigen.

Den Auftakt werde ich selbst zum Thema „Amtsermittlungsgrundsatz und Risikomanagement" machen. Dabei gilt es, der legislatorischen These nachzugehen, dass der Einsatz risikobasierter automationsgestützter Systeme ein neues Leitbild für den Steuervollzug sein soll. Wie verträgt sich diese These mit den unveränderten Besteuerungsgrundsätzen der Gesetzmäßigkeit und Gleichmäßigkeit (§ 85 AO)? Welchen Stellenwert hat der nunmehr in den Gesetzestext des § 88 AO aufgenommen Grundsatz der Wirtschaftlichkeit für die finanzbehördliche Amtsermittlung? Angesichts der fortschreitenden Komplexität des materiellen Steuerrechts stellt sich zudem die verfassungsrechtliche Frage nach einer Min-

---

27 Plastisch *Hähnchen/Bommel*, JZ 2018, 334 (337).
28 Zur Vorbildfunktion *Braun-Binder*, Vollautomatisierte Verwaltungsverfahren im allgemeinen Verwaltungsverfahrensrecht?, NVwZ 2016, 960 (962 ff.).
29 Zu § 35a VwVfG *Berger*, Der automatisierte Verwaltungsakt NVwZ 2018, 1260.
30 Gesetz zur Modernisierung des Besteuerungsverfahrens v. 18.7.2016, BGBl. I 2016, S. 1679.

destvollzugsgewähr und den Grenzen eines rein risikobasierten, automationsgestützten Vollzugs der Steuergesetze.

Aus der Sicht der Finanzverwaltung wird anschließend Dr. *Peter Heinemann* aus dem Finanzministerium Nordrhein-Westfalen das Thema „Digitale Buchführung und Betriebsprüfung" behandeln. Die Abgabenordnung hat sich bei den Aufzeichnungspflichten der Steuerpflichtigen und den finanzbehördlichen Kontrollmöglichkeiten immer als entwicklungsoffen erwiesen. Ohne einschneidende Gesetzesänderungen wurde der technische Fortschritt von Lochkartensystemen über erste EDV-Systeme bis hin zu analysestarken SAP-Buchführungssystemen bei den Aufzeichnungspflichten der §§ 140-148 AO erfasst. Im Steuersenkungsgesetz 2001 wurde der Rechtsrahmen geändert und für das Kontrollverfahren die maschinelle Auswertbarkeit der aufzubewahrenden Daten (§ 147 Abs. 2 AO) und die Möglichkeit einer digitale Betriebsprüfung eingeführt (§ 200 Abs. 1 Satz 2 i.V.m. § 147 Abs. 6 AO). Die Digitalisierung der Steueraufzeichnungen und ihre Kontrolle durch die Finanzverwaltung hat eine Fülle von Rechtsfragen aufgeworfen[31]. Die gerichtliche Aufnahme der neuen Vorgaben war zwiespältig[32]: Manche Verfahren zur digitalen Betriebsprüfung wurden von der Finanzverwaltung klar gewonnen, andere mit grundlegenden institutionellen Einschränkungen verloren[33]. Dabei erachten auch Finanzrichter die restriktive Rechtsprechung des BFH als „praxisfern"[34]. Es ist Zeit, die praktischen Erfahrungen seit der Einführung der Digitalisierung von Buchführung und Betriebsprüfung aus Sicht der Finanzverwaltung zu reflektieren und in der hinreichenden Tiefe aufzuarbeiten. Dabei bleibt nach gut 15 Jahren daran zu erinnern, dass im Zuge der Schaffung der digitalen Aufbewahrungspflicht auch die Verkürzung der lastenintensiven Aufbewahrungszeiträume in Aussicht ge-

---

31 Vgl. nur die Aufsatzflut seit 2001, nachgewiesen bei *Drüen* in Tipke/Kruse, AO/FGO, § 147 AO Vor Rz. 69 (April 2018).

32 Nachweise zur Rechtsprechung zur digitalen Betriebsprüfung bei *Drüen* in Tipke/Kruse, AO/FGO, § 147 AO Rz. 69c (April 2018) m.w.N.

33 So widerspricht BFH v. 16.12.2014 – VIII R 52/12, BFHE 250, 1 = DStR 2015, 1920, Rz. 18, 31 einer allgemeinen „Datenträgerüberlassung" und begrenzt deutlich den Ort des Datenzugriffs: „Im Rahmen einer Außenprüfung kann die Finanzverwaltung die Herausgabe digitalisierter Steuerdaten zur Speicherung und Auswertung auf mobilen Rechnern der Prüfer nur verlangen, wenn Datenzugriff und Auswertung in den Geschäftsräumen des Steuerpflichtigen oder in den Diensträumen der Finanzverwaltung stattfinden".

34 *Rätke* in Klein[14], 2016, § 147 AO Rz. 63 zur vorzitierten Entscheidung.

stellt wurde, die freilich bislang nicht umgesetzt worden ist[35]. Digitale Parität bleibt darum eine Forderung an die Steuerpolitik.

Ein Thema, das zur Zeit omnipräsent ist und spätestens seit Mai 2018 alle besonders beschäftigt, ist die Datenschutz-Grundverordnung (DS-GVO)[36] und ihr Einfluss auf das (Rechts-)Leben. Alle sind davon betroffen und bei näherer juristischer Befassung mit dem europäisierten Steuerdatenschutz kann man im Wortsinne „betroffen" sein. Denn in weiten Teilen gilt die DS-GVO für das komplexe und grundrechtssensible Datenschutzregime im digitalen Zeitalter als nicht hinreichend vollzugsfähig[37]. Das erforderliche „Rechtsquellenpuzzle" zwischen europäischer unmittelbar geltender Verordnung, dem diese modifizierenden nationalen Recht in der Abgabenordnung (§§ 2a, 32a–32j AO), punktuell noch ergänzt durch Verweise auf das allgemeine Datenschutzrecht[38], ist in der Tat für die Rechtspraxis „keine leichte Kost", wie auch Verwaltungsangehörige einräumen[39]. Die Rechtsanwendung des Steuerdatenschutzrechts als Produkt der Rechtssetzung im unionalen Mehrebenensystem wird durch ein komplexes Normengeflecht erschwert, das nur wenig transparent und normenklar erscheint[40]. Ob sich das neue Datenschutzrecht in Steuersachen nicht als Technikbeschränkungsrecht, sondern als Informationsnutzungsrecht[41] erweist, ist zu erkunden. Immerhin ist die Finanzverwaltung als Verifikationsverwaltung auf den strukturellen Abgleich von Erklärungsdaten der Steuerpflichtigen mit Fremd- und Eigendaten angewiesen, so dass ein struktureller Datenaustausch zur Erfüllung des Voll-

---

35 Zur Kritik zuletzt *Drüen* in Tipke/Kruse, AO/FGO, § 147 AO Rz. 47 (April 2018) m.w.N.

36 Verordnung 2016/679/EU des Europäischen Parlaments und des Rates v. 27.4.2016 zum Schutz natürlicher Personen bei der Verarbeitung personenbezogener Daten, zum freien Datenverkehr und zur Aufhebung der Richtlinie 95/46/EG, ABl. EU Nr. L 119, 1.

37 *Kühling/Martini*, Die Datenschutz-Grundverordnung: Revolution oder Evolution im europäischen und deutschen Datenschutzrecht?, EuZW 2016, 448 (449).

38 Zum nicht bruchfreien Zusammenwirken von DS-GVO und nationalen Steuervorschriften zum Datenschutz näher *Drüen* in Tipke/Kruse, AO/FGO, § 2a AO Rz. 7 (Aug. 2018) m.w.N.

39 *Erkis*, Die neuen steuerlichen Datenschutzrechte im Besteuerungsverfahren, DStR 2018, 161 (167).

40 *Seer* in Tipke/Lang, Steuerrecht[23], 2018, § 21 Rz. 18 m.w.N.

41 Zu dieser Forderung jüngst *Veil*, Datenschutz-Grundverordnung: des Kaisers neue Kleider, NVwZ 2018, 686 (696) im Anschluss an *Bull*, Informationelle Selbstbestimmung – Vision oder Illusion?[2], 2011, S. 39.

zugsauftrages (§ 85 AO) unverzichtbar ist. Dabei ist der Regulierungs-anspruch der DS-GVO getreu des Mottos „one-size-fits-all" total, indem alle Datenverarbeiter und alle personenbezogenen Daten gleichbehandelt werden[42], so dass erst der nationale Gesetzgeber aufgrund vager Öffnungsklauseln die Informationsrechte der Betroffenen mit den Bedürfnissen der Finanzverwaltung „ausgleichen" muss. Wir wissen das schwierige Thema „Datenschutz und Datenaustausch" bei meinem Bochumer Kollegen Professor *Roman Seer* mit seiner konstruktiv-kritischen Art in guten Händen.

Verändert die Digitalisierung den Verwaltungsvollzug durch die Steuerbehörden, so stellt sich die Frage nach Folge- und Fernwirkungen für den gerichtlichen Rechtsschutz in Steuersachen. Für die „gerichtliche Kontrolle des digitalen Gesetzesvollzugs" ist keiner berufener als Professor *Rudolf Mellinghoff*, der Präsident des BFH und stellvertretener Vorsitzender der DStJG. Er ist prädestiniert, über den Einfluss digitalisierter Kontrolle der Finanzbehörden auf das gerichtliche Verfahren, aber auch über den elektronischen Rechtsverkehr und die Einführung der digitalen Akte in der Finanzgerichtsbarkeit zu berichten. In der Finanzgerichtsbarkeit sind tiefgreifende Folgen der Digitalisierung und des finanzbehördlichen Risikomanagements seit Jahren auszumachen. Die Fallzahlen sinken und die gerichtsanhängigen Fälle weisen in der Regel einen höheren Komplexitätsgrad auf. Fälle, die nicht digital ausgesteuert oder vom Sachbearbeiter individuell aufgegriffen werden, gelangen weder in die Rechtsbehelfsstelle noch vor das Finanzgericht. Wie kann die Finanzgerichtsbarkeit die Gleichmäßigkeit und Gesetzmäßigkeit des Steuervollzuges durch die Finanzbehörden im digitalen Zeitalter noch überprüfen? Lässt sich trotz automationsgestützter Risikoorientierung im regulären Finanzgerichtsprozess oder aber in einem In-camera-Verfahren die Gleichheitsrüge noch erheben, um eine strukturelle Vollzugssicherung zu gewährleisten? Es sind mithin angesichts digitaler Veränderungen einige Fragezeichen hinsichtlich der Kontrolldichte und der Effektivität des gerichtlichen Rechtsschutzes gegenüber der risikobasiert und automationsgestützt agierenden Finanzverwaltung[43] auszuräumen.

Der Nachmittag des zweiten Tagungstages ist unter der Überschrift „Aspekte der grenzüberschreitenden digitalen Wirtschaft" den materiellen Konsequenzen der Digitalisierung grenzüberschreitenden Wirtschaf-

---

42 Zur Kritik *Veil*, NVwZ 2018, 686 (692 f.).
43 Ernüchternd *Thiemann*, Rechtsschutz im modernisierten Besteuerungsverfahren, StuW 2018, 304 (310 ff.).

tens gewidmet. Inwieweit sich die Steuergesetze aufgrund der Digitalisierung ändern werden, soll in zwei Blöcken für das Ertragsteuerrecht und die Umsatzsteuer dargestellt werden[44]. Dabei stellt sich die Frage nach Veränderungen der steuerrechtlichen Tatbestandsbildung, der Neujustierung klassischer Einkunftsarten und Leistungsformen aufgrund zunehmender Digitalisierung des Wirtschaftens bis hin zur Einführung neuer (ergänzender) Steuerarten. Die Digitalisierung ruft aber auch erneut die Frage nach Möglichkeiten der Typisierung und Pauschalierung zur Gewähr der Praktikabilität der Einkommens- und Umsatzbesteuerung auf den Plan. Die gesamte Breite des (künftigen) Steuerrechts des digitalen grenzüberschreitenden Wirtschaftens lässt sich innerhalb des vorgegebenen Zeitrahmens natürlich nicht entfalten. Die Fülle der zu bewältigenden Rechtsfragen des materiellen Steuerrechts illustriert allein der Umgang mit virtuellen Währungen[45].

Die Sicht des Ertragsteuerrechts wird Dr. *Reimar Pinkernell*, Rechtsanwalt und Steuerberater aus Bonn, präsentieren, dessen früher und kenntnisreicher Beitrag zu grenzüberschreitenden Steuergestaltungsmodellen am Beispiel des Google-Konzerns mit der internationalen Niedrigbesteuerung der globalen Werbeumsätze[46] erst vielen die Augen für die Technik und Dimension internationaler Steueroptimierung geöffnet hat. Er wird sich vertieft den ertragsteuerrechtlichen Auswirkungen des BEPS-Projektes und den bereits erwähnten Richtlinienvorschlägen der Europäischen Kommission zur Besteuerung der digitalen Wirtschaft zuwenden. Stichworte sind die digitale Präsenz[47] und digitale Betriebsstätten[48] sowie die Digital Service Tax (DTS). Im Ertragsteuerrecht stellt sich die Frage nach der Einordnung und Bewertung dieser Instrumente und nach ihrer Eignung, die zunehmend beanstandete Diskrepanz zwischen

---

44 Dazu jüngst *Raden*, Digitalisierung und Internationales Steuerrecht – Ertrags- und Umsatzbesteuerung grenzüberschreitender, internetbasierter Dienstleistungen, 2018.

45 Dazu *Hötzel*, Virtuelle Währungen im System des deutschen Steuerrechts, 2018; sowie *Liegmann*, Umsatzsteuerliche Behandlung virtueller Währungen, BB 2018, 1175; *Reiter/Nolte*, Bitcoin und Krypto-Assets – ein Überblick zur steuerlichen Behandlung beim Privatanleger und im Unternehmen, BB 2018, 1179.

46 *Pinkernell*, Ein Musterfall zur internationalen Steuerminimierung durch US-Konzerne, StuW 2012, 369.

47 Stellvertretend *J. Becker*, Besteuerung einer digitalen Präsenz, IStR 2018, 634.

48 *Kahle/Braun*, Aktuelle Entwicklungen des Betriebsstättenbegriffs, Ubg 2018, 365 (366 ff.).

dem Ort der Gewinnbesteuerung und dem Ort der Wertschöpfung zu überwinden.

Die Sicht des Umsatzsteuerrechts stellt Frau Kollegin Professorin *Tina Ehrke-Rabel* aus Graz/Österreich als bestens ausgewiesene Umsatz- und Mehrwertsteuerspezialistin dar. Wie müssen Richtliniengeber und nationale Gesetzgeber bei der MwSt-System-RL und dem UStG auf die Möglichkeiten digitaler Dienstleistungen und die Substitution analoger Produkte und Absatzwege zur Sicherung einer Gleichmäßigkeit der Besteuerung und einer Wettbewerbsgleichheit reagieren? Wie soll der Handel über Internetplattformen bei der Umsatzsteuer kurz-, mittel- und langfristig besteuert werden? Das sind offene Fragen, zu denen Frau *Ehrke-Rabel* anhand des Prinzips der Medienneutralität des Umsatzsteuerrechts und seinen Durchbrechungen Stellung nehmen wird. Der deutsche Gesetzgeber sucht Vollzugslücken im Internethandel interimsweise mit einem häufig als probat erachteten Mittel zu schließen: Er will eine Haftungsvorschrift (§ 25e UStG-E) und verschärfte Aufzeichnungspflichten (§ 22f UStG-E) für die Betreiber von elektronischen Marktplätzen einführen[49]. Sind die grenzüberschreitend handelnden Digitalhändler als Steuerschuldner nicht greifbar, so hält sich der nationale Fiskus an die den Handel ermöglichenden Betreiber des Marktplatzes[50]. Wir sind gespannt auf österreichische Einsichten und Lösungswege, zumal der „kleine" Rechtsvergleich über die südliche Grenze immer erhellend und inspirierend ist.

Mit dieser Einführung und dem Überblick über den geplanten Tagungsverlauf – als Veranstalter lässt sich der Ablauf nur planen – eröffne ich pünktlich die diesjährige Jahrestagung der DStJG. Ich wünsche uns gehaltvolle und anregende Vorträge und weiterführende Diskussionen. Damit übergebe ich die Tagungsleitung an meine Kölner Kollegin *Johanna Hey*.

---

49 *Härtwig*, Gesetzliche Neuregelung zur Haftung von Handelsplattformen, UR 2018, 777; *Luther*, Die neue Haftung für Online-Marktplätze, DB 2018, 1942.

50 Kritisch zur Verfassungsmäßigkeit *Hufeld*, Betreiberhaftung im Internethandel – Gutachten zu § 22f, § 25e UStG – neu – im Entwurf eines Gesetzes zur Vermeidung von Umsatzsteuerausfällen beim Handel mit Waren im Internet und zur Änderung weiterer steuerlicher Vorschriften vom 1.8.2018, DStZ 2018, 755.

Möglichkeiten der Digitalisierung des Rechts

Prof. Dr. *Heribert M. Anzinger*

Universität Ulm

I. Utopien und Dystopien

Im ursprünglichen Sinn ist Digitalisierung ein elektrotechnischer Prozess. Er handelt von der Bewertung analoger Eingangssignale in Intervallen mit einer bestimmten Abtastrate und Genauigkeit.[1] Diese wertende Abbildung der Lebenswirklichkeit in digitalen Formaten bildet die Grundlage für die Anwendung informationstechnischer Verfahren und damit für alle Erscheinungsformen und Phasen der Digitalen Revolution.[2] Digitale Kommunikationsformen lassen soziale Netze entstehen, begründen Vertrauen zwischen Fremden, lassen Transaktionskosten sinken, Staatsgrenzen hinter sich und begründen neue Geschäftsmodelle.[3] Die Sharing Economy revoltiert gegen traditionelle Grundsätze des öffentlichen Wirtschaftsrechts.[4] Die Welt des Sachenrechts gerät ins Wanken.[5] Die digitale Revolution offenbart Schwachstellen im Internationalen Steuerrecht[6] selbst für eine zweitbeste Welt.[7] Und sie fordert die Methoden der Rechtsgewinnung heraus.[8]

---

1 Zu dieser elektrotechnischen Parallele in Analog-Digital-Wandlern *Tietze/Schenk*, Halbleiter-Schaltungstechnik, 15. Aufl. 2016, S. 1013 ff.
2 Begriffsprägend im deutschen Sprachraum *Balkhausen*, Die Dritte Industrielle Revolution. Wie die Mikroelektronik unser Leben verändert, 1978, S. 157 ff.; zu Spektrum und Ursprüngen des Begriffs der Digitalen Revolution *Forester* (Hrsg.), The Microelectronics Revolution. The Complete Guide to the New Technology and its Impact to Society, 1981; *Forester* (Hrsg.), The Information Technology Revolution, 1985 mit einer Einführung von *Halton*, S. 3 ff.
3 Exemplarisch: *Becker/Eierle/Fliaster/Ivens/Leischnig/Pflaum* (Hrsg.), Geschäftsmodelle der Digitalen Welt, 2018; *Blaurock/Schmidt-Kessel/Erler* (Hrsg.), Plattformen. Geschäftsmodell und Verträge, 2018, mit Beiträgen von *Busch, Greiner, Teubner, Weinhardt, Sein, Resta, Sénéchal, Twigg-Flesner, Janal, Schirmbacher, Maultzsch*.
4 Zur rechtlichen Einordnung der Geschäftsmodelle der Sharing Economy *Anzinger* in Paal/Fries (Hrsg.), Smart Contracts – Schlaue Verträge, 2019, S. 33; *Meller-Hannich*, WM 2014, 2337.
5 Zu den Schwierigkeiten Kryptowährungen sachenrechtlich einzuordnen: *Schlund/Pongratz*, DStR 2018, 598 (600); *Spindler/Bille*, WM 2014, 1357 (1360).
6 Dazu die Beiträge von *Reimar Pinkernell* und *Tina Ehrke-Rabel* in diesem Band; *van Lück*, ISR 2018, 158; *Eilers/Oppel*, IStR 2018, 361; *Benz/Böhmer*, DB 2018, 1233.
7 *Schön*, Der digitale Steuer-Irrweg, F.A.Z. v. 6.4.2018, Nr. 80, S. 16; *Schön*, International Tax Coordination for a Second-Best World, WTJ 2009, 67–114; WTJ 2010, 65–95; WTJ 2010, 227–261.
8 Pointiert *Grigoleit*, AcP 218 (2018), 601 (603 f.).

1. Gleichheit und Rechtsgefühl

Digitalisierung war nie unumstritten. In der Tontechnik und in der Fotografie gilt manchen die analoge Technik bis heute als überlegen. Nach wie vor werden knapp 5 % des Umsatzes aus dem Musikverkauf durch Schallplatten erzielt.[9] Deren Anhänger verweisen auf den weicheren, menschlicheren Klang. Das lässt sich technisch erklären. Analoge Tonaufnahmegeräte können durch Abweichungen von den anerkannten Methoden der Tontechnik, z.b. durch kurze Übersteuerungen, Oberwellen des Originalsignals aufzeichnen, die von vielen menschlichen Hörern als angenehm empfunden werden[10] und größere Akzeptanz erfahren.

Der Verweis auf die Akzeptanz leitet über zu einer empirischen Studie, die mit einer statistischen Auswertung von Urteilen deutscher Arbeitsgerichte methodisch in der Disziplin der Ökonometrie zu verorten ist.[11] Gegenstand dieser Studie waren gegen den Betreiber einer Elektronikmarkt-Kette gerichtete Kündigungsschutzklagen. Eine Änderung des Geschäftsmodells war mit einer hohen Anzahl betriebsbedingter Kündigungen in gleichartigen Filialen verbunden, die in Verfahren vor zahlreichen Arbeitsgerichten in mehreren Bundesländern mündeten.[12] Sämtliche Verfahren sind streitig entschieden worden – mit unterschiedlichem Erfolg der Kläger. Die Studie identifiziert in der Auswertung der Urteilsgründe empirisch die anerkannten Kriterien der Sozialauswahl, zugleich aber das Gericht und die Person des Richters als bedeutsame Variablen.[13] Korrelationen zwischen dem Geschlecht der Richterin oder des Richters und den regionalen konjunkturellen Verhältnissen und dem unterschiedlichen Ausgang der Verfahren mündeten in der Diagnose mangelnder Vorhersehbarkeit richterlicher Entscheidungen[14] und dem stillen Vorhalt methodischer Defizite an die Rechtswissenschaft. Der Präsident eines Arbeitsgerichts entschuldigte Unterschiede in den angelegten Maßstäben mit dem Hinweis darauf, dass Menschen entscheiden würden.[15] Die am Horizont erscheinende Frage, ob der Gleichheitssatz einer Digitalisierung

---

9 Bundesverband Musikindustrie, Umsatzanteile aus dem Musikverkauf 2017, musikindustrie.de/umsatz/.
10 *Haas*, Technology Review 2016, 78 (79), „Musik: Mythos des Analogen".
11 *Berger/Neugart*, How German Labor Courts Decide: An Econometric Case Study, German Economic Review 13 (2011), 56.
12 *Berger/Neugart*, German Economic Review 13 (2011), 56 (60).
13 *Berger/Neugart*, German Economic Review 13 (2011), 56 (61).
14 *Berger/Neugart*, German Economic Review 13 (2011), 56 (68).
15 Zitiert in *Baczyk*, Darmstädter Echo v. 8.11.2011, Stadt, „Das Recht ist konjunkturabhängig".

des Rechts das Wort redet, um Gefühle auszuschalten und die Rechtswissenschaft im Werturteilsstreit dadurch vom logischen Positivismus der Naturwissenschaften erfasst wird, ist später aufzugreifen[16] (unten III.1 und VI.1). Sie mündet zunächst in gegensätzlichen Bildern fiktiver Rechtsordnungen, Utopien und Dystopien, die mit der Digitalisierung des Rechts verbunden worden sind.

2. Wertindifferente Kybernetik und wertgebundenes Recht

Unter dem Eindruck der von dem US-amerikanischen Mathematiker *Norbert Wiener* Ende der 1940er Jahre begründeten *Kybernetik*,[17] als Wissenschaft der Steuerung und Regelung von Maschinen, lebenden Organismen und sozialen Organisationen, entwickelte sich in Deutschland die Rechtsinformatik zunächst als Strömung der politischen Kybernetik.[18] In der deutschen Rechtswissenschaft griff als einer der ersten *Spiros Simitis* diese Strömung auf.[19] Er entdeckte in den Perspektiven der Rechtsautomation einen Weg zur Stärkung des Rechtsstaatsprinzips.[20] Unter Verweis auf *Jeremias Benthem*[21] und *Benjamin Cardozo*[22] begründete *Simitis*, dass eine gerechte Gesellschaftsordnung Rationalität und Kalkulierbarkeit voraussetze, die es dem einzelnen erlaube, seine Zukunft zu planen, weil das Recht berechenbar sei.[23] *Max Weber* habe nicht zufällig vom Richter als „Paragraphen-Automat" gesprochen, „in welchen man oben die Akten nebst Kosten und Gebühren hineinwerfe, auf daß er unten das Urteil nebst den mehr oder minder stichhaltigen Gründen ausspeihe".[24] *Simitis* erkennt aber weitblickend die Grenzen der Mathematisie-

---

16 Zur Rolle des Rechtsgefühls *Looschelders/Roth*, Juristische Methodik im Prozess der Rechtsfindung, 1996, S. 84.

17 *Wiener*, Cybernetics: Or Control and Communication in the Animal and the Machine, 1948; *Wiener*, Mensch und Menschmaschine. Kybernetik und Gesellschaft, 1952.

18 *Deutsch*, The Nerves of Government, 1966; dt. Übersetzung, Politische Kybernetik. Modelle und Perspektiven, 1969.

19 *Simitis*, Rechtliche Anwendungsmöglichkeiten kybernetischer Systeme, Recht und Staat, Heft 322, 1966, S. 7; unter einer anderen Prämisse, mit Anstößen einer Methodendiskussion *Podlech*, Anforderungen der Kybernetik an die Rechtswissenschaft, Recht und Politik 1967, 84.

20 *Simitis* (Fn. 19), S. 7.

21 *Benthem*, Theory of Legislation, 1931.

22 *Cardozo*, Paradoxes of Legal Science, 1928.

23 *Simitis* (Fn. 19), S. 6.

24 *Weber*, Gesammelte politische Schriften, 2. Aufl. 1958, S. 311, zitiert nach *Simitis* (Fn. 19), S. 7.

rung des Rechts und betont die Unterschiede zwischen einer wertindifferenten Kybernetik und wertgebundenem Recht. Die Rechtsanwendung müsse als teleologische Axiologisierung im Grundsatz eine Individualisierung der Norm anstreben, sie sei wertender Vergleich vorhandener Normen mit einem konkreten Fall. In diesem Wertungsspielraum finde sich das humane Element der Rechtsordnung, das sie von axiomatisch kalkülisierenden Systemen unterscheide.[25] Es sei nur in den Bereichen entbehrlich, die sich durch schematische Merkmale und Uniformität auszeichneten. *Simitis* nennt als Beispiel das Steuerrecht. Dort sei der Rückgriff auf kybernetische Systeme, Schematisierung und Kalkülisierung vertretbar und angebracht.[26] Die Reichweite und Rechtfertigung dieser These gilt es zu prüfen. In allen anderen Bereichen erkennt *Simitis* früh die Funktion kybernetischer Systeme und der Rechtsautomation „im Dienste einer Humanisierung" der Rechtsanwendung darin, „den einzelnen von einer ebenso unentbehrlichen wie der Rechtsanwendung im Grunde wesensfremden, weil ihr vorgeschalteten mehr oder weniger mechanischen Arbeit, dem Aufsuchen der Information" zu entlasten, damit sich dieser „einzig auf den Entscheidungs- und Wertungsprozeß selbst zu konzentrieren vermag".[27] Rechtsautomation in diesem Sinne bekämpfe zugleich Willkür, indem sie juristische Informationsdefizite reduziere.[28] An Aktualität und Überzeugungskraft hat diese Bewertung nichts eingebüßt.

3. Entwicklungslinien und Institutionen der ersten Rechtsinformatik

Nicht zuletzt unter dem Eindruck des Einsatzes elektronischer Datenverarbeitungsfragen in verschiedenen Verwaltungszweigen, insbesondere in der Anwendung des Steuerrechts, widmete sich die Rechtswissenschaft ab Mitte der 1960er Jahre dem gesamten Spektrum der rechtlichen und technischen Fragen, die gegenwärtig mit den Begriffen Künstliche Intelligenz und Legal Tech verbunden werden.[29] Die als „technische Vervollkommnung" der Steuerverwaltung beschriebene Einkommensteuerveranlagung mit Hilfe eines Elektronenrechners stachelte die Fantasie an.[30]

---

25 *Simitis* (Fn. 19), S. 11.
26 *Simitis* (Fn. 19), S. 12.
27 *Simitis* (Fn. 19), S. 14 f.
28 *Simitis* (Fn. 19), S. 15.
29 *Gräwe*, Die Entstehung der Rechtsinformatik, 2011, S. 35 ff.
30 *Haft*, Nutzanwendungen kybernetischer Systeme im Recht, 1968, S. 35 ff.

Baden-Württemberg war, nach eingestellten Versuchen in Hessen, in Deutschland in den Jahren 1957 und 1958 Vorreiter.[31] *Herbert Fiedler* steckt 1966 das neue Themenfeld der Rechenautomaten als Hilfsmittel der Gesetzesanwendung ausgehend vom Anwendungsfeld des Sozialversicherungsrechts ab, dokumentiert die Anwendung mechanisierter Datenverarbeitung in der öffentlichen Verwaltung bei der Bundespost, der Bundesbahn, der Finanzverwaltung, den Rentenversicherungsträgern, Ortskrankenkassen und bei der Kommunalverwaltung und die Perspektiven der Anwendung der neuen Technologien in Rechtsprechung und Gesetzgebung.[32] Er weist früh auf die Grenzen und die verfassungsrechtliche Problematik automatisierten Verwaltungshandelns hin. Bereits 1970 erscheint ein fünfteiliger Beitrag zur Automatisierung des Rechts.[33] Zuvor hatte *Viktor Knapp* Vorschläge zum Einsatz kybernetischer Modelle in der Rechtsprechung zur Automation der Rechtsfindung im Unterhaltsrecht und der Vektoranalyse im Schadensersatzrecht skizziert.[34] Unter den Pionieren widmen sich ab Mitte der 1960er Jahre neben *Spiros Simitis*[35] *und Herbert Fiedler* auch *Ulrich Klug*[36], *Fritjof Haft*[37], *Wilhelm Steinmüller*[38], *Adalbert Podlech*[39], *Rudolf und Walter Popp* und *Bernhard Schlink*[40] den rechtstheoretischen Vorfragen und den technischen Fragen der Rechtsautomation.

---

31 Dritter Bericht über die Automation in den Steuerverwaltungen der Länder, BT-Drucks. 7/4406, 3; *Haupt*, Bundesnachrichten des Bundes Deutscher Steuerbeamten im Deutschen Beamtenbund 1960, 59; *Haupt*, Der Steuerbeamte 1961, 12; *Voss*, BB 1960, 699; *Voss*, StBp 1961, 125; *Walther*, Der Steuerbeamte 1961, 74; *Walther*, Der Steuerbeamte 1962, 57; *Walther*, Der Steuerbeamte 1966, 9.
32 *Fiedler*, JZ 1966, 689–696.
33 *Fiedler*, Automatisierung im Recht und Juristische Informatik, JuS 1970, 432–436, 552–556, 603–607; JuS 1971, 67–71 und 228–233.
34 *Knapp*, ARSP 49 (1963), 45 (50, 53).
35 *Simitis* (Fn. 19), 1966.
36 *Klug*, Elektronische Datenverarbeitungsmaschinen im Recht, in Carstens (Hrsg.), FS Jahrreiss, 1964, S. 189.
37 *Haft* (Fn. 30).
38 *Steinmüller*, EDV und Recht. Einführung in die Rechtsinformatik, 1970.
39 *Podlech*, Anforderungen der Kybernetik an die Rechtswissenschaft, Recht und Politik 1967, 84; *Podlech*, Mathematische Methoden in der Rechtswissenschaft – Ein Überblick, in Podlech (Hrsg.), Rechnen und Entscheiden, 1977, S. 257.
40 *Popp/Schlink*, Artificial Intelligence (AI) in der Rechtsinformatik – Stationen einer Forschungsreise in Nordamerika, DVR 1975, 294; *Popp/Schlink*, DVR 1975, 1.

Die beginnenden 1970er Jahre sind geprägt von der Ausgestaltung *automationsgerechter Rechtssetzung*. Die erste Gesetzesänderung zur Automationserleichterung führt 1958 zur Anhebung des Werbungskostenpauschbetrags von 562 auf 564 DM, weil der neue Betrag durch 12 teilbar ist.[41] Das Änderungsgesetz zum Steuersäumnisgesetz von 1961[42] enthielt eine Ermächtigungsgrundlage, um durch Rechtsverordnung Grundlagen für die Anwendung neuer technischer Verfahren in den Finanzämtern zu ermöglichen. Sie prägt bis heute die Vorschriften über die Verzinsung.[43] Die Entwicklung der AO 1977 war ganz dem Ziel der Automatisierung verschrieben.[44] Der neu eingeführte Vorbehalt der Nachprüfung sollte bereits 1977 den Weg in automatisierte Steuerbescheide ermöglichen.[45]

Unter dem Eindruck dieser Dynamik in der öffentlichen Verwaltung entwickelten *Fiedler* und *Steinmüller* Konzepte für eine *Rechtsinformatik*-Ausbildung an den Juristischen Fakultäten.[46] *Adalbert Podlech* gründet 1971 in Darmstadt mit Hilfe der Deutschen Forschungsgemeinschaft eine Arbeitsgruppe Recht & Mathematik, die „in kritischer Auseinandersetzung mit Wertungs-, Interessen- und Freirechts-Jurisprudenz eine Wiederaufnahme der Probleme der Begriffsjurisprudenz" sucht.[47] *Walter Popp, Bernhard Schlink* und *Dieter Suhr* stellen 1970 zwei in Fortran programmierte dialogische Subsumtionshilfeprogramme[48] und 1975 die Skizze eines intelligenten juristischen Informationssystems vor.[49] *Klaus J. Hopt* unternimmt 1972, finanziert durch Siemens, eine Forschungsreise in die USA und berichtet von den dort entstehenden Juristischen Gesetzes- und Entscheidungsdatenbanken sowie ersten Programmen zur Unterstützung der Entwicklung von Gesetzesentwürfen und der Gerichts-

---

41 Gesetz zur Änderung steuerlicher Vorschriften auf dem Gebiet der Steuern vom Einkommen und Ertrag und des Verfahrensrechts v. 18.7.1958, BGBl. I 1958, 473; dazu *Haft* (Fn. 30), S. 99.

42 Steueränderungsgesetz 1961 v. 13.7.1961, BGBl. I 1961, 981; dazu *Haft* (Fn. 30), S. 99.

43 *Anzinger* in FS 100 Jahre BFH, 2018, 1801 (1807).

44 Bericht und Antrag des Finanzausschusses v. 7.11.1975, BT-Drucks. 7/4292, 1; Dritter Bericht über die Automation in den Steuerverwaltungen der Länder, BT-Drucks. 7/4406, 7.

45 Gesetzentwurf v. 25.1.1973, BT-Drucks. 7/79, 1.

46 *Steinmüller* (Fn. 38), S. 119; *Steinmüller*, ÖVD 1972, 231; *Fiedler/Berg*, DVR 1973, 231.

47 *Podlech* in Podlech (Hrsg.), Rechnen und Entscheiden, 1977, S. 6.

48 *Suhr* (Hrsg.), Computer als juristische Gesprächspartner, 1970, mit Beiträgen von *Popp, Schlink, Schramm, Suhr, Hopt* und *Palstra*.

49 *Popp/Schlink*, DVR 1975, 1.

organisation.[50] 1973 gibt die Bundesregierung die Entwicklung des Rechtsinformationssystems juris in Auftrag.[51] Zur führenden Zeitschrift der ersten Rechtsinformatik entwickelt sich neben ÖVD (Öffentliche Verwaltung und Datenverarbeitung, 1971-1985) und DVR (Datenverarbeitung im Recht, 1973-1985) die von dem Softwarehaus und IT-Dienstleister DATEV herausgegebene Zeitschrift DSWR (Datenverarbeitung, Steuer, Wirtschaft, Recht, 1971-2006).[52] Die Anwaltschaft steht den technischen Entwicklungen anfangs ablehnend gegenüber. 1970 bezeichnet der Präsident des Deutschen Anwaltsvereins den Einsatz von Computern im Prozess der Rechtsfindung auf dem 35. Anwaltstag als Triumph der Inhumanität.[53] Ähnlich kritisch äußert sich *Joseph Weizenbaum*[54], besonnener *Bernhard Großfeld*[55].

Ungeachtet dieser Vorbehalte konzentrierte sich in den 1980er Jahren in Deutschland die Rechtsinformatik auf die Fortentwicklung juristischer Expertensysteme. Neben *Herbert Fiedler* und seiner Bonner Forschungsstelle für Juristische Informatik und Automation[56] trieb *Fritjof Haft* an der Universität Tübingen zusammen mit dem Computerhersteller IBM ehrgeizige Projekte voran.[57] *Haft* hatte in einer bereits 1968 vorgelegten Gießener Dissertation die Nutzanwendungen kybernetischer Systeme im Recht in den Dimensionen der Gesetzgebung, der Rechtsprechung und der Rechtswissenschaft vermessen.[58] An der Universität Tübingen entstehen im Zusammenwirken von Juristen, Informatikern und Linguisten, das Linguistik- und logik-basierte Expertensystem (LEX)[59] und

---

50 *Hopt*, DSWR 1972, 235.
51 Zur Entstehung von juris: *Uhlig*, DSWR 1972, 413; *Fabry*, DSWR 1973, 298; *Fabry/Warnstädt*, DSWR 1976, 138.
52 *Gräwe* (Fn. 29), S. 136 f.
53 Zitiert nach *Haft* in Hoppe (Hrsg.), Rechtsprechungslehre: zweites Internationales Symposium 1988, 1992, S. 589; zur Gefahr dieser Inhumanität später auch *P. Kirchhof*, DStR 2018, 497 (498).
54 *Weizenbaum*, Die Macht der Computer und die Ohnmacht der Vernunft, 14. Aufl. 2018, S. 299; ähnlich *Keltsch*, DSWR 1985, 41 (45): „Albtraum eines Rechtsprechungsroboters".
55 *Großfeld*, JZ 1985, 696 (699).
56 *Fiedler*, Bonner-Universitäts-Nachrichten (BUN) Nr. 154, 1984, S. 9; *Gräwe* (Fn. 29), S. 144; *Traunmüller* in FS Fiedler, 1997, S. 3 (11).
57 Überblick bei *Erdmann/Fiedler/Haft/Traunmüller* (Hrsg.), Computergestützte Juristische Expertensysteme, 1986, mit Beiträgen von *Sparberg, Haft, Hein* und *Hubert Lehmann, Alschwee, Grundmann, Ringwald, Gordon, Quirchmayr, Philipps, Schauss; Haft* (Fn. 53), S. 589 (590).
58 *Haft* (Fn. 30).
59 *Lehmann* in Erdmann/Fiedler/Haft/Traunmüller (Fn. 57), S. 49.

die Schnittstelle des Tübinger Dialogverfahrens[60]. Im Expertensystem WZ wird die automatisierte Konkretisierung unbestimmter Rechtsbegriffe durch Auswertung von Urteilsdatenbanken erprobt.[61] Vorbilder in den USA finden sich im steuerrechtlichen Expertensystem Taxman[62] und in dem dort rezipierten deutschen Projekt JUDITH[63]. In Österreich wirkt *Roland Traunmüller* an der Johannes Kepler Universität in Linz.[64]

4. Paradigmenwechsel, Internationalisierung und Wiederentdeckung

Ende der 1980er Jahre endet die erste Epoche der Rechtsinformatik mit Resignation gegenüber allgemeiner Ablehnung durch die Rechtswissenschaft und Ernüchterung über die technischen Möglichkeiten.[65] Sie war bis dahin als angewandte Informatik unter dem Dach der Rechtswissenschaft von Juristen betrieben worden, die gleichermaßen mit den mathematischen Methoden, Programmierung und der Computertechnik vertraut waren. *Herbert Fiedler* konnte auf Vorkenntnisse eines Doppelstudiums in Mathematik und Rechtswissenschaft zurückgreifen. Die neue Rechtsinformatik konzentrierte sich auf die Rechtsfragen der Informationstechnologie, im Datenschutzrecht, im Urheberrecht und im Vertragsrecht.[66] Die disziplinprägenden Zeitschriften ÖVD und DVR stellten 1985 ihr Erscheinen ein. Die DSWR wandelte sich und wurde 2006 eingestellt.

Die Forschung zu den Möglichkeiten der Digitalisierung des Rechts hat mit dem Paradigmenwechsel der deutschen Rechtsinformatik nicht aufgehört, sie hat nur andernorts stattgefunden, in wenig wahrgenommenen Bereichen der Rechtstheorie und als Teilgebiet der Informatik.[67] Diese äl-

---

60 *Ringwald* in Erdmann/Fiedler/Haft/Traunmüller (Fn. 57), S. 111.
61 *Gerathewohl*, Erschließung unbestimmter Rechtsbegriffe mit Hilfe des Computers: ein Versuch am Beispiel der „angemessenen Wartezeit" bei § 142 StGB, 1987.
62 *Boyd*, Arizona Law Review 14 (1972), 267 (286 f.); *McCarty*, Harvard Law Review 90 (1977), 837 (838).
63 *Popp/Schlink*, Jurimetrics 15 (1975), 303.
64 *Schweighofer/Lachmayer/Fiedler* in IRIS 13 (2010), S. 27.
65 *Haft*, Juristische Methodenschule, 2014, S. 176 f.; *Fiedler*, jur-pc 8/93, 2211; *Gräwe* (Fn. 29), S. 153 ff.
66 *Kilian*, CR 2017, 202 (205).
67 Grundlegend *Gardner*, An Artificial Approach to Legal Reasoning, 1987; zur jüngeren Geschichte der internationalen Rechtsinformatik *Trevor/Araszkiewicz / Ashley / Atkinson / Bex / Borges / Bourcier / Bourgine / Conrad / Frances-

tere Linie der Rechtsinformatik wird unter neuen Begriffen seit wenigen Jahren im deutschsprachigen Raum wiederentdeckt.[68] Für diese Entwicklung lassen sich drei Gründe hervorheben. Erstens hat in vielen Bereichen eine Veränderung der Wahrnehmung juristischer Tätigkeit stattgefunden. Sie entspricht einem von *Fritjof Haft* in seiner Einführung in das juristische Lernen beschriebenen Einordnung als marktgängige Dienstleistung.[69] Auf dieses Bild greift auch *Richard Susskind* in seiner vielzitierten Zukunftsprognose „Tomorrow's Lawyers" zurück. Er wählt den Begriff der „*Commoditization*"[70] und meint damit eine Kommerzialisierung der Rechtsdienstleistung, die, mit *Fritjof Haft*, Gesetzgebung, Rechtsprechung, Verwaltung und Beratung erfasst. Damit verbunden ist ein stärkerer Wettbewerb der Rechtsdienstleister untereinander. Kostendruck und ein vielfach verdrängter, vielleicht auch rechtspolitisch in Kauf genommener Mangel an juristischem Nachwuchs[71] zwingt zur Rationalisierung und zur Automatisierung. Sie erfasst die Organisation von Rechts- und Steuerberatungsgesellschaften, Verwaltung und auch Unternehmen. Die noch in den 1970er und 1980er Jahren vorherrschende Ablehnung der Digitalisierung des Rechts schwindet[72] („Need a Lawyer? Use a Robot Instead!")[73]. Eine zweite Entwicklung betrifft die Technik. Rechtsinformationen, Gesetze, Rechtsprechung, Schrifttum sind heute über das Internet gut verfügbar. Neue Technologien im Maschinellen Lernen, in der natürlichen Sprachverarbeitung, neue Kommunikationstechniken und die Allgegenwärtigkeit von Computertechnologie durch Tablets, Smart Phones und Smart Watches suchen sich Anwendungsfelder im Rechtsdienstleistungsmarkt. Schließlich führen Anwendungen der neuen Technologien, etwa im Bereich des autonomen Fahrens, zu Erwar-

---

coni / Gordon / Governatori / Leidner / Lewis / Loui / McCarthy / Prakken / Schilder/Schweighofer/Thompson/Tyrrell/Verheij/Walton/Wyner, A history of AI and Law in 50 papers: 25 years of the international conference on AI and Law, Artificial Intelligence and Law 20 (2012), 215.

68 *Hähnchen/Bommel*, JZ 2018, 334 (335); *Rasinski*, StuW 2017, 95; *Schweighofer/Lachmayer* in IRIS 20 (2017), S. 51.

69 *Haft*, Einführung in das juristische Lernen, 7. Aufl. 2015, S. 2.

70 *Susskind*, Tomorrow's Lawyers, 2. Aufl. 2017, S. 25.

71 Mit statistischen Daten *Kilian*, NJW 2017, 3043 (3044): deutlich sinkender „Nachschub" an neu examinierten Volljuristen; zur Zahl der Referendare *Kilian*, Juristenausbildung, 2015, S. 335.

72 *Quade* in Hartung/Bues/Halbleib (Hrsg.), Legal Tech. Die Digitalisierung des Rechtsmarkts, 2017, S. 167.

73 *Cummins* in Jacob/Schindler/Strathausen (Hrsg.), Liquid Legal, 2017, S. xiii.

tungen an die Automatisierung der Rechtsfindung. Ein autonomes Auto muss in der Lage sein, mit *angemessener* Geschwindigkeit zu fahren. Eine dritte Entwicklung findet sich schließlich in den Erfolgen der Plattformökonomie und der hohen Verfügbarkeit von Risikokapitel für die Entwicklung von Legal-Tech-Anwendungen.[74] In den USA und Großbritannien hat sich eine rege Legal-Tech-Branche entwickelt,[75] die sich auch in Deutschland ihren Markt sucht und Ableger hinterlässt.[76] Im Steuerrecht schießen Apps wie Pilze aus dem Boden, die bei Erklärung und Rechtsmittel assistieren.[77] Nicht nur für die Rechtsdienstleister, auch für das Recht selbst steigt der Wettbewerbsdruck. Auf einer jährlich im Herbst stattfindenden Entwicklerkonferenz der schweizerischen Stiftung Ethereum stellen kluge Entwickler Konzepte vor, durch transnationale Blockchain-Anwendungen Elemente der Privatrechtsordnung,[78] aber auch Staaten und ihre Rechtsordnungen zu überwinden.[79] Als *Decentralised Autonomous Organization* (DAO),[80] sind jenseits staatlich organisierter Rechtsordnungen transnationale Formen der gemeinschaftlichen Zweckverwirklichung unter der Prämisse „*Code is Law*" entwickelt worden. Ingenieure entwickeln, ohne eine Privatrechtsordnung in den Blick zu nehmen, Organisations- und Finanzverfassungen und implementieren originäre Verbandsstrukturen in selbstvollziehenden Verträgen.[81] Code tritt in den Wettbewerb der Rechtsordnungen ein.

Internationale Plattformen, die den akademischen Diskurs tragen, folgen den Gepflogenheiten der Wissenschaftsdisziplin der Informatik. Zuerst zu nennen ist die International *Association for Artificial Intelli-*

---

74 *Hartung* in Hartung/Bues/Halbleib (Fn. 72), S. 6.
75 *Vogl* in Hartung/Bues/Halbleib (Fn. 72), S. 54 ff.; *Goodman* in Hartung/Bues/Halbleib (Fn. 72), S. 67 ff.
76 Ein Marktüberblick findet sich bei *Tobschall/Kempe* in Breidenbach/Glatz (Hrsg.), Rechtshandbuch Legal Tech, 2018, S. 25 ff.
77 Mit einem kommerziellen Markteindruck: tax-tech.de.
78 Exemplarisch *Gupta*, slideslive.com/38911783/how-do-we-control-the-material-world-with-smart-contracts.
79 Exemplarisch: *Siri*, slideslive.com/38911729/post-nationstate-governance; dazu democracy.earth: „(...) political intermediation is no longer necessary. We are building Sovereign (...); *Wu*, slideslive.com/38911733/lessons-from-international-law-how-to-reframe-our-thinking-around-crypto-governance.
80 Gesellschafts- und kollisionsrechtliche Einordnung: *Mann*, NZG 2017, 1014; *Sattler*, BB 2018, 2243 (2250).
81 Instruktiv *Jentzsch*, Decentralized Autonomous Organization to Automate Governance, ohne Jahresangabe, download.slock.it/public/DAO/WhitePaper.pdf.

gence and Law (IAAIL)[82], mit überschaubarer Beteiligung deutschsprachiger Wissenschaftler. Eine Europäische Variante ist die jährlich stattfindende Konferenz zu *Legal Knowledge and Information Systems* (JURIX).[83] In Europa weisen die Niederlande die beständigste Forschungstradition auf. An der Universität Amsterdam widmet sich das Leibnitz Center for Law[84] der Digitalisierung des Rechts. An der Universität Tilburg ist kürzlich eine internationale Forschergruppe zu Data Science and Law[85] begründet worden. In den USA wird die überwiegende Zahl der Forschungsinitiativen durch die Privatwirtschaft getragen. An den Universitäten hat sich im *Stanford Center for Legal Informatics* (CODEX)[86] ein international beachtetes Gravitationszentrum herausgebildet. In Großbritannien bestehen wenige Berührungsängste gegenüber Entwicklungen der Digitalisierung des Rechts[87] und aus einer breiten finanziellen Unterstützung durch staatliche Mittel und durch die Privatwirtschaft sind vielfältige Forschungsinitiativen an verschiedenen Universitäten entstanden.[88] Im Bereich der Blockchain-Technologien nutzen kleinere Staaten ihre Chancen, allen voran Estland und Finnland.[89] Auf einer von der OECD in Paris ausgerichteten zweitägigen Konferenz zu den Zukunftsperspektiven der Blockchain-Technologien beteiligten sich die Ministerpräsidenten der Bahamas, Mauritius und Serbiens und ein Regierungsvertreter Kroatiens.[90]

Im deutschsprachigen Raum bilden das seit über zwei Jahrzehnten jährlich unter Federführung von *Erich Schweighofer* in Salzburg ausgerichtete *Internationale Rechtsinformatik-Symposium* (IRIS)[91], die Herbsttagung der *Deutschen Stiftung für Recht und Informatik* (DSRI)[92] und der EDV-Gerichtstag in Saarbrücken[93] Plattformen für Forschung zur Digitalisierung des Rechts. Bis vor kurzem dominierten dort Themen des Rechts der Informationstechnologie, wie das Datenschutz- und das Software-

---

82 Iaail.org.
83 Jurix.nl.
84 Leibnizcenter.org.
85 Tilburguniversity.edu/about/schools/law/projects/datascience/.
86 Law.stanford.edu/codex-the-stanford-center-for-legal-informatics/.
87 Gov.uk/guidance/international-forum-on-online-courts-3-and-4-december-2018.
88 Exemplarisch ox.ac.uk/news/2018-11-29-university-oxford-receives-£12m-ai-and-legal-services-project.
89 Exemplarisch: Helsinki.fi/en/networks/legal-tech-lab und e-estonia.com.
90 Oecd.org/finance/oecd-blockchain-policy-forum-2018.htm.
91 Univie.ac.at/RI/IRIS2019/.
92 Dsri.de/herbstakademie/herbstakademie.html.
93 Edvgt.de.

Recht. Das ändert sich in dem Maße, in dem Legal Tech an Bedeutung gewinnt und Juristen Kooperationen mit Informatikern suchen, wie dies nun etwa in München[94], Heidelberg[95] und Saarbrücken[96], aber auch in Hamburg[97] der Fall ist.

Im Folgenden sollen die Möglichkeiten der Digitalisierung des Rechts mit ihren Grenzen in fünf Kategorien – Maschinenlesbares Recht (II.), Computergestützte Methoden der Rechtsfindung (III.), Streitbeilegungsmechanismen (IV.), Gestaltungsberatung, Compliance und Gesetzesvollzug (V.) und Digitalisierung der Rechtswissenschaft (VI.) – aufgezeigt werden. Sie sind abzugrenzen von den Rechtsfragen der Digitalisierung des Rechts- und Steuermarktes und von Legal- und Tax-Tech-Anwendungen die in den Kategorien von *Oliver Goodenough* als Legal Tech 1.0 zu bezeichnen sind.[98] Dazu zählen Software zur Büroorganisation, und E-Commerce-Portale. Die Darstellung soll den Querschnitt der Forschung abbilden, der im internationalen Wissenschaftsdiskurs in der Disziplin der Artificial Intelligence & Law (AI & Law) zusammengefasst wird. Der dadurch vermittelte Eindruck darüber, worüber nachgedacht wird, was technisch machbar ist, und was besonders in der Entwicklung, der Anwendung, im Vollzug und in der Gestaltung im Steuerrecht bedeutsam werden kann, findet seinen Abschluss in einer Reflexion der Realität und der Perspektiven (VII.).

II. Maschinenlesbares Recht

Eines der größten Hemmnisse der Digitalisierung des Rechts bildet die notwendige Übersetzung der Sprache des Rechts in digitale Formate, die die Grundlage für seine informationstechnische Verarbeitung bilden. Bisher verfügbare regelbasierte Expertensysteme setzen zum Aufbau der Wissensbasis den Einsatz menschlicher Intelligenz voraus. Sowohl in der Verwaltungsautomation als auch in der Erklärungs- und Gestaltungsberatung müssen Juristen und Informatiker das Recht in eine Programmsprache übersetzen. Insbesondere im Steuerrecht, einem „Recht auf Rädern"

---

94 Lexalyze.de.
95 Jura.uni-heidelberg.de/digitales_recht/in Zusammenarbeit mit der Universität Ulm auch: uni.ulm.de/cml und cmil.de.
96 Legal-tech.saarland.
97 Bucerius-education.de/home/bucerius-clp/legal-tech/.
98 Goodenough, Legal Technology 3.0 in Huffington Post v. 2.4.2015, huffington post.com/oliver-r-goodenough/legal-technology-30_b_6603658.html.

(*P. Kirchhof*)[99], setzt das einen hohen laufenden Programmier- und An-
passungsaufwand voraus. Ein erheblicher Teil der Forschung in AI & Law
konzentriert sich daher auf die Entwicklung der Methoden, mit denen
Rechtssprache in digitale Formate übertragen und Rechts- und Rechtserkenntnisquellen Informationen entnommen werden können, die eine
informationstechnische Verarbeitung ermöglichen. Anwendung findet
diese Technik auf Gesetze, Rechtsprechung, Verwaltungsvorschriften,
Schrifttum und Vertragswerke.[100]

1. Methoden der Rechts- und Computerlinguistik (Natural Language Processing)

Ein erster Ansatz besteht darin, Methoden zu entwickeln, mit denen ein
Computer den in natürlicher Sprache codierten Rechtsquellen unmittelbar Informationen entnehmen kann.[101] Diese Technik und ihre
Schwächen sind von Sprachsteuerungssystemen bekannt, die sich in
Telefon-Beratungszentren, Smartphones und anderen sprachgesteuerten,
internetbasierten persönlichen Assistenten in unterschiedlicher Mäch-
tigkeit wiederfinden. Relativ überschaubar erscheint noch die Aufgabe,
dem jeweils geltenden deutschen Einkommensteuergesetz den Steuertarif zu entnehmen oder einem Doppelbesteuerungsabkommen nach
dem Muster der OECD den Quellensteuersatz für Streubesitzdividenden. Dazu könnte man regelorientiert vorgehen und ein Programm kon-
zipieren, das gezielt die Vorschrift des § 32a EStG oder die Art. 10 OECD-
MA entsprechende Vorschrift des fraglichen Abkommens fokussiert, dort
mit einer vorgegebenen Schablone nach bekannten Mustern sucht und
die Informationen nach einer Plausibilitätsprüfung einliest. Dieses Verfahren scheitert aber, wenn sich die äußere Struktur einer Rechtsquelle
oder deren inneres System ändert. Zu denken ist in dem vorgenannten
Tarifbeispiel an die Einführung der Abgeltungsteuer. Die Technik regelorientierter Schablonen funktioniert auch nicht bei unstrukturierten
Rechtsquellen, etwa der Rechtsprechung. Deshalb sucht der Teilbereich
der AI & Law-Forschung, der sich mit Informationsextraktion befasst,

---

99 *P. Kirchhof* in Kirchhof (Hrsg.), EStG, 9. Aufl. 2010, Vorwort; *P. Kirchhof*,
    FR 2012, 653.
100 Mit einer Einführung in den Stand der Forschung *Ashley*, Artificial Intelli-
    gence and Legal Analytics: New Tools for Law Practice in the Digital Age,
    2018, S. 259 ff. und S. 285 ff.
101 Einführend: *Bünzli*, Natural language processing in law – change we need,
    in FS Hess, 2009, S. 11.

28

nach Wegen, um die Bedeutung sprachlicher Aussagen (Semantik) durch Relationen zu erkennen, also z.b. bestimmte Prozentsätze in einem Doppelbesteuerungsabkommen als Quellensteuersatz für Streubesitzdividenden zu identifizieren. Sie bedient sich dabei der Methoden der linguistischen Semantik[102] und der *Computerlinguistik*[103]. Diese Methoden lassen sich in engen Grenzen regelorientiert implementieren.[104] Einen breiteren Anwendungsbereich eröffnen aber Techniken des maschinellen Lernens, die sich mit regelorientierten Methoden verknüpfen lassen.[105] Deren Entwicklung setzt das Zusammenwirken von Softwareentwicklern, Datenanalysten, Rechtswissenschaft und Rechtspraxis voraus[106] und die Facetten technischer Herausforderungen sind vielfältig.[107] Ein eigenes Forschungsfeld der *Textkategorisierung* sucht in juristischen Texten noch Tatbestand und Rechtsfolge zu trennen.[108] Große Herausforde-

---

102 Instruktiv *Löbner*, Semantik, Eine Einführung, 2. Aufl. 2015.

103 Einführend *Carstensen/Ebert/Ebert/Jekat/Klabunde* (Hrsg.), Computerlinguistik und Sprachtechnologie. Eine Einführung, 3. Aufl. 2010, S. 1 ff.; *Zaun*, Künstliche neuronale Netze und Computerlinguistik, 1999, S. 14 ff. *Francesconi/Monternagnis/Peters/Tiscornia* (Hrsg.), Semantic Processing of Legal Texts. Where the Language of Law Meets the Law of Language, 2010, mit Beiträgen von *Dozier, Quaresma, Wyner, Pala, Francesconi, Bosca, Ajani, Schweighofer, Maat, Loza Mencia, Chieze* und *Ogawa*; *Walter*, Definitionsextraktion aus Urteilstexten, 2010, S. 86.

104 *Chiticariu/Reiss*, Rule-based Information Extraction is Dead! Long Live Rule-based Information Extraction Systems!, Proceedings of the Conference on Empirical Methods in Natural Language Processing, 2013, S. 827 (831); *Francesconi/Passerini*, Artificial Intelligence and Law 15 (2007), 1; *Waltl/Landthaler/Scepankova/Matthes/Geiger/Stocker/Schneider*, Automated Extraction of Semantic Information From German Legal Documents, in IRIS 20 (2017), 217 (220); *Wyner* in Araszkiewicz/Krzystof (Hrsg.), Logic in the Theory and Practice of Lawmaking, 2015, S. 409 (413 ff.).

105 *Grabmair/Ashley/Hwa/Sweeney*, Toward Extracting Information from Public Health Statutes using Text Classification and Machine Learning, in JURIX 25 (2012), 73; *Maat/Krabben/Winkels*, Machine Learning vs. Knowledge Based Classification of Legal Texts, in JURIX 23 (2010), 87; *Waltl/Muhr/Glaser/Boczek/Scepankova/Matthes*, Classifying Legal Norms with Active Machine Learning, in JURIX 30 (2017), 11 (12 ff.).

106 *Waltl*, Semantic Analysis and Computational Modeling of Legal Documents, 2018, S. 29.

107 Zum Stand der Forschung: ASAIL 2017: 2nd Workshop on Automated Semantic Analysis of Information in Legal Texts, andrew.cmu.edu/user/mgrab mai/asail2017/.

108 *Ashley* (Fn. 100), S. 259.

rungen bereitet auch die Eigennamenerkennung.[109] Andererseits zeigen die Fortschritte der maschinellen Übersetzung das Potential des Maschinellen Lernens in der Sprachverarbeitung[110] und in der Relationsextraktion wird diese Technik bereits in der Auswertung von Vertragsdatenbanken eingesetzt.[111] In der Anwendung findet sich Software, die große unstrukturierte Datenmengen, etwa Mietverträge aufbereitet.[112] Denkbar ist das auch für die Rechts- und Rechtserkenntnisquellen des Steuerrechts.[113]

2. Semantische Vernetzung durch Metadaten und Annotationsstandards

Eine Brücke zwischen analogem Recht und digitalen Formaten können Metadaten bilden. Erprobt sind Textannotationen, die in einer maschinenlesbaren Sprache verfasst sind und den Text der natürlichen Sprache durch semantische Ergänzungen anreichern, indem sie einzelnen Zahlen, Wörtern, Passagen oder Dokumenten eine Bedeutung zuweisen. So könnte etwa in Doppelbesteuerungsabkommen der Quellensteuersatz für Streubesitzdividenden durch eine zusätzliche Information (Markierung, engl. „Tag"), für den Computer erkennbar als solcher gekennzeichnet werden. Solche Metadaten können auch Informationen zum Geltungszeitraum oder Verweise auf speziellere Vorschriften enthalten, die eine automatisierte Verarbeitung verbieten würden. Für Rechtsprechungsquellen können solche Annotationen eingesetzt werden, um die Rahmeninformationen maschinell lesbar zu hinterlegen, etwa die Kategorisierung eines Textes als Urteil oder Beschluss eines bestimmten Gerichts, das Datum, das Aktenzeichen, das Rechtsgebiet oder Schlagwörter. Denkbar ist auch, Verwaltungspraxis durch Metadaten anzureichern, um sie maschinell lesbar zu gestalten. Diese Metadaten bilden dabei keine Übersetzung der natürlichen Sprache, sie ermöglichen dem Computer nur, Elemente der natürlichen Sprache einzuordnen und zu verstehen. Entsprechende Markierungen müssen entweder von Menschen manuell

---

109 *Dozier/Kondadadi/Light/Vachher/Veeramachaneni/Wudali* in Francesconi/ Monternagnis/Peters/Tiscornia (Fn. 103), S. 27.
110 *Schmalz* in Wittpahl (Hrsg.), Künstliche Intelligenz, 2019, S. 194 (201).
111 *von Bünau* in Breidenbach/Glatz (Fn. 76), S. 55.
112 *Buchholz*, JuS 2018, 955; *Schwintowski*, NJOZ 2018, 1601 (1609) zu Leverton.ai.
113 Erste Ansätze bei *Alarie/Niblett/Yoon*, Using Machine Learning to Predict Outcomes in Tax Law (December 15, 2017). Available at SSRN: https:// ssrn.com/abstract=2855977.

oder wiederum mit Hilfe von Software vorgenommen werden, die automatisierte Annotationen erlaubt.

Notwendige Voraussetzung von Annotationen ist deren Standardisierung. Um die Entwicklung von Annotationsstandards für Rechts- und Rechtserkenntnisquellen und deren Ontologien hat sich in der AI & Law-Forschung eine eigene Teildisziplin herausgebildet.[114] In der Europäischen Union bildet der *European Case Law Identifier* (ECLI) den wohl bekanntesten juristischen Annotationsstandard.[115] Er ist Teil des europäischen E-Justice-Projekts und definiert durch einen digitalen Identifikator[116] einheitliche Metadaten für die Rechtsprechung.[117] Auf internationaler Ebene ist im Rahmen eines Projekts der Vereinten Nationen zur Fortentwicklung der Rechtssysteme in afrikanischen Staaten von Forschern an den Universitäten Bologna und Florenz ein XML-Standard für Gesetzgebungs- und Rechtsprechungsdokumente mit dem Akronym *Akoma Ntoso* (Architecture for Knowledge-Oriented Management of African Normative Texts) entwickelt worden.[118] Dieser Standard ist von dem privaten Standardsetzer OASIS übernommen worden, der ihn unter den Bezeichnungen *LegalDocumentML* (*Mark Up Language*) und *Legal-RuleML* weiterentwickelt.[119] In Österreich wird für den elektronischen Rechtserzeugungsprozess seit 2004 eine standardisierte XML-Struktur verwendet.[120] In den USA findet seit 2013 die *United States Legislative Markup* (USLM) – Ontologie Anwendung.[121] In allen diesen Fällen umfassen die Metadaten nur rudimentäre bibliografische Informationen. Aus

---

114 *Valente*, Types and Roles of Legal Ontologies, in Benjamins/Casanovas/Brueker/Gangemi (Hrsg.), Law and the Semantic Web, 2005, S. 65.
115 Schlussfolgerungen des Rates mit einem Aufruf zur Einführung des European Case Law Identifier (ECLI) und eines Mindestbestands von einheitlichen Metadaten für die Rechtsprechung, ABl. C127/5 v. 29.4.2011.
116 Zur möglichen Weiterentwicklung digitaler Identifikatoren juristischer doktrinaler Inhalte, *Dévaud/Kummer* in IRIS (21) 2018, 335 (337).
117 Zu ECLI *Rott*, jurPC Web-Dok. 1/2017, Abs. 1.
118 *Barabucci/Cervone/Palmirani/Peroni/Vitali* in Casanovas/Pagallo/Sartor/Ajani (Hrsg.), AI Approaches to the Complexity of Legal Systems, 2009, S. 133.
119 *Athan/Governatori/Palmirani/Paschke/Wyner* in Faber/Paschke (Hrsg.) Reasoning Web, 2015, S. 151.
120 *Schwarz*, Elektronische Gesetze in Österreich – Zur authentischen Kundmachung des Bundesrechts im Internet nach dem Kundmachungsreformgesetz, 2004, S. 18 ff.
121 U.S. House of Representatives, Office of the Law Revision Counsel, United States Legislative Markup, User Guide for the USLM Schema, 2013.

der Verwaltungswissenschaft stammt der weiterreichende Vorschlag, Gesetzestexte um Metadaten einer Vollzugsontologie zu ergänzen, um damit wiederum Gesetzesfolgen automatisiert zu prognostizieren.[122] Die vielversprechende Perspektive einer „*Steuervollzugsontologie*" liegt nahe, ist aber unerforscht.

3. Maschinenausführbare Programmsprachen und ihre Vorstufen

Maschinenlesbare Annotationen könnten auch in Deutschland bereits im Gesetzgebungsverfahren hinzugefügt werden.[123] Erreichen sie die Dichte einer Vollzugsontologie könnten der Entwurf des Gesetzes und die Vorarbeiten seiner Umsetzung in automatisierten Verwaltungsverfahren, in Erklärungs- und Beratungssoftware in einem Akt zusammengefasst werden. *P. Kirchhof* hat zutreffend auf die damit verbundene Gefahr eines Interpretationsmonopols und einer Umadressierung des Gesetzes mit Folgewirkungen für die Gewaltenteilung hingewiesen.[124] Gleichwohl drängt sich eine Anwendung im Bereich der Kapitalertrag- und Lohnsteuer auf. Im Lohnsteuerrecht sind nach § 39b Abs. 6 EStG bereits heute durch das Bundesministerium der Finanzen im Einvernehmen mit den obersten Finanzbehörden der Länder *Programmablaufpläne* für die maschinelle Berechnung der Lohnsteuer zu veröffentlichen. Das führt zu der Frage, ob in der Qualität vergleichbare maschinenlesbare Metadaten im Gesetzgebungsverfahren mit der Wirkung materiellen Rechts verabschiedet werden könnten.[125] Der Gewinn an Effizienz und Rechtssicherheit wäre groß. Zu erinnern ist an die enormen Kosten der Softwareumstellung mit Einführung der Abgeltungsteuer. Demgegenüber nicht zu unterschätzen ist die Herausforderung der Zweisprachigkeit und möglicher Widersprüche zwischen Gesetz und Maschinencode. Diese Widersprüche würden vermieden, wenn entweder nur Verwaltungsanweisungen maschinenlesbar veröffentlicht würden oder sogleich Gesetze in einer Programmiersprache oder einer maschinenlesbaren natürlichen Sprache verfasst würden. Dabei muss man sich keine

---

122 *Off/Kühn/Schuppan* in Rätz et al. (Hrsg.), Digitale Transformation: Methoden, Kompetenzen und Technologien für die Verwaltung, 2016, S. 35 (38 ff.).
123 Zu ersten vorsichtigen Schritten in dem vom BMJV betriebenen Projekt „Elektronische Arbeitshilfen und Verkündung": https://www.enorm.bund.de/eNorm/DE/Projekt/projekt_node.html.
124 *P. Kirchhof*, DStR 2018, 497 (501).
125 Näher dazu die Beiträge von *Reimer* und *Waldhoff* in diesem Band.

Kunstsprache vorstellen[126] und kann sich in kleinen Schritten der Digitalisierung der Gesetzgebung nähern.

4. Intelligente Gesetze: Optimierendes und personalisiertes Recht

Maschinenlesbare Gesetze müssten nicht notwendig auf prinzipienorientierte Rechtsetzung, unbestimmte Rechtsbegriffe und Ermessensnormen verzichten. Prinzipien, Konkretisierungs- und Abwägungsgebote entziehen sich keiner Algorithmisierung. Vielmehr könnten Optimierungsaufträge, typologische Ähnlichkeitsvergleiche oder Ermessensentscheidungen mit gewichteten Abwägungskriterien in Optimierungsmodellen, statistischen Rechtsprechungsauswertungen und Balanced Scorecards in Programmen abgebildet werden. Die „gerichtsbekannte und nicht beweisbedürftige Auffassung" über das „Bild", das „nach der Verkehrsauffassung einen Gewerbebetrieb ausmacht"[127] wäre auch statistischen Erkenntnisverfahren zugänglich. Typusbegriffe[128] in beweglichen Systemen[129] lassen sich technisch mit Mustererkennungsverfahren verbinden. Technisch möglich ist es auch, die Ausübung von Ermessen zu automatisieren, nicht nur dort wo die Verwaltung durch ihre veröffentlichte Verwaltungspraxis gebunden ist. Damit ist noch nichts über die rechtliche Zulässigkeit der Automatisierung von Ermessensentscheidungen gesagt.[130] Technisch machbar wäre wohl auch ein selbst-optimierendes Steuersystem, in dem ausgehend von einer vorgegebenen Steuerquote die Auflösung von Steuerkonkurrenzen, primärer und sekundärer Finanzausgleich, leistungsfähigkeitsorientierte Lastenverteilung und Lenkung über die verschiedenen Steuerarten hinweg einen selbststeuernden Mechanismus bilden. Das Spannungsverhältnis eines solchen *Built-In-Revenue Management* zum Rechtsstaatsprinzip, insbesondere zum Gebot der Vorhersehbarkeit der individuellen Belas-

---

126 Zu maschinenfreundlicher natürlicher Sprache *Wyner* (Fn. 104), S. 409.
127 Exemplarisch mit dieser in der Rechtsprechung vielfach verwendeten Formel: BFH v. 3.7.1995 – GrS 1/93, BStBl. II 1995, 617 Rz. 29.
128 *Drüen*, StuW 1997, 261; *Mössner* in FS Kruse, 2001, S. 161; *Weber-Grellet* in FS Beisse, 1997, S. 551.
129 *Drüen*, StuW 2000, 289.
130 Dazu *Braun/Binder*, NVwZ 2016, 960 (963); *Herold* in Taeger (Hrsg.), Rechtsfragen Digitaler Transformationen – Gestaltung digitaler Veränderungsprozesse durch Recht, DSRIT 2018, S. 453 (454 f.); *Polomski*, Der automatisierte Verwaltungsakt, 1993, S. 56, 59.

tung,[131] liegt auf der Hand. Man kann sich aber vorstellen, dass einzelne Gesetzgeber dem Reiz einer „*Big Data-driven legal personalisation*"[132] erliegen könnten und die im Schrifttum bereits beschriebenen „*Self-driving Laws*"[133] und „*Responsive Regulation*"[134] einen Anwendungsfall finden. Die technischen Möglichkeiten optimierenden und personalisierenden Rechts verdienen daher gerade im Kontext des Steuerrechts mit der Vielfalt seiner Lenkungs- und Verteilungszwecke eine ernsthafte und kritische Auseinandersetzung. Das Recht muss der Technik nicht folgen. Die Auslegung ausfüllungsbedürftiger Wertbegriffe[135] und Abwägungsentscheidungen sind mit einem Menschenvorbehalt zu verknüpfen.

Die Gefahren sich überschlagender Innovationen sind zumindest in Deutschland und besonders im Steuerrecht gering. Selbst naheliegende Möglichkeiten, für den Entwurf von Steuergesetzen Programme einzusetzen, die Verweisungen automatisiert kontrollieren oder Gesetzesfolgen vorhersagen, werden spärlich eingesetzt. Dabei existieren mit den Projekten und der Software *eNorm*[136] und *Legiswrite*[137] einfache Techniken, an die fortgeschrittene Legislative Tech-Anwendungen[138] anknüpfen könnten.

III. Computergestützte Methoden der Rechtsanwendung

Computergestützte Methoden der Rechtsanwendung können bei der Sachverhalts- und Rechtsfolgenfeststellung und grundsätzlich gleichermaßen in der öffentlichen Verwaltung, in der Rechtsprechung, in der fo-

---

131 *Hey* in FS Kirchhof, 2013, S. 1657 (1664); *Hey*, Steuerplanungssicherheit als Rechtsproblem, 2002, S. 185 ff.
132 Für das Privatrecht: *Busch*, Granular Legal Norms: Big Data and the Personalization of Private Law, in Mak/Tjong/Tai/Berle (Hrsg.), Research Handbook on Data Science and Law, 2018, 408; *Grigoleit*, AcP 218 (2018), 601 (604, Fn. 5).
133 *Casey/Niblett*, Self-Driving Laws, University of Toronto Law Journal 66 (2016), 429.
134 *Fettke/Risse*, DB 2018, 1748 (1748 f.) mit Hinweis auf *Ayres/Braithwaite*, Responsive Regulation, 1992.
135 *Looschelders/Roth* (Fn. 16), S. 198.
136 Enorm.bund.de.
137 Dialogika.de/case-study/enorm-legiswrite/.
138 Dazu *Breidenbach/Schmid* in Breidenbach/Glatz (Fn. 76), S. 169 ff.; *Pelech-Pilichowski/Cyrul* in Araszkiewicz/Krzystof (Fn. 104), S. 527; *Täks/Rull/Säär/Schäfer* in Araszkiewicz/Krzystof (Fn. 104), S. 479.

rensischen sowie gestaltenden Beratung und in Compliance Management Systemen zum Einsatz kommen. In der Steuerverwaltung, in der Steuerdeklaration und -beratung haben sie eine lange Tradition.[139] Das Spektrum ist breit und umfasste im Zeitalter der Deutschen Bundespost auch die Briefwage des Postbeamten, die auf ihrer Skala zugleich das Gewicht der Sendung ermitteln, mit den in der Skala hinterlegten Tabellen das Porto berechnen und damit die Festsetzung der Versandgebühr vorbereiten konnte. Computergestützte Methoden der Rechtsanwendung sind nicht auf Subsumtionsautomaten und Rechtsgeneratoren zu reduzieren. Vielmehr zählen zu ihnen auch die bereits von *Simitis* damit verbundenen Datenbank- und *Wissensmanagementsysteme*,[140] deren Einfluss auf den Prozess der Rechtsfindung nicht unterschätzt werden sollte. Deren Verwendung ist heute verbreitet und unumstritten. Ungeklärt sind demgegenüber die technologischen und rechtlichen Grenzen des weitergehenden Einsatzes computergestützten Methoden der Rechtsanwendung in den juristischen Kernkompetenzen des Begründens und Entscheidens im Diskurs[141] und im Justizsyllogismus[142].

1. Regel- und fallorientierte IT-gestützte Rechtsfindung

Unbeeinflusst vom Werturteilsstreit[143] und Zweifeln an der Algorithmisierbarkeit der Rechtserzeugung[144] folgt die Forschung und Entwicklung juristischer *Expertensysteme* zwei unterschiedlichen Wegen, um regel- oder fallorientiert automatisierte Antworten auf juristische Fragestellungen zu generieren und Programme zu entwickeln, die für konkrete Rechtsfragen der Lebenswirklichkeit Entscheidungsempfehlungen ausgeben können.

---

139 *Haft* (Fn. 30), S. 35 ff.; *Gojowski/Mertens/Richter/Schmidt-Baumeister*, Komplexe Entscheidungsunterstützung. Die Expertensysteme der DATEV, WuM 2012, 68; *Schanz/Sixt*, DB 2018, 1097.
140 *Simitis* (Fn. 19), S. 15 ff.
141 Zur diskurstheoretischen Konzeption des Rechts *Bäcker*, Begründen und Entscheiden. Kritik und Rekonstruktion der Alexyschen Diskurstheorie des Rechts, 2. Aufl. 2012, S. 201 ff.
142 Zur Bedeutung für das juristische Urteil *Gabriel* in Gabriel/Gröschner (Hrsg.), Subsumtion, 2012, S. 1 (11). *Raabe/Wacker/Oberle/Baumann/Funk*, Recht ex machina, 2012, S. 53 ff.
143 *Rüthers/Fischer/Birk*, Rechtstheorie, 10. Aufl. 2018, Rz. 290a ff. und Rz. 579 ff.
144 *Kotsoglou*, JZ 2014, 451 (452 ff.); *Engel*, JZ 2014, 1096; *Kotsoglou*, JZ 2014, 1100; *Keltsch*, DSWR 1985, 41 (46); *Staake*, Werte und Normen, 2018, S. 421.

Regelbasierte Entscheidungshilfesysteme suchen den Prozess der Rechtsfindung durch explizite Programmierung des Subsumtionsschlusses nachzubilden.[145] Das Vorgehen lässt sich plastisch am Anwendungsfall der Zinsschranke illustrieren. Ihre Tatbestandsvoraussetzungen lassen sich durch ein Flussdiagramm in einem Entscheidungsbaum, entlang von Kanten (Pfaden) und Knoten strukturieren und so auch als Baumstruktur in einem Programm abbilden.[146] Auslegungs- und Interpretationsprobleme, etwa die Definitionen von Zinsaufwand und Zinsertrag, muss entweder die Programmierung in der Aufbereitung der Wissensbasis und der Dialogkomponente oder der Anwender bei der Sachverhaltseingabe lösen. Das gilt ähnlich für regelbasierte Entscheidungshilfesysteme mit Berechnungsschemata, wie sie jeder Steuerdeklarationssoftware zugrunde liegen. Regelbasierte Entscheidungshilfesysteme können mit einem natürlich-sprachlichen Dialogsystem und automatischer Textanalyse verknüpft werden.[147] Die Technik der Ableitungsmaschine[148] bleibt davon unbeeinflusst. Die großen Herausforderungen regelbasierter Entscheidungshilfesysteme sind gerade im Steuerrecht der Erwerb der Wissensbasis und die Sachverhaltsfeststellung. Bis heute ist es nicht gelungen, einen Subsumtionsautomaten zu bauen, der die Annäherung zwischen Sachverhalt und Norm als wertende Zuordnung[149] in dem im deutschen Rechtskreis vorherrschenden Justizsyllogismus,[150] losgelöst von vorstrukturierten Anwendungsfeldern, überzeugend löst.[151] Neuere Ansätze, die Methoden der Unschärfelogik (Fuzzylogik)[152] integrieren, wirken

---

145 *von Bünau* in Breidenbach/Glatz (Fn. 76), S. 50; *Bilgi*, A Rule-Based Graphical Decision Charting Approach to Legal Knowledge Based System, in Araszkiewicz/Krzystof (Fn. 104), S. 435 (436); *Grupp* in Hartung/Bues/Halbleib (Fn. 72), S. 262; *Raabe/Wacker/Oberle/Baumann/Funk* (Fn. 142), S. 345 ff.
146 Diagramm bei *Hey* in Tipke/Lang, Steuerrecht, 23. Aufl. 2018, § 11 Rz. 55.
147 *Jandach*, Juristische Expertensysteme, 1993, S. 15; in der Anwendung: WTS/DFKI, Künstliche Intelligenz im Steuerbereich, 2018, Präsentation am 13.10.2018, Veröffentlicht auf https://www.youtube.com/watch?v=fBL-ei6hyfI.
148 Zu dieser Technik *Raabe/Wacker/Oberle/Baumann/Funk* (Fn. 142), S. 337 ff.; *Ringwald*, DSWR 1984, 29; *Popp/Schlink* in Suhr (Hrsg.), Computer als juristische Gesprächspartner, 1970, S. 1.
149 *Looschelders/Roth* (Fn. 16), S. 86 ff.
150 *Gabriel* (Fn. 142), S. 1; *Neumann* in Gabriel/Gröschner (Hrsg.), Subsumtion, 2012, 311 (324); zur fließenden Grenze zwischen Fallabbildung und Regel *Anzinger*, Anscheinsbeweis und tatsächliche Vermutung im Ertragsteuerrecht, 2006, S. 81 ff.
151 *Raabe/Wacker/Oberle/Baumann/Funk* (Fn. 142), S. 429 f.
152 Grundbegriffe in *Biewer*, Fuzzy-Methoden, 1997, S. 47 ff.

vielversprechend[153] und für Einzelfragen, etwa die vorbereitende Auslegung unbestimmter Rechtsbegriffe, scheinen Wege gefunden.[154] Der
Beweis der technologischen Machbarkeit eines Subsumtionsautomaten
ist aber in der einleitend skizzierten fünf Jahrzehnte währenden Forschung nicht erbracht.

Große Erwartungen wecken vor diesem Hintergrund die jüngeren Methoden der fallorientiert automatisierten Rechtsfindung.[155] Sie beruhen
auf den Techniken maschinellen Lernens und künstlicher neuronaler
Netze[156]. Mit diesen Techniken ist es möglich in großen Datenmengen
Muster und Gesetzmäßigkeiten zu erkennen, etwa Korrelationen zwischen bestimmten Sachverhalten und bestimmten Rechtsfolgen. Ziel
dieser Technik ist es, wahrscheinliche Entscheidungen vorherzusagen
und diese Entscheidungsvorhersagen zur Entscheidungsunterstützung
zu nutzen. Dazu haben sich als Zweig der AI & Law-Forschung die Disziplinen des *Case-based Reasoning* und der *Legal Predictive Analytics*
herausgebildet.[157] Notwendige Voraussetzung ihrer Methoden ist ein
möglichst großer Pool an Trainingsdaten mit Sachverhalten, Entschei-
dungstenor und -begründung. Wenig Rechtsprechung ist bislang zu Trai-
ningszwecken öffentlich zugänglich. Die Forschung hat sich deshalb
bislang auf den vollständig veröffentlichten Rechtsprechungscorpus des

---

153 *Adrian*, Rechtstheorie 48 (2017), 77 (95); *Krimphove/Niehaus* in Breiden-
bach/Glatz (Fn. 76), S. 249 ff.
154 *Gerathewohl* (Fn. 61).
155 *Branting*, Artificial Intelligence and Law 25 (2017), 5 (12); *Grupp* in Har-
tung/Bues/Halbleib (Fn. 72), S. 261; mit den Ansätzen „Rulemaker" und
„RuleML" bereits *Haft*, DSWR 1987, 73 (77).
156 Einführend in die Technologien des Maschinellen Lernens und der künstlichen neuronalen Netze *Chollet/Allaire*, Deep Learning mit R und Keras,
2018, S. 23 ff.; *Goodfellow/Bengio/Courville*, Deep Learning, 2015, S. 96 ff.,
326 ff. *Ashley* (Fn. 100), S. 234 ff.; *von Bünau* in Breidenbach/Glatz (Fn. 76),
S. 52 ff.
157 *Alarie/Niblett/Yoon*, Using Machine Learning to Predict Outcomes in Tax
Law (December 15, 2017). Available at SSRN: ssrn.com/abstract=2855977;
Atkinson/Bench-Capon, Artificial Intelligence and Law 13 (2006), 93; Ashley, Artificial Intelligence and Law 1 (1992), 113; *Brüninghaus/Ashley* in
ICAIL 9 (2003), S. 233; *Brüninghaus/Ashley*, Artificial Intelligence and Law
17 (2009), 125; *Mackaay/Robillard*, DVR 1974, 302; *Waltl/Boczek/Scepan-
kova/Landthaler/Matthes*, Predicting the Outcome of Appeal Decisions in
Germany's Tax Law, in Parycek et al. (Hrsg.), Electronic Participation,
2017, S. 89 ff.

EGMR konzentriert,[158] aber auch Entscheidungen des BFH in den Blick genommen.[159] Sachverhalt und Tenor lassen sich vorstrukturieren und ein künstliches neuronales Netz damit trainieren.[160] Dabei werden Korrelationen zwischen wiederkehrenden Mustern im Sachverhalt und im Tenor durch Wahrscheinlichkeiten bewertet. Man mag sich kaum vorstellen, dass die dabei angewandten Methoden der Mustererkennung, die in der Bild- und Texterkennung seit langem Verwendung finden,[161] auf das Recht übertragbar sind. Die populäre Übersetzungssoftware eines Kölner Unternehmens, *DeepL*, funktioniert aber nicht anders.[162] Sie versteht weder eingegebene noch ausgegebene Sätze und beherrscht nicht die Logik einer Grammatik. Sie ist allein mit übersetzten Texten trainiert und verknüpft durch ein faltendes neuronales Netzwerk (*Convolutional Network*)[163] bestimmte Gesamtmuster der Eingangssprache mit einer gewissen Wahrscheinlichkeit von Gesamtmustern der Ausgangssprache.[164] Das funktioniert erstaunlich gut. Würde diese Technik in der Breite zur Rechtsfindung eingesetzt, hätte sie Rückwirkungen auf die Methoden der Rechtswissenschaft. Diese Technik bildet die geltenden Methoden nicht nach, sondern ermittelt nur statistisch Ergebnisse ihrer, häufig unvollkommenen, Anwendung in der Vergangenheit. Die größte Qualität und für viele Anwendungen wohl auch die Mindestqualität verspricht daher eine Kombination regel- und fallorientierter Methoden IT-gestützter Rechtsfindung.[165]

2. IT-gestützte Sachverhaltsermittlung und -verifikation

Dialoggestützte Expertensysteme überlassen die Ermittlung des Sachverhalts dem Anwender. Automatisierung der Rechtsfindung setzt aber bereits früher, bei der Sachverhaltsermittlung an. Dabei besteht die eine

---

158 *Aletras/Tsaraparsanis/Preotiuc-Pietro/Lampos*, Predicting judicial decisions of the European Court of Human Rights: a Natural Language Processing perspective, PeerJ Computer Science 2016, DOI 10.7717/peerj-cs.93; *Vols/Medvedeva*, Using machine learning to predict (future) judicial decisions of the European Court of Human Rights, unveröffentlichter Vortrag, Data Science and Law-Conference, Tilburg University, 18.5.2018.
159 *Waltl/Boczek/Scepankova/Landthaler/Matthes* (Fn. 157).
160 *Ashley* (Fn. 100), S. 234 ff.
161 *Pinz*, Bildverstehen, 1994, S. 33 ff.
162 *Ziegert*, NZZ am Sonntag v. 21.10.2018, S. 33: „Übersetzungswunder".
163 *Goodfellow/Bengio/Courville*, Deep Learning, 2015, S. 326 ff.
164 *Merkert*, heise-online v. 29.8.2017, https://heise.de/-3813882.
165 *Branting*, Artificial Intelligence and Law 25 (2017), 5 (22 f.).

Herausforderung darin, für jede mögliche Lebenswirklichkeit eine Struktur in Datencontainern vorzubereiten. Hier hilft die Technik der objektorientierten Programmierung.[166] Die andere Herausforderung ist es, den Sachverhalt zu erschließen, in Zeichen zu übersetzen[167] und auf die vorgehaltenen Datencontainer zu fokussieren.[168] Dazu lässt sich auf Beweisregeln zurückgreifen, die im Steuerrecht nicht selten anzutreffen, aber auch für andere Rechtsgebiete entwickelt worden sind, um die Komplexität der Sachverhaltsermittlung zu verringern.[169] Die Drei-Objekt-Regel ist ein Beispiel für eine solche komplexitätsreduzierende Beweisregel.[170] Unstrukturierte Daten lassen sich weiter mit Hilfe selbstlernender Systeme klassifizieren und für die Rechtsanwendung aufbereiten. Solche Methoden des Maschinellen Lernens werden bereits heute in Verfahren zur Dokumentenaufbereitung (*Technology Assisted Review*, TAR),[171] zur Vertragsanalyse und im eDiscovery eingesetzt.[172] Schließlich führt gerade im Steuerrecht der Drang der vollziehenden Gewalt nach automationsgerechten Gesetzen zur Digitalisierung der Tatsachen und einer Verengung der Tatbestandsvoraussetzungen auf digitalisierte Tatsachen. Paradebeispiel hierfür ist die *E-Bilanz*.[173] Deutlich zeigt sich diese Entwicklung in einem Mehrheitsvorschlag der Länder zur Reform des Grundsteuerrechts, nach dem auf eine Anforderung von Steuererklärungen verzichtet und die erforderlichen Daten aus anderen Quellen erhoben und automationstechnisch nutzbar gemacht werden sollen.[174] In diesem Vorschlag setzt sich die im Einkommensteuergesetz angelegte Verknüpfung von Tatbeständen mit der Datenübermittlung durch Dritte fort.[175]

---

166 *Burr*, BB 2018, 476 (477).
167 *Keltsch*, DSWR 1984, 41 (42).
168 *Burr*, BB 2018, 476 (480).
169 Zur Rolle der Beweisregeln im Zivilrecht und im Steuerrecht *Anzinger* (Fn. 150), S. 20 ff.
170 *Anzinger* (Fn. 150), S. 298 ff.
171 *Fritz* in IRIS 21 (2018), 273.
172 *Wagner*, BB 2017, 898 (901 f.); zum praktischen Einsatz zur Aufklärung von Kartellverstößen *Fazzone*, BB 2014, 1032.
173 Für Deutschland *Kußmaul/Ollinger/Weiler*, StuW 2012, 131; zur internationalen Entwicklung *Eismayr/Kirsch*, DB 2016, 40 (41).
174 BT-Drucks. 18/10753 v. 21.12.2016, S. 42.
175 Zur verfassungsrechtlichen Einordnung von Einwilligungspflichten in die Datenübermittlung durch Dritte als Voraussetzung für den verfassungsrechtlich gebotenen Abzug von Kosten der privaten Krankenversicherung *Wernsmann*, NJW 2009, 3681 (3684 f.).

3. Automatisiertes Argumentieren und Begründen

Während sich der Weg regelbasierter IT-gestützter Rechtsfindung gut rekonstruieren lässt und in vielen Systemen auch Textbausteine eines Gutachtens zur automatisierten Begründung gefundener Entscheidungsvorschläge hinterlegt sind,[176] stellt die Begründung des Entscheidungsvorschlags im Wege fallorientiert IT-gestützter Rechtsfindung eine technische Herausforderung dar.[177] In ihr können insbesondere automationsgestützte Ermessensentscheidungen eine rechtliche Grenze finden.[178] Im US-amerikanischen Case Law-System ist das Auffinden von Argumenten, die für die eigene Rechtsauffassung sprechen, eine zentrale Aufgabe im juristischen Diskurs. *Argumentation Mining* (AM) ist deshalb eine eigene Disziplin innerhalb der Forschung zur natürlichen Sprachverarbeitung (*Natural Language Processing*, NLP).[179] Auch dafür eignet sich die Technik des Maschinellen Lernens und sie lässt sich um Modelle des computergestützten Argumentierens erweitern.[180]

Maschinelles Lernen kann wiederum dazu eingesetzt werden, um Antrags- und Entscheidungsbegründungen und auch Vertragstexte zu formulieren. Dazu kommen sog. *Tax* oder *Legal Chatbots* zum Einsatz. Das sind Systeme, die menschliche Dialoge, sprachbasiert simulieren.[181] Im Prozess der Rechtsanwendung werden sie zur Automatisierung der Schriftsatzerstellung eingesetzt und können auf zwei unterschiedlichen technischen Verfahren oder einer Kombination aus beiden beruhen. Seit langem etabliert ist die Verbindung regelbasierter Expertensysteme mit einem natürlich-sprachlichen Dialogsystem. Hier werden schlicht Textbausteine hinterlegt oder Texte in einem Wenn-Dann-Schema generiert.

---

176 Zum DATEV-Expertisensystem: *Gojowski/Mertens/Richter/Schmidt-Baumeister*, WuM 2012, 68 (69); *Burr*, BB 2018, 476 (482).

177 *Waltl/Vogl*, Explainable Artificial Intelligence – The New Frontier In Legal Informatics, in IRIS 21 (2018), 113.

178 *Herold* (Fn. 130), S. 462.

179 *Ashley* (Fn. 100), S. 22 ff. mit dem Hinweis auf die Software „IBM Debater"; einen Überblick über Spektrum und Stand der Forschung vermitteln die seit 2014 von IBM organisierten Workshops: https://www.research.ibm.com/haifa/Workshops/argmining18/index.shtml.

180 Zu Computational Models of Legal Argument: *Ashley* (Fn. 100), S. 124 ff.

181 *Goodman* in Hartung/Bues/Halbleib (Fn. 72), S. 71 f.; *Kuhlmann*, LTO v. 21.3.2017, lto.de/recht/zukunft-digitales/l/legal-tech-chatbots-juristische-beratung-online/; *Croft*, Financial Times v. 7.6.2018, ft.com/content/0eabcf44-4c83-11e8-97e4-13afc22d86d4; *Ice*, Medium v. 29.6.2018, medium.com/legal-design-and-innovation/the-playing-field-of-legal-chatbots-58f2843ee9f4; zu Social Bots *Wischmeyer*, AöR 143 (2018), 1 (10).

Es handelt sich um eine intelligente Serienbrieffunktion und damit um eine Technik, die in Massenverfahren seit langem eingesetzt wird.[182] Relativ jung ist der Einsatz statistisch in künstlichen neuronalen Netzen trainierter *Chatbots*. Sie setzen Trainingsdaten voraus, also eine Vielzahl von Dialogen (Schriftsätzen), die sich als Antworten auf zugeordnete Anfragen mit abhängigen Eingangssignalen verknüpfen lassen. Das System lernt anhand dieser Trainingsdaten Korrelationen zwischen Anfragen und Antworten und wird dadurch in die Lage versetzt, durch Nachahmung vorgefundener Muster eigene Texte zu generieren.[183]

4. Stille Digitalisierung der juristischen Methodenlehre

Während im Schrifttum noch umstritten ist, ob sich der deutsche Justizsyllogismus in einen *Subsumtionsautomaten* integrieren lässt,[184] haben sich in der Anwendung des Maschinellen Lernens und künstlicher neuronaler Netze neue Wege der Rechtsfindung herausgebildet, die dem anglo-amerikanischen Case Law näherzustehen scheinen als dem kontinentaleuropäischen Civil-Law-System. Wenn diese im Massenfallrecht günstigeren Technologien sich zuerst in einer transnational vernetzten Wirtschaft durchsetzen und später auch in anderen Rechtsgebieten rezipiert werden, verändern sie die Methoden der Rechtsfindung ebenso wie den Geltungsvorrang des Rechts. Diese faktisch-normative Kraft einer durch Technik gestalteten Realität ist es, auf die *Lawrence Lessig* mit seiner Formel „*Code is Law*" hinweisen wollte.[185] „Circolazione e mutazione dei modelli giuridici" (*Rodolfo Sacco*)[186] umfasst auch die Methoden und gilt disziplinübergreifend. Es ist nicht ausgeschlossen, dass es im deutschen Recht durch die Einbeziehung von Entscheidungsunterstützungssystemen zu einer stillen Methodenrezeption ausländischen Rechts und der Informatik kommt. Gerade im Steuerrecht, mit seinem fein austarierten bereichsspezifischen Methodenkanon, muss das Bewusstsein für diese mögliche Entwicklung geschärft werden.

---

182 *Wagner*, Legal Tech und Legal Robots, 2018, S. 28; *Wagner*, BB 2017, 898 (900).
183 Dazu *Alschner/Skougarevskiy*, Towards an automated production of legal texts using recurrent neural networks in ICAIL 16 (2017), S. 229.
184 Oben Fn. 144.
185 *Lessig*, Code 2.0 – Jake's Communities, Kindle Edition 2006, Position 603; *Lessig*, Code and other laws of cyberspace, 1999, Ch. 1: „‚code'-as a kind of regulator".
186 *Sacco*, Digesto delle Discipline Privatistiche, Sezione Civile, Vol. II, 1989, S. 385.

IV. Streitbeilegungsmechanismen

Die neuen technischen Möglichkeiten können sich einerseits nicht nur auf die Methoden der Rechtsfindung, sondern auch auf die Mechanik der Streitbeilegung auswirken. Sie sind andererseits in ihrer Verwirklichung von dieser Mechanik abhängig.

1. Digitale Zugangs- und Kommunikationswege

Mit dem schillernden Begriff *eJustice* werden keine Richterautomaten verbunden. Er bezeichnet den Einsatz von Informationstechnik innerhalb der Justiz und damit den Prozess der Digitalisierung der Zugangs- und Kommunikationswege.[187] Der damit verbundene Einstieg in den elektronischen Rechtsverkehr[188] und die elektronische Aktenführung[189] ist für sich genommen nur eine Veränderung der Arbeitsorganisation und der Kommunikations- und Arbeitsmedien, die aber eine Fülle neuer Rechtsfragen aufwirft.[190] Zusammen mit Formerleichterungen, etwa bei der Gründung von Kapitalgesellschaften[191] oder dem erleichterten Zugang zu öffentlichen Registern auf Internetplattformen,[192] eröffnen diese neuen Zugangswege aber Optionen für eine weitere Automatisierung juristischer Arbeitsprozesse.

2. Kognitive Assistenzsysteme der richterlichen Tätigkeit

Die elektronische Aktenführung erlaubt die Nutzung kognitiver Assistenzsysteme richterlicher Tätigkeit. Neben den bekannten Datenbank- und Wissensmanagementsystemen und den beschriebenen Entschei-

---

187 *Bernhardt*, jM 2018, 310; *Jost/Kempe*, NJW 2017, 2705; *Müller*, JuS 2018, 1193.

188 Gesetz zur Förderung des elektronischen Rechtsverkehrs mit den Gerichten v. 10.10.2013, BGBl. I 2013, 3786.

189 Gesetz zur Einführung der elektronischen Akte in der Justiz und zur weiteren Förderung des elektronischen Rechtsverkehrs v. 5.7.2017, BGBl. I 2017, 2208.

190 Dazu *Mellinghoff* in FS 100 Jahre BFH, 2018, S. 421 (439 ff.); aus Schweizer Perspektive *Glaser*, SJZ 114 (2018), 181 (182); zur E-Zustellung Neu in Österreich *Gspan/Karning* in IRIS 21 (2018), 349.

191 Dazu Vorschlag für eine Richtlinie (...) im Hinblick auf den Einsatz digitaler Werkzeuge und Verfahren im Gesellschaftsrecht v. 25.4.2018, COM(2018)239.

192 *Spindler*, ZGR 2018, 17 (21); *Möslein*, ZIP 2018, 204 (205); *Wagner* (Fn. 182), S. 16.

dungsunterstützungssystemen können dies insbesondere digitale Methoden des strukturierten Parteivortrags und der besonders im Zivilprozess bedeutsamen Relationstechnik sein.[193] Aber auch in Einspruchsverfahren und in Finanzgerichtsprozessen, kann eine Verknüpfung digitaler Dokumentverwaltung mit Techniken des Maschinellen Lernens helfen, unstrukturiertes Parteivorbringen und unstrukturierte Daten aus den Akten für den Richter aufzubereiten. Beachtung verdient die Überlegung von *Martin Fries*, Softwareapplikationen einzusetzen, um im Wege einer fallorientierten IT-gestützten Rechtsfindung ähnliche Fälle zu ermitteln und daraus automatisiert rechtliche Hinweise an die Parteien oder ein „Vor-Urteil" automatisch erstellen zu lassen, das den Parteien zur Kenntnis gegeben werden kann, um einer Seite die Möglichkeit zu geben, die Klage zurückzunehmen.[194] Übertragen auf den Finanzgerichtsprozess könnte der Gerichtsbescheid auf diese Weise automatisiert ergehen und nur nach einem Antrag auf mündliche Verhandlung durch das Gericht überprüft werden. Der Vorschlag zeigt aber auch die verfassungsrechtlichen Grenzen der Digitalisierung der Rechtsanwendung auf. Er steht in einem erkennbaren Spannungsverhältnis zu der in Art. 97 GG verbürgten *richterlichen Unabhängigkeit*.[195]

3. Alternative Online-Streitbeilegungsverfahren im Gleichordnungsverhältnis

Als Teil der internetgestützten Plattformökonomie[196] sind ab Ende der 1990er Jahre alternative Online-Streitbeilegungsplattformen entstanden. Unter dem Begriff der *Online Dispute Resolution* (ODR) hat sich dabei ein privatwirtschaftliches Geschäftsmodell plattformvermittelter und IT-gestützter Verhandlungen und Schiedsverfahren zur Streitschlichtung im Gleichordnungsverhältnis entwickelt.[197] Das Angebot besteht in der Herstellung von Kommunikationswegen und virtuellen Verhandlungs-

---

193 *Breidenbach/Gaier* in Breidenbach/Glatz (Fn. 76), S. 199; *Gaier*, ZRP 2015, 101 (104); Gaier in Breidenbach/Glatz (Fn. 76), S. 189; *Köbler*, AnwBl. 2018, 399.
194 *Fries*, NJW 2016, 2860 (2864).
195 Zutreffend *Fries*, NJW 2016, 2860 (2864).
196 Dazu *Anzinger* (Fn. 4); *Budzinski*, ORDO 67 (2016), 385 (387).
197 *Braegelmann* in Hartung/Bues/Halbleib (Fn. 72), S. 215 ff.; *Grupp*, AnwBl. 2014, 660; Überblick in UK Civil Justice Council, Online Dispute Resolution For Low Value Civil Claims, 2015, S. 13; einen Technologie- und Marktüberblick vermittelte das Tagungsprogramm der Konferenz „Online Dispute Resolution – Justice Re-imagined" 27.–28.6.2018, Liverpool.

räumen sowie der automatisierten Mediation (assisted negotiation) und dem zur Verfügung stellen intelligenter Verhandlungstechniken (automated negotation). Dazu zählen etwa Plattformen für Doppelte (*Double Blind Bidding*) oder Visuelle Blindgebote (*Visual Blind Bidding*), in denen die Parteien ihre Vergleichsbereitschaft in mehreren Runden verdeckt oder halboffen signalisieren können und durch die Plattform, nach vorgegebenen Kriterien, ein beide Parteien bilateral bindender Vergleichsbetrag ermittelt wird.[198] In einer EU-ODR-Verordnung,[199] einer Richtlinie über die alternative Beilegung verbraucherrechtlicher Streitigkeiten[200], im Verbraucherstreitbeilegungsgesetz[201] und in Entwürfen eines UNCITRAL Modellgesetzes[202] finden diese Plattformen ihre rechtlichen Strukturen.

Aus dem Blickwinkel des Steuerrechts interessieren nicht die rechtspolitischen Hinweise auf Defizite des Verbraucherschutzes und die Kritik einer Schattenjustiz.[203] Vielmehr könnten sich diese Verfahren eignen, um Beschwerde-, Verständigungs- und Streitbeilegungsverfahren nach der Richtlinie (EU) 2017/1852 vom 10.10.2017[204] und Schiedsverfahren nach dem Multilateralen Instrument v. 7.6.2017[205] ab- und fortzuentwickeln. Im Rahmen solcher Plattformen könnten nicht nur Verfahrensschritte automatisiert und beschleunigt, sondern auch die Transparenz des Verfahrens für den Steuerpflichtigen erheblich verbessert werden.

---

198 *Fries*, NJW 2016, 2860 (2861); *Wagner*, BB 2017, 898 (900).
199 VO (EU) Nr. 524/2013 (...) v. 21.5.2013 über die Online-Beilegung verbraucherrechtlicher Streitigkeiten (...), ABl. EU Nr. L 165/1 v. 18.6.2013.
200 RL 2013/11/EU v. 21.5.2013, ABl. EU Nr. L 165/63 v. 18.6.2013.
201 Gesetz über die alternative Streitbeilegung in Verbrauchersachen (Verbraucherstreitbeilegungsgesetz – VSBG) v. 19.2.2016, BGBl. I 2016, 254, 1039.
202 Zuletzt United Nations Commission on International Trade Law, Forty-ninth session, Report of Working Group III (Online Dispute Resolution) on the work of its thirty-third session (New York, 29 February-4 March 2016).
203 Dazu *Braegelmann* in Hartung/Bues/Halbleib (Fn. 72), S. 226; *Eidenmüller/Engel*, ZIP 2013, 1704 (1707).
204 Richtlinie (EU) 2017/1852 des Rates v. 10.10.2017 über Verfahren zur Beilegung von Besteuerungsstreitigkeiten in der Europäischen Union, ABl. EU Nr. L 265/1 v. 14.10.2017.
205 Mehrseitiges Übereinkommen zur Umsetzung steuerabkommensbezogener Maßnahmen zur Verhinderung der Gewinnverkürzung und Gewinnverlagerung v. 7.6.2017. *Grotherr* RIW 2017, 331; *Piotrowski*, IStR 2018, 257; zu beiden Instrumenten *Thoens/Schley*, IStR 2018, 632 (633 f.).

4. Automation der Rechtsprechung im Über-/Unterordnungsverhältnis

Im Vereinigten Königreich kündigte die Regierung im Frühjahr 2017 an, eine Milliarde britische Pfund in eine Justizreform[206] mit der Einrichtung von staatlichen *Online Courts* zu investieren,[207] die zukünftig für Rechtsfälle mit geringen Streitwerten bis zu 25.000 britischer Pfund zuständig sein sollten, und setzte sich selbst Ende 2018 mit dem *International forum on online courts* an die Spitze einer länderübergreifenden Bewegung.[208] Wie die privaten ODR-Plattformen sollen diese automatisierten *Online Courts* zuerst Verhandlungswege zur Verfügung stellen und die Parteien bei der Formulierung der Anträge unterstützen, sodann in einen Gütetermin übergehen, bei dem nicht notwendig Präsenz vor Gericht erforderlich ist, und schließlich die Durchführung des streitigen Verfahrens auf digitalen Kommunikationswegen ermöglichen.[209] Darin werden die Grundlagen für Verfahren der automatisierten Entscheidungsfindung erkannt.[210] Als Vorzüge dieser Reform werden ein erleichterter Zugang zu staatlichen Rechtsschutzverfahren, eine Beschleunigung dieser Verfahren und die größere – empfundene – Objektivität[211] automatisierter Entscheidungsprozesse hervorgehoben.[212] Ernst zu nehmende Kritik aus der Richterschaft weist auf die unterschiedlichen Funktionen privater und staatlicher Streitbeilegungsverfahren und die Bedeutung der öffentlichen mündlichen Verhandlung für die Akzeptanz des Richterspruches und die Herstellung von Rechtsfrieden hin.[213] Hinzuzufügen ist das von *Fritjof Haft* früh erkannte Risiko, dass Richter auto-

---

206 *Lord Chancellor*, Lord Chief Justice and Senior President of Tribunals, Transforming Our Justice System, 2016; zur Umsetzung: gov.uk/guidance/the-hmcts-reform-programme.

207 The Guardian v. 15.3.2017, theguardian.com/law/2017/mar/15/governments-1bn-plan-for-online-courts-challenges-open-justice.

208 Bericht auf gov.uk/guidance/international-forum-on-online-courts-3-and-4-december-2018#speeches-and-presentations.

209 *Briggs*, Civil Courts Structure Review: Final Report, 2016, S. 36.

210 *Genn*, Online Courts and the Future of Justice, Birkenhead Lecture 2017, Gray's Inn 16 October 2017, S. 3.

211 Zur subjektiven Komponente *Youyang/Lampe/Bulinski/Prescott*, Factors in Fairness and Emotion in Online Case Resolution Systems, ACM Conference on Human Factors in Computing Systems, 2017, S. 2511.

212 Online Dispute Resolution Advisory Group of the Civil Justice Council, Online Dispute Resolution For Low Value Civil Claims, 2015, S. 19, 26; diese Vorzüge kritisch in Frage stellend *Genn* (Fn. 210), S. 14 f.

213 *Braegelmann* in Hartung/Bues/Halbleib (Fn. 72), S. 225.

45

matisiert generierte Entscheidungsvorschläge selbst dann übernehmen würden, wenn ihnen die Letztentscheidung vorbehalten bliebe.[214] Dafür sind zwei Gründe zu nennen. Es kann an einem Maßstab fehlen, der eine abweichende Entscheidung rechtfertigt oder an der für eine kritische Reflexion der maschinellen Entscheidung notwendigen Selbstdisziplin und zeitlichen Freiheit. Deshalb müssen bereits kognitive Assistenzsysteme reflektiert eingesetzt und verfahrensrechtlich reguliert werden, um den *Menschenvorbehalt* richterlicher Entscheidungen abzusichern.[215]

V. Gestaltungsberatung, Compliance und Gesetzesvollzug

Digitalisierung kann durch einen leichteren Zugang zu den Informationen über das geltende Recht und durch bessere Vorhersehbarkeit der Rechtsfolgen zu größerer Rechtssicherheit beitragen. Im Steuerrecht kann die Digitalisierung neue Möglichkeiten der Steuergestaltung eröffnen, aber auch zur Herstellung von Rechtsanwendungsgleichheit beitragen[216]. Mit Blick hierauf sind, fokussiert auf das Steuerrecht, zuerst Anwendungen zur Extraktion von Erkenntnissen aus strukturierten und unstrukturierten Daten und sodann Überlegungen zur Einbeziehung von *Blockchain-Technologien* in den Steuervollzug vorzustellen.

1. Exhaustions-(Brut-Force-)Methoden in der digitalisierten Gestaltungsberatung

Ein weltweit erschlossener Zugang zu digitalisierten Rechtsinformationen eröffnet Möglichkeiten der steuerlichen Optimierung grenzüberschreitender Geschäftsaktivitäten. Dazu lassen sich strukturierte und unstrukturierte Daten mit den Techniken regelorientierter Expertensysteme, mit statistischen Verfahren, mit den Methoden des Maschinellen Lernens und der natürlichen Sprachverarbeitung verknüpfen. In der Gestaltungspraxis existieren bereits seit langem einfache Softwarelösungen, um mit den verfügbaren Daten über Quellensteuersätze, Schachtelprivilegien und speziellen Missbrauchsregeln im nationalen und im

---

214 *Haft* (Fn. 30), S. 116.
215 Mit Empfehlungen zur Algorithmenregulierung, die sich für richterliche Entscheidungsverfahren fortentwickeln lassen: Gesellschaft für Informatik, Technische und rechtliche Betrachtungen algorithmischer Entscheidungsverfahren. Gutachten der Fachgruppe Rechtsinformatik der Gesellschaft für Informatik e.V. im Auftrag des Sachverständigenrats für Verbraucherfragen, 2018, S. 167 ff.; *Martini*, JZ 2017, 1017; *Wischmeyer*, AöR 143 (2018), 1, 18 ff.
216 Zu Letzterem *Müller-Franken*, StuW 2018, 113 (116 f.).

Abkommensrecht, die optimale Dividendenroute für Ausschüttungen in multinationalen Konzernen zu bestimmen.[217] Die Verbindung von digitalisierten Rechtsinformationen mit Prognosen über die zu erwartenden Geschäftsvorfälle und Rechtsentwicklungen (*Predictive Analytics*)[218] erweitern die bestehenden Möglichkeiten digitalisierter Gestaltungsberatung.[219] Durch *Law Screening*[220] und schlichtes Ausprobieren aller möglichen Durchführungswege einer wirtschaftlichen Aktivität (Exhaustions-/Brut-Force-Methode) könnten große Datensammlungen (*Big Data*) mit Methoden der Optimierung verknüpft und dadurch der steuerlich günstigste Durchführungsweg ermittelt werden.[221] Umgekehrt können die Finanzbehörden vergleichbare Techniken einsetzen, um im Rahmen einer prospektiven *Gesetzesfolgenabschätzung*[222] den Gesetzgeber auf unvorhergesehene Umgehungsgestaltungen hinzuweisen. Sobald diese technische Möglichkeit besteht, aber vom Gesetzgeber bewusst nicht genutzt wird, wird sich die Frage stellen, ob planwidrige Regelungslücken im Gesetz überhaupt noch enthalten sein können. Methoden der *Predictive Analytics* lassen sich schließlich auch einsetzen, um, etwa mit *Google Trends*[223], in der Gestaltungsberatung die Schließung von „Steuerschlupflöchern" zeitlich vorherzusagen.[224] Der Einsatz dieser Methoden kann zu der Frage führen, ob das Vertrauen in Verhaltensmuster des Gesetzgebers in seinen Reaktionen auf Steuergestaltun-

---

217 Exemplarisch *Thomson Reuters*, ONESOURCE International Tax Calculator, dazu United States Patent v. 1.12.2009, US 7,627,504 B2, Information Processing System For Determining Tax Information; weitergehend United States Patent v. 22.9.2005, US 2005/0209939 A1, Automated International Tax Planning Method and System.
218 Mit möglichen Anwendungsfeldern *Kaeser/Tobai*, DB Sonderausgabe Tax Technology 1/2018, S. 1.
219 *Hempe*, DStR 2017, 805 (806); *Schanz/Sixt*, DB 2018, 1097 (1100).
220 *Krebs/Jung*, BB 2014, 3081.
221 Beispielhaft für die steuer- und zollrechtliche Optimierung einer Supply Chain *Reislhuber*, Tax & Trade Analytics: Konzepte aus Wissenschaft und Praxis in der digitalen Steuerwelt, Präsentation am 26.6.2018, Konferenz TaxTech, München, Folien 4 ff., unveröffentlicht.
222 Dazu *Böhret/Konzendorf*, Moderner Staat – Moderne Verwaltung. Leitfaden zur Gesetzesfolgenabschätzung, 2000, S. 12; *Konzendorf*, Zeitschrift für Rechtssoziologie 20 (2016), 105.
223 Google.com/trends erlaubt es die Häufigkeit der Begriffe in Suchanfragen im Zeitverlauf zu analysieren und daraus Folgerungen für Trends und Entwicklungen abzuleiten.
224 *Reislhuber* (Fn. 221), Folie 13 mit dem Hinweis auf trends.google.de/trends/explore?date=all&q=Steuerhinterziehung.

gen schutzwürdig ist.[225] Umgekehrt würde der Einsatz dieser Techniken die rechtspolitische Diskussion um Anzeigepflichten für Steuergestaltungen befeuern, weil sich daraus wiederum ein Datenpool bilden lässt.

2. Mustererkennung (Pattern Recognition) in Risikomanagementsystemen

Mit der Digitalisierung der Datenbestände in den Finanzbehörden und den Unternehmen lassen sich die Techniken des Maschinellen Lernens und der Mustererkennung sowohl in der Veranlagung als auch in der Betriebsprüfung und im Rahmen innerbetrieblicher Kontrollsysteme einsetzen (*Steuer-IKS*, engl. *Tax Compliance Management*)[226]. Die wachsenden Datenbestände ermöglichen nicht nur Unternehmensvergleiche, Kennzahlenanalysen und Informationsaustausch, sondern auch die Aufdeckung der Risiken von falsch deklarierten oder falsch abgeführten Steuern in *Risikomanagementsystemen* (RMS).[227] Kritik an den Schwachstellen, der einfachgesetzlich geregelten Intransparenz und Fragen der gerichtlichen Überprüfbarkeit der RMS der Finanzbehörden ist bereits an anderer Stelle vertieft behandelt worden.[228] Zu ergänzen ist die Dimension des gebotenen[229] Einsatzes neuerer technischer Möglichkeiten. Weil die Finanzbehörden auf einen größeren Datenbestand zurückgreifen können, sind zumindest theoretisch deren Möglichkeiten, durch Techniken Maschinellen Lernens und künstlicher neuronaler Netze, Steuerrisiken aufzudecken, größer als die der Unternehmen. Um den Steuerpflichtigen die Verbesserung ihrer innerbetrieblichen Kontrollsysteme zu ermöglichen, müssen die Finanzbehörden ihre Datenbestände anonymisiert teilen. Das folgt aus der Kooperationsmaxime[230] und aus dem verfassungsrechtlich radizierten Anspruch auf Verfahrensteilhabe[231]. Die Finanzbehörden haben den Steuerpflichtigen die Daten zur Verfügung

---

225 Zu verfassungsrechtlichen Maßstäben des Vertrauensschutzes oben Fn. 131.

226 *Hruschka*, DB Sonderausgabe Tax Technology 1/2018, S. 2; *Liekenbrock*, Ubg 2018, 43; *Schanz/Sixt*, DB 2018, 1097 (1100).

227 *Marx*, Ubg 2016, 358; *Müller-Franken*, StuW 2018, 113 (119).

228 *Mellinghoff* (Fn. 190), S. 421 (436); *Müller-Franken*, StuW 2018, 113 (119 f.); *Schmidt* in DStJG 31 (2008), S. 37 (43); *Seer*, StuW 2015, 315; *Seer* in DStJG 31 (2008), S. 7 (29).

229 Zutreffend *Müller-Franken*, StuW 2018, 113 (119 f.).

230 *Drüen*, FR 2011, 101; *Ehrke-Rabel*, StuW 2015, 101 (108); *Seer* in Tipke/Lang, Steuerrecht, 23. Aufl. 2018, § 21 Rz. 4; *Seer*, StuW 2016, 366.

231 *Seer* in DStJG 31 (2008), S. 7 (15).

zu stellen, die sie zur Erfüllung ihrer Mitwirkungspflichten benötigen. Dazu gehören verfügbare anonymisierte Daten, die das Training künstlicher neuronaler Netze in Steuer-IKS erlauben.[232]

3. Versicherbarkeit von digitalen Beratungsleistungen

In der Digitalisierung der Gestaltungsberatung zeigen sich mitunter unerwartete Herausforderungen. Zur Steuerberatung befugte Berufsträger haften in der Erbringung ihrer Leistungen für die in ihrem Verkehrskreis übliche Sorgfalt.[233] Sie sind verpflichtet, eine Berufshaftpflichtversicherung abzuschließen.[234] Diese deckt, im Rahmen der Vertragsbedingungen und begrenzt auf den vertraglich vereinbarten Höchstbetrag, das individuelle Risiko einer Sorgfaltspflichtverletzung. Legal- und Tax-Tech-Anbieter treten mit ihren Geschäftsmodellen in den Wettbewerb mit Rechts-, Steuer- und Wirtschaftsprüfungsunternehmen. Ihre Softwareangebote können unmittelbar eingesetzt werden oder Beratungsgesellschaften bei ihrer Beratung dieser Unternehmen unterstützen. In beiden Fällen stellen sich nicht nur berufsrechtliche Fragen,[235] sondern auch die Frage der *Versicherbarkeit* der Risiken aus dem Einsatz fehlerhafter Softwareprodukte.[236] Das Problem besteht darin, dass ein im Einzelfall aufgedeckter Fehler in einer Beratungssoftware alle gleichartigen Beratungsleistungen erfasst, die mit dieser Software bereits erbracht wurden. In der Anwendung von Tax und Legal Tech entstehen daher Kumulrisiken, die häufig nicht oder nur zu hohen Prämien versicherbar sind.[237] Das macht Eigenschadenversicherungen für die Anwender von Legal- und Tax-Tech-Software unattraktiv und kann einen Grund darstellen, Deklarations- und Gestaltungsaufgaben trotz Verfügbarkeit geeigneter Software vorzugsweise weiter an Rechts-, Steuer- und Wirtschaftsprüfungsgesellschaften auszulagern. Bei diesen könnte der Einsatz von Software ohne risikodiversifizierende individuelle menschliche Kontrolle eine Prämienerhöhung bewirken.

---

232 Zum Cooperative-Compliance-Ansatz auch *Esterer/Eisgruber*, DB 2017, 986.

233 Zu den Haftungstatbeständen und Sorgfaltsmaßstäben *Henssler/Gehrlein/Holzinger*, Handbuch der Beraterhaftung, 2018, S. 1 ff., 214, 393 ff., 461 ff.

234 *Henssler/Gehrlein/Holzinger* (Fn. 233), S. 1099, 1140.

235 *Günther*, NWB 3017, 3365.

236 Zu den Anforderungen *Kaeser/Tobai*, DB Sonderausgabe Tax Technology 1/2018, S. 1 (2); zu den Haftungsfragen *Bräutigam/Klindt*, NJW 2015, 1139 (1138 f.); *Schirmer*, JZ 2016, 660 (664); *Spindler*, CR 2015, 766.

237 Dazu *Schmidt*, ZVersWiss 1992, 191.

4. Anwendungsmöglichkeiten der Blockchain- und anderer Distributed-Ledger-Technologien

Digitalisierung des Rechts erschließt Anwendungsmöglichkeiten von Blockchain- und anderen *Distributed-Ledger*-Technologien. Distributed Ledger („Verteiltes Konto-/Kassenbuch") sind dezentrale Transaktionsdatenbanken.[238] Die Blockchain-Technologie dient dazu, sicherzustellen, dass dort registrierte Transaktionen nicht mehr verändert werden können.[239] Die so begründete Vertrauenswürdigkeit der Eintragungen vermittelt ihr die einem Treuhänder vergleichbare Funktion. Deshalb wird diskutiert, ob Blockchain-Technologie öffentlich geführte Register, etwa das Grundbuch, ersetzen kann.[240] Über die Blockchain lässt sich bargeldloser Zahlungsverkehr[241] und, vermittelt durch virtuelle Nutzungsrechte, auch Warenverkehr[242] abwickeln. Das erschließt Anwendungsmöglichkeiten für selbstvollziehende Verträge, *Smart Contracts*, durch die eine Leistungspflicht automatisiert Zug-um-Zug gegen Zahlung einer Kryptowährung erfüllt werden kann.[243]

Für die Verwirklichung des Steuerrechts ist die Blockchain-Technologie mit Chancen und Risiken verbunden. Auf dem ersten OECD Blockchain Policy Forum überwog die Auseinandersetzung mit den Risiken der Geldwäsche, der Steuerhinterziehung und der Rechtsunsicherheiten bei der steuerlichen Einordnung des Bitcoin-Minings.[244] Insbesondere die Möglichkeit pseudonymisierter und damit faktisch anonymisierter Transaktionen begründet Risiken für die Rechtsanwendungsgleichheit. Im Schrifttum werden aber auch die Chancen der Blockchain-Technologie beschrieben, etwa zur Qualitätssteigerung in Steuer-IKS.[245] Die in Deutschland wieder entdeckte Möglichkeit, in einem Netto-Allphasen-

---

238 Instruktiv BaFin, Distributed Ledger: Die Technologie hinter den virtuellen Währungen am Beispiel der Blockchain, 2016.
239 Im Einzelnen *Finck*, Blockchain. Regulation and Governance in Europe, 2019, S. 6 ff.
240 Kritisch *Wilsch*, DNotZ 2017, 761 (786 f.).
241 *Blocher*, AnwBl. 2016, 612; *von der Crone/Kessler/Angstmann*, SJZ 2018, 337; *Ekkenga*, CR 2017, 762; *Seitz*, K&R 2017, 763.
242 *Saive*, K&R 2018, 615.
243 Dazu *Paal/Fries* (Hrsg.), Smart Contracts – Schlaue Verträge?, 2019 mit Beiträgen von *Anzinger, Erbguth, Finck, Fries, Hofmann, Kaulartz, Kuhlmann, Matzke, Paapl, Pesch* und *Riehm*.
244 Die Aufzeichnungen sind abrufbar unter oecd.org/finance/oecd-blockchain-policy-forum-2018.htm.
245 *Fettke/Risse*, DB 2018, 1748 (1749).

Umsatzsteuersystem mit Vorsteuerabzug die Leistungs- und Lieferkette zu digitalisieren und dadurch Umsatzsteuerbetrug wirksam zu unterbinden, ist von *Robert Answorth* bereits 2006 vorgeschlagen und von ihm um Überlegungen zum Einsatz der Blockchain-Technologie ergänzt worden.[246] In Deutschland sind diese Überlegungen von *Stefan Groß, Thomas Loy, Peter Fettke* und *Robert Risse* aufgegriffen worden.[247] Mit unterschiedlichen Ausprägungen setzen diese Vorschläge auf eine geschlossene Blockchain, in der entweder Rechnungen i.S.d. § 14 UStG für Finanzbehörden, Leistungserbringer und Leistungsbezieher transparent hinterlegt[248] oder, weitergehend, durch Smart Contracts ein *Payment Split-Verfahren* implementiert wird. Wie bei vielen Anwendungsvorschlägen der Blockchain-Technologie ist ergebnisoffen zu hinterfragen, ob wirklich eine dezentrale Datenbank erforderlich ist, um zur Bekämpfung des Umsatzsteuerbetrugs die angestrebten Ziele zu erreichen, oder eine zentrale Datenbank die gleiche Funktion für alle Beteiligten mit geringeren technischen Risiken und Kosten erfüllen könnte. Sie könnte beim Bundeszentralamt für Steuern (BZSt) oder bei der Europäischen Kommission angesiedelt sein. Nur dort, wo nationale Finanzbehörden oder vertrauenswürdige dritte Stellen nicht als Betreiber einer zentralen Datenbank fungieren können, findet die Blockchain-Technologie berechtigte Anwendungsmöglichkeiten. Das kann für die diskutierte Erweiterung bestehender Modelle des *Horizontal Monitoring*[249] zu einer *Real-time Co-operative Compliance*[250] durch die Implementierung von Blockchain-Technologie in Tax Compliance Man-

---

246 *Ainsworth*, Tax Notes International 2006, 625; *Ainsworth/Alwohaibi/Cheetham/Tirand*, A VATCoin Proposal Following on The 2017 EU VAT Proposals – MTIC, VATCoin, and BLOCKCHAIN (December 18, 2017). Boston Univ. School of Law, Law and Economics Research Paper No. 18-09. Available at SSRN: https://ssrn.com/abstract=3151465; *Ainsworth/Shact*, Blockchain (Distributed Ledger Technology) Solves VAT Fraud (October 17, 2016). Boston Univ. School of Law, Law and Economics Research Paper No. 16–41. Available at SSRN: https://ssrn.com/abstract=2853428.

247 *Groß*, UR 2017, 501; *Loy*, DStR 2018, 1097; *Fettke/Risse*, DB 2018, 1748.

248 Zu der ab 1.1.2019 in Italien bestehenden Voraussetzung der Erteilung und Hinterlegung einer elektronischen Rechnung *Groß/Heinrichshofen*, UVR 2018, 236.

249 Dazu The Netherlands Tax and Customs Administration, Horizontal Monitoring within the medium to very large businesses segment, 2010; zur Implementierung in Österreich *Wenzel*, ISR 2018, 378.

250 Zum „geistigen" Hintergrund der Co-operative Compliance *Ehrke-Rabel*, StuW 2015, 101 (108); OECD, Co-operative Compliance, 2014.

agementsysteme gelten.[251] In Deutschland haben zuletzt *Fettke, Kowallik* und *Risse* auf die Perspektive einer digitalen Echtzeit-BP hingewiesen.[252]

Gesetzgeberischer Handlungsbedarf besteht für die Gewährleistung der Rechtsanwendungsgleichheit in der Besteuerung der *Sharing Economy*, wenn deren Geschäftsmodelle vollständig über die Blockchain abgewickelt würden.[253] Bei dem Geschäftsmodell des Online-Portals *Airbnb* war das noch gar nicht der Fall und gleichwohl ist der Aufwand zur Durchsetzung des geltenden Rechts bereits dort groß.[254] Eine Lösung könnte darin bestehen, weltweit koordiniert, eine Protokollerweiterung für blockchaingestützte Transaktionsdatenbanken gesetzlich vorzuschreiben, die einen Quellensteuerabzug für Zahlungen in *Kryptowährungen* und ähnliche Tauschvorgänge vorsieht und den bereits für die Umsatzsteuer diskutierten Payment Split weitergehend in Smart Contracts integriert.

VI. Digitalisierung der Rechtswissenschaft

Der Einfluss der Digitalisierung auf die Rechtswissenschaft ist noch wenig beleuchtet. Er ist eng verknüpft mit der Frage nach deren Wesen und es ist hier nicht der Ort, diese Frage nach dem Proprium zu beantworten.[255] Gerade die Steuerrechtswissenschaft wird ihr aber nicht aus dem Weg gehen können, will sie sich gegenüber anderen Wissenschaftszweigen und im internationalen Wettbewerb behaupten.[256]

---

251 Zur Rolle von Data Science *Russo* in Mak/Tai/Berlee (Hrsg.), Research Handbook In Data Science And Law, 2018, S. 304.
252 *Kowallik*, DB Sonderausgabe Tax Technology 1/2018, S. 4 (9 f.); *Fettke/Risse*, DB 2018, 1748 (1755).
253 Mit Beispielen *Anzinger* (Fn. 4).
254 Zum Auskunftsersuchen an „Airbnb" *Talaska/Cremers*, DB 2018, 1824.
255 Dazu *Engel/Schön* (Hrsg.), Das Proprium der Rechtswissenschaft, 2007 mit Beiträgen von *Ernst, Fleischer, Fikentscher, Reimann, Jakobs, Schulz, Frisch, Hassemer, Tontrup, Engel, Jestaedt, Lübbe-Wolff, Grabenwarter, Magen* und *Schön*; zur Verantwortung *Uwe H. Schneider*, JZ 1987, 696; zu den Methoden *Jestaedt*, JZ 2012, 1.
256 Zu den Wesensmerkmalen der Steuerrechtswissenschaft *Drüen*, StuW 2013, 72 (73); *Schön*, StuW 2018, 201; *Tipke*, Die Steuerrechtsordnung III, 2012, S. 1238 ff.

1. Rationalitätsansprüche, logischer Positivismus und Werturteilsstreit

Die Digitalisierung des Rechts zwingt zur Methodenreflexion, zur Offenlegung der Rationalitätsansprüche und zu Bekenntnissen zur Rolle des menschlichen Richters. Besonders in der deutschen Juristenausbildung kommt die Entwicklung eines Bewusstseins der methodischen Grundlagen kurz.[257] Das ist auf die geringe Bedeutung der Grundlagenfächer in der juristischen Ausbildung zurückzuführen und einer der Gründe, warum besonders in Deutschland computergestützte Methoden der Rechtsfindung in der Rechtswissenschaft schwer Fuß fassen. Bereits mit der ersten Welle der Rechtsinformatik, war implizit das Ringen um die Erkenntnismethoden verbunden.[258] Dabei waren die Akteure der ersten Stunde noch weit überwiegend institutionell in der Rechtswissenschaft verankert.[259] Die gegenwärtige zweite Welle ist interdisziplinärer und internationaler und sie geht stärker von der Informatik aus. Die internationale Forschung zu AI & Law wird in einem gemeinsamen Diskurs von Mathematikern, Informatikern und Juristen betrieben.[260] In diesem Schmelztiegel der Wissenschaften verändern sich die Methoden. Rechtsordnungen mit stärkerer Präsenz prägen die Technik. Für den Einsatz von Data Science und computergestützten Methoden der Rechtsfindung bei transnationalen Sachverhalten spielen Sprachgrenzen und die Einteilung der Rechtskreise eine schwindende Rolle. Ein erstadressierter Anwendungsfall der entwickelten neuen Methoden ist zudem das Steuerrecht. Deshalb muss sich die Steuerrechtswissenschaft in den Methodendiskurs einbringen. Interpretationsspielräume und Werturteile müssen in den Besonderheiten der Rechtswissenschaft als einer wertgebundenen Textwissenschaft verortet werden, die Bedeutung des juristischen Diskurses zur Herstellung von Rechtsfrieden in einer sich stetig wandelnden Gesellschaft ist hervorzuheben. Auch das Steuerrecht ist wertgebunden und trotz seiner besonderen Anforderungen an

---

257 Zutreffend Wissenschaftsrat, Perspektiven der Rechtswissenschaft in Deutschland. Situation, Analysen, Empfehlungen, Drucks. 2558-12, 2012, S. 56; *Hufen*, JuS 2017 1 (2); zur Omnipräsenz der „vier Auslegungsmethoden" *Morlok* in Gabriel/Gröschner (Hrsg.), Subsumtion, 2012, S. 179.

258 *Gräwe* (Fn. 29), S. 62 ff., 68 ff., 203 f.

259 *Gräwe* (Fn. 29), S. 136 ff.

260 Exemplarisch die Zusammensetzung des Executive Committee der International Association for Artificial Intelligence and Law, des Editorial Boards der Zeitschrift Artificial Intelligence and Law und des Programmkommittees der 17th International Conference on Artificial Intelligence and Law.

die Rechts- und Planungssicherheit nicht der Ort, um dem logischen Positivismus der Naturwissenschaften in einer vollständigen Algorithmisierung nachzugeben.

2. Quantitative Rechtswissenschaft und Anwendungsmöglichkeiten der Netzwerktheorie

In ihrem weitblickenden Beitrag „The State as a Foundation of Private Law Reasoning" hat *Christiane Wendehorst* eingängig die unterschiedlichen Perspektiven beschrieben, die rechtswissenschaftliche Forschung einnehmen kann und aus denen juristische Entscheidungen entwickelt werden können.[261] In der Außenperspektive bildet das Recht einen Betrachtungsgegenstand für empirische Untersuchungen. Dazu zählen Rechtsvergleichung und Rechtsgeschichte. Hier ist auch der Ort für Rechtstatsachenforschung, die sich an den empirischen Methoden der Natur- und Wirtschaftswissenschaften orientiert. Die Digitalisierung des Rechts und der Lebenssachverhalte eröffnet hierzu neue Anwendungsmöglichkeiten der *Quantitativen Rechtswissenschaft*[262] und der *Netzwerkanalyse*[263] von Rechts- und Rechtserkenntnisquellen des privaten und des öffentlichen Rechts. *Klaus Hopt* verknüpfte 1972 die Entwicklung der Rechtsinformatik in den USA mit der 1949 von *Lee Loevinger* als Verbindung von Recht und Statistik begründeten Disziplin der *Jurimetrics*[264]. Die Übergänge der aufstrebenden empirischen Rechtsforschung (*„Empirical Legal Studies"*)[265] zu den Methoden der ökonomi-

---

261 *Wendehorst*, American Journal of Comparative Law 56 (2008), 567 (570).

262 Zum Forschungsprogramm dieser wiederentdeckten Disziplin mit dem Appell an eine quantitative und qualitative Verbesserung der Datenverfügbarkeit *Coupette/Fleckner*, JZ 2018, 379 (380 f.).

263 Einführend *Hanneman/Riddle*, Introduction to social network methods, 2005; zur Anwendung in der Rechtsvergleichung *Siems*, Arizona Journal of International & Comparative Law 27 (2010), 747 (756); *Siems*, Cardozo Journal of International and Comparative Law 13 (2005), 521.

264 Begriffs- und disziplinprägend *Loevinger*, Minnesota Law Review 33 (1949), 455; zur Entwicklung *De Mulder/van Noortwijk/Combrink-Kuiters* in Paliwala (Hrsg.) A history of legal informatics, 2010, 148 (149 f.). *Hopt*, DSWR 1972, 235.

265 Exemplarisch zum Forschungsfeld das Tagungsprogramm der Jahreskonferenz events.law.umich.edu/cels2018/; zu den Methoden *Cane/Critzer* (Hrsg.), The Oxford Handbook of Empirical Legal Research, 2010.

schen Analyse des Rechts sind fließend.[266] Und gerade im Steuerrecht sind Anwendungsmöglichkeiten denkbar. Wo sich Proxy-Variablen finden lassen, kann etwa die Komplexität einer Steuerrechtsordnung oder eines Teilgebiets gemessen und verglichen werden.[267] Sichtbar machen lassen sich auch Präferenzen einzelner Gerichte oder Senate für eine stärker am Wortlaut oder stärker am Zweck des Gesetzes orientierte Auslegung. Mathematische Methoden der Graphentheorie sind bisher vorwiegend zur Analyse von Zitationsnetzwerken eingesetzt worden.[268] Sie lassen sich aber auch in der Rechtsvergleichung einsetzen, um die Nähe unterschiedlicher Rechtsordnungen zu visualisieren oder Pfadabhängigkeiten sichtbar zu machen.[269]

3. Juristenausbildung

Im Zusammenhang mit der Weiterentwicklung von Studien- und Prüfungsinhalten[270] ist die Frage gestellt worden, ob Juristen, Steuerberater und Wirtschaftsprüfer der Zukunft programmieren lernen müssen und das Jurastudium, wie auch die Berufsexamen, in diese Richtung zu reformieren ist.[271] In den empirischen natur- und wirtschaftswissenschaftlichen Studiengängen gehören Programmierkurse und mathematisch-statistische Grundlagen bereits zum Pflichtstoff. In Abgrenzung dazu und

---

266 Zur parallelen Entstehung *Schäfer*, Die ökonomische Analyse des Rechts. Historie, Grundlagen und Methodik, 2017, S. 47; zu Gemeinsamkeiten im deskriptiven Ansatz *Wagner* in FS Canaris, 2017, S. 281 (309).

267 Zu den quantitativen Methoden der Komplexitätsmessung *Katz/Bommarito*, Measuring the Complexity of the Law: The United States Code, Artificial Intelligence and Law 22 (2014), 337; zurückhaltend zu den Möglichkeiten der Quantifizierung von Komplexität für das britische Steuer- und Sozialversicherungsrecht *Harris* in Murray/Webb/Wheatly (Hrsg.), Complexity Theory and Law. Mapping an Emergent Jurisprucence, 2019, S. 47 ff.

268 Exemplarisch *Smith*, The Web of Law, San Diego Law Review 44 (2007), 309 (316 ff.).

269 *Alschner/Skougarevskiy*, Mapping the Universe of International Investment Agreements, Journal of International Economic Law 19 (2016), 561.

270 Zur Koordinierung der Juristenausbildung: Bericht des Ausschusses der Konferenz der Justizministerinnen und Justizminister zur Koordinierung der Juristenausbildung Harmonisierungsmöglichkeiten für die juristischen Prüfungen: Austausch mit den juristischen Fakultäten, 2017; dazu *Lege*, JZ 2018, 341; *Lege*, JZ 2017, 88.

271 *Breidenbach* in Breidenbach/Glatz (Fn. 76), S. 206; *Hartung* in Hartung/Bues/Halbleib (Fn. 72), S. 237 (244); *Mattig* in Klafki/Würkert/Winter (Hrsg.), Digitalisierung und Recht, 2016, S. 114.

mit Blick auf die Vielgestaltigkeit der Rechtswissenschaft ist zunächst festzuhalten, was Gegenstand eines berufsqualifizierenden juristischen Studiums ist. Es soll die Methoden der Rechtsfindung und die rhetorischen Fähigkeiten vermitteln, die für eine Beteiligung am juristischen Diskurs und die intersubjektiv überzeugende Begründung von Werturteilen in der jeweiligen Rechtsgemeinschaft notwendig sind. Das Jurastudium vermittelt diese Fähigkeiten durch die Trainingsdaten der Rechtsgebiete, die zum Pflicht- und Wahlpflichtstoff zählen, und damit auch eine Momentaufnahme der geltenden Rechtsordnung auf diesen Gebieten. Weil sich in besonders bedeutsamen Rechtsgebieten eigene Dialekte entwickeln, ist es notwendig, auf eine hinreichende Breite der Trainingsdaten zu achten. Deshalb sollte auch das Steuerrecht Teil der juristischen Ausbildung sein. Weil nur eine Kombination aus regel- und fallorientierter Rechtsfindung hinreichende Qualität verspricht, sind noch vor der Einführung von Programmierkursen die methodischen Grundlagen zu stärken. Die Digitalisierung des Rechts gebietet eine Aufwertung der Grundlagenfächer in der Rechtstheorie, der Rechtsphilosophie, der Rechtsvergleichung und der Rechtsgeschichte. Diese juristischen Grundlagenfächer sind der richtige Ort, um die Methoden der Rechtswissenschaft von denen der Informatik abzugrenzen,[272] Rechtsautomaten zu erforschen und, mit den Methoden der quantitativen Rechtswissenschaft, der Netzwerkanalyse und der *Empirical Legal Studies*, in mathematische und statistische Grundlagen und die modernen informationstechnischen Methoden einzuführen. Dort ist auch der richtige Ort, um Fähigkeiten und Grenzen von Expertensystemen und die Prüfbarkeit von Algorithmen zu behandeln. Smart Contracts und Blockchain-Technologien können mit ihren Rechtsfragen in bestehenden Veranstaltungen verankert und vertiefend Gegenstand von Wahlfachangeboten werden. Der Ausbildungskanon der weiterführenden Methoden des Einsatzes von Künstlicher Intelligenz im Recht ist einschließlich einer Einführung in gängige Programmiersprachen in Aufbaustudiengängen[273] und strukturierten Doktorandenprogrammen[274] angemessener aufgehoben. Fähigkeiten zum Umgang mit Datenbanken und moderner Bürosoftware („E-Akte" und „Legal Tech 1.0") sind schließlich, ebenso

---

272 Dazu *Hähnchen/Bommel*, JZ 2018, 324.
273 Bestehende Aufbaustudiengänge widmen sich leider häufig nur dem IT-Recht und dem Recht des geistigen Eigentums.
274 Exemplarisch ist das Promotionskolleg Digitales Recht an der Ruprecht-Karls-Universität Heidelberg zu nennen, jura.uni-heidelberg.de/digitales_recht/.

wie angemessene Fremdsprachenkenntnisse, so selbstverständlich, dass sie nicht als gesonderter Bestandteil in das Ausbildungsprogramm aufgenommen, sondern studien- und berufsbegleitend erarbeitet werden müssen.

VII. Realität und Perspektiven

Blickt man zusammenfassend auf die Möglichkeiten, lässt sich feststellen, in der Realität der Digitalisierung des Rechts, auch des technikaffinen Steuerrechts, überwiegen die Perspektiven. Steuergesetze werden nach wie vor analog verabschiedet. Annotationen und Digitalisierung überlässt der Gesetzgeber den Verlagen und Datenbankdienstleistern. Softwaretechnik kommt im Steuergesetzgebungsprozess nur in ihren einfachsten Formen zum Einsatz. Gemessen am technischen Fortschritt schreitet die Verwaltungsautomation besonnen voran. Der vieldiskutierte Einsatz von künstlicher Intelligenz in Risikomanagementsystemen ist mehr Perspektive als Realität. In der Rechtsprechung bleibt der Einsatz neuer Technologien bescheiden.

Indessen, in der Beratung haben Industrialisierung und Digitalisierung, vermittelt durch die Kräfte des Wettbewerbs, Fahrt aufgenommen. Viel Kapital fließt in dynamische Startup-Unternehmen, die Softwareanwendungen mit neuen Technologien entwickeln und auch vorbei an den Berufsständen der Rechtsanwälte, Steuerberater und Wirtschaftsprüfer zu den Mandanten bringen wollen. Etablierte Softwareanbieter haben Konkurrenz bekommen. Das fördert Innovationen. Greifbar scheinen Anwendungsmöglichkeiten der Blockchain-Technologie. Sie sind mit ihren Versprechen und Steuerrisiken besonnen zu erforschen und bewusst nur dort einzusetzen, wo der Nutzen dezentraler Datenhaltung die Kosten und Rechtsrisiken überwiegt. Schließlich wird mit den Vorbildern moderner, bislang unscheinbarer Rechtsordnungen im Ausland und der Verbreitung neuer Technologien in der Beratung der Druck auf den Gesetzgeber und die Verwaltung steigen, die Digitalisierung des Rechts voranzubringen. Elektronische und digitale Gesetze und Verwaltungsvorschriften kommen damit in Reichweite. Der Einsatz von *„Legislative Tech"* könnte mit quantitativen Methoden der Steuerrechtswissenschaft ein neuer Weg zu einem einfacheren und zweckgerichteten Steuersystem in einer mehrschichtig international verflochtenen Rechtsordnung sein. Methoden der IT-gestützten Rechtsfindung könnten positiv zurückwirken auf die Gesetzgebungstechnik und auf die Interpretation des Rechts. Daraus ergeben sich Chancen für die Rechtssetzungs- und die Rechtsanwendungsgleichheit. Deren Wahrnehmung darf und muss nicht zu formatierter Freiheit (*P. Kirchhof*)[275] und stereotyper Gleichheit führen. Die Herausforderungen des Massenfallrechts rechtfertigen nicht jede Form der Digitalisierung und Algorithmisierung des Rechts. Voraussetzungen sind ein bewusster Umgang mit neuen Technologien und Technikbeherrschung, die Akzeptanz begrenzt irrationaler Wertungen und die Anerkennung der kreativen Kraft intuitiver Überzeugungen.[276] Sie müssen Ausbildung, Berufsbilder, Transparenzanforderungen und die Landkarte der Digitalisierung des Rechts prägen. Diese Voraussetzungen und die Perspektiven mit Hilfe der Nachbarwissenschaften aktiv zu gestalten ist gemeinsame Aufgabe einer methoden- und technikoffenen, aber auch verfassungsbewussten Rechtswissenschaft, Gesetzgebung, Rechtsprechung, Verwaltung und Beratungspraxis.

---

275 *P. Kirchhof*, DStR 2018, 497 (502).
276 Zum Risiko von Beherrschungsdefiziten und der strukturellen Vernachlässigung von Einzelfällen *G. Kirchhof* in FS 100 Jahre BFH, S. 361 (377 ff.).

Herausforderungen des Verfassungsstaats durch die Digitalisierung am Beispiel des Steuerrechts

Prof. Dr. *Christian Waldhoff*

Humboldt-Universität zu Berlin

I. Einleitung

„Wie ein Hurrikan wirbelt der digitale Wandel bislang als unverrückbar wahrgenommene Verhaltensmuster, Geschäftsmodelle und Organisationsstrukturen durcheinander."[1] So die Formulierung eines der Kenner des deutschen E-Government. Doch was gilt angesichts der Digitalisierung im Steuerrecht für die Verfassung, für das Grundgesetz? Wird es auch durcheinandergewirbelt? Die Frage nach den verfassungsrechtlichen Herausforderungen ist umgekehrt die Frage nach den verfassungsrecht-

---

1 *Martini*, DÖV 2017, 443.

lichen Maßstäben, beide Perspektiven sind zwei Seiten derselben Medaille: Welche Anforderungen und welche Grenzen ergeben sich aus dem Grundgesetz für eine voranschreitende Digitalisierung der Steuerrechtsetzung und Steuererhebung einerseits, der Besteuerung digitaler Geschäftsvorgänge andererseits? Diese Fragestellung ist abzugrenzen von den Herausforderungen des Verfassungsstaats durch die Digitalisierung ganz allgemein, ohne speziellen Fokus auf Steuerrecht und Besteuerung einerseits, der einfachgesetzlichen Bewältigung der anstehenden steuerrechtlichen Fragen andererseits. Das erste ist der Metadiskurs um ein Megathema, das zweite wird im Laufe dieser Tagung konkretisiert und heruntergebrochen und geht dabei notwendigerweise ins Detail[2]. Um beides geht es hier nicht – auch wenn Übergriffe in beide Bereiche nicht vollständig zu vermeiden sein werden. Die aufgegebene Fragestellung bewegt sich dazwischen: Bezogen auf die konkret anstehenden Digitalisierungsfragen hinsichtlich Steuerrecht und Besteuerung gilt es, verfassungsrechtliche Maßstäbe zu entfalten.

Der moderne Verfassungsstaat und damit auch das Grundgesetz haben sich entwickelt als Digitalisierung nicht bekannt sein konnte. Das ist freilich nichts Ungewöhnliches: Als die modernen Verfassungen an der Schwelle des 18. zum 19. Jahrhundert aufkamen[3], befand sich die betroffene westliche Welt noch im vorindustriellen Zeitalter. Die im 19. Jahrhundert einsetzende (erste) Industrialisierung mit der Dampfmaschine und anschließend die flächendeckende Elektrifizierung – mit beidem wird die Digitalisierung verglichen – konnten im Prinzip genauso bewältigt werden wie spätere Entwicklungen. Eine prominente Diskussion, ob nicht die „technische Realisation" Handlungsfähigkeit und Rechtsbindung des Staates und damit auch der Verfassungen behindert, ja ablöst, reicht von *Ernst Forsthoffs* „Staat der Industriegesellschaft"[4] bis zu *Dieter Grimms* Frage nach der „Zukunft der Verfassung"[5] und bezieht sich ebenfalls auf das „vordigitale" Zeitalter. Im digitalen Zeitalter ist, in Deutschland auf breiter Front beginnend mit dem Volkszählungsurteil des BVerfG von 1983[6], geradezu gegenläufig der Diskurs um die

---

2 Für die Digitalisierung des Steuervollzugs vgl. die Beiträge von *Bizer* und *Drüen*; für die Digitalisierung der Rechtsetzung selbst den Beitrag von *Reimer*, jeweils in diesem Band.
3 Vgl. nur *Grimm* in Grimm, Die Zukunft der Verfassung, 1991, S. 11 ff., 31 ff.
4 *Forsthoff*, Der Staat der Industriegesellschaft, 1971.
5 *Grimm*, Die Zukunft der Verfassung, 1991; *Grimm*, Die Zukunft der Verfassung II, 2012.
6 BVerfG v. 15.12.1983 – 1 BvR 209, 269, 362, 420, 440, 484/83, BVerfGE 65, 1.

Potenzierung der staatlichen Macht angesichts automatischer Datenverarbeitung wirkmächtig. Im Verwaltungsrecht ist zudem schon lange – ebenfalls vor der jetzigen Entwicklung beginnend – ein intensiver Automatisationsdiskurs zu beobachten[7]. E-Government wurde zunächst als Verwaltungsreformprojekt begriffen und damit der Verwaltungspolitik zugeordnet; inzwischen befindet sich die Entwicklung in der Phase der Verrechtlichung[8]. Für die Steuerverwaltung mit ihrem Eingriffsparadigma geht das nach meiner Beobachtung ohnehin von Anfang an Hand in Hand. Alle diese Diskurse sind für hiesige Fragestellung zu verbinden und für die neuen Herausforderungen in den Bereichen von Steuerrecht und Besteuerung fortzuschreiben.

Das so umrissene Thema wird in drei Schritten durchmessen: Zunächst geht es um die Steuerrechtsetzung. Das betrifft einmal die politische Meinungs- und Willensbildung im Vorfeld der Gesetzgebung, zum anderen Wandlungen in der Form des Gesetzes. Ein zweiter Teil befasst sich mit den verfassungsrechtlichen Vorgaben für die Digitalisierung der Steuerverwaltung, um in einem dritten Abschnitt, der kursorisch bleiben wird, den umgekehrten Blickwinkel einzunehmen: Welche Verfassungsprobleme stellt die Besteuerung der digitalen Wirtschaft? Anders ausgedrückt geht es zunächst um Digitalisierung der Normschaffung, dann der Normanwendung und schließlich des Norminhalts.

Damit bleiben von vornherein zentrale verfassungsrechtliche Diskussionsfelder im Umfeld der Digitalisierung ausgeblendet, insbesondere die internetspezifischen Fragen um den Schutz geistigen Eigentums[9], Hatespeech und Zensur[10], d.h. letztlich um die Rechtsbindung oder Rechtsfreiheit dieser Sphäre einschließlich der Sorge um staatliche Kontrollverluste[11]. Damit bleibt auch der gesamte Bereich präventiver und repressiver Ermittlung im Netz bzw. durch digitale Hilfsmittel der Sicherheitsbehörden unberücksichtigt, der den juristischen Digitalisie-

---

7 *Kaiser*, Die Kommunikation der Verwaltung, 2009, S. 111 ff.
8 *Eifert* in FS Battis, 2014, S. 421; grundlegend zum E-Government *Eifert*, E-Government, 2006; für einen aktuellen Überblick *Maurer/Waldhoff*, Allgemeines Verwaltungsrecht, 19. Aufl. 2017, § 18.
9 Vgl. etwa *Leible* (Hrsg.), Der Schutz geistigen Eigentums im Internet, 2017.
10 Vgl. etwa *Eifert*, NJW 2017, 1450.
11 Vgl. etwa *Kube* in Isensee/Kirchhof (Hrsg.), Handbuch des Staatsrechts der Bundesrepublik Deutschland, Bd. 4, 3. Aufl. 2006, § 91 Rz. 11 ff.; aus praktischer Erfahrung *Schallbruch*, Schwacher Staat im Netz, 2018.

rungsdiskurs zumindest in Deutschland teilweise dominiert[12]. Ausgeblendet, weil juristisch unproblematisch, bleibt auch der IT-Einsatz zur bloßen Beratung – sog. Chatbots als textbasierte Beratungssysteme dem Bürger gegenüber[13] – oder zur bloßen Unterstützung juristisch determinierter Entscheidungen von Menschen. Ob eine Akte in Papier oder elektronisch geführt wird, ist im Prinzip egal[14]. Sinnfälligstes und zum Alltag gewordenes Beispiel ist der Rückgriff auf Datenbanken bei der Erstellung von Urteilen oder Bescheiden. Auch alles Vorprüfende, das dann als Information, ggf. sogar als Entscheidungsvorschlag in die individuelle Entscheidung des Verantwortlichen (Menschen) einfließt, ohne selbst aus sich heraus Verbindlichkeit zu erlangen, ist rechtlich zunächst nicht von Belang. Selektion und Steuerung des Informationszugangs durch Informationsintermediäre, etwa Suchmaschinen oder Expertensysteme wie Datenbanken, beeinflussen zwar mittelbar auch Inhalte, etwa durch Perspektivenverengungen. Der Informationssuchende kann abhängig werden von den Prioritäten, ggf. sogar Auswahlentscheidungen, die in Algorithmen programmiert sind. In der Formulierung *Paul Kirchhofs:* „Das Digitalprogramm fragt nach Herkommen, Üblichkeit, Gedächtnis, Bilanz und Beleg, nicht nach Idee, Konzept, Originalität, Mentalität und freiheitbewusster Besonderheit."[15] Das gilt im Prinzip auch für die Zuhilfenahme eines der zahlreichen populären Programme zur Erstellung der Einkommensteuererklärung durch den Steuerpflichtigen am heimischen PC, die freilich von der echten elektronischen Steuererklärung zu trennen sind[16]. Diese Hilfsdienste und Hilfsfunktionen können die Rechtsordnung entlasten und auch Möglichkeiten für Rechtsschutz effektivieren. Wirkliche Rechtsprobleme werfen sie jedoch nicht auf. Jede Vermengung dieser Phänomene mit den wirklichen IT-basierten Rechtsfragen führt vielmehr zu Missverständnissen, auch wenn die faktischen Auswirkungen derartiger Assistenzsysteme im (juristischen) Arbeitsalltag beträchtlich sind.

---

12 BVerfG v. 20.4.2016 – 1 BvR 966, 1140/09, BVerfGE 141, 220 – BKA-Gesetz; aus dem Schrifttum etwa *Thiel,* Die „Entgrenzung" der Gefahrenabwehr, 2011.

13 Vgl. etwa *Martini* (Fn. 1), 453.

14 Zur elektronischen Gerichtsakte als Überblick etwa *Bernhardt,* Juris 2018, 310.

15 *Kirchhof,* DStR 2018, 497 (502).

16 Zur elektronischen Steuererklärung § 150 Abs. 6 ff. AO sowie die Kommentierung von *Seer* in Tipke/Kruse, AO. FGO, § 150 AO Rz. 21 ff. (Stand der Kommentierung: 148. Lfg. April 2017); im Überblick *Seer* in Tipke/Lang, Steuerrecht, 23. Aufl. 2018, § 21 Rz. 183 ff.

Die Frage nach verfassungsrechtlichen Maßstäben für einen Lebensbereich in Deutschland zu stellen, heißt die Frage nach vorhandener Verfassungsrechtsprechung aufzuwerfen. Speziell zu der hiesigen Fragestellung bleibt der Befund jedoch begrenzt und partiell: Einerseits gibt es in der großen Perspektive des Staatsorganisationsrechts die zu Recht sehr restriktive Entscheidung des Zweiten Senats zum Einsatz von Wahlcomputern[17]. Diese betrifft freilich einen nicht verallgemeinerungsfähigen Sonderfall der politischen Willenskundgabe und dürfte schon bei nicht genuin staatlichen Wahlen Modifikationen unterliegen. Zudem hat die Judikatur zum Verbot der Mischverwaltung zwischen Bund und Ländern auch Kooperation und Vereinheitlichung im IT-Bereich erreicht[18]. Andererseits ist aus dem grundrechtlichen Bereich die Entdeckung des Grundrechts auf die Integrität informationstechnischer Systeme als weiterer Ausfluss des Persönlichkeitsrechts[19], des sog. Computergrundrechts, zu erwähnen. Dieses ergänzt das das gesamte Datenschutzrecht unterfangende Grundrecht auf informationelle Selbstbestimmung[20]. Eingriffsmöglichkeiten wie der Umgang mit gewonnenen Informationen sind daher inzwischen umfassend verfassungsrechtlich determiniert[21]. Freilich ist das Datenschutzrecht inzwischen weitgehend auf die europäische Ebene abgewandert. Wenn man sich die IT-Rechtsprechungslinien des Gerichts ansieht, sind sie unter vorliegender Fragestellung mit der steuerverfassungsrechtlichen Judikatur zu verbinden. Hier sind die Entscheidungen zum strukturellen Vollzugsdefizit[22] von zentraler Bedeutung. Auch darauf wird zurückzukommen sein.

Mein Vorverständnis bei sämtlichen Fragen geht dahin, dass grundsätzlich keine verfassungsrechtliche Sonderbehandlung oder Sonderbeurteilung von Phänomenen der Digitalisierung – auch nicht im steuerlichen Bereich – angezeigt ist. Die ohnehin oftmals eher schablonenhaft formu-

---

17 BVerfG v. 3.3.2009 – 2 BvC 3, 4/07, BVerfGE 123, 39.
18 BVerfG v. 20.12.2007 – 2 BvR 2433, 2434/04, BVerfGE 119, 331 (374); *Heun/Thiele* in Dreier, Bd. 3, 3. Aufl. 2018, Art. 91c GG Rz. 6; *Wischmeyer* in v. Mangoldt/Klein/Starck, Bd. 3, 7. Aufl. 2018, Art. 91c GG Rz. 4 f.
19 BVerfG v. 3.3.2004 – 1 BvR 2378/98, 1084/99, BVerfGE 109, 279; BVerfG v. 13.6.2007 – 1 BvR 1550/03, 2357/04, 603/05, BVerfGE 118, 168; BVerfG v. 27.2.2008 – 1 BvR 370, 595/07, BVerfGE 120, 274.
20 BVerfG v. 15.12.1983 – 1 BvR 209, 269, 362, 420, 440, 484/83, BVerfGE 65, 1.
21 Allgemein zur maßstäblichen Bedeutung der Grundrechte im hiesigen Feld *Wischmeyer*, AöR 143 (2018), S. 1 (19) und passim.
22 BVerfG v. 27.6.1991 – 2 BvR 1493/89, BVerfGE 84, 239; BVerfG v. 9.3.2004 – 2 BvL 17/02, BVerfGE 110, 94.

lierten verfassungsrechtlichen Maßstäbe sind grundsätzlich in der Lage, auch aktuelle Entwicklungen zu erfassen. Neue Konkretisierungen, etwa im Grundrechtsbereich, zeigen dies. Staatsorganisationsrechtlich wird gelegentlich reagiert, wie für unser Thema Art. 91c GG zeigt. Jede (etwa von der sich expertokratisch selbstüberhöhenden sog. Netzgemeinde oder sog. Netzaktivisten vertretene) Ideologie, dass hier rechtsfreie Räume bestehen könnten oder gar müssten, und den Fatalismus, dass das Recht der Entwicklung prinzipiell nicht gewachsen sei, halte ich für falsch. „Gerade hier greift die Verantwortung des demokratisch legitimierten Gesetzgebers, der allgemeine Regeln in einem öffentlichen Verfahren setzt, das die vielfältigen Interessen (nicht zuletzt auch der *digital aliens*) perspektivisch verarbeiten kann. Gegenteilige Versuche, das Internet staatsfrei zu halten, haben seiner Entwicklung bisher eher geschadet, schon weil sich andere – private – Akteure seiner bemächtigt haben."[23] Die Reaktionslast liegt dabei primär auf der Ebene des einfachen Rechts, nicht von Verfassungsänderungen[24]. Hier gilt es, die überkommenen juristischen Kategorien wie insbesondere Zurechnung und Haftung zu aktivieren. Anders als bei Verantwortlichkeit Privater im Netz sind die Bezugssubjekte einer digitalisierten Steuerverwaltung auf staatlicher Seite weiterhin unproblematisch. Bei der Anwendung sog. künstlicher Intelligenz[25] (im Alltag durch Sprach- und Bilderkennung inzwischen bekannt), bei der die Entscheidungsabläufe autonom verändert i.S.v. verbessert und damit unnachvollziehbar werden („Machine Learning", „Deep-Learning"), ist dies sicherlich schwieriger als bei einem „linearen" Algorithmus, einer klassischen Programmierung. Die Zurechnung wird mittelbarer[26]. Die juristische Zurechnungsfrage bleibt gleichwohl bestehen und scheint prinzipiell lösbar zu sein. Ob neue Regelungen erforderlich sind, etwa zur Aufdeckung bestimmter Programmierungen oder die Frage, ob man autonomen bzw. intelligenten Systemen (Robotern) (digitale) Rechtsfähigkeit zumessen sollte, wird dann vor allem zur Zweckmäßigkeitsfrage und dürfte in aller Regel zu verneinen sein[27].

---

23 *Gärditz*, Der Staat 54 (2015), S. 113 (138); in der Tendenz ebenso *Kube* (Fn. 11), Rz. 11 ff.
24 Ähnlich wohl auch *Müller-Franken*, StuW 2018, S. 113 (115).
25 *Wischmeyer* (Fn. 21), S. 1; für einen populären Überblick *Lenzen*, Künstliche Intelligenz, 2018.
26 *Wischmeyer* (Fn. 21), S. 36 ff. m.w.N.
27 Vgl. etwa *Matthias*, Automaten als Träger von Rechten, 2008; *Beck*, JR 2009, 225; *Schirmer*, JZ 2016, 660; *Möllers* in FS *Menke*, 2018, S. 184 (190 ff.); zur ethischen Dimension insgesamt *Misselhorn*, Grundfragen der Maschinenethik, 2018.

II. Parlamentarische Steuergesetzgebung angesichts des digitalen Strukturwandels von Öffentlichkeit und Normprogrammen

Hinsichtlich der Auswirkungen der Digitalisierung auf die Steuer*rechtsetzung* stellen sich vor allem zwei Probleme: Der politische Meinungs- und Willensbildungsprozess als Vorfeld auch von Steuergesetzgebung verändert sich teilweise dramatisch. Und: Können Steuergesetze als solche „digitalisiert" werden? Können, sollen oder müssen sich die Steuergesetze auf einen digitalen Vollzug einstellen? Damit hängt die Frage zusammen, ob ein digitalisierter Steuergesetzesvollzug zu einem „Parallelrecht" führt und es zu einer Entkoppelung von materiellem Recht und Vollzugsrecht in Gesetzesrecht und „code law" kommt[28].

1. Strukturwandlungen digitaler Öffentlichkeiten und Parlamentarismus

Die langfristig bedeutendste Herausforderung für den parlamentarischen Verfassungsstaat sind die durch die Digitalisierung, konkret durch die Möglichkeiten des Internets erfolgenden Veränderungen der menschlichen Information und Kommunikation, der Kulturwandel der politischen Meinungs- und Willensbildung. Die parlamentarische Demokratie mit ihrer prinzipiellen Trennung von Volks- und Staatswillensbildungsprozess[29] basiert auf einer bestimmten Struktur der Öffentlichkeit. Der sprichwörtlich gewordene „Strukturwandel der Öffentlichkeit" (*Habermas*) hat zunächst zu einer Art Optimierung der politischen Partizipation im Sinne parlamentarischer Demokratie geführt. Medienpluralismus traf im Wesentlichen die Mitte zwischen offener politischer Willensbildung, ohne staatliche Steuerung, als Vorbedingung für die staatsorganschaftliche Willensbildung und hinreichender Informiertheit weiter Bevölkerungsteile. In der – freilich recht statischen und auch alles andere als unumstrittenen, weil partiell paternalistischen – Judikatur zur Funktion des öffentlich-rechtlichen Rundfunks und zur Pressefreiheit als Institution in ihrem Verhältnis zur Demokratie kommt das zum Ausdruck[30].

---

28 Diese Gefahr beschwörend *Ahrendt*, NJW 2017, 537.

29 Vgl. *Schmitt Glaeser* in Isensee/Kirchhof (Hrsg.), Handbuch des Staatsrechts der Bundesrepublik Deutschland, Bd. 3, 3. Aufl. 2005, § 38.

30 BVerfG v. 28.2.1961 – 2 BvG 1, 2/60, BVerfGE 12, 205 (260); BVerfG v. 5.6.1973 – 1 BvR 536/72, BVerfGE 35, 202 (219); BVerfG v. 27.2.2007 – 1 BvR 538, 2045/06, BVerfGE 117, 244 (258); großangelegte Rechtfertigung und Ein-

Man könnte nun denken, die potenzierten Informationsmöglichkeiten vor allem durch das Internet führten zu einer weiteren Optimierung der Ausbildung einer öffentlichen Meinung als Vorbedingung demokratischer Rechtsetzung. Das Gegenteil scheint der Fall zu sein[31]. Das Internet bewirkt zugleich Entgrenzung wie Fragmentierung von Information und Meinungsbildung[32]. Anders als die Demokratie ist die virtuelle Realität grenzenlos; der Raumbezug von Demokratie und Öffentlichkeit wird entgrenzt[33]. Auf der anderen Seite werden öffentliche Diskurse atomisiert, „Austausch" findet vorrangig unter sich selbst bestärkenden Gleichgesinnten statt, breite und ausgewogene Information scheint angesichts der angedeuteten Fragmentierungen auf dem Rückmarsch zu sein. Die quasi beliebige Kommunikation erschwert die nicht zuletzt zur Aufgabe politischer Parteien gehörende Interessenbündelung im Vorfeld staatlicher Willensbildung[34]. Anders als bei den überkommenen Print- und Rundfunkmedien kann eine Algorithmensteuerung der öffentlichen Meinung nicht mehr ausgeschlossen werden: Nudging, Framing und Profiling, sanfter Druck in bestimmte Richtung durch Anreize sowie Platzierung von Ansprache aufgrund digitaler Profile[35]. Zudem ist die informalisierte, netzwerkartige („emergente") Interaktion zwischen gesellschaftlicher und staatlicher Sphäre, zwischen privat und öffentlich, im Sinne einer Grenzverwischung oder -auflösung Kennzeichen des digitalen öffentlichen Raumes[36], so dass auch die Trennung der Willensbildungssphären ins Rutschen gelangen könnte: Spontan und gezielt evozierte Zustimmungs- oder Ablehnungsszenarien durch Blitzumfragen, für die keine prinzipiellen technischen Hindernisse mehr bestehen, u.Ä. können die parlamentarische Willensbildung gefährden, indem die erkenntnistheoretische Leistung parlamentarischer Aushandlungsprozesse konterkariert wird, die auf einer Distanzierung von repräsentiertem Subjekt/Volk und Repräsentanten über einen Zurechnungsmechanis-

ordnung bei *Grimm*, VVDStRL 42 (1984), S. 46; zur Kritik etwa *Hain*, Rundfunkfreiheit und Rundfunkordnung, 1993.

31 Ausführlich *Di Fabio*, Bitburger Gespräche, Jahrbuch 2013, S. 11.
32 *Gärditz* (Fn. 23), S. 129 ff.
33 *Kube* (Fn. 11), Rz. 5; *Schliesky*, NdsVBl. 2018, 3 (5 ff.).
34 Vgl. mit freilich abweichenden Schlussfolgerungen *Towfigh*, Das Parteien-Paradox, 2015.
35 *Hoffmann-Riem*, AöR 142 (2017), S. 1 (11 ff.); *Schliesky* (Fn. 33), 7; populäre Analyse bei *Hofstetter*, Das Ende der Demokratie, 2018.
36 Vgl. etwa *Nettesheim*, Bitburger Gespräche, Jahrbuch 2013, S. 5.

mus funktioniert[37]. Insofern wäre eine radikalisierte „liquid democracy"[38] m.E. grundgesetzwidrig. Überpartizipation führte dann zu weniger statt mehr Demokratie.

Dies trifft sich mit der Kritik an der Berliner Reformtagung dieser Gesellschaft von 2013[39]: Die Vernachlässigung der politischen Voraussetzungen von Steuergesetzgebung angesichts einer Dominanz inhaltlicher Vorschläge für Reformen stellt ein Desiderat der Steuerrechtsforschung dar[40]. Die deutsche Steuerrechtswissenschaft hat es wegen einer Überkritik an den Steuergesetzen selbst im Grunde bis heute nicht wirklich geschafft, auf den Erkenntnisstand der Bedingungen parlamentarischer Gesetzgebung zu gelangen[41]. Wenn sie dies nachholen sollte, dann unter Einbeziehung sich wandelnder medialer Bedingungen von öffentlicher Meinungsbildung und Gesetzgebung angesichts der voranschreitenden Digitalisierung.

Zugegebenermaßen ist das alles jedoch nicht ein wirkliches Spezifikum von *Steuer*gesetzgebung, sondern von parlamentarischer Gesetzgebung in der Gegenwart insgesamt.

Uneingeschränkt positiv zu beurteilen sind demgegenüber die informatorische Unterstützung im Gesetzgebungsprozess, die neue Dimension an Daten als Entscheidungsgrundlage und die neuen Chancen der Gesetzesfolgenabschätzung und Gesetzesevaluation[42]. Das ist vor dem Hintergrund der vom BVerfG postulierten vollzugsbezogenen Verifikationsanforderungen[43] für die Besteuerung bedeutsam. Kulturpessimismus ist

---

37 Zu diesen parlamentarischen Leistungen pointiert *Lepsius* in Bertschi u.a. (Hrsg.), Demokratie und Freiheit, 1999, S. 123.

38 Vgl. zu dem Konzept etwa *Adler*, Liquid Democracy in Deutschland, 2018.

39 Erneuerung des Steuerrechts, DStJG 37 (2014).

40 Vgl. bereits *Waldhoff* in Huhnholz (Hrsg.), Fiskus – Verfassung – Freiheit, 2018, S. 325 (351 f.).

41 Besonders deutlich etwa bei *Klaus Tipke*, der angesichts eines von ihm diagnostizierten Versagens des Steuergesetzgebers das Gesetzgebungsverfahren ändern möchte, StuW 2013, S. 97 (104 ff.); dagegen wiederum *Waldhoff* (Fn. 40), S. 348 ff.

42 Allgemein zur Gesetzesevaluation und Gesetzesfolgenabschätzung *Kahl*, Gesetzesfolgenabschätzung und Nachhaltigkeitsprüfung in Kluth/Krings (Hrsg.), Gesetzgebung, 2014, § 13; kurz auch *Müller/Uhlmann*, Elemente einer Rechtssetzungslehre, 3. Aufl. 2013, § 7 Rz. 93, § 8 Rz. 176 ff.

43 BVerfG v. 27.6.1991 – 2 BvR 1493/89, BVerfGE 84, 239 (271 f.); BVerfG v. 9.3.2004 – 2 BvL 17/02, BVerfGE 110, 94 (114).

im hiesigen Kontext daher ebenso wenig angebracht wie Alarmismus[44]. Datenbanken, Expertensysteme, schnelle und unkomplizierte Verfügbarkeit von Wissen stellen sich als Errungenschaften auch im hier zu verhandelnden Kontext dar[45].

2. Digitalisierung der Inhalte von Steuergesetzen?

Für das Steuerrecht von besonderer Bedeutung werden Überlegungen, die Gesetze in ihrer Vollzugstauglichkeit auf automatische Anwendung hin auszurichten[46]. Die Reziprozität zwischen Norm und Vollzug ist für das Steuerrecht besonders ausgeprägt[47] und in ganz anderem Kontext – der Frage nach strukturellen Vollzugsdefiziten im Hinblick auf die Besteuerungsgleichheit – vom BVerfG verfassungsrechtlich eingefangen worden[48]. *Roman Seer* hat auf der Stuttgarter Tagung dieser Gesellschaft 2007 in seinem Eröffnungsreferat angemahnt, gerade die Eignung der Steuernormen auf ihre Vollzugstauglichkeit zu untersuchen: „Die materielle Belastungsnorm muss normativ auch so ausgestaltet sein, dass sie verfahrensrechtlich überhaupt durchsetzbar ist. Ansonsten bleibt sie bloßes ‚Paper Law'."[49] Das Steuerrecht als Massenverwaltungsrecht mit vergleichsweise bestimmt gefassten Tatbeständen ohne Ermessenseinräumung, die zu einem Gutteil zahlenbasiert bzw. zahlengeprägt sind[50], scheint für Automatisierung und damit Digitalisierung prädestiniert zu sein (ganz anders der zweite große Bereich der Eingriffsverwaltung, das Polizeirecht, jenseits des Sammelns von Daten: weniger Massenvollzug; unbestimmte Eingriffstatbestände, oftmals in Form von Generalklauseln, Entschließungs- wie Auswahlermessen als zentrale Steuerungsele-

---

44 Ähnlich *Kube* (Fn. 11), Rz. 88; *Gärditz* (Fn. 23), S. 139.
45 Vgl. wiederum *Di Fabio* (Fn. 31), S. 16 und öfter; *Martini*, Digitalisierung als Herausforderung und Chance für Staat und Verwaltung, 2016, S. 4 ff.
46 Insgesamt enttäuschend und anders ausgerichtet *Breidenbach/Schmid* in Kluth/Krings (Hrsg.), Gesetzgebung, 2014, § 11; dass auch dies kein neuer Diskurs ist, sondern etwa schon bei den Arbeiten zum VwVfG in den 1970er Jahren Bedeutung besaß, erläutert *Kaiser* (Fn. 7), S. 132 f.
47 *Seer* in Tipke/Kruse, AO. FGO, § 85 AO Rz. 14 ff. (Stand der Kommentierung: 147. Lfg. Januar 2017).
48 *Seer* in DStJG 31 (2008), S. 6 ff.
49 *Seer* (Fn. 48), S. 8.
50 Zu zahlengeprägten Rechtsgebieten *v. Aswege*, Quantifizierung von Verfassungsrecht, 2016.

mente der Gefahrenabwehr)[51]. *Seer* hat daher ständig und schon früh die Alternativlosigkeit von E-Governmentstrukturen gerade in der Steuerverwaltung betont[52]. Eine Zunahme des gleich zu behandelnden automatisierten und d.h. digitalisierten Vollzugs wird notwendig Rückwirkungen auf die Struktur der Steuergesetze haben[53]. Auf die Spitze getrieben könnte man denken, ein Algorithmus sei der bessere Gesetzesinhalt. Abgeschwächt: *Neben* die sprachlich vermittelte Fassung tritt eine Art Digitalfassung des Gesetzes. *P. Kirchhof* hat jüngst auf die Gefahr hingewiesen, dass damit der Programmierer und nicht der Steuerpflichtige zum Hauptadressaten des Gesetzgebers werde: „Wenn das Steuergesetz auf Umsetzung durch ein digitales Programm angelegt ist, zwingt das Programm zur Konformität, zur Typisierung, zum Soll-Ertrag. […] Das Programm erfasst nur das Muster, das Modell, den Typus, ist für Individualität und Besonderheit realitätsblind."[54] Wiederum bezogen auf die verfassungsrechtlich garantierten Bedingungen parlamentarischer Gesetzgebung tritt uns hier ein Phänomen entgegen, dass anekdotisch in vielen anderen Lebensbereichen auftritt: Im Hochschulkontext kommt häufig vor, dass Änderungen in Prüfungssystem bzw. Prüfungsordnung daran scheitern, dass die IT-Abteilung die mangelnde Administrierbarkeit des Prüfungsgeschehens einwendet, Inhalt und Struktur von Prüfungen gleichsam zu Sklaven der technischen Infrastruktur werden. Auf die Gesetzgebung bezogen bedeutet dies die Gefahr einer faktischen Erschwerung parlamentarischer Kompromisse durch wirkliche oder vermeintliche Sachzwänge einer avisierten digitalen Rechtsanwendung[55]. Anders gewendet: Das Bemühen um Digitaltauglichkeit von Steuergesetzen darf nicht die politische Dimension des parlamentarischen Verfahrens konterkarieren. Gesetze sind das Ergebnis politischen Interessenausgleichs, nicht schwer durchschaubarer Algorithmen.

Das gilt erst recht für die konkrete Abfassung eines Steuergesetzes. Aus elementaren rechtsstaatlichen Gründen, die letztlich die Kommunikationsfunktion des Gesetzes spiegeln und damit die Rechtsbindung von

---

51 Skeptisch gegenüber einer prototypischen Eignung gerade des Steuerrechts wohl *Martini* (Fn. 1), 452; anders demgegenüber *Müller-Franken*, Maßvolles Verwalten, 2004, S. 4 ff.
52 Vgl. nur *Seer* (Fn. 48), S. 19 ff.
53 Kritisch *Ahrendt* (Fn. 28), 537.
54 *Kirchhof* (Fn. 15), 501.
55 *Kirchhof* (Fn. 15), 501.

Bürgern wie Verwaltung garantieren, kommt hier grundsätzlich nur die deutsche Sprache in Betracht (die bekannten Einschränkungen habe ich im Auge: zwei- oder mehrsprachige völkerrechtliche Verträge[56]; mathematische Formeln im Gesetz wie ausnahmsweise im Steuertarif des § 32a EStG, der in einer geglückten Formulierung *Paul Kirchhofs* „mit seinem allein in Formeln ausgedrückten progressiven Tarif das Gespräch mit dem Steuerpflichtigen verweigere"[57]). Entsprechendes gilt für die Publizität des Steuergesetzes. Sollte neben der sprachlichen Fassung eine mathematische Fassung, in der Sache also ein Algorithmus stehen, müsste aus rechtsstaatlichen Gründen die Sprachfassung die einzig rechtlich verbindliche sein: „Es gilt das geschriebene Wort. Dieses Wort wird allein im Gesetzblatt gelesen, in einem Computerprogramm allenfalls verkürzt und vereinfacht interpretiert."[58] Der Algorithmus erwiese sich in normativer Hinsicht wie eine fremdsprachige Übersetzung eines deutschen Gesetzes, die zwar illustrativ den Inhalt verdeutlicht, jedoch keine Verbindlichkeit in einem juristischen Sinne erzielen könnte. Auch wenn beim digitalen Verwaltungsvollzug die Anwendung tatsächlich letztlich über den Algorithmus liefe, könnte diese Fassung nicht der Maßstab für die gerichtliche Kontrolle sein. Funktional auf den Steuervollzug bezogen offenbart sich eine Strukturähnlichkeit zwischen der Digitalisierung des Gesetzesinhalts und seiner Anwendung einerseits sowie klassischen Verwaltungsvorschriften andererseits. Wie im folgenden Abschnitt näher zu zeigen sein wird, sind die Digitalisierungsbemühungen des Vollzugs letztlich Perfektionierungsversuche im Blick auf den traditionell durch Steuerrichtlinien und d.h. Verwaltungsvorschriften angeleiteten und gesteuerten Vollzug oder anders gewendet: Es handelt sich damit nicht um eine kategoriale, sondern um eine graduelle Veränderung. Für den Vollzug dominant ist jeweils die „informelle" Ebene, zumindest für die gerichtliche Kontrolle bleibt die Sprachfassung des Gesetzes allein verbindlich.

---

56 Vgl. allgemein nur *Graf Vitzthum* in Graf Vitzthum/Proelß (Hrsg.), Völkerrecht, 7. Aufl. 2016, 1. Abschnitt Rz. 123; für das Abkommensrecht *Lehner* in Vogel/Lehner, DBA, 6. Aufl. 2015, Einleitung Rz. 111 ff.
57 *Kirchhof* (Fn. 15), 501.
58 *Kirchhof* (Fn. 15), 504.

III. Verfassungsstaatliche Herausforderungen aus Sicht der Steuerverwaltung

1. Überlagerung der bundesstaatlichen Ordnung durch die Digitalisierung

a) Prinzipielle Grenzenlosigkeit digitaler Strukturen und Prozesse: Bundesstaatlichkeit unter digitalem Vereinheitlichungsdruck

Der Bundesstaat als föderal gegliedertes Gemeinwesen mit Zentralstaat und Gliedstaaten stand in der Moderne stets unter Vereinheitlichungs- und damit Rechtfertigungsdruck. Die Finanzverfassung stellt dabei in einer geglückten Formulierung des BVerfG einen „tragende[n] Eckpfeiler der bundesstaatlichen Ordnung" des Grundgesetzes dar[59]. Zentralität und Dezentralität, Integration und Autonomie sind die Spannungspole, die je nach Verfassungsordnung unterschiedlich austariert waren, aber auch innerhalb derselben Verfassungslegalität Entwicklungen und Konjunkturen unterliegen[60]. Für das Grundgesetz kann das teilweise mit, teilweise ohne Verfassungsänderungen gezeigt werden: Nach einer Anfangsphase grundgesetzlicher Bundesstaatlichkeit mit Vorstellungen deutlicher Trennung der Ebenen ging die Entwicklung schnell in Richtung unitarischer Bundesstaat (*Konrad Hesse*[61]); in den 1960er und 70er Jahren folgte die Euphorie des kooperativen Föderalismus; nach entsprechender Ernüchterung waren, mit Argumenten der Legitimations- und Verantwortungsklarheit unterfüttert und in der Föderalismusreform I 2006 gipfelnd, Tendenzen zur Autonomiestärkung der Länder prägend, während in der Gegenwart diese Entwicklung Schritt für Schritt zurückgedrängt wird; mit dem neuen Finanzausgleich sowie einer kaum noch zu bremsenden Tendenz zu neuen Mischfinanzierungstatbeständen wird föderalismustheoretisch verbrannte Erde hinterlassen[62]. Über alle grundgesetzlichen Föderalismusphasen hinweg werden als zentrale Unitarisierungsmotoren die Sozialstaatlichkeit und die einheitlich wirkenden Bundesgrundrechte beschrieben. Erster Antriebsfaktor bewirkte gleiche Anspruchshaltungen der Bürger und gleiche Leistungen des Staa-

---

59 BVerfG v. 10.12.1980 – 2 BvF 3/77, BVerfGE 55, 274 (300).
60 *Oeter*, Integration und Subsidiarität im deutschen Bundesstaatsrecht, 1998, S. 157 ff. und passim; *Isensee* in Isensee/Kirchhof (Hrsg.), Handbuch des Staatsrechts der Bundesrepublik Deutschland, Bd. 6, 3. Aufl. 2008, § 126 Rz. 11 ff.
61 *Hesse*, Der unitarische Bundesstaat, 1962.
62 Zur Kritik etwa *Henneke*, Der Landkreis 2017, 91 ff.

tes jenseits der föderalen Struktur; zweiter Antriebsfaktor für die Vereinheitlichung setzte normativ an. M.E. ist für die Gegenwart die Digitalisierung als neuer, jetzt dritter Unitarisierungsfaktor in den Fokus zu nehmen. Durch die Möglichkeiten einer prinzpiell nicht territorial gebundenen Technologie mit in der Sache weitgehend virtuellen Strukturen gerät föderale Differenzierung endgültig unter Druck. Der Digitalisierung wohnt – wie *Utz Schliesky* feststellt – die Tendenz zur Auflösung der Zuständigkeitsordnung inne[63]. E-Government und bundesstaatliche Struktur stehen in einem Grundantagonismus gegeneinander. Wenn der Schein nicht trügt, handelt es sich bei der IT-Standardisierung womöglich um den stärksten Vereinheitlichungsfaktor für die Verwaltung überhaupt. Als wichtige Landmarke in dieser Hinsicht, als „Schritt hin zur Ausbildung eines informationellen Verwaltungsorganisationsrechts"[64], ist in diesem Kontext die Einfügung von Art. 91c GG durch die Föderalismusreform II im Jahr 2009, 2017 ergänzt durch den in seinem fünften Absatz nun ermöglichten bundesgesetzlich geregelten für die Länder verpflichtenden Portalverbund zu erwähnen[65]. Das im Hartz-IV-Urteil bekräftigte Verbot jeglicher Mischverwaltung hatte der Zweite Senat des BVerfG auch auf durch den Bund verbindlich vorgegebene IT-Strukturen, etwa die Verwendung einer Software erstreckt. Art. 91c GG versucht darüber hinaus, Leitlinien für die ressort-, länder- und ebenenübergreifende IT-Nutzung verfassungskräftig im Sinne von Ermöglichung festzulegen, indem etwa von Einstimmigkeit zu qualifizierten Mehrheitsentscheidungen übergegangen wird. Das im Ausgangspunkt zunächst recht unscharfe Verbot der Mischverwaltung im Bundesstaat rechtfertigt sich dadurch, dass Verantwortungsunklarheiten dem Bürger gegenüber vermieden werden sollen. Während die Verwaltungen sicherlich gemeinsam Papier oder anderes Büromaterial anschaffen dürften, geht die „Steuerung durch IT" andere Wege. Diese ist keineswegs gleich „neutral". *Thomas Wischmeyer* hat gezeigt, dass die Digitalisierung der Verwaltung regelmäßig nicht nur eine „Elektrifizierung" ist, sondern nach dem heute herrschenden E-Government-Paradigma regelmäßig mit einer Reformagenda einhergeht: IT ist danach weder schlichtes Mittel noch Aufgabe; sie wird vielmehr stets aufgabenbezogen eingesetzt, kann aber – ähnlich wie das Verwaltungspersonal – die Aufgabenerledigung beeinflus-

---

63 *Schliesky*, DÖV 2004, 809 (815); insgesamt auch *Steinmetz*, IT-Standardisierung und Grundgesetz, 2010, vor allem S. 123 ff.
64 *Wischmeyer* in v. Mangoldt/Klein/Starck, Bd. 3, 7. Aufl. 2018, Art. 91c GG Rz. 3.
65 Dazu *Schliesky*, DÖV 2018, 193.

sen. „Hoheitliche IT ist somit ein für die Verwaltung zentraler eigenständiger Steuerungsfaktor."[66] Dies alles nimmt Art. 91c GG in seinen teils konstitutiven, teils freilich auch nur deklaratorischen Regelungen auf. Er verallgemeinert dabei in gewisser Weise – wie so oft – eine ursprünglich steuerrechtliche Regelung, nämlich Art. 108 Abs. 4 GG und jetzt auch Abs. 4a, wonach vertikal wie horizontal umfangreiche Zusammenarbeit zwischen den Bundes- und Landesfinanzbehörden sowie zwischen den Landesfinanzbehörden untereinander verfassungsrechtlich gebilligt wird. Das wurde schon immer – die mehrfach geänderte Ausgangsregelung stammt aus der Großen Finanzreform 1969 – auch auf die elektronische Datenverarbeitung bezogen. Diese wird dabei gar nicht explizit erwähnt, die Rede ist jetzt von „Regelungen für den Vollzug von Steuergesetzen". Damit sind sowohl überkommene Verwaltungsvorschriften, insbesondere Steuerrichtlinien, als auch IT-Standards gemeint (auf die Funktionsähnlichkeit wurde bereits hingewiesen). Unterfangen sind diese Zentralisierungsmöglichkeiten im administrativen Bereich durch ein ausdrückliches und ein hintergründiges Erfordernis: Tatbestandliche Voraussetzung für das zustimmungspflichtige Bundesgesetz ist, dass „dadurch der Vollzug der Steuergesetze erheblich verbessert oder erleichtert wird". Das zielt auf eine globale Betrachtung des Vollzugsgeschehens und stellt damit einen verfassungskräftigen Rechtfertigungsgrund für moderne Vollzugsformen, auf die ich noch zu sprechen komme, dar. „Verbessert" zielt auf die Rechtmäßigkeit des Vollzugs; durch das alternative Tatbestandsmerkmal „erleichtert" fallen auch die Kosten des Vollzuges, also Wirtschaftlichkeitsfragen als Rechtfertigungsgrund darunter. Umstritten ist, ob hier dem Bundesgesetzgeber ein Beurteilungs- und Einschätzungsspielraum zusteht; mit dem BVerfG ist das zu bejahen[67]. Der hintergründige Bestimmungsfaktor, der derartige Regelungen zusätzlich legitimiert (und zugleich von anderen Verwaltungsfeldern, die eher auf den individuellen Einzelfall ausgerichtet sind – man denke wiederum an das Polizeirecht –, abgrenzt) sind die auch vom BVerfG stets betonten und zum Teil durch Sonderdogmatiken unterfütterte verfassungsrechtlichen Gleichheitsanforderungen im Landesvollzug von Bundessteuergesetzen. Auf tatsächlicher Ebene kommen Fehlanreize nachhaltiger Steuererhebung durch das Finanzausgleichssystem hinzu. Lässt man die Entwicklung Revue passieren, kann ein Fortschreiten von zunächst koordinierten

---

66 *Wischmeyer* in v. Mangoldt/Klein/Starck, Bd. 3, 7. Aufl. 2018, Art. 91c GG Rz. 6.
67 BVerfG v. 27.6.2002 – 2 BvF 4/98, BVerfGE 106, 1 (16); a.A. etwa *Siekmann* in Sachs (Hrsg.), 8. Aufl. 2018, Art. 108 GG Rz. 11.

Ländererlassen über verbindliche BMF-Schreiben und später eine entsprechende Einfügung in das Finanzverwaltungsgesetz bis hin zur nachträglichen verfassungsrechtlichen Unterfangung durch Art. 108 Abs. 4 GG beschrieben werden. In der Kommentarliteratur sind die Möglichkeiten der Zusammenarbeit beim Steuervollzug als „ungewöhnliche Flexibilität in die Ordnung der Kompetenzverteilung hinein" bezeichnet worden[68]. Die Ingerenzrechte des Bundes wurden stets ausgebaut und teilweise erst nachträglich voll legalisiert. Seit 2017 können über Mehrheitsentscheidung sämtliche Länder zur Mitwirkung verpflichtet werden. Das alles ist nicht allein, inzwischen jedoch im Kern durch Vereinheitlichungsforderungen im IT-Bereich determiniert. Der schon zuvor angelegte Trend in Richtung auf eine Bundessteuerverwaltung (zumindest für bundesgesetzlich geregelte Steuern)[69] erhält durch die koordinierte Digitalisierung des Vollzugs einen neuen Anstoß in Richtung dessen, was im Parlamentarischen Rat einmal eine Mehrheit hatte und nur am Veto der alliierten Siegermächte scheiterte[70]. Zur Zeit scheint es so, als ob die Bundessteuerverwaltung teilweise sukzessiv durch die Hintertür eingeführt wird.

Eingriffe in die Organisationshoheit der Länder sind im deutschen Exekutivföderalismus deshalb besonders gravierend, weil den Ländern die Gesetzgebungskompetenzen ja ohnehin weitgehend abhandengekommen sind – wiederum im besonderen Ausmaß im Steuerrecht. Im Falle des Art. 91c GG kann ein föderales Mischgremium mit qualifizierter Mehrheit dem Land eine bestimmte IT-Struktur verbindlich vorschreiben. Für den Bereich der Besteuerung kann die Vereinheitlichung der IT-Struktur seit 2017 durch zustimmungspflichtiges Bundesgesetz nunmehr verbindlich gemacht werden, wobei die Ausgestaltung der dafür erforderlichen Mehrheit der Länder dem einfachen Gesetzgeber überantwortet (und reichlich unbestimmt) bleibt. Im Ergebnis bedeutet dies, dass die Mehrheitsentscheidung der Länder zwar durch das Gesetz in ihrer Verbindlichkeit ermöglicht, letztlich aber ausgelagert bleibt, Art. 108 Abs. 4 Satz 3 GG. Es ist kein Zufall, dass diese wirkliche Neuerung sich explizit nur auf die IT-Technik bezieht. Das nicht ganz einfach zu beurteilende Verhältnis beider Normen zueinander ist eine Mischung aus Ergänzung und Spezialität[71]. Bei den Beratungen dieser Grundgesetzänderungen

---

68 *Heun/Thiele* in Dreier, Bd. 3, 3. Aufl. 2018, Art. 108 GG Rz. 23.
69 *Kirchhof* in v. Mangoldt/Klein/Starck, Bd. 3, 7. Aufl. 2018, Art. 108 GG Rz. 12.
70 Vgl. auch *Siekmann* in Sachs (Hrsg.), 8. Aufl. 2018, Art. 108 GG Rz. 49.
71 Vgl. *Wischmeyer* in v. Mangoldt/Klein/Starck, Bd. 3, 7. Aufl. 2018, Art. 91c GG Rz. 12.

wurde deutlich, dass die Länder IT-Fragen angesichts von Umfang und Bedeutung dieses Komplexes als Kernbestandteil ihrer Verwaltungskompetenzen ansahen und verteidigen wollten. Die Sachzwänge erwiesen sich im Ergebnis als stärker. Insgesamt sind Art. 91c GG und die Änderungen des Art. 108 Abs. 4 GG gute Beispiele für den Versuch der produktiven Aufnahme des neuen digitalen Vereinheitlichungsdrucks im Bereich der Verwaltung[72]. Andererseits wird von den den Landesfinanzverwaltungen verbleibenden Möglichkeiten – der Organisations- und der Personalhoheit[73] – erstere durch die bundesweite Vereinheitlichung der IT-Struktur entscheidend getroffen. Die bundesstaatlichen Tugenden von Autonomie und Differenzierung werden so nicht gestärkt[74]. Im Vollzugsbereich ist die *Steuer*erhebung dafür angesichts der föderalen Gleichheitsprobleme[75] freilich auch der am wenigsten geeignete Bereich. Wenn etwa Art. 91c GG als weltweit eine der ersten verfassungsrechtlichen Regelungen zur IT-Struktur gekennzeichnet wird, liegt dies weniger an der deutschen Innovationskraft in diesem Bereich, als vielmehr an der im internationalen Vergleich einzigartigen Verrechtlichung der Bundesstaatlichkeit.

b) Chancen hinsichtlich gleichwertiger Lebensverhältnisse

Die Entterritorialisierung von Verwaltungshandeln, konkret von Steuervollzug, birgt auch Chancen angesichts wachsender Disparitäten hinsichtlich der Lebensverhältnisse in Deutschland, des zunehmenden und zunehmend schneller vonstattengehenden Auseinanderdriftens prosperierender Verdichtungsräume und ausblutender strukturschwacher ländlicher Randregionen[76]. Wenn die Kommunikation etwa mit einem Finanzamt in Mecklenburg-Vorpommern, einem Land, in dem Landkreise die Fläche des Saarlands einnehmen und damit auch der Weg zum Finanzamt hin- und zurück sich als Tagesreise gestaltet, erleichtert wird, können solche Disparitäten zumindest hinsichtlich der Verwaltungs-

---

72 Ähnlich auf Art. 91c GG bezogen *Schliesky* (Fn. 65), 198.
73 Näher *Schmitt* in DStJG 31 (2008), S. 99 (103 f.).
74 *Schliesky* (Fn. 65), 198.
75 Dazu grundlegend *Eckhoff*, Rechtsanwendungsgleichheit im Steuerrecht, 1999; ferner *Seer* in Tipke/Kruse, AO. FGO, § 85 AO Rz. 20 ff. (Stand der Kommentierung: 147. Lfg. Januar 2017).
76 Allgemein in diese Richtung *Schuppen* in Henneke (Hrsg.), Rechtliche Herausforderungen bei der Entwicklung ländlicher Räume, 2017, S. 44 ff.

infrastruktur gemildert werden[77]. Es ist freilich zuzugeben, dass für die Finanzverwaltung, bei der noch am wenigsten die persönliche Anwesenheit des Bürgers typisch ist, dies keinen wesentlichen Faktor darstellt.

2. Veränderungen des steuerlichen Verwaltungsvollzugs durch die Digitalisierung

Verfassungsrechtlich ist die Steuerverwaltung durch ein Spannungsverhältnis zwischen dem Gesetzmäßigkeitsprinzip, dem Gleichheitssatz sowie den Freiheitsrechten, die eine Verhältnismäßigkeit des Vollzugs einfordern können, determiniert[78]. Die Steuern *sind* fest- und durchzusetzen und zwar „gleichmäßig", d.h. gleichheitsgerecht. § 85 Satz 1 und § 88 Abs. 2 Satz AO wiederholen und konkretisieren damit sowohl Art. 20 Abs. 3 als auch Art. 3 Abs. 1 GG steuerspezifisch[79]. Durch beide Prinzipien wird die verfassungsrechtliche, politische und moralische Basis und d.h. Rechtfertigung jeder Besteuerung eingefordert, die Gleichheit – auch im Vollzug. Das unterscheidet das Steuerverwaltungsrecht, wenn vielleicht auch nicht kategorial, so doch graduell von den meisten anderen Verwaltungsbereichen, die eher mit „selektiver Gesetzmäßigkeit" (*Niklas Luhmann*) leben können (müssen). Mit kühner, wenn auch nicht verallgemeinerungsfähiger Konstruktion hat der Zweite Senat des BVerfG sich steuerlicher struktureller Vollzugsdefizite vor dem Maßstab des Gleichheitssatzes als Zusammenspiel zwischen materiellem Recht und Verfahrensrecht angenommen[80]. Die rechtliche Frage in diesem Determinantendreieck geht dahin, inwiefern im ausgesprochenen Massenverwaltungsrecht der Besteuerung zwischen der Sorgfalt der Sachaufklärung im Einzelfall und der Sicherstellung des Gesamtvollzugs abgewogen werden kann: Dürfen Kompromisse bei der Sicherung der Gesetzmäßigkeit der Besteuerung im Einzelfall zur Sicherstellung der Gesetzmäßigkeit im Gesamtvollzug eingegangen werden, inwieweit darf der Einzelvollzug „an der praktischen Realisierbarkeit des Gesamt-

---

77 Zur Relevanz der Größendimension von Selbstverwaltungsräumen VerfGH MV v. 26.7.2007 – LVerfG 17/06, DVBl. 2007, 1102 m. Anm. *Meyer*, ebd., 1024.
78 *Seer* in Tipke/Lang, Steuerrecht, 23. Aufl. 2018, § 21 Rz. 1.
79 *Seer* in Tipke/Kruse, AO. FGO, § 85 AO Rz. 2.
80 BVerfG v. 27.6.1991 – 2 BvR 1493/89, BVerfGE 84, 239; BVerfG v. 9.3.2004 – 2 BvL 17/02, BVerfGE 110, 94; zur Operationalisierbarkeit etwa *Waldhoff*, StuW 2013, S. 121.

vollzugs" ausgerichtet werden[81]? Das ist durch die Entscheidungen zur Zinsbesteuerung und zu den Spekulationsgeschäften im Grundsatz vom BVerfG bejaht worden, indem der Gesamtvollzug nicht nur in den Blick genommen, sondern aus dessen Sicherstellung sogar verfassungsrechtlich verbindliche Folgerungen gezogen wurden. Selbst wenn man den Rückbezug auf die Verfassungsmäßigkeit der materiellen Steuernorm angesichts der Konstellationen des Zusammentreffens von konkreten Einzelnormen beschränkt[82], bleibt auf einer abstrakteren Ebene doch der Gesamtvollzug ein gewichtiges verfassungsrechtliches Argument, der einer Art „administrativen Untermaßverbots" unterworfen wird[83]. Einfachgesetzlich wird dies durch die Begriffe „Wirtschaftlichkeit" und „Zweckmäßigkeit" in § 88 Abs. 2, 3 und 5 AO aufgenommen. Der Ausbau der Deklaration durch den Steuerpflichtigen mit digitalisierten Steuerbescheiden sowie auf der Kontroll- und Verifikationsebene der Einsatz ebenfalls digitaler Risikomanagementsysteme werden durch das Gesetz über die Modernisierung des Besteuerungsverfahrens gebündelt und ausgebaut[84]. Deklarationsprinzip und Verifikationsprinzip werden so einander zugeordnet und in der Neufassung des § 88 AO zu einem Ausgleich gebracht. Das ist alles nicht wirklich neu, hat durch die Möglichkeiten der Digitalisierung im Vollzug jedoch eine neue Bedeutung erlangt, zumal für die Standardrechtsanwendung seit 2017 das Leitbild eines vollautomatisierten Steuerbescheids als Ergebnis vollautomatischer Bearbeitung elektronisch übermittelter Erklärungen des Steuerpflichtigen verfolgt wird[85]. Auch hier zeigt sich die Strukturähnlichkeit zwischen

---

81 Zu Recht weist *Seer* in Tipke/Kruse, AO. FGO, § 85 AO Rz. 24, darauf hin, dass einfachrechtlich in § 85 Satz 2 AO der Gesamtvollzug in Bezug genommen wird. Die Problemstellung ist eine Fortsetzung des älteren Diskurses über Typisierungsbefugnisse der Steuerverwaltung, vgl. nur *Isensee*, Die typisierende Verwaltung, 1976; *Müller-Franken*, Maßvolles Verwalten (Fn. 51), S. 117 ff., 237 ff. und passim; *Söhn* in Hübschmann/Hepp/Spitaler, AO. FGO, § 88 AO (Stand der Kommentierung: 206. Lfg. März 2010) Rz. 175 ff. m.w.N.

82 *Heintzen*, DÖV 2015, 780 (783).

83 *Seer* in Tipke/Lang, Steuerrecht, 23. Aufl. 2018, § 21 Rz. 6; *Müller-Franken* (Fn. 24), S. 118.

84 Zu diesem Gesetz ingesamt etwa *Seer*, StuW 2015, S. 315; *Zaumseil*, NJW 2016, 2769.

85 *Seer* (Fn. 84), S. 315; *Zaumseil* (Fn. 84), 2769; *Müller-Franken* (Fn. 24), S. 115. Damit ist eine Diskussion verbunden, die auf der einen Seite ein Grundrecht auf IT-Abwehr postuliert (*Albrecht/Schmid* in Albrecht (Hrsg.), Informations- und Kommunikationsrecht, 2018, Kapitel 2 Rz. 92), auf der anderen Seite gegenteilig einen grundrechtlichen Anspruch auf IT-Einsatz fordert (*Heckmann* in Bauer u.a. (Hrsg.), Verwaltungsverfahrensgesetz und E-Government,

tradierten Verwaltungsvorschriften und dem Einsatz von Computerprogrammen bei der Entscheidungsgenerierung. Das ist anders als teilweise vertreten keine „regulierte" oder „kontrollierte Selbstregulierung"[86] i.e.S., sondern nach wie vor staatliches Behördenhandeln unter verstärktem Einsatz digitalisierten Vollzugs. Die behördliche Letztverantwortung bleibt stets gewahrt. Es zeigt sich, dass auch hier die zeitlose juristische Kategorie der Zurechnung durchaus funktionieren kann, maschinelles Handeln kann eindeutig einem klar definierten Rechtsträger zugeordnet werden. Es findet mithin auch keine Verwischung von Grenzen zwischen Staat und Gesellschaft, Behörde und Bürger statt, nur die behördeninternen Abläufe werden – freilich dramatisch – modernisiert. Neu ist allerdings die wirklich automatisierte Entscheidungsgenerierung[87], wie sie nur bei ermessensfreien und hinreichend bestimmten Tatbeständen möglich ist. Auch das ist im Grundsatz nicht völlig neu, nur die Dimension ist eine andere. Verkehrsampeln auf der Grundlage einer zunächst ein reines Zeitprogramm abspulenden mechanischen, inzwischen äußere Informationen verarbeitenden algorithmengesteuerten Maschine erzeugen seit rund 100 Jahren Verwaltungsakte. Auch der automatisiert erlassene Verwaltungsakt[88] kann in Bestandskraft erwachsen und dann sogar als Vollstreckungstitel fungieren. Völlig anders zu bewerten wären demgegenüber vollautomatisierte Gerichtsentscheidungen. Hier ist in der Tat in jedem Einzelfall die volle Überzeugung des Richters über jede Tatsachenfrage, verbunden mit höchstpersönlicher Rechtsanwendung unabdingbar, denn es handelt sich um die Gewährung von verfassungsrechtlich zwingendem und inhaltlich konturiertem Rechtsschutz und damit um Letztentscheidungen im Einzelfall. Verfassungsrechtlich ist das in Art. 19 Abs. 4, Art. 92, 97 GG verankert.

---

2. Aufl. 2014, Theoretische Grundlegung Rz. 46 ff.). Diese Fragen stellen sich natürlich auch im Steuerverwaltungsverfahren. Im Rahmen einer Verpflichtung zur Abgabe von elektronischen Steuererklärungen besteht nach § 150 Abs. 8 AO eine Befreiungsmöglichkeit bei Unzumutbarkeit; das ist nach zutreffender Ansicht Voraussetzung dafür, dass keine unverhältnismäßige Verfahrenspflicht vorliegt, vgl. BFH v. 14.3.2012 – XI R 33/09, BStBl. II 2012, 477 Rz. 62; näher *Seer* in Tipke/Kruse, AO. FGO, § 150 AO Rz. 33 ff. (Stand der Kommentierung: 148. Lfg. April 2017). Allgemein zu neuen Ungleichheiten durch digitalen Zugang etwa *Gärditz* (Fn. 23), S. 136 ff.

86 *Seer* in Tipke/Lang, Steuerrecht, 23. Aufl. 2018, § 21 Rz. 5.
87 Dazu allgemein *Maurer/Waldhoff* (Fn. 8), § 18 Rz. 13 ff.
88 Dazu allgemein *Bull*, DVBl. 2017, 409; *Braun Binder*, NVwZ 2016, 960; *Braun Binder*, DStZ 2016, 526; *Maurer/Waldhoff* (Fn. 8), § 18 Rz. 13 ff.; *Stegmüller*, NVwZ 2018, 353.

Deklaration und automatische Entscheidungsgenerierung verlangen Verifikation, die im Besteuerungsverfahren durch ein spezielles Risikomanagement gewährleistet werden soll[89]. Dieses besteht in einer systematischen Erfassung und Bewertung von Risikopotentialen. Die individuelle Fallbearbeitung durch Finanzbeamte wird risikoadäquat vorgesteuert. Das wird ergänzt durch nach dem Zufallsprinzip ausgewählte Stichproben sowie einem generellen Zugriffsrecht der Amtsträger – beides ist für die Legitimität des Vollzugsmodells wichtig. Die Neuregelung ist damit – wie *Sebastian Müller-Franken* herausstellt – keine Abkehr vom der Sicherung der Gesetzesbindung der Verwaltung dienenden finanzverwaltungsspezifischen Untersuchungsgrundsatz, dieser befinde sich vielmehr in einer Art „Standby-Modus"[90]. Der auch hier fortgesetzte „Diskussionsklassiker", dass Effizienz nicht gegen Gesetzmäßigkeit ausgespielt werden dürfe[91], greift zu einem Gutteil ins Leere, weil es m.E. zumindest keine strukturelle Gegenläufigkeit zwischen Spezialfällen und Fiskalinteressen gibt[92]. Der Standardfall ist zumeist auch fiskalisch zweitrangig. Im Übrigen geht es um Wirtschaftlichkeit innerhalb von Gesetzmäßigkeit[93].

Ein Hauptdiskussionspunkt ist die Geheimhaltung der sich in den Algorithmen abbildenden Risikofaktoren, die zu einer Aussteuerung der betroffenen Fälle mit der Folge einer genauen Einzelfallprüfung führen[94]. Die Geheimhaltung erscheint vorliegend jedoch zwingend zu sein, soll das System funktionieren[95]. Geheimhaltung ist in unserer Rechtsordnung nicht unbekannt, man denke nur an parallele Fälle im Recht der Gefahrenabwehr, etwa bei der Telefonüberwachung[96]. Die Probleme scheinen mir hier eher auf der Ebene des Datenschutzes zu liegen: Der Steuerpflichtige hat Anspruch auf Information, was über ihn gespeichert ist, zumindest nicht in gleicher Weise und in gleichem Umfang auf Suchkriterien[97]. Persönlichkeitsschutz ist auch hier legitim, Verwaltungs-

---

89 Dazu grundlegend *Schmidt* in DStJG 31 (2008), S. 37 (43 ff.).
90 *Müller-Franken* (Fn. 24), S. 119.
91 Vgl. etwa *Ahrendt* (Fn. 28), 540.
92 Tendenziell anders *Braun Binder*, DStZ 2016 (Fn. 88).
93 *Seer* in Tipke/Kruse, AO. FGO, § 88 AO Rz. 14; *Müller-Franken* (Fn. 24), S. 117 f.
94 Differenziert zu Publizitätsanforderungen selbstlernender Systeme *Wischmeyer* (Fn. 21), S. 42 ff.
95 *Müller-Franken* (Fn. 24), S. 119.
96 BVerfG v. 13.10.2016 – 2 BvE 2/15, BVerfGE 143, 101 – Selektorenliste.
97 I.E. ähnlich *Müller-Franken* (Fn. 24), S. 121.

transparenz kann unter bestimmten Bedingungen eingeschränkt werden. Letztlich dürften hier differenzierte Lösungen die Zukunft weisen[98].

Die skizzierte Modernisierung des Besteuerungsverfahrens besitzt in Teilen noch experimentellen Charakter. Es handelt sich um ein lernendes System. Daher sind Vorkehrungen nötig, um Fehler aufzufangen. Zum einen wurden die Korrekturvorschriften entsprechend punktuell ergänzt (§ 173a AO); zum anderen unterliegt das gesamte System einer Beobachtungs- und Nachbesserungspflicht. Ob die Nachjustierung und Optimierung der Risikokriterien als solche wirklich im Sinne künstlicher Intelligenz als selbstlernendes System erfolgen sollte, ist nicht nur nicht zwingend, sondern erscheint zumindest im derzeitigen Stadium auch zweifelhaft. Optimierung kann und sollte hier vielleicht eher die Form von Nachhilfe statt von vollautomatisiertem Selbstlernen besitzen[99].

Eine vorläufige verfassungsrechtliche Gesamtbewertung hat zu berücksichtigen, dass das BVerfG gerade beim Steuervollzug immer Konsequenz angemahnt, Vollzugslücken aufgedeckt und auf Effektivierung gedrungen hat. Auch der Vollzug der Steuergesetze ist damit gleichsam zwischen dem freiheitsrechtlich motivierten Über- und dem gleichheitsrechtlich determinierten Untermaßverbot eingeklemmt[100]. Dem korrespondiert die Judikatur, die auf Ebene der Steuergesetze Vereinfachungsnormen – zu Recht – großzügig gegenüber perfektionierter Einzelfallgerechtigkeit billigt[101]. Der notwendige angemessene Ausgleich scheint mir durch die Gesetzesreform 2016 in vertretbarer Art und Weise gelungen. Wenn die datenschutzrechtliche Seite gewährleistet werden kann, können grundlegende verfassungsrechtliche Bedenken nicht festgestellt werden.

Die Ausführungen haben bereits deutlich gemacht, dass die Digitalisierung des Besteuerungsverfahrens neue Herausforderungen für den Datenschutz im steuerlichen Bereich bringt[102]. Auch die neuen Möglichkeiten eines digitalisierten zwischenstaatlichen Informationsaustausches wei-

---

98 Vgl. wiederum *Wischmeyer* (Fn. 21), S. 48 ff. mit dem interessanten Versuch, den Betroffenen durch ein subjektives „Recht auf Erklärung" zu helfen; ähnlich wohl auch *Martini* (Fn. 1), 452 f.

99 Zur Bedeutung *menschlicher* Supervision bei lernenden Systemen jenseits der Steuerverwaltung *Wischmeyer* (Fn. 21), S. 14 f.

100 *Seer* in Tipke/Lang, Steuerrecht, 23. Aufl. 2018, § 21 Rz. 8.

101 Grundlegend BVerfG v. 10.4.1997 – 2 BvL 77/92, BVerfGE 96, 1.

102 Allgemein *Seer* in Tipke/Kruse, AO. FGO, § 85 AO Rz. 37 ff.; *Seer* in Tipke/Lang, Steuerrecht, 23. Aufl. 2018, § 21 Rz. 17 ff.; speziell *Erkis*, DStR 2018, 161.

sen in diese Richtung[103]. Das kann hier aus Platzgründen nicht behandelt werden; insofern wird auf die Ausführungen von *Roman Seer* in diesem Band verwiesen.

IV. Verfassungsrechtliche Herausforderungen des materiellen Steuerrechts durch die Digitalisierung von Geschäftsvorgängen und Geschäftsmodellen

1. Entterritorialisierung durch Digitalisierung als Herausforderung für das Steuerrecht

Die Besteuerung der digitalen Wirtschaft führt unmittelbar in Kernprobleme des Internationalen Steuerrechts. Digitalisierung und Globalisierung[104] sind zwar nicht dasselbe, hängen jedoch eng wechselbezüglich zusammen[105]. Zumindest das Ertragsteuerrecht[106] beruht auf der Erfassung individueller wirtschaftlicher Leistungsfähigkeit klar lozierbarer Steuersubjekte, seien es natürliche oder juristische Personen. Jede Steuer bedarf „der Abgrenzung im Raum"[107]. Das erweist sich als Ausfluss territorial radizierter staatlicher Souveränität[108]. Dieser Raumbezug ist nicht bloß formale Abgrenzung, sondern angesichts der Steuerrechtfertigung auch materiell bedeutsam[109]. Die Virtualität vieler digitaler Geschäfte und Märkte steht auch dazu in einem fundamentalen Spannungsverhältnis. Wurde früher hinsichtlich internationaler Konzerne von „denationalisierten Akteuren"[110] gesprochen, ist eine aufwendige grenzüberschreitende Konzernstruktur heute gar nicht mehr nötig, um sich territorialbezogenen staatlichen Herrschaftsansprüchen zu entziehen.

---

103 *Seer/Wilms*, StuW 2015, 118.
104 Allgemein *Osterhammel/Petersson*, Geschichte der Globalisieurng, 3. Aufl. 2006; rechtlich *Puttler* in Isensee/Kirchhof (Hrsg.), Handbuch des Staatsrechts der Bundesrepublik Deutschland, Bd. 11, 3. Aufl. 2013, § 234.
105 *Ehrke-Rabel*, StuW 2015, 101 (103).
106 Zur Ambivalenz der Territorialität indirekter Steuern – ursprünglich sehr stark, durch die Umsatzsteuer, die, auch grenzüberschreitend, nicht an Personen, sondern an Lieferungen und Leistungen anknüpft, jedoch aufgeweicht – *Reimer* in Isensee/Kirchhof (Hrsg.), Handbuch des Staatsrechts der Bundesrepublik Deutschland, Bd. 11, 3. Aufl. 2013, § 250 Rz. 40.
107 *Neumeyer*, Internationales Verwaltungsrecht, Bd. 4, 1936, S. 61.
108 *Lehner* in Isensee/Kirchhof (Hrsg.), Handbuch des Staatsrechts der Bundesrepublik Deutschland, Bd. 11, 3. Aufl. 2013, § 251 Rz. 2, 9 ff.
109 *Lehner* (Fn. 108), Rz. 12.
110 *Meessen* in Isensee/Kirchhof (Hrsg.), Handbuch des Staatsrechts der Bundesrepublik Deutschland, Bd. 11, 3. Aufl. 2013, § 246 Rz. 20 ff.

Digitalunternehmen haben große Fertigkeiten entwickelt, steuerliche Anknüpfungspunkte zu vermeiden[111]. Es gibt jedoch keinen Grund, auf die Besteuerung mit solchen Geschäftsmodellen erzielter Gewinne zu verzichten. Mit der E-Commerce-Diskussion der 1990er Jahre, die freilich mangels substantieller Geschäftsvorfälle zunächst überwiegend zukunftsgerichtet war, hat das Steuerrecht dies durchaus recht schnell erkannt[112], obgleich die Probleme bei Vorliegen einer physischen Warenauslieferung (sog. Offline-Umsätze) zunächst begrenzt bleiben, mithin erst bei den besonders standortelastischen voll-digitalen Produkten, also Online-Umsätzen aufbrechen. Das ist ökonomisch bzw. fiskalisch relevant[113]. Auch Fairnessaspekte und Effizienzfragen werden ins Feld geführt. *Verfassungsrechtlich* muss der Vorgang m.E. differenziert betrachtet werden: Das Leistungsfähigkeitsprinzip als Hauptmaßstab für die Ertragsbesteuerung knüpft an das territorial radizierte Steuersubjekt an und sucht dessen Gesamtleistungsfähigkeit steuerlich zu erfassen[114]. Eine abstrakte „Weltleistungsfähigkeit" des Ortlosen, die dann eine Art virtuelle Leistungsfähigkeit wäre, existiert insofern nicht. Zwar bietet das Prinzip nach richtiger Ansicht nicht nur Schutz vor übermäßiger oder ungleicher Besteuerung, auch eine Nichterfassung von Leistungsfähigkeit kann als nicht zu rechtfertigende Ungleichbehandlung verfassungswidrig sein[115]. Ist das Steuersubjekt jedoch nicht im Inland ansässig, fehlt der Bezugspunkt für das Prinzip. Die OECD, die entgegen ihrer teilweisen Selbstsicht freilich nur Empfehlungen abgeben kann, hat sich des Problems intensiv angenommen[116]. Unter anderem im Rahmen des BEPS-Programms[117] kam keine eindeutige Lösung zum Vorschein. Weder eine Quellensteuer, noch eine neue Verbrauchsteuer auf Digitalleistungen

---

111 *Schaumburg*, Internationales Steuerrecht, 4. Aufl. 2017, Rz. 5.22; *Pinkernell*, Internationale Steuergestaltung im Electronic Commerce, 2014, S. 114 ff.

112 Vgl. nur etwa *Spatscheck/Strunk* in Moritz/Dreier (Hrsg.), Rechts-Handbuch zum E-Commerce, 2. Aufl. 2005, S. 997 ff.

113 Vgl. die kritische Stellungnahme *Wissenschaftlicher Beirat beim Bundesministerium der Finanzen*, Stellungnahme zu den EU-Vorschlägen für eine Besteuerung der digitalen Wirtschaft, 2018.

114 *Lehner/Waldhoff* in Kirchhof/Söhn/Mellinghoff, § 1 EStG Rz. A 66 (Stand der Kommentierung: 293. Lfg. Dezember 2018).

115 *Waldhoff* in Isensee/Kirchhof (Hrsg.), Handbuch des Staatsrechts der Bundesrepublik Deutschland, Bd. 5, 3. Aufl. 2007, § 116 Rz. 103.

116 *Fehling*, IStR 2015, 797; *Eilers/Oppel*, IStR 2018, 361.

117 Dazu insgesamt etwa *Schaumburg* (Fn. 111), Rz. 5.17 ff.; *Hagemann/Kahlenberg*, Ökonomie und Gesellschaft 29, 2017, S. 315.

vermögen steuerpolitisch oder steuertechnisch zu überzeugen: Erstere vor allem aus steuertechnischen Gründen, Letztere würde im Falle ihrer Abwälzung auf die Nutzer, d.h. die Verbraucher, das verfolgte Ziel der Besteuerung der Konzerne konterkarieren. M.E. könnte das bei Modifikationen der Betriebstättenbegriffe des nationalen wie des Abkommensrechts im Sinne auch einer digitalen signifikanten Präsenz anders aussehen[118]; die vorsichtige Weiterentwicklung des bestehenden international-steuerrechtlichen Systems wird das Mittel der Wahl sein, auch wenn hier noch mehr Fragen offen denn gelöst sind und vor allem auch etwa das Problem der Gewinnzurechnung komplex ist. Die örtliche Radizierung der Wertschöpfung derartiger Unternehmen wird ökonomisch kaum festzumachen sein. Schon die eingehenden Diskussionen um den Server als Betriebstätte mit ihren differenzierten Ergebnissen hinsichtlich verschiedener Konstellationen wies in diese Richtung[119]. So weitreichende Änderungen können freilich nicht durch quasi amtliche Neuinterpretation bestehender Abkommen über den OECD-MA-Kommentar erfolgen, sondern müssen demokratisch abgesichert sein[120]. Fiskalisch steht Deutschland als Exportnation mit niedrigem digitalen Anteil derartigen Modifikationen eher kritisch gegenüber, handfeste verfassungsrechtliche Gegenargumente sind jedoch nicht ersichtlich. Das System- und Folgerichtigkeitsargument ist verfassungsrechtlich stets schwach[121]; eine äquivalenztheoretische verfassungsrechtliche Steuerrechtfertigung[122] hindert nicht systemkonforme Fortentwicklungen steuerlicher Anknüpfungspunkte.

2. Zunehmender Zwang zu übernationalen Lösungen angesichts der territorialen Entgrenzung durch die Digitalisierung

Es ist nachgerade trivial festzustellen, dass die territoriale Entgrenzung des zu erfassenden Gegenstands entsprechende Reaktionen des (Steuer-) Gesetzgebers erfordert. Was national- oder mitgliedstaatlich nicht mehr

---

118 Zur Betriebstättendiskussion etwa *Schönfeld* in DStJG 36 (2013), S. 233; zur „digitalen Präsenz" *Heggmair/Riedl/Wutschke*, IStR 2015, 92; *Becker*, IStR 2018, 634.

119 *Tappe*, IStR 2011, 870.

120 Allgemein zur begrenzten rechtlichen Bindungskraft des Kommentars zum OECD-MA *Waldhoff*, Steuerberaterjahrbuch 2005/2006, S. 161.

121 Dazu insgesamt *Dieterich*, Systemgerechtigkeit und Kohärenz, 2014.

122 Vgl. etwa *Lehner/Waldhoff* KSM § 1 Rz. A 163 ff. *Lehner/Waldhoff* in Kirchhof/Söhn/Mellinghoff, § 1 EStG Rz. A 119 ff. (Stand der Kommentierung: 293. Lfg. Dezember 2018); *Lehner* (Fn. 108), Rz. 11 f.

gelöst werden kann, sollte Gegenstand internationaler Kooperation und europäischer Rechtsetzung sein[123]. Da auch die EU territorial begrenzt ist, bietet sich gleich internationale Koordination an, obgleich diese noch schwieriger zu erzielen ist. Die dabei virulente Gefahr der Vernachlässigung steuerverfassungsrechtlicher Grunddeterminanten zeigt sich exemplarisch an dem Entwurf für eine Richtlinie zur „Fairen Besteuerung der digitalen Wirtschaft" der EU vom 21.3.2018[124]. Sie stellt ein Beispiel für ungeeigneten supranationalen Aktivismus dar, wenn die Mitgliedstaaten eine sog. Digital Service Tax mit einem Steuersatz von 3 % auf die Brutto-Umsatzerlöse aus der Platzierung von Onlinewerbung, der Bereitstellung digitaler Plattformen sowie dem Verkauf von Kundendaten, die auf Nutzerbeiträge in EU-Mitgliedstaaten zurückzuführen sind, einführen sollen. Neben ökonomischen Bedenken treten bei dieser „indirekten Steuer auf Erträge" auch (verfassungs-)rechtliche. Damit meine ich nicht einmal die zweifelhafte unionsrechtliche Kompetenzgrundlage[125]. Die Digital Service Tax bricht mit der bestehenden internationalen Steuerordnung der Unternehmensbesteuerung. Ihre Einführung wäre ein Paradigmenwechsel, weil zum einen Bruttoerträge einer Ertragsteuer unterworfen würden und zum anderen die Ertragsbesteuerung im Staat der Leistungserbringung erfolgte. Die einseitige Schaffung einer Digital Service Tax in der EU ist zudem unvereinbar mit dem auf zwischenstaatlicher Kooperation beruhenden BEPS-Projekt der OECD und wäre nur als Interimsprojekt zulässig. Nach dem Vorschlag käme die Steuer zu den Ertragsteuern, die nach dem Ansässigkeits- und Betriebstättenprinzip erhoben werden, hinzu, führte also durch die reine Besteuerung „digitaler Präsenz" zu neuen Formen der Doppel- bzw. Mehrfachbesteuerung. Verfassungsrechtlich stellen sich vor allem zwei Probleme: Der Übergang zur Bruttobesteuerung wäre ein Bruch mit dem objektiven Nettoprinzip, selbst wenn man dies entgegen der h.L. nicht aus dem Leistungsfähigkeitsprinzip und damit aus dem Gleichheitssatz herleitete, sondern als Systementscheidung des Gesetzgebers auffasste[126]. Die Digital Service Tax würde damit vermutlich die Grenzen, die durch das finanzverfas-

---

123 *Ehrke-Rabel* (Fn. 105), S. 106 f.
124 Vorschlag für eine Richtlinie des Rates zur Festlegung von Vorschriften für die Unternehmensbesteuerung einer signifikanten digitalen Präsenz v. 21.3.2018 – COM (2018) 147 final; dazu etwa *Schlund*, DStR 2018, 937.
125 *Brauneck*, EuZW 2018, 624.
126 Vom BVerfG wurde diese Frage bisher offengelassen, vgl. nur BVerfG v. 9.12.2008 – 2 BvL 1, 2/07, 2/08, BVerfGE 122, 210 (234).

sungsrechtliche Verbot, neue Steuern zu erfinden,[127] bestehen, sprengen. Dürfte Deutschland einer solchen Richtlinie, die es zu einer verfassungswidrigen Umsetzung zwingen würde, im Rat überhaupt zustimmen? Steuerpolitisch wäre diese Ausgleichs- oder Sondersteuer aufgrund des Einstimmigkeitsprinzips nur schwer abzuschaffen; man müsste zumindest – den OECD-Empfehlungen für Interimslösungen folgend – von vornherein eine zeitliche Begrenzung festlegen. Der fiskalische Ertrag wird zwischen 1,6 und 5 Mrd. € geschätzt, erweist sich mithin als gering. Wenn die Berichte der Tagespresse stimmen, geht dieser Steuerkelch wohl an uns vorüber. Die – fiskalisch gesehen – Unterbesteuerung amerikanischer Internetkonzerne in Europa ist primär ein Problem der die Legalität von deren Steuerplanung begünstigenden kollusiv tätigen, als innereuropäische Steueroasen fungierenden Klein- und Randstaaten der EU wie Luxemburg oder Irland, die auch schon in zahlreichen anderen steuerlichen Zusammenhängen negativ auffallen. Mit anderen Worten: Auch hier gilt es, gegen steuerliche Vorzugsregime entschlossener vorzugehen, d.h. den *schädlichen* Steuerwettbewerb[128] zu bekämpfen, der im Zusammenwirken mit aggressiver Steuerplanung[129] neue Dimensionen erreichen kann; das sollte zumindest innerhalb der EU möglich sein.

---

127 BVerfG v. 13.4.2017 – 2 BvL 6/13, BVerfGE 145, 171 – Kernbrennstoffsteuer.
128 Zu schädlichem Steuerwettbewerb in unterschiedlichen Zusammenhängen *Reimer* (Fn. 106), Rz. 51 ff.; *Ehrke-Rabel* (Fn. 105), S. 104 ff.
129 Dazu etwa *Ehrke-Rabel* (Fn. 105), S. 105.

Diskussion

Prof. Dr. *Tina Ehrke-Rabel*, Graz

Vielen Dank für die interessanten und inspirierenden Vorträge. Ich habe eine Frage an beide Referenten. Rückwirkend betrachtet, haben beide Beiträge ein sehr neutrales Bild der Möglichkeiten der Digitalisierung dargestellt. Ich frage mich, ob und inwieweit Algorithmen reguliert werden müssen. Digitalisierung ist nicht nur der Einsatz eines neuen technischen Instruments, sondern führt, wie Herr *Anzinger* deutlich gemacht hat, zu einem vollkommenen Paradigmenwechsel. Dies betrifft vor allem die Rechtsfindung, wenn Algorithmen grundsätzlich auf Korrelationen basieren, wenn sie also aus einer Fülle an Datenkorrelationen Muster erzeugen, die sie dann zur Rechtsanwendung nutzen. In der amerikanischen Literatur ist der sog. „Automation Bias" ein großes Thema, wie auch die Opazität selbstlernender Systeme schlechthin. Sie, Herr *Waldhoff*, haben vorgetragen, dass ein Entscheidungsvorschlag durch einen Algorithmus verfassungsrechtlich unproblematisch sei. Wenn man aber bedenkt, dass Menschen dazu tendieren, maschinengestützte Entscheidungen ernster zu nehmen als ihre eigenen, wäre es dann nicht angebracht, dass man der Art der Entscheidungsfindung durch die Maschine gewisse Leitlinien vorgibt? Und im Steuerrecht stellt sich sodann die Frage, inwieweit dies den Steuerpflichtigen gegenüber transparent gemacht werden müsste. Ich denke, man muss sich überlegen, welche der in der Informationstechnologie bereits vielfach vorgesehenen Sicherheitsmaßnahmen zur Erprobung von Algorithmen, auch rechtlich vorgeschrieben werden müssten. Noch eine letzte Anmerkung: Herr *Waldhoff*, Sie haben vorgetragen, dass Sie den automatisierten Verwaltungsakt für unproblematisch halten, problematisch sei dagegen eine automatisierte Gerichtsentscheidung. Schafft dies nicht die Verwaltung durch Menschen ab? Und müsste man hier nicht differenzieren zwischen den Fällen, in denen erklärungskonform veranlagt wird, und den Fällen, bei denen ein Verwaltungsakt aufgrund eines im Hintergrund laufenden Profilings zu einer abweichenden Bescheidung führt?

Prof. Dr. *Roman Seer*, Bochum

Auch meinen Dank an die Referenten für diese beiden wunderbaren grundlegenden Vorträge. Auch ich habe an beide Referenten Fragen. Herr *Anzinger*, Sie haben in ihrem Vortrag angedeutet, die algorithmen-basierte Bearbeitung könnte nicht nur logische Wenn-dann-Verknüpfungen, sondern auch Abwägungsprozesse zu Ergebnissen führen. Das würde also die Auslegung unbestimmter Rechtsbegriffe und pflichtgemäßer Ermessensentscheidungen i.S.v. § 5 AO, also Ermessensentscheidungen ohne intendiertes oder auf null reduziertes Ermessen, umfassen. Wie darf ich dies verstehen? Dienen die Algorithmen nur als Hilfsmittel und generieren einen Entscheidungsvorschlag für den Verwaltungsbeamten oder Richter?

Herr *Waldhoff*, wir stimmen fast in allem überein. Eins wollte ich aber klarstellen: Die Frage der Selbstregulierung ist die Frage danach, ob man einen Begriff eng auslegt, dann ist dies kein echter Akt der Selbstregulierung. Ich würde aber meinen, dass die eigene Steueranmeldung als Selbstveranlagung, bei der eine Erklärung kraft Fiktion direkt zum Verwaltungsakt erhoben wird, letztlich ein selbstregulierender Akt ist. Dieser steht natürlich noch unter der Bedingung einer Verifikationsverwaltung und letztlich unter der Aufsicht und in der Letztverantwortung der Finanzverwaltung. Der automatische Steuerbescheid ist davon nicht so weit entfernt. Man könnte von einer Selbstregulierung im weiteren Sinne sprechen, wenn die Daten, die man einspeist, aufgrund einer Determinierung des Programmablaufs automatisch in einen hoheitlichen Verwaltungsakt münden. Sehen Sie, Herr *Waldhoff*, dies auch als bloße graduelle oder doch als echte kategoriale Unterscheidung?

Noch etwas möchte ich vorgreifend auf meinen Vortrag im Zusammenhang mit Risikomanagementsystemen und derer Indikatoren erwähnen. § 88 Abs. 5 AO hat einen Erforderlichkeitsvorbehalt. Ich würde daher meinen, dass die Finanzverwaltung schon zumindest die Art und Weise des Umgangs mit den Risikofaktoren erklären können muss und sie sich, soweit es sich um die Verarbeitung personenbezogener Daten handelt, einem datenschutzrechtlichen Auskunftsanspruch gegenübersteht. Die Finanzverwaltung muss zwar nicht genau erklären, welche Risikofilter – beispielsweise Nichtaufgriffsgrenzen – angewendet werden, aber zumindest, welche Daten sie einspeist. Es geht jedoch nicht, dass keinerlei Aussagen über die Art der genutzten Indikatoren – beispielsweise das steuerliche Vorverhalten – gemacht werden.

Prof. Dr. *Klaus-Dieter Drüen*, München

Herr *Anzinger*, Sie haben angedeutet, die Digitalisierung verändere die Argumentation. Meinen Sie, dass wir auch digitalisierte Auslegungsmethoden brauchen, oder dient die Digitalisierung nur als Hilfsmittel? Könnten Sie dies vielleicht noch etwas näher ausführen? Ihre Aussage über die Bedeutung der Digitalisierung für Juristen und ihre Ausbildung würde ich gerne auf der Homepage der DStJG aufnehmen.

Herr *Waldhoff*, herzlichen Dank dafür, dass Sie die Digitalisierung und IT-Technik als Motor der Unitarisierung im föderalen Staat so klar herausgearbeitet haben. Ich teile diese Prämisse. Art. 108 Abs. 4 und Abs. 4a GG sind auch ein Modell für neue föderale Formen abseits der Finanzverwaltung. Der Hinweis auf Art. 91c Abs. 5 GG ist dabei angebracht. Zur Aussage, es komme zu einer Bundessteuerverwaltung durch die Hintertür, möchte ich als überzeugter Föderalist doch einen Gegenpol setzen. Es ist richtig, dass die Alliierten die Fortsetzung der Zentralverwaltung der Weimarer Republik bei Schaffung des Grundgesetzes unterbunden haben, aber nach fast 70 Jahren ist es eine deutsche Strukturentscheidung, daran festzuhalten. Zum originär bundesdeutschen Kompromis gehören die Öffnungsmöglichkeiten und die Flexibilität, die Art. 108 GG zu Recht eröffnet. Diese Öffnungsmodalitäten zur Koordinierung zwischen Bund und Ländern sind wichtig und richtig. Die neuen Formen enthalten zwar erhebliche zentrale Steuerungsmöglichkeiten, führen jedoch nicht zu einer Zentralverwaltung. Es bleibt bei der Letztverantwortung der Landessteuerbehörden.

Als weiterer Punkt teile ich Ihre Aussagen zur strukturellen Vollzugssicherung und dass die Digitalisierung insoweit neue Möglichkeiten bietet und eine effektivere Vollzugsgewähr zu sichern hilft. Die Formulierung „Wirtschaftlichkeit in der Gesetzmäßigkeit" ist dabei eine Kompromissformel. Wenn aber Risikomanagementsysteme beispielsweise mit Nichtaufgriffsgrenzen aus rein wirtschaftlichen Erwägungen arbeiten, kommt es zu einer Kollision. Insoweit werden sich die Gerichte positionieren müssen. Bei Risikomanagementsystemen handelt es sich nicht um Vollzugsautomatismus oder selbstlernende Systeme. Es bedarf nicht nur technisch denkender, sondern gerade auch qualifizierter materiellrechtlich denkender Verwaltungsbeamte. Durch Risikomanagementsysteme gewinnt die Finanzverwaltung zwar für das Massengeschäft Ressourcen, aber um die Prozesse weiterzuentwickeln bedarf es qualifizierten Personals, welches auch das Erklärungsverhalten antizipieren kann.

Prof. Dr. *Heribert Anzinger,* **Ulm**

Mit einem Überblick über die Möglichkeiten sollte mein Vortrag sensibilisieren, auch für die Einflüsse der Digitalisierung auf die Methoden, und Regulierungsfragen offenlegen, nicht einen Weg vorschlagen. Zunächst erscheint es mir wichtig, die Rolle des Richters und mit ihr das subjektive Element im Prozess der Rechtsfindung zu reflektieren. Sind weitreichende „Menschenvorbehalte" vorzusehen und Raum für wertende Intuition zu reservieren oder ist vielleicht die Digitalisierung der richtige Weg, um zu mehr Rechtsanwendungsgleichheit zu kommen? Es stellt sich auch die Frage der Datenhoheit. Sollte die Finanzverwaltung Daten sammeln dürfen, ohne sie zu teilen, und so eine strukturelle Überlegenheit erlangen? Oder wäre es vielleicht geboten, dass sie die Daten teilt, um Unternehmen zu ermöglichen, ihre internen Kontrollsysteme zu verbessern? Hier denke ich an die Ausführungen von *Roman Seer* und das Kooperationsverhältnis zwischen Steuerpflichtigem und Finanzverwaltung. Natürlich bedürfen auch Risikomanagementsysteme der Regulierung. Man muss auch darüber nachdenken, welche Rechtsmittel zukünftig nötig werden. Und es stellt sich die Frage, ob man neben den Finanzbehörden auch den Finanzgerichten durch automationsgerechte Gesetze verwehren kann, die Realität einzubeziehen, und diesen vorschreiben darf, den Sachverhalt ausschließlich in der Lebenswirklichkeit digital aufbereiteter Daten festzustellen.

Roman Seer hat noch einmal nachgehakt und gefragt, ob Ermessensentscheidungen wirklich durch Algorithmen getroffen werden könnten. Technisch erscheint mir das nicht ausgeschlossen. Abwägungsentscheidungen lassen sich mathematisch in Optimierungsprozessen abbilden. Unbestimmte Rechtsbegriffe könnten für Algorithmen durch eine statistische Auswertung von Falldatenbanken oder wiederum durch Wertungen abwägende Optimierungsmodelle erschlossen werden. Schließlich könnten Algorithmen dort ansetzen, wo Ermessensentscheidungen durch einer regelorientierte Verwaltungspraxis vorgeprägt sind. Zu denken ist an den Sanierungserlass. Die computergestützte Optimierung des gesamten Steuerrechts ist aus verschiedenen Gründen zwar nicht zu verfolgen. Sie könnte aber technisch machbar sein.

Zu der Frage von *Klaus-Dieter Drüen* nach neuen Auslegungsmethoden: Hier sehe ich zwei Einflussfaktoren. Einerseits wird derzeit innovative Software in den USA und in England entwickelt, weil sich dort die klugen Köpfe und ein Markt dafür befinden und Start-Ups viel Risikokapital erhalten. In diesen, dem anglo-amerikanischen Rechtskreis zuzuordnenden Jurisdiktionen sind die Methoden der Rechtsfindung anders akzentuiert als in anderen Rechtskreisen. Ungeachtet von Unterschieden in der Rechtstradition wird diese Software, zuerst von internationalen Rechtsanwaltsgesellschaften, auch im deutschen Rechtskreis eingesetzt werden. Im Rechtsalltag, mit seinen ökonomischen Zwängen, wird diese Software beeinflussen, wie Recht geschöpft wird. Wir müssen uns dann bewusst machen, was eigentlich unsere Methoden sind, um sagen zu können, wann ein computergeneriertes Ergebnis falsch ist. Andererseits könnten Algorithmen, abhängig von der gewählten Technik, regel- oder fallorientierten Methoden den Vorzug geben, sie könnten einen stärkeren Einfluss der ökonomischen Analyse des Rechts bewirken und Typisierungsspielräume des Gesetzgebers sowohl verengen als auch erweitern.

Prof. Dr. *Christian Waldhoff*, **Berlin**

Zu Frau *Ehrke-Rabels* Bemerkung, Entscheidungsvorschläge könnten eine faktische Bedeutung haben: Wird einem Richter ein Vorschlag durch einen Wissenschaftlichen Mitarbeiter vorgelegt, besteht die gleiche Gefahr. Trotzdem gehe ich davon aus, dass der Vorschlag hinreichend geprüft wird, wenn sich der Entscheidungsträger diesen zu eigen macht. Das Verwaltungshandeln wird nicht durch die Automatisierung abgeschafft. In der Verwaltung ist in dieser Hinsicht m.E. aber sehr viel mehr möglich als in der Rechtsprechung. Ich habe mich etwas um dieses Thema herumgedrückt. Es war thematisch auch nicht veranlasst.

Zum Risikomanagement und zur DSGVO: Hier ist eine zentrale Frage, welche Daten der Steuerpflichtigen die Finanzverwaltung gespeichert hat. Meines Erachtens helfen hier Vergleiche zum Recht der Gefahrenabwehr; dort wird auch nicht bekannt gegeben, wer telefonisch überwacht wird bzw. diese erfolgt erst nachträglich. Andernfalls würde das System zusammenbrechen und der Überwachungseffekt ins Leere laufen. Es bedarf in jedem Fall handfester verfassungsrechtlicher Rechtfertigungsgründe für ein derartiges Vorgehen.

Zu *Klaus-Dieter Drüen*: Trotz der Pointierung, dass die Personalhoheit bestehen bleibt, ist das der entscheidende Unterschied. Eine Bundessteuerverwaltung wird m.E. nach 70 Jahren GG realistischerweise nicht mehr eingeführt werden. Ich wollte insofern nur auf (Teil-)Äquivalente aufmerksam machen.

Zur gerichtlichen Kontrolle: Die Gerichte werden die Ergebnisse des Vollzugs bewerten müssen. Hier besteht eine Strukturähnlichkeit zur Vollzugskontrolle bei der Anwendung von Verwaltungsvorschriften, die dem Vollzug zugrunde liegen. Die Verwaltungsvorschriften selbst sind nicht Prüfungsgegenstand gerichtlicher Kontrolle, sondern bestimmen das Ergebnis des Verwaltungsvollzugs, das dann gerichtlicher Kontrolle unterliegt.

Prof. Dr. Dres. h.c. *Paul Kirchhof,* **Heidelberg**

Wir haben eine eindrucksvolle Problemanalyse gehört, mit der Wissenschaft beginnt und die Problemlösungen ermöglicht. Ich möchte zu drei Punkten – erstens zum Gesetz, zweitens zum Gesetzesvollzug und drittens zur Ortlosigkeit der digitalen Welt – etwas sagen.

1. Das Gesetz sichert Gleichheit je nach parlamentarischer Unterscheidung. Die Digitalisierung drängt auf Konformität nach technischen Vorgaben. Der Gleichheitssatz aber fordert nicht, dass alles zahlenmäßig gleich sein müsse, sondern verlangt Gleichheit „vor dem Gesetz", dem Differenzierungsinstrument des Rechtsstaates. Jeder Rechtssatz unterscheidet – zwischen Berechtigtem und Nichtberechtigtem, strafwürdiger Schuld und strafloser Unschuld, besteuerbarer Leistungsfähigkeit und steuerfreier Armut. Die Pointe des Gleichheitssatzes ist nicht die Gleichstellung, sondern der rechtfertigende Grund für Unterscheidungen. Hier liegt ein zentrales Problem der Digitalisierung mit Hilfe von Algorithmen, die unsere Welt in Zahlen erfassen und ordnen wollen. Wenn der Algorithmus unsere Rechtsprinzipien, z.B. die Nettoprinzipien, die Unterscheidung zwischen Eigen- und Fremdkapital, die Erwerbssphäre und den Schutz der Privatsphäre, sachgerecht aufnehmen und als Belastungsgrund der Steuer in den Computer einspeisen würde, ließe sich ein Großteil unserer Sorgen über eine zweite Parallelordnung vielleicht auffangen.

Zudem möchte ich nochmals betonen, was Herr *Waldhoff* gesagt hat: Gesetzgebung ereignet sich in einer Sprache, die der Adressat versteht. Hier haben wir allerdings in den vergangenen Jahrzehnten ein Stück Rechtsstaatlichkeit verloren. Wenn jedoch fast jeder Steuerrechtssatz auch einen Straftatbestand begründen kann, der potentielle Straftäter durch Lektüre des Gesetzes wissen können muss, was der Staat von ihm verlangt, wird die Dramatik dieses Problems deutlich. Wenn das Gesetz das Gespräch mit dem Adressaten verweigert, verfehlt es seinen rechtsstaatlichen Auftrag. Der Gesetzgeber hat z.B. bei den Listenpreisen für die Absetzung selbstgenutzter Dienstfahrzeuge, bei der Fünftel-Regelung oder beim Steuertarif einen Computer vor Augen, der die dort vorgegebenen Rechenschritte nachvollziehen kann, nicht aber einen Menschen, der durch Lektüre des Gesetzestextes die Steuerrechtsfolge erkennen könnte. Der Steuertarif ist in einer komplizierten mathematischen Formel geregelt. Der Gesetzgeber könnte auch bestimmen, dass eine bestimmte Summe des Anfangseinkommens steuerfrei sei, für die nächste Summe des Einkommens pro Euro 14 Cent zu bezahlen seien, für die übernächste 20 Cent pro Euro, für eine weitere 25 Cent pro Euro. Eine einfachere Darstellung wäre leicht möglich. Das Gesetz wäre dann verständlich, einsichtig, planbar, der inhaltlichen Kritik zugänglich.

2. Das strukturelle Vollzugsdefizit im Steuerrecht ist bewusst geworden, als der Gesetzgeber das Deklarationsprinzip und das Verifikationsprinzip durch das Bankengeheimnis hat leerlaufen lassen. Derjenige, der erklärte, wusste, dass er nicht kontrolliert werden würde. Das ist eine Einladung zur Unvernunft, teilweise auch zum Unrecht.

Das ELSTER-System stellt sich für den Steuerpflichtigen wie ein Kreuzworträtsel dar. Hat er die digitale Erklärung ausgefüllt, empfindet er ein Erfolgserlebnis. Dies trifft jedoch nur zu, wenn er ein bestimmtes Digitalsystem nutzt. Hat er ein anderes Computersystem, bleibt ihm ELSTER verschlossen.

Die richterliche Kontrolle besteht zunächst nicht darin, Leitsatzentscheidungen zu entwickeln, sondern dem Einzelfall gerecht zu werden. Wenn die vorbeugende Wirtschaftsprüfung nun mit Hilfe der neuen Technik – das sehe ich anders als Sie, Herr *Waldhoff* – von der Stichprobenprüfung zur Vollprüfung übergeht, entstehen Wissenspotentiale bei Steuerberatern und Wirtschaftsprüfern, die branchenspezifisch spezialisiert sind, dann die Schwachstellen des Marktes und der Unternehmen besser als die Unternehmen selbst kennen. Dadurch kann die privatwirtschaftliche Vorprüfung eine Dominanz gewinnen, die den Unternehmer faktisch lenkt, die Einzelfälle durch einen „Deal" mit der Finanzverwaltung abschließt und insoweit die Rechtsprechung und die richterliche Rechtsfortbildung zu erübrigen droht.

3. Die digitale Wirtschaft ist, wie wir alle wissen, schwer zu verorten. Sie wirtschaftet in Europa und in Deutschland erfolgreich, hat aber in deren Rechtsordnung keinen herkömmlichen Sitz, keine Zuordnung, allenfalls eine Art fiktiver Betriebsstätte. Wir sollten uns hier weiterhin um die richtige Zuordnung zu einer Betriebsstätte bemühen und uns nicht damit zufriedengeben, die materiellen Gründe – beispielsweise die fehlende Aktivierungsfähigkeit und Abschreibungsmöglichkeit selbst hergestellter immateriellen Wirtschaftsgüter oder der steuerlichen Begünstigung von Forschung und Entwicklung – zu benennen. Diese Grün-

de setzen zunächst voraus, dass der Betrieb bereits verortet ist. Wir müssen das Gerechtigkeitsdefizit der niedrigen Besteuerung der erfolgreichsten Unternehmen in Europa angehen. Hierzu ist die Rechtsprechung des EuGH zu den „Steueroasen" hilfreich. Der EuGH sagt, dass Betriebsstätten „bar jeder Realität" nicht anerkannt werden. Wenn wir dieses große Signal aufgreifen, eröffnen sich klare Lösungsmöglichkeiten. Bei den tatsächlich ortlosen Unternehmen werden wir nicht resignieren dürfen, sondern einen Sollertrag beim Kunden typisierend erfassen.

Schließlich noch eine Bemerkung zur verfassungsrechtlichen Steuertypenlehre: Wollte der Gesetzgeber eine neue Steuer einführen, die der digitalen Wirtschaft gerecht wird, wäre eine solche verfassungsrechtlich nicht ausgeschlossen. Der Gesetzgeber ist zwar an die in der Verfassung geregelten, historisch gewachsenen Steuertypen gebunden. Es ist aber nicht ausgeschlossen, dass eine neue Steuer durch Verfassungsänderung – mit Zweidrittelmehrheit im Bundestag und Bundesrat – eingeführt wird. Es besteht kein verfassungsrechtliches Entwicklungsverbot für eine neue Steuer.

Prof. Dr. *Simon Kempny*, Bielefeld

Eine kurze Anmerkung zu Herrn *Waldhoff*: Das Zusammenwirken von Bund und Ländern gem. Art. 108 Abs. 4 Satz 3 GG seit Sommer 2017 ist, anders als vorgetragen, nicht auf den Bereich der Informationstechnik beschränkt. Der ursprüngliche Gesetzesentwurf der Bundesregierung, BT-Drs. 18/11131, sah dies zwar noch vor. Aber auf Betreiben des Haushaltsausschusses wurde diese Einschränkung nachher gestrichen, BT-Drs. 18/12588. Dies unterstreicht Ihre wichtige These, welche Dynamik und Prägungskraft dem Tagungsgegenstand auch im Bereich der Rechtsetzung mittlerweile zukommen. Eine Regelung, die mit Blick auf die IT entworfen wurde, wird verallgemeinert und damit der ohnehin schon starken Unitarisierung im Bereich der Finanzverwaltung weiterer Vorschub geleistet.

Prof. Dr. *Gregor Kirchhof*, Augsburg

Ich habe zwei Anmerkungen zum Referat von *Christian Waldhoff* und eine zum Referat von *Heribert Anzinger*:

Die kategoriale Trennung zwischen Staat und Gesellschaft ist in der Tat auch für die Digitalisierung zu betonen. Wir müssen unterscheiden – hier nehme ich einen Gedanken von *Heribert Anzinger* auf –, ob Steuerberater, Rechtsanwälte oder Wissenschaftler Rechner zur Hilfe nehmen oder ob der Staat mit digitalisierter Unterstützung entscheidet, ob er digitalisiert Recht setzt und anwendet. Im Bereich der öffentlichen Hand sind – wie gehört – die Kategorien der Zurechnung und Nachprüfbarkeit maßgeblich. Eine Kategorie kam mir jedoch zu kurz: die Verantwortung von Menschen. Der Vollzug durch Steuerbeamte ist von der Gesetzesanwendung durch Rechner zu unterscheiden. Eine Ampel verändert ihr Signal automatisch. Ein Bußgeld für zu schnelles Fahren kann verlässlich und nachvollziehbar berechnet werden. Hier bestehen keine rechtsstaatlichen Probleme. Doch stößt die Digitalisierung des Rechts an Grenzen, wenn Menschen Rechenprozesse nicht mehr nachvollziehen und die berechneten Ergebnisse deshalb kaum mehr verantworten können. Beim Risikomanagementsystem kommt ein weiteres verfassungsrechtliches Problem hinzu. Die Vorteile des Systems lassen sich in einer kritischen Zuspitzung als eine Verbesserung der Gleichheit im Vollzugsdefizit beschreiben. Ein Filter, welche Fälle von der Finanzverwaltung geprüft werden, läuft Gefahr, den Einzelfall strukturell zu vernachlässigen. Die Verwaltung aber ist gerade für den Einzelfall zuständig.

Zum Schluss eine Anmerkung zu den Ausführungen von *Heribert Anzinger* über die juristische Ausbildung: Das Phänomen ist viel zu breit, um es umfassend in der Ausbildung erörtern zu können. Wir sollten aber bestimmte Bereiche der Digitalisierung – jedenfalls ein Verständnis der Möglichkeiten und Probleme – in das Curriculum integrieren. Wenn die Verwaltung Instrumente wie das Risikomanagementsystem nutzt, müssen wir dieses in der Ausbildung jedenfalls beschreiben und rechtlich prüfen.

Prof. Dr. *Matthias Valta*, Düsseldorf

Ich habe eine Methodenfrage an Herrn *Anzinger*. Wenn ich Sie richtig verstanden habe, kann man auch Optimierungen von Ermessensentscheidungen, die im Steuerrecht zugegebenermaßen keine große Rolle spielen, digital durch künstliche Intelligenz selbständig abbilden. Zum Schluss haben Sie auf die Diskurstheorie des Rechts Bezug genommen. Diese besagt nach meinem Verständnis, dass es keine „one right answer", sondern einen Fachdiskurs gibt. Darin wird rationalitätsstiftend nach der überzeugendsten Antwort gesucht. Der Richter muss dann als Letztentscheider die überzeugendste Antwort bestimmen. Mir ist einleuchtend, dass man diese Diskussion nachvollziehen und einen Entscheidungsvorschlag auf Grundlage einer herrschenden Meinung machen kann. Aber wie kann die Künstliche Intelligenz die überzeugendste Meinung herausfiltern? Wo bleiben die Kreativität und die Reaktion auf neue Entwicklungen? Wie kann man Rechtsprechungsänderungen aufgrund von Überzeugungskraft nachvollziehen? Dies sind keine spezifisch steuerrechtlichen Fragen, aber Fragen der Selbstreflektion der Rechtswissenschaft.

Prof. Dr. *Christian Waldhoff,* **Berlin**

Der Hinweis von *Paul Kirchhof,* dass rechtliche Gleichheit nicht völlige Konformität, sondern die Rechtfertigungsbedürftigkeit von Ungleichbehandlungen bedeutet, ist natürlich zutreffend. Zusätzlich sind Unterschiede hinsichtlich von Gleichheit bei Steuerrechtsetzung und Steuerverwaltung zu machen. Zutreffend ist auch der Hinweis in Bezug auf eine mögliche „Digitalsteuer" auf die Möglichkeit einer Grundgesetzänderung mit Zweidrittelmehrheit gem. Art. 79 Abs. 1, Abs. 2 GG. Eine Steuer, die verfassungsrechtlich verankert wäre, kann als solche nicht grundgesetzwidrig sein. Die steuerpolitische Frage der Sinnhaftigkeit eines solchen Vorgehens ist damit freilich noch nicht beantwortet.

Zu *Gregor Kirchhof:* Die Verantwortung des Menschen bei staatlicher Vollzugstätigkeit würde auch ich betonen. Deshalb ist immer ein potentielles „menschliches" Letztentscheidungsrecht zentral, etwa zufällig oder bewusst bestimmte Fälle dann doch wieder persönlich zu bearbeiten. Ich bin ebenfalls der Überzeugung, dass die Maßstäbe für den Einsatz digitaler Prozesse unterschieden werden müssen, je nachdem ob dies durch den Staat (die Steuerverwaltung) oder durch Private (Steuerberater oder Steuerpflichtiger selbst) erfolgt. Letztere müssen sich nicht in gleicher Weise rechtfertigen. Zwei Dinge zum Risikomanagement, zu dem wir noch ein Referat hören werden, erscheinen mir wichtig: Es muss zufallsbezogene Stichproben geben und das Recht des Steuerbeamten, einen Fall an sich zu ziehen, muss gegeben sein.

Prof. Dr. *Heribert Anzinger,* **Ulm**

Zu den Fragen von *Gregor Kirchhof* und *Matthias Valta:*

Die Frage nach dem Menschenvorbehalt: Selbstverständlich sollten Menschen die Letztentscheidung treffen. Ein bloßes Bekenntnis dazu reicht nicht. Würden Richtern und Verwaltungsbeamten mit Verweis auf digitale Entscheidungsunterstützungssysteme wesentlich höhere Fallzahlen zugewiesen, droht die Gefahr der unbesehenen Übernahme des Entscheidungsvorschlags. Ein Menschenvorbehalt liefe faktisch ins Leere. Menschen brauchen Zeit für Einzelfallentscheidungen und die Willkür subjektiver Wertentscheidungen muss in den Grenzen des Rechts und der

Methoden der Rechtsfindung anerkannt werden. Dazu bedarf es deutlicher Vorgaben, die sicherstellen, dass Einzelfallentscheidungen möglich bleiben.

Zur Juristenausbildung: Es gibt im Schrifttum zahlreiche Vorschläge zu neuen Studiengängen, Vorlesungen und Inhalten. Vielleicht ist es der bessere Weg neue Entwicklungen in bestehende Inhalte einzubinden. Die Grundlagenlagenfächer, etwa Rechtstheorie, Rechtsphilosophie und Rechtssoziologie werden von Studierenden nicht geliebt. Meines Erachtens sind sie der richtige Ort, um die Methoden der Digitalisierung des Rechts zu unterrichten und kritische fortzuentwickeln. Auch im im Steuerrecht sind keine neuen Vorlesungen und Studiengänge notwendig. Sie sind bei den Grundzügen, im Verfahrensrecht und im Prozessrecht als aktuelle Inhalte aufzunehmen.

Zur Frage von *Matthias Valta*: Zunächst erscheint es technisch möglich, dass sich Abwägungsprozesse in Algorithmen abbilden lassen und damit in das Entscheidungsunterstützungssystem einer Künstlichen Intelligenz einbezogen werden können. Denkbar erscheint es auf einer hohen Abstraktionsebene auch, den juristischen Diskurs zu automatisieren, in dem Argumente wertend gegeneinander abgewogen werden. Die Entscheidung darüber, wie Werte zu gewichten sind, muss aber Menschen vorbehalten bleiben. Die Methoden des automatisierten Argumentierens und Begründens werden zwar bereits erforscht und die Technik wird ausprobiert. Wegen des notwendigen Vorbehalts zugunsten intuitiver Wertungen ist dies aber kein Weg in eine automatisierte Rechtswissenschaft.

Der Einfluss der Digitalisierung auf die Rechtsetzung

Prof. Dr. *Ekkehart Reimer*
Universität Heidelberg

I. Grundlagen

Die Digitalisierung des Rechts hat doppelte Bedeutung. Einerseits sind Phänomene der Digitalisierung Gegenstand rechtlicher Regelungen und Entscheidungen, andererseits digitalisiert sich das Recht selbst. Im ersten

Sinn gilt: Das Steuerrecht der Digitalisierung ist primär Gesetzesrecht. Die Digitalisierung von Wirtschafts- und Verwaltungsvorgängen wirft im Steuerrecht Fragen auf, die teils bekannten, teils neuartigen Rechtsinstituten und Regelungsstrategien unterworfen werden (II.).

Im Zentrum der nachfolgenden Überlegungen steht aber der zweite Aspekt, die Frage nach dem digitalen Recht. Das digitale Recht dient historisch der Bewältigung von Massenphänomenen und -verfahren. Das zeigt sich namentlich im Bereich der ordentlichen Gerichtsbarkeit. Die Automation des Rechts prägt den Bereich der Verkehrsordnungswidrigkeiten einschließlich der Effektuierung des Rechtsschutzes gegen Bußgeldbescheide, die schnelle Verfügbarkeit zivilprozessualer Vollstreckungstitel bei Geldforderungen oder die Beilegung von Streitigkeiten aus den Bereichen des Straßenverkehrsrechts, des Mietrechts oder der Fluggastentschädigungen.

Im Öffentlichen Recht, zumal im Steuerrecht, ist das digitale Recht primär ein exekutivisches Projekt. In der Gewaltenteilung und Gewaltenverschränkung steht die Digitalisierung der Finanzverwaltung aber in engem Zusammenhang mit den beiden anderen Gewalten: Digitale Verwaltungsentscheidungen sind richterlicher Kontrolle zugänglich; damit ist mindestens indirekt eine richterliche Algorithmenkontrolle verbunden. Vor allem aber bestehen Wechselwirkungen zwischen digitaler Verwaltung und Gesetzgebung. Der Einsatz von Algorithmen durch die Verwaltung geschieht nicht im gesetzesfreien Raum, sondern bedarf einerseits der Anleitung und Begleitung durch die Parlamente, wirkt aber andererseits auf die Gesetzgebung zurück.

Deshalb lautet eine Kernthese: Die parlamentarische Arbeit kann und sollte sich ihrerseits sinnvoller Algorithmen bedienen. Sie können bloßes Hilfsmittel bei der Abfassung und Abstimmung klassischer Gesetzestexte sein (III.). Algorithmen können aber auch zu einem textersetzenden Medium werden. In dieser weitreichenden Perspektive zielt das digitale Recht auf eine parlamentarische Programmierung der zu ordnenden Lebensbereiche (IV.). Soweit es zu einer Algorithmisierung des Steuerrechts auf Gesetzgebungsebene kommt, sind allerdings signifikante Verschiebungen im heutigen System der vertikalen und horizontalen Gewaltenteilung zu erwarten (V.).

II. Digitalisierung als Thema der Gesetzgebung

Die Digitalisierung der realen Welt spiegelt sich im Steuerrecht seinerseits in zwei Ausprägungen. Einerseits ist die Digitalisierung Gegenstand des formellen Steuerrechts, insbesondere verwaltungsrechtliche Regelungen über Zuständigkeit, Verfahren und Handlungsformen der Finanzbehörden; andererseits muss auch das materielle Steuerrecht in den Einzelsteuergesetzen auf die Digitalisierung der Wirtschaft und namentlich auf neue Formen der Wertschöpfung reagieren.

1. Digitalisierung des Steuervollzugs

Formellrechtliche Regelungen betreffen sowohl die Steuerpflichtigen einschließlich ihrer Berater als auch die Finanzbehörden, ferner die Schnittstelle zwischen beiden Sphären.

a) Vorbildfunktion des Steuerverfahrensrechts

Verfassung und Gesetzgeber haben das Steuerverfahrensrecht – einschließlich des Organisationsrechts und des Rechts der Handlungsformen – in die Digitalisierung gedrängt. Steuerpflichtige haben einen Anspruch auf gesetzliche Regelung aller Eingriffe in das Recht auf informationelle Selbstbestimmung, die Berufsfreiheit und die allgemeine Handlungsfreiheit. Daneben gibt es zahlreiche entpersonalisierte, aber ebenfalls wichtige – z.B. haushaltswirksame – Innovationen von Verwaltung und Justiz. Der Vorbehalt des Gesetzes ruft deshalb den Gesetzgeber auf den Plan. Entsprechend rasant ist die Entwicklung der Gesetzgebung. Die These lautet: In der Digitalisierung der Rechtsanwendungsprozesse kommt dem Finanzrecht eine Vorbildfunktion für weite Teile des Verwaltungsrechts zu. Diese Entwicklung betrifft gleichermaßen die Verwaltungsseite und die Seite der Steuerpflichtigen und ihrer Berater.

Die Steuerpflichtigen haben das Recht und vielfach auch die Pflicht, mit den Finanzbehörden elektronisch zu kommunizieren. Für Deutschland kommt hier den §§ 87a ff. AO eine Leit- und Bündelungsfunktion zu. Zur Erfüllung dieser Pflicht können die Steuerpflichtigen auch privat entwickelte und auf dem freien Markt erhältliche Software einsetzen. Der Gesetzgeber verpflichtet die Hersteller aber durch § 87c Abs. 1 AO zu einer richtigen und vollständigen Verarbeitung der Steuerdaten im Rahmen des in der Programmbeschreibung angegebenen Programmumfangs, hilfsweise – wo die Software an Grenzen stößt – zur Offenlegung dieser Grenzen (§ 87c Abs. 2 AO). Prozedural wird diese Pflicht durch öffentlich-rechtliche Nebenpflichten abgesichert: Die Softwarehäuser müssen die Programme bei jeder Änderung überprüfen. Sie müssen die Änderungen dokumentieren; notfalls müssen sie sie sogar rückgängig machen können. Die Verwaltung kann Programme und Dokumentationen überprüfen; die Verantwortung für deren Einsatz liegt aber weiterhin allein bei den Anbietern und beim Steuerpflichtigen (vgl. § 87c Abs. 4 Satz 5 AO).

Diese verfahrensrechtlichen Blankettvorschriften werden durch zahlreiche Einzelregelungen ausgefüllt, aus denen sich konkrete Pflichten der Steuerpflichtigen zum Einsatz elektronischer Aufzeichnungs- und Kommunikationssysteme ergeben. So müssen die Steuerpflichtigen bereits für ihre Grundaufzeichnungen elektronische Aufzeichnungssysteme verwenden (§ 146a AO[1]). Im Unterschied zu § 87c Abs. 4 AO ordnet der Gesetzgeber hier die sachverständige Algorithmenkontrolle auch positiv an: § 146a Abs. 3 Satz 2 AO sieht eine Zertifizierung der vom Steuerpflichtigen verwendbaren Buchhaltungssoftware durch das Bundesamt für Sicherheit in der Informationstechnik (BSI) vor (näher zu den Anforderungen an eine Algorithmenkontrolle unten IV.2.c)).

Steuerpflichtige müssen sodann ihre Bücher elektronisch führen und ihren Jahresabschluss (verkürzt: die sog. „E-Bilanz") elektronisch übermitteln (§ 5b EStG). Auch Steuervoranmeldungen, Steueranmeldungen und Steuererklärungen sind in weitem Umfang elektronisch abzugeben[2].

Verwaltungsseitig hat das Verfahrensrechtsmodernisierungsgesetz zahlreiche Digitalisierungsoptionen eröffnet. Daneben ermächtigt § 88 Abs. 5 AO die Verwaltung zum Einsatz von Risikomanagementsystemen und macht ihr insoweit zugleich gestaltende Vorgaben. Die Funktionsfähigkeit der Risikomanagementsysteme hängt allerdings zugleich von der Existenz eines exekutivischen Kernbereichs ab, den der Gesetzgeber nicht regeln darf – etwa die konkrete Auswahl und Gewichtung der Risikokriterien. Zentral ist m.E. vor allem die Frage nach dem Menschenvorbehalt (Amtsträgervorbehalt): Inwieweit kann der Gesetzgeber den Verwaltungsbeamtinnen/-beamten den kritik- und kontrollfreien Einsatz von Software vorschreiben, ihnen menschliche Interventionen (etwa die manuelle Prüfung nichtausgesteuerter Veranlagungsfälle) verbieten? Auf

---

1 Eingefügt durch das Gesetz zum Schutz vor Manipulationen an digitalen Grundaufzeichnungen v. 22.12.2016 (Kassengesetz 2016), BGBl. I 2016, 3152.
2 Exemplarisch § 41a EStG (Lohnsteuer-Anmeldung), § 18 Abs. 1 und 2 UStG (Umsatzsteuer-Voranmeldung), § 18 Abs. 3 UStG (Umsatzsteuer-Erklärung).

die damit angesprochenen Fragen der Gewaltenteilung wird noch zurückzukommen sein.

In der Summe ist aber schon deutlich, wie vielfältig die Digitalisierung
die Verfahrensgesetzgebung prägt. Bemerkenswert ist auch, wie sehr die
Abgabenordnung in allen diesen Punkten auf das nichtsteuerliche Verwaltungsverfahrensrecht ausstrahlt. Das Steuerverwaltungsrecht erlangt
damit auch bei der Digitalisierung wieder die Pionierfunktion, die ihm
bei der Modernisierung staatlicher Verfahren historisch immer wieder zu-
kam.

b) Nachholbedarf der Prozessrechtsgesetzgebung

Fragt man demgegenüber nach gesetzlichen Regelungen über eine Digitalisierung der Dritten Gewalt, stößt man für die Finanzgerichtsbarkeit
rasch an Grenzen. Auf den ersten Blick spricht viel dafür, dass Impulse
für eine Digitalisierung gerichtlicher Verfahren eher von den anderen
Gerichtsbarkeiten ausgehen. Zu denken ist etwa an die Bewältigung des
Parteivortrags im Zivilprozess oder auch an die Unterstützung der Amtsermittlung in der Verwaltungsgerichtsbarkeit, vor allem in den aufent-
halts- und asylrechtlichen Fällen. Insofern dürfte der Finanzgerichtsbarkeit und den Regelungen der FGO nicht dieselbe Pionierrolle zufallen wie
den Finanzbehörden und dem Verfahrensrecht der AO.

Für das finanzgerichtliche Verfahren sieht der Gesetzgeber den Einsatz digitaler Methoden nur rudimentär vor. Zwar gestattet § 52a FGO die Übermittlung elektronischer Dokumente durch die Beteiligten an das Gericht
unter Verwendung der elektronischen Signatur, soweit dies für den jeweiligen Zuständigkeitsbereich durch Rechtsverordnung zugelassen worden
ist; und § 52b FGO gestattet eine elektronische Aktenführung.

Im Unterschied zu den Finanzbehörden verfügen die Finanzgerichte aber
von Gesetzes wegen nicht über Entscheidungsassistenzsysteme. Solange
diese Asymmetrie zwischen einer Automation des Finanzverwaltungs-
verfahrens und einem Fehlen an Automation des finanzgerichtlichen
Verfahrens besteht, gerät die Gewaltenteilung aus der Balance.

Es ist deshalb Sache des Gesetzgebers, dafür zu sorgen, dass die Finanzgerichtsbarkeit informationell nicht ins Hintertreffen gegenüber der Finanzverwaltung gerät. Soweit der Finanzverwaltung etwa der Einsatz von
Vergleichsdatenbanken bei der Verrechnungspreisprüfung gestattet ist,
muss auch das Finanzgericht im Rahmen seiner Amtsermittlungspflicht

- derartige Hilfsmittel beiziehen können,

- dabei selbst entscheiden können, welche Hilfsmittel es verwendet (das Finanzgericht darf also insbesondere nicht einfach auf eine Mitbenutzung der behördlichen Vergleichsdatenbanken verwiesen werden), und

- die Hilfsmittel auch prozessrechtlich nutzen, d.h. in das Verfahren einführen dürfen.

Der Gewaltenteilung und dem subjektiven Recht auf Waffengleichheit ist also eine Art Digitalisierungsneutralität immanent. Je üblicher der Einsatz von Entscheidungsassistenzsystemen und/oder vollautomatischen Steuerberechnungssystemen in der Finanzverwaltung ist, desto stärker verdichtet sich von Verfassungs wegen die Pflicht des Prozessrechtsgesetzgebers, auch den Finanzgerichten Möglichkeiten zum Einsatz einer algorithmischen Vorstrukturierung des Verfahrensstoffs, insbesondere der Relationstechnik zu eröffnen.

2. Besteuerung der digitalen Wirtschaft

Materiellrechtlich ist die Besteuerung der digitalen Wirtschaft zu einem dominanten Thema der Steuerrechtsetzung geworden[3]. Die mit der Gewinnverkürzung und Gewinnverlagerung (BEPS) verbundenen Schwierigkeiten bei der Besteuerung gerade der grenzüberschreitenden Digitalwirtschaft waren der eigentliche Anlass für das BEPS-Projekt von G20, OECD und dem „Inclusive Framework". Lösungsansätze skizziert die OECD in ihren Berichten zu Maßnahmenpunkt 1, zuletzt in dem im Juni 2018 veröffentlichten (weiteren) Interim Report[4]. Sie prägen ferner beinahe alle weiteren 14 Maßnahmenpunkte von OECD und G20, gehen mit Veränderungen des Einkommensteuerrechts einher[5] und sind in ihren Auswirkungen nicht auf Großunternehmen beschränkt[6].

---

3 Grundlegend *Schön*, Ten Questions About Why and How to Tax the Digitalized Economy, BIT 72 (2018), 278 ff.; *Pinkernell*, Digitale Wirtschaft, Ubg 2018, 139; *Pinkernell*, Internationale Steuergestaltung im Electronic Commerce, ifst Schrift Nr. 494, 2014.

4 *OECD/G20 Base Erosion and Profit Shifting Project*, Tax Challenges Arising from Digitalisation – Interim Report 2018, 2018.

5 Etwa bei der Anwendung von § 50a Abs. 1 EStG; vgl. statt aller *Pinkernell*, Beschränkte Steuerpflicht bei Vergütungen für Software und Datenbanken, Ubg 2017, 497.

6 Vgl. *Reimer/Heyes*, BEPS – Ein Thema für den Mittelstand. DWS-Symposium 2015, 2016, S. 13 ff.

Kaum anders ist das Bild im Europäischen Steuerrecht. Stellvertretend für eine Reihe einschlägiger Rechtsetzungsinitiativen sind die Vorschläge der Kommission vom 21.3.2018 zu nennen. Der erste Richtlinienvorschlag sieht vor, dass die Körperschaftsteuer in grenzüberschreitenden Fällen dem Ort der Wertschöpfung folgt[7]. Dieses Ziel sei durch die herkömmlichen Regeln der Art. 7 Abs. 2 und Art. 5 OECD-MA nicht zu erreichen. Daher solle das Konzept einer „beachtlichen digitalen Präsenz" (*significant digital presence*) die Betriebsstättendefinition so erweitern, dass die gewünschten Besteuerungsrechte des Wertschöpfungsstaats ermöglicht werden. Daneben sieht der Entwurf der Richtlinie im Rahmen der Anwendung von Art. 7 Abs. 2 OECD-MA eine Modifikation des AOA vor: Die durch die signifikante digitale Präsenz erbrachte Wertschöpfung soll durch Anwendung der indirekten Methode (Gewinnaufteilungsmethode) bemessen werden. Eine zweite Richtlinie soll eine Übergangssteuer auf bestimmte Erträge aus digitalen Tätigkeiten einführen[8]. Bei dieser Steuer soll es sich um eine indirekte Steuer auf bestimmte Erträge von Unternehmen der digitalen Wirtschaft handeln, bei denen der Nutzer in die Wertschöpfungskette eingebunden ist und die bisher nicht besteuert werden[9].

Und schließlich steht das Steuerrecht auch für rein innerstaatliche Sachverhalte – etwa den Einsatz von Kryptowährungen[10], tauschähnliche Umsätze unter Hingabe persönlicher Daten oder die Reichweite der gewerbesteuerlichen Hinzurechnung vor der Schwierigkeit einer treffenden Einordnung digitaler Dienstleistungen.

---

7 Internet: https://ec.europa.eu/taxation_customs/sites/taxation/files/proposal_significant_digital_presence_21032018_de.pdf (12.2.2019).

8 Internet: https://ec.europa.eu/taxation_customs/sites/taxation/files/proposal_common_system_digital_services_tax_21032018_de.pdf (12.2.2019).

9 Erträge aus der Bereitstellung von Online-Werbeflächen; Erträge aus digitalen Vermittlungsgeschäften, die es Nutzern erlauben, mit anderen Nutzern in Verbindung zu treten und die den Verkauf von Gegenständen und die Erbringung von Dienstleistungen zwischen diesen Nutzern ermöglichen; und Erträge aus dem Verkauf von Daten, die aus Nutzerinformationen erzeugt werden.

10 Dazu *Pinkernell*, Ertrag- und umsatzsteuerliche Behandlung von Bitcoin-Transaktionen, Ubg 2015, 19.

3. Zwischenergebnis

Zusammengenommen belegen diese Entwicklungen einen erheblichen, auch in den letzten Monaten ungebrochen virulenten gegenständlichen Einfluss der Digitalisierung auf die Rechtsetzung.

III. Rechtsetzung für Programmierer. Die Digitalisierbarkeit von Normen

1. Bestandsaufnahme

a) Redaktionelle Hilfen

Zentral ist und bleibt aber die Frage nach der Digitalisierung der Rechtsetzung selbst. In einem ersten Schritt rücken dabei Schreibhilfen für den Gesetzgeber in den Blick. Bereits heute helfen Algorithmen bei der Gesetzesvorbereitung, wenn sie dem Entwurfsverfasser zeigen, wo ein Rechtsbegriff oder eine Norm, die geändert werden soll, zitiert werden. In Österreich setzt Software die Anordnungen eines Änderungsgesetzes automatisch um und generiert eine konsolidierte Fassung des Stammgesetzes; im australischen Bundesstaat Tasmanien bedienen sich – umgekehrt – die Verfasser eines Änderungsentwurfs einer Software, die aus einer konsolidierten Neufassung die Änderungen extrahiert[11].

In der deutschen Bundesgesetzgebung spielt dabei die im Geschäftsbereich des BMJ entwickelte Software „eNorm"[12] eine herausgehobene Rolle. Sie baut auf dem Textverarbeitungsprogramm „Microsoft Word" auf und ermöglicht zunächst die durchgängige Verwendung ein und derselben Datei (eines Word-Dokuments) im gesamten Gesetzgebungsverfahren bis hin zur Verkündung und Normendokumentation. Alle Gesetzes- und Rechtsverordnungsdateien beruhen auf einheitlichen Do-

---

11 Zu beidem *S. Reimer*, Rechtsetzung zwischen Österreich und Tasmanien, in Schweighofer/Geist/Heindl/Szücs (Hrsg.), Komplexitätsgrenzen der Rechtsinformatik, 2008, S. 277 (279 ff.).

12 Hierzu *BMJ*, Handbuch der Rechtsförmlichkeit, 2018, Rz. 46, Internet: http://www.bmjv.de/SharedDocs/Downloads/DE/PDF/Themenseiten/Rechtssetzung Buerokratieabbau/HandbuchDerRechtsfoermlichkeit_deu.pdf (15.9.2018). Hersteller dieser Software ist das Saarbrücker Unternehmen DIaLOGIKa (Internet: http://www.dialogika.de; 15.9.2018), das neben eNorm seit 1996 auch die Software „LegisWrite" bereitstellt, deren sich die EU-Kommission bedient. Siehe hierzu https://www.dialogika.de/case-study/enorm-legiswrite/ (24.9.2018).

kumentvorlagen, passend zu dem jeweiligen Normtyp. Sie bieten verschiedene Hilfe- und Prüffunktionen. Sie lösen Fehlermeldungen oder Warnungen aus, wenn ein Nutzer gegen bestimmte Regeln der Rechtsförmlichkeit verstößt. Auf diese Weise lassen sich auch Folgen und Weiterungen punktueller Gesetzesänderungen besser abschätzen. Der Entwurfsverfasser sieht, wo Folgeänderungen erforderlich werden. Die Begriffsbildung bleibt konsistent; die nachfolgende manuelle Rechtsförmlichkeitsprüfung wird deutlich entlastet.

b) Gesetzesrecht

Hinter diesen Erleichterungen der klassischen Legistik rücken zwei weitere Fragen in den Blick, die ungleich größer, technisch und rechtlich ungleich anspruchsvoller sind. Zu ihnen zählt zunächst die Frage, ob der Umstand, dass ein erheblicher Teil des Steuerrechts im Anschluss an das Gesetzgebungsverfahren algorithmisiert werden muss, Folgen für die Steuergesetzgebung hat.

Mit Blick auf die fortbestehende Trennung zwischen Gesetzesinitiativrechten (Bundesorgane) und Vollzugskompetenzen (Landesbehörden) findet eine antizipierende Algorithmisierung von Gesetzentwürfen – soweit ersichtlich – nicht statt. Der Gesetzgeber bringt zwar zum Ausdruck, dass er um die nachfolgende Algorithmisierung seiner Entscheidungen weiß[13]. Er verfasst das materielle Recht aber nicht auf dessen Algorithmisierbarkeit hin, sondern nimmt die Möglichkeit einer Übersetzung von *law* in *code* axiomatisch an.

Zu betrachten sind aber nicht nur derartige Erstrundeneffekte. Dass sich der Gesetzgeber durchaus an der Programmierbarkeit der Steuergesetze orientiert, zeigt sich vielmehr an Zweitrunden- und Rückkoppelungseffekten. In der Bestandsaufnahme der Steuergesetzgebung der letzten beiden Jahrzehnte ragen insoweit Regelungen über die einkommensteuerliche Verlustberücksichtigung heraus. Durch das Steuerentlastungsgesetz 1999/2000/2002 vom 24.6.1999 (StEntlG) war dieses Teilgebiet des Einkommensteuerrechts grundlegend reformiert worden. Neben einer Reihe von Neuerungen (etwa in § 10d EStG), die bis heute gelten, hatte der Gesetzgeber damals auch den § 2 Abs. 3 EStG umgestaltet und um mehrere Sätze ergänzt, durch die der vertikale Verlustausgleich ein-

---

13 Etwa in der Zulassung des automatisierten Erlasses von Verwaltungsakten (§ 35a VwVfG, § 11 EGovG, § 150 Abs. 6 AO). Sie verlangen eine Übersetzung des gesetzlichen Entscheidungsprogramms in Algorithmen.

geschränkt wurde[14]. Dieses Regelwerk war überkomplex[15]. Die erste Reaktion auf die hohe Komplexität der Norm war der Versuch ihrer Algorithmisierung. Dabei hat sich schnell gezeigt, dass Verlustrückträge in das Jahr 1998 nicht fehlerfrei möglich waren. Der Landesrechnungshof Baden-Württemberg hat dieses Problem als strukturelles Problem der gesetzlichen Regelung, nicht als bloßen Umsetzungsfehler der Programmierer angesehen, zu der allerdings Programmierfehler hinzutraten[16]. Der Gesetzgeber hat darauf reagiert, die Neuregelung in § 2 Abs. 3 EStG rückgängig gemacht und die Norm wieder auf ihren historischen und systematischen Kern zurückgeführt.

Ähnliche Zweitrundeneffekte sind auch an anderer Stelle denkbar. So ist etwa *Marcel Burr* erst anlässlich der Modellierung der grunderwerbsteuerlichen Konzernklausel (§ 6a GrEStG) im Rahmen der Machbarkeitsstudie „Litax" die Entdeckung einer Rekursivität der Norm gelungen[17].

c) Exekutivische Rechtsetzung

Drittens kommt der Digitalisierung schon heute auf dem Feld der exekutivischen Rechtsetzung zentrale Bedeutung zu. Auf Seiten der Finanzverwaltung entspricht die Verwendung und Bereitstellung von Software gängiger Praxis. Das BMF veröffentlicht regelmäßig Programmierschema-

---

14 Vgl. den Bericht des Finanzausschusses, BT-Drucks. 14/443, S. 15.
15 *Stapperfend*, Verluste im Einkommensteuerrecht, in Ebling (Hrsg.), Besteuerung von Einkommen, DStJG 24 (2001), S. 329 (331 ff.); *Weber-Grellet*, Mindestbesteuerung/Verlustverrechnung, Stbg 2004, 31 (32); *Eckhoff*, Verluste im Einkommensteuerrecht, in von Groll (Hrsg.), Verluste im Steuerrecht, DStJG 28 (2005), S. 11 (25 f.): „in der Praxis [...] weitgehend unvollziehbar"; *P. Kirchhof*, Verluste im Steuerrecht, in von Groll (Hrsg.), Verluste im Steuerrecht, DStJG 28 (2005), S. 1 (9): „ein völlig unverständlicher Text verschleiert die Sinnlosigkeit der Regel". Ähnlich bereits *P. Kirchhof*, Verfassungsrechtliche und steuersystematische Grundlagen der Einkommensteuer, in Ebling (Hrsg.), Besteuerung von Einkommen, DStJG 24 (2001), S. 9 (25).
16 Landesrechnungshof Baden-Württemberg, Denkschrift 2003 zur Haushalts- und Wirtschaftsführung des Landes Baden-Württemberg mit Bemerkungen zur Landeshaushaltsrechnung 2001 (Internet: https://rechnungshof.baden-wuerttemberg.de/media/976/RH-Brosch%FCre_2003.pdf; 14.3.2019), S. 249 ff., 254 („[...] fehlerhafte Steuerberechnung macht deutlich, dass selbst mit den Mitteln einer modernen DV-Unterstützung ein solch kompliziertes Gesetz nicht vollumfänglich umsetzbar ist").
17 *Burr*, Die Entwicklung von Legal Robots am Beispiel der grunderwerbsteuerlichen Konzernklausel, BB 2018, 476 ff.

ta (sog. Programmablaufpläne) im Bundessteuerblatt[18]. Es ist dazu sogar gesetzlich verpflichtet.

Das zeigt etwa § 39b Abs. 6 Satz 1 EStG. Nach dieser Vorschrift hat das Bundesministerium der Finanzen im Einvernehmen mit den obersten Finanzbehörden der Länder auf der Grundlage von § 39b Abs. 2 und 3 EStG einen Programmablaufplan für die maschinelle Berechnung der Lohnsteuer aufzustellen und bekannt zu machen. Besonders bemerkenswert ist, dass dieser Programmablaufplan nach § 39b Abs. 6 Satz 2 EStG von den Regelungen der eigentlich umzusetzenden gesetzlichen Bestimmungen in § 39b Abs. 2 und 3 EStG abweichen darf, „wenn sich das Ergebnis der maschinellen Berechnung der Lohnsteuer an das Ergebnis einer Veranlagung zur Einkommensteuer anlehnt".

Diese Regelung geht sehr weit. Sie sagt zwar nicht ausdrücklich, dass der maschinellen Berechnung rechtliche Verbindlichkeit zukommt; in der Sache lässt der Gesetzgeber aber keinen Zweifel daran, dass ein Arbeitgeber rechtmäßig handelt, wenn er dem Programmablaufplan auch dort folgt, wo dieser gegen das gesetzliche Lohnsteuerrecht aus § 39b Abs. 2 und 3 EStG verstößt. Das Gesetz misst dem Programmablaufplan also durchaus Außenwirkung bei.

Geht das? Selbst für eine Verordnungsermächtigung läge eine derartige „Anlehnens-Regelung" an der Grenze des verfassungsrechtlich Zulässigen. Der Programmablaufplan ist aber keine Rechtsverordnung. Er ist auch weder allgemeine Verwaltungsvorschrift i.S.d. Art. 108 Abs. 7 GG noch Einzelweisung i.S.d. Art. 108 Abs. 3, Art. 85 Abs. 3 GG; das ergibt sich schon aus seiner Außenwirkung. Diese existierende Digitalisierung des Steuerrechts wirft also schon heute rechtsstaatliche, demokratische und grundrechtliche Fragen der Formenstrenge auf.

---

18 Weitere Beispiele bietet eine Allgemeinverfügung der Produktinformationsstelle Altersvorsorge (PA) im Umfeld des Altersvorsorgeverträge-Zertifizierungsgesetz über die Berechnungsmethoden der Effektivkosten (BStBl. I 2017, 1608). Sie enthält in Rz. 12 b) ii) folgende Formel:

$$TA(k,i;T) = \frac{\sum_{t=0}^{12T-1} TA(\tfrac{t}{12}; k, i) V(\tfrac{t}{12}; k)}{\sum_{t=0}^{12T-1} V(\tfrac{t}{12}; k)}$$

2. Perspektiven

Aus dieser ambivalenten Bestandsaufnahme könnte man – zivilisations-kritisch – einen weitgehenden Verzicht auf Algorithmisierung der Rechtsetzung ableiten[19]. Anspruchsvoller erscheint dagegen die Suche nach einer Ausdehnung der Möglichkeiten, die die Modellierung des Steuerrechts in Algorithmen im Rahmen des verfassungsrechtlich Zulässigen (oder de constitutione ferenda Denkbaren) bietet.

a) Orientierung des materiellen Rechts am Erfordernis der Digitalisierbarkeit

Die These lautet: Die Steuergesetzgebung insgesamt, aber gerade auch das materielle Steuerrecht gewinnen, wenn sich der Gesetzgeber systematisch an dem Erfordernis der Digitalisierbarkeit der Normen orientiert[20]. Das zeigt sich bereits auf der Tatsachenebene. Die Übersetzung von Normen in Algorithmen zwingt den Programmierer dazu, sich über die Herkunft der Daten klar zu werden, die der Programmablauf benötigt: Sollen sie von dem (welchem?) menschlichen Nutzer ad hoc eingegeben werden? Stehen sie bereits in einem passenden Datenformat zur Verfügung? Welchen Verwendungsbeschränkungen unterliegen sie? Ist der Inhalt der Daten ausreichend verifiziert oder bedarf er noch der Nachprüfung oder Verprobung?

Daneben muss geklärt werden, was geschieht, wenn sich einzelne Eingangsdaten als unzutreffend erweisen oder wenn sich ihr Inhalt ex tunc ändert. Der Algorithmus kann hier zwei unterschiedlichen Ansätzen folgen – einem statischen oder einem dynamischen. Wurden die Daten zunächst redupliziert, schlagen Veränderungen der Tatsachenlage, die erst später Eingang in die Herkunftsdatei finden, nicht mehr durch. Dieses Modell ist im Ausgangspunkt statisch. Soll das Datenabbild aktuell gehalten werden, müssen eigene Anweisungen für entsprechende Folgeänderungen programmiert werden; in Betracht kommen ein anlassbezogener („Push") oder ein periodischer („Call") Neuabruf der Daten. Greift die betroffene Regelung dagegen stets synchron auf die Datenbank, d.h. nur

---

19 In diese Richtung *Bull*, Der „vollständig automatisiert erlassene" Verwaltungsakt – Zur Begriffsbildung und rechtlichen Einhegung von „E-Government", DVBl 2017, 409 (417).

20 In diese Richtung bereits *Reisinger*, Rechtsinformatik, 1977, S. 263 ff.; aus jüngerer Zeit *Bültmann*, Staatscompliance – ein Appell für mehr Rechtstreue durch den Staat, DStR 2017, 1 (6).

auf die externen Herkunftsdaten, mithin dynamisch auf die Ausgangs-
daten zu, wird das Programm die neue Tatsachenlage automatisch berücksichtigen.

Blendet man von der Tatsachenebene auf die normativen Strukturen
über, zeigen sich weitere Vorteile einer Programmierorientierung der
Steuergesetzgebung. Der Gesetzgeber kann es sich zunutze machen,
dass Computer und oft auch ihre Programmierer unerbittlich sind. Verlangt der Gesetzgeber dem Rechtsanwender rekursive Gedankenope-
rationen ab (schickt er ihn also, bildlich gesprochen, in eine logische
Endlosschleife), versagt das Programm seinen Dienst. Der Bildschirm
bleibt schwarz. Umgekehrt fördert oft erst die algorithmische Umsetzung eines in menschlicher Sprache verfassten Rechtstextes zutage, was
an oder in diesem Rechtstext überflüssig ist.

Ein auf Digitalisierbarkeit angelegtes Gesetzesrecht ist modularer, präziser und deshalb rechtssicherer als es etwa vage Zielvorgaben oder re-
dundante Formulierungen wären. Der Gesetzgeber wird die Bestimmtheit des Gesetzes durch dessen Orientierung an der Programmierung
verbessern. Zugleich lässt sich durch eine Orientierung an der Digitalisierbarkeit die Komplexität des Rechts (die Zahl der Entscheidungen, die
zwischen Start und Ziel liegen) auf das notwendige Maß reduzieren[21]. Vor
allem aber drängt die Programmierorientierung zu modularer Programmierung, namentlich einer gemeinsamen Nutzung ein und desselben
(Unter-)Programms aus verschiedenen (Ober-)Programmen heraus. In
klassischer Legistik ist dies nur um den Preis hoher Abstraktion (also der
Formulierung eines „Allgemeinen Teils" mit vor die Klammer gezogenen
Begriffsbestimmungen) oder aber zahlreicher unübersichtlicher Querver-
weise zu haben.

Deshalb wirft die Programmierorientierung die Frage auf, an wen sich der
Gesetzgeber künftig wenden soll. Der Gesetze lesende Steuerpflichtige
kommt mit Abstraktion und langen Verweisketten schlecht zurecht, der
Programmierer mit Unbestimmtheit. Idealerweise ist ein Steuergesetz
möglichst wenig komplex und möglichst bestimmt – dann ist es gut für

---

21 Vgl. – allerdings mit soziologischem Akzent – *Schweighofer*, Reduktion von
Komplexität, in Schweighofer/Geist/Heindl/Szücs (Hrsg.), Komplexitätsgrenzen der Rechtsinformatik, 2008, S. 42 (46); *Schefbeck*, „Reduktion der Komplexität" als demokratische Aufgabe: Das „elektronische Parlament" zwischen
Rechtsetzungsorgan und Tribüne, ebd., S. 131 ff.; und *Herbert Fiedler*, Komple-
xitätsreduktion als Thema in Rechtstheorie und Rechtsinformatik, ebd.,
S. 459 ff.

beide Adressaten. Wo Komplexität (demokratisch) gewollt ist, empfiehlt sich allerdings der Einsatz von Algorithmen[22] und dann auch die Orientierung des Gesetzgebers am Programmierer.

Dieser Ansatz drängt dann aber auf ein Höchstmaß an Normenklarheit und Normbestimmtheit. Einbruchstellen für menschliche (Wertungs-) Entscheidungen bleiben möglich; die Algorithmisierbarkeit des Rechts muss und soll nicht vollständig sein. Nur müssen die Punkte für genuin menschliche Wertungsentscheidungen möglichst exakt definiert werden. Die Arbeitsteilung zwischen Algorithmus und menschlichem Amtsträger sollte die Stärken des Rechners mit den Stärken des Menschen verbinden. Zu den Stärken des Rechners gehören Schnelligkeit, Effizienz und die Abwesenheit von Flüchtigkeitsfehlern. Dagegen kann nur der Mensch wertungsoffen agieren, indem er einerseits externe, im Tatbestand der Norm nicht oder jedenfalls nicht ausdrücklich angelegte Gesichtspunkte einbezieht, andererseits die Gabe freier Abwägung beherrscht. Und nur er hat die für die demokratische und rechtsstaatliche Akzeptanz behördlicher Entscheidungen zentrale Fähigkeit zu menschlicher Kommunikation, insbesondere zur Gewährung rechtlichen Gehörs.

Diese Arbeitsteilung legt es nahe, dass grundsätzlich der Rechner den menschlichen Rechtsanwender (wie bisher) durch den Prüfungsaufbau führt, ihm dabei zunächst die Konkretisierung der Maßstabsnorm, die Heranziehung maßgeblicher Tatsachen und auch die eigentliche Subsumtion abnimmt. Der Rechner muss sich dabei aber nach Bedarf vom menschlichen Rechtsanwender unterbrechen und korrigieren lassen. Daneben muss der Algorithmus den Ball auch aktiv in das Feld des menschlichen Rechtsanwenders zurückspielen, wo immer (Teil-)Entscheidungen aus den oben genannten Gründen unter Menschenvorbehalt stehen; diese (Teil-)Entscheidungen sind sodann wieder in den modellierten Prüfungsaufbau zu integrieren. Für dieses Wechselspiel sind klug konzipierte Mensch-Maschine-Schnittstellen erforderlich.

Natürlich sind alle diese Fragen schon für die heutige „analoge" Gesetzgebung von höchstem Interesse. Heute entziehen sich aber Ob und Wie der Arbeitsteilung letztlich der Steuerung und Kontrolle durch den Gesetzgeber. Den heutigen Mensch-Maschine-Schnittstellen fehlt fast durchgehend die demokratische Legitimation. Erst die bewusste und von einer – jedenfalls rudimentären – Programmiererfahrung getragene For-

---

22 In diese Richtung der Landesrechnungshof Baden-Württemberg (oben Fn. 16), S. 249 ff.

mulierung neuer Steuerrechtsnormen unter Rücksicht auf den Programmierer macht die Arbeitsteilung zum Thema der Gesetzgebung selbst. Sie stärkt die demokratische Legitimation der konkreten Rechtsanwendung, fördert die Gleichmäßigkeit und materielle Richtigkeit des Gesetzesvollzugs und leistet zugleich einen wesentlichen Beitrag zur Verbesserung der Genauigkeit und Stimmigkeit der Gesetzgebung selbst.

b) Verfahren zur Approbation der Verwaltungsalgorithmen

Damit ist zugleich angedeutet, dass der Gesetzgeber darüber entscheiden soll, inwieweit die Exekutive oder von ihr beauftragte private Programmierer befugt sein sollen, im Interesse einer höheren Rationalität von den nächstliegenden gesetzlichen Vorgaben abzuweichen. Anschaulich wird diese Aufgabe in dem oben [III.1.c)] behandelten Problem des § 39b Abs. 6 EStG: Inwieweit soll der Programmierer im Interesse einer korrekten Modellierung des materiellen Rechts der veranlagten Einkommensteuer von üblichen Regelungen über den Lohnsteuereinbehalt abweichen dürfen?

Rechtsstaatlich und steuersystematisch ist es nicht von vornherein fernliegend, wenn es der Lohnsteuergesetzgeber der Verwaltung gestattet, vorausschauend zu denken und über das im Lohnsteuerrecht geregelte Maß hinaus bei der Entwicklung der Programmablaufpläne bereits die Einkommensteuerveranlagung zum Maßstab zu machen.

Schon mit Blick auf Überwirkungen (etwa für die lohnsteuerliche Haftung des Arbeitgebers) bedürfen derartige Abweichungen aber einer materiellen Rechtfertigung und einer prozeduralen Kontrolle. Zu denken ist insbesondere an eine Beobachtungspflicht des parlamentarischen Gesetzgebers. Gibt er – wie in § 39b Abs. 6 Satz 2 EStG – das Zepter der Entscheidung aus der Hand, muss er jedenfalls die Ergebnisse der heteronomen Programmierung kennen, um erforderlichenfalls gegensteuern zu können. Besser wäre es, die bloß nachträgliche parlamentarische Algorithmenkontrolle würde durch eine vorlaufende Approbation der Verwaltungsalgorithmen durch den parlamentarischen Gesetzgeber ersetzt.

IV. Digitale Rechtsetzung: Perspektiven eines Medienwechsels

Damit wäre allerdings bereits der Weg zu einer Programmierung durch den Gesetzgeber selbst gewiesen. Im Zentrum der nachfolgenden Überlegungen lautet deshalb die Frage: Ist ein regelrechter Medienwechsel der Gesetzgebung denkbar und sinnvoll? Sollte sich der Gesetzgeber vom

Steuergesetz in menschlicher Sprache verabschieden und *code as law* verabschieden?

Die Vorteile wären evident: Auf einem Rechtsgebiet, das in hohem Maße nicht nur formalisiert, sondern eben auch formularisiert ist und das ohnehin von allen Beteiligten – Staat, Berater, Steuerpflichtiger – primär durch die Nutzung von Software angewendet wird, kommt es in der Masse der Fälle schon heute zu einer rein elektronischen Rechtsanwendung. Dem darf und muss der parlamentarische Gesetzgeber Rechnung tragen. Hier – so die These – genügt nicht das gewissermaßen abstrakte, auf das Gedankenexperiment beschränkte Bewusstsein des Parlaments für die Erarbeitung von Algorithmen durch die Exekutive. Vielmehr könnte der Gesetzgeber gut daran tun, selber das Programm zu schreiben. So lassen sich die Übertragungsverluste (zeitliche Verzögerungen, vor allem aber auch inhaltliche Fehler bei der Programmierung einer in menschlicher Sprache abgefassten Norm, Rechtsunsicherheiten und unnötige Komplexitäten) minimieren.

So virulent und verlockend dieser Ansatz eines Medienwechsels in der Gesetzgebung sein mag, so problematisch ist er auch. Erforderlich ist deshalb eine behutsame Annäherung. Dazu bietet sich folgender Dreischritt an:

1. Strukturierung und Anreicherung von Normtexten

Minimalinvasiv kommt zunächst die formale Strukturierung von weiterhin in menschlicher Sprache geschriebenen Texten in Betracht. Derartige Strukturierungen können um Elemente aus dem Bereich sog. Hypertexte angereichert werden – also etwa hinter den Wörtern liegende Links auf dort zitierte anderweitige Normen.

a) Fortentwicklung von eNorm

Diese Strukturierung und Anreicherung von Normtexten leistet für Deutschland – jedenfalls partiell – bereits heute die schon erwähnte Software „eNorm" (oben III.1.a) mit Fn. 12). Zitierungen von Rechtsvorschriften des Bundesrechts können dort direkt anhand der juris-Datenbank überprüft und aktualisiert werden. Zudem können die Daten in strukturierter Form (XML) exportiert werden, was die spätere Verkündung der Texte optimiert und die Normendokumentation erleichtert. In diesen Ansätzen folgt Deutschland dem Vorbild Österreichs, das Bundesgesetze bereits seit dem Kundmachungsreformgesetz 2004[23] und der parallelen Reform des Bundesgesetzblattgesetzes authentisch in XML verabschiedet und im amtlichen Rechtsinformationssystem als hieraus erzeugte authentische pdf verkündet[24]. Des Weiteren generiert eNorm automatisch das Inhaltsverzeichnis eines neuen Gesetzes aus dem Gesetzestext, wenn der Entwurfsverfasser für die einzelnen Paragraphen oder Artikel die richtige Formatvorlage verwendet hat.

In den weiteren Ausbaustufen, die das BMJV bereits angekündigt hat, soll „eNorm" mittelfristig um drei weitere Funktionen ergänzt werden:

– Funktionen zur Kontrolle von Binnenverweisen und Verweisen auf andere Gesetze oder Verordnungen des Bundes,

– Korrekturfunktionen und

– Funktionen zur Synopsenbildung.

Diese Maßnahmen haben ihren guten Sinn. Sie erleichtern das, was man als „handwerkliche Kanzleiarbeit" von Ministerien und Parlament bezeichnen könnte: Sie sind eine redaktionelle Hilfe. Heute ergeben sich – auch im deutschen Steuerrecht – in der Tat viele Gesetzesmängel daraus, dass Änderungen einzelner Steuerrechtsnormen nicht auf das Gesamtsystem abgestimmt sind, also unerwünschte Konsequenzen an unerwarteter Stelle auslösen. Diese Gesetzesmängel lassen sich durch die Kombination von eNorm und juris sicher dämpfen. Aber mehr auch nicht. Düster gesprochen: Diese Software hilft allenfalls dabei, den Komplexitätsoverkill ein wenig hinauszuzögern. Eine technische Revolution sähe anders aus; bisher ist sie ausgeblieben.

b) Annotation von Gesetzestexten

In Anknüpfung an die Überlegungen und Hinweise von *Heribert Anzinger*[25] lassen sich aber schon heute Perspektiven einer weiteren Anreicherung der in menschlicher Sprache verfassten Normtexte formulieren. Der Gesetzgeber verfügt durchaus über wirksame Möglichkeiten, den Rechts-

---

23 Kundmachungsreformgesetz 2004, öBGBl. I Nr. 100/2003 v. 21.11.2003.

24 *Eberhard*, Die Kundmachungsreform 2004, JAP 2003/2004, 187 (190); *Schwarz*, Elektronische Gesetze in Österreich – Zur authentischen Kundmachung des Bundesrechts im Internet nach dem Kundmachungsreformgesetz, 2004, Internet: http://rechtsprobleme.at/doks/elektronische_gesetze-schwarz.pdf (15.3.2019), S. 15.

25 Siehe *Anzinger*, Möglichkeiten der Digitalisierung des Rechts, in diesem Band.

unterworfenen – angefangen bei den Finanzverwaltungen des Bundes und der Länder über die privaten Softwarehäuser und Verlage bis hin zu Kommentatoren von Rechtstexten – den automatisierten Umgang mit den Gesetzestexten zu erleichtern.

Hilfreich wäre erstens die Weitergabe der in XML bereits vorhandenen Struktur nach außen – namentlich die Unterscheidung zwischen den Formatvorlagen, z.B. für Überschriften und Unterüberschriften der verschiedenen Gliederungsebenen. Sodann lassen sich die einzelnen Elemente des Rubrums und der Haupttext einer Norm klar gegeneinander abschichten. Innerhalb des eigentlichen Normtextes könnte der Gesetzgeber unterschiedliche Kategorien und Normtypen kennzeichnen[26] – Normen des formellen vs. des materiellen Rechts, Definitionsnormen vs. präskriptive Normen, Normen über den zeitlichen, räumlichen und persönlichen Anwendungsbereich des Gesetzes, Normen aus dem Tatbestand vs. Rechtsfolgenbestimmungen; zwingendes Recht vs. Wahlrechte des Steuerpflichtigen; Normen der gebundenen Verwaltung vs. Ermessensnormen; unionsrechtlich vorgegebene vs. im mitgliedstaatlichen Gesetzgebungsermessen stehende Regelungen – eine Liste, die sich lange fortsetzen ließe; und in der ein und dieselbe Norm u.U. mehr als einer der genannten Kategorien zugeordnet werden kann.

Zudem sind innerhalb jeder Kategorie wiederum besondere legistische Standards denkbar. So könnten z.B. Definitionsnormen einer einheitlichen Definitionsstruktur folgen. Auf einer Mikroebene sind zahlreiche feinere Annotationen denkbar. Die logischen Strukturen könnten genau aufgeschlüsselt werden (etwa: Wo sind Merkmale kumulativ, wo alternativ zu erfüllen?). Materiell aufgeladene semantische Annotationen sind insbesondere dort sinnvoll, wo gleichartige Normen oder ganze Regelwerke mit ähnlicher Struktur in großer Zahl vorkommen – sei es im Bereich der bilateralen DBA, sei es auf dem Feld der kommunalen Steuersatzungen.

In der Summe könnte man sagen: Der Gesetzgeber sollte beim Schreiben gleichsam verschiedene Farben verwenden, die zeigen, was für eine Funktion der jeweilige Normbestandteil hat. Diese Anreicherungen füh-

---

26 Den Versuch einer automatisierten nachträglichen, d.h. nicht schon durch den Gesetzgeber selbst vollzogenen Annotierung von Rechtsnormen nach Normtypen unternehmen *Waltl/Bonczek/Scepankova/Matthes*, Semantic types of legal norms in German laws: classification and analysis using local linear explanations, in Artificial Intelligence and Law 27 (2019), S. 43 ff., Internet: https://doi.org/10.1007/s10506-018-9228-y (19.9.2018).

ren dazu, dass sich der Gesetzgeber besser verständlich machen kann. Sie würden den Rechtsanwendern die ohnehin stattfindende maschinelle Verarbeitung der Normen erleichtern. Der Normvollzug würde effektuiert und homogenisiert. Die Belastungsgleichheit steigt; sie folgt damit mehr denn je dem Konzept des parlamentarischen Gesetzes. Auch Rechtsschnelligkeit und vor allem Rechtssicherheit nehmen zu. Zugleich sinken die Befolgungskosten. Das knappe Gut Recht wird damit insgesamt leichter verfügbar.

c) Fortbestand der Einsprachigkeit

Es bliebe aber bei der Einsprachigkeit des Steuerrechts. Authentisch ist in dieser Entwicklungsstufe allein das parlamentarische Steuerrecht, formuliert ganz überwiegend in menschlicher Sprache. Es sind Dritte, die die Gesetzessprache in Software übersetzen. Wie bisher können diese außerparlamentarischen Übersetzungen

– amtliche Übersetzungen, erarbeitet und verwendet von den Finanzbehörden des Bundes und der Länder; oder

– nichtamtliche Übersetzungen sein, erarbeitet von der DATEV, den Verlagen oder auch Start-ups aus dem Bereich des Legal Tech, die ihrerseits jeweils mit einem Interface (API), einer Schnittstelle zur Übergabe von Daten an die IT-Systeme und Datenformate der Finanzbehörden ausgestattet sind.

Im Grundsatz gilt für diese Übersetzungen des Steuerrechts in Software, dass es sich lediglich um Mittel zur Befolgung des in menschlicher Sprache formulierten Rechts handelt. Die Algorithmen selbst enthalten aber keine wirksamen Obersätze. Sie sind also keine authentischen Rechtsnormen, sondern Interpretamente.

2. Sprachendualismus

Das muss nicht so bleiben. Denkbar ist – zweitens – auch ein bilingual arbeitendes Parlament[27]. Das ist zunächst nicht ungewöhnlich. Die meisten völkerrechtliche Verträge, allen voran die EMRK und das Europäische Primärrecht sind auch nicht allein in deutscher Sprache beschlossen und verkündet worden. Gerade im Steuerrecht gibt es sogar Beispiele für völ-

---

27 Zum Folgenden z.T. bereits *E. Reimer*, Rechtssprache als Kulturgut: Kennt das deutsche Recht ein Algorithmenverbot?, in Kube/Reimer, Geprägte Freiheit 2018/19, 2018, S. 27 ff.

kerrechtliche Verträge, deren deutsche Fassung nicht einmal authentisch ist (so z.B. das MLI vom 7.6.2017) oder die sich jedenfalls bei semantischen Unterschieden zwischen mehreren authentischen Vertragssprachen nach den Regeln des Art. 33 Abs. 1 Halbs. 2 WÜRV einer vorgängigen Fremdsprache unterordnen (so zahlreiche DBA). Solange sich das Grundgesetz nicht darauf festlegt, dass allein die deutsche Sprache als Gesetzessprache in Betracht kommt[28], dürfen Bundestag und Bundesrat so verfahren. Demokratie und Rechtsstaatlichkeit verlangen lediglich eine dem Volk und der Rechtsgemeinschaft angemessene Sprache, die aber nicht zwingend die deutsche Sprache sein muss.

Vorliegend geht es allerdings um mehr. Denn Software ist in ihrer äußeren Anmutung, in ihrer Syntax und auch nach ihrem Verwendungszweck ein Aliud gegenüber menschlichen Sprachen anderer Völker. Dürfte das Parlament auch Software verabschieden, würde Software vom Gegenstand parlamentarischer Gesetzgebung zu deren eigenem und authentischem Medium. Soweit ersichtlich, finden sich hierfür – im Unterschied zur exekutivischen Rechtsetzung (oben III.1.b)) – in der bisherigen parlamentarischen Praxis keine Beispiele. Immerhin verwenden gesetzliche Normen schon heute immer wieder Formeln – etwa die Tarifvorschriften der § 32a Abs. 1 und § 32d Abs. 1 Satz 4 EStG.

Diese Formeln sind aber bislang stets integrale Bestandteile eines in menschlicher Sprache abgefassten Rahmenwerks. Die Frage lautet aber: Darf und sollte der Gesetzgeber über diese sporadischen Formeln hinaus in Formeln und Algorithmen zu uns sprechen? Darf der automatisiert ausführbare Algorithmus damit neben den interpretationsbedürftigen geschriebenen menschlichen Text treten?

a) Verständlichkeit

Der verfassungsrechtliche Vorteil einer solchen asymmetrischen Zweisprachigkeit liegt auf der Hand: Weil es weiterhin (auch) ein in menschlicher Sprache verfasstes und verkündetes Gesetz gibt, sind selbst die strengen Sprachanforderungen, die *Christian Waldhoff* vorgestellt hat[29],

---

28 Im Unterschied zu den einfachgesetzlichen Regelungen über die zweite und dritte Gewalt (§ 23 Abs. 1 VwVfG, § 184 GVG) fehlt dem Grundgesetz eine Festlegung auf die deutsche Sprache als Gesetzessprache. Überlegungen *de constitutione ferenda* allerdings bei *Kahl*, Sprache als Kultur- und Rechtsgut, in VVDStRL 65 (2006), S. 386 ff.

29 Siehe den Beitrag von *Waldhoff*, Herausforderungen des Verfassungsstaates durch die Digitalisierung, in diesem Band.

erfüllt. Wer den Algorithmus nicht lesen will oder kann, findet die Regelung – wie bisher – weiterhin in menschlicher Sprache vor.

b) Semantische Konkordanz

Immer stellt sich aber die Frage, ob es nicht doch Divergenzen des Normgehalts der beiden Sprachfassungen gibt. Ausgangspunkt von Zweifeln ist die Verkoppelung des menschlichen Texts mit dem Algorithmus: Denn beide Texte müssten gleichermaßen authentisch, vor allem aber inhaltsgleich sein. Es gälte also – ähnlich wie bei Art. 33 Abs. 3 WÜRV – die Vermutung, dass die Ausdrücke des Vertrags in jedem authentischen Text dieselbe Bedeutung haben.

Da aber allein der Text in menschlicher Sprache der Auslegung zugänglich ist, der Algorithmus dagegen semantisch starr ist, führt die Konkordanzvermutung zu einem faktischen Vorrang des Algorithmus. Der Text in menschlicher Sprache müsste algorithmenkonform ausgelegt werden. Das reduziert die im menschlichen Text an sich noch enthaltenen Auslegungsspielräume der anderen Staatsgewalten, aber auch des Bürgers auf null. Die zweite Sprache – der Algorithmus – führt damit im Ergebnis dieselbe Vollbindung der Rechtsunterworfenen herbei wie das von *Waldhoff* als verfassungswidrig verworfene Monopol des Algorithmus.

Umgekehrt wird der menschliche Rechtsanwender bei Lektüre der in menschlicher Sprache verfassten Gesetzesfassung oft zu einer (einzigen) Auslegung gelangen, die von dem Algorithmus abweicht. In diesen Fällen greift die Konkordanzvermutung nicht ein. Vielmehr kommt es zu einem offenen Normwiderspruch; die beiden Sprachfassungen sind perplex. Für diesen Fall ist ein Kollisionsrecht erforderlich. Wer dazu der Verfassung einen Primat der menschlichen Sprache gegenüber dem parlamentarischen Algorithmus entnimmt, wird den Algorithmus stets dem parlamentarischen Freitext unterordnen.

Natürlich könnte man diesem verfassungsunmittelbaren Kollisionsrecht das demokratische Modell einer einfachgesetzlichen Entscheidung entgegensetzen. In ihm könnte und müsste der Gesetzgeber zunächst selbst entscheiden, welche Normen oder auch Normbestandteile sich im Zweifel durchsetzen. Faktisch wäre diese Entscheidung aber die Entscheidung darüber, ob die auslegbare oder die nichtauslegbare Norm anwendbar sind, oder kürzer: ob das Rechtsanwendungsergebnis justiziabel ist oder nicht. Hier kann es vor dem Hintergrund von Art. 19 Abs. 4 GG, des Justizgewährungsanspruchs und des Rechtsstaatsprinzips nur eine richtige Antwort geben.

Das Perplexitätsproblem ist aber nicht in erster Linie ein Rechtsanwendungsproblem. Es muss auf Rechtsetzungsebene gelöst werden. Der Sprachwiderspruch ist – in dem Modell der Bilingualität – ein Normwiderspruch. Die semantische Konkordanz ist verfassungsrechtlich geboten. Richtigerweise muss daher der Gesetzgeber den Verstoß unter Beachtung etwaiger Rückwirkungsverbote korrigieren.

c) Algorithmenkontrolle

Um dem menschlichen Rechtsanwender jederzeit die Kontrolle des Programmablaufs und einen Abgleich mit der in menschlicher Sprache formulierten parallelen Gesetzesfassung zu eröffnen, muss der Gesetzgeber dafür Sorge tragen, dass sich der Algorithmus dem Nutzer mitteilt. Dazu bieten sich insbesondere Visualisierungen des Algorithmus an[30]. Die Programmabläufe müssen sich in Zeitlupe nachverfolgen lassen. Der Rechtsanwender und ebenso bereits die Abgeordneten müssen den (prospektiven) Programmablauf gleichsam vor- und zurückspulen, ihn anhalten und ihn mit anderen (Test-)Daten in eine andere Richtung lenken können.

Das Erfordernis wirksamer Algorithmenkontrolle hat dabei zwei Dimensionen. Erstens müssen die Algorithmen „politiktauglich" werden. Die Abgeordneten müssen den Entwurf der Algorithmen verstehen. Dazu müssen sie einerseits verstehen, was Verwaltung und Rechtsprechung tun, wenn sie Algorithmen einsetzen. Andererseits müssen sie den Algorithmus gestalten, namentlich Regierungs- oder Bundesratsentwürfe sinnvoll umschreiben können.

Zweitens müssen die von den Rechtsetzern – d.h. primär von den Parlamenten – eingesetzten Algorithmen „richtertauglich" werden. Sie müssen von anderen Menschen (Art. 92 Halbs. 1 GG) nachvollzogen und überprüft werden können. Voraussetzung für beide Richtungen der Algorithmenkontrolle ist ein Höchstmaß an Transparenz der Algorithmen. Nur wenn die Algorithmen entdeckt, d.h. gelesen und in ihren Wirkungszusammenhängen analysiert werden können, bleiben sie kontrollierbar.

---

30 Zu Ansätzen der „Rechtsvisualisierung" s. die Beiträge bei *Schweighofer/ Geist/Heindl/Szücs* (Hrsg.), Komplexitätsgrenzen der Rechtsinformatik, 2008, S. 521 ff.

In jeder der beiden Richtungen (Algorithmenkontrolle durch die Parlamente; Kontrolle parlamentarischer Algorithmen) sind wiederum zwei Schichten zu unterscheiden. Die Algorithmenkontrolle muss sich einerseits auf die menschlich gezielt einprogrammierten Algorithmen beziehen; insoweit ist sie der Sache nach eine klassische Normenkontrolle.

Andererseits muss sich die Algorithmenkontrolle auf die rechtliche Akzeptanz von Gesetzmäßigkeiten beziehen, die nicht – gleichsam ausdrücklich – von Menschen einprogrammiert wurden, sondern die die (Meta-)Software durch das *machine learning* selbst erzeugt hat. Diese zweite Schicht ist besonders wichtig, aber auch besonders anspruchsvoll. Denn hier verändert der Gegenstand (die steuerlichen Einzelfälle, auf die der Gesetzesalgorithmus immer neu angewandt wird) den Maßstab (diesen Gesetzesalgorithmus selbst). Diese Maßstabsveränderung (Normfortschreibung) durch den Algorithmus ist das bestimmende Merkmal der sog. Künstlichen Intelligenz. Wo sie eingesetzt wird, ist die Algorithmenkontrolle nur noch schwer möglich. Gerade hier ist sie aber besonders wichtig. Das folgt aus der starken Pfadabhängigkeit des *machine learning*, genauer: aus der Gefahr ständiger Sein-Sollens-Schlüsse. Diese Gefahr ist in der Debatte um die „Diskriminierung durch Algorithmen" benannt und erörtert worden[31]. Dass die Kontrolle von Ergebnissen des *machine learning* besonders anspruchsvoll ist, folgt aus dessen methodischer Offenheit. Eine gute Mustererkennung ist mehrdimensional. Sie deckt Zusammenhänge auf, an die die Programmierer selbst u.U. nicht gedacht haben. In dieser Lage setzt die Algorithmenkontrolle in der Regel eine Visualisierung der vom Rechner erkannten (Wahrscheinlichkeits-)Zusammenhänge voraus[32]. Sie setzt zudem ein hohes Maß an Zeit voraus, das der jeweilige menschliche Entscheidungsträger für das Verständnis der Algorithmen benötigt.

Und schließlich muss der für die Algorithmenkontrolle eingesetzte Algorithmus dem menschlichen Kontrolleur die Möglichkeit geben, gleichsam mit einem eingefrorenen Stand des selbstlernenden Systems eine

---

31 Statt aller *Fröhlich/Spiecker genannt Döhmann*, Können Algorithmen diskriminieren?, in Verfassungsblog v. 26.12.2018, Internet: https://verfassungsblog.de/koennen-algorithmen-diskriminieren/ (13.1.2019).

32 Zur Bedeutung der Visualisierung etwa *Röhl*, Recht anschaulich, 2007; *Bergmans*, Visualisierungen in Rechtslehre und Rechtswissenschaft, 2009; *Breidenbach/Schmid*, Gesetzgebung und Digitalisierung – Digitale Instrumente der Erarbeitung von Gesetzesentwürfen, in Breidenbach/Glatz (Hrsg.), Rechtshandbuch Legal Tech, 2018, S. 169 (171, 173 ff.).

Vielzahl von Fällen und Szenarien durchzuspielen, damit der Mensch die Software gleichsam von allen Seiten beurteilen und ihre multiplen Ergebnisse entlang der Kriterien ökonomischer Neutralität und rechtlicher Gleichheitsgarantien prüfen kann.

Wo immer das Recht und insbesondere das Verfassungsrecht die Möglichkeit einer Algorithmenkontrollen und einer menschlichen Kontrolle der konkreten Algorithmenergebnisse im Einzelfall verlangt, muss der Rechtsstaat deshalb erhebliche Ressourcen zur Aufdeckung und Kontrolle der Algorithmen verfügbar halten. Das gilt insbesondere für die notwendige Zeit. Daher verbietet sich grundsätzlich der Einsatz von selbstvollziehenden Algorithmen, wo diese in Echtzeit vollendete Tatsachen schaffen, die nicht oder nur zu hohen Kosten revidiert werden können. Die Algorithmenkontrolle darf und muss in Zeitlupe vonstattengehen und – wo nötig – ihrerseits wiederholt, d.h. (gleichsam zweitinstanzlich) kontrolliert werden können.

Eine Hilfe können auch „Algorithmen über Algorithmen" sein, die Inkonsistenzen und Redundanzen aufdecken. Schon heute gibt es leistungsfähige Software, die sowohl die der Künstlichen Intelligenz zugrunde liegenden Algorithmen als auch die von ihr dynamisch, d.h. gegenstandsabhängig hervorgebrachten und damit wandelbaren Ergebnisse erklärbar macht. Die Zulässigkeit eines programmierten Rechts hängt also von Potential und Funktionsgrenzen der sog. *explainable AI* ab[33]. Trägt der Gesetzgeber diesen Anforderungen Rechnung, ist er grundsätzlich nicht daran gehindert, neben die menschliche Sprache eine gleichermaßen authentische Gesetzesfassung in einer Programmiersprache zu stellen.

3. Sprachmonopol

Vollständig deutlich werden die Probleme digitaler Gesetze in der dritten Ausbaustufe. Sie wäre erreicht, wenn der Gesetzgeber Teile des Steuerrechts ausschließlich algorithmisiert normieren dürfte. Die verfassungsrechtliche Zulässigkeit dieses Algorithmenmonopols verlangt zunächst eine Antwort auf die Frage, ob es unter dem Grundgesetz ein nichtsprachliches Gesetzesrecht geben kann und wie weit dieses ggf. gehen darf.

---

33 Hierzu *Waltl/Vogl*, Increasing Transparency in Algorithmic-Decision-Making with Explainable AI, DuD 42 (2018), 613-617.

Diese Fragen sind umstritten. In der jüngsten deutschen Debatte, die ihren Ausgang in der Steuerrechtswissenschaft nimmt, aber Allgemeingültigkeit beansprucht, verneinen *Hanno Kube*[34], *Rudolf Mellinghoff*[35] und *Christian Waldhoff*[36] die verfassungsrechtliche Zulässigkeit nicht in menschlicher Sprache formulierter Gesetze strikt. *Heribert Anzinger* hält diese dagegen – jedenfalls in Teilen – für technisch möglich und für rechtlich zulässig; selbst unbestimmte Rechtsbegriffe könnten algorithmisiert werden[37]. Vorbilder hierfür bilden Arbeiten von *Robert Alexy* seit den 1970er Jahren[38].

Die im Ansatz überzeugend vorgebrachten verfassungsrechtlichen Bedenken gegen eine Vollalgorithmisierung tragen in der Tat kein vollständiges Verbot jeder Algorithmisierung der Gesetzgebung. Vielmehr lautet die verfassungsrechtlich treffsichere Frage: Wie kann der Gesetzgeber die Vorteile der Algorithmisierung so mit den Vorteilen und Notwendigkeiten menschlicher Entscheidungen verknüpfen, dass es zu einem schonenden Ausgleich der widerstreitenden verfassungsrechtlichen Vorgaben kommt? Die Antwort ist zweigliedrig.

a) Teilalgorithmisierung mit adäquaten Mensch-Maschine-Schnittstellen

Erstens ist an das oben bereits skizzierte Modell gezielt definierter Mensch-Maschine-Schnittstellen zu erinnern (oben III.2.a)): Der Gesetzgeber kann *code* vorgeben, um für eine verlässliche und lückenlose Reproduzierbarkeit der Strukturen des Prüfungsaufbaus zu sorgen. Der Gesetzgeber kann dem Algorithmus die Aufgabe zuweisen, den menschlichen Rechtsanwender durch den Fall zu führen, dabei aber den Ball an vordefinierten Punkten immer wieder an diesen menschlichen Anwender zurückzuspielen. Dadurch behalten Menschen (insbesondere: behördliche

---

34 *Kube*, E-Government: Ein Paradigmenwechsel in Verwaltung und Verwaltungsrecht?, in VVDStRL 78 (2019), S. 289 (315).
35 *Mellinghoff*, Gerichtliche Kontrolle des digitalen Gesetzesvollzugs, in diesem Band.
36 *Waldhoff*, Herausforderungen des Verfassungsstaates durch die Digitalisierung, in diesem Band.
37 *Anzinger*, Möglichkeiten der Digitalisierung des Rechts, in diesem Band.
38 Insbesondere *Alexy*, Theorie der juristischen Argumentation – Die Theorie des rationalen Diskurses als Theorie der juristischen Begründung, 2. Aufl. 1991, vor allem S. 289 f., 350.

Amtsträger und Richter) ein Monopol für Abwägungen, für die Gewährung rechtlichen Gehörs und für Billigkeitsentscheidungen. Diese Amtsträger müssen ferner die Möglichkeit jederzeitiger spontaner Intervention an Punkten im Programmablauf behalten, an denen es nach ihrer Beobachtung zu Inkonsistenzen kommt oder an denen sich Programmierfehler (etwa: Verfassungswidrigkeiten der parlamentarischen Software) zeigen.

Erst dieses Wechselspiel zwischen Mensch und Maschine bringt die Entscheidungsalgorithmen auch in Einklang mit Art. 22 DSGVO, der Grundrechtsträgern das Recht gibt, nicht einer ausschließlich auf einer automatisierten Verarbeitung beruhenden Entscheidung unterworfen zu werden.

b) Nochmals: Algorithmenkontrolle

Das zeigt bereits, dass – zweitens – die Digitalisierung der Gesetzgebung nicht ohne Algorithmenkontrolle denkbar ist. Auf dieses Erfordernis wurde bereits für die schwächere Ausbaustufe eines Nebeneinander von Algorithmus und menschlicher Gesetzessprache hingewiesen (oben II.2.c)). Erst recht verlangt das Grundgesetz für den Fall, dass dem Algorithmus (soweit er reicht) ein Sprachmonopol zukommt, eine lückenlose und effektive Algorithmenkontrolle.

c) Öffentlichkeit von Algorithmengebung und Algorithmus

Eine offene Frage bleiben bei allem aber die Gelingensbedingungen der Gesetzgebung selbst. Wie lässt sich auch nach dem Medienwechsel die Öffentlichkeit von Gesetzgebung und Gesetz wahren? Sachverständig vom Chaos Computer Club beraten, hatte der Zweite Senat des BVerfG vor knapp zehn Jahren – m.E. weise und richtig – den Einsatz von Wahlcomputern für verfassungswidrig erklärt[39]. Die damals dem Art. 38 Abs. 1 i.V.m. Art. 20 Abs. 1 und 2 GG entnommenen Maßstäbe drängen nicht nur für die Wahl, sondern auch für die Gesetzgebungstätigkeit des vom Volk gewählten Bundestages auf Öffentlichkeit. Art. 42 Abs. 1 Satz 1 GG stellt das für die Verhandlungen klar; und Art. 82 Abs. 1 Satz 1 GG verlangt die – ebenfalls öffentliche – Verkündung von Gesetzen. Deshalb lautet die Antwort auf die Frage nach den Gelingensbedingungen der Ge-

---

39 2. Senat des BVerfG, Urt. v. 3.3.2009 – 2 BvC 3, 4/07, BVerfGE 123, 39.

setzgebung: Der Bundestag muss bereits im Algorithmengebungsverfahren eine öffentliche Verfügbarkeit und Kontrollierbarkeit der prospektiven Algorithmen ermöglichen; und ein einmal beschlossenes Gesetz in Form von Software bedarf einer Verkündung, die seiner besonderen Form und Syntax entspricht. Typischerweise ist hier nicht an einen Textabdruck im materialisierten Bundesgesetzblatt zu denken, sondern an eine elektronische Form des Bundesgesetzblatts, die für die Rechtsgemeinschaft in elektronischer Form vorgehalten wird und dabei frei und schnell verfügbar sein muss.

V. Verschiebungen im Kompetenzgefüge

Wie grundlegend die hier skizzierten Sprach- und Medienwechsel sind, zeigt sich nicht nur phänomenologisch an der veränderten Syntax und andersartigen Lesbarkeit parlamentarischer Entscheidungen. Es zeigt sich auch an signifikanten Verschiebungen im Kompetenzgefüge. Wenn man dem Bundesgesetzgeber im Ausgangspunkt eine (additive [oben IV.2.] oder sogar exklusive [oben IV.2.]) Programmierkompetenz zugesteht, ist diese zwar vordergründig von Art. 105 Abs. 2 GG gedeckt. Hintergründig gewinnt die Bundesgesetzgebung durch die Verwendung von *code as law* erheblich an Bedeutung.

1. Föderale Kompetenzordnung

Das gilt allerdings nicht schon im Verhältnis des Bundes- zum Landesgesetzgeber. Die mit Art. 105 GG vorgezeichnete vertikale Kompetenzordnung im Bundesstaat wird durch die Digitalisierung nicht berührt; die – wenigen – Materien, die nach Art. 105 Abs. 2 und Abs. 2a GG heute den Ländern verbleiben, stehen auch künftig für landesgesetzliche Regelungen zur Verfügung.

2. Bedeutungsverlust der Verwaltung

Zu prognostizieren ist aber ein signifikanter Bedeutungsverlust der Verwaltung. Die Unerbittlichkeit engmaschiger Algorithmen, die der Gesetzgeber selbst programmiert oder jedenfalls im Einzelnen approbiert hat, reduziert Entscheidungsräume der Verwaltung und konzentriert sie auf wenige fest definierte Punkte. Denn wenn Algorithmen zum Einsatz kommen, reduziert sich in der Normallage die Bedeutung der Gesetzesauslegung erheblich. Soweit die Gesetzesbindung von Exekutive und Judikative (Art. 20 Abs. 3 GG) zu einer Algorithmenbindung wird, ist ja bereits der Gesetzgeber selbst ganz nah am Menschen: Die Belastung des Bürgers folgt unmittelbar und unentrinnbar aus dem parlamentarischen Algorithmus. Die Verwaltung muss das Recht nicht mehr konkretisieren, soweit der programmierende Gesetzgeber bereits höchste Exaktheit, also Maschinenlesbarkeit erreicht. Der Verwaltung bleiben im Wesentlichen Aufgaben im Bereich der Sachverhaltsfeststellung; daneben hat sie rechtliches Gehört zu gewähren.

Die Verwaltung wird damit also zur Verifikationsverwaltung[40], die zur Nachprüfung der (wenigen) Sachverhaltsangaben berufen bleibt, die ad hoc erhoben werden und nicht schon anderweitig (bei einem externen Datenlieferanten) verifiziert worden sind oder hätten verifiziert werden müssen. Wenn der Gesetzgeber die ELSTER-Software nun selbst schreibt, konzentriert sich die Tätigkeit der Verwaltung also auf den Teil der Rechtsanwendung, der nicht die Obersatz-, sondern die Untersatzebene betrifft: Die Verwaltung muss also nur noch den Sachverhalt ermitteln, Angaben des Steuerpflichtigen verifizieren oder falsifizieren.

Wegen der vertikalen Trennung von Gesetzgebungs- und Verwaltungskompetenzen hat allerdings die Reduktion exekutivischer Spielräume zugleich eine föderale Seite: Sie stärkt den Bund gegenüber den Ländern.

3. Bedeutungsverlust der parlamentarischen Gesetzgebung

a) Einsatz künstlicher Intelligenz

Dabei wird man indes nicht stehen bleiben können. Vielmehr wird der scheinbare Bedeutungsgewinn des (Bundes-)Gesetzgebers seinerseits durch zwei überholende Entwicklungen in Frage gestellt. Die erste Entwicklung ist die bereits angesprochene künstliche Intelligenz. Mit Blick auf Demokratieprinzip, Rechtsstaatsprinzip und Grundrechte steht der Einsatz selbstlernender Systeme unter einem strengen Vorbehalt des Gesetzes; die Anforderungen an das Gesetz dürften sich an Art. 80 Abs. 1 GG orientieren. Deshalb wird das *machine learning* das Steuersystem weder hervorbringen noch die gesetzlich angeordneten normativen Strukturen des Steuersystems verändern können.

Vielmehr ist für selbstlernende Algorithmen nur innerhalb fester normativer Strukturen Raum. Immerhin könnten Zurechnungs- und Bewertungsfragen, etwa Verprobungen eigener Angaben des Steuerpflichtigen

---

40 *Drüen*, Amtsermittlungsgrundsatz und Risikomanagement, in diesem Band.

mit externen Vergleichsdaten im Rahmen der Verrechnungspreisprüfung, auf selbstlernende Systeme verlagert werden. Ebenso bietet das *machine learning* eine geeignete Umgebung für Angemessenheitsprüfungen auf Basis großvolumiger Vergleichsdaten.

Voraussetzung für die verfassungsrechtliche Zulässigkeit einer normativen Nachverdichtung innerhalb der statischen (d.h. als solcher vom parlamentarischen Gesetzgeber approbierten) Gesetzesalgorithmen sind aber – wie gesehen – Verfügbarkeit und faktische Durchführung einer hochwertigen Algorithmenkontrolle, sie sich nicht nur auf den (Meta-) Algorithmus, sondern gerade auch auf die im Wege des *machine learning* gebildeten neuronalen Strukturen erstreckt (oben IV.2.c)).

Auch die beste Algorithmenkontrolle bleibt aber retrospektiv und punktuell. Sie ändert nichts daran, dass dort, wo *machine learning* zum Einsatz kommt, die Grenzen zwischen Rechtsetzung und Rechtsanwendung aufgehoben werden. Je wirkmächtiger die selbstlernenden Algorithmen dabei werden, desto stärker wird das starre parlamentarische Gesetz von der Steuerungs- und Kontrollressource zu einer bloßen Kontrollressource. Ebenso wie „selbstvollziehende Verträge" in Wahrheit keine Verträge, sondern Algorithmen sind, deren Einsatz vertraglich vereinbart wurde, beschränkt sich auf Ebene der Gesetzgebung die eigentliche parlamentarische Anordnung auf den Einsatz des selbstlernenden Systems, während die von diesem hervorgebrachten neuronalen Netze und „Sachalgorithmen" auf Statistik und Probabilistik beruhen, gesetzlicher Vorprägung aber entzogen sind. Und doch bleibt es dabei, dass diese erste Dimension eines Bedeutungsverlusts parlamentarischer Gesetzgebung strukturell nicht anders zu beurteilen ist als das Zusammenspiel von Gesetz und Rechtsverordnung in den Fällen des Art. 80 Abs. 1 GG.

b) Granularisierung und Individualisierung des Rechts

Aufmerksamkeit beansprucht aber auch eine zweite Entwicklung, die nahezu zwangsläufig mit der Vervielfachung verfügbarer Sachverhaltsdaten verbunden ist. Programmierer und ebenso die selbstlernenden Algorithmen erlangen durch die Vernetzung der IT-Systeme von Finanzverwaltung, Steuerpflichtigen (vor allem den Unternehmen) und Dritten die Möglichkeit, betriebswirtschaftliche Rohdaten in nie dagewesener Fülle zu nutzen. Soweit sie informationell für Zwecke der Anwendung des Steuerrechts in Rechner der Finanzverwaltung(en) übernommen und dort verarbeitet werden (was der Bundesgesetzgeber anordnen kann), kann der

Gesetzgeber abstrakte Zwischenkonzepte (etwa „das Betriebsvermögen" oder „den Gewinn") gleichsam überspringen. Die Rechtsanwender besorgen sich gleich die dazu erforderlichen Rohdaten und können sie je für sich auswerten.

Mit dieser Granularisierung ist die Gefahr einer Individualisierung des Rechts verbunden. Wenn unterschiedliche Variablen in den Rohdaten unterschiedlich behandelt werden, gerät die Gleichheit vor dem Gesetz in Gefahr. Der freie Zugriff auf hochauflösend verfügbare Rohdaten lässt den Bedarf nach gesetzlicher Typisierung entfallen[41]; und er erhöht das Risiko maßgeschneiderter Privilegien. Auch dieser Gefahr ist nur mit wirksamer Algorithmenkontrolle zu begegnen.

c) Träger der Algorithmenkontrolle

Damit endet die Algorithmisierung von Gesetzgebung damit in beiden Strängen – bei der Abbildung statischer Normstrukturen in Algorithmen ebenso wie beim Einsatz selbstlernender Systeme – in der Notwendigkeit einer starken Algorithmenkontrolle. In der vertrauten Vorstellungswelt des Zusammenspiels von Gesetz und exekutivischer Nachverdichtung fällt diese Aufgabe den behördlichen Rechtsbehelfsstellen, vor allem aber den Gerichten zu. Der Justiz kommt auch die entscheidende und letzte Kontrollfunktion zu, soweit sich der parlamentarische Gesetzgeber statt in menschlicher Sprache künftig in Algorithmen äußert.

Gleichwohl werfen die hohen Potentiale, aber auch die überindividuellen Gefahren einer Gesetzgebung durch Algorithmen die Frage auf, inwieweit das Parlament selbst Beobachtungspflichten hat. Auch diese Frage ist qualitativ nicht neu. Faktisch beobachten und bündeln die initiativberechtigten Bundesorgane (Bundestag, Bundesrat, Bundesregierung) schon heute die Wirkung der Steuergesetze kontinuierlich und bessern nach, wo sich Unsicherheiten oder Verwerfungen ergeben. Zu einer verfassungsrechtlichen Pflicht verdichtet sich dieser faktische Prozess nach der Rechtsprechung des BVerfG dort, wo der Gesetzgeber in der ersten Runde unter den Bedingungen erhöhter Unsicherheit gehandelt hat.

---

41 Vgl. *Busch*, Granular Legal Norms: Big Data and the Personalisation of Private Law, in Mak/Tjong Tjin Tai/Berlee (Hrsg.), Research Handbook on Data Science and Law, 2018, Internet: https://ssrn.com/abstract=3181914 (15.3.2019). Anders *Kube*, E-Government: Ein Paradigmenwechsel in Verwaltung und Verwaltungsrecht?, VVDStRL Bd. 78 (2019), S. 289.

Gerade das ist nicht bei jeder Algorithmisierung der Fall, in hohem Maße aber beim Einsatz selbstlernender Systeme.

Im Ergebnis ist daher die Algorithmenkontrolle über das *machine learning* (und seine Ergebnisse) nicht erst durch die Gerichte überprüfbar; vielmehr besteht insoweit bereits eine abstrakte, d.h. überindividuelle Beobachtungspflicht des Gesetzgebers selbst.

VI. Schlussthesen

1. Digitalisierung ist Gegenstand der Gesetzgebung. Das gilt für die Tatbestände des materiellen Steuerrechts ebenso wie für das Verfahrensrecht.

2. Digitalisierung ist daneben eine Hilfe für gute Gesetzgebung. Der Einsatz zuverlässiger Software erleichtert die Rechtsförmlichkeitsprüfung. Er erleichtert aber auch der Verwaltung und privaten Anbietern die Modellierung der Steuergesetze in Algorithmen.

3. Digitalisate können aber auch Medium der Gesetzgebung sein. Die Algorithmisierung der Steuergesetze ist mit Blick auf die Rechtssicherheit zu wichtig und mit Blick auf weitere Gehalte des Rechtsstaatsprinzips zu reich an Chancen, als dass sie allein der Verwaltung oder privaten Softwarehäusern überlassen bleiben dürfte. Auch der Gesetzgeber ist berechtigt, in Algorithmen zu sprechen.

4. Verfassungsrechtlich stellen sich hier weniger Sprachfragen als Fragen der Öffentlichkeit von Gesetzgebung und Gesetz. Soweit sich der Gesetzgeber auch zum Einsatz selbstlernender Systeme entschließt, verändert der Algorithmus selbst den Entscheidungsmaßstab für den Einzelfall. Der Einsatz von *machine learning* ist deshalb nach dem Vorbild des Art. 80 Abs. 1 GG ex ante gesetzlich einzuhegen.

5. Digitalisierung der Gesetzgebung erfordert zugleich eine Algorithmenkontrolle ex post. Sie ist nicht auf den Einsatz des *machine learning* beschränkt, hat dort aber besondere Bedeutung. Die reguläre Algorithmenkontrolle ist primär Sache der etablierten Rechtsschutzsysteme. Diese einzelfallbezogene Algorithmenkontrolle ist ressourcenintensiv. Sie erfordert daher die Ertüchtigung der Rechtsbehelfsstellen und Gerichte.

6. Soweit der Gesetzgeber den Einsatz selbstlernender Systeme anordnet, trifft ihn eine überindividuelle Beobachtungspflicht.

7. Eine asymmetrische oder auch nur ungleichzeitige Digitalisierung der Gesetzgebung in den verschiedenen Staaten hätte spürbare Folgen. Die Staaten, die ihr Steuerrecht als erste digitalisieren, erlangen einen Standortvorteil. Sie werden zugleich zu Rechtsexporteuren. Die kontinentaleuropäischen Verfassungsstaaten sollten alles daran setzen, um in dieser Lage nicht ins Hintertreffen zu geraten.

Diskussion

zum Referat von Prof. Dr. *Ekkehart Reimer*

Prof. Dr. h.c. *Rudolf Mellinghoff*, München

Lieber *Ekkehart*, Du sprichst in deinem Thesenpapier von einer Verschiebung im Kompetenzgefüge. Mir stellt sich die Frage, ob das Kompetenzgefüge nicht sogar verlassen wird, wenn der Gesetzgeber Programme schreibt. Die Allgemeinheit des Gesetzes wäre verletzt. Die Gleichheit des Gesetzes ist immer eine wertende Gleichheit. Es bedarf einer Offenheit der Rechtsanwendung. Die Gewaltenteilung ist darauf angewiesen, dass die Verwaltung ein allgemeines Gesetz im Einzelfall konkretisiert, was dann durch die Rechtsprechung kontrolliert wird. Diese beiden Gewalten würden letztlich aus ihrer eigentlichen Funktion herausgedrängt. Der Algorithmus hat durchaus Bedeutung im Vollzug und in der Kontrolle, gehört jedoch nicht ins Gesetz. Daher wende ich mich dagegen, dass der Gesetzgeber Algorithmen als Normen erlässt.

Prof. Dr. *Simon Kempny*, Bielefeld

Nach der Rüge der Rekursivität durch *Ekkehart Reimer* am Beispiel des § 2 Abs. 3 EStG a.F. ist es mein Ansinnen, auch einmal eine Lanze dafür zu brechen. Wenn man sich § 10 Abs. 2 ErbStG anschaut, dann sieht man einen verfassungsrechtlich nicht leicht zu rechtfertigenden Mangel an Rekursivität. Dort ist der Fall geregelt, dass bei einer Schenkung der Schenker dem Beschenkten nicht nur den eigentlichen Schenkungsgegenstand zuwendet, sondern auch die Entrichtung der eigentlich nach der Konzeption des Gesetzes gem. § 20 ErbStG dem Beschenkten obliegende Steuer. Der Gesetzgeber sagt nun an dieser Stelle, dass die Bemessungsgrundlage der Schenkungsteuer sich im Falle der vom Schenker übernommenen Steuerentrichtung um den Steuerbetrag erhöht: Die Bemessungsgrundlage ist der Betrag in dem „Sack Geld", der übergeht, zuzüglich der Steuer auf dem „Sack Geld". Nun wird in der Beraterliteratur scharfsinnig darauf hingewiesen, dass dies ein Gestaltungsmodell ermöglicht. Das Gesetz verzichtet nämlich darauf, das Fortschreiten der Steuerbelastung, also die Progression nachzubilden. Dieses Fortschreiten ergäbe sich aus dem Tarif, wenn zusätzlich zu dem „Sack Geld" auch noch der Steuerbetrag geschenkt würde. Die Steuer müsste also eigentlich höher sein. Hier ist ein Verzicht auf Rekursivität eine Belastungsungleichheit, die vielleicht durch Vollzugserwägungen gerechtfertigt werden kann, aber in Zeiten leistungsfähiger IT im Grunde schwer zu rechtfertigen ist. Die Frage ist, ob hier nicht ein Verfassungsgebot aus Art. 3 Abs. 1 GG besteht, das Verfahren so auszugestalten, dass die mögliche Steuerersparnis auf unter einen Euro, wenn nicht sogar auf unter einen Cent reduziert wird.

Prof. Dr. *Rainer Hüttemann*, Bonn

Herr *Reimer*, vielen Dank für Ihren anregenden Vortrag. Dass eine Pflicht zur parallelen Entwicklung eines Algorithmus den Gesetzgeber zwingen würde, im Rahmen der Gesetzgebung Detailprobleme und Folgefragen vorab eingehender zu bedenken, die heute mitunter im Gesetzgebungsprozess einfach ausgeblendet werden, leuchtet ein. Gleichwohl stellen sich mir zwei Fragen: Könnte – erstens – ein solches Vorgehen die Gesetzgebung in komplexen Bereichen nicht erheblich verzögern und vielleicht sogar unmöglich machen, weil aufgrund der Prüfung, ob sich alle denkbaren vom Wortlaut des Gesetzes abgedeckten Fälle logisch widerspruchsfrei in einem Algorithmus abbilden lassen, das Gesetz immer wieder an das Parlament zurückgehen muss, wenn man einen Widerspruch entdeckt? Und wenn dieser Widerspruch dann durch einen politischen Kompromiss behoben wird, führt dies vielleicht zu einem Widerspruch an anderer Stelle. Zweitens: Wo bleibt bei diesem Ansatz noch Raum für richterliche Rechtsfortbildung? Der Gesetzgeber bedient sich doch vielfach unbestimmter Rechtsbegriffe, weil er zunächst nur eine Lösung für ganz bestimmte Fälle anstrebt, zugleich aber das Gesetz für weitere nicht explizit geregelte Fälle offenhalten möchte, damit die Gerichte darüber nachdenken können, wie diese Fälle, die man nicht im Blick gehabt hat, gelöst werden können. Ein vollständiger Algorithmus würde diesen Weg versperren, es sei denn, wir stellen uns vor, einen Computer zu entwickeln, der uns diese Arbeit abnimmt. Aber ich glaube, wir sind uns alle einig, dass wir die Rechtsfortbildung nicht einem Algorithmus oder einem Computer überlassen wollen.

Prof. Dr. Dres. h.c. *Paul Kirchhof*, Heidelberg

Ein Referat von einmaliger und sprachlicher Präzision zu diesem Thema ist bemerkenswert. Drei kurze Fragen: Wir wählen Abgeordnete, die nicht spezifisch qualifiziert sind. Das Auswahlkriterium, neben der Volljährigkeit und der deutschen Staatsangehörigkeit, ist das Staatsvolk. Wenn wir also einen solchen Generalisten wählen, müssen wir die Aufgaben des Parlaments so definieren, dass der Generalist ihnen entsprechen kann. Er

muss die Grundsatzfragen stellen können und er muss einen Verstehens-
horizont für die politischen Alternativen haben. Wenn wir jetzt in die
Zweisprachigkeit mit einer zweiten Spezialistensprache gehen, stellt sich
das Problem, dass der Abgeordnete, der den Wähler im Wissen nicht vertreten kann, weil er es nicht weiß, ihn auch nicht im Willen vertreten
kann. Dies ist ja schon ein gegenwärtiges Problem der Steuergesetzgebung. Sie müssen nur einmal fragen, wer von den Abgeordneten was bei
der Abstimmung über Steuergesetze verstanden hat. Dann werden wir in
unserem demokratischen Konzept ganz bescheiden.

Zweitens: Der Gesetzgeber ist mit der Zukunft befasst. Ein Algorithmus
kann allenfalls die Vergangenheit verallgemeinern. Wie Herr *Hüttemann*
schon gesagt hat, haben wir offene Tatbestände. Ohne diese würde das gesamte Verfassungsrecht nicht funktionieren. Die Festschreibung wie bei
einem Algorithmus würde das Verfassungsrecht zementieren und dadurch würde es zerbrechen. Man braucht sich nur anzusehen, wie das Verfassungsrecht auf neue technische Entwicklungen reagiert hat. So ist beispielsweise aus der Pressefreiheit eine Medienfreiheit geworden. Dies
ergibt sich aus der Sprachlichkeit, die immer offen ist. Inhaltlich habe ich
Sorge, dass ein Algorithmus zu Tatbestandsmerkmalen wie Gewinn oder
Zurechnung die Gegenwart festschreibt und zukünftige abweichende Fälle lösen soll.

Drittens: Die Verwaltung ist der Erstinterpret und die Rechtsprechung
der Zweitinterpret des Gesetzes. Beide haben eine eigenständige von der
Gewaltenteilung gedachte Aufgabe mit sich steigernden und bei der
Rechtsprechung verengenden Maßstäben. Wenn wir nun dazwischen
einen Algorithmus querlegen, und dann auch noch die Rechtsprechung
an dasselbe Erfahrungsmaterial binden, binden wir die Rechtsprechung
gleichzeitig auch an dasselbe Bewertungsmaterial. Ich bin zwar fasziniert
von diesem Referat, plädiere jedoch trotzdem dafür, in der Sprache und in
der Erwartung an unser demokratisches Parlament schlicht zu bleiben.
Lassen wir der Wissenschaft ihre große Chance der Rechtsfortbildung.

Prof. Dr. *Christine Osterloh-Konrad*, Tübingen

Meine Frage knüpft an die Anmerkung von *Rainer Hüttemann* an. Was
bedeutet die Orientierung des materiellen Rechts am Erfordernis der Digitalisierbarkeit, und macht dies nicht unter Umständen den Gesetzgebungsprozess komplizierter? *Ekkehart*, du hast deutlich den Gewinn dieser Orientierung für die Gesetzgebung herausgestellt. Meine Frage wäre,
ob man hier nicht differenzieren und bereichsspezifisch auf den zu regeln-

den Problemkreis schauen müsste. Könnte man diesbezüglich vielleicht an die Diskussion zu der Frage anknüpfen, für welche Materien und unter welchen Bedingungen sich *standards* besser zur Regulierung eignen als *rules* und umgekehrt? Also: Wann ist es sinnvoll, dass schon der Gesetzgeber sich über ganz konkrete Vorgaben Gedanken macht, und wann spricht mehr für die Verwendung von Generalklauseln, welche die Beurteilung in weiterem Umfang dem Entscheidungsträger im Einzelfall überlassen?

Prof. Dr. *Johanna Hey*, Köln

Mich treibt eine ganz simple Frage um: Erfordert die Digitalisierung die Vereinfachung des Steuerrechts oder erlaubt sie sogar größere Komplexität? Man kann sich vorstellen, dass sich Normen, die eine Vielzahl von Rechenschritten erfordern und deshalb als komplex gelten, gut digitalisieren lassen. Beispielsweise war die Gliederungsrechnung des Körperschaftsteueranrechnungsverfahrens eine Materie, die kaum jemand beherrschte. Diese Komplexität war auch einer der Gründe für die Abschaffung des Anrechnungsverfahrens im Jahr 2001. Könnte man dies heutzutage durch Digitalisierung lösen? Problematisch könnte sein, dass komplizierte Normen in der Regel auch eine Fülle von Sachverhaltsinformationen erfordern, deren Erfassung der Anwendung eines Rechenprogramms vorgelagert ist. Auch wenn die Rechenschritte gut digitalisierbar sind, muss der Sachverhalt im Vorfeld richtig erkannt werden. Heutzutage arbeitet die Finanzverwaltung mit der Verkennzifferung des Sachverhalts in Steuerformularen. Natural language processing mag hier in Zukunft ganz andere Möglichkeiten eröffnen, allerdings stellt sich mir angesichts der Schwerfälligkeit der Digitalisierung in der öffentlichen Verwaltung die Frage, ob und wann die Finanzverwaltung so weit sein wird. Ist das nicht eher ferne Zukunftsmusik?

Prof. Dr. *Ekkehart Reimer*, Heidelberg

Vielen Dank für die Fragen, die ich versuche, systematisiert zu beantworten. Zunächst die mehrfach aufgeworfene Frage der digitalen Gesetzgebung. Die Fragen lassen sich vielleicht verbunden beantworten. Natürlich muss ein echtes Steuerungssystem – ein sehr großes Wort – kausalen und finalen Ansprüchen genügen. Zu den kausalen Anforderungen gehört die Legitimation. Der Algorithmus muss dadurch legitimiert sein, dass diejenigen, die über den Algorithmus entscheiden, wissen, was sie tun.

Wenn Algorithmen im Gesetzestext auftauchten, würde das Bemühen um einen verständlichen Steuertext in einfacher Sprache erstickt.

Natürlich ist das Steuergesetz schon heute komplex. Und die Algorithmen, Frau *Hey*, können manches leichter machen. Sie erlauben etwa die Aufdeckung unnötiger Strukturen und Visualisierung echter Widersprüche. Man könnte sehr viel leichter und demokratischer Sprünge im Tarifverlauf aufdecken. Also die demokratische Legitimation des Algorithmus, auch persönlich und sachlich, muss gewahrt sein. Das Recht der Abgeordneten zur Nachfrage könnte man dabei auch durch geeignete Prozesse verbessern. Die derzeit m.E. viel zu langen Gesetzgebungsprozesse könnten verbessert werden, auch damit der Spruch des Gesetzgebers eine gewisse Zeit lang Bestand hat.

Auf der anderen Seite stellen sich die Fragen der Finalität und der Qualität der Ergebnisse. Ich glaube, dass Komplexitätsbewältigung und Vereinfachung keine Gegensätze sind. Digitalisierung kann beides leisten. Es kann da wo Komplexität in einer komplexen Wirtschaft nötig ist, das Steuerrecht mühelos folgen lassen. Der digital assistierte Gesetzgeber kann auf Schlupflöcher sehr viel schneller reagieren. Auf der anderen Seite müssen Algorithmen einfach sein, um sie kontrollieren zu können. Die Algorithmenkontrolle ist ein zentrales Kriterium. Im Moment sehe ich keine Möglichkeit, auch mangels technischer Expertise, wie man einen Algorithmus durch einen anderen Algorithmus visualisieren kann. Für diesen Medienwechsel in der Gesetzgebung sind wir noch nicht bereit. Theoretisch halte ich dies aber nicht für ausgeschlossen.

Ein kurzes Wort zu *Simon Kempny* und der Frage der Rekursivität. Ein weiteres Beispiel dazu ist der Sonderausgabenabzug bei der Kirchenabgeltungsteuer. Die Formel des § 32d Abs. 1 EStG stimmt nicht ganz. Eigentlich müsste es eine rekursive Formel sein. Es handelt sich um einen schlichten Bruch. Da hat der Gesetzgeber zur Vermeidung von Rekursivität etwas geschummelt.

Bestandsaufnahme und Perspektiven der Digitalisierung im Steuerrechtsverhältnis aus Sicht der Verwaltung

Dr. *Johann Bizer*

Vorstandsvorsitzender Dataport, Schleswig-Holstein

I. Einführung

Das Internet und die rasche Entwicklung in der Informationstechnik haben unsere Gesellschaft in den vergangenen Jahren entscheidend verändert. Unsere Art zu leben, zu arbeiten und zu kommunizieren wird immer stärker durch die Digitalisierung geprägt. Unternehmen wie Amazon oder Facebook haben diese Entwicklung und das damit einhergehende Potential digitaler Dienstleistungen schon früh erkannt und ihre Geschäftsmodelle darauf ausgerichtet. Ihre online abrufbaren Angebote sind einfach zu nutzen und dank Internet überall und zu jeder Zeit verfügbar. Inzwischen wickeln wir einen Großteil unseres Alltagslebens über solche Online-Dienstleistungen ab. Wir kaufen online ein, tätigen unsere Bankgeschäfte über das Internet, streamen Unterhaltungsmedien in unser Wohnzimmer und kommunizieren über Messenger und soziale Medien.

Entscheidender Erfolgsfaktor der neuen Onlinedienste im eCommerce ist, dass sie konsequent nutzerorientiert gestaltet werden. Dazu wird kontinuierlich gemessen und ausgewertet, welche Angebote wie genutzt und weiter im Nutzerinteresse optimiert werden können. Änderungen werden im Interesse des Geschäftserfolges schnell umgesetzt. Vergleicht man diese Vorgehensweise mit der unserer öffentlichen Verwaltung, dann wird deutlich, wo bei der Digitalisierung Handlungsbedarf besteht.

Als Dienstleister für Bürger und Unternehmen muss auch die Steuerverwaltung den Erwartungen der „digitalen Gesellschaft" gerecht werden. Dienstleistungen im Steuerrechtsverhältnis müssen vereinfacht, digita-

135

lisiert und an die Anforderungen der Nutzer angepasst werden. Dabei ist es wichtig, dass neben dem Einsatz neuer Technologien auch bisherige Strukturen und Prozesse umgedacht und nach neuen Kriterien gestaltet werden. Um diese Transformation planvoll und zielgerichtet voranzutreiben, braucht die Steuerverwaltung eine klare Zielsetzung, die sich in fünf Leitsätzen zusammenfassen lässt:

1. Verwaltungsleistungen müssen einfach handhabbar und online verfügbar gemacht werden.

2. Bereits bestehende digitale Dienstleistungsangebote werden nutzerorientiert entwickelt, um die Zufriedenheit der Nutzer und dadurch die Effizienz der Verwaltung zu erhöhen.

3. Verwaltungsprozesse werden soweit wie möglich automatisiert, damit Vorgänge effizienter und schneller bearbeitet werden können. Die Daten des Nutzers, über die die Verwaltung bereits verfügt, sollen für andere Antragsverfahren von der Verwaltung zur Verfügung gestellt werden (Once Only).

4. Die Entwicklung der digitalen Dienstleistungsangebote erfolgt durch den Einsatz agiler Methoden, um die Nutzer in die Gestaltung der neuen Angebote einbeziehen zu können.

5. Die von der Verwaltung genutzten Dienste und Anwendungen werden in sicheren Rechenzentren betrieben und in öffentlicher Regie gestaltet, damit das Vertrauen der Bürger und Unternehmen in die Funktionsfähigkeit des Staates erhalten bleibt (Digitale Souveränität von Staat und Bürgern).

Folgend wird betrachtet, wie die Steuerbehörden diese Ziele umsetzen und welche weiteren Perspektiven sich daraus für die Digitalisierung der Steuerverwaltung ergeben.

II. Bestandsaufnahme der Digitalisierung in der Steuerverwaltung

Der Einsatz moderner Informationstechnik ist für die Steuerbehörden nicht neu. Bereits in den 50er Jahren führten sie erste Abrechnungen mit Lochkartenverfahren durch und spätestens seit den 80er Jahren ist die IT-basierte Bearbeitung von Steuerfällen der Normalfall. Bei dem nun erfolgenden digitalen Wandel geht es aber nicht mehr allein darum, einzelne Verwaltungsprozesse durch Software zu unterstützen. Vielmehr werden ganze Dienstleistungsprozesse digitalisiert und als Onlinedienste für den

Nutzer bereitgestellt. Die Steuerbehörden bieten bereits einige Services in Form von Onlinediensten an.

Prominentestes Beispiel ist die „Elektronische Steuererklärung" (ELSTER). Sie ermöglicht Bürgern seit über 20 Jahren, ihre Steuererklärungen online auszufüllen. Seit 2005 können diese auch über ein zentrales Onlineportal eingereicht werden. Die Anzahl der elektronisch eingehenden Steuererklärungen steigt kontinuierlich an: 2011 wurden in Deutschland bereits 9,5 Millionen Steuererklärungen auf dem Onlineweg eingereicht, 2017 waren es 22,1 Millionen.[1] Mit der Einführung der „Elektronischen Lohn-SteuerAbzugsMerkmale" (ELStAM) hat die Steuerverwaltung 2013 zudem die papierbasierte Lohnsteuerkarte durch ein digitales Verfahren ersetzt.

Auch bei der Umsatzsteuer hat die Steuerverwaltung mit der E-Bilanz erste Prozesse digitalisiert. Unternehmen sind seit Anfang 2012 verpflichtet, ihre Bilanz sowie die Gewinn- und Verlustrechnung digital an die Finanzämter zu übermitteln.[2] Die Bilanzdaten werden dabei über das ELSTER-Verfahren versandt. Das einzelne Unternehmen identifiziert sich gegenüber der Steuerverwaltung mit einem ELSTER-Zertifikat.

Darüber hinaus arbeiten die Steuerbehörden daran, interne Prozesse zu automatisieren. Dazu treiben sie den Einsatz von Risikomanagementsystemen bei der Bearbeitung von Steuererklärungen massiv voran. Die Grundlage dafür bildet das 2016 verabschiedete „Gesetz zur Modernisierung des Besteuerungsverfahrens" (BVerfModG). Es sieht den Einsatz „automationsgestützter Systeme" vor, mit denen die Finanzbehörden Steuerfestsetzungen, Anrechnungen von Steuerabzugsbeträgen, Vorauszahlungen oder auch Zinsen komplett automationsgestützt erlassen, ändern oder aufheben können.[3] Die Systeme prüfen die Steuererklärungen mithilfe von Algorithmen, die Unstimmigkeiten in den Angaben der Steuerpflichtigen aufdecken. Wenn das System den Fall als risikobehaftet einstuft oder für eine zufällige Stichprobenkontrolle auswählt, erfolgt ei-

---

1 Vgl. Übersicht zu den bundesweit elektronisch übermittelten Steuererklärungen: https://www.elster.de/eportal/infoseite/presse, abgerufen am 24.9.2018.
2 Die Grundlage dafür bildet das Gesetz zur Modernisierung und Entbürokratisierung des Steuerverfahrens (Steuerbürokratieabbaugesetz) v. 20.12.2008, BGBl. I 2008, 2850.
3 Vgl. Art. 5 BVerfModG. Zur steuerrechtlichen Einordnung des BVerModG vgl. *Drüen*, Modernisierungsschritte für das Besteuerungsverfahren. Bestandsaufnahme und Perspektiven, in 12. bis 14. Deutscher Finanzgerichtstag, hrsg. von *Brandt*, Stuttgart 2017, S. 258-262.

ne abschließende Prüfung durch einen Sachbearbeiter. Ansonsten bewilligt das System die Erklärung automatisch. Bereits jetzt werden solche Risikomanagementsysteme in allen Bundesländern eingesetzt. Bis 2022 soll mehr als die Hälfte aller Steuererklärungen in Deutschland automatisch bearbeitet werden.[4] Die Sachbearbeiter in den Finanzämtern werden so von der Masse einfacher Prüfungsfälle entlastet, die bloß gesichtet und bewilligt werden müssen. Die dadurch frei gewordenen Personalkapazitäten können für die intensive Prüfung komplexerer Steuerfälle genutzt werden. Angesichts der demografischen Entwicklung wird sich die Steuerverwaltung – wie andere Verwaltungen auch – darauf einstellen müssen, mit weniger Personal mindestens dieselben Aufgaben zu erledigen.

Die genannten Beispiele zeigen: Die Steuerverwaltung nutzt bereits jetzt digitale, automatisiert ablaufende Prozesse und stellt Steuerpflichtigen diese Dienstleistungen online bereit. Allerdings betrifft dies bislang vor allem Prozesse bei der Lohnsteuer. Andere Steuerbereiche wie beispielsweise die Gewerbesteuer sind bislang weit weniger digitalisiert.

III. Perspektiven der Digitalisierung

Wichtige Vorgaben für zukünftige Digitalisierungsmaßnahmen schreibt das im August 2017 in Kraft getretene Onlinezugangsgesetz (OZG) fest. Es verpflichtet sowohl den Bund als auch die Bundesländer, ihre Verwaltungsleistungen bis spätestens Ende 2022 elektronisch anzubieten.[5] Ziel ist neben einem flächendeckenden Angebot an Onlinediensten auch der Aufbau eines nutzerorientierten E-Governments, das Bürgern und Unternehmen die Zusammenarbeit mit der Verwaltung erleichtert. Der IT-Planungsrat hat dazu bereits 575 Verwaltungsleistungen identifiziert, die von Bund und Ländern online gebracht werden sollen. Diese betreffen auch die Steuerverwaltung: Insgesamt 21 Leistungen der Steuerbehörden müssen laut IT-Planungsrat zukünftig online bereitgestellt werden. Dazu gehören u.a. Leistungen bei der Gewerbesteuer, der Körperschaftssteuer, der Umsatzsteuer und der Kapitalertragssteuer.

Mit Diensten wie ELSTER, ELStAM oder der E-Bilanz haben die Steuerbehörden zwar schon wichtige Leistungen digital über das Internet verfügbar gemacht. Diese dienen den Finanzämtern aber bislang vor allem

---

4 Vgl. „Das automatische Finanzamt", in Algorithmenethik: https://algorithmen ethik.de/2018/03/27/das-automatische-finanzamt/, veröffentlicht am 24.3.2018, abgerufen am 24.9.2018.
5 Vgl. § 1 Abs. 1 OZG.

dazu, die für sie wichtigen Angaben von Bürgern und Unternehmen in digitaler Form zu beziehen. Für die Steuerpflichtigen selbst sind die Onlinedienste hingegen meist eher umständlich zu bedienen, da sich die Dateneingabe teilweise kompliziert gestaltet und die bereitgestellten Formulare für Laien nur schwer verständlich sind.

Das OZG fordert jedoch nutzerfreundliche Onlinedienste, die den Prozess für alle Beteiligten erleichtern. Denn bislang müssen Bürger und Unternehmen ihre Daten bei jedem Behördengang erneut an die Verwaltung übermitteln – ein unnötiger Zeit- und Arbeitsaufwand. Um hier zu einem einfacheren Prozess zu kommen, muss die Verwaltung das Once-Only-Prinzip befolgen. Once-Only besagt, dass Bürger und Unternehmen ihre Daten in behördlichen Antragsverfahren nur noch einmal angeben müssen. Braucht eine andere Behörde für ein Antragsverfahren dieselbe Information oder Urkunde, wird sie nicht erneut beim Antragsteller abgefragt, sondern auf Veranlassung des Betroffenen einfach zwischen den Behörden ausgetauscht. Wichtige Voraussetzung ist, dass der Antragsteller diese Bereitstellung steuert. Bürger und Unternehmen legen also selbst fest, zu welchem Zweck die Daten zusammengezogen und einem Antrag hinzugefügt werden sollen („event-driven").

Die Steuerverwaltung wird ihre Prozesse zeitnah anpassen und auf diese Anforderungen ausrichten müssen. Sie muss sich von einer Eingriffsverwaltung zu einer stärker dienstleistungsorientierten Verwaltung entwickeln. Notwendig dafür ist sowohl eine bessere Vernetzung als auch eine prozessoptimierte Zusammenarbeit zwischen den einzelnen Behörden. Sofern der Bürger einwilligt,[6] sollten z.B. die für eine Gewerbeanmeldung benötigten Daten direkt bei Gewerbeämtern, Notaren, Handelsregistergerichten und Steuerbehörden abgefragt werden.

In bestimmten Situationen ist es auch sinnvoll, dass die Steuerverwaltung Daten des Steuerbürgers anderen Behörden zur Verfügung stellt. Der Bürger erteilt dann die Einwilligung, dass die Steuerbehörden fest definierte Daten weitergeben dürfen, um die schnellere Bearbeitung seines Antrags zu ermöglichen. Gesetzlichen Ansatzpunkt dafür bieten die Regelungen des § 29c AO zur Verarbeitung personenbezogener Daten durch die Finanzbehörden.[7] Danach ist die Weiterverarbeitung von Daten gestattet, wenn dies offensichtlich im Interesse der betroffenen Person liegt. Denkbar wäre hier, dass bei einem Elterngeldantrag die Lohnsteuerbe-

---

6 Vgl. Art. 6 Abs. 1 Nr. 1 DSGVO.
7 Vgl. § 29c Abs. 1 Nr. 3 AO.

scheinigungen für die Berechnung des Einkommens herangezogen werden. Diese würden dann mit Einwilligung der Eltern vom Finanzamt abgerufen.[8]

Voraussetzung für die Akzeptanz eines solchen Datenaustauschs ist ein transparentes Verfahren, das die Datenverarbeitung für die Bürger nachvollziehbar macht. Diese sehen den Austausch sensibler Daten zwischen den einzelnen Behörden bislang nämlich eher skeptisch.[9] Das erforderliche Vertrauen in derartige Prozesse wird nur dann gewährleistet sein, wenn die digitale Souveränität gewährleistet ist. Die Bürger müssen dabei für alle Verwaltungsprozesse selbst bestimmen können, ob und wie ihre Daten verarbeitet oder weitergegeben werden dürfen. Sie müssen sich außerdem darauf verlassen können, dass der Staat ihre Daten zuverlässig vor den Zugriffen Dritter schützt. Wichtiger Vertrauenstatbestand ist darüber hinaus, dass die Verwaltungen unbeeinflusst von Dritten in der Lage sind, diese anlassbezogene und zweckgebundene Datenverarbeitung selbst zu kontrollieren.

Die Transparenz digitaler Prozesse wird umso wichtiger, als die rasch voranschreitende Entwicklung von Algorithmen und Künstlicher Intelligenz (KI) der Steuerverwaltung zukünftig noch viel umfassendere Digitalisierungsmöglichkeiten eröffnet. Bislang ging es vor allem um den Einsatz einfacher Assistenzsysteme, die Daten mithilfe von Algorithmen nach fest definierten Mustern auswerten. Zukünftig werden vermehrt lernfähige Systeme eingesetzt werden können, die Informationen über Einkommensverhältnisse von Steuerpflichtigen selbständig erheben und zusammenführen, um sie anschließend zu analysieren und zu bewerten. Solche Systeme werden in der Lage sein, Steuerbetrug selbständig aufzudecken oder Steuerpflichtige in ihren Angelegenheiten zu beraten. Hier ist es umso wichtiger, dass die hinter diesen Systemen stehenden Vorgänge und Entscheidungen auch für Außenstehende nachvollziehbar sind.[10]

---

8 Siehe dazu auch die Ausführungen zum Projekt „Einfach Leistungen für Eltern" (ELFE) in Kapitel IV dieses Beitrags.

9 So sprachen sich laut einer am 19.9.2018 durch den Digitalverband Bitkom und den Nationalen Normenkontrollrat veröffentlichten Umfrage 59 % der Befragten gegen den Austausch persönlicher Daten zwischen Behörden aus. Vgl. https://www.normenkontrollrat.bund.de/Webs/NKR/Content/DE/Presse mitteilungen/2018-08-18_pm_staat_4.0.html;jsessionid=61FD0161A15EA1D9 FAA58C249F8582FC.s3t1, abgerufen am 24.9.2018.

10 *Franz Jürgen Marx* kritisiert bereits bei den schon im Einsatz befindlichen Risikomanagementsystemen mangelnde Transparenz zu Aufbau und Funktionsweisen und fordert hier eine aktive Aufklärung durch die Steuerverwaltung.

Piloten für den Einsatz intelligenter Systeme befinden sich in einigen Staaten bereits im Testbetrieb. In Großbritannien setzt die Steuerbehörde seit 2017 ein KI-basiertes System namens „Connect" ein, um Einkommensprofile von Steuerpflichtigen zu erstellen.[11] „Connect" wertet Daten u.a. von Banken und Arbeitgebern zu den Einkommensverhältnissen der Steuerpflichtigen aus und ergänzt diese selbständig um eindeutig der Person zuzuordnende Internetaktivitäten (beispielsweise durch Analyse von Onlineeinkäufen oder Einträgen in sozialen Medien). Anschließend errechnet das System daraus ein Profil des jeweiligen Steuerpflichtigen mit einem geschätzten Einkommen. Dieses Einkommen gleicht das System dann mit der Steuererklärung des Bürgers ab. Gibt es Unstimmigkeiten, informiert „Connect" den Bürger und bittet ihn, seine Angaben zu überprüfen. Aus datenschutzrechtlicher Sicht erscheint der Einsatz eines solchen Systems, mit dem massenhaft Daten zu einzelnen Personen abgefragt und zusammengeführt werden, diskussionswürdig. Das Beispiel zeigt aber, in welchem Ausmaß selbstlernende Systeme zur Datenanalyse in der Steuerverwaltung bereits erprobt werden und vor einem Einsatz stehen.

Weitere Beispiele verdeutlichen andere Anwendungsbereiche im Steuerumfeld. Australien erprobt derzeit ein System, das Fragen von Bürgern zu ihrer Steuererklärung am Telefon beantwortet. Nur wenn das System eine Frage nicht beantworten kann, wird ein Sachbearbeiter kontaktiert. Israel hingegen entwickelt gerade ein KI-System, mit dem falsche Rechnungen bei der Steuerprüfung von Unternehmen aufgedeckt werden sollen. Auf diese Weise soll der aufwendige manuelle Prüf- und Ermittlungsprozess entfallen, der bislang zu hohen zeitlichen Verzögerungen im Bearbeitungsprozess führt. Anhand dieser Piloten wird deutlich, welche Bedeutung künstliche Intelligenz zukünftig bei der Digitalisierung von Prozessen im Steuerrechtsverhältnis spielen wird.

IV. Voraussetzungen für weitere Digitalisierungsmaßnahmen

Ziel all dieser Digitalisierungsmaßnahmen ist es, Prozesse und Abläufe für alle Beteiligten einfacher, schneller und effektiver zu gestalten. Für

---

Vgl. *Marx*, Der Einsatz von Risikomanagementsystemen nach § 88 Abs. 5 AO als Kernelement der Modernisierung des Besteuerungsverfahrens, Bonn 2016.

11 Vgl. Europäische Kommission, Data mining tools and methods, UK. ec.euro pa.eu/social/BlobServlet?docId=18525&langId=en, abgerufen am 24.9.2018.

die Steuerverwaltung bedeutet das: Sie muss sowohl Steuerpflichtige und Unternehmen als auch die Steuerbeamten durch digitale Prozesse von Routinearbeiten entlasten, ohne einen intransparenten Prozess zu schaffen, der den Einzelnen in seinen Rechten beschneidet. Dies funktioniert nur, wenn diese Prozesse sich nicht allein an Verwaltungsstrukturen, sondern an der Sichtweise von Bürgern und Unternehmen orientieren.[12] Dazu muss die Steuerverwaltung über bestehende gesetzliche und organisatorische Restriktionen hinausdenken. Wenn sie sich von dieser Entwicklung nicht entkoppeln will, dann darf sie sich nicht davor scheuen, auch solche Prozesse zu entwerfen, für die Strukturen oder Gesetze angepasst werden müssen.

Wie das gelingen kann, zeigt ein Beispiel aus der Sozialverwaltung: Mit dem Projekt „Einfach Leistungen für Eltern" (ELFE) sollen Verwaltungsprozesse rund um die Geburt eines Kindes durch einen digitalen Prozess radikal reduziert und vereinfacht werden.[13] Im Auftrag des IT-Planungsrats hat das Land Bremen dazu gemeinsam mit Dataport in einem agilen Entwicklungsprozess ein Modell entwickelt, das sich an der Sicht der Eltern orientiert. Anhand dieses Modells wurde der Prototyp einer App programmiert, in die Eltern die benötigten Grund- und Identifikationsdaten eingeben, um damit dann alle für die benötigten Leistungen erforderlichen Belege wie z.B. Meldebescheinigung, Geburtsurkunde und Einkommen aus den jeweiligen Registern bzw. Datenbeständen „zu ziehen". Die Daten werden automatisch übermittelt und anlassbezogen zwischen den beteiligten Behörden ausgetauscht. Alle bislang notwendigen Amtsgänge, um einzelne Urkunden oder Belege zu besorgen, entfallen.

In einem zweiten Schritt wird nun überprüft, welche rechtlichen Änderungen notwendig sind, um diesen Prozess rechtskonform zu ermöglichen. Eine Bundesratsinitiative der Länder Bremen, Hamburg, Schleswig-Holstein, Thüringen und Berlin soll die juristischen Voraussetzungen für den erforderlichen Datenaustausch schaffen.[14] Der Bundesrat hat dieser Initiative bereits am 21.9.2018 zugestimmt und die Bundesregierung dazu aufgefordert, entsprechende Gesetzesänderungen vorzunehmen.

---

12 Vgl. dazu auch *Drüen* (Fn. 3), S. 258.
13 Vgl. https://www.finanzen.bremen.de/neue_verwaltung/zentrales_it_manage ment_und_e_government/elfe___einfach_leistungen_fuer_eltern-60128, abgerufen am 24.9.2018.
14 Zur Bundesratsinitiative vgl. https://www.bundesrat.de/SharedDocs/TO/969/ tagesordnung-969.html?nn=4732016#top-56, abgerufen am 21.9.2018.

Nach demselben Ansatz sind auch Dienstleistungen im Steuerrechtsverhältnis nutzerfreundlich zu digitalisieren. So müssen Unternehmen z.b. für die Umsatzsteuerprüfung jedes Jahr zahlreiche Abrechnungen und Belege zusammensuchen und an das Finanzamt schicken. Warum sollten die für die Prüfung benötigten Rechnungen zukünftig nicht einfach automatisch aus dem System des jeweiligen Unternehmens herausgesucht und in das System des Finanzamts überstellt werden können? Das Endergebnis wäre dasselbe, bei deutlich verringertem Aufwand für Unternehmen und Behörde.

Technische Voraussetzung für solche digitalen Prozesse sind Standards, über die medienbruchfrei kommuniziert und Steuerfälle in den Ländern einheitlich bearbeitet werden können. Denn Daten können nur dann schnell zwischen Nutzern und einzelnen Steuerbehörden übertragen werden, wenn sie in einheitlichen Formaten über einheitliche Schnittstellen in die Systeme laufen. Dasselbe gilt auch für die Datenverarbeitung: Müssen Daten in technisch unterschiedlich aufgebauten Systemen verarbeitet werden, verzögert sich die Bearbeitung und der gesamte Prozess ist weniger effektiv. Deshalb ist es sinnvoll, dass Bund und Länder gemeinsam technische Standards für die Digitalisierung der Steuerverwaltung entwickeln. Der KONSENS-Verbund bietet hier bereits eine gute Grundlage für die Zusammenarbeit, die auch zukünftig weiter genutzt werden sollte.

Neben einer Anpassung der technischen Strukturen ist außerdem der Aufbau einer leistungsfähigen technischen Infrastrukturbasis notwendig. Mit der Digitalisierung hunderter Verwaltungsprozesse entstehen enorme Datenmengen, die schnell und sicher gespeichert und verarbeitet werden müssen. Nur leistungsfähige moderne Rechenzentren sind in der Lage, diese Anforderungen zu erfüllen. Der oben skizzierte Einsatz von künstlicher Intelligenz wird den Bedarf an Rechnerleistung zukünftig sogar noch weiter steigern. Angesichts dieser Anforderungen ist es sowohl aus finanziellen als auch aus technischen Gesichtspunkten wenig sinnvoll, wenn die Steuerverwaltungen der einzelnen Bundesländer jeweils eigene Rechenzentren für ihre Daten betreiben. Vielmehr bietet sich hier eine länderübergreifende, arbeitsteilige Nutzung gemeinsamer Rechenzentren an. Innerhalb des Dataport-Verbunds wird dies bereits seit 2006 praktiziert. Sechs Länder (Schleswig-Holstein, Hamburg, Bremen, Niedersachsen, Mecklenburg-Vorpommern und Sachsen-Anhalt) lassen ihre Steuerverfahren in einem gemeinsamen „Data Center Steuern" von Dataport verarbeiten. Steuerdaten von über 17 Millionen Bürgern werden hier zentral gespeichert und verarbeitet. Der kooperative Betrieb über einen gemeinsamen IT-Dienstleister erspart den Ländern einerseits Kosten und ermöglicht ihnen andererseits eine leistungsfähige und sichere Datenverarbeitung.

V. Fazit

Insgesamt zeigt sich: Die Steuerverwaltung ist bei der Digitalisierung ihrer Prozesse und Dienstleistungen im Vergleich mit anderen Verwaltungszweigen bereits weit vorangeschritten. Die Steuerbehörden automatisieren ihre Prozesse und machen sie online zugänglich.

Um die Prozesse im Steuerrechtsverhältnis mit Hilfe der Digitalisierung für alle Beteiligten einfacher und effizienter zu gestalten, reicht das allein aber noch nicht aus. Wichtig ist, dass die Steuerverwaltung ihre digitalen Prozesse nicht allein aus der Verwaltungssicht, sondern mit Blick auf die späteren Nutzer entwickelt. Dazu gehört auch, dass die Steuerbehörden bei Ihnen vorhandene Informationen anlassbezogen und zweckgebunden für andere Verwaltungsverfahren zur Verfügung stellen, damit Bürger und Unternehmen ihre Daten nach dem Once-Only-Prinzip nur noch einmalig bei der Verwaltung angeben müssen. Nur dann lassen sich Antragsprozesse auch für Bürger und Unternehmen vereinfachen.

Um die übergreifende Kommunikation innerhalb dieser digitalen Prozesse einfach und schnell zu gestalten, müssen einheitliche Softwarelösungen entwickelt werden. Notwendig ist dazu die Zusammenarbeit von Bund und Ländern innerhalb des KONSENS-Verbunds.

Wichtige Infrastrukturbasis für die digitale Steuerverwaltung sind leistungsfähige und sichere Rechenzentren, in denen die sensiblen Steuerdaten gespeichert und verarbeitet werden. Statt einzelne Rechenzentren in den Ländern zu betreiben, müssen die Steuerbehörden hier auf die länderübergreifende, arbeitsteilige Nutzung von Rechenzentren setzen. Nur so lässt sich auf Dauer ein stabiler Betrieb moderner Digitalisierungslösungen erreichen, der den Erwartungen aller Beteiligten im Steuerrechtsverhältnis entspricht und die digitale Souveränität von Bürgern und Verwaltung gewährleistet.

Bestandsaufnahme und Perspektiven der Digitalisierung im Steuerrechtsverhältnis aus Sicht der Wirtschaft

Prof. Dr. *Christian Kaeser*

Siemens AG, München

I. Steuern im „Zangengriff" der Digitalisierung

Normalerweise verhält es sich bei den Steuern so, wie nach dem *Albert Einstein* zugeschriebenen Bonmot über die Schweiz[1]: Bestimmte Trends kommen erst mit einer gewissen Zeitverzögerung zur Geltung. Und so hat es auch mit der Digitalisierung eine Weile gedauert, bis sich diese im Bereich des Steuerrechts über ein gewisses Grundstadium hinaus entwickelt hat. Dafür beschäftigen digitale Möglichkeiten den Steuerrechtler mittlerweile in zweierlei Hinsicht. Zum einen stellen sich im Zusammenhang mit digitalen Geschäftsmodellen, insbesondere im Rahmen der Nutzung von Plattformmodellen und der wirtschaftlichen Relevanz von Daten, Fragen nach einem sinnvollen und gerechten Besteuerungsansatz auf der Grundlage des geltenden Rechts sowie mit Blick auf eine Fortentwicklung des internationalen Steuerrechtsgefüges. Zum anderen verändert die Digitalisierung aber auch mehr und mehr den Arbeitsalltag des Steuerrechtsanwenders, ersetzt manuelle Tätigkeiten, ermöglicht die Kontrolle auch von Massendaten, und das in Echtzeit und wirkt somit auch auf das Steuerrechtsverhältnis ein. Dabei spannt sich der Bogen von dem schon lange bekannten und praktizierten Datenzugriff der Finanzverwaltung bis hin zur automatisierten Subsumtion von Lebenssachver-

---

1 „Im Falle eines Atomkrieges gehe ich in die Schweiz; dort findet alles zwanzig Jahre später statt als anderswo."

halten unter Steuertatbestände, und damit von der digitalen Steinzeit zur digitalen Heilsbotschaft schlechthin, der Künstlichen Intelligenz (KI).

II. Datenzugriff in der Praxis

Seit dem Jahr 2002 hat die Finanzbehörde im Rahmen einer Außenprüfung über § 147 Abs. 6 AO[2] das Recht, Einsicht in die vom Steuerpflichtigen im Rahmen eines für die Buchhaltung genutzten Datenverarbeitungssystems gespeicherten Daten zu nehmen und das Datenverarbeitungssystem zur Prüfung dieser Unterlagen zu nutzen. Sie kann im Rahmen einer Außenprüfung auch verlangen, dass die Daten nach ihren Vorgaben maschinell ausgewertet oder ihr die gespeicherten Unterlagen und Aufzeichnungen auf einem maschinell verwertbaren Datenträger zur Verfügung gestellt werden. Welche Form des Datenzugriffs die Behörde wählt und ob und wie sie diese kombiniert, steht in ihrem pflichtgemäßen Ermessen.[3] Da selbst der kleine Tante Emma Laden mittlerweile über ein computergestütztes Kassensystem verfügt, ist der Datenzugriff der Finanzverwaltung flächendeckende Realität geworden. Allerdings besteht auch nach über 15 Jahren noch eine Vielzahl an praktischen Problemen. Zunächst einmal ist beim direkten Lesezugriff der Finanzverwaltung zu entscheiden, in welcher technischen Form dieser realisiert werden soll. Soll der Zugriff „aus der Ferne", also nicht aus dem Unternehmen gehörenden Räumen bzw. aus einem Behördennetzwerk heraus erfolgen, muss ein sicherer Zugriffstunnel geschaffen werden. Dabei leidet oft die Verbindungsgeschwindigkeit, zudem ist die Anbindung über eine derartige Lösung mit nicht unerheblichem Aufwand verbunden. Aber auch bei einem direkten Zugriff im Netz des Unternehmens, bei dem also etwa dem Betriebsprüfer ein bestimmtes Computer-Terminal im Unternehmen für Zugriffszwecke zur Verfügung gestellt wird, muss eine Tunnellösung erwogen werden. Schließlich erlaubt die AO dem Betriebsprüfer nicht schlechthin den Zugriff auf das gesamte Firmennetz, sondern lediglich auf die in § 147 Abs. 1 AO genannten Daten. Dementsprechend muss auch bei einem ins Firmennetz integrierten Rechner eine Beschränkung der Einbindung erfolgen. Ein beherrschbarer Aufwand.

Entscheidend beim Datenzugriff ist jedoch, dass die Betriebsprüfung über eine reine „papiergestützte Buchprüfung" hinausgehen kann. So

---

2 Eingeführt mit dem Steuersenkungsgesetz v. 23.10.2000, BGBl. I 2000, 1433.
3 BMF v. 16.7.2001, BStBl. I 2001, 415.

können bei der Datenträgerüberlassung neue softwaregestützte Prüfungsmethoden zum Einsatz kommen, was insbesondere bei größeren Datenmengen bereits früher gebräuchliche statistische Testverfahren wesentlich präziser werden lässt. So nutzt die Finanzverwaltung zur Auswertung überlassener Datenträger das bundeseinheitliche Auswertungs- und Analyseprogramm „IDEA".[4] IDEA bietet dem Betriebsprüfer verschiedene Analysefunktionen, wie etwa die ABC-Analyse, Altersstrukturanalyse (durch die der Datenbestand unter Angabe eines Datumsfeldes in der Datei und eines Bezugsdatums in frei definierbare Altersintervalle eingeordnet wird), Mehrfachbelegungsanalyse (zur Kontrolle doppelter Belegung), Lückenanalyse (zum Aufspüren von Lücken in der chronologischen Reihenfolge), verschiedene Stichprobenverfahren und Schichtungs- und Additionsfunktionen zur besseren Übersicht und Summierung von Datenfeldern.[5]

Allerdings erstaunt, wie oft gleichwohl noch statistische Prüfungsansätze zur Begründung von Schätzungen seitens der Betriebsprüfung bemüht werden. Über den Datenzugriff und die über die Jahre stetig verbesserte Prüfsoftware ist die Finanzverwaltung mittlerweile in die Lage versetzt, in vielen Fällen eine Vollprüfung durchzuführen. Und es ist ja gerade die durch den Datenzugriff geschaffene Datentransparenz, die die Einführung der elektronischen Prüfmöglichkeiten motiviert und rechtfertigt. Es erscheint fraglich, ob die Finanzverwaltung tatsächlich bei jeder Schätzung nicht in der Lage ist, wie von § 162 AO gefordert, die für die Besteuerung erforderlichen Besteuerungsgrundlagen zu ermitteln oder zu berechnen, wenn ihr der Datenzugriff und die bestehenden softwaregestützten Analysemöglichkeiten gleichzeitig dies bei sachgerechtem Gebrauch gerade ermöglichen sollten. Zudem sollte mittlerweile über den Datenzugriff die Möglichkeit einer „Echtzeitprüfung" erörtert werden. Die Prüfalgorithmen von Software wie IDEA werden ohnehin schon von vielen Steuerpflichtigen zur Qualitätssicherung eingesetzt (s. dazu III.). Es ist daher nur ein kleiner Schritt, die auf einen abgeschlossenen Veranlagungszeitraum folgende Prüfung mit den bereits während des Veranlagungszeitraums erfolgenden Kontrollen zu verknüpfen und somit die Betriebsprüfung und den Steuerpflichtigen von dem Ballast der Buchprüfung in absehbarer Zeit zu befreien und die Ressourcen auf die vielversprechenderen Bereiche zu fokussieren.

---

4 *Lindgens*, Diese Software nutzen Außenprüfer, Consultant 02, 14.
5 *Drüen*, Die Kontrolle der Kassenbuchführung mithilfe statistischer Verfahren, Praxis Steuerstrafrecht, 2004, 18.

III. Qualitätsverbesserung durch Digitalisierung

Genauso wie die Finanzverwaltung über den elektronischen Datenzugriff und den Einsatz von Prüfsoftware nach Fehlern in der Buchführung des Steuerpflichtigen fischt, setzen viele Steuerpflichtige ähnlich gelagerte Kontrollen bereits im Rahmen ihrer Buchhaltungssysteme ein. Da das primäre Ziel stets die Vermeidung von Fehlern ist, oder neudeutsch die Herstellung von „Quality @ Source", ist der erste Ansatzpunkt die automatisierte Belegerfassung und Buchung. Sofern elektronische Rechnungen verwendet werden, ist die vollautomatische Erfassung und Buchung ohne weitere Schnittstellen und damit potentielle Fehlerquellen möglich. Die denkbaren Fehlerquellen können damit auf den Bereich der Rechnungsgenerierung beschränkt werden. Werden hingegen noch Papierrechnungen verwendet, müssen diese gescannt und in ein maschinell lesbares Format gebracht werden. Da die technische Entwicklung von Scannern und der entsprechenden Software sich ebenfalls über die letzten Jahre rasant entwickelt hat, ist aber auch insofern eine automatische Verarbeitung der eingehenden Rechnungen gewährleistet.

In den Bereichen, in denen gleichwohl noch manuelle Eingriffe erforderlich sind, können vorprogrammierte Buchungshilfen den Anwender bei schwierigeren Fragen unterstützen. Dies kann etwa in Form eines im System hinterlegten Entscheidungsbaumes erfolgen, der bei der Erfassung von Sachzuwendungen durch entsprechende Fragen den Anwender zu der korrekten Behandlung bzw. Buchung des Vorfalls führt. Doch jede noch so gute Buchungshilfe kann nur wirken, sofern sie in Anspruch genommen und beachtet wird, so dass Fehler auch auf diesem Wege nicht hundertprozentig ausgeschlossen werden können. Insofern sollten die Buchungsaktivitäten durch Kontrollalgorithmen abgesichert werden. Solche Algorithmen können etwa auf den jeweiligen Buchungstext zugreifen und bei Auffälligkeiten – „Sie wollen wirklich ein Geschäftsessen als ... erfassen?" – eine Sperre erzeugen, die vom Anwender aktiv durch eine Bestätigung der Korrektheit beseitigt werden muss und systemseitig dokumentiert wird. Darüber hinaus können die Buchungsdaten in bestimmten zeitlichen Abständen mit Kontrollalgorithmen auf Unstimmigkeiten hin durchsucht werden (vgl. dazu auch unten IV.). Insofern kann IDEA, die oben erwähnte Prüfsoftware der Finanzverwaltung, vom Steuerpflichtigen eingesetzt werden, um Unstimmigkeiten und Fehler in der eigenen Buchhaltung aufzuspüren.

Ein besonderes Problem im Steuerrechtsverhältnis entsteht daraus, in wieweit der Steuerpflichtige mögliche Kontrollmechanismen nutzen muss, um steuerlich relevante Fehler in seiner Buchführung aufzudecken oder zu vermeiden, will er nicht in die Nähe der Steuerverkürzung oder gar Steuerhinterziehung geraten. Steuerhinterziehung setzt vorsätzliches Handeln voraus, also entweder Dolus Directus ersten oder zweiten Grades oder Eventualvorsatz. Probleme bestehen im Wesentlichen im Bereich des bedingten Vorsatzes. Nach der ständigen Rechtsprechung des BGH handelt mit bedingtem Vorsatz, wer den Erfolgseintritt für möglich hält und dies billigend in Kauf nimmt.[6] Der Eventualvorsatz besteht somit aus einem Wissenselement, der Erkenntnis der Möglichkeit des Erfolgseintritts, und einem Willenselement, der Billigung des Erfolgseintritts. An der Stelle des *Wissenselements* setzt der BGH ein und bürdet dem Steuerpflichtigen die Verantwortung für die aus der Komplexität des materiellen Steuerrechts resultierenden Unsicherheiten auf: „Hält er [der Täter] die Existenz eines Steueranspruchs für möglich und lässt er die Finanzbehörden über die Besteuerungsgrundlagen gleichwohl in Unkenntnis, findet er sich also mit der Möglichkeit der Steuerverkürzung ab, handelt er mit bedingtem Tatvorsatz"[7]. Auf das additiv erforderliche Willenselement scheint der BGH sogar vollständig verzichten zu wollen. In der Entscheidung vom 8.9.2011[8] heißt es insofern: „… Ob der Täter will, dass ein Steueranspruch besteht, ist für den Hinterziehungsvorsatz bedeutungslos. Es kommt insoweit allein auf die Vorstellung des Täters an, ob ein solcher Steueranspruch besteht oder nicht." Damit wird allein auf das Wissenselement abgestellt. Ein Steuerpflichtiger, der Prüfroutinen für bestimmte Fehler einsetzt, diese aber für andere Fehler nicht verwendet, obwohl dies technisch machbar wäre, muss sich demnach mit der Frage auseinandersetzen, ob er den Erfolgseintritt, im Einzelnen die fehlerhafte Buchführung, insofern billigend in Kauf nimmt. Ich halte das für zu weitgehend, da Steuerpflichtige, die über den Einsatz von Personalressourcen hinaus noch zusätzlich in IT-gestützte Kontrollen in-

---

6 Ständige Rspr.: BGH v. 22.4.1955 – 5 StR 35/55, BGHSt 7, 363; BGH v. 13.4.1960 – 2 StR 593/59, BGHSt 14, 240 (256); BGH v. 26.7.1967 – 2 StR 368/67, BGHSt 21, 283 (285); BGH v. 4.11.1988 – 1 StR 262/88, BGHSt 36, 1; BGH v. 10.6.1998 – 3 StR 113/98, BGHSt 44, 99; BGH v. 25.8.1982 – 2 StR 321/82, NStZ 1982, 506; BGH v. 10.6.1998 – 3 StR 113/98, NStZ 1998, 615 (616); BGH v. 23.6.2009 – 1 StR 191/09, NStZ 2009, 629 (630); BGH v. 27.1.2011 – 4 StR 502/10, NStZ 2011, 699 (701 f.).
7 BGH v. 8.9.2011 – 1 StR 38/11.
8 BGH v. 8.9.2011 – 1 StR 38/11.

vestieren, ansonsten schlechter gestellt würden als solche, die keinerlei IT-Kontrollen einsetzen. Jede zusätzliche durch den Steuerpflichtigen eingesetzte Kontrolle belegt vielmehr seinen Willen, eine Steuerverkürzung zu vermeiden. Man kann jedoch nicht umgekehrt daraus einen „Maximalzwang" ableiten. Allerdings mag diese Betrachtung im Zeitverlauf nicht mehr stichhaltig sein, jedenfalls nicht insoweit, als die Kosten IT-gestützter Kontrollen immer weiter abnehmen werden und insofern ab einem bestimmten Punkt keine wesentliche Belastung für den Steuerpflichtigen mehr darstellen werden.

IV. Vom Sinn und Unsinn von Big Data

Ein Nebeneffekt der Digitalisierungsbemühungen von Seiten der Steuerpflichtigen und Behörden ist das immense Anwachsen der zur Verfügung stehenden Datenmengen. Dies wird flankiert durch neue Reportingverpflichtungen, wie etwa das Country-by-Country-Reporting (CbCR), durch das eine Vielzahl von Kennzahlen mit teils zweifelhafter steuerlicher Relevanz für jedes Land gemeldet werden müssen, in dem ein dem CbCR unterliegender Konzern durch eine Tochtergesellschaft oder Betriebsstätte tätig ist. Addiert man Dinge wie die Pflicht zur Abgabe der sog. E-Bilanz oder den teils automatischen Informationsaustausch zwischen den Staaten, sitzen die Finanzverwaltungen heute auf einem größeren Datenpool als je zuvor. Das wirft die Frage danach auf, was mit all diesen Daten passiert. Führen diese zu besseren Erkenntnismöglichkeiten oder bewirken sie vielleicht sogar das Gegenteil, sieht also die Finanzverwaltung den Risikofall vor lauter Daten nicht mehr?

Ein vielfach bemühtes Anliegen der Finanzverwaltung soll es sein, aus den vorhandenen Daten Risikoprofile abzuleiten und damit die Hochrisiko-Fälle gezielter erkennen und die vorhandenen Prüfungsressourcen insofern zielgerichteter einsetzen zu können – man würde somit gleichsam ein steuerliches „Profiling" durchführen. Dass Ausreißer bei einer statistisch relevanten Datenmenge klarer identifiziert werden können, liegt auf der Hand. Allerdings vermisst man bei diesem Ansatz ein wenig die Ausgeglichenheit, denn schließlich wird hier jeder Steuerpflichtige zu Transparenz und der Meldung bestimmter Daten verpflichtet, um so ein Muster zur Identifikation der Risikofälle entwickeln und anwenden zu können. Die Steuerpflichtigen, die kein Risiko darstellen, müssen aber gleichsam ihre Daten weiter melden. Sind diese aufgrund ihrer Größe anschlussgeprüft, wird auch sicher nicht erwogen werden, die Prüfung für sie für einen Turnus auszusetzen. Insofern scheint es sich wieder einmal allein um eine Verpflichtung zu Lasten der Steuerpflichtigen zu handeln, einen reinen Bürokratieaufbau ohne Chance auf eine gleichzeitige Bürokratieentlastung.

Letztlich wird man jedoch auch Transparenz von Seiten der Finanzverwaltung verlangen können, die auf der Grundlage von Massendaten gewonnenen Filter und Algorithmen ebenfalls offenzulegen und so dem einsatzwilligen Steuerpflichtigen zu ermöglichen, diese selbst zur Fehlervermeidung bzw. Fehleraufdeckung einsetzen zu können. Das erwartbare Gegenargument, dass eine derartige Transparenz von Steuerpflichtigen mit krimineller Energie dazu verwendet werden könnte, die entsprechenden Kontrollen auszutricksen, kann nicht überzeugen. Wer Steuern hinterziehen will, setzt ohnehin auf Verdeckung und Verschleierung sowie die Vorspiegelung falscher Tatsachen, nicht aber auf eine fehlerhafte Buchhaltung. Und so steht dem Steuerpflichtigen ja auch die Prüfsoftware IDEA bereits zur Verfügung, um selbst Kontrollen und Analysen der eigenen Buchhaltungsdaten durchführen zu können. Und dort, wo das staatliche Interesse der Geheimhaltung überwiegt, hat der Gesetzgeber dies auch explizit geregelt – so etwa in § 88 Abs. 5 Satz 4 AO bzgl. der Einzelheiten der von der Finanzverwaltung eingesetzten Risikomanagementsysteme.

Im Unternehmen selbst erlauben die großen Datenmengen die Entwicklung eigener Algorithmen. Letztlich handelt es sich dabei um wenig anderes als einen statistischen Ansatz, der bei entsprechend großen Datenmengen vorhandene Muster in Datensätzen erkennt und Abweichungen von diesem Muster als Anomalien kenntlich macht. Ob eine solche Anomalie automatisch auch einen Fehler darstellt, kann nur eine Einzelfallprüfung zeigen. Allerdings erlauben lernende Algorithmen dem Anwender, das Ergebnis der Einzelfallprüfung wieder in den Algorithmus einzuspeisen und diesen somit stetig zu verbessern.

Mit der Datenflut einher geht die Frage, wie man diese in einer einfach erfassbaren Form darstellen kann. Zu diesem Zweck haben sich sog. Dashboard-Lösungen etabliert, die nichts anderes sind, als eine grafisch ansprechend gestaltete Darstellungsform bestimmter Datenquellen. Insbesondere zur Analyse von Datensätzen mit mehreren Parametern, wie etwa beim Country-by-Country Reporting oder auch im Bereich der Zollanalyse, lassen sich solche Dashboards gut einsetzen. Die wirkliche Schwierigkeit besteht dabei eher in der Anbindung der meist in verschiedenen Systemen geführten Datensätze an das Dashboard.

V. Informationstransparenz ist keine Einbahnstraße

Mit der gesteigerten Informationstransparenz stellen sich neue Fragen im Steuerrechtsverhältnis. Hat der Steuerpflichtige einen Anspruch auf rechtzeitige Hinweise, sofern die Finanzverwaltung durch die Datenauswertung bestimmte Erkenntnisse erlangt hat? Sollte die Prüfung nicht zeitnäher erfolgen, in bestimmten Bereichen eventuell sogar als begleitende Prüfung? Darf ein Steuerpflichtiger, der sein IT-System der Finanzverwaltung offenlegt und sein internes Kontrollsystem erläutert, auf eine Rückmeldung seitens der Finanzverwaltung hoffen, inwiefern diese das System und die Kontrollen für geeignet ansieht oder ob sie Verbesserungsbedarf erkennt? Und wie wirkt sich all das auf die strafrechtliche Relevanz von nach wie vor vorkommenden Fehlern bei der Buchhaltung und Erstellung der Steuererklärungen aus?

Zunächst einmal lässt sich festhalten, dass der Steuerpflichtige selbstverständlich keinen Anspruch auf eine Rückmeldung seitens der Finanzverwaltung hat, genauso wenig wie auf eine zeitnahe Prüfung oder gar eine Echtzeitprüfung. Auch kann er keine Systemprüfung durch die Finanzverwaltung einfordern, aus der er wiederrum Erkenntnisse zur Verbesserung seiner Systeme gewinnen könnte. Es fehlt für all dies schlicht eine Rechtsgrundlage. Lediglich aus § 89 Abs. 1 Satz 1 AO ergibt sich die Verpflichtung der Finanzbehörde, die Berichtigung einer Erklärung anzuregen, wenn diese offensichtlich nur versehentlich unrichtig abgegeben worden ist. Insofern können Erkenntnisse aus IT-gestützten Kontrollen tatsächlich auch die Finanzverwaltung zu einer Informationsweitergabe verpflichten. Prozessual bietet es sich in diesen Bereichen jedoch an, die Finanzverwaltung um Hinweise zu bitten, ob die eigenen Bemühungen um eine organisatorische und sonstige Abdeckung der entsprechenden Verpflichtungen als ausreichend erachtet werden, oder etwa auch, bestehende Systeme und Prozesse zu prüfen und entsprechende Rückmeldung zu geben. Solche Ansätze werden in Deutschland bereits bei einigen Steuerpflichtigen fallweise verfolgt – meist im Nachgang zu Prüfungsfeststellungen und Streitigkeiten über die Ordnungsmäßigkeit bestimmter Prozesse. Im Ausland ist man insofern bereits weiter: In Singapore wird etwa im „Assisted Compliance Assurance Programm" (ACAP) dem Steuerpflichtigen die Möglichkeit offeriert, seine Prozesse im Bereich der indirekten Steuern erst von einem Wirtschaftsprüfer testen und dann von der Finanzverwaltung zertifizieren zu lassen. Erlangt man ein entsprechendes Zertifikat, wird für einen bestimmten

Zeitraum auf eine Außenprüfung in dem zertifizierten Bereich verzichtet.

Es erscheint *de lege ferenda* jedoch sinnvoll, im Bereich der Datenauswertung und IT-gestützten Systeme ein stärker ausbalanciertes Verhältnis zwischen Finanzbehörde und Steuerpflichtigem bereits gesetzlich zu verankern. Dies gilt insbesondere auch für die Steuerarten, bei denen der Steuerpflichtige als „Hilfsbüttel" des Fiskus agiert, so z.B. bei der Lohnsteuer oder auch der Umsatzsteuer. Hier bedient sich der Fiskus einiger Steuerpflichtiger als besonderer „Erfüllungsgehilfen". Sie sichern den staatlichen Zugriff bereits an der Quelle – ohne besondere Entlohnung, versteht sich. Und mit dem Risiko, in Haftung genommen zu werden, sofern sie ihren Abzugsverpflichtungen nicht ordnungsgemäß nachkommen. Aus rechtsstaatlicher Sicht sollte in diesen Bereichen dem Fiskus eine besondere Fürsorgepflicht für seine Erfüllungsgehilfen obliegen. Werden schon Teile der staatlichen Aufgaben auf Private ausgelagert, darf diesen die Pflichterfüllung nicht unnötig erschwert werden und sollte darauf vertraut werden dürfen, dass eine kooperative Herangehensweise eingeschlagen wird. Legt ein Steuerpflichtiger daher seine IT-Systeme offen und erläutert der Finanzbehörde, welche Kontrollen er einsetzt, um Fehler zu vermeiden, sollte diese ihm auch ein entsprechendes Feedback geben müssen. Genauso verhält es sich mit der Echtzeitprüfung. Wer im Rahmen der Lohnsteuerprüfung den Zugriff auf die Lohnbuchhaltung ermöglicht und IT-gestützte Kontrollen vorsieht, sollte im Gegenzug auch zeitnah bzw. begleitend geprüft werden. Die Rahmenbedingungen hierfür müssten selbstverständlich exakt abgestimmt werden.

Wie verhält es sich nun aber mit der immer umfassender werdende Transparenz zu strafrechtlichen Vorwürfen bei System- und sonstigen Fehlern? Nachteilig wirkt sich zunächst einmal aus, dass stärkere Transparenz zu früherer Kenntnis der Finanzverwaltung von Fehlern führen kann und damit die Möglichkeit einer strafbefreienden Selbstanzeige nach § 371 AO beschneidet. Der Selbstanzeige vorgeschaltet ist jedoch die Frage, ob der in Frage stehende Fehler überhaupt als Steuerhinterziehung i.S.d. § 370 AO qualifiziert, was zumindest eine Tatbegehung mit Eventualvorsatz voraussetzt (vgl. dazu oben III.). Und an dieser Stelle kann die Informationstransparenz nun wieder entlastend für den Steuerpflichtigen wirken. Der Steuerpflichtige, der in IT-gestützte Systeme und Kontrollen investiert, tut dies ja gerade auch, um die Qualität seiner Buchführung zu erhöhen und Fehler auszuschließen, indem die größte Fehlerquelle schlechthin, die manuelle Sachverhaltsbehandlung, minimiert oder gar ganz ersetzt wird. Insofern wird der Erfolgseintritt (= der steuerlich relevante Fehler) gerade nicht „billigend in Kauf genommen". Entlastend sollte es auch wirken, wenn ein Steuerpflichtiger im Rahmen der Prüfung seine Systeme offenlegt und die bestehenden Kontrollen erläutert. Man mag zwar auf der Grundlage des geltenden Rechts keine Verpflichtung der Finanzbehörde ableiten können, dem Steuerpflichtigen Feedback zu geben, ob seine Systeme und Kontrollen als geeignet und angemessen angesehen werden. Es wäre aber genauso überraschend, würde man dieses Feedback nicht geben und den Steuerpflichtigen dann bei späterer Gelegenheit mit dem strafrechtlichen Vorwurf konfrontieren, dass seine Systeme und Kontrollen ungeeignet sind und daher Fehler nicht wirksam ausschließen konnten. Die Vorgabe der Widerspruchsfreiheit der Gesamtrechtsordnung gilt nicht nur für den Gesetzgeber, sie umfasst eben auch Behördenhandeln.

Bei all der Automatisierung scheint der Weg zur Selbstveranlagung vorgezeichnet. Nichts außergewöhnliches, qualifiziert die Umsatzsteuervoranmeldung gem. § 168 Satz 1 AO bereits als (Selbst-)Veranlagung. Für die direkten Steuern wird seit geraumer Zeit darüber diskutiert, ob nicht ebenfalls dieser Weg eingeschlagen werden soll. Dabei darf man nicht verkennen, dass die Steuererklärung bei anschlussgeprüften Betrieben in Praxis schon jetzt den Charakter einer Selbstveranlagung hat. Die Finanzämter prüfen in der Regel die eingehenden Steuererklärungen in diesen Fällen nicht, sondern verbescheiden entsprechend der Erklärung. Die eigentliche Veranlagung erfolgt damit durch den Steuerpflichtigen, es erfolgt ein fast nahtloser Übergang in die Außenprüfung. Bedenklich erscheint dabei, immer weitergehende Teile des Steuerprozesses (Erklärung – Veranlagung – Prüfung) auf den Steuerpflichtigen zu verlagern, ohne diese Verlagerung mit entsprechenden Maßnahmen zu flankieren bzw. auszugleichen. Oder anders gewendet: Bei Fehlern der Veranlagungsstelle des Finanzamtes liegt in der Regel keine Steuerhinterziehung vor, auch wenn es sich um Fehler zugunsten des Steuerpflichtigen handelt. Auch kommt es nur in den seltensten und absolut extremen Fällen zu einer Schadensersatzverpflichtung aus dem Gedanken der Amtshaftung bei Fehlern zuungunsten des Steuerpflichtigen, da diesem grundsätzlich die Überprüfung des Bescheids und Geltendmachung einer abweichenden Rechtsauffassung obliegt. Wird der Steuerpflichtige nun zur „Veranlagungsstelle", sollte der gleiche Maßstab für ihn gelten wie für die Veranlagungsstelle des Finanzamtes. Andernfalls entsteht ein strukturelles Dilemma, aus dem es für den Steuerpflichtigen kein Entkommen gibt: Da auch die Veranlagungsstelle eine bestimmte Rechtsentschei-

154

dung bei offenen Rechtsfragen treffen kann, kann der Steuerpflichtige nicht anders behandelt werden, übernimmt er deren Aufgabe.

VI. Fazit

Die Digitalisierung ist zwar ein Modethema, sie hat aber noch wenig Auswirkungen auf das Steuerrechtsverhältnis im engeren Sinne, und dies obwohl Themen wie der Datenzugriff oder die E-Bilanz bereits alte Bekannte sind. Dafür ist die Bedeutung der Digitalisierung in der steuerrechtlichen Praxis nicht zu unterschätzen. Es existiert kaum ein steuerlich relevanter Prozess, der nicht zumindest in bestimmten Teilen bereits automatisiert bzw. an dessen Automatisierung gerade gearbeitet wird. Insofern werden über kurz oder lang auch rechtliche Folgen gezogen werden müssen. Die wachsende Informationstransparenz darf nicht zu einer Einbahnstraße werden, sondern muss auch für den Steuerpflichtigen positive Wirkungen entfalten. Diese könnten etwa in einer zeitnäheren oder gar begleitenden Betriebsprüfung bestehen, aber auch in einem partnerschaftlichen Verhältnis zwischen Finanzverwaltung und Steuerpflichtigen münden, in denen beide gemeinsam auf dasselbe Ziel hinarbeiten: das Steuerrecht korrekt auf die bestehenden Lebenssachverhalte anzuwenden.

Bestandsaufnahme und Perspektiven der Digitalisierung im Steuerrechtsverhältnis aus Sicht der Berater

Dr. *Hartmut Schwab*

Vizepräsident der Bundessteuerberaterkammer, Berlin
Präsident der Steuerberaterkammer München

I. Vorbemerkung

Der Berufsstand der Steuerberater befindet sich derzeit wie viele andere Berufe in einem starken Umbruch, der sich direkt auf den Arbeitsalltag auswirkt. Die Erwartungen der Mandanten wandeln sich immer stärker, und digitale Prozesse gewinnen immer mehr an Bedeutung. Die sog. „Digital Natives" sind die neue Unternehmergeneration, die auf digitale Geschäftsmodelle setzen und in Sachen Digitalisierung eine hohe Erwartungshaltung an ihren Steuerberater und die Finanzverwaltung haben.

Ein großer Teil des Berufsstands nutzt die heute bereits vorhandenen Möglichkeiten der elektronischen Datenverarbeitung und Kommunikation. Die weitere Digitalisierung bietet eine große Chance und wird zur Effizienzsteigerung in der Steuerberaterkanzlei führen, wenn sie ganze

Prozessbereiche umfasst und fehleranfällige Medienbrüche und Mehrfacharbeiten damit überflüssig macht.

Im Folgenden soll ein Überblick zum Status quo in Bezug auf die elektronische Kommunikation mit der Finanzverwaltung gegeben werden. In vielen Bereichen muss der Berufsstand derzeit noch mit Medienbrüchen leben. Der Ausblick zeigt aber auch, dass sich dies sich im Laufe der Zeit ändern kann, wenn die Finanzverwaltung den Berufstand als professionellen Kommunikationspartner der Finanzämter möglichst frühzeitig über neue Entwicklungen informiert und einbindet. Nur durch die Beiträge aus der Praxis kann erreicht werden, dass die entwickelten Softwarelösungen Kanzleiabläufe berücksichtigen und handhabbare Ergebnisse für beide Seiten liefern.

II. Elektronische Kommunikation mit der Finanzverwaltung

1. Bestandsaufnahme – Was geht heute bereits?

E-Bilanz, E-EÜR, E-Steuererklärung

Für die Bezieher von Gewinneinkünften sind Steuererklärungen seit dem Veranlagungszeitraum 2011 verpflichtend elektronisch einzureichen. Dies gilt auch für die elektronische Übermittlung einer Einnahmen-Überschussrechnung. Die elektronische Bilanz wurde ebenfalls 2011 zunächst pilotiert und schließlich für das Wirtschaftsjahr 2013 verpflichtend eingeführt. Inzwischen hat sich die E-Bilanz im Massenverfahren bewährt. Der Umstellungsaufwand war allerdings zeitlich und finanziell viel höher als zunächst veranschlagt. Dies ist eine Beobachtung, die sich praktisch bei allen Projekten zur Umstellung auf den elektronischen Datenaustausch wiederholt.

Vorausgefüllte Steuererklärung

Der Steuerpflichtige kann im Rahmen der sog. vorausgefüllten Steuererklärung alle Daten abrufen, die bei der Finanzverwaltung bereits hinterlegt sind und die von Dritten, z.B. den Sozialversicherungsträgern, elektronisch gemeldet werden müssen. Derzeit umfassen diese Daten:

- Grundinformationen wie Name, Religionszugehörigkeit sowie für den Steuerkontoinhaber Adresse und Bankverbindung,

- Angaben aus Lohnsteuerbescheinigungen (z.B. Bruttoarbeitslohn und einbehaltene Lohnsteuer des Arbeitnehmers),

- Angaben aus Mitteilungen über den Bezug von Lohnersatzleistungen (z.B. Arbeitslosengeld, Krankengeld, Kinderkrankengeld, Mutterschaftsgeld, Elterngeld),
- Angaben aus Mitteilungen über den Bezug von Renten,
- Angaben über Beiträge zur Basiskrankenversicherung und gesetzlichen Pflegeversicherung (Zahlungen an Kranken- und Pflegeversicherung sowie Erstattungen) sowie
- Angaben über Beiträge zur Altersvorsorge (Riester-Rente).

Der Steuerpflichtige muss prüfen, ob diese Daten zutreffen. Wenn nicht, muss er sie durch die korrekten Angaben ersetzen. In der Praxis zeigt sich das Problem, dass die Finanzverwaltung häufig im Bescheid die von den Dritten übermittelten Daten zugrunde legt – unabhängig davon, ob der Steuerpflichtige diese Daten in seiner Erklärung korrigiert hat. Dann muss im Einspruchsweg dagegen vorgegangen werden. Dies bedeutet aus Sicht der Berater einen überflüssigen Aufwand. Unstimmigkeiten sollten bereits im Rahmen der Veranlagung geklärt werden. Wichtig ist aus unserer Sicht vor allem, dass die Angaben der Dritten im automationsgestützten Verfahren nicht Vorrang vor den Angaben des Steuerpflichtigen genießen dürfen.

Vollmachtsdatenbank

Die Vollmachtsdatenbank (VDB) wurde von den Steuerberaterkammern initiiert. Mit ihrer Hilfe können steuerliche Berater Vollmachten nach § 80a AO mit dem amtlichen Vollmachtsformular elektronisch an die Finanzverwaltung übermitteln. Damit wird der Finanzverwaltung angezeigt, ob bzw. welcher steuerliche Berater vertretungsbefugt ist und/oder über eine Bekanntgabevollmacht verfügt. Die Vorlage einer Papiervollmacht ist damit grundsätzlich obsolet. Im ersten Schritt diente die VDB dem Abruf der bei der Finanzverwaltung gespeicherten Daten der „vorausgefüllten Steuererklärung" sowie der elektronischen Erfassung der Bevollmächtigung.

Mit der Anbindung an GINSTER (Grundinformationsdienst Steuer) bietet die Vollmachtsdatenbank seit dem 18.4.2017 die Möglichkeit, den gesamten Inhalt der Vollmacht zu übermitteln und damit auch den Nachweis der Bevollmächtigung für den Steuerkontoabruf. Die elektronische Vollmachtsverwaltung bedeutet auch, dass jede Änderung im Datenbestand der VDB täglich automatisch an GINSTER gesendet wird und der

Finanzverwaltung damit auch bei Änderungen der Vertretungsbefugnis immer der aktuelle Stand zur Verfügung steht.

Steuerberatern ermöglicht die VDB den medienbruchfreien Abruf von bei der Finanzverwaltung gespeicherten steuerlichen Daten (vorausgefüllte Steuererklärung und Steuerkontoabfrage). Es besteht eine gesetzliche Vollmachtsvermutung, eine Überprüfung von Vollmachten erfolgt nur per Zufallsauswahl oder bei konkreten Anhaltspunkten zu Unregelmäßigkeiten.

Steuerkontoabfrage

Mit ELSTER-Steuerkontoabfrage wird jedem Steuerpflichtigen sowie Angehörigen der steuerberatenden Berufe die Möglichkeit eröffnet, mit bestimmten Abfragemöglichkeiten über das Internet Einsicht in das Steuerkonto zu nehmen. Die Steuerkontoabfrage steht grundsätzlich rund um die Uhr (24 Stunden, 7 Tage die Woche) zur Verfügung.

Elektronischer Bescheiddatenabgleich

Noch nicht zufriedenstellend gelöst ist der elektronische Bescheiddatenabgleich. Er ist derzeit nur überschlägig für Einkommensteuerdaten möglich. Änderungen werden beispielsweise bei den Betriebsausgaben im Rahmen der Einnahmen-Überschussrechnung (Anlage EÜR) nur ersichtlich, weil der Überschuss von der Erklärung abweicht. Wo die Abweichungen von der Erklärung im Detail liegen, muss meist aufwendig nachvollzogen werden. Auch bei den Einkünften aus Vermietung und Verpachtung können Abweichungen nur mit viel Aufwand ermittelt werden, da der Bescheiddatenabgleich nur eine Gesamtsumme ausweist. Eine automationsgestützte Analyse ist nicht möglich. Es ist nicht nachvollziehbar, warum diese Daten im Rahmen der Einkommensteuererklärung und bei der Anfertigung der Anlage EÜR in verschiedenen Zeilen zu erfassen sind und am Ende nur eine Gesamtabweichung ausgewiesen wird. Damit auch Steuerberater und Mandanten Effizienzgewinne aus der Digitalisierung ziehen können, müssen Abweichungen von den Angaben in der Steuererklärung möglichst detailliert (feldgenau) ausgewiesen werden.

E-Posteingang; E-Einspruch

Nach dem Gesetz zur Förderung der elektronischen Verwaltung ist es seit dem 1.1.2013 möglich, einen Einspruch auch „elektronisch" einzulegen. Seit Ende 2015 ist ein elektronischer Einspruch auch via ELSTER möglich. Dafür ist keine qualifizierte elektronische Signatur erforderlich. Der elektronische Einspruch wird in einem Formular strukturiert erfasst und dann authentifiziert an das Finanzamt übermittelt, woraufhin eine sofortige elektronische Annahmebestätigung erfolgt. Ebenso kann auch die Aussetzung der Vollziehung gem. § 361 AO beantragt werden.

Seit dem Jahr 2017 ist es auch möglich, einen Antrag auf Fristverlängerung, Antrag auf Anpassung der Vorauszahlungen oder eine sonstige Nachricht an das Finanzamt elektronisch via ELSTER zu übermitteln.

Leider können diesen Nachrichten und dem elektronischen Einspruch keine elektronischen Belege beigefügt werden. Diese müssen derzeit noch per Post übermittelt werden. Damit ist dieses Verfahren nur bei sehr einfach zu begründenden Anträgen sinnvoll und wird deshalb in der steuerberatenden Praxis kaum genutzt. Erst wenn die Finanzverwaltung eine elektronische Belegübermittlung mit dem Antrag oder Einspruch zulässt, wird dieses Verfahren in der Praxis akzeptiert.

2. Perspektiven

a) Wegfall der Belegvorlagepflicht

Mit dem Gesetz zur Modernisierung des Besteuerungsverfahrens wurde die Belegvorlagepflicht mit Geltung ab dem Veranlagungszeitraum 2017 weitgehend in eine Belegvorhaltepflicht umgewandelt. Belege sind danach mit der Einkommensteuererklärung nur dann einzureichen, wenn in den Vordrucken oder Anleitungen ausdrücklich darauf hingewiesen wird; im Übrigen sind diese aufzubewahren und nur auf Anforderung des Finanzamts einzureichen. Die allgemeinen Grundsätze der Feststellungslast gelten weiterhin. Für die Aufbewahrung zu Nachweiszwecken gelten die allgemeinen gesetzlichen Fristen.

Für Steuerberater ist die Belegvorhaltepflicht organisatorisch nicht akzeptabel, weil ein Steuerfall ggf. mehrfach bearbeitet werden muss und damit ein effizienter Workflow nicht mehr gewährleistet ist. Dies wäre nicht der Fall, wenn die Finanzämter mit der Erklärung eingereichte Belege annehmen und bei Bedarf prüfen würden, wie dies bisher in der Papierwelt der Fall war. Deshalb sollten Belege auch elektronisch – zeitgleich mit der Erklärung – übermittelt werden können.

b) Was wünschen wir uns?

Rechtzeitige elektronische Bereitstellung der Körperschaftsteuerformulare

Seit Jahren stehen Steuerberater und ihre Mandanten vor dem Problem, dass Körperschaftsteuererklärungen nicht fristgerecht elektronisch eingereicht werden können, weil die Finanzverwaltung die elektronischen Formulare erst verspätet zur Verfügung stellt. Die Körperschaftsteuererklärung 2017 wurde z.B. erst ab Ende Juli 2018 zur Verfügung gestellt. Ein nicht beratener Steuerpflichtiger hätte die Körperschaftsteuererklärung aber bis zum 31.5.2018 einreichen müssen. Als pragmatische Zwischenlösung konnten Steuerpflichtige die Erklärung in diesem Jahr bis zum 31.8.2018 abgeben. Im Sinne der Praxis sind pragmatische Lösungen zu begrüßen; grundsätzlich halten wir diesen Zustand aber rechtsstaatlich für bedenklich.

Rückübermittlung der E-Bilanzdaten bei Änderungen nach einer Betriebsprüfung

Unternehmen und Steuerberater haben bei der Einführung der E-Bilanz 2011 und in den Folgejahren erhebliche Mehrarbeit und Mehraufwendungen auf sich nehmen müssen, um der Finanzverwaltung strukturierte Daten zur Verfügung stellen zu können. Diese Daten werden im Risikomanagementsystem der Verwaltung genutzt und sollen sie im Veranlagungsverfahren unterstützen und entlasten. Die E-Bilanz ist zwischenzeitlich etabliert und hat sich im Massenverfahren als tauglich erwiesen. Es ist nun an der Zeit, Vorteile aus der Digitalisierung an Steuerberater und Unternehmen weiterzugeben. Dies wäre der Fall, wenn Änderungen nach einer Betriebsprüfung elektronisch in einer Form zurückübermittelt würden, dass diese ohne Medienbruch wieder in die Buchhaltung übernommen werden können. Die Finanzverwaltung arbeitet zurzeit in der Fach-AG Taxonomie Steuer – E-Bilanz daran, eine solche Übermittlung zu ermöglichen. Allerdings ist noch nicht absehbar, wann es tatsächlich soweit sein wird.

Sichere elektronische Kommunikation mit der Finanzverwaltung (Posteingang und Postausgang)

Derzeit gibt es nur wenige ausgewählte standardisierte Kommunikationsmöglichkeiten mit der Finanzverwaltung. Ein individueller elektronischer Nachrichtenverkehr ist nur in einigen Bundesländern möglich. Signierte und verschlüsselte E-Mails oder De-Mails werden von der Finanzverwaltung nicht angenommen. Die Kommunikation mit den Steuerpflichtigen und den Steuerberatern findet nach wie vor hauptsächlich per Post statt. Dies ist derzeit ein unbefriedigender Zustand.

Das künftige Kommunikationskonzept der Finanzverwaltung sieht vor, dass ELSTER als Weg für die elektronische Kommunikation zwischen Finanzverwaltung und Steuerpflichtigen/Steuerberatern zur Verfügung steht. Wann der Ausbau abgeschlossen ist, ist derzeit noch unklar.

Neben den bereits bestehenden Formularen wird das Angebot von ELSTER stetig ausgebaut, so dass zukünftig auch frei formulierte Nachrichten an die Finanzämter übermittelt werden können.

Neben dem elektronischen Posteingang wird als Pendant dazu der elektronische Postausgang entwickelt. Zur Vermeidung von Medienbrüchen soll ermöglicht werden, Verwaltungsakte (z.B. Steuerbescheide, Prüfungsanordnungen, Einspruchsentscheidungen, usw.) über ELSTER elektronisch bekannt zu geben. Hierbei soll der Verwaltungsakt verfahrensrechtlich wirksam an den Bürger bzw. dessen Bevollmächtigten übermittelt werden.

Für die Nutzer von externen Softwareprodukten/Steuerberatersoftware kann die Kommunikation mit den Finanzbehörden ebenfalls über ELSTER erfolgen. Die Schnittstelle ERiC bildet hierbei den Übergangskanal zwischen ELSTER und den „Fremdprodukten." ERiC beinhaltet grundsätzlich alle Funktionalitäten, die auch über das ElsterOnline-Portal „Mein ELSTER" angeboten werden.

Elektronische Übermittlung der Belege zusammen mit der Steuererklärung (keine nachträgliche Beleganforderung)

Wie bereits angesprochen haben Steuerberater aus Effizienz- und Kostengründen ein Interesse daran, Belege zeitgleich mit der Steuererklärung einzureichen. Noch ist die elektronische Übermittlung von Belegen nicht möglich. Der Berufstand fordert, dass sich dies in absehbarer Zeit ändert.

c) Was plant die Finanzverwaltung?

Geplante Projekte	Wann?
DIVA (digitaler Verwaltungsakt) Stufe 1: elektronischer Einkommensteuerbescheid ab VZ 2019 Stufe 2: andere Verwaltungsakte	Ab 2020 Ab 2022
NACHDIGAL (Nachreichen von Belegen zur Steuererklärung, zu Anträgen, Einsprüchen etc.) Antrag auf Stundung Antrag auf Erlass	Ab 2020
RABE (Referenzierung auf Belege)	Ab 2022

Projekt RABE und NACHDIGAL

In Bezug auf die Belegübermittlung arbeitet die Finanzverwaltung seit 2017 an den KONSENS-Produkten „NACHDIGAL" (Nachreichung und Miteinreichung von digitalen Belegen und Beiblättern über ELSTER (ERiC und EOP) und RABE (Referenzierung auf Belege).

Diese Produkte sollen die vollständige elektronische Übermittlung von elektronischen Steuererklärungen weiter vorantreiben und dem Steuerpflichtigen bzw. den steuerberatenden Berufen ermöglichen, digitale Belege und Beiblätter (= Bestandteil der Steuererklärung wie eine „amtliche" Anlage) sowohl bei Einreichung der Steuererklärung als auch auf nachträgliche Anforderung auf elektronischem Wege zu übermitteln. Die elektronische Übermittlung der digitalen Belege und Beiblätter soll über ERiC und das ElsterOnline-Portal ermöglicht werden.

Mittels RABE soll dabei das Hochladen von Belegen per „ELSTER" angeboten werden. Das Projekt RABE ist auf Anregung des Berufsstandes entstanden.

Unter dem Projektnamen RABE soll die Belegvorhaltepflicht für die Berater praktikabel umgesetzt werden. Vorgesehen ist hier, dass der Berater die Belege digital in einer Cloud hinterlegen kann. Bei der Erstellung der Steuererklärung ordnet er die Belege dann bestimmten Feldern des Formulars zu (sog. Referenzierung). Die Erklärung mit den Referenzierungen übermittelt der Berater via ELSTER an die Finanzverwaltung. Diese kann dann die referenzierten Belege abrufen. Dabei wird ein beweiskräftiger Nachweis erzeugt, der die Kenntnisnahme der Finanzverwaltung dokumentiert.

Projekt DIVA (Digitaler Verwaltungsakt)

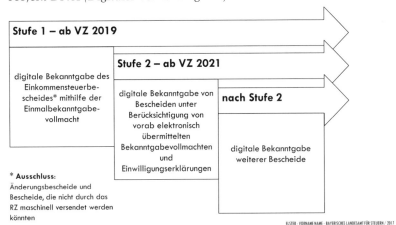

ELSTER · VORNAME NAME · BAYERISCHES LANDESAMT FÜR STEUERN / 2017

Die Finanzverwaltung arbeitet ebenfalls an dem Projekt DIVA. DIVA ist in verschiedenen Ausbaustufen geplant. DIVA Ausbaustufe 1 soll zunächst nur die Einkommensteuerbescheide betreffen. Vorgesehen ist, dass der Berater in der ESt-Erklärung mithilfe der Einmalbekanntgabevollmacht bestätigt, dass er den Bescheid elektronisch erhalten möchte. Nach der Steuerberechnung in der Festsetzung wird der Bescheid nicht an die Druckstraße ausgegeben (kein Druck und Versand auf postalischem Weg), sondern dem Berater zur Abholung bereitgestellt. Vorab erhält der Berater eine E-Mail mit der Information, dass der Bescheid über ELSTER zur Abholung bereitsteht.

DIVA Ausbaustufe 2 bezieht weitere Bescheidarten in das elektronische Verfahren ein. Der Berater bestätigt dann über die VDB, dass er – für diesen Mandanten – digital kommunizieren möchte. Nicht beratene Steuerpflichtige füllen für sich eine elektronische Einverständniserklärung aus. Weitere Ausbaustufen sind vorgesehen.

Für den DIVA finden sich die notwendigen Rechtsgrundlagen bereits in der AO. Die Verfahrensgrundsätze finden sich in § 87a Abs. 7 und 8 AO. Geregelt wird u.a., was als sicheres Verfahren gilt. Genannt werden die Verwendung einer qualifizierten elektronischen Signatur, De-Mail-Nachricht oder das ELSTER-Verfahren. Bestimmtheit und Form des Verwaltungsakts sind weiterhin in § 119 AO geregelt.

Ein elektronisch übermittelter Verwaltungsakt gilt nach § 122 Abs. 2a AO am dritten Tage nach der Absendung als bekannt gegeben, außer wenn er nicht oder zu einem späteren Zeitpunkt zugegangen ist; im Zweifel hat die Behörde den Zugang des Verwaltungsakts und den Zeitpunkt des Zugangs nachzuweisen. Elektronische Verwaltungsakte können auch durch Bereitstellung zum Datenabruf bekannt gegeben werden (§ 122a AO). Auch dann gilt der Verwaltungsakt am dritten Tag nach Absendung der elektronischen Benachrichtigung über die Bereitstellung der Daten an die abrufberechtigte Person als bekannt gegeben.

d) Was plant die BStBK?

Besonderes elektronisches Steuerberaterpostfach (beSt)

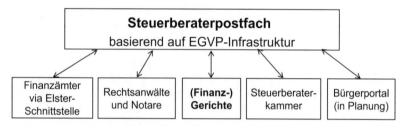

Steuerberater müssen ab dem 1.1.2018 einen verschlüsselten Übermittlungsweg einrichten, um Dokumente von Gerichten und anderen Institutionen elektronisch sicher empfangen zu können. Steuerberater sind gem. § 174 Abs. 3 Satz 4, Abs. 1 Satz 1 ZPO i.V.m. § 53 Abs. 2 FGO ab diesem Zeitpunkt verpflichtet, ein De-Mail-Postfach mit Ende-zu-Ende-Verschlüsselung zu nutzen, da nur dieses den rechtlichen Vorgaben entspricht.

Da aber spätestens ab dem Jahr 2022 Rechtsanwälte, Behörden und Steuerberaterkammern verpflichtet sind, Dokumente ausschließlich elektronisch an die Gerichte zu übersenden, sieht der Berufsstand die bisherige Rechtslage für die Steuerberater zur elektronischen Kommunikation nur als Übergangslösung. Auch für Steuerberater wird derzeit geprüft, ob diese dazu verpflichtet werden sollten, elektronisch mit den Gerichten zu kommunizieren. In diesem Zusammenhang und vor dem Hintergrund, dass der Berufsstand der Steuerberater den Rechtsanwälten gleichgestellt werden soll, bemüht sich die BStBK darum, eine langfristige Lösung zu schaffen und die Einführung eines Steuerberaterpostfachs voranzutreiben.

Das Steuerberaterpostfach soll in den EGVP-Verbund (EGVP = Elektronisches Gerichts- und Verwaltungspostfach) integriert werden. Solche Postfächer sind in anderen Berufsständen etabliert und gelebte Praxis. So ermöglicht das Postfach künftig die authentifizierte und sichere Kommunikation über den OSCI-gestützten (OSCI = Online Services Computer Interface) elektronischen Rechtsverkehr mit Gerichten, Steuerberaterkammern, Behörden, anderen Steuerberatern, Rechtsanwälten und Notaren. Auch Finanzämter sind zukünftig über ihr „Behördenpostfach" Teil des EGVP-Verbundes. Alternativ soll in das Steuerberaterpostfach eine ELSTER-Schnittstelle integriert werden. Das Postfach gewährleistet aber nicht nur eine sichere Kommunikation der Steuerberater mit Gerichten u.a., denn auch Mandanten können sich nach den Plänen der Justiz künftig für die elektronische Übermittlung von Dokumenten ein EGVP-Postfach einrichten (Bürgerportal).

Darüber hinaus wird ein Steuerberaterpostfach den hohen Sicherheitsstandards sowie den Anforderungen an den Datenschutz entsprechen und somit dem besonderen Vertrauensverhältnis zwischen Steuerberater und Mandant dienen. Zudem soll das Postfach eine Schnittstelle zu der Software der Steuerberaterkanzleien erhalten, so dass Dokumente aus dem EGVP-Postfach direkt in das System importiert werden können. So werden durch die Nutzung des Steuerberaterpostfachs zahlreiche Arbeitsabläufe in der Kanzlei erleichtert und optimiert.

Mit zunehmender Digitalisierung wird auch die elektronische Kommunikation mit Gerichten und Behörden für den Steuerberater immer wichtiger. Das Steuerberaterpostfach ist somit als einheitliche Plattform für eine sichere und unkomplizierte Kommunikation unabdingbar für essentielle Säulen des Berufsstands, wie Datenschutz und das Vertrauensverhältnis zum Mandanten.

Die Bundessteuerberaterkammer treibt nach dem Votum der Bundeskammerversammlung die Einführung des Steuerberaterpostfachs voran und klärt derzeit die technische und rechtliche Umsetzung des Postfachs.

3. Ausblick

Verhältnis von Nutzen und Aufwand ist derzeit für den Berufsstand nicht gewahrt

Derzeit werden Daten über eine Einbahnstraße an die Finanzverwaltung übermittelt. Für die Steuerberater ist es aufwendig, die Daten anforderungsgerecht an die Finanzverwaltung zu übersenden (Mapping). Die

167

Rückübermittlung der Bilanzdaten bei Änderungen nach einer Betriebsprüfung ist aber seitens der Finanzämter nicht möglich. Gleichzeitig liefern die Steuerberater Daten elektronisch an das Finanzamt (Steuererklärungen, Schriftverkehr, E-Bilanz, EÜR), bekommen aber Papierbescheide und Papierbriefe zurück, die nur nach einem Medienbruch automatisiert weitergeleitet werden können. Dies ist aktuell nicht befriedigend. In der Zukunft sollte der Berufsstand von den Vorteilen der Digitalisierung gleichermaßen profitieren.

Einführung eines einheitlichen Steuernummernsystems

Die Steuerakte ist immer noch an der Steuernummer des Steuerpflichtigen angedockt. Für die Zukunft wird es wichtig sein, die Einführung eines einheitlichen Steuernummernsystems voranzutreiben. Insbesondere sollte die seit langem geplante Wirtschaftsidentifikationsnummer eingeführt werden. Die bundeseinheitliche Steuernummer ist eine wesentliche Voraussetzung dafür, dass die Finanzbehörden länderübergreifend miteinander kommunizieren und Datenabgleiche durchführen können. Sie ist Voraussetzung für ein automatisiertes elektronisches Steuererklärungsverfahren. Gleichzeitig sind die technischen Voraussetzungen herzustellen und die Schnittstellen der ländereigenen Datenverarbeitungssysteme aufeinander abzustimmen. Der gegenwärtige Zustand bremst die Digitalisierung aus, da Steuersubjekte diverse Nummern von ihrer Finanzverwaltung erhalten. Diese Nummern reichen von der Steuernummer – teilweise auch mehrere Steuernummern für mehrere Steuerarten – über die Umsatzsteueridentifikationsnummer, persönliche Identifikationsnummer bis hin zu gesonderten Aktenzeichen einzelner Stellen der Finanzämter. Bei einem Finanzamtswechsel (beispielsweise Umzüge etc.) gibt es immer Schwierigkeiten und zeitliche Verzögerungen.

Gegenseitigen Austausch bei der Weiterentwicklung der elektronischen Kommunikation vertiefen

Der Dialog mit der Finanzverwaltung sollte weiter ausgebaut werden. Derzeit ist der Berufsstand nur teilweise in die Entwicklungen eingebunden. Wichtig ist, dass Steuerberater als professionelle Kommunikationspartner der Finanzämter möglichst frühzeitig über neue Entwicklungen informiert und in diese eingebunden werden. Nur durch die Beiträge aus der Praxis kann erreicht werden, dass die entwickelten Softwarelösungen Kanzleiabläufe berücksichtigen und handhabbare Ergebnisse liefern. Ein gutes Beispiel sind die Belegvorhaltepflichten und das Projekt NACHDIGAL. Dieses Projekt wurde aufgrund der Einbeziehung des Berufsstandes um das Projekt RABE erweitert. Die Finanzverwaltung ist jedoch noch einige Zeit damit beschäftigt, diese Vorgaben umzusetzen.

III. Elektronische Betriebsprüfung

1. IT-gestützte Prüfverfahren

Es ist vermehrt zu beobachten, dass die Prüfer der Finanzverwaltung in statistischen Methoden geschult werden und IT-gestützte Prüfungsverfahren den Schwerpunkt der Prüfungshandlungen darstellen. Um Auffälligkeiten aufzufinden, werden z.b. die Zeitreihenanalyse, eine Ziffernanalyse (Benford- bzw. Chi-Quadrat-Test) und eine regelbasierte Datenauswertung mit Schichtung, Sortierung und Filterung vorhandener Datenbestände eingesetzt. Bei der Zeitreihenanalyse werden betriebliche, über einen längeren Zeitraum anfallende Daten mehreren Zeitabschnitten zugeordnet, wodurch Zeitreihen entstehen. So kann man z.b. die Umsatzerlöse und den Wareneinsatz des Steuerpflichtigen für bestimmte Zeiträume (für ein Quartal, für eine Woche) abbilden und in Beziehung zueinander setzen. Anhand der Ziffernanalyse werden Daten anhand von Ziffernmustern auf ihre Plausibilität hin beurteilt. Abweichungen von statistisch zu erwartenden Mustern dienen als Grundlage eines Verdachtes auf mögliche Verstöße. Die regelbasierte Datenauswertung eignet sich z.b. dafür, vergebene Rechnungsnummern auf Lücken oder Doppelungen zu untersuchen.

Streitpunkte bilden in diesem Zusammenhang oft Fragen zur Reichweite des Datenzugriffs. Welche Daten bilden steuerrelevante Daten, die dem Prüfer zur Verfügung zu stellen sind? Muss ihm auch Zugriff auf Vorsysteme der Hauptbuchführung, z.b. auf das Warenwirtschaftssystem gewährt werden? Hier kann u.E. nur ein Zugriff auf Datenbestände verlangt werden, die auch aufbewahrungspflichtige Daten des Prüfungszeitraums betreffen. Es darf kein Datenzugriffsrecht allein aufgrund einer systematischen Speicherung durch die EDV des Steuerpflichtigen geben[1].

Kritisch ist außerdem, dass die Ergebnisse des Prüfers für den Steuerpflichtigen nachvollziehbar sein müssen. Der Prüfer muss seine Ergebnisse ggf. auch im Einzelnen erklären können. Dabei ist immer zu beachten, dass die Verprobungen nur „Auffälligkeiten" zeigen können, die in der Folge dann aufzuklären sind. Dies kann nur der Beurteilung eines Fach-

---

1 *Bleschick*, DStR 2018, 1105 (1108).

kundigen vorbehalten bleiben. Er muss vor allen Dingen auch prüfen, ob die betriebsindividuellen Gegebenheiten überhaupt eine Anwendung bestimmter Methoden erlauben.

2. Erste Rechtsprechung

Die Finanzrechtsprechung hat sich bereits in einigen Urteilen mit Fragen zur elektronischen Betriebsprüfung auseinandergesetzt. So hat der BFH zu den Anforderungen an die Schätzung mittels Zeitreihenvergleichs entschieden[2], dass der Nachweis der materiellen Unrichtigkeit grundsätzlich nicht allein aufgrund der Ergebnisse eines Zeitreihenvergleichs geführt werden kann, wenn die Buchführung formell ordnungsgemäß ist oder nur geringfügige formelle Mängel aufweist. Ist die Buchführung formell nicht ordnungsgemäß, sind aber materielle Unrichtigkeiten der Einnahmenerfassung nicht konkret nachgewiesen, können die Ergebnisse eines Zeitreihenvergleichs nur dann einen Anhaltspunkt für die Höhe der erforderlichen Hinzuschätzung bilden, wenn andere Schätzungsmethoden, die auf betriebsinternen Daten aufbauen oder in anderer Weise die individuellen Verhältnisse des jeweiligen Steuerpflichtigen berücksichtigen, nicht sinnvoll einsetzbar sind. Bei verbleibenden Zweifeln können Abschläge in einem Umfang geboten sein, der über eine bloße Abrundung hinausgeht.

In einem rechtskräftigen Urteil hat das FG Hamburg bekräftigt, dass eine Quantilschätzung zwar grundsätzlich zur Hinzuschätzung geeignet ist, dies aber nur dann sachgerecht sei, wenn aus anderen Gründen feststehe, dass die Buchführung nicht nur formell, sondern auch materiell unrichtig sei[3].

Das FG Brandenburg hatte in einem ihm vorliegenden Fall die Höhe einer mittels Quantilsschätzung ermittelten Hinzuschätzung dagegen nicht beanstandet, da nach dieser Schätzungsmethode der normale Geschäftsverlauf als repräsentativ angesehen werde und zudem mit der vorsichtigen Wahl des obersten Werts mit dem 80 %-Quantil im Streitfall die objektivierte Leistungsfähigkeit unabhängig von Extremwerten berücksichtigt werde und alle betrieblichen Besonderheiten abgebildet würden[4]. Diese Ausführungen hat der BFH jedoch aufgehoben und unter Verweis

---

2 BFH v. 25.3.2015 – X R 20/13, BStBl. II 2015, 743.
3 FG Hamburg v. 31.10.2016 – 2 V 202/16, EFG 2017, 265.
4 FG Berlin-Brandenburg v. 9.1.2017 – 4 V 4265/15, EFG 2017, 537.

auf das Urteil X R 20/13 Aussetzung der Vollziehung (AdV) gewährt[5]. Das FG Brandenburg habe nicht hinreichend dargelegt, dass eine Heranziehung anderer Schätzungsmethoden im Streitfall ausscheide. Die danach bestehende Unsicherheit, ob die tatsächlichen Voraussetzungen für die Stützung der Schätzungshöhe auf einen Zeitreihenvergleich erfüllt seien, rechtfertigen dem Grunde nach die Gewährung von AdV.

Aus Sicht der Berater sind diese Urteile zu begrüßen. Klar ist, dass Steuerpflichtige und Berater sich vermehrt mit den neuen Prüfmethoden auseinandersetzen müssen. Klar ist aber auch, dass die Finanzverwaltung diese Methoden nicht unreflektiert anwenden darf. Die Ergebnisse stellen allenfalls Indizien dar, keine Beweise. Das Gebot effektiven Rechtsschutzes gebietet es, dass der Steuerpflichtige effektiv vortragen können muss, dass die statistische Erwartung auf ihn bzw. seine Buchhaltung nicht zutrifft. Dies kann im Einzelfall sehr schwierig sein, insbesondere wenn es um Sachverhalte geht, für die keine Aufzeichnungspflichten bestehen, wie etwa für den Wareneinsatz. Schon der BFH hat auf das Problem hingewiesen, dass der Steuerpflichtige – jedenfalls nach Auffassung der Verwaltung – in der Pflicht stehe, „Auffälligkeiten" in den Ergebnissen des Zahlenwerks zu erklären bzw. zu widerlegen, möglicherweise aber gar nicht über das umfangreiche Zahlenmaterial oder auch über das erforderliche statistisch-methodische Wissen verfüge, ohne dass ihm dies rechtlich vorzuwerfen wäre.[6] *Krumm* weist weiterhin zu Recht darauf hin, dass der Außenprüfer nicht durch die automatisierte und standardisierte Produktion eines an Durchschnittserwartungen anknüpfenden Vorwurfs die eigentlich notwendige Einzelfallprüfung auf den Steuerpflichtigen verlagern darf. Man müsse stets die Kontrollfrage stellen, ob der Steuerpflichtige substantiell überhaupt mehr Begründung leisten kann als der Betriebsprüfer[7].

IV. Datenschutz im Steuerrecht

1. Anpassung der AO an die Datenschutz-Grundverordnung (DSGVO)

Mit dem „Gesetz zur Änderung des Bundesversorgungsgesetzes und anderer Vorschriften" vom 17.7.2017 hat der Gesetzgeber die Rechtsgrundlagen für die Verarbeitung personenbezogener Daten im Besteuerungsver-

---

5 BFH v. 12.7.2017 – X B 16/17, BFH/NV 2017, 1204.
6 BFH v. 25.3.2015 – X R 20/13, BStBl. II 2015, 743 Rz. 52.
7 *Krumm*, DB 2017, 1105 (1108, 1111).

fahren geschaffen. Mit den neuen §§ 29b, 29c und 31c AO erhalten die Finanzbehörden umfassende Befugnisse zur Datenverarbeitung, während die Betroffenenrechte der Steuerpflichtigen in den neuen §§ 32a bis 32f AO erheblich eingeschränkt werden.

Die Diskussion der Änderungen war nur sehr eingeschränkt möglich: Die Stellungnahmefrist war mit drei Tagen extrem kurz bemessen. Zudem sorgte die Behandlung im Rahmen des Gesetzes zur Änderung des Bundesversorgungsgesetzes und anderer Vorschriften vor dem Bundestagsausschuss für Arbeit und Soziales dafür, dass nicht die mit der Materie besser vertrauten Abgeordneten aus dem Finanzausschuss des Deutschen Bundestages die Anhörung durchführten. Kritik an diesem Vorgehen wurde auch von der Deutschen Vereinigung für Datenschutz geübt, die laut einer Pressemeldung den Deutschen Bundestag dazu aufforderte, dem Gesetz nicht zuzustimmen.

In seiner Stellungnahme an den Ausschuss für Arbeit und Soziales sowie an den Finanzausschuss des Deutschen Bundestages stellte *Reimer* unter Verweis auf das BVerfG fest, dass das Steuerverfahrensrecht insbesondere mit der Verweigerung von Akteneinsichtsrechten deutlich hinter den Anforderungen zurückbleibe, die das Grundrecht auf informationelle Selbstbestimmung stelle. Von Verfassungs wegen habe der Staat dem Einzelnen grundsätzlich zu offenbaren, welche personenbezogenen Daten erhoben, gespeichert und weiterverarbeitet würden. Denn das Grundrecht auf informationelle Selbstbestimmung (Art. 2 Abs. 1 i.V.m. Art. 1 Abs. 1 GG) schützt auch das Interesse des Einzelnen, von staatlichen informationsbezogenen Maßnahmen zu erfahren, die ihn in seinen Grundrechten betreffen. Wer nicht mit hinreichender Sicherheit überschauen kann, welche ihn betreffenden Informationen in bestimmten Bereichen seiner sozialen Umwelt bekannt sind, und wer das Wissen möglicher Kommunikationspartner nicht abzuschätzen vermag, kann in seiner Freiheit wesentlich gehemmt werden, aus eigener Selbstbestimmung zu planen und zu entscheiden[8]. Nur wenn der Einzelne, der möglicherweise von einem Eingriff in das Recht auf informationelle Selbstbestimmung betroffen ist, eine Möglichkeit hat, von diesem Eingriff zu erfahren, kann er die für die freie Entfaltung seiner Persönlichkeit wichtige Orientierung und Erwartungssicherheit erlangen. Eine Informationsmöglichkeit für den von einem Eingriff in das Grundrecht auf informationelle Selbstbestimmung Betroffenen ist ferner Voraussetzung dafür, dass er die Rechtswid-

---

8 BVerfG v. 15.12.1983 – 1 BvR 209/83, BVerfGE 65, 1 (43).

rigkeit der Informationsgewinnung oder etwaige Rechte auf Löschung oder Berichtigung geltend machen kann. Insoweit ist der Anspruch auf die Kenntniserlangung ein Erfordernis effektiven Grundrechtsschutzes im Bereich sowohl des behördlichen als auch des gerichtlichen Verfahrens[9].

Vor diesem Hintergrund erscheinen die Einschränkungen zum Auskunftsrecht der betroffenen Person durch § 32c AO als bedenklich. Kein Auskunftsrecht soll nämlich bestehen, wenn

- die Aufgabenerfüllung der Finanzbehörden gefährdet würde,
- die öffentliche Sicherheit oder Ordnung gefährdet würde,
- die Auskunft dem Wohl des Bundes oder eines Landes Nachteile bereitet,
- das Interesse des Steuerpflichtigen hinter § 30 AO oder überwiegender Interessen von Dritten zurücktritt,
- die Auskunft die Finanzverwaltung in ihren zivilrechtlichen Ansprüchen beeinträchtigt,
- die Auskunft die Finanzverwaltung in der Verteidigung gegen zivilrechtliche Ansprüche beeinträchtigt,
- die Auskunftserteilung unverhältnismäßig aufwendig ist und
  - die Daten wegen gesetzlicher Aufbewahrungsvorschriften nicht gelöscht werden dürfen oder
  - die Speicherung ausschließlich der Datensicherung oder Datenschutzkontrolle dient.

Damit wird das Ziel der europäischen DSGVO, nämlich die Rechte der Bürger zum Schutz ihrer personenbezogenen Daten gegenüber dem Staat und den internationalen Großkonzernen der Internetwirtschaft (Google, Facebook & Co.) zu stärken, gegenüber der Finanzverwaltung kaum erreicht. Während die Finanzbehörden immer weitgehendere Befugnisse erhalten, müssen die Unternehmen und Steuerberater ungleich höhere Anforderungen zur Einhaltung des Datenschutzes erfüllen. Nach der derzeitigen Gesetzeslage ist die Chancengleichheit aus unserer Sicht nicht mehr gewahrt.

---

9 BVerfG v. 10.3.2008 – 1 BvR 2388/03, BVerfGE 120, 351 (361).

2. Grenzüberschreitende Wahrung des Datenschutzes und des Steuergeheimnisses

a) Country-by-Country-Reporting

Nicht nur im Inland, sondern auch grenzüberschreitend werden vermehrt Daten zwischen den Finanzverwaltungen ausgetauscht. Dies geschieht z.B. im Rahmen des Country-by-Country-Reporting (CbCR). Eingeführt wurde das steuerliche CbCR in Deutschland durch das Gesetz zur Umsetzung der Änderungen der EU-Amtshilferichtlinie und von weiteren Maßnahmen gegen Gewinnkürzungen und -verlagerungen vom 20.12.2016[10]. Betroffen sind Konzerne mit konsolidierten Umsatzerlösen von mindestens 750 Mio. €.

Das steuerliche CbCR ist ein Schritt in die falsche Richtung, denn entwickelt wurde es von der OECD ausschließlich für die Identifizierung von Verrechnungspreisrisiken und Gewinnverlagerungsrisiken, also für außersteuerliche Zwecke. Die EU-Richtlinie stellt darauf ab, dass eine erhöhte Transparenz gegenüber Steuerbehörden dazu führen soll, dass Konzerne bestimmte Praktiken aufgeben; es handelt sich also um eine Abschreckungsnorm[11].

Beim Austausch der Daten zwischen den Finanzverwaltungen muss sichergestellt sein, dass das Steuergeheimnis nicht verletzt wird. Nicht überall bestehen dieselben Verschwiegenheitpflichten wie in Deutschland. Während aber grundsätzlich eine Veröffentlichung gegenüber fachlich ausgebildeten Steuerbehörden noch tragbar erscheint, ist die ebenfalls geforderte Veröffentlichung gegenüber der Öffentlichkeit nachdrücklich abzulehnen. Sie wäre zum einen geeignet, Konkurrenten Einsichten in Kalkulationsgrundlagen zu geben, auf der anderen Seite können die Daten von nicht fachlich vorgebildeten Betrachtern nicht richtig eingeordnet werden und zu ungerechtfertigten Reputationsschäden für Unternehmen führen.

---

10 BGBl. I 2016, 3000.
11 Vgl. Richtlinie (EU) 2016/881 des Rates v. 25.5.2016 zur Änderung der Richtlinie 2011/16/EU bezüglich der Verpflichtung zum automatischen Austausch von Informationen im Bereich der Besteuerung, ABl. v. 3.6.2016, Nr. L 146/8 Rz. 4.

b) Finanzkontenaustausch – FKAustG

Ein weiterer Aspekt ist im Hinblick auf den bereits stattfindenden Finanzkontenaustausch zu beachten, bei dem Kontendaten auch von natürlichen Personen zwischen dem Bundeszentralamt für Steuern (BZSt) und den zuständigen Behörden anderer Staaten ausgetauscht werden. Die Finanzverwaltung ist dabei verpflichtet, die Grundsätze der Datenverarbeitung einzuhalten (§ 5 Abs. 2 DSGVO).

Nach der DSGVO gilt der Grundsatz der Datenminimierung. Er besagt, dass die Erhebung und Verarbeitung personenbezogener Daten „auf das für die Zwecke der Verarbeitung notwendige Maß beschränkt sein" muss. Ferner muss die Datenerhebung nach Art. 5 Abs. 1 Buchst. c DSGVO „dem Zweck angemessen und erheblich" sein. Finanzkontendaten dürfen daher nur in dem beschränkten Ausmaß ausgetauscht werden, soweit diese tatsächlich die Finanzbehörden in die Lage versetzen, im Ausland erzielte Einkünfte zu besteuern. Die erzeugte Datenflut schafft gerade nicht die Transparenz, die man sich durch den automatischen Informationsaustausch erhofft. Das BZSt kann die eingehenden Daten, soweit bekannt, derzeit noch nicht einmal verarbeiten. Nach dem Grundsatz der „Speicherbegrenzung" dürfen personenbezogene Daten zudem nur so lange gespeichert werden, wie dies für den Erhebungszweck erforderlich ist (Art. 5 Abs. 1 Buchst. e DSGVO). Dagegen sieht § 5 Abs. 5 Satz 1 FKAustG eine Speicherdauer von 15 Jahren vor. Das ist deutlich zu lang. Das FKAustG ist in diesem Punkt nicht auf die DSGVO abgestimmt und muss u.E. angepasst werden.

c) Anzeigepflicht für Steuergestaltungen

Eine neue Dimension wird mit der EU-Richtlinie 2018/822 vom 25.5.2018[12] erreicht, mit der Intermediäre zur Meldung von geplanten grenzüberschreitenden Steuergestaltungen verpflichtet werden. Die Richtlinie muss bis zum 31.12.2019 in nationales Recht umgesetzt und ab dem 1.7.2020 angewendet werden. Gestaltungen, die bereits zwischen dem 25.6.2018 und dem 1.7.2020 umgesetzt werden, müssen bis zum 31.8.2020 nachgemeldet werden. Darüber hinaus wird in Deutsch-

---

12 Richtlinie (EU) 2018/822 des Rates v. 25.5.2018 zur Änderung der Richtlinie 2011/16/EU bezüglich des verpflichtenden automatischen Informationsaustauschs im Bereich der Besteuerung über meldepflichtige grenzüberschreitende Gestaltungen, ABl. v. 5.6.2018, Nr. L 139/1.

land auch eine Anzeigepflicht für nationale Steuergestaltungsmodelle diskutiert.

Der Berufsstand der Steuerberater hält solche Anzeigepflichten für überzogen und lehnt sie nachdrücklich ab. Sie kollidieren mit dem Berufsgeheimnis und der Verschwiegenheitsverpflichtung und bedeuten einen massiven Aufbau neuer Bürokratie, ohne dass der Steuerpflichtige darüber einen Zuwachs an Rechtssicherheit erhält. Die daraus zu erwartende Datenflut verstößt gegen den Grundsatz der „Datensparsamkeit", und wird nur zu neuen Datenfriedhöfen führen. Akzeptabel wäre die aus den Meldepflichten resultierende Belastung für die Steuerpflichtigen allenfalls dann, wenn sie zeitnah eine Rückmeldung der Finanzverwaltung darüber erhalten würden, ob die geplante Gestaltung bedenklich oder unbedenklich ist, wie bei einer verbindlichen Auskunft. Eine solche Rückmeldung der Finanzverwaltung wird aber explizit ausgeschlossen.

Podiumsdiskussion

unter Leitung von Prof. Dr. *Johanna Hey*, Köln

mit Prof. Dr. *Peter Fettke*, Saarbrücken, Prof. Dr. *Christian Kaeser*, München, Dr. *Johann Bizer*, Kiel und Dr. *Hartmut Schwab*, München

Prof. Dr. *Johanna Hey*, Köln

Herr *Fettke*, ich würde gerne mit einer Frage zu den technischen Rahmenbedingungen beginnen: Inwieweit ist die Rechtsanwendung schon heute automatisierbar?

Prof. Dr. *Peter Fettke*, Saarbrücken

Vielen Dank Frau *Hey*. Kurz zu meinem Hintergrund: Ich bin studierter Informatiker und arbeite am Deutschen Forschungszentrum für Künstliche Intelligenz, dem DKFI, in Saarbrücken. Dort beschäftigen wir uns mit unterschiedlichsten Fragestellungen zum Einsatz künstlicher Intelligenz. Fragen aus dem Gebiet des Steuerrechts sind kein besonderer Schwerpunkt, aber sehr spannend und Teil verschiedener Forschungsprojekte. Was wir aus vielen anderen KI-Anwendungsfeldern kennen: Nicht unbedingt die Frage nach der vollständigen Automatisierung der menschlichen Tätigkeit steht im Vordergrund, sondern vielmehr die Unterstützung des Menschen durch Maschinen. Der Richter ist heute sicherlich auch kein simpler Subsumtionsautomat, der einfach ersetzt werden kann. Es sind sehr unterschiedliche Anwendungsbereiche von KI bekannt, beispielsweise beim autonomen Fahren, medizinische Diagnostik oder maschinelle Übersetzungen. Dort werden nicht komplette Berufsfelder ersetzt, sondern es geht darum, ganz konkrete einzelne Aufgaben zu identifizieren, die man dann mit Maschinen automatisieren kann. Oder beispielsweise die automatisierte Passkontrolle. Darin stecken eine Vielzahl von Algorithmen. Ich gehe davon aus, dass dieser Einsatz juristisch unproblematisch ist. Im juristischen Bereich könnte ich mir die Vorhersage von Gerichtsurteilen vorstellen. Es gibt dazu empirische Untersuchungen. Die Systeme können noch nicht hundertprozentig korrekte Vorhersagen treffen, aber sind schon sehr weit. Neben einer solchen großen Aufgabe gibt es auch eine ganze Reihe kleinerer Aufgaben. Beispielsweise das Scannen von Urteilen auf Argumentationsmuster, also gewöhnliche oder ungewöhnliche Argumentationen erkennen. In Zukunft werden wir im juristischen Bereich viele Einsatzmöglichkeiten entdecken und den Beruf des Richters und andere juristische Tätigkeiten revolutionieren.

Prof. Dr. *Johanna Hey*, Köln

Ich möchte noch einmal die Differenzierung von heute Vormittag aufgreifen: Müssen wir unterscheiden zwischen der wertenden rechtlichen Würdigung bei Auslegung unbestimmter Rechtsbegriffe und der Durchführung bloßer Rechenschritte? Glauben Sie, es ist nur eine Frage der Datenmenge, damit die Künstliche Intelligenz auch zu rechtlichen Wertungen in der Lage ist? Wenn sämtliche Verwaltungsvorschriften und Gerichtsurteile zu einem unbestimmten Rechtsbegriff im System eingegeben sind, kann es dann eigene Wertungen treffen?

Prof. Dr. *Peter Fettke*, Saarbrücken

Die Routineentscheidungen sind sicherlich besonders gut automatisierbar. Wir leben allerdings in einem Zeitalter der zweiten Welle der Digitalisierung. Bei der ersten Welle kam es darauf an, Daten zu sammeln und zu integrieren. Das ist etwas, was mittlerweile in vielen Lebensbereichen und Unternehmen sehr gut funktioniert. Spannend wird es aber nun bei der zweiten Welle der Digitalisierung, bei der es darum geht, Daten maschinenverstehbar und -interpretierbar zu machen. Dazu gehört im juristischen Kontext auch das verbesserte Verständnis juristischer Texte. Letztlich soll die Maschine dadurch die Fähigkeit erlangen, eigenständig Entscheidungen zu treffen.

Prof. Dr. *Johanna Hey*, Köln

Ich möchte das Thema der Datenerfassung nochmal aufgreifen, und zwar das Problem, den Lebenssachverhalt erst einmal richtig zu erfassen und in das System zu integrieren. Die starre Formularstruktur der Steuererklärungen erlaubt grundsätzlich keine Erläuterungen, auch wenn diese oftmals notwendig sind, um für das Finanzamt die vom Steuerpflichtigen zugrunde gelegte Bewertung der Fakten erkennbar zu machen. Das hat im Rahmen des AO-Modernisierungsgesetzes zum sog. Freitext-Feld geführt. Herr *Bizer*, ist das Freitextfeld etwas Nützliches? Oder behindert es die Automatisierung? Werden wir es auf lange Sicht weiterhin brauchen oder lassen sich in Zukunft immer komplexere Sachverhalte verkennziffern?

Dr. *Johann Bizer*, Kiel

Diese Frage ist schwierig zu beantworten und ich möchte mich da nicht festlegen. Wichtiger ist für mich, dass wir Erfahrungssätze nutzen. Als historisches Beispiel lassen sich die Regeln des Verkehrsrechts heranziehen. Hier gilt der Erfahrungssatz: Wer von hinten auffährt, muss nachweisen, dass er nicht zu schnell gefahren ist. Nichts anderes als die bewährte Rechtsfigur des Anscheinsbeweises. Man stützt sich auf Erfahrungen, dass bestimmte Sachverhalte typischerweise entsprechend ablaufen. Diese Offenheit müssen wir uns erhalten. Nur keine konkrete Technik regeln. Sonst werden wir von der technischen Entwicklung überrollt. Um Sachverhalte aus dem Freitextfeld mit KI oder Big Data Maschinen auswerten zu können, benötigt es zunächst Investitionen. Das hängt wiederum davon ab, wieviel Bedeutung man dieser Möglichkeit zumisst.

Als ich das Silicon Valley besucht habe, habe ich begriffen, dass ich in einer engen Welt lebe. Die sind dort so weit vorn, weil sie nicht andauernd prinzipielle Fragen stellen, sondern es einfach ausprobieren.

Prof. Dr. *Johanna Hey*, Köln

Herr *Schwab*, was hat für Sie das Freitextfeld für eine Bedeutung? Ist das etwas, was Sie benötigen, um wirklich den ganzen Sachverhalt in der Erklärung offenlegen zu können? Sind die Erklärungsformulare ohne Freitextfeld zu starr?

Dr. *Hartmut Schwab*, München

Also für Steuerberater ist das Freitextfeld ein ganz wichtiges Instrumentarium. Wir können als Steuerberater übrigens auch nicht einfach etwas ausprobieren. Als Steuerberater ist man schnell in der Beihilfe zur Steuerhinterziehung. Neben den Kennziffern in den Formularen brauchen wir das Freitextfeld. Der Mandant erwartet auch eine gewisse Rechtssicherheit. Ein Beispiel: Wenn man eine neue Eigentumswohnung erwirbt, muss man bei der Bewertung immer aufteilen nach abschreibbarem Gebäude und nichtabschreibbarem Grund und Boden. Der Aufteilungsmaßstab muss der Finanzverwaltung erläutert werden. Nur mit einer ordentlichen Erläuterung hat der Mandant Rechtssicherheit für die Zukunft. Ein ähnliches Beispiel: Der Mandant baut eine Leichtbauhalle und vermietet sie. Die Nutzungsdauer einer solchen kann stark variieren. Der Mandant muss der Finanzverwaltung eigentlich nachvollziehbar mitteilen, wie die Halle gebaut ist. Wählt er die Nutzungsdauer ohne Erläuterung zu kurz, sieht er sich gleich dem Vorwurf der Steuerhinterziehung ausgesetzt. Auch hier ist das Freitextfeld unbedingt notwendig.

Prof. Dr. *Johanna Hey*, Köln

Das deckt sich mit dem, was Herr *Kaeser* ausgeführt hat. Je komplexer eine Norm ist, desto schwieriger ist es, den Sacherhalt digital darunter zu erfassen. Konkret gefragt: Ist die Zinsschranke, die stets als ein Beispiel besonders komplexer Steuergesetzgebung angeführt wird, mit Hilfe digitaler Mittel vielleicht gar nicht so schwer zu bewältigen? Oder ist die Anwendung der Zinsschranke im Unternehmen zu selten, so dass es sich möglicherweise gar nicht lohnt, sie digital abzubilden?

Prof. Dr. *Christian Kaeser*, München

Lassen Sie mich erst etwas zum Erweckungserlebnis von Herrn *Bizer* im Silicon Valley sagen. Diese Geschichten erstaunen mich immer sehr, wir hatten in Deutschland schon eine Gründerkultur als es in Kalifornien noch nicht einmal Garagen gab. Insofern denke ich, dass man nicht in jedem Punkt Richtung Westen schielen muss, sondern sich ganz schlicht auf die Grundlagen besinnen sollte. Und insofern lässt sich feststellen, dass etwa die automatisierte Bilderkennung weder mit Intelligenz noch mit Subsumtion etwas zu tun hat, sondern es sich um reine Statistik handelt. Je mehr Daten die Maschine zur Verfügung gestellt bekommt, desto besser werden ihre Ergebnisse, da sie aus einer großen Menge übereinstimmender Daten darauf schließt, dass ein neuer, vergleichbarer Datenpunkt zu der Datenmenge gehören wird. Bei vergleichbaren Sachverhalten kommt die Maschine also zu vergleichbaren Schlüssen. Auf das Steuerrecht übertragen heißt das aber so viel wie: ein neues Jahressteuergesetz und alles ist wieder vorbei. Die Maschine subsumiert nicht, sie rechnet.

Prof. Dr. *Johanna Hey*, Köln

Ein sehr wichtiger Punkt. Man hat immer die Idee, dass man die ständigen Änderungen im Steuerrecht digital schneller verarbeiten könne. Aber Herr *Bizer*, sie wollten auf Herrn *Kaeser* antworten.

Dr. *Johann Bizer*, Kiel

Der Besuch im Silicon Valley war kein Erweckungserlebnis. Wir brauchen doch nicht über das Freitextfeld zu diskutieren. Wenn es benötigt wird, wird es bereitgestellt. Ich wollte ein Plädoyer dafür halten, dass man offen ist, 80 %, die digitalisierbar sind, auch zu digitalisieren. An den übrigen 20 % braucht man sich doch jetzt noch nicht abzuarbeiten. Wenn wir statistische Sätze zur Automatisierung mit Hilfe von Algorithmen nutzen können, dann lassen sie uns das doch tun.

Ich komme nochmal auf den Anscheinsbeweis zurück. Dieser wird von der Rechtsprechung solange akzeptiert, bis es einen Sachverhalt gibt, der den Anscheinsbeweis kippt. Dann entwickelt die Rechtsprechung einen neuen Anscheinsbeweis. Ich bin daher auch dagegen, bestimmte Sacherhalte gesetzlich zu normieren. Ich halte auch nichts davon, dass ein Gesetz bestimmt, dass eine digitale Signatur so sicher sei, dass ein Richter daraus eine bestimmte Schlussfolgerung ziehen müsse. Wird die digitale Signatur unsicher, muss das Gesetz geändert werden. Gesetzgebung als auch Rechtsanwendung müssen offen für kontingente Erfahrung und flexibel für neue Erfahrungen sein.

Prof. Dr. *Johanna Hey*, Köln

Herr *Fettke*, auf der einen Seite steht die Subsumtion durch den Richter, auf der anderen Seite stehen die statistischen Wahrscheinlichkeiten. Nach welchen Kriterien soll man von der Wahrscheinlichkeit abweichende Fälle aussteuern können? Reagiert das System zuverlässig auf Abweichungen, um die Entscheidung dann an einen menschlichen Entscheidungsträger zu übergeben?

Prof. Dr. *Peter Fettke*, Saarbrücken

Wir unterscheiden unterschiedliche Arten von Systemen. So gibt es die lernenden Systeme und regelbasierte Systeme. Herr *Anzinger* sprach heute Morgen von Expertensystemen. Um zurückzukommen auf die Frage nach einem Subsumtionsautomaten.

Wir haben Bilderkennungssysteme, die beispielsweise in der Lage sind, verschiedene Tiere auf Tierfotografien zu identifizieren. Im steuerlichen Bereich ließe sich die Technik beispielsweise beim Scannen von Rechnungsbelegen nutzen. Die Maschine könnte die Rechnung als solche erkennen und beispielsweise darauf hinweisen, dass keine Umsatzsteuernummer angegeben ist.

Prof. Dr. *Johanna Hey*, Köln

Ein weiteres Thema, das wir ansprechen müssen, ist die Erhebung von Daten unabhängig von den konkret für die Steuerfestsetzung erforderlichen Informationen. Wie die private Wirtschaft ist auch die Finanzverwaltung zunehmend daran interessiert, immer größere Datenmengen zu erheben. Es entstehen immer mehr Reporting- oder Anzeigepflichten. Dazu gehören etwa die Anzeigepflichten über Steuergestaltungen oder das Country-by-Country-Reporting. Wie nutzt die Finanzverwaltung diese Daten?

Dr. *Johann Bizer*, Kiel

Zu wenig! Im Hinblick darauf, was die Finanzverwaltung an Daten sammelt, leistet sie eindeutig zu wenig. Das liegt aber auch an den Rahmenbedingungen. Wir müssen viel häufiger diese Diskussion führen. Von der Finanzverwaltung wird verlangt, sie solle einerseits subsumieren und sich andererseits digital aufstellen, also Massendaten analysieren und auswerten können. Der Service für den Steuerpflichtigen soll dabei immer besser und schneller werden. Es braucht hier ein politisches Bekenntnis, dass Digitalisierung Vorrang hat. Wir müssen die Finanzverwaltung anders aufstellen: weg von den Fachsäulen, hin zu besserer Verknüpfung. Wir brauchen nicht den reinen Steuerfachbeamten, sondern Steuerfachbeamte mit IT-Kenntnissen. In diesem hochspannenden Transformationsprozess sind andere schon weiter als wir. Wir müssen jetzt mal einen ordentlichen Satz nach vorn machen, um die technologischen Möglichkeiten auch nutzen zu können.

Prof. Dr. *Johanna Hey*, Köln

Aber man muss sich schon die Frage stellen, ob man die Nutzung digitaler Meldedaten gesetzlich normieren sollte, bevor die Finanzverwaltung in der Lage ist, diese Daten auch nutzen zu können. Brauchen Sie diese Daten denn wirklich schon heute?

Dr. *Johann Bizer*, Kiel

Der Einsatz von Risikomanagementsystemen zeigt doch, dass die Finanzverwaltung mit der Nutzung gesammelter Daten offensiv umgeht.

Prof. Dr. *Johanna Hey*, Köln

Wie sieht es mit der Zulässigkeit der Verknüpfung unterschiedlicher Daten aus?

Prof. Dr. *Christian Kaeser*, München

Noch kurz etwas zum Erweckungserlebnis: Herr *Bizer*, sie waren noch nicht mit mir auf dem Podium, ich bin da erstmal immer sehr konfrontativ, sonst wird es ja auch schnell langweilig. Also nichts für ungut. Ich bin ebenfalls der Meinung, dass das Sammeln von Daten ein entscheidender Punkt ist, auch wenn man nicht für alle Daten sofort einen Anwendungsfall hat. Oftmals erkennt man eben erst später, wie sich aus verschiedenen Datenpunkten Muster ergeben, die steuerlich relevante Rückschlüsse zulassen. Wir ziehen deshalb unsere gesamte Beratung mittlerweile über eine digitale Schnittstelle, die uns im Vergleich zu der klassischen Kommunikation über E-Mail viele Vorteile bietet. Erhöhte Transparenz, Möglichkeiten zum Feedback, Einsatzmöglichkeiten für Chatbots, Performance Reviews wird aber vor allem auch dazu führen, dass wir eine Datenbank an Fragen und Antworten aufbauen. Diese Datenbank kann dann bei einer ausreichend großen Gesamtmenge in der Zukunft als Grundlage dafür dienen, durch den Einsatz entsprechender Algorithmen Antwortvorschläge zu generieren. Aber nochmal, auch zu dem Beispiel von Herrn *Fettke* zur Bilderkennung von Katze versus Hund – es handelt sich hierbei nicht um eine Subsumtion, sondern um reine Statistik. Wenn der Maschine fünf Bilder von einem Hund präsentiert werden und man ihr jedes Mal sagt, dass das ein Hund ist, und dann eines von einer Katze zeigt, wird sie mit an Sicherheit grenzender Wahrschenlicht die Katze für einen Hund halten. Erst wenn man sie dann mit Bildern von Katzen füttert, und diese als Katzen qualifiziert, wird es irgendwann gelingen, die Unterscheidung zu treffen. Aber wenn die Statistik in bestimmten Gebieten dieselben Ergebnisse liefert wie eine Subsumtion, dann kann man natürlich den statistischen Weg beschreiten. Man sollte sich aber immer vergegenwärtigen, wo die Beschränkungen dieser Vorgehensweise liegen und wann man zur Subsumtion greifen muss.

Dr. *Hartmut Schwab*, München

Obwohl Steuerpflichtige häufig schon mehr Daten bereitstellen als gefordert wird, haben wir regelmäßig noch vollumfängliche Betriebsprüfungen. Dieses Entgegenkommen vermisse ich. Es ist nur ansatzweise erkennbar.

Im Hinblick auf die europäischen Anzeigepflichten müssen sehr viele personenbezogene Daten gemeldet werden. Ich hatte einen Fall, da wollte ein Mandant in einen irischen Fond investieren. Dieser Fonds hielt Beteiligungen an Pflegeheimen. Der Vorteil dieser Anlage war, dass der Fonds Einkünfte aus Vermietung und Verpachtung liefert und nicht Kapitaleinkünfte, die unter den 25 %igen Kapitalertragsteuersatz fallen. Hier bedarf es nun einer Anzeige durch den irischen Fonds. Diese Meldung geistert nun erstmal in Irland rum, bevor sie nach Deutschland kommt. Der Mandant weiß nicht, was genau gemeldet wurde und was mit seinen Daten geschieht. Hat der Mandant nun ein Recht auf Auskunft und ggf. auch Löschung seiner Daten? Diese Fragen müssen wir diskutieren.

Prof. Dr. *Johanna Hey*, Köln

Die Frage nach der Kontrolle der Daten ist sehr wichtig. Herr *Fettke*, wie lässt sich das Steuergeheimnis in einer digitalisierten Finanzverwaltung wahren?

Prof. Dr. *Peter Fettke*, Saarbrücken

Eine Schwierigkeit besteht darin, dass häufig unterschiedliche Organisationen mit verschiedenen IT-Systemen Daten erheben. Die Daten müssen dann erstmal in ein einheitliches Format gebracht werden. Wir arbeiten aber auch an Systemen, die keine großen Datenmassen brauchen. Wir haben hilfreiche Techniken entwickelt, die Daten synthetisch generieren, beispielsweise beim autonomen Fahren. Dabei werden Daten vor dem Einsatz synthetisch erzeugt und eingespeist. Ich könnte mir das auch im Steuerbereich vorstellen.

Prof. Dr. *Johanna Hey*, Köln

Nun sind wir schon im Bereich von Transparenz und Kontrolle. Es besteht die nachvollziehbare Sorge, dass Entscheidungen bei vollautomatisierter Rechtsanwendung durch Algorithmen nachträglich nicht mehr kontrollierbar seien. Gibt es Möglichkeiten, die Kommunikation zwischen Programmierern und Juristen so herzustellen, dass eine nachträgliche rechtliche Kontrolle möglich ist? Wie können Programmierfehler im Rahmen von Rechtsschutzverfahren aufgedeckt werden?

Prof. Dr. *Peter Fettke*, Saarbrücken

Bei der Kontrolle der Systeme muss man unterscheiden zwischen Verifikationsproblemen und Validierungsproblemen. Bei der Verifikation wird überprüft, ob ein System der Spezifikation genügt. Schwierig wird es, wenn man Spezifikationen nicht vorgeben kann, dann ist eine Verifikation nicht möglich. Anders dagegen bei der Validierung: Hierbei wird untersucht, ob das implementierte System einen Nutzen hat, sich also in der Anwendung erfolgreich erweist.

Prof. Dr. *Johanna Hey*, Köln

Herr *Bizer*, sie haben die Serviceorientierung hervorgehoben. Sollten die Kriterien, mit denen das Risikomanagementsystem arbeitet, offengelegt werden?

Dr. *Johann Bizer*, Kiel

Im Zusammenhang mit den Potentialen der Digitalisierung spüren wir auch eine große Verunsicherung. Dagegen muss man den ganzen Prozess als offenen Lernprozess gestalten. Das gilt auch für die Finanzverwaltung und die genutzten Parameter des Risikomanagementsystems.

Prof. Dr. *Johanna Hey*, Köln

Sollte man Tax Compliance Management Systeme zertifizieren?

Prof. Dr. *Christian Kaeser*, München

Wir versuchen, den externen Beratungsbedarf allein schon aus Kostengründen gering zu halten. Ich bin insofern auch kein Fan von Zertifizierungen, mit denen Berater wieder ein Geschäft machen. Im Rahmen einer Zertifizierung müssen sich die Berater die Prozesse anschauen. Es wäre erstaunlich, wenn diese die Überprüfung mit Prädikat überstehen, denn werden Lücken oder Mängel in den Prozessen aufgezeigt, kann man als Steuerpflichtiger nunmehr gar nicht anders, als diese vermeintlichen Lücken oder Mängel abzustellen. Das wird dann also zur „Selffulfilling Prophecy". Sein Budget kann man dann getrost vergessen, ob es wirklich einen Qualitätszuwachs gibt, steht hingegen in den Sternen. Was aber absolut wünschenswert wäre, wäre ein Feedback von Seiten der Finanzverwaltung, natürlich auch ohne Zertifikatscharakter. Als Beispiel dazu muss man sich nur den Lohnsteuerabzug anschauen. Der Arbeitgeber wird hier als Hilfsbüttel des Fiskus in die Pflicht genommen, um das Risiko zu vermeiden, dass die Arbeitnehmer ihrer Einkommensteuerverpflichtung nicht nachkommen. Der Arbeitgeber bekommt dafür keinerlei Vergütung, im Gegenteil, er haftet sogar für Fehler im Lohnsteuerabzugsverfahren. Da sollte man doch wenigstens erwarten dürfen, dass die Finanzverwaltung sich die Prozesse und System des Arbeitgebers zum Lohnsteuerabzugsverfahren anschaut und Hinweise zur Verbesserung gibt bzw. bestätigt, ob aus ihrer Sicht alles in Ordnung ist.

Prof. Dr. *Johanna Hey*, Köln

Eine andere Frage: Wie wirkt sich die Relevanz von Daten auf das materielle Recht aus? Hier würde ich gerne über die Grundsteuer sprechen. Das BVerfG hat erkannt, dass es ein Normierungsproblem und ein Umsetzungsproblem gibt. Das Normierungsproblem muss bis Ende nächsten Jahres gelöst sein. Für die Umsetzung bleibt dann mehr Zeit. Aber um etwas sinnvoll zu normieren, muss man schließlich wissen, was umsetzbar ist. Wenn ich es richtig verstehe, geht es hier wieder um das Problem der Vernetzung von Daten, etwa der Bodenrichtwertdaten der Gutachterausschüsse. Herr *Fettke*, kann man hier auf offen verfügbare Daten, beispielsweise aus Internetportalen, zurückgreifen und diese nutzen?

Prof. Dr. *Peter Fettke*, Saarbrücken

Das hängt stark vom Anwendungsbereich ab. Beispielsweise nutzt Google Maps die Daten der Smartphones mit Android, um sehr genau Verkehrsbewegungen und Staus abzubilden. Das ist ein Anwendungsbereich, bei dem das sehr gut funktioniert. Ich könnte mir durchaus auch vorstellen, dass man bei der Immobilienbewertung auch Daten von Immobilienportalen nutzt. Ich kenne auch Unternehmen, von denen man nicht glaubt, dass sie Daten verkaufen. Die verkauften Daten werden aber genutzt, um beispielsweise die Kaufkraft eines Haushalts zu bemessen.

Prof. Dr. *Johanna Hey*, Köln

Ich habe Zweifel, ob diese Daten auch für einen staatlichen Eingriffsakt genutzt werden dürfen. Herr *Bizer*, wie sehen Sie das?

Dr. *Johann Bizer*, Kiel

Ich bin fasziniert von den Möglichkeiten, auf offen verfügbare Daten zugreifen zu können. Diese Geschäftsmodelle funktionieren sehr gut. Wenn die Daten nicht valide wären, würden diese Modelle auch nicht funktionieren. Auf der anderen Seite hätte ich Sorge, wenn ich den zugrundeliegenden Algorithmus nicht beherrsche. Diesbezüglich habe ich den Albtraum, dass die deutsche Finanzverwaltung abhängig ist von einer IT-Dienstleistung aus bspw. den USA. Derjenige, der den Algorithmus beherrscht, hat die Macht. Und die USA haben den Zugriff auf Google. Mein Kritikpunkt ist, dass wir in Deutschland und Europa in den letzten zwanzig Jahren einfach „verpennt" haben, eine eigene IT-Politik zu verfolgen. China holt derweil Silicon Valley ein. Es bedarf nun eines erheblichen

Einsatzes von Ressourcen, um die digitale Souveränität zu erhalten bzw. wiederzugewinnen.

Prof. Dr. *Johanna Hey,* **Köln**

In der verbleibenden Zeit würde ich gerne auf die Frage zurückkommen, was die Digitalisierung für Auswirkungen auf die Berufsausbildung hat. Herr *Kaeser*, achten Sie bei der Einstellung von Steuerfachleuten darauf, dass sie IT-Kenntnisse mitbringen?

Prof. Dr. *Christian Kaeser,* **München**

Wir stellen meist nur Kollegen ein, die bereits über drei bis fünf Jahre Berufserfahrung verfügen. Dabei achten wir zwischenzeitlich sehr darauf, dass diese offen gegenüber IT-Themen sind und eine agile Arbeitseinstellung mitbringen. Wer heutzutage davon ausgeht, dass er auch in zehn, zwanzig oder gar dreißig Jahren noch dasselbe machen wird bzw. in derselben Form arbeiten wird, ist entweder naiv oder Politiker. Beides qualifiziert nicht für eine Tätigkeit bei uns. Neben Steuerexperten stellen wir zwischenzeitlich aber auch Datenanalysten ein und investieren viel in die Fortbildung unserer Mitarbeiter fürs digitale Arbeiten und Verständnis. Und dabei fangen nicht nur die jüngeren Kollegen Feuer: In unserer US-Steuerabteilung haben zwei Kolleginnen, deren Alter man natürlich nicht nennen darf – wir reden ja über die USA –, die aber nicht unbedingt zu den Berufseinsteigern zählen, gerade eine längere Schulung auf Alteryx hinter sich gebracht und sind absolut begeistert von den Möglichkeiten, die diese Software zur Automatisierung manueller Arbeitsschritte bietet.

Prof. Dr. *Johanna Hey,* **Köln**

Das bedeutet, dass die Konzerne sich eher die IT-Expertise dazu kaufen. Herr *Fettke*, geht es hier überhaupt um etwas, was Juristen dazulernen können, möglicherweise auch müssen? Was müssen wir anbieten? Eine eigene Unterrichtseinheit zur Digitalisierung im Steuerrecht? Oder ist das etwas, was wir bei der Methodik unterbringen müssen?

Prof. Dr. *Peter Fettke,* **Saarbrücken**

Ich habe auch die umgekehrte Sorge, nämlich, dass der IT-Welt die juristische Perspektive nicht klar ist. Da hilft sicherlich eine gute Kommunikation. Ich möchte kurz etwas weiter ausholen. In den 50er Jahren haben Frauen bei der NASA in sog. Computerzimmern mathematische Berechnungen durchgeführt. Darauf geht die Namensgebung des Computers zurück. Wenn man heute von Computer spricht, denkt jeder an die Maschine, aber nicht an den Beruf des Computers. Es handelt sich um ein Paradebeispiel für die gänzliche Verdrängung eines Berufszweigs durch eine Maschine. Das ist sicherlich ein Extrembeispiel, ist aber auch zukünftig für Berufszweige zu erwarten.

IT-Fähigkeiten dürfen nicht erst in der Universität vermittelt werden, sondern schon viel früher. Man sollte bestimmte Grundlagen wie Lesen, Schreiben oder Rechnen mit Grundlagen zum algorithmischen Denken ergänzen. Das kann auch schon in der Grundschule verankert werden.

Zur Personalentwicklung möchte ich anmerken, dass empirische Studien zeigen, dass beispielsweise bei den großen Wirtschaftsprüfungsgesellschaften die Hierarchieebenen deutlich flacher werden. Das liegt auch daran, dass viele einfache Aufgaben durch technischen Fortschritt rationalisiert werden.

Prof. Dr. *Johanna Hey*, Köln

Herr *Schwab*, Sie haben gerade schon den Ausbildungsgang des Fachassistenten für Rechnungswesen und Controlling angesprochen. Kann ein Absolvent dieser Ausbildung eigentlich auch selbst programmieren oder nur die Programme anwenden?

Dr. *Hartmut Schwab*, München

Wir haben inzwischen die gesonderte Ausbildung zum Fachassistenten für Rechnungswesen und Controlling. Diese Ausbildung ist speziell auf den Umgang mit automatischen Buchführungssystemen zugeschnitten. Wir müssen unsere jetzt tätigen Mitarbeiter im Bereich der Buchhaltung weiterqualifizieren. Wir brauchen außerdem auch Lösungen beim Mandanten. Dazu müssen wir Mitarbeiter zum Mandanten schicken können, die dann vor Ort beraten können. Wir haben einen weiteren Ausbildungslehrgang entwickelt, der in den nächsten Monaten vorgestellt wird. Das ist der Fachassistent für IT-Fragen. Diese Steuerfachleute sollen an den Schnittstellen eingesetzt werden, eine Art Außendienst sozusagen.

Prof. Dr. *Johanna Hey*, Köln

Müssen Steuerberater gute Steuererklärungssoftware fürchten?

Dr. *Hartmut Schwab*, München

Diese Frage gab es ja schon vor zwanzig Jahren, als die ersten WISO-Programme rauskamen. Von einem Aussterben der Steuerberater habe ich bislang nichts gehört. Der Berufsstand wächst jedes Jahr deutlich. Und im Gegenteil: Steuerkanzleien suchen Steuerberater zum Einstellen und finden keine.

Prof. Dr. *Johanna Hey*, Köln

Stichwort Steuergestaltung: Wird der kreative Steuergestalter künftig durch IT ersetzt? Kann man mit IT möglicherweise schneller und besser gestalten? Kann man „§ 42 AO"-Risiken aufdecken und vermeiden? Herr *Kaeser*, können Sie sich den Einsatz solcher Instrumente vorstellen?

Prof. Dr. *Christian Kaeser*, München

Schon seit etlichen Jahren gibt es Softwarelösungen, die bei der Holdingplanung unterstützen: GainTax und Corptax. Die Programme sind mit den DBA und den lokalen Regelungen zu Quellensteuern und zur lokalen Besteuerung von Dividenden, Zinsen und Lizenzen sowie zu Veräußerungsgewinnen gefüttert und man kann seinen Beteiligungsbaum bauen und sofort auf die entsprechenden steuerlichen Folgen analysieren. Das ist aber letztlich nichts anderes als eine vereinfachte Form der Informationsbeschaffung. Diese läuft mehr und mehr digital ab, kaum noch ein Kollege, der ohne mehrere Datenbanken arbeitet. Die kreative, gestalterische Arbeit kommt aber immer noch vom Menschen. Der digitale Input zu diesem gestalterischen Prozess mag mehr und mehr von der Maschine kommen, aber ich glaube nicht, dass ich noch erleben werde, dass die Maschine im Steuerrecht den Menschen vollständig ersetzt.

Prof. Dr. *Johanna Hey*, Köln

Abschließend die Frage: Wie stellen Sie sich die Zukunft des Steuerrechts im Jahre 2050 vor?

Dr. *Johann Bizer*, Kiel

Meine Vision habe ich bereits vorgestellt. Die Finanzverwaltung muss serviceorientiert, soweit es geht automatisiert und agil, im Sinne von schneller Fehlerbehebung, sein und mit offenen Lernsystemen arbeiten. Am Beispiel des Kindergelds habe ich Ihnen die Funktion der Steuerverwaltung als Zulieferer von Daten gezeigt. Bürger, die einen Anspruch ha-

189

ben, sollen schneller zu ihren Leistungen kommen. Der Steuerpflichtige muss die Steuererklärung schnell und simpel erledigen können, ohne das Gefühl zu haben, dass andere mit mehr Wissen, mehr Steuern einsparen.

Prof. Dr. *Johanna Hey*, Köln

Vielen Dank. Ich denke, das ist auch heute Morgen deutlich geworden. Die Digitalisierung bietet großes Potential im Hinblick auf die Besteuerungsgleichheit. Das hat auch eine große Bedeutung für die Akzeptanz der Besteuerung. Herr *Kaeser*, wie wird die Steuerabteilung eines großen Konzerns 2050 aussehen?

Prof. Dr. *Christian Kaeser*, München

Ich glaube, mein Job wird auch 2050 sicher sein, weil der Vorstand einer deutschen Aktiengesellschaft nachvollziehbarerweise eher risikoavers ist und immer jemanden brauchen wird, der ihn organisatorisch entlastet – und das kann keine Maschine sein. Die Mitarbeiterzahlen der Steuerabteilung werden aber bis dahin weltweit stark gesunken sein, die IT wird die manuell aufwendigeren Prozesse vollständig abgebildet und übernommen haben, so dass nur höherwertige Tätigkeiten verleiben. Also alles in allem kein schlechter Ausblick.

Dr. *Hartmut Schwab*, München

Ich mache mir für den Berufszweig des Steuerberaters keine Sorgen. Genau wie die Vorstände von Aktiengesellschaften brauchen auch Mandanten Absicherung in der Steuerfunktion. Mit der fortschreitenden Automatisierung geht es uns eigentlich immer besser. Und ich gehe davon aus, dass der Steuerberater immer einen Platz im System haben wird.

Prof. Dr. *Johanna Hey*, Köln

Herr *Fettke*, wo sehen Sie uns in 30 Jahren?

Prof. Dr. *Peter Fettke*, Saarbrücken

Wir leben in der Forschung stark von den Visionen. Sie kennen sicherlich die Vision, dass ein Computer einmal den amtierenden Schachweltmeister oder Jeopardy-Meister schlagen kann. Die Forscher, die sich mit Roboterfußball beschäftigen, gehen davon aus, dass die Robotermannschaft die amtierende Nationalmannschaft bis 2050 schlagen könnte.

Im steuerlichen Bereich werden sicher eine ganze Reihe Aufgaben wegfallen. Aber es werden neue Nebenaufgaben dabei entstehen. Man darf den Wandel jedoch nicht verpassen.

Prof. Dr. *Johanna Hey,* **Köln**

Herzlichen Dank an unser Panel.

Amtsermittlungsgrundsatz und Risikomanagement

Prof. Dr. *Klaus-Dieter Drüen*

Ludwig-Maximilians-Universität München
Richter am FG Düsseldorf

I. Amtsermittlung als finanzbehördliches Untersuchungsermessen

Das mir vorgegebene Thema „Amtsermittlungsgrundsatz und Risikomanagement" war (mittelbar) bereits Gegenstand der Stuttgarter Tagung
der DStJG zum „Steuervollzug im Rechtsstaat" im Jahre 2007[1]. Es ver-
dankt seine Aktualität der legislatorischen Aktion zum Steuerverfahrensrecht: Das finanzbehördliche Untersuchungsermessen, das seit jeher[2] in

---

1 *Seer*, Der Vollzug von Steuergesetzen unter den Bedingungen einer Massenver-
   waltung, in DStJG 31 (2008), S. 7; *Schmidt*, Moderne Steuerungssysteme im
   Steuervollzug, in DStJG 31 (2008), S. 37.
2 Näher zur Entwicklungsgeschichte *Söhn* in Hübschmann/Hepp/Spitaler, § 88
   AO Rz. 1 ff. (März 2010).

§ 88 Abgabenordnung (AO) normiert ist[3], wurde im Zuge der Modernisierung des Besteuerungsverfahrens im Jahre 2016[4] modifiziert und ergänzt[5]. Während zuvor für das finanzbehördliche Risikomanagement[6] nur eine Verordnungsermächtigung in § 88 Abs. 3 AO a.F.[7] existierte[8], die aber wegen Abstimmungsproblemen im föderalen Prozess und rechtlicher Zweifel[9] nie ausgefüllt worden ist, hat der modernisierende Gesetzgeber seither erstmals in den Gesetzestext zum Untersuchungsgrundsatz ausdrückliche Vorgaben hinsichtlich der risikoorientierten Untersuchung aufgenommen (§ 88 Abs. 5 AO). Das verdient – in Anschluss an frühere Arbeiten[10] – eine nähere Betrachtung.

---

3 Zum finanzbehördlichen Amtsermittlungsgrundsatz „vor der Modernisierung" eingehend *Spilker*, Behördliche Amtsermittlung, 2015, S. 67 ff.

4 Aus dem überreichen Schrifttum zur AO-Modernisierung *Baldauf*, DStR 2016, 833; *Baum/Sonnenschein*, NWB 2016, 2626, 2706, 2778, 2852 und 2935; *Gehm*, StuB 2016, 580; *Gläser/Schöllhorn*, DStR 2016, 1577; *Heintzen*, DÖV 2015, 780; *Höreth/Stelzer*, DStZ 2016, 520; *Merker*, Steuer und Studium 2016, 398; *Ortmann-Babel/Franke*, DB 2016, 1521; *Schmitz/Prell*, NVwZ 2016, 1273; *Schwenker*, DB 2016, 375; *Seer*, StuW 2015, 315; *Seer*, DStZ 2016, 605; *Seer* in Jahrbuch des Bundesverbands der StB 2016, 2016, S. 55; *Seer* in StbJb. 2016/2017, S. 539; *Zaumseil*, NJW 2016, 2769.

5 § 88 AO i.d.F. von Art. 1 Nr. 12 des Gesetzes zur Modernisierung des Besteuerungsverfahrens v. 18.7.2016, BGBl. I 2016, 1679 (1683 f.).

6 Zur berechtigten Kritik am Anglizismus bereits *Tipke*, Die Steuerrechtsordnung, Bd. III, 2. Aufl. 2012, S. 1479. Vorzugswürdig ist der Begriff risikoorientierter Steuervollzug. Gleichwohl wird im Folgenden auch der Gesetzesbegriff der Risikomanagementsysteme (§ 88 Abs. 5 Satz 1 AO) verwendet.

7 Art. 10 Nr. 2 des Gesetzes zur Modernisierung und Entbürokratisierung des Steuerverfahrens (Steuerbürokratieabbaugesetz) v. 20.12.2008, BGBl. I 2008, 2850 (2856), mit Wirkung v. 1.1.2009.

8 Darauf gestützt im Jahre 2011 BMF, Referentenentwurf einer „Verordnung über Art und Umfang der steuerlichen Ermittlungen der Landesfinanzbehörden bei Einsatz automationsgestützter Risikomanagementsysteme (Steuer-Ermittlungs-Verordnung – StErmV)".

9 Dazu *Haunhorst*, DStR 2010, 2105 (2106 ff.); *Modlinger*, Stbg 2011, 515 f.; *Spindler*, FR 2011, 122 (123).

10 *Drüen*, Risikomanagement im Besteuerungsverfahren – Kostendruck und Vollzugpflicht der Steuerverwaltung, in Brandt (Hrsg.), 9. Deutscher Finanzgerichtstag 2012, 2013, S. 253; *Drüen*, Modernisierungsschritte für das Besteuerungsverfahren – Bestandsaufnahme und Perspektiven, in Brandt (Hrsg.), 14. Deutscher Finanzgerichtstag 2017, 2018, S. 250; zuletzt *Drüen*, DB 2018, 11 (12), worauf ich in diesem Beitrag ohne Einzelnachweise allgemein Bezug nehme.

1. Behördlicher Untersuchungsgrundsatz und bereichsspezifische Ausfüllung in Steuerverfahren

Ausgangspunkt jeder behördlichen Ermittlungstätigkeit ist der gesetzliche Untersuchungsgrundsatz der jeweiligen Fachbehörde, auf dem die Verwaltungsverfahren nach allen Verfahrensordnungen, neben der Abgabenordnung (§ 88 AO) auch das allgemeine Verwaltungsrecht (§ 24 VwVfG) und das Sozialverfahrensrecht (§ 20 SGB X), aufbauen. Der Untersuchungsgrundsatz ist von entscheidender Bedeutung, weil von der ordnungsgemäßen und zutreffenden Ermittlung der entscheidungserheblichen Tatsachen die Rechtmäßigkeit der zu erlassenden Entscheidung abhängt[11]. Im Zentrum des Untersuchungsgrundsatzes steht, dass die Behörde verpflichtet ist, sich von Amts wegen eine eigene Überzeugung von der Wahrheit und Richtigkeit des Sachverhalts zu bilden[12]. Der verfahrensführenden Behörde als Adressat des Untersuchungsgrundsatzes steht dabei im Rahmen des Normprogrammes ein „Ermittlungsermessen" zu[13]. Trotz entsprechender Wortfassungen ist der Inhalt des Untersuchungsgrundsatzes in den einzelnen Verfahrensordnungen nicht zwingend deckungsgleich, weil der Amtsermittlungsgrundsatz kontextual verstanden werden muss. Der Amtsermittlungsgrundsatz ist insoweit eine fachspezifische und entwicklungsoffene Zielvorgabe, die in Abhängigkeit vom konkreten Vollzugsauftrag der Fachbehörde (im Steuerrecht: § 85 AO) zu konkretisieren ist. Art und Umfang der behördlichen Kontrolle hängen jeweils von der einschlägigen Materie und den dafür geltenden rechtlichen Bestimmungen ab, so dass sich insoweit nur schwer allgemeine Maßstäbe aufstellen lassen[14]. Der Amtsermittlungsgrundsatz mit der behördlichen Untersuchungspflicht und die Mitwirkungspflicht des Betroffenen hängen wechselseitig voneinander ab[15]. Aufgrund dieser Wechselbeziehung ist der Inhalt der Amtsermittlungspflicht im einzelnen Verwaltungsverfahren in Abgrenzung zu den spiegelbildlichen Mit-

---

11 *Maurer/Waldhoff*, Allgemeines Verwaltungsrecht, 19. Aufl. 2017, § 19 Rz. 26.

12 *Kopp/Ramsauer*, 19. Aufl. 2018, § 24 VwVfG Rz. 2; zustimmend *Engel/Pfau* in Mann/Sennekamp/Uechtritz, 2014, § 24 VwVfG Rz. 8.

13 Zur Begründung *Engel/Pfau* (Fn. 12), § 24 Rz. 12, 19 m.w.N.

14 *Kopp/Ramsauer* (Fn. 12), § 24 Rz. 10.

15 Näher *Kobor*, Kooperative Amtsermittlung im Verwaltungsrecht, 2009, S. 73 f., 111 ff. m.w.N., nach dessen Ansicht zwar nicht die Ermittlungspflicht der Behörde endet, wo die Mitwirkungspflicht der Beteiligten beginnt (dafür *Krüger*, DStZ 2017, 761 [762] m.w.N.), aber durch letztere zumindest die Reichweite der behördlichen Aufklärungspflicht determiniert wird.

wirkungspflichten der Beteiligten zu konkretisieren. Dabei greifen im Gegensatz zum allgemeinen Verwaltungsrecht, wo die Beteiligten abgesehen von spezialgesetzlichen Regelungen grundsätzlich nur schwach ausgeprägte Mitwirkungspflichten treffen[16], im Steuerrecht weitreichende Mitwirkungspflichten (§§ 90 ff. AO)[17]. Darum verbieten sich allgemeine und abstrakte Aussagen, wie der Untersuchungsgrundsatz anzuwenden ist. Er muss vielmehr, auch für die erforderliche „Ermittlungstiefe der Behörde"[18], bereichsspezifisch zugeschnitten werden. Die rechtlichen Bestimmungen für den Amtsermittlungsgrundsatz beim Steuervollzug hat der Gesetzgeber durch die Neufassung des § 88 AO im Zuge der Modernisierung des Besteuerungsverfahrens neu austariert.

2. Maßstab der finanzbehördlichen Aufklärungspflicht im Massenfallrecht

Ist der Amtsermittlungsgrundsatz bereichsspezifisch zu konkretisieren, so sind für den Maßstab der finanzbehördlichen Aufklärungspflicht die Bedingungen des Massenfallrechts[19] prägend. Das finanzbehördliche Massenverwaltungsrecht steht im Spannungsfeld der Gewähr der Gleichmäßigkeit und der Gesetzmäßigkeit der Besteuerung (Art. 3 Abs. 1, Art. 20 Abs. 3 GG/§ 85 AO) und der Wahrung der Freiheitsrechte der Steuerpflichtigen (Art. 2 Abs. 1, Art. 12 Abs. 1, Art. 14 Abs. 1 GG). Verfassungsrechtlich markieren diese Verfassungsgüter für den Steuervollzug ein Dreieck, innerhalb dessen der Gesetzgeber bei der Normierung der Steuergesetze und die Verwaltung bei der verfahrensrechtlichen Umsetzung vor einer Optimierungsaufgabe stehen[20]. Es darf nicht einseitig eine besonders intensive Aufklärung nur in einzelnen Fällen mit dem kompletten finanzbehördlichen Verifikationsprogramm erfolgen, während im Massenverwaltungsrecht bei einer Vielzahl anderer Fälle eine Überprüfung der Steuerdeklarationen vollkommen unterlassen wird. Unter den Knappheitsbedingungen beschränkter personeller Ressourcen steht die zuständige Finanzbehörde vor einer Optimierungsentscheidung, welchen Fällen sie sich in welcher Ermittlungstiefe zuwendet.

---

16 *Kopp/Ramsauer* (Fn. 12), § 24 Rz. 1.
17 Gegenüberstellend *Kobor* (Fn. 15), S. 93 ff., 122 ff.
18 Treffend *Kopp/Ramsauer* (Fn. 12), § 24 Rz. 15.
19 Dazu bereits *Seer* in DStJG 31 (2008), S. 7 (9 ff.).
20 Grundlegend *Seer* in DStJG 31 (2008), S. 7 (13 ff.); *Seer* in Tipke/Kruse, AO/FGO, § 85 AO Rz. 26 (Jan. 2017); *Seer* in Tipke/Lang, Steuerrecht, 23. Aufl. 2018, § 21 Rz. 2.

Der Amtsermittlungsgrundsatz des § 88 AO dient der nachvollziehenden Verifikation[21] der für die einzelnen Steuergesetze erheblichen Sachverhalte durch die zuständige Finanzbehörde. Ich habe dafür den Begriff der Verifikationsverwaltung[22] geprägt[23]. Im Gegensatz zur aktiv sozial- und zukunftsgestaltenden Verwaltung[24], wofür besonders die Kultur-, Schul- und Bauverwaltung mit eigenständigen Gestaltungszielen stehen, ist das gesetzliche Ziel der Finanzbehörden, die Steuergesetze ohne eigene Gestaltungswertungen zu vollziehen. Sie haben keine originäre Wirtschafts- und Sozialgestaltungsaufgabe, sondern eine – durchaus anspruchsvolle – Vollzugsaufgabe. Wenn § 85 AO festschreibt, dass die Finanzbehörden die Steuergesetze gleichmäßig nach Gesetz festzusetzen haben, so ist der in Satz 2 auferlegte „Sicherstellungsauftrag" einzelfallbezogen unerfüllbar[25]. Die Betonung der Verifikationsverwaltung soll weder den erheblichen und unersetzbaren Eigenwert des Verfahrens zur Durchsetzung des zwingenden Steuerrechts[26] relativieren noch die Aufgaben und den Gestaltungsspielraum der Finanzbehörden bei ihrer Amtsermittlung[27] marginalisieren. Sie dient der Verdeutlichung, dass den Finanzbehörden keine eigene *materielle* Gestaltungsaufgabe beim Steuervollzug zugewiesen ist. Vielmehr gibt der Gesetzgeber den Finanzbehörden mit den Steuergesetzen das *materielle* Vollzugsprogramm vor und die Verifikationsverwaltung hat dieses im Rahmen ihrer Möglichkeiten umzusetzen. Die Art und Weise der Umsetzung steht im *Verfahrensermessen* der zuständigen Finanzbehörde[28]. Es ist grundsätzlich dem pflichtgemäßen Verfahrensermessen der Behörde überlassen, welche Mit-

---

21 Zur Umwandlung der Pflicht der Behörde von eigenen Ermittlungen zur „nachvollziehenden Kontrolle" im Anwendungsbereich von Mitwirkungspflichten bereits *Kobor* (Fn. 15), S. 117 m.w.N.

22 *Drüen*, Die Zukunft des Steuerverfahrens, in Schön/Beck (Hrsg.), Zukunftsfragen des deutschen Steuerrechts, 2009, S. 1 (11); *Drüen*, FR 2011, 101 (106).

23 Dem folgend *Schmidt* in DStJG 31 (2008), S. 37 (40); *Seer* in Kahl/Waldhoff/Walter, Bonner Kommentar zum GG, Art. 108 GG Rz. 48 (April 2011); *Seer* in Tipke/Lang (Fn. 20), § 21 Rz. 3.

24 Dazu *Maurer/Waldhoff* (Fn. 11), § 1 Rz. 9, 11.

25 *Seer* in Tipke/Kruse (Fn. 20), § 85 AO Rz. 4 (Jan. 2017); *Tipke* (Fn. 6), S. 1416 unter Vergleich mit der realistischeren Formulierung in der österreichischen Bundesabgabenordnung.

26 Diesen zu Recht betonend *Fehling*, Eigenwert des Verfahrens im Verwaltungsrecht, VVDStRL 70 (2011), S. 278 (287).

27 Dieses zu Recht betonend *Seer* in Tipke/Kruse (Fn. 20), § 88 AO Rz. 8 (Jan. 2017); *Roser* in Gosch, AO/FGO, § 88 AO Rz. 4.1 (Juni 2018).

28 *Seer* in DStJG 31 (2008), S. 7 (12); *Seer* in Tipke/Kruse (Fn. 20), § 88 AO Rz. 8 (Jan. 2017) m.w.N.

tel sie zur Erforschung des Sachverhalts anwendet[29]. Dabei ist eine 100-prozentige Vollzugssicherheit im Massenvollzug ausgeschlossen[30]. Wer versucht, für das Steuerverfahren als Massenverfahren den richterlichen Untersuchungsgrundsatz mit der vollen Wahrheitsüberzeugung (§ 96 Abs. 1 FGO) zum Maßstab zu machen[31], muss scheitern[32]. Bei der Anwendung der Steuergesetze kann immer nur die im konkreten Verfahren unter den Bedingungen dieses Verfahrens festgestellte (formelle) Wahrheit zugrunde gelegt werden[33]. Auch die Verfassung gibt nicht vor, dass der Finanzbeamte bei Prüfung der Einkommensteuererklärungen in über 80 Millionen Fällen jeweils ein richterliches Untersuchungsergebnis vorwegnehmen muss. Das Massenverfahren der Verwaltung ist etwas anderes als die rückschauende Einzelfallbetrachtung bei richterlicher Untersuchung. Trotz struktureller Parallelität behördlicher und gerichtlicher Untersuchungsaufträge divergieren Umfang der Aufklärungspflicht und Reaktion bei Verstößen in Verwaltungsverfahren einerseits und im Verwaltungsprozess andererseits[34]. Eine 100-prozentige administrative Vollzugssicherheit ist mithin im Massenvollzug verfassungsrechtlich nicht geschuldet. Das bedeutet keine Freistellung der Finanzbehörde vom Untersuchungsgrundsatz und der Pflicht, sich von Amts wegen eine eigene Überzeugung von der Wahrheit und Richtigkeit des Sachverhalts zu bilden (s. bereits I. 1.). Vielmehr wandelt sich der Inhalt des Untersuchungsgrundsatzes bereichsspezifisch und für die Finanzbehörde tritt an die Stelle eines unrealistischen individuellen 100-prozentigen Gewährleistungsauftrags die Pflicht zur strukturellen Vollzugssicherung[35].

---

29 *Kopp/Ramsauer* (Fn. 12), § 24 Rz. 7.

30 Dagegen bereits näher *Seer* in DStJG 31 (2008), S. 7 (9 ff.); *Seer*, StuW 2015, 315 (317); *Seer* in Tipke/Lang (Fn. 20), § 21 Rz. 6; *Schmidt/Schmitt*, Risikomanagement – Zaubermittel oder Bankrotterklärung der Verwaltung?, in Mellinghoff/Schön/Viskorf (Hrsg.), FS Spindler, 2011, S. 529 (544 f.); sowie *Drüen*, FR 2011, 101 (106).

31 Dazu *Müller-Franken*, Maßvolles Verwalten, 2004, S. 277 ff., 292, 305 f.; explizit gegen das „Schreckbild eines Totalvollzuges" und hinsichtlich der Überzeugungsgewissheit differenzierend jüngst *Müller-Franken*, StuW 2018, 113 (114, Note 16).

32 Auch *Spilker* (Fn. 3), S. 150 f., 298 ff. schränkt das Beweismaß für verschiedene Fallgruppen flexibel ein.

33 Zutreffend bereits *Eckhoff*, Rechtsanwendungsgleichheit im Steuerrecht, 1999, S. 274.

34 Ebenso zu § 24 VwVfG und § 86 VwGO *Kopp/Ramsauer* (Fn. 12), § 24 Rz. 3.

35 Dazu bereits *Seer* in DStJG 31 (2008), S. 7 (11 ff.); *Seer* in Tipke/Kruse (Fn. 20), § 85 AO Rz. 24 ff. (Jan. 2017); sowie *Waldhoff*, Herausforderungen des Verfassungsstaates durch die Digitalisierung, in diesem Tagungsband.

Das BVerfG hat in den bahnbrechenden Entscheidungen zur Zinsbesteue-rung und zur Besteuerung privater Spekulationsgeschäfte klargestellt, dass die Deklaration des Steuerpflichtigen der Verifikation durch die Finanzbehörde bedarf[36]. Dabei muss zumindest eine potentielle Kon-trolle gewährleistet sein[37]. Es darf keine strukturell aufklärungs- und kontrollfreien Räume geben. Denn strukturelle Freiräume gegenüber finanzbehördlicher Verifikation führen dazu, dass der Gesetzgeber den allgemeinen gesetzlichen Vollziehungsanspruch quasi verwirkt. Die Fi-nanzverwaltung als Verifikationsverwaltung braucht dabei zur struktu-rellen Vollzugssicherung ein *Verifikationskonzept*. Eine Behörde darf ihr Ermessen nicht ohne erkennbaren Grund unterschiedlich, system-widrig oder gar planlos ausüben[38]. Darum treffen gerade die Ermessens-verwaltung Konzeptpflichten[39], ihren Handlungsspielraum zu (konsis-tenten) Entscheidungsprogrammen und -maßstäben zu entwickeln[40]. Die Finanzbehörden müssen ihre beschränkten Ressourcen adäquat nach sachlichen Kriterien und nach dem willkürlichen, zur Absicherung der Sachauswahl aber unverzichtbaren Zufallsprinzip[41] verteilen, um ei-ne strukturelle Vollzugssicherung zu gewährleisten[42]. Das führt zur Fol-gefrage der verfassungsrechtlichen, gesetzlichen und untergesetzlichen Steuerung des finanzbehördlichen Ermessens bei der Amtsermittlung.

II. Allgemeine Determinanten des finanzbehördlichen Verfahrensermessens

1. Verfassungsrechtliche Vorgaben der Gesetzmäßigkeit und Gleichmäßigkeit der Besteuerung

Im Unterschied zum materiellen Steuerrecht, das strikt gesetzesgebun-den ist und grundsätzlich kein Ermessen kennt[43], weist das Steuerver-

---

36 BVerfG v. 27.6.1991 – 2 BvR 1493/89, BVerfGE 84, 239 (271 ff.); BVerfG v. 9.3.2004 – 2 BvL 17/02, BVerfGE 110, 94 (115); dazu *Tipke* (Fn. 6), S. 1461 ff.

37 Näher *Birk*, StVj. 1991, 310 (314); *Söhn* (Fn. 2), § 88 AO Rz. 196 (März 2010).

38 Explizit zur Ermessensausübung der Bauaufsichtsbehörden beim Vorgehen ge-gen Schwarzbauten BVerwG v. 24.7.2014 – 4 B 34/14, BauR 2014, 1923 Rz. 4 m.w.N.

39 Allgemein zu administrativen Konzeptpflichten *Schenke/Rutig* in Kopp/Schenke, 24. Aufl. 2018, § 114 VwGO Rz. 45a.

40 Ähnlich *Maurer/Waldhoff* (Fn. 11), § 7 Rz. 14.

41 *Heintzen*, DÖV 2015, 780 (786); *Müller-Franken*, Maßvolles Verwalten, 2004, S. 342; *Müller-Franken*, StuW 2018, 113 (120).

42 *Seer* in Tipke/Lang (Fn. 20), § 21 Rz. 7.

43 *Drüen* in Tipke/Kruse (Fn. 20), § 5 AO Rz. 24 (Okt. 2018) m.w.N.

fahrensrecht der Finanzbehörde bei der Umsetzung ein Verfahrensermessen zu[44]. Zahlreiche gesetzliche Vorschriften räumen der Finanzbehörde Ermessen ein[45]. Gerade der Untersuchungsgrundsatz ist das beste Beispiel für das Verfahrensermessen der Verwaltung und ihren „Ermittlungsspielraum" hinsichtlich Art und Umfang der Sachaufklärung[46]. Der Gesetzgeber kann und will keine gesetzliche Vollsteuerung der finanzbehördlichen Kontrolle leisten. Eine abstrakt-generelle Regelung könnte keine Einzelfallgerechtigkeit gewährleisten[47]. Mit den „verfahrensermessensleitenden Vorgaben" nach § 88 Abs. 2 Satz 2 AO[48] als gesetzlicher Richtungssteuerung überantwortet der Gesetzgeber die Sachverhaltsaufklärung dem Ermessen der zuständigen Finanzbehörde. Ermessen schafft Handlungsspielräume der Verwaltung mit einer gewissen Flexibilität und Elastizität[49]. Die Finanzbehörde hat zwar wegen des Untersuchungsgrundsatzes kein Entschließungsermessen über das Ob der Aufklärung, aber trotz des Legalitätsprinzips im Besteuerungsverfahren pflichtgemäßes Auswahlermessen hinsichtlich der einzelnen Maßnahmen, die die AO zur Aufklärung zur Verfügung stellt (§ 92 AO)[50].

Die Ausfüllung des Untersuchungsgrundsatzes ist nicht allein Kunst des Verwaltungshandelns. Die Behörde ist zwar „Herrin des Verwaltungsverfahrens", aber dabei rechtlich gebunden[51]. Verwaltungsermessen im Rechtsstaat ist niemals „frei" im Sinne von „gewillkürt"[52]. Behördliches Ermessen ist hinsichtlich der Ziele und der Maßstäbe immer gesetzesgebunden (vgl. § 5 AO) und muss die Grenzen des Verfassungsrechts wahren, aber auch seine Impulse umsetzen[53]. Ziele und Impulse der Ermessensausübung lassen sich entlang der Normenpyramide zunächst aus der

---

44 Zuletzt *Popel*, Das vorgeprägte und intendierte Ermessen im Steuerrecht, 2018, S. 53 f.

45 Überblick bei *Drüen* in Tipke/Kruse (Fn. 20), § 5 AO Rz. 8 ff. (Okt. 2018).

46 Zum „Ermittlungsspielraum" bereits *Seer* in DStJG 31 (2008), S. 7 (12); *Seer* in Tipke/Kruse (Fn. 20), § 88 AO Rz. 8 (Jan. 2017).

47 *Popel* (Fn. 44), 2018, S. 10.

48 *Seer* in Tipke/Kruse (Fn. 20), § 88 AO Rz. 12 ff. (Jan. 2017).

49 *Wernsmann* in Hübschmann/Hepp/Spitaler, § 5 AO Rz. 27 (April 2018).

50 *Seer* in Tipke/Kruse (Fn. 20), § 92 AO Rz. 5 (Aug. 2018); *Söhn* (Fn. 2), § 92 AO Rz. 20 (Nov. 2017).

51 *Maurer/Waldhoff* (Fn. 11), § 19 Rz. 26.

52 *Schoch*, Gerichtliche Verwaltungskontrollen, in Hoffmann-Riem/Schmidt-Aßmann/Voßkuhle, Grundlagen des Verwaltungsrechts, Bd. 3, 2. Aufl. 2013, § 50 Rz. 270.

53 Zur Ermessenssteuerung durch Verfassungsrecht *Drüen* in Tipke/Kruse (Fn. 20), § 5 AO Rz. 50 ff. (Okt. 2018).

Verfassung ableiten. Art. 20 Abs. 3 GG und Art. 3 Abs. 1 GG konstituieren die Gesetzmäßigkeit und die Gleichmäßigkeit der Besteuerung. Darauf aufbauend prägen §§ 85 und 88 AO diese „Besteuerungsgrundsätze"[54] einzelgesetzlich aus und setzen damit den Rahmen für die einzelnen Ermittlungsmaßnahmen nach §§ 88 ff. AO. Die verfahrenszweckadäquate Konkretisierung[55] im Einzelfall ist Aufgabe der Finanzverwaltung. Bei der Ausübung des finanzbehördlichen Verfahrensermessens ist das Kontrollbedürfnis im Einzelfall die Ermessensleitlinie. Gleichmäßiger Gesetzesvollzug verlangt nicht die Kontrolle nach dem quantitativen Ergebnis, vielmehr ist das Kontrollbedürfnis der richtige Maßstab für die Verteilung der limitierten Verifikationsressourcen der Finanzbehörden[56].

2. Generelle vs. individuelle Steuerung der finanzbehördlichen Ermessensausübung und „Computer-Ermessen" beim Steuervollzug

Die Verwaltung hat ihre Ermessensentscheidung grundsätzlich am konkreten Einzelfall auszurichten[57]. Die Ermessenseinräumung ermöglicht der zuständigen Behörde im konkreten Fall eine situativ angemessene, sachgerechte Entscheidung, die in erster Linie durch die jeweiligen Umstände (vor)geprägt wird[58]. Allerdings ist eine individuelle Ermessensausübung nicht in jedem Einzelfall zwingend, zumal sie den einzelnen Sachbearbeiter überfordern und zur ungleichen Verwaltungsübung führen könnte. Darum erlässt gerade die Finanzverwaltung als Massenfallverwaltung Ermessensrichtlinien mit Selbstbindung der Verwaltung im typischen Fall[59]. Typisierende Ermessensrichtlinien stehen unter dem Vorbehalt, in einem atypischen Fall andere und für diesen sachgerechte Ermittlungsmaßnahmen anzuwenden. Generelle Ermessensleitlinien müssen insoweit eine Öffnungsklausel für eine individuelle Ermessensausübung in atypischen Fällen enthalten. Die Ermessenssteuerung der Verwaltung lässt sich als Anwendungsfall des steuerungswissenschaftli-

---

54 So die amtliche Überschrift von § 85 AO.
55 Dazu *Söhn* (Fn. 2), § 92 AO Rz. 21 (Nov. 2017).
56 *Seer* in Tipke/Kruse (Fn. 20), § 88 AO Rz. 14 (Jan. 2017); *Seer*, StuW 2015, 315 (324); *Tipke* (Fn. 6), S. 1408, 1460 f.
57 *Maurer/Waldhoff* (Fn. 11), § 7 Rz. 13 ff.
58 *Schoch* (Fn. 52), § 50 Rz. 269.
59 *Drüen* in Tipke/Kruse (Fn. 20), § 4 AO Rz. 93 (Okt. 2011) m.w.N.

chen Ansatzes begreifen[60]. Das Vollzugs- und Verfahrensermessen der Finanzverwaltung lässt sich nicht bis ins Detail gesetzlich vorsteuern. Darum erfolgt die Ermessensausübung auf verschiedenen gesetzlichen und untergesetzlichen Steuerungsebenen. Grundsätzlich leistet „das Parlamentsgesetz ... nur eine Vorsteuerung, die durch die Konkretisierung (als Nach- und Feinsteuerung durch die Rechtsanwender) vervollständigt wird"[61]. Speziell die Ermessensausübung wird im System der gestuften Verwaltungssteuerung gesetzlich und untergesetzlich sowie generell und individuell gesteuert. Im Zuge der Modernisierung des Besteuerungsverfahrens kommen Elemente einer „automatisierten" Ermessensausübung im Steuerrecht hinzu[62]. Grundsätzlich kann das individuelle Ermessen nicht durch „Computer-Ermessen" ersetzt werden[63]. Dient die Einräumung von Ermessen der Gewähr von Einzelgerechtigkeit, so sollen „Algorithmen prinzipiell keine Ermessensentscheidungen vornehmen (dürfen)"[64]. Einerseits erscheint ein autonomes „Computer-Ermessen" abgekoppelt von der menschlichen Programmierung derzeit noch nicht realisierbar. Andererseits wäre eine *vollständig* automationsgestützte Ausübung des Ermessens unzulässig, aber im mehrstufigen Prozess der Steuerung des behördlichen Ermittlungsermessens erscheint eine Differenzierung geboten[65]: An die Stelle generell-abstrakter Verwaltungsanweisungen kann durchaus ein Computerprogramm[66] als Quasi-Verwaltungs*vor*steuerung Vorschläge und Prüfhinweise erteilen, ohne dass dem Amtsträger durch diese Mischform der abstrakt-konkreten Ermessenssteuerung die einzelfalladäquate Auswahl der Ermittlungsbefugnisse abschließend vorgegeben wird. Die eingeschränkte Bindungswirkung von Ermessensrichtlinien mit Öffnungsklauseln für atypische Fälle gilt noch in stärkerem Maße für computertechnische Vorschläge zur Ermes-

---

60 So *Schoch* (Fn. 52), § 50 Rz. 269.
61 So allgemein zur Steuerungsfunktion des Gesetzes *F. Reimer*, Das Parlamentsgesetz als Steuerungsmittel und Kontrollmaßstab, in Hoffmann-Riem/Schmidt-Aßmann/Voßkuhle, Grundlagen des Verwaltungsrechts, Bd. 1, 2. Aufl. 2012, § 9 Rz. 1.
62 Zu den aufgeworfenen Rechtsfragen anregend *Helbich*, DStR 2017, 574.
63 *Drüen* in Tipke/Kruse (Fn. 20), § 5 AO Rz. 42 (Okt. 2018).
64 Apodiktisch *Braun Binder*, NVwZ 2016, 960 (963).
65 Ebenso *Helbich*, DStR 2017, 574 (575 f.).
66 Dabei ist die „Eigendynamik" des Einsatzes und der Fortentwicklung von Computerprogrammen an der Stelle von (analogen) Verwaltungsvorschriften nicht zu unterschätzen (*Maier*, JZ 2017, 614 [618]).

sensausübung. Insoweit kann der Computer die Ermessensausübung nur vorstrukturieren, aber (noch?) nicht abschließend vornehmen[67]. Die Steuerungsebenen und -formen des Ermessens dürfen sachgerechte, individuelle Ermittlungsansätze des zuständigen Amtsträgers nicht unterbinden. Mit diesen Vorgaben steht für die finanzbehördliche Ausfüllung des Ermessensraumes die gesamte Bandbreite verwaltungsrechtlicher Steuerung offen, woran – wie noch zu zeigen ist (sub III. 3.) – auch der nunmehr gesetzlich geleitete risikoorientierte Steuervollzug nach § 88 Abs. 5 AO n.F. nichts ändert.

3. Föderale Ermessenssteuerung und -kontrolle

Zur allgemeinen Ausdifferenzierung der Ermessenssteuerung auf verschiedenen Normebenen kommen beim Steuervollzug wegen der gespaltenen Steuerverwaltungskompetenz (Art. 108 GG) noch föderale Elemente[68] der Ermessenssteuerung und der Ermessenskontrolle hinzu[69]. Um eine Mindesthomogenität bei der Ausübung des finanzbehördlichen Verfahrensermessens zu garantieren, normiert § 88 Abs. 3 AO seit 2016 erstmals spezialgesetzlich ein Weisungsrecht der obersten Finanzbehörden über Art und Umfang der Ermittlungen[70]. Speziell für die Ausgestaltung der Risikomanagementsysteme auf dem Gebiet der von den Landesfinanzbehörden im Auftrag des Bundes verwalteten Steuern legt § 88 Abs. 5 Satz 5 AO den föderalen Abstimmungsprozess zwischen Ländern und Bund fest. Das betrifft die Kernsteuern, Einkommen- bzw. Körperschaftsteuer und Umsatzsteuer, die als Gemeinschaftsteuern (Art. 106 Abs. 3 GG) durch die Landesfinanzverwaltungen im Auftrag des Bundes

---

67 Zur – nicht zu bestreitenden – Gefahr eines gesetzesderogierenden „code law" (*Ahrendt*, NJW 2017, 537 [540]; *Maier*, JZ 2017, 614 [618]) s. noch sub III. 4.

68 Zur Steuerverwaltung im föderalen Staat auch *Waldhoff* in diesem Tagungsband.

69 Zur föderalen Dimension des Steuervollzugs allgemein *Schmitt*, Steuervollzug im föderalen Rechtsstaat, in DStJG 31 (2008), S. 99 mit nachfolgender Diskussion, S. 157 ff.

70 § 88 Abs. 3 Sätze 1 und 2 AO n.F. lauten: „Zur Gewährleistung eines zeitnahen und gleichmäßigen Vollzugs der Steuergesetze können die obersten Finanzbehörden für bestimmte oder bestimmbare Fallgruppen Weisungen über Art und Umfang der Ermittlungen und der Verarbeitung von erhobenen oder erfassten Daten erteilen, soweit gesetzlich nicht etwas anderes bestimmt ist. Bei diesen Weisungen können allgemeine Erfahrungen der Finanzbehörden sowie Wirtschaftlichkeit und Zweckmäßigkeit berücksichtigt werden."

verwaltet werden (Art. 108 Abs. 3 GG)[71]. Das Bundessteuergesetz wird demnach im Auftrag des Bundes durch die Länder vollzogen, denen die Organisationshoheit zusteht, soweit Art. 108 GG nicht verfassungsunmittelbare Organisationsvorgaben trifft oder den Bundesgesetzgeber ermächtigt, in die Organisationsgewalt der Länder einzugreifen[72]. Diese von den Alliierten aufgezwungene Entscheidung[73] ist aber nach fast 70 Jahren mit zahlreichen Änderungen der Finanzverfassung spätestens seit der deutschen Wiedervereinigung eine deutsche Strukturentscheidung des Föderalismus geworden[74]. Diese führt zu vielfach – auch von den Rechnungshöfen[75] – gerügten föderalismusbedingten Vollzugsdefiziten[76]. Auch wenn der Gleichheitssatz (Art. 3 Abs. 1 GG) nur den jeweils handelnden Hoheitsträger verpflichtet und keine länderübergreifende Wirkung entfaltet[77], soll Art. 108 GG Vorsorge für ein Mindestmaß an gleichmäßiger Anwendung der Steuergesetze des Bundes treffen. Dieses zentrale finanzverfassungsrechtliche Regelungsziel[78] bildet das Gesetz einfachrechtlich in § 88 Abs. 3 und Abs. 5 Satz 5 AO bereichsspezifisch für den Ermittlungsgrundsatz ab, indem es den üblichen föderalen Abstimmungsprozess, der in § 21a FVG vorgezeichnet ist[79], nochmals spezifiziert. Die Möglichkeit und Verbindlichkeit abgestimmter Weisungen

---

71 *Siekmann* in Sachs, 8. Aufl. 2018, Art. 108 GG Rz. 9.
72 *Kloepfer*, Finanzverfassungsrecht, 2014, § 6 Rz. 7, 10.
73 Dazu zuletzt *Waldhoff* in diesem Tagungsband.
74 *Drüen*, FR 2008, 295 (297 f.); zustimmend *Kemmler* in Schmidt-Bleibtreu/ Hofmann/Henneke, 14. Aufl. 2018, Art. 108 GG Rz. 3; *Schmitt*, Steuerverwaltung, in Kube/Mellinghoff/Morgenthaler/Palm/Puhl/Seiler (Hrsg.), Leitgedanken des Rechts, Bd. II, 2013, § 161 Rz. 3.
75 *Der Präsident des Bundesrechnungshofs*, Probleme beim Vollzug der Steuergesetze, 2006, S. 117 ff.
76 Näher *Dittmann*, Gleichheitssatz und Gesetzesvollzug im Bundesstaat – Föderative Ungleichheiten beim Vollzug von Steuergesetzen, in FS Dürig, 1990, S. 221 (227 ff.); zuletzt *Seer* in Tipke/Kruse (Fn. 20), § 85 AO Rz. 21 (Jan. 2017) m.w.N.
77 Zur Gleichheitslimitierung durch die Bundesstaatlichkeit *Seer* in Bonner Kommentar zum GG (Fn. 23), Art. 108 GG Rz. 49 (April 2011) m.w.N.
78 Zur zentralen und eigenständigen Aufgabe der Gewähr der Besteuerungsgleichheit im föderalen Steuerstaat *Schlette* in v. Mangoldt/Klein/Starck, 6. Aufl. 2010, Art. 108 GG Rz. 2 (nicht mehr in der Neuaufl.); *Heintzen* in v. Münch/ Kunig, 6. Aufl. 2012, Art. 108 GG Rz. 8.
79 Zu Einzelheiten allgemein *Schmitt* in DStJG 31 (2008), S. 99 (119 ff.); *Krumm* in Tipke/Kruse (Fn. 20), § 21a FVG Rz. 3 ff. (Jan. 2016); zur Frage der Verfassungskonformität zuletzt *Kempny* in Friauf/Höfling, Berliner Kommentar zum Grundgesetz, Art. 108 GG Rz. 73 (2/2018) m.w.N.

ist nunmehr in § 88 Abs. 3 AO integriert, wonach sich die einzelnen Landesfinanzbehörden zur Gewährleistung eines zeitnahen und gleichmäßigen Vollzugs der Steuergesetze bei der Auswahl der Untersuchungsmaßnahmen an allgemeine Weisungen zu halten haben. Im Bereich der Bundesauftragsverwaltung bedarf es – wie bei den Einzelheiten der Risikomanagementsysteme (§ 88 Abs. 5 Satz 5 AO) – des Einvernehmens mit dem Bundesministerium der Finanzen (§ 88 Abs. 3 Satz 4 AO). Angesichts der dem Wettbewerb der Länder[80] geschuldeten divergierenden Vollzugsrealitäten in der Phase der Einführung und Erprobung von Risikomanagementsystemen in den verschiedenen Ländern[81] erscheint jedenfalls die föderale Vereinheitlichung „zur Gewährleistung eines bundeseinheitlichen Vollzugs der Steuergesetze" (§ 88 Abs. 5 Satz 5 AO) erforderlich[82] und gleichheitsfördernd.

Die Steuerung des finanzbehördlichen Untersuchungsermessens erfolgt demnach auf verschiedenen Steuerungsebenen generell und individuell sowie zum Teil durch koordinierte Weisungen oder computermäßige Festlegungen der Verwaltung.

III. Vorgaben und Grenzen risikobasierter, automationsgestützter Sachverhaltsermittlung und Rechtsanwendung

1. Verfassungsrechtliche Vorgaben für den Einsatz von Risikomanagementsystemen beim Steuervollzug

Risikomanagementsysteme werden seit langem in der unternehmerischen Praxis als ein Konzept für die Erkennung von Risiken und den Umgang mit Risiken eingesetzt[83]. Die im Zuge der AO-Modernisierung erfolgte Einführung von § 88 Abs. 5 AO vollzieht die langjährige Debatte über Zulässigkeit und Anforderungen an den Einsatz von Risikomanagementsystemen beim Steuervollzug mit den Rechnungshöfen[84] und der

---

80 Zum Innovationswettbewerb bereits *Drüen* in DStJG 31 (2008), S. 158.

81 *Der Präsident des Bundesrechnungshofs* (Fn. 75), S. 97 ff., 122.

82 Die unzureichende Klarheit der föderalen Koordination bemängelt *Marx*, Ubg 2016, 358 (361).

83 Statt aller *Marx*, Ubg 2016, 358 (359), auch zur Risikokompetenz, Risikostrategie und Risikoakzeptanz.

84 Stellvertretend *Bundesrechnungshof*, Bericht über den Vollzug der Steuergesetze, insbesondere im Arbeitnehmerbereich, 2012; *Bundesrechnungshof*, Bemerkungen 2014, Bd. III, Rz. 74; *Bundesrechnungshof*, Bemerkungen 2016,

Steuerrechtswissenschaft[85] nach und steckt nunmehr den Rahmen gesetzlich ab. § 88 Abs. 5 AO n.F. nimmt damit eine Entwicklung auf, um die über Jahrzehnte im Bundesstaat und zwischen IT-Entwicklern und Steuerjuristen[86] gerungen wurde. Das Risikomanagement ist eine Novität im Gesetzestext, aber keine Neuheit im Gesetzesvollzug[87]. Die Finanzverwaltungen der Länder haben schon vor Jahrzehnten internationale Beispiele[88] aufgenommen. Die nordrhein-westfälische Finanzverwaltung hat sich näher mit dem Risikoansatz der benachbarten niederländischen Finanzverwaltung beschäftigt und dadurch inspirieren lassen[89]. Deren „Zwiebel"- oder Schichten-Modell der Steuerkontrolle sieht keine Vollprüfung vor[90], sondern basiert auf der vorhandenen Eigen- und Fremdkontrolle des Steuerpflichtigen[91]. So muss der Steuerprüfer bei seiner Prüfung der Ordnungsmäßigkeit der Buchführung keine besondere Aufmerksamkeit mehr schenken, soweit ein Wirtschaftsprüfer diese bereits (stichprobenweise) geprüft und testiert hat. Auch der Wirtschaftsprüfer unternimmt keine Vollprüfung der Buchführung und des Jahresabschlusses, sondern prüft entsprechend des Grundsatzes der Wesentlichkeit bei der Abschlussprüfung risikoorientiert auf der Basis eines

---

Bd. II, Modernisierung des Besteuerungsverfahrens; *Der Präsident des Bundesrechnungshofs* (Fn. 75), S. 97 ff., 149 ff., 164 ff.

85 Frühzeitig zur Reform des Veranlagungsverfahrens *Seer*, StuW 2003, 40 (46 ff.).

86 Zum Spannungsverhältnis zwischen Technik und Recht beim Steuervollzug bereits *Pezzer*, StuW 2007, 101 (107 f.); *Haunhorst*, DStR 2010, 2105 (2108); zuletzt kritisch *Ahrendt*, NJW 2017, 537 mit dem Untertitel: „Das materielle Recht in der Hand von Programmierern".

87 Vgl. nur die Praxisberichte zum Risikomanagement beim Steuervollzug von *Nagel/Waza*, DStZ 2008, 321 und *Schmidt/Schmitt* in FS Spindler, 2011, S. 529 (541 f.) sowie die Analyse von *Huber/Seer*, StuW 2007, 355.

88 Dazu Überblick bei *Der Präsident des Bundesrechnungshofs* (Fn. 75), S. 131 ff.

89 Näher zum Rechtsvergleich *Ahrens*, Der Vollzug von Steuergesetzen durch den niederländischen Belastingdienst im Vergleich zur deutschen Finanzverwaltung, 2005.

90 Zur sog. „Horizontaal toezicht" in den Niederlanden näher *Meussen*, FR 2011, 114.

91 Insbesondere bei bestimmten Unternehmensarten und Branchen bestehen auch in Deutschland zahlreiche regulatorische, handels- oder aufsichtsrechtliche Pflichten zur Eigenkontrolle (z.B. verpflichtende Risikomanagementsysteme bei kapitalmarktorientierten Gesellschaften mit entsprechender Berichtspflicht im Lagebericht, dazu *Grottel* in Beck'scher Bilanz-Kommentar, 11. Aufl. 2018, § 289 HGB Rz. 170 ff.).

Prüfungsrisikomodells[92]. Bei Abschlussprüfungen durch Wirtschaftsprüfer nach § 317 HGB werden für analytische Prüfungen seit Jahrzehnten Programme eingesetzt. Darum erstaunt es nicht, dass das Grundprogramm, welches die Finanzverwaltung für Außenprüfungen einsetzt, seinen Ursprung in Programmen hat, die speziell für Wirtschaftsprüfer entwickelt wurden. Mit Hilfe derartiger, immer wieder fortentwickelter und verfeinerter Analyseprogramme versucht die Praxis schon seit Jahrzehnten, die Vollzugsmassen risikoadäquat zu steuern. Die „Steuerverwaltung im 21. Jahrhundert" wird mithin gerade durch ihr „Risikomanagement" gekennzeichnet[93].

Der Begriff des Risikos bedarf dabei einer näheren Bestimmung. Risiko bedeutet allgemein Zielverfehlung[94]. Bei richtiger Auslegung ist das relevante Risiko, das § 85 AO vorgibt, die Verfehlung der gesetzmäßigen Steuer. Risiko bedeutet demnach nicht einseitig ein fiskalisches Ausfallrisiko. Das bestätigt auch der Prüfungsgrundsatz des § 199 Abs. 2 AO für die Außenprüfung, wonach der Prüfer zugunsten und zu Lasten des Steuerpflichtigen zu prüfen hat. Die objektiv richtige Steuer ist der gesetzliche Zielpunkt. Sie zu verfehlen, ist das Risiko, das eintreten kann und zu dessen Vermeidung weitere Verifikationsmaßnahmen zu ergreifen sind. Dass dabei ein Finanzbeamter eher ein Risiko sieht, dass die Steuer zu niedrig festgesetzt wird, dürfte schlicht Sozialisationsfolge sein[95]. Denn im Erklärungsprozess hat der Steuerpflichtige den ersten Zugriff auf die Realität und ihre Abbildung in der Steuererklärung, so dass entsprechend der verbreiteten und vermuteten Neigung zur Steuerminimierung viele Finanzbeamte unterstellen, dass der Steuerpflichtige zu seinen Gunsten schon alles ausgeschöpft hat. Dies entspricht in Zeiten der strukturellen Niedrigzinsphase keineswegs mehr der Realität. Viele Steuerpflichtige suchen im Rahmen ihrer Steuererklärung nach Wegen, eine Nachverzinsung zu 6 % p.a. zu vermeiden oder gar proaktiv Polster für spätere Steuererstattungen zu generieren[96]. Darum ist die Verengung des Risikobegriffes auf Steuerverkürzungen theoretisch wie praktisch nicht

---

92 Näher *Schmidt* in Beck'scher Bilanz-Kommentar (Fn. 91), § 317 HGB Rz. 100 ff., insb. Rz. 103, 108 ff.
93 So bereits im Titel *Huber/Seer*, StuW 2007, 355.
94 *Marx*, Ubg 2016, 358.
95 Immerhin berichtet auch der Bundesrechnungshof, dass Mehrergebnisse als Signum der Leistungsfähigkeit von Betriebsprüfungsstellen gelten (*Der Präsident des Bundesrechnungshofs* [(Fn. 75], S. 77).
96 Zur „Nutzung von Steuerguthaben als profitable und sichere Kapitalanlage" *Ortheil*, BB 2012, 1513 (1516).

überzeugend. Auch der Begriff der „Wirtschaftlichkeit" in § 88 AO ist nicht im Sinne einer Abwägung des Einsatzes von Verwaltungsressourcen gegen das zu erwartende Steueraufkommen auszulegen[97]. Darum bedeutet Risiko im Kontext des gesetzmäßigen Steuervollzuges neutral die Verfehlung der gesetzlichen Steuer nach unten oder nach oben[98]. Damit ist zugleich der Kontrollmaßstab aufgrund der verfassungsrechtlichen Vorgaben für die Massenfallverwaltung[99] benannt. Die Ziele der Gleichmäßigkeit und Gesetzmäßigkeit der Besteuerung sind der Maßstab. Durch risikobasierte Maßnahmen soll identifiziert werden, wo – mittlerweile digital eingehende – Steuererklärungen diesen Maßstab zu verfehlen drohen. Die beschränkten Ermittlungskapazitäten der Finanzbehörden sollen dabei nach dem Kontrollbedürfnis verteilt werden (s. II. 1.). Insoweit ist das finanzbehördliche Risikomanagement ein risikoorientiertes Steuerungskonzept, das die Konzeptpflicht der Verwaltung (s. I. 2.) beim Steuervollzug umsetzt. Der Vorzug liegt in einer Entsubjektivierung der Maßstäbe und in der Verhinderung von Beliebigkeit oder gar Schikane[100] bei der finanzbehördlichen Sachaufklärung[101].

Allerdings ist bei der Anwendung des Untersuchungsgrundsatzes – wie bei allen staatlichen Maßnahmen – der Verhältnismäßigkeitsgrundsatz zu beachten[102]. Dabei gilt sowohl das Übermaßprinzip als allgemeine Leitlinie der Ermessensausübung bei der finanzbehördlichen Untersuchung[103] als auch das Untermaßprinzip für die Verifikationsaufgabe[104]. Nach dem Untermaßprinzip dürfen auch bei risikobasierter Rechtsanwendung keine strukturell kontrollfreie Räume entstehen. Der Rückzug auf eine bloße „automatisierte Erklärungsschlüssigkeit" reicht nicht

---

97 Dagegen zu Recht *Roser* (Fn. 27), § 88 AO Rz. 15.4 (Juni 2018).
98 Übereinstimmend allgemein Stellungnahme des Beirats Verwaltungsverfahrensrecht beim Bundesministerium des Innern, NVwZ 2015, 1114 (1116): Risiko als „Gefahr materiell unrichtiger Entscheidungen durch die Automatisierung".
99 Zu den verfassungsrechtlichen Vorgaben näher bereits *Waldhoff* in diesem Tagungsband.
100 Der Mensch mag denken „Wir können auch anders!", der Computer wohl (noch?) nicht.
101 Zu einem – seltenen Fall – eines (möglichen) Verstoßes gegen das Willkür- und Schikaneverbot bei einer von einem Amtsträger angeordneten Prüfungsmaßnahme vgl. BFH v. 28.9.2011 – VIII R 8/09, BStBl. II 2012, 395 (397).
102 Näher *Krüger*, DStZ 2017, 761 (762).
103 *Seer* in Tipke/Kruse (Fn. 20), § 92 AO Rz. 6 ff. (Aug. 2018) m.w.N.
104 *Heintzen*, DÖV 2015, 780 (785); *Seer*, StuW 2015, 315 (319); *Seer* in Tipke/ Lang (Fn. 20), § 21 Rz. 8; zuletzt *Müller-Franken*, StuW 2018, 113 (118).

aus[105], weshalb ergänzende und absichernde Kontrollen durch Amtsträger nicht unterbunden werden dürfen (s. III. 3.). Das Verbot des „Kontrolluntermaßes"[106] hindert zudem eine Ausgestaltung des Risikomanagementprogrammes durch unterkomplexe oder zu großzügige Risikofilter, die strukturell nicht „anschlagen" und keine manuelle Kontrolle vorschlagen. So wäre ein computergestütztes „Vereinfachungsmanagement", bei dem durch organisiertes „Wegschauen" ganze steuerrelevante Bereiche von der behördlichen Prüfung ausgenommen werden, nicht von der Verfassung gedeckt. Es wäre ein Ermittlungsausfall und damit zugleich eine unzulässige Ermessensunterschreitung. Eine Verletzung des Untermaßprinzips bei der finanzbehördlichen Verifikation[107] hat zudem Folgen für die richterliche Kontrolle des Verwaltungshandelns[108]. Die gesetzmäßige Besteuerung kann im Fall eines Nichtaufgriffs durch die Verwaltung auch kein Richter mehr sicherstellen.

Aus verfassungsrechtlichen Gründen darf Amtsermittlung unter Einsatz von Risikomanagementprogrammen nicht als wirtschaftliches Maximalprinzip verstanden werden[109], das mit einem begrenzten Verwaltungsaufwand ohne Rücksicht auf das materielle Normprogramm einen möglichst hohen fiskalischen Ertrag erzielen soll[110]. Auch wenn das Wirtschaftlichkeitsprinzip[111] mittlerweile im Gesetzestext aufgenommen worden ist und es durchaus verfassungsrechtliches Gewicht hat[112], bleibt es eine sekundäre Maxime[113]. Die Ergänzung des Normtextes in § 88 Abs. 2 Satz 2, Abs. 3 Satz 2 und Abs. 5 Satz 2 AO ist kein Ausdruck

---

105 *Ahrendt*, NJW 2017, 537 (539).
106 Plastisch *Tipke* (Fn. 6), S. 1461.
107 Mangelnde Sachaufklärung zugunsten des Steuerpflichtigen kann zudem Amtshaftungsansprüche auslösen (*Drüen* in Tipke/Kruse [Fn. 20], § 32 AO Rz. 15 [Okt. 2018] m.w.N.).
108 Zum Rechtsschutz im modernisierten Besteuerungsverfahren eingehend *Thiemann*, StuW 2018, 304 (310 ff.); sowie *Mellinghoff*, Gerichtliche Kontrolle des digitalen Gesetzesvollzugs, in diesem Tagungsband.
109 Dagegen auch *Braun Binder*, DStZ 2016, 526 (531); *Roser* (Fn. 27), § 88 AO Rz. 61 (Juni 2018).
110 *Seer* in Tipke/Kruse (Fn. 20), § 88 AO Rz. 14 (Jan. 2017).
111 Dazu auch *Waldhoff* in diesem Tagungsband.
112 *Gröpl*, Wirtschaftlichkeit und Sparsamkeit staatlichen Handelns, in Isensee/Kirchhof, Handbuch des Staatsrechts, Bd. V, 3. Aufl. 2007, § 121 Rz. 16 ff.
113 Für ein klares Rangverhältnis auch *Roser* (Fn. 27), § 88 AO Rz. 6.4 (Juni 2018), der die „erhebungs- und verwaltungstechnischen Komponenten der Wirtschaftlichkeit und Zweckmäßigkeit ... gleichsam als zu optimierende Nebenbedingungen" versteht. Auch im Rahmen der Abschlussprüfung steht der Grundsatz der Wirtschaftlichkeit hinter den Vorgaben der Prüfungssi-

eines Paradigmenwechsels. Wirtschaftlichkeit als Relationswert vermag aus (verwaltungs-)ökonomischer Sicht nicht das Verifikationsprinzip zu verdrängen. Die Kernmaximen, die Besteuerungsgrundsätze, die in § 85 Satz 1 AO ausprägt sind, bleiben unverändert Gleichmäßigkeit und Gesetzmäßigkeit der Besteuerung[114]. Der Aspekt der Wirtschaftlichkeit der Ermittlungen ist gegenüber der Gesetzmäßigkeit und Gleichmäßigkeit nur als sekundärer Rechtswert[115] im Einklang mit den Primärwertungen bei der generellen und individuellen Steuerung des Verfahrensermessens zu berücksichtigen. Wirtschaftlichkeitsüberlegungen bedürfen einer normativen Absicherung und sie dürfen bei der Abwägung nicht unvermittelt die Oberhand gewinnen[116]. Nur in dem Rahmen, in dem Verfahrensermessen eingeräumt ist, kann dieses Verfahrensermessen nach Wirtschaftlichkeitserwägungen ausgeübt werden. Das geltende materielle Recht darf nicht aus Gründen der Wirtschaftlichkeit durch verwaltungsgesteuertes „code law" verdrängt und quasi geändert werden[117]. Wirtschaftlichkeit der Besteuerung muss bereits bei der Steuergesetzgebung angelegt sein und darf nicht contra legem erst beim Steuervollzug durch die Steuerverwaltung ansetzen.

Mit Blick auf den Vorbehalt des Gesetzes[118] und den zu achtenden Kernbereich exekutivischer Eigenverantwortung[119] stellt sich die Frage, inwieweit der Gesetzgeber bei der Ausübung des Verfahrensermessens überhaupt Regelungen treffen darf[120] oder ihm ein „Maßhalten mit dem Gesetz" anzuempfehlen ist[121]. Der Gesetzgeber hat im Modernisierungsgesetz einen klugen Mittelweg gewählt. Eine gesetzliche Vollsteuerung wäre angesichts der notwendigen Entwicklungsoffenheit der lebenslang lernbedürftigen Risikomanagementsysteme unmöglich und wäre zur Ge-

---

cherheit und der Prüfungsgenauigkeit (*Schmidt* in Beck'scher Bilanz-Kommentar [Fn. 91], § 317 HGB Rz. 102 f., 107).

114 Dies betonend Begründung zum Gesetzentwurf der Bundesregierung, Entwurf eines Gesetzes zur Modernisierung des Besteuerungsverfahrens, BT-Drucks. 18/7457, 47: „Die Gleichmäßigkeit und Gesetzmäßigkeit der Besteuerung werden auch für die Zukunft sichergestellt sein".

115 Ähnlich *Seer* in Tipke/Kruse (Fn. 20), § 88 AO Rz. 15 (Jan. 2017): Wirtschaftlichkeitsprinzip ist „funktional dienend" und „nicht eigenständig".

116 *Gröpl* (Fn. 112), § 121 Rz. 35, 38.

117 *Ahrendt*, NJW 2017, 537 (540).

118 Zu Grundlagen und Reichweite *Schulze-Fielitz* in Dreier, Bd. II, 3. Aufl. 2015, Art. 20 Rechtsstaat Rz. 105 ff.

119 BVerfG v. 18.12.1984 – 2 BvE 13/83, BVerfGE 68, 1 (87) m.w.N.

120 *Heintzen*, DÖV 2015, 780 (786).

121 *Müller-Franken*, StuW 2018, 113 (118).

währ einer einzelfallgerechten Ausübung des Verifikationsermessens auch nicht opportun. Der Kodifikationsfortschritt liegt darin, dass im Gegensatz zur früheren Verordnungsermächtigung nunmehr für das steuerliche Eingriffsrecht auch im Verfahrensrecht der Rahmen und die wesentlichen Modalitäten der Ausübung des Verfahrensermessens aufgrund vorstrukturierender Risikomanagementsysteme gesetzlich festgeschrieben sind.

Zur Ausfüllung der Risikoparameter innerhalb des Risikofilters, durch den einzelne Fälle zur individuellen Kontrolle ausgeworfen werden, bedient sich die Finanzverwaltung eines Mischsystems aus objektiven und subjektiven Kriterien[122]. Subjektive Kriterien sind dabei auf die Person des Steuerpflichtigen, sein bisheriges Erklärungs- und Veranlagungsverhalten, strafbares Vorverhalten in Steuersachen oder Mehrergebnisse in früheren Außenprüfungen bezogen[123]. *Roman Seer* spricht treffend von der Steuer-Vita[124] zur Abbildung des Subjektrisikos der steuerlichen Integrität[125]. Objektive Kriterien betreffen das Risiko, dass steuerlich relevante Umstände nicht oder nicht vollständig deklariert werden. Zu den „einschlägigen Verdächtigen" gehören vor allem inhabergeführte Betriebe bestimmter Branchen mit hohem Barverkehr, bei denen es empirisch höhere „Hinterziehungserwartungen" gibt, als bei anderen.

Genaueres kann die Steuerrechtswissenschaft nicht berichten, weil die Einzelheiten des Risikomanagementsystems nicht veröffentlicht werden dürfen, soweit dies die Gleichmäßigkeit und Gesetzmäßigkeit der Besteuerung gefährden könnte (§ 88 Abs. 5 Satz 4 AO). Ob diese finanzbehördliche „Geheimwissenschaft" dem Transparenzgebot für die öffentliche Verwaltung entspricht, erscheint mehr als fragwürdig[126]: In Zeiten der Informationsfreiheit in Deutschland und in Europa[127] sollte die Tradition des Arkanstaates, der Informationen für sich behält und vor den neu-

---

122 So *Schmitt* (Fn. 74), § 161 Rz. 22.
123 Kritisch zur Verwendung wegen eines nicht unerheblichen Eingriffs in das Persönlichkeitsrecht und insoweit für einen datenschutzrechtlichen Auskunftsanspruch *Müller-Franken*, StuW 2018, 113 (119, 121) m.w.N.; zu Letzterem auch *Seer* in Tipke/Kruse (Fn. 20), § 88 AO Rz. 82 (Jan. 2017); zur gerichtlichen Kontrolle bereits *Tipke* (Fn. 6), S. 1479.
124 *Seer*, StuW 2003, 40 (48 ff.).
125 *Seer* in DStJG 31 (2008), S. 7 (29).
126 Verneinend *Seer*, StuW 2015, 315 (324).
127 Vgl. Art. 42 Charta der Grundrechte der EU sowie die Informations- und Auskunftsrechte nach Art. 13–15 EU-Datenschutz-Grundverordnung; dazu näher *Seer*, Datenschutz und Datenaustausch, in diesem Tagungsband.

gierigen Blicken der Öffentlichkeit abschirmt, überwunden sein. Es bedarf vielmehr einer Rechtfertigung, warum (Herrschafts-)Wissen der öffentlichen Verwaltung nicht publiziert wird[128]. Es muss zudem der Vorwurf gegenüber dem Geheimhaltungsgebot der Risikokontrolle ausgeräumt werden, „die Fortgeltung geschriebenen Rechts basier(e) künftig auf der Geheimhaltung des faktisch vollzogenen Rechts"[129]. Überdies bewirken Veröffentlichungsverbote durch den Mangel an Transparenz zugleich eine substantielle Einschränkung der gerichtlichen Kontrollmöglichkeiten[130], zumal § 86 FGO n.F. den behördlichen Geheimnisschutz ins Gerichtsverfahren verlängert[131].

Das gesetzliche Verbot einer Veröffentlichung der Weisungen (§ 88 Abs. 3 Satz 3 AO) soll die Antizipation der Risikoparameter im Deklarationsverhalten der Steuerpflichtigen und ihrer Berater verhindern. Dasselbe Ziel verfolgt § 88 Abs. 5 Satz 4 AO für Risikomanagementsysteme. Darin liegt bereits nach dem Wortlaut („Einzelheiten" und „soweit") kein absolutes Geheimhaltungsgebot, sondern nur ein beschränkt-funktionales Publikationsverbot[132]. Diese Auslegung wird durch das Regelungsbeispiel des § 32a Abs. 2 Nr. 2 AO zum Ausschluss von Informations- und Auskunftspflichten nach der Datenschutz-Grundverordnung bestätigt. Dies setzt voraus, dass die Arbeit der öffentlichen Verwaltung gefährdet ist, wenn die Erteilung der Informationen Rückschlüsse auf die Ausgestaltung automationsgestützter Risikomanagementsysteme zulässt[133]. Das

---

128 Für eine Rechtfertigung *Müller-Franken*, StuW 2018, 113 (121).
129 Zugespitzt, aber nicht unberechtigt *Ahrendt*, NJW 2017, 537 (540).
130 Ähnlich *Roser* (Fn. 27), § 88 AO Rz. 67 (Juni 2018).
131 § 86 Abs. 2 Satz 2 FGO n.F. dehnt das behördliche Verweigerungsrecht im finanzgerichtlichen Verfahren auf die Vorlage oder Übermittlung der nicht zu veröffentlichenden Daten, Einzelheiten und Weisungen in den Fällen des § 88 Abs. 3 Satz 3 und Abs. 5 Satz 4 AO aus, soweit eine Veröffentlichung die Gleichmäßigkeit und Gesetzmäßigkeit der Besteuerung gefährden könnte. Auf Antrag eines Beteiligten stellt der BFH nach § 86 Abs. 3 FGO n.F. auch in diesem Fall in einem In-camera-Verfahren ohne mündliche Verhandlung durch Beschluss fest, ob die Verweigerung der Vorlage der Urkunden oder Akten, die Übermittlung elektronischer Dokumente oder die Verweigerung der Erteilung von Auskünften rechtmäßig ist.
132 Eingrenzend auch *Roser* (Fn. 27), § 88 AO Rz. 66 (Juni 2018): „bedingtes Veröffentlichungsverbot" unter Hinweis auf gleichheitsrechtliche Grenzen sowie *Seer* in Tipke/Kruse (Fn. 20), § 88 AO Rz. 82 (Jan. 2017) und *Seer* in Tipke/Lang (Fn. 20), § 21 Rz. 7: „konditionierter Geheimnisvorbehalt".
133 Zur Auslegung näher *Drüen* in Tipke/Kruse (Fn. 20), § 32a AO Rz. 21, 24 ff. (Okt. 2018).

Verbot einer Veröffentlichung betrifft nur die „Einzelheiten" der Ausgestaltung der Risikomanagementsysteme. Die Grundstruktur des Verfahrens, seine Anlage und grundsätzliche Funktionsweise der Risikoerkennung und potentielle Risikoparameter unterfallen dagegen keinem Publikationsverbot[134]. Nur der Tiefenbereich, der anwendungsscharf die Risiko-Selektionskriterien (Aufgriffsgrenzen, konkret relevante Steuerverfehlungen pp.) und aktuelle Prüfschwerpunkte offenlegen würde, darf nicht ex ante veröffentlicht werden, um das System nicht ausrechenbar zu machen. Umgekehrt sollten die Struktur der risikoorientierten Verifikation mit Branchen- und Mehrjahresvergleichen sogar im Sinne eines Publikationsgebotes offengelegt werden, weil dies die Ziele der Gleichmäßigkeit und der Gesetzmäßigkeit der Besteuerung eher fördert als gefährdet. Gerade mangelnde Grundtransparenz über die Funktionsweise von Risikomanagementsystemen könnte die Akzeptanz des finanzbehördlichen Risikoansatzes und die erstrebte Verfahrensvereinfachung aber gefährden[135].

2. „Vollautomatisierung des Untersuchungsgrundsatzes"?

Die Mindestausgestaltungsbedingungen der Risikomanagementsysteme sind in § 88 Abs. 5 Satz 3 AO geregelt[136]. Insbesondere normiert § 88 Abs. 5 Satz 3 Nr. 3 AO „die Gewährleistung, dass Amtsträger Fälle für eine umfassende Prüfung auswählen können". Diese Mindestanforderungen an Risikomanagementsysteme sind das Resultat des produktiven Prozesses der kritischen Begleitung der (Fort-)Entwicklung der Risikomanagementsysteme durch die Wissenschaft und die Rechnungshöfe des

---

134 Für eine Veröffentlichung der „RMS-Kriterien" auch *Seer* in Tipke/Kruse (Fn. 20), § 88 AO Rz. 82 (Jan. 2017).

135 In dieselbe Richtung *Marx*, Ubg 2016, 358 (362 f.), der für einen umfassenden Bericht über Aufbau und Funktionsweise des Risikomanagementsystems und ex post auch über die eingesetzten Risikofilter plädiert (für Letzteres auch *Roser* (Fn. 27), § 88 AO Rz. 68 [Juni 2018]).

136 Das Risikomanagementsystem muss nach § 88 Abs. 5 Satz 3 AO mindestens folgende Anforderungen erfüllen: 1. die Gewährleistung, dass durch Zufallsauswahl eine hinreichende Anzahl von Fällen zur umfassenden Prüfung durch Amtsträger ausgewählt wird, 2. die Prüfung der als prüfungsbedürftig ausgesteuerten Sachverhalte durch Amtsträger, 3. die Gewährleistung, dass Amtsträger Fälle für eine umfassende Prüfung auswählen können, 4. die regelmäßige Überprüfung der Risikomanagementsysteme auf ihre Zielerfüllung.

Bundes und der Länder[137]. Als vor gut 15 Jahren über den Einsatz von Risikomanagementsystemen diskutiert wurde, war die Verwaltung ursprünglich der Ansicht, dass diese nur optimal ressourcenschonend arbeiten, wenn das Veranlagungsverfahren komplett computergesteuert abläuft und kein Mensch mehr in den Vorgang involviert ist. Paradigmatisch war dafür die Lohnsteuer mit hohen Fallzahlen und überwiegend gleichstrukturierten Fällen, bei der die Quote der Fälle einer personellen Überprüfung der Veranlagung erheblich niedriger ist als in sonstigen Veranlagungsfällen oder bei Gewerbebetrieben[138]. Für die Wissenschaft und auch für die Rechnungshöfe war es ein wichtiges Anliegen sicherzustellen, dass der Computer nicht allein abschließend über die Steuerfestsetzung entscheidet. Zwar verbietet sich eine Zuspitzung des Antagonismus von „Mensch und Maschine". Denn der Computer, das haben die Diskussionen vom Vortag bestätigt, ist zwar keine autonome Institution, sondern speist sich aus menschlichem Erfahrungswissen und ist das Ergebnis seiner Programmierungstätigkeit. Der Algorithmus bildet nur ab, was ein Mensch vorher aufgrund von Verwaltungserfahrungen eingegeben hat. Dabei sind die Potentiale durch künstliche Intelligenz selbstlernender Systeme anregend, aber zur Zeit ist nicht ausgemacht, ob sie auch hinreichend ausgeschöpft werden können[139] und dürfen[140]. Jedenfalls im aktuellen Stadium der eingesetzten Technik ist beim Einsatz von Risikomanagementsystemen die finanzbehördliche Ermittlung nicht allein extern vorstrukturiert und vorgegeben. Vielmehr wird mit dem Einsatz des Computerprogrammes nur versucht, Verwaltungserfahrungen über Steuerpflichtige und ihr „Steuerverhalten", die zuvor ein alt-eingesessener Sachbearbeiter über Jahre gewinnen und fortschreiben konnte, in einem Algorithmus abzubilden und dadurch für zukünftige Fälle Leitlinien zu geben. Die Entwicklungspotentiale der Technik lassen es wohl zu, dass ein Computerprogramm für die Ermessensverwaltung auch das Bestehen und die Optionen für die Ausfüllung von Ermessensspielräumen abbilden könnte. Das setzt aber ein qualifiziertes Lernverhalten anhand

---

137 Allgemein zu ihren Prüfungstätigkeiten auf dem Gebiet des Steuervollzuges *Schleicher*, Die Kontrolle des Steuervollzugs durch die Rechnungshöfe, in DStJG 31 (2008), S. 59 (64 ff.).
138 Näher zu den Entwicklungsstufen aus Verwaltungssicht *Schmidt/Schmitt* in FS Spindler (Fn. 30), 2011, S. 529 (542 ff.).
139 Insoweit faktisch kritisch *Maier*, JZ 2017, 614 (615 f.).
140 Rechtlich einschränkend *Müller-Franken*, StuW 2018, 113 (119 f.).

hinreichender Vergleichsdaten voraus[141], die dem Programm für verschiedene Fallgruppen ermöglichen, adäquate Handlungsmuster zu identifizieren. Für Testfälle lassen sich dadurch offene Situationen simulieren und Entscheidungsvorschläge entwerfen. Das mag derzeit noch Zukunftsvision sein. Solange die Technik nicht den Nachweis für die praktische Umsetzbarkeit ihrer Lernpotentiale liefert, bleibt entscheidend, dass derzeit nur die unproblematischen Fälle dem Computerprogramm und dem Algorithmus abschließend überantwortet werden können. Es sollte computertechnisch möglich sein, zumindest die Einschätzung des Bearbeiters vorzubereiten, ob der jeweilige Fall die Grenzlinie des unproblematischen Bereiches nicht überschreitet oder ob eine tiefgehende Ermittlung erforderlich scheint. Damit wäre im Massenfallrecht schon viel erreicht.

Dabei macht die AO insoweit durch § 88 Abs. 5 Satz 3 Nr. 2 und 3 AO die richtige Vorgabe, dass der Computer mit seinen Vorschlägen den Amtsträger nicht bevormunden darf. Trotz des Statistikdruckes in den Veranlagungsbezirken darf das Risikomanagement nicht aus Personalnot zur Qualitätsabsenkung missbraucht werden. Wenn ein Amtsträger nach seinem Erfahrungswissen oder aus investigativen Ansätzen in einem Einzelfall die Notwendigkeit sieht, tiefer in Ermittlungen in dem Steuerfall einzusteigen, darf der Computer ihm dieses individuelle Ermittlungsermessen nicht abschneiden. Trotz des Grundsatzes der Wirtschaftlichkeit der Verwaltung (§ 88 Abs. 5 Satz 2 AO) dürfen auch Verwaltungsanweisungen den Untersuchungsgrundsatz insoweit nicht zur vermeintlichen Steigerung der Effizienz verkürzen. Sollten Verwaltungsanweisungen oder Programmierungen den individuellen Kontrollblick verwehren, so wären sie gesetzeswidrig und zugleich verfassungswidrig. Aber mangels einer Veröffentlichung lassen sich insoweit nur Mutmaßungen anstellen. Risikobasierte Ermittlungshinweise des Computerprogrammes steuern den Fall zur Kontrolle des Bearbeiters aus, wenn z.B. eine Abweichung von den Vorjahren oder von einer bekannten Branchenentwicklung oder Ähnlichem auffällt. Darauf darf sich die finanzbehördliche Untersuchung aber nicht beschränken, sondern dem Amtsträger muss ohne Rücksicht auf das Ergebnis der strukturierten Vorprüfung durch das eingesetzte Risikomanagementsystem auch die Möglichkeit eingeräumt werden, in ihm als untersuchungswürdig erscheinenden Einzelfällen, weitere sachgerechte Ermittlungsmaßnahmen zu ergreifen. Die

---

141 Insoweit nach dem aktuellen Stand der Digitalisierung skeptisch *Maier*, JZ 2017, 614 (615 f.).

„Verzahnung des ausschließlich automationsgestützten Bearbeitungsregimes mit dem der Prüfung durch Amtsträger"[142] ist ein zentraler Punkt, der zudem die in der Literatur aufgeworfene Frage negativ beantwortet, ob der Untersuchungsgrundsatz durch die Modernisierung „vollautomatisiert"[143] worden sei. Das ist weder verfassungsrechtlich zulässig[144] noch einfachgesetzlich vorgegeben. § 88 Abs. 5 Satz 3 Nr. 2 und 3 AO belegen, dass das Gesetz keine verfahrensabschließende „Vollautomatisierung" vorsieht. Den diskutierten Wegfall des Amtsermittlungsgrundsatzes[145] oder die Abkehr vom Untersuchungsgrundsatz[146] hat der Gesetzgeber ausdrücklich nicht gewollt[147] und auch tatsächlich nicht bewirkt[148]. Die Pflicht der Behörde zur Ermittlung des Sachverhalts von Amts wegen wird durch das automatisierte Verfahren nicht beschränkt[149]. Jedenfalls beim finanzbehördlichen Risikomanagement kann aufgrund der gesetzlichen Festschreibung der Kontrollmöglichkeit durch einen Amtsträger von der Vollautomatisierung des Untersuchungsgrundsatzes keine Rede sein.

3. Gebotene Qualitätssicherung und Fortentwicklung von Risikomanagementsystemen beim Steuervollzug

Finanzbehördliche Risikomanagementprogramme eröffnen und erleichtern im Massenfallrecht eine Vorstrukturierung des Verwaltungsverfah-

---

142 Diese betonende Begründung zum Gesetzentwurf der Bundesregierung, BT-Drucks. 18/7457, 48.

143 Dazu *Maier*, JZ 2017, 614 (615): „Risikomanagementsysteme – Vollautomatisierung des Untersuchungsgrundsatzes".

144 A.A. zum „Leitbild der Vollautomatisierung" aber *Heintzen*, DÖV 2015, 780 (785).

145 Dazu – betont mit Fragezeichen – *Seer/Sell/Schwab/Anzinger*, Deutsches wissenschaftliches Institut der Steuerberater, Symposium: Selbstveranlagung – Wegfall des Amtsermittlungsgrundsatzes?, 2015.

146 In diesem Sinne wegen der Einführung ausschließlich automationsgestützter Steuerfestsetzungen durch § 155 Abs. 4 AO *Braun Binder*, NVwZ 2016, 960 (961).

147 Deutlich Begründung zum Gesetzentwurf der Bundesregierung, BT-Drucks. 18/7457, 47: „Dabei ist hervorzuheben, dass das Gesetz die Beachtung und Anwendung der Grundprinzipien des steuerlichen Verfahrensrechts, insbesondere den Amtsermittlungsgrundsatz und rechtstaatliche Prinzipien, wie das rechtliche Gehör, in verfassungskonformer Weise erhält und absichert".

148 Ebenso *Seer*, StuW 2015, 315 (317).

149 So auch die Forderung in der Stellungnahme des Beirats Verwaltungsverfahrensrecht beim Bundesministerium des Innern, NVwZ 2015, 1114 (1116).

rens, die aber die Letztentscheidung durch den zuständigen Amtsträger nicht abschneidet. Dabei sind die Möglichkeit einer Einzelfallüberprüfung genauso wie die zufallsgenerierte Auswahl von Fällen durch den sprichwörtlichen „Inspektor Zufall" ein zentraler Baustein und eine Funktionsbedingung risikoorientierter Vollzugssteuerung. Automatisierte Systeme müssen kontinuierlich auf ihre Zuverlässigkeit in Hinblick auf die sachlich richtige und gleichmäßige Anwendung des materiellen Rechts überprüft werden[150]. Blindes Vertrauen auf die Leistungsfähigkeit von Risikomanagementsystemen wäre wegen der Pflicht ihrer regelmäßigen Überprüfung auf ihre Zielerfüllung (§ 88 Abs. 5 Satz 3 Nr. 4 AO) gesetzeswidrig. Automationsbasierte Programme brauchen als lernende Systeme die Unterstützung und aktive Fortentwicklung durch Rückkopplung von Ermittlungsmaßnahmen außerhalb risikobasierter Ermittlungsroutinen. Jedenfalls derzeit handelt es sich nicht um selbst lernende Systeme[151], sondern sie brauchen zum Lernen die Begleitung durch Menschen, die ihre Verwaltungs- und Ermittlungserfahrung sowie ständig neue (fiktive) Testfälle in das System einbringen, damit sie sich auch an Änderungen im Erklärungsverhalten der Steuerpflichtigen anpassen können. Es bedarf weiterhin der Zufallsaufgriffe sowohl bei der Betriebsprüfung als auch im Veranlagungsbereich, um erkennen zu können, wo die Maschen des Risikomanagementnetzes zu weit gewebt sind und wo sie nachgezogen werden müssen. Andernfalls wird das Risiko verkannt, weil es schlicht nicht auffallen würde, wenn über Jahre die Maschen des Netzes durch stromlinienförmiges Erklärungsverhalten ungehindert genutzt werden. Schon im analogen, aber erst recht im digitalen Zeitalter ist der alte Verwaltungsgrundsatz „hoch lebe das Vorjahr" als Kontrollmaßstab fragwürdig. Denn nur weil niemandem im Vorjahr etwas aufgefallen ist, bedeutet die pfadgetreue Fortschreibung keine Erklärungsrichtigkeit. Darum ist bei der Verifikation der Steuererklärungen eine besondere Qualitätssicherung unverzichtbar. Neben der Verarbeitung von Zufallserkenntnissen bedarf es vor allem qualifizierter Mitarbeiter, die nicht nur technisch, sondern auch steuerfachlich versiert sind, um die Risikomanagementsysteme beim Steuervollzug kritisch zu hinterfragen und

---

150 Stellungnahme des Beirats Verwaltungsverfahrensrecht beim Bundesministerium des Innern, NVwZ 2015, 1114 (1116).

151 Insoweit a.A. *Seer* in DStJG 31 (2008), S. 7 (29) sowie *Suck*, DStZ 2010, 606 (607), der von einem „objektiv/subjektiv, dynamische(n), ständig lernende(n) System" spricht.

fortzuentwickeln. Zur Ermittlung nach „Schema F" mithilfe digitaler Prüfungsroutinen muss Raum für individuelle, alternative Verifikationsansätze bleiben. Innovationspotentiale im Rahmen gesetzlicher Vorgaben und untergesetzlicher Verwaltungssteuerung müssen willkommen sein, um sowohl eine Stupidität und Gleichförmigkeit der Ermittlungstätigkeit zu verhindern als auch das Risikomanagementsystem veränderten Lebens- und Wirtschaftsrealitäten anzupassen. Statt alleinigem Vertrauen auf computergestützte Verifikationstechniken sollte die Finanzverwaltung auch auf „Querprüfer und -prüfungen" abseits oder gegen stromlinienförmige Prüfungspfade setzen. Auch im Zeitalter der Digitalisierung bedarf es – solange künstliche Intelligenz dies (noch?) nicht gewährleistet – menschlicher Erfahrung, Intuition und Kreativität bei der Erfüllung der anspruchsvollen Verifikationsaufgabe der Finanzbehörden[152]. Gerade automatisierte Entscheidungsverfahren bedürfen der Bereitstellung von hinreichendem Personal zur Überwachung, Korrektur und Ergänzung der maschinellen Produktion von Verwaltungsakten[153]. Finanzbehördliches Risikomanagement ist ein Vollzugskonzept zur Gewähr einer gleichmäßigeren und gesetzmäßigeren Besteuerung, aber kein Instrument zum Personalabbau oder zur Kompensation von Personalmangel[154]. Risikomanagementsysteme sind nur ein *Hilfsmittel* der Finanzverwaltung, aber keine Zauberformel[155], um mit immer weniger Personal immer komplexere Steuergesetze umzusetzen. Das lenkt den Blick zu den Grenzen automationsgestützter Steuerrechtsanwendung.

4. Grenzen automationsgestützter Steuerrechtsanwendung

Risikomanagementsysteme können nur im Rahmen der geltenden Steuergesetze und ihrer Komplexität Anwendung finden. Das materielle Steuerrecht muss vollzugstauglich sein und bedarf darum der Abstimmung mit dem Verfahrensrecht[156]. Der Vollzugsauftrag steht in Relation zu den anspruchsvollen Steuergesetzen. Risikomanagementsysteme werden die Finanzverwaltung sicherlich in Routinefällen entlasten[157], um Freiräu-

---

152 In der Sache ebenso *Müller-Franken*, StuW 2018, 113 (122).
153 *Bull*, DVBl. 2017, 409 (416).
154 Kritisch zur Option eines „Aussteuerungsvermeidungsfetischismus" der an Personalmangel leidenden Finanzverwaltung *Heintzen*, DÖV 2015, 780 (786).
155 So bereits *Schmidt/Schmitt* in FS Spindler (Fn. 30), 2011, S. 529 (547).
156 Grundlegend *Eckhoff* (Fn. 33), S. 244 ff., 434 ff., 534, 537 ff.
157 *Müller-Franken*, StuW 2018, 113 (115).

me für kontrollbedürftigere Fälle (wie internationale Sachverhalte, Funktionsverlagerungen oder die Zinsschranke pp.) zu schaffen. Der risikoorientierte Steuervollzug kann in relativ überschaubar strukturierten Fällen wie der Lohnsteuer funktionieren und die Massen der Fallzahlen bewältigen. Aber selbst die Lohnsteuer darf hinsichtlich ihrer Komplexität nicht unterschätzt werden und auch der Lohnsteuervollzug ist keineswegs trivial[158].

Die Komplexität des materiellen Rechts setzt aber dem Einsatz von Risikomanagementsystemen Grenzen. Überkomplexe Steuergesetze können nicht durch unterkomplexe Kontrollmaßnahmen vermeintlich anwendungsfähig gemacht werden. Simplifikation der Steuergesetze durch strukturelle Risikonegierung oder -ausblendung verfehlt das finanzbehördliche Verifikationsgebot. Darin läge zugleich eine stillschweigende und nicht offenzulegende Korrektur des Parlamentsgesetzes durch administrative Computerprogramme[159]. Das wäre eine neue Variante der Verkürzung des Normprogrammes zu bloß „brauchbarer Illegalität" im Sinne von *Josef Isensee*[160].

Das materielle Steuergesetz muss darum digitalisierbar und automatisiert vollziehbar sein. Insoweit ist ein Risikomanagementsystem nur Ausdruck der zunehmenden Digitalisierung von und in Verwaltungsverfahren[161]. Wenn das Recht zu komplex ist, dann kann es nicht einem Computerprogramm zum Erstvollzug überantwortet werden. Darum wird die stetig wiederholte Forderung nach Steuervereinfachung[162] durch den Einsatz von Risikomanagementprogrammen keineswegs obsolet. Es wäre eine Illusion anzunehmen, die Probleme des Besteuerungsverfahrens[163] ließen sich allein durch fortschreitende Digitalisierung[164] und

---

158 Vgl. nur den Tagungsband *Drüen* (Hrsg.), Besteuerung von Arbeitnehmern, DStJG 40 (2017).

159 *Ahrendt*, NJW 2017, 537 (540); *Maier*, JZ 2017, 614 (618).

160 *Isensee*, Die typisierende Verwaltung, 1976, S. 155 ff., 171 ff.; gegen dessen dogmatischen Ansatz einer finanzbehördlichen Notkompetenz *Söhn* (Fn. 2), § 88 AO Rz. 192, 195 (März 2010); *Tipke* (Fn. 6), S. 1406 sowie *Drüen* in Tipke/Kruse (Fn. 20), § 4 AO Rz. 392 f. (Okt. 2011).

161 Zur Frage der Vorbildfunktion der Modernisierung der AO für das allgemeine Verwaltungsverfahrensrecht näher *Braun Binder*, NVwZ 2016, 960 (962 ff.).

162 Dazu bereits *P. Fischer* (Hrsg.), Steuervereinfachung, DStJG 21 (1998).

163 Zusammenfassender Überblick zu Mängeln des Steuervollzugs bei *Tipke* (Fn. 6), S. 1453 ff. m.w.N.

164 Ebenso *Müller-Franken*, StuW 2018, 113 (122).

den Einsatz von Risikomanagementsystemen lösen. Diese führen zu Verlagerungen und Verschiebungen bei der finanzbehördlichen Verifikationsaufgabe, ohne sie aber „automatisch" erfüllen zu können.

5. Fazit

Zusammenfassend zeigt sich, dass der Amtsermittlungsgrundsatz durch das AO-Modernisierungsgesetz nur punktuell verändert, aber nicht grundstürzend neu ausgerichtet wurde. Der Einsatz risikobasierter automationsgestützter Systeme ist ein nunmehr auch gesetzlich anerkanntes Hilfsmittel, aber – entgegen der Vorstellung des Gesetzgebers[165] – kein neues Leitbild für den Steuervollzug[166]. Bei der Ermessensverwaltung gilt es, Ziele und Mittel auseinanderzuhalten. Die Ziele sind vorrangig und Vorgaben für den Mitteleinsatz, weil das eingesetzte Mittel immer zieladäquat sein muss. Neue Mittel ändern nicht die – verfassungsbestimmten – Ziele beim Steuervollzug. Die Besteuerungsgrundsätze der Gesetzmäßigkeit und Gleichmäßigkeit (§ 85 AO) bleiben unverrückte und unverrückbare Leitziele der finanzbehördlichen Amtsermittlung. Die Finanzbehörde (und nicht ein Computerprogramm) bestimmt Art und Umfang der Ermittlungen nach den Umständen des Einzelfalls (§ 88 Abs. 2 AO). Bei der Ausübung des finanzbehördlichen Verfahrensermessens ist das Kontrollbedürfnis im Einzelfall die Ermessensleitlinie. Dabei sind Zweckmäßigkeit und Verhältnismäßigkeit der Ermittlungsmaßnahmen zu gewährleisten. Das ist eine verfassungs- und verwaltungsrechtliche Selbstverständlichkeit, die § 88 Abs. 2 AO n.F. – sprachlich wenig geglückt – nur betont.

Risikomanagementsysteme sind ein seit Jahrzehnten eingesetztes und erprobtes Instrument zur Erfüllung des strukturellen Vollzugssicherungsauftrags der Finanzbehörden im steuerlichen Massenfallrecht. Der

---

165 Begründung zum Gesetzentwurf der Bundesregierung, BT-Drucks. 18/7457, 48: „zweites gesetzlich geregeltes Leitbild der Steuerfestsetzung, nämlich das einer ausschließlich automationsgestützten Bearbeitung" und ebd., S. 49: „Die Verabschiedung vom althergebrachten Leitbild einer im Kern durch Amtsträger bearbeiteten Steuererklärung, bei der die erklärten Angaben und die vorgelegten Belege im Finanzamt persönlich geprüft werden und über deren rechtliche Würdigung persönlich entschieden wird".

166 Insgesamt kritisch auch *Ahrendt*, NJW 2017, 537; a.A. *Heintzen*, DÖV 2015, 780 (787).

Einsatz von Risikomanagementsystemen muss sich an den verfassungsrechtlich vorgegebenen Besteuerungsgrundsätzen der Gesetzmäßigkeit und Gleichmäßigkeit messen lassen und überwindet diese nicht zur Gewähr der Wirtschaftlichkeit des Steuervollzugs. Strukturell kontrollfreie Räume darf es beim Steuervollzug nicht geben. Risikomanagementsysteme dienen der risikoorientierten Steuerung der begrenzten Verifikationskapazitäten der Finanzverwaltung entsprechend dem Kontrollbedürfnis. Sie sind auf ständige Verbesserung und prozessgesteuertes Lernen auszurichten, was eine gehörige Quote zufallsgesteuerter Einzelermittlungen und Testveranlagungen voraussetzt. Ihre Entwicklung als aufbereitetes und anwendungsfähiges Verwaltungserfahrungswissen und ihre dauernde Fortentwicklung setzt fachqualifiziertes und steuerrechtlich mitdenkendes Personal in der Finanzverwaltung voraus.

Das Verfahrensermessen der Amtsermittlung darf nicht auf reines „Computer-Ermessen" verkürzt werden. Eine „Vollautomatisierung des Untersuchungsgrundsatzes" ist weder einfachgesetzlich vorgesehen noch wäre sie verfassungsrechtlich zulässig. Neben risikobasierten Ermittlungshinweisen und -vorschlägen muss die Finanzbehörde ihren Amtsträgern trotz des Statistikdruckes im untersuchungswürdigen Einzelfall die Möglichkeit qualitativer und investigativer Ermittlungsansätze einräumen. Diese dienen nicht allein der zutreffenden Besteuerung im Einzelfall, sondern auch der Vertiefung der Ermittlungserfahrungen und der Verbesserung der Risikoparameter.

Wegen der Wechselbezüglichkeit zwischen materiellem Steuerrecht und Steuerverfahren sind dem risikobasierten, automationsgestützten Vollzug der Steuergesetze Grenzen gesetzt, sonst entstehen verfassungsrechtlich nicht tolerable „Vollzugslücken"[167]. Hochkomplexes Recht mit anspruchsvollen Tatbestandsvoraussetzungen lässt sich auf diesem Wege nur eingeschränkt vollziehen. Die nur unzureichend erfüllte Forderung nach Steuervereinfachung des materiellen Steuerrechts kann nicht durch finanzbehördliches „Vereinfachungsmanagement" kompensiert werden. Für eine finanzbehördliche „Notkompetenz" war und ist kein Raum. Verfehlungen des finanzbehördlichen Verifikationsgebots müssen prospektiv durch Gesetzesfolgenabschätzung der materiellen Steuergesetze[168] und

---

167 Zu Recht kritisch *Ahrendt*, NJW 2017, 537 (540).
168 Dafür *Ahrendt*, NJW 2017, 537 (540).

retrospektiv durch die Finanzgerichte[169] und die Rechnungshöfe[170] aufgedeckt und abgestellt werden. Natürlich bedarf auch der modernisierte Amtsermittlungsgrundsatz unter Einsatz finanzbehördlichen Risikomanagements weiterhin der kritischen Begleitung durch die Steuerrechtswissenschaft[171].

---

169 Zur absehbaren finanzgerichtlichen Kontrolle der Recht- und Verfassungsmäßigkeit des finanzbehördlichen Risikomanagements *Trossen*, FR 2015, 1021; *Marx*, Ubg 2016, 358 (362).

170 Dazu, selbst aber hinsichtlich des gerichtlichen Rechtsschutzes und einer „strukturellen Vollzugskontrolle" sehr zurückhaltend *Thiemann*, StuW 2018, 304 (307 ff.).

171 Zutreffend *Maier*, JZ 2017, 614 (619).

Digitale Buchführung und digitale Betriebsprüfung

Ministerialrat Dr. *Peter Heinemann*
Ministerium der Finanzen des Landes Nordrhein-Westfalen

I. Begriff der digitalen Betriebsprüfung

Die digitale Betriebsprüfung hat ihre Rechtsgrundlage in § 147 Abs. 6 AO. Diese Regelung wurde mit dem Steuersenkungsgesetz[1] eingeführt und ist mit Wirkung ab dem 1.1.2002 in Kraft getreten. Der Gesetzgeber hat der Finanzverwaltung mit dieser Vorschrift das Recht eingeräumt, im Rahmen einer Außenprüfung elektronisch auf Unterlagen zuzugreifen, die der Steuerpflichtige mittels Datenverarbeitungssystem erstellt hat. § 147 Abs. 6 AO eröffnet der Finanzbehörde verschiedene Möglichkeiten des Datenzugriffs. Gemäß § 147 Abs. 6 Satz 1 AO kann sie unmittelbar auf das Datenverarbeitungssystem des Steuerpflichtigen zugreifen. Dieser unmittelbare Datenzugriff findet typischerweise in Konzernprüfungsfällen Anwendung.[2] Ferner kann die Finanzbehörde verlangen, dass der Steuerpflichtige nach den Vorgaben der Finanzbehörde Daten maschinell auswertet (§ 147 Abs. 6 Satz 2 Alt. 1 AO) oder dass ihr maschinell verwertbare Datenträger überlassen werden (§ 147 Abs. 6 Satz 2 Alt. 1 AO). Insbesondere die Datenträgerüberlassung ist die Regel bei kleineren und

---

1 Gesetz v. 23.10.2000, BGBl. I 2000, 1433, 1460.
2 S. *Richter/Welling*, FR 2017, 516.

223

mittleren Unternehmen.[3] Die digitale Betriebsprüfung betrifft nur die nach § 147 Abs. 1 AO aufbewahrungspflichtigen Unterlagen und erweitert daher nicht den sachlichen Umfang der Betriebsprüfung.[4] § 147 Abs. 6 AO gibt der Finanzbehörde auch nicht das Recht, sich an den Daten des Steuerpflichtigen selbst zu bedienen. Vielmehr hat die Finanzbehörde den Steuerpflichtigen im Einzelfall zur Mitwirkung aufzufordern.[5] Gegen diesen Verwaltungsakt stehen dem Steuerpflichtigen die allgemeinen Rechtsschutzmöglichkeiten offen. Ferner ist das Auskunftsverweigerungsrecht nach § 102 AO im Rahmen des § 147 Abs. 6 AO zu beachten.[6]

Die digitale Betriebsprüfung ist somit keine besondere Form der Betriebsprüfung, sondern ein Mittel der Sachverhaltsaufklärung im Rahmen der Betriebsprüfung. Diese erhält durch das Datenzugriffsrecht eine besondere Möglichkeit, den der Besteuerung zugrunde zu legenden Sachverhalt ermitteln zu können. Die Pflicht des Finanzamtes zur Sachverhaltsaufklärung regelt § 85 Satz 2 AO, wonach die Finanzbehörde insbesondere sicherzustellen hat, dass Steuern weder verkürzt noch zu Unrecht erhoben werden. Für den Bereich der Betriebsprüfung regelt § 199 Abs. 1 AO, dass die Betriebsprüfung die Besteuerungsgrundlagen zugunsten wie zuungunsten des Steuerpflichtigen zu prüfen hat. Gemäß § 88 Abs. 2 Satz 1 AO hat die Finanzbehörde Art und Umfang ihrer Ermittlungen einzelfallbezogen u.a. nach dem Grundsatz der Verhältnismäßigkeit zu bestimmen. Ferner kann sie nach § 88 Abs. 2 Satz 2 AO bei ihren Ermittlungen Wirtschaftlichkeits- und Zweckmäßigkeitserwägungen berücksichtigen. Für die Sachaufklärung mittels Datenzugriffs folgt daraus, dass die Betriebsprüfung ihre Sachverhaltsaufklärung nach Maßgabe des Kontrollbedürfnisses auszurichten hat und sich nicht allein am möglichen „steuerlichen Erfolg" orientiert.[7]

Der elektronische Datenzugriff hat sich seit Einführung des § 147 Abs. 6 AO zum Regelfall der Prüfung betrieblicher Unterlagen entwickelt. Ursächlich dafür ist zum einen das gestiegene Bedürfnis für eine elektro-

---

3 S. *Richter/Welling*, FR 2017, 516.

4 Dem Steuerpflichtigen obliegt es, nicht aufbewahrungspflichtige Daten zu selektieren, damit diese nicht dem ansonsten zulässigen Zugriff der Finanzbehörde unterliegen, s. *Drüen* in Tipke/Kruse, § 147 AO Rz. 71 ff. (152. Lfg. Juni 2018).

5 Z.B. FG Baden-Württemberg v. 7.11.2012 – 14 K 554/12, EFG 2013, 268 (Rev. VIII R 52/12); *Drüen* in Tipke/Kruse, § 147 AO Rz. 82 m.w.N.

6 BFH v. 28.10.2009 – VIII R 78/05, BStBl. II 2010, 455.

7 *Seer* in Tipke/Kruse, § 88 AO Rz. 22.

nische Prüfung betriebsbezogener Daten. Betriebe generieren, verarbeiten und speichern mit den von ihnen eingesetzten Datenverarbeitungssystemen inzwischen sehr große Mengen betrieblicher Daten, die wirksam und effizient nur noch elektronisch geordnet, sortiert und geprüft werden können. Die elektronische Betriebsprüfung kann zugleich dazu beitragen, Arbeitsprozesse des Betriebsprüfers zu straffen und sachgerechte Prüfungsschwerpunkte festzulegen. Die digitale Betriebsprüfung dient insoweit gleichermaßen den Interessen von Finanzverwaltung und Steuerpflichtigen.

Ein Prüfbedürfnis ergibt sich aber auch daraus, dass komplexe betriebliche Datenverarbeitungssysteme, bei denen mitunter unterschiedliche Datensysteme miteinander verknüpft sind, sich in der Praxis durchaus als fehleranfällig erweisen.[8] Die Fehlerquellen lassen sich in derart komplexen Systemen nur noch durch elektronische Auswertung der Systeme bestimmen. Da Daten in vielen Datenverarbeitungssystemen nicht nur geschrieben, sondern auch verändert und wieder gelöscht werden können, bieten diese Systeme im Übrigen zahlreiche Möglichkeiten zur Datenmanipulation.[9] Elektronische Datenprüfungen können dazu beitragen, derartige Manipulationen im Einzelfall offenzulegen.

II. Kooperationsmaxime in der digitalen Betriebsprüfung

Die Finanzbehörden haben die Steuern nach Maßgabe des Gesetzes festzusetzen. Dieses Legalitätsprinzip findet seine verfassungsrechtliche Grundlage in Art. 2 Abs. 1, Art. 20 Abs. 3, Art. 14 Abs. 1 Satz 2, Abs. 3 Satz 2 GG und ist in § 85 AO einfachgesetzlich normiert. § 88 Abs. 1 AO enthält Vorgaben für die Art und Weise der Aufgabenerfüllung. Insbesondere hat die Finanzbehörde gem. § 88 Abs. 1 AO den Sachverhalt von Amts wegen zu ermitteln (Untersuchungsgrundsatz). Der Untersuchungsgrundsatz gilt gem. § 199 Abs. 1 AO gleichfalls für das besondere Ermittlungsverfahren der Betriebsprüfung. Danach hat diese die tatsächlichen und rechtlichen Verhältnisse, die für die Bemessung der Steuer maßgebend sind, zu prüfen. Die Finanzbehörde trägt mithin die Verantwortung für die Sachaufklärung.

Die §§ 90, 200 AO begründen andererseits die Pflicht des Steuerpflichtigen, in der Betriebsprüfung an der Ermittlung des Sachverhalts mitzu-

---

8 Hierzu eingehend *Danielmeyer/Neubert/Unger*, StBp 2016, 322; *Becker/Danielmeyer/Neubert/Unger*, DStR 2016, 2983.
9 Zu den Besonderheiten in der sog. Bargeldbranche z.B. *Kulosa*, FR 2017, 510.

wirken. Der Umfang der jeweiligen Mitwirkungsplicht ergibt sich anhand der Umstände des Einzelfalls (§ 90 Abs. 1 Satz 3 AO). In der Gesamtschau statuieren die §§ 88, 199, 90, 200 AO die sog. Kooperationsmaxime.[10] Finanzamt und Steuerpflichtiger sind danach gemeinsam für die Sachverhaltsaufklärung verantwortlich.[11] Aus der Kooperationsmaxime resultiert, dass Finanzbehörde und Steuerpflichtiger jeweils die Verantwortung für ihren jeweiligen Herrschaftsbereich tragen (Sphärenverantwortung).[12] Die Letztverantwortung für den der Besteuerung zugrunde zu legenden Sachverhalt trägt jedoch die Finanzverwaltung. Ihr obliegt die Prüfung, ob die Angaben des Steuerpflichtigen und die von ihm vorgelegten Aufzeichnungen zutreffend sind.

Verletzt der Steuerpflichtige seine Mitwirkungspflichten, löst dies gegebenenfalls für die Finanzbehörde nach §§ 158, 162 Abs. 2 AO die Pflicht zur Schätzung aus. Nutzt der Steuerpflichtige ein elektronisches Datenverarbeitungssystem, ergeben sich daraus für ihn zwar spezifische Mitwirkungspflichten aus den Grundsätzen ordnungsmäßiger Buchführung und den §§ 140 ff. AO, diese lassen jedoch die dargestellten Verfahrensmaximen der Betriebsprüfung und die gemeinsame Verantwortung von Finanzbehörde und Steuerpflichtigem für die Sachverhaltsermittlung dem Grunde nach unberührt.

III. Rechtsquellen spezifischer Mitwirkungspflichten in der digitalen Betriebsprüfung

1. Gesetzliche Grundlagen

Für den Bereich der digitalen Betriebsprüfung hat der Gesetzgeber in Ergänzung zu § 147 Abs. 6 AO zuletzt mit dem Gesetz zum Schutz vor Manipulationen an digitalen Grundaufzeichnungen[13] folgende Gesetzesänderungen vorgenommen:

---

10 *Seer* in Tipke/Kruse, § 88 AO Rz. 3.
11 BFH v. 15.2.1989 – X R 16/86, BStBl. II 1989, 462.
12 *Seer* in Tipke/Kruse, § 88 AO Rz. 3; so auch Nr. 5 AEAO zu § 88 AO: Begrenzung der Aufklärungspflicht der Finanzbehörde durch die Mitwirkungspflicht des Steuerpflichtigen.
13 Gesetz v. 22.12.2016, BGBl. I 2016, 3152.

§ 146 Abs. 1 AO wurde um die Klarstellung ergänzt, dass Buchungen und sonst erforderliche Aufzeichnungen einzeln vorzunehmen sind.[14] Das bedeutet, dass aufzeichnungspflichtige Geschäftsvorfälle laufend zu erfassen, einzeln festzuhalten sowie aufzuzeichnen und aufzubewahren sind, so dass sich die einzelnen Vorgänge in ihrer Entstehung und Abwicklung verfolgen lassen. Die Einzelaufzeichnungspflicht ergibt sich bereits aus den Grundsätzen der ordnungsmäßigen Buchführung.[15] Da Buchungen und Aufzeichnungen Bestandteil der Unterlagen sind, die der digitalen Betriebsprüfung unterliegen (§ 147 Abs. 6 und 1 AO i.V.m. § 146 Abs. 1 Satz 1 AO), gilt auch für elektronische Aufzeichnungssysteme der Grundsatz der fortlaufenden Einzelaufzeichnung sämtlicher aufzeichnungspflichtiger Geschäftsvorfälle.[16]

Ferner hat der Gesetzgeber mit § 146a AO Ordnungsvorschriften für die elektronischen Aufzeichnungssysteme eingeführt, die er durch die Möglichkeit einer Kassennachschau (§ 146b AO) und verschiedene Sanktionsmöglichkeiten flankiert hat (vgl. § 379 Abs. 1 Satz 1 Nr. 4–6 AO). Die neuen Ordnungsvorschriften bestimmen, unter welchen Voraussetzungen die Buchführung bei Nutzung elektronischer Aufzeichnungssysteme in formeller Hinsicht ordnungsgemäß ist. Die Regelungen treten an die Stelle bisheriger Verwaltungsanweisungen zu elektronischen Aufzeichnungen und zur Aufbewahrung von digitalen Unterlagen bei Bargeschäften.[17] Mit den Regelungen möchte der Gesetzgeber Manipulationen von elektronischen Aufzeichnungssystemen begegnen.[18] Die Kassensicherungsverordnung vom 26.9.2017[19] beschränkt jedoch den sachlichen An-

---

14 S. *Seer* in Tipke/Kruse, § 158 AO Rz. 13 m.w.N.; zur Einzelaufzeichnungspflicht auch BMF v. 26.11.2010, BStBl. I 2010, 3142 (sog. Kassenrichtlinie); BFH v. 16.12.2014 – X R 42/13, BStBl. II 2015, 519.

15 Einzige Ausnahme hiervon ist der Verkauf von Waren an eine Vielzahl von nicht bekannten Personen gegen Barzahlung aus Zumutbarkeitsgründen.

16 BT-Drucks.18/9535, 18. § 146 Abs. 1 Satz 4 AO stellt darüber hinaus klar, dass bei Nutzung eines elektronischen Aufzeichnungssystems eine Ausnahme von der Einzelaufzeichnungspflicht auch dann nicht möglich ist, wenn Waren an eine Vielzahl von nicht bekannten Personen gegen Barzahlung verkauft werden (s. § 146 Abs. 1 Satz 3 AO). Es besteht keine Veranlassung, in derartigen Fällen auf die elektronische Einzelaufzeichnung zu verzichten.

17 BMF v. 14.11.2014, BStBl. I 2014, 1450; BMF v. 26.11.2010, BStBl. I 2010, 1342.

18 Zum Umfang möglicher Manipulationen z.B. *Richter/Welling*, FR 2017, 516.

19 Erlassen durch das Bundesministerium der Finanzen mit Zustimmung des Bundestages und des Bundesrates und im Einvernehmen mit dem Bundesmi-

wendungsbereich des § 146a AO. Danach gelten als elektronische Aufzeichnungssysteme nur elektronische oder computergestützte Kassensysteme oder Registrierkassen, während beispielsweise elektronische Buchhaltungsprogramme nicht erfasst werden.

Gemäß § 146a Abs. 1 AO muss das elektronische Aufzeichnungssystem jeden aufzeichnungspflichtigen Geschäftsvorfall und anderen Vorgang einzeln, vollständig, richtig, zeitgerecht und geordnet aufzeichnen. Der Steuerpflichtige hat die digitalen Aufzeichnungen zu sichern und für die Betriebsprüfung verfügbar zu halten.[20] Das elektronische Aufzeichnungssystem und die digitalen Aufzeichnungen sind durch eine zertifizierte technische Sicherheitseinrichtung zu schützen.[21] Ferner haben Steuerpflichtige dem zuständigen Finanzamt zu melden, dass sie elektronische Aufzeichnungssysteme verwenden (§ 146a Abs. 3 AO). Wer aufzeichnungspflichtige Geschäftsvorfälle erfasst, hat dem an diesem Geschäftsvorfall Beteiligten gem. § 146a Abs. 2 AO grundsätzlich einen Beleg über den Geschäftsvorfall auszustellen (Belegausgabepflicht).

Diese Regelungen sollen insbesondere verhindern, dass ein einmal aufgezeichneter Geschäftsvorfall später so verändert oder gelöscht wird, dass weder der ursprüngliche Geschäftsvorfall noch die spätere Manipulation erkennbar ist. Ferner möchte der Gesetzgeber durch die Belegausgabepflicht verhindern, dass tatsächlich vorgefallene Geschäftsvorfälle gar nicht aufgezeichnet werden.[22] Die Regelungen sind verfassungsrechtlich gerechtfertigt, da sie den Vollzug der Steuergesetze ohne Rücksicht auf die Erklärungsbereitschaft der Steuerpflichtigen strukturell sichern.[23]

Zum Teil wird kritisiert, die neuen Regelungen gingen einseitig zu Lasten der Steuerpflichtigen.[24] Bei einer Gesamtbewertung darf allerdings nicht verkannt werden, dass die mit den neuen Regelungen verbundenen Pflichten die Sphäre des Steuerpflichtigen betreffen, innerhalb derer er re-

---

nisterium des Innern und dem Bundesministerium für Wirtschaft und Energie.

20 Eine Aufbewahrung in ausgedruckter Form ist nicht ausreichend, *Peters*, DStR 2017, 1953. Das erscheint sachgerecht, da andernfalls die Vorteile der digitalen Prüfbarkeit konterkariert würden.

21 Welche elektronischen Aufzeichnungssysteme durch eine zertifizierte technische Sicherheitseinrichtung zu schützen sind und welche Anforderungen an die zertifizierte technische Sicherheitseinrichtung gestellt werden, bestimmen §§ 5 und 7 Kassensicherungsverordnung.

22 Hierzu *Desens*, FR 2017, 507.

23 Im Einzelnen *Desens*, FR 2017, 507.

24 *Peters*, DStR 2017, 1953.

gelmäßig die besseren Erkenntnisse über die verwirklichten Sachverhalte hat und für die er daher im Rahmen der kooperativen Sachverhaltsermittlung die Verantwortung trägt. Zudem bieten die Neuregelungen dem Steuerpflichtigen den Vorteil, dass die Finanzbehörde von der gesetzlichen Vermutung der Richtigkeit der Kassenaufzeichnungen auszugehen und diese nach Maßgabe des § 158 AO der Besteuerung zugrunde zu legen hat, wenn der Steuerpflichtige die neuen Ordnungsvorschriften erfüllt.[25]

Die Neuregelungen finden gem. Art. 97 § 30 Abs. 1 EGAO grundsätzlich erst ab dem 1.1.2020 Anwendung.[26] Diese Übergangsregelungen erscheinen großzügig, können aber die Akzeptanz der neuen Vorschriften fördern und dienen letztlich der Verhältnismäßigkeit.[27]

2. Grundsätze zur ordnungsmäßigen Führung und Aufbewahrung von Büchern, Aufzeichnungen und Unterlagen in elektronischer Form sowie zum Datenzugriff (GoBD)

In den GoBD vom 14.11.2014 hat die Finanzverwaltung ihre Interpretation der gesetzlichen Buchführungs- und Aufzeichnungspflichten einschließlich der Grundsätze ordnungsmäßiger Buchführung zusammengefasst, sofern Buchführungs- und Aufbewahrungspflichten elektronisch erfüllt werden.[28] Die GoBD basieren auf dem Grundgedanken, dass eine digitale Buchführung ebenso ordnungsgemäß sein muss wie eine Buchführung in Papierform, damit die Gleichheit im Gesetzesvollzug gewährleistet werden kann. Die Finanzverwaltung beurteilt daher die Ordnungsmäßigkeit elektronischer Bücher und sonst erforderlicher elektronischer Aufzeichnungen nach den gleichen Prinzipien wie die Ordnungsmäßigkeit bei manuell erstellten Büchern oder Aufzeichnungen[29] und versucht gegebenenfalls mittels Analogieschluss festzustellen, ob die Ordnungsvorschriften eingehalten wurden.[30] Dieses Konzept macht es erforderlich, die GoBD fortwährend an den technischen Fortschritt anzupassen.[31]

---

25 BT-Drucks. 18/9535, 18.
26 Zum Investitionsschutz für Kassen, die nach dem 25.10.2010 angeschafft wurden s. Art. 97 § 30 Abs. 3 AO.
27 *Desens*, FR 2017, 507.
28 BStBl. I 2014, 1450; zur Kritik s. *Goldshteyn/Thelen*, DStR 2015, 326.
29 BMF v. 14.11.2014, BStBl. I 2014, 1450 Rz. 22.
30 BMF v. 14.11.2014, BStBl. I 2014, 1450 Rz. 10.
31 Aktuell werden die GoBD unter Beteiligung der Verbände überarbeitet. Nach dem derzeitigen Erkenntnisstand haben die Verbände keine grundlegenden

Bei den GoBD handelt es sich um Verwaltungsanweisungen, mithin um Regelungen, die sich an die Finanzämter richten. Für den Steuerpflichtigen und die Gerichte sind die GoBD nicht bindend. Angesichts des stellenweise hohen Detailierungsgrades und aufgrund der Tatsache, dass die GoBD als Verwaltungsanweisungen gegebenenfalls eine Selbstbindung der Verwaltung bewirken können[32], bieten sie dem Steuerpflichtigen insoweit in der Besteuerungspraxis eine gewisse Rechts- und Planungssicherheit.

3. Spezifische Mitwirkungspflichten in der digitalen Betriebsprüfung

§ 147 Abs. 6 AO ermöglicht der Finanzbehörde den elektronischen Datenzugriff nur, soweit sich der Steuerpflichtige eines Datenverarbeitungssystems bedient. Die Vorschrift begründet damit nicht die Verpflichtung des Steuerpflichtigen, seine in Papierform vorhandenen Aufzeichnungen für Zwecke der digitalen Betriebsprüfung zu digitalisieren.[33] In vergleichbarer Weise begründet § 146a AO für den Bereich der Kassenführung keine Pflicht, ausschließlich elektronische oder computergestützte Kassen zu verwenden. Offene Ladenkassen bleiben damit auch nach Einführung des § 146a AO weiterhin zulässig. Der Gesetzgeber geht offenbar davon aus, mithilfe der (unangekündigten) Kassennachschau (§ 146b AO) und der Meldepflicht für elektronische Aufzeichnungssysteme (§ 146a Abs. 3 AO) der im Gesetzgebungsverfahren artikulierten Sorge einer „Flucht in die offene Ladenkasse" hinreichend wirksam begegnen zu können. Im Besonderen die Nichtmeldung einer elektronischen Kasse könne im Rahmen der risikoorientierten Fallauswahl von Betriebsprüfungsfällen nach § 88 Abs. 5 AO zu einer erhöhten Prüfungswahrscheinlichkeit führen.[34]

Nach § 147 Abs. 6 i.V.m. Abs. 1 AO ist der Finanzbehörde der Zugriff auf Unterlagen erlaubt, die typischerweise bestimmte Geschäftsvorfälle dokumentieren und daher für die Besteuerung von Bedeutung sind. Hierzu zählen u.a. Bücher, Aufzeichnungen, Jahresabschlüsse, Geschäftsbriefe und Buchungsbelege. Gemäß § 146a Abs. 1 AO sind darüber hinaus bei Verwendung der tatbestandlichen Aufzeichnungssysteme auch andere Vorgänge aufzuzeichnen und zu speichern. Die zunächst weitgehend er-

---

Änderungen der bisherigen GoBD angeregt. Vgl. auch *Herrfurth*, StuB 2018, 167.

32 *Drüen* in Tipke/Kruse, § 4 AO Rz. 93.
33 *Drüen* in Tipke/Kruse, § 147 AO Rz. 70 m.w.N.
34 BT-Drucks. 18/9535, 19; vgl. *Desens*, FR 2017, 507.

scheinende Regelung soll beispielsweise Sachverhalten begegnen, in denen tatsächliche Geschäftsvorfälle durch einen Wechsel in einen Trainingsmodus des Kassensystems oder mithilfe von Stornierungen abgewickelt werden und dadurch keine Protokollierung als Geschäftsvorfall erfolgt.[35] Die Regelung erscheint zumutbar, da sie den Steuerpflichtigen nicht unmittelbar zusätzlich belastet.[36] Denn die betreffenden Vorgänge werden automatisch protokolliert, sobald eine Betätigung der Kasse erfolgt (z.B. Tastendruck, Scanvorgang eines Barcodes), ohne dass es einer gesonderten Mitwirkungshandlung des Steuerpflichtigen bedarf.

Auch die Daten eines Kassen- oder Warenwirtschaftssystems, das der eigentlichen Buchführung vorgelagert ist, unterliegen dem Datenzugriff, wenn die Daten in verdichteter Form in das Buchführungssystem übergeben werden.[37] Dies ist erforderlich, da auch in diesen Datenbeständen Fehler, Manipulationen und Übernahmefehler in die eigentliche Buchführung auftreten können, die nur durch die Mittel der digitalen Betriebsprüfung aufgedeckt werden können.

IV. Verifikationspflicht und Verifikationsmöglichkeiten der Finanzverwaltung

§ 85 Satz 2 AO und Art. 3 Abs. 1, Art. 20 Abs. 3 GG verpflichten die Finanzbehörden, ein Verifikationssystem zu unterhalten, das Steuerverkürzungen strukturell vermeidet.[38] Ist es den Finanzbehörden strukturell nicht möglich, zu prüfen, ob ein Lebenssachverhalt verwirklicht wurde und somit der Tatbestand eines materiellen Steuergesetzes erfüllt ist, kann dies Auswirkungen auf die Verfassungsmäßigkeit der materiellen Steuerrechtsnorm haben.[39] Gesetze, die nicht vollzogen werden können, erfüllen nicht die Voraussetzungen der Gleichmäßigkeit der Besteuerung.

Im Rahmen der von der AO vorgegebenen kooperativen Sachverhaltsermittlung trägt die Finanzbehörde die Letztverantwortung dafür, ob ein tatbestandsmäßiger Lebenssachverhalt ermittelt wird. § 158 AO ist in diesem Zusammenhang die gesetzgeberische Wertung zu entnehmen,

---

35 BT-Drucks. 18/9535, 19.

36 *Desens*, FR 2017, 507; kritisch: *Liepert/Sahm*, BB 2016, 1313; *Richter/Welling*, FR 2017, 516.

37 BFH v. 16.12.2014 – X R 42/13, BStBl. II 2015, 519 – Bestätigung der Finanzverwaltung, die diese Position bereits seit BMF v. 7.11.1995, BStBl. I 1995, 738 vertritt.

38 *Seer* in Tipke/Kruse, § 85 AO Rz. 14.

39 BVerfG v. 9.3.2004 – 2 BvL 17/02, BStBl. II 2005, 56.

dass die Finanzverwaltung den Sachverhalt jedoch nicht lückenlos zu ermitteln hat.[40] Der Gesetzgeber gewährt dem Steuerpflichtigen vielmehr einen Vertrauensvorschuss, wenn dieser über eine formell ordnungsmäßige Buchführung verfügt, indem er in § 158 AO anordnet, dass die formell ordnungsgemäße Buchführung grundsätzlich der Besteuerung zugrunde zu legen ist.[41]

Trotz einzelner formeller Mängel kann eine Buchführung im Rahmen einer Gesamtwertung aller Umstände im Einzelfall als formell ordnungsgemäß erscheinen.[42] Insoweit kommt der sachlichen Gewichtung der Mängel entscheidende Bedeutung zu. Eine Buchführung ist erst dann formell ordnungswidrig, wenn sie wesentliche Mängel aufweist oder die Gesamtheit der an sich unwesentlichen Mängel diesen Schluss fordert.[43] Die Bewertung formeller Mängel sollte in der Praxis mit dem notwendigen Augenmaß erfolgen[44] und die Wertungen der AO berücksichtigen. Danach tragen Finanzbehörde und Steuerpflichtiger gemeinsam die Verantwortung für die Ermittlung des zutreffenden Sachverhalts. Zudem soll die Betriebsprüfung nach den Vorgaben von § 199 AO i.V.m. § 193 Abs. 2 Nr. 2, § 200 Abs. 2 Satz 1 AO den der Besteuerung zugrunde zu legenden Lebenssachverhalt vor Ort ermitteln. Die Betriebsprüfung ist da-

---

40 *Seer* in Tipke/Kruse, § 158 AO Rz. 11.
41 *Seer* in Tipke/Kruse, § 158 AO Rz. 12 ff.
42 BFH v. 25.3.2015 – X R 20/13, BStBl. II 2015, 743; AEAO zu § 158 AO.
43 AEAO zu § 158 AO unter Hinweis auf BFH v. 2.12.2008 – X B 69/08, juris.
44 Ähnlich auch *Peters*, DStR 2017, 1953. Verwendet der Steuerpflichtige eine Kasse mit einem Manipulationstool, ist diese jedoch formell nicht ordnungsgemäß. Der Steuerpflichtige verdient in einem solchen Fall keinen Vertrauensvorschuss, s. *Richter/Welling*, FR 2017, 516. Zu den Folgen, wenn ein Kassensystem die Möglichkeit zur Manipulation von digitalen Grundaufzeichnen (z.B. Kassenaufzeichnungen mittels Access-Datenbank) eröffnet, s. FG Münster v. 29.3.2017, EFG 2017, 846 (aufgehoben wegen möglicher Verfahrensfehler durch BFH v. 23.2.2018 – X B 65/17, BFH/NV 2018, 517). Eine Schätzungsbefugnis besteht auch, wenn der Steuerpflichtige über keine aktuelle Verfahrensdokumentation seines Kassensystems einschließlich aller System- und Verfahrensänderungen verfügt. Aus der Dokumentation müssen Inhalt, Aufbau und Ablauf des Abrechnungssystems vollständig ersichtlich sein, BFH v. 25.3.2015 – X R 20/13, BStBl. II 2015, 743. Ohne eine solche Dokumentation besteht keine Gewähr für die Vollständigkeit der gemachten Aufzeichnungen. Gleiches gilt für aufbewahrungspflichtige Betriebsanleitungen, FG Hamburg v. 26.8.2016 – 6 V 81/16, juris.

nach vom Grundsatz her nicht darauf ausgelegt, die konkrete Sachverhaltsermittlung möglichst durch eine (Voll-)Schätzung zu ersetzen.[45] Die Richtigkeitsvermutung einer formell ordnungsmäßigen Buchführung ist entkräftet, wenn die Finanzbehörde nachweist, dass das Buchführungsergebnis nicht zutreffend sein kann.[46] Streitig ist derzeit, ob die Finanzverwaltung einen solchen Nachweis mit Hilfe der sog. Summarischen Risikoprüfung erbringen kann.

Die Mehrzahl der Landesfinanzverwaltungen setzt die sog. Summarische Risikoprüfung ein.[47] Dabei handelt es sich um eine Computersoftware, mit deren Hilfe umfangreiche Besteuerungsdaten anhand verschiedener Verprobungs- und Analysemethoden untersucht werden können (insb. Ziffernanalysen, Zeitreihenvergleich, Schnittstellenanalyse). Die Summarische Risikoprüfung ist für die Betriebsprüfung zunächst ein Mittel, um effektiv Anhaltspunkte für gezielte Prüfungsaufgriffe zu erhalten. Die grundsätzlichen Bedenken, die zum Teil gegen die Summarische Risikoprüfung geäußert werden, erscheinen nicht durchgreifend.[48] Die in der Summarischen Risikoprüfung kombinierten Untersuchungsmethoden sind gemeinhin bekannt, in der Fachliteratur umfangreich beschrieben und z.B. in der Wirtschaftsprüfung üblich.[49] Für den Steuerpflichtigen bestehen im Übrigen auch effektive Rechtsschutzmöglichkeiten (Art. 19 Abs. 4, Art. 20 Abs. 3 GG) beim Einsatz der Summarischen Risikoprüfung, da die Betriebsprüfung dem Steuerpflichtigen ihre Kalkulationsgrundlagen, ihre Ermittlungen und Ergebnisse mitzuteilen hat.[50]

Darüber hinaus soll die Summarische Risikoprüfung auch eine vollständige Beweisführung bei Mängeln im Bereich der vollständigen Erfassung von Einnahmen inklusive einer Zuschätzung ermöglichen. Befürworter

---

45 Vgl. auch AEAO zu § 158 AO: Eine Vollschätzung kommt nur dann in Betracht, wenn sich die Buchführung in wesentlichen Teilen als unbrauchbar erweist.

46 *Seer* in Tipke/Kruse, § 158 AO Rz. 4.

47 S. *Becker*, DStR 2016, 1430.

48 So im Ergebnis auch BFH v. 25.3.2015 – X R 20/13, BStBl. II 2015, 743 zum Zeitreihenvergleich, der ein typischer Bestandteil der Summarischen Risikoprüfung ist.

49 Z.B. *Krumm*, DB 2017, 1105; *Giezek/Wähnert*, DB 2018, 470; *Becker*, DStR 2016, 1430; *Wähnert*, DB 2016, 2627; IDW-Prüfungshinweis „Einsatz von Datenanalysen im Rahmen der Abschlussprüfung" (PH 9.330.3).

50 BFH v. 25.3.2015 – X R 20/13, BStBl. II 2015, 743; weitergehend: *Krumm*, DB 2017, 1105, der u.a. eine Überlassung der aufbereiteten und ausgewerteten Daten fordert, damit der Steuerpflichtige diese selbst analysieren kann.

der Summarischen Risikoprüfung sprechen den Ergebnissen der Summarischen Risikoprüfung eine hohe Aussagensicherheit zu, da sie ein dichtes Indiziennetz liefere und die im Rahmen der jeweiligen Untersuchungsmethode gefundenen Einzelergebnisse gegenseitig abgesichert sein sollen.[51]

Zum Teil wird die Summarische Risikoprüfung in einer eher pauschalen Betrachtung mit dem Zeitreihenvergleich gleichgesetzt, da es sich in beiden Fällen gleichermaßen um mathematisch-statistische Prüfmethoden handele.[52] Nach dem sog. Zeitreihenurteil des BFH[53] seien derartige Prüfmethoden nicht geeignet, die Unrichtigkeit der Buchführung zu belegen. Rechnerische Ergebnisse seien keine tatsächlichen Besteuerungsgrundlagen.[54] Die Vermutung des § 158 AO könne nicht allein erschüttert werden durch Abweichungen zwischen dem in der Prüfung tatsächlich „Beobachteten" und dem statistisch „Erwarteten".[55]

Allerdings geht der BFH davon aus, dass die Richtigkeitsvermutung einer formell ordnungsmäßigen Buchführung auch durch eine Schätzung aufgrund einer Nachkalkulation entkräftet werden kann, wobei er an die Schätzung hohe Anforderungen stellt.[56] Er hält es somit nicht a priori für ausgeschlossen, dass rechnerische Ergebnisse der Besteuerung zugrunde gelegt werden. Abzuwarten bleibt damit, ob die Ergebnisse der Summarischen Risikoprüfung die Anforderungen des BFH erfüllen. Der BFH sollte insoweit jedenfalls zu berücksichtigen haben, dass die Summarische Risikoprüfung Ergebnisse hervorbringt, die jeweils anhand wissenschaftlich anerkannter Methoden ermittelt werden, und diese Ergebnisse zusätzlich durch Anwendung unterschiedlicher Prüfungsmethoden abgesichert werden.

Ist die Buchführung formell nicht ordnungsgemäß, sind aber materielle Unrichtigkeiten der Einnahmenerfassung nicht konkret nachgewiesen, oder weist eine Buchführung bereits materielle Mängel auf, hat der BFH in seinem Zeitreihenurteil eine Erscheinungsform des Zeitreihenver-

---

51 *Becker*, DStR 2016, 1430; *Becker/Giezek/Webel/Wähnert*, DStR 2016, 1878. Kritisch zum Indizienwert der Ergebnisse einer Summarischen Risikoprüfung *Krumm*, DB 2017, 1105.
52 *Peters*, DStR 2017, 1953.
53 BFH v. 25.3.2015 – X R 20/13, BStBl. II 2015, 743.
54 *Peters*, DStR 2017, 1953; *Kulosa*, DB 2015, 1797.
55 *Peters*, DStR 2017, 1953.
56 BFH v. 25.3.2015 – X R 20/13, BStBl. II 2015, 743 unter Tz. II. 3 b) aa); BFH v. 22.8.1985 – IV R 29-30/84, BFH/NV 1986, 719.

gleichs als Schätzungsmethode zugelassen. In der erstgenannten, in der Praxis sehr bedeutsamen[57] Fallgruppe soll jedoch ein Vorrang zugunsten anderer Schätzungsmethoden bestehen, die auf betriebsintcrnen Daten aufbauen oder in anderer Weise die individuellen Verhältnisse des jeweiligen Steuerpflichtigen besser berücksichtigen (z.B. Aufschlagskalkulation, Vermögenszuwachs- oder Geldverkehrsrechnung). Der Zeitreihenvergleich wird indes in der Praxis in zahlreichen Varianten durchgeführt.[58] Auch die Summarische Risikoprüfung ermöglicht verschiedene Formen des Zeitreihenvergleichs.[59] Ob die Grundsätze des Zeitreihenurteils anwendbar sind, hängt letztlich im Einzelfall davon ab, ob die konkret angewandte Variante des Zeitreihenvergleichs mit der durch den BFH bereits untersuchten Spielart vergleichbar ist.[60]

V. Zusammenfassung

1. Der Begriff digitale Betriebsprüfung beschreibt das Recht der Finanzverwaltung zum elektronischen Datenzugriff nach Maßgabe des § 147 Abs. 6 AO. Der elektronische Datenzugriff ist danach ein Mittel der Sachverhaltsaufklärung durch die Betriebsprüfung für den Fall, dass der Steuerpflichtige sich elektronischer Datenverarbeitungssysteme bedient. Die Betriebsprüfung hat ihre Sachaufklärung mittels Datenzugriff nach Maßgabe des Kontrollbedürfnisses im Einzelfall auszurichten.

2. Das Bedürfnis einer elektronischen Prüfung von Betriebsdaten ergibt sich aus dem gestiegenen Einsatz von zum Teil komplexen Datenverarbeitungssystemen. Die daraus resultierenden Datenmengen und die damit entstandenen Möglichkeiten der Datenmanipulation können wirksam und effizient nur noch elektronisch geprüft werden.

3. Wie eine herkömmliche Betriebsprüfung wird die digitale Betriebsprüfung insbesondere durch das Legalitätsprinzip und die Kooperationsmaxime bestimmt, wobei der Gesetzgeber spezifische Mitwirkungspflichten für diejenigen Steuerpflichtigen statuiert hat, die Datenverarbeitungssysteme und elektronische Aufzeichnungssysteme verwenden. Die betreffenden Vorschriften gestalten die Verantwortungssphäre des Steuerpflich-

---

57 *Kulosa*, FR 2017, 501.
58 S. *Becker*, DStR 2016, 1386 m.w.N.
59 Vgl. *Becker*, DStR 2016, 1430.
60 Gemäß BFH v. 12.7.2017 – X B 16/17, BFH/NV 2017, 1204 gelten bei summarischer Prüfung die Anforderungen für eine Schätzung durch Zeitreihenvergleich auch für die sog. Quantilsschätzung. Zum Streitstand s. *Kulosa* FR 2017, 501.

tigen aus, bieten ihm aber zugleich den Vorteil, sich bei Erfüllung der geschaffenen formellen Anforderungen auf die Beweisregelung des § 158 AO berufen zu können.

4. Mit den GoBD verfolgt die Finanzverwaltung letztlich das Ziel, die Gleichheit im Gesetzesvollzug zu gewährleisten. Denn elektronische Buchführungen müssen ebenso wie manuell erstellte Bücher und Aufzeichnungen ordnungsgemäß sein. Bei den detaillierten Ausführungen der GoBD handelt es sich um Verwaltungsanweisungen, die dem Steuerpflichtigen eine gewisse Rechts- und Planungssicherheit gewähren können.

5. Steuerpflichtige werden durch die § 147 Abs. 6, § 146a AO nicht dazu verpflichtet, in Papierform vorhandene Aufzeichnungen für Zwecke der digitalen Betriebsprüfung zu digitalisieren. Auch offene Ladenkassen sind nicht durch elektronische Kassen zu ersetzen. Für den Bereich der offenen Ladenkassen sieht der Gesetzgeber ausreichende Kontrollmöglichkeiten durch die Finanzverwaltung als gegeben an.

6. Die digitale Betriebsprüfung erstreckt sich auf Vorsysteme der eigentlichen Buchführung, um auch in diesen Datenbeständen Fehler oder Manipulationen aufdecken zu können. Aus dem gleichen Grund müssen elektronische Kassensysteme ferner solche Vorgänge aufzeichnen, die selbst nicht als Geschäftsvorfall protokolliert werden.

7. Für Zwecke der Prüfung der formellen Ordnungsmäßigkeit einer Buchführung sollten im Rahmen einer wertenden Gesamtbetrachtung die besonderen Umstände des Einzelfalls und grundsätzliche Wertungen der AO über Ziele der Betriebsprüfung Berücksichtigung finden.

8. Nach den Maßstäben der bisherigen BFH-Rechtsprechung erscheint die Summarische Risikoprüfung jedenfalls nicht a priori als ungeeignet, die Richtigkeitsvermutung einer formell ordnungsgemäßen Buchführung zu entkräften.

Diskussion

zu den Referaten von Prof. Dr. *Klaus-Dieter Drüen*
und MR Dr. *Peter Heinemann*

Dr. *Jürgen Pelka*, Köln

Ich habe eine Frage an Herrn Dr. *Heinemann*. Sie hatten dargelegt, dass der Steuerpflichtige grundsätzlich verpflichtet sei, seine Daten aufzubewahren, und diese ggf. der Betriebsprüfung in digitaler Weise zur Verfügung stellen muss. Dies führt dazu, dass der Steuerpflichtige keine Kontrolle darüber hat, was sich der Betriebsprüfer eigentlich genau anschaut. Gilt diese Verpflichtung auch für das gesamte Belegwesen? Wie Sie wissen, werden heute immer mehr Belege elektronisch erfasst. Darüber hinaus werden auch besteuerungsrelevante Verträge und Vertragsentwürfe digital erfasst. Wie weit geht hier die Aufbewahrungs-, Dokumentations- und Präsentationspflicht des Steuerpflichtigen? Wenn der Prüfer in sämtliche Word-Dateien des Steuerpflichtigen einsehen dürfte, hätten wir einen sehr gläsernen Bürger und ich hätte Bedenken, ob dies noch von den Freiheitsrechten gedeckt ist.

Dr. *Peter Heinemann*, Köln

Eine abschließende Antwort werde ich Ihnen auf Ihre Frage nicht geben können. Zum einen gibt § 147 AO vor, welche Unterlagen aufbewahrt und der Betriebsprüfung zur Verfügung gestellt werden müssen. Es sind grundsätzlich alle Unterlagen zur Verfügung zu stellen, die steuerlich relevant sind. Wenn diese Unterlagen digital gespeichert werden, müssen sie auch digital zur Verfügung gestellt werden. Der Finanzbeamte darf jedoch nicht von sich aus in den gesamten Datenbestand des Steuerpflichtigen hineingreifen und danach suchen, welche Daten in seinen Augen relevant sind. Die Vorsortierung steht dem Steuerpflichtigen zu. Er hat auch dafür Sorge zu tragen, Unterlagen die nicht relevant sind und ggf. sogar besonders schützenswert sind, auszusortieren. Insoweit gibt es unter dem Strich keinen Griff in den digitalen Aktenschrank durch den Finanzbeamten. Andere Grundsätze gelten nach § 146a AO.

Prof. Dr. *Johanna Hey*, Köln

Ich habe zunächst eine Frage an Herrn Dr. *Heinemann*, die unmittelbar anknüpft. Herr *Kaeser* hat uns gestern demonstriert, welche interessan-

237

ten Erkenntnisse man gewinnen kann, wenn man bestimmte Suchbegriffe durch die Buchungssysteme von Siemens laufen lässt. Dies ist sicherlich auch sehr verlockend für die Finanzverwaltung. Die Frage ist: Wann sind die Informationen steuerrechtlich relevant? Und was ist mit dem E-Mail-Verkehr, insbesondere wenn es um die Aufdeckung missbräuchlicher Gestaltungen geht? Hier ist es auch im Hinblick auf das Vorsortierungsrecht des Steuerpflichtigen schwierig zu unterscheiden und es ist mit erheblichen Kosten verbunden.

Meine nächste Frage richtet sich an *Klaus-Dieter Drüen*. Wir sind einer Meinung, dass das Risikomanagement nicht zu einer Vollautomatisierung führt. Trotzdem verstehe ich noch nicht genau, wie die Abgrenzung zwischen dem automatischen Risikomanagement und dem Amtsträger funktioniert. Du hast vorgetragen, dass jeder Amtsträger die Möglichkeit haben muss, einen Fall aufzugreifen. Aber was passiert beispielsweise, wenn das Risikomanagementsystem fehlerhaft ist und einen Fall fälschlicherweise aufgreift. Muss dieser Fall dann vom Amtsträger nachgeprüft werden? Und wie kann sich ein Steuerpflichtiger gegen eine darauf beruhende Betriebsprüfung zur Wehr setzen?

Dr. *Peter Heinemann*, Köln

Zur Ihrer ersten Frage, Frau *Hey*: Ich glaube, dieses Problem stellt sich nicht erst im Rahmen der digitalen Betriebsprüfung. Die Frage ist auch im Rahmen der herkömmlichen Betriebsprüfung zu beantworten. Es ist kein spezifisches Problem der Betriebsprüfung.

Prof. Dr. *Klaus-Dieter Drüen*, München

Zuerst zu Ihren beiden Fragen, Frau *Hey*: Die Aufbewahrungspflicht in § 147 AO ist unverändert. Die Analysemöglichkeiten reichen heute aber viel weiter. Die ergänzende Pflicht nach § 147 Abs. 1 Nr. 5 AO wird auch in der Rechtsprechung des BFH restriktiv ausgelegt. Es ist kein Auffangtatbestand, wonach alles, was irgendwie steuerlich relevant sein könnte, aufzubewahren ist. Gegenüber der Aufbewahrungspflicht nach Nr. 1-4 ist Nr. 5 sekundär. Hinzuweisen ist auch auf die weitreichenden Archivierungspflichten. In § 147 Abs. 3 AO ist eine Ablaufhemmung normiert, die den Ablauf der Aufbewahrungsfristen für die Dauer einer Betriebsprüfung hemmt und ein Vernichtungsverbot auferlegt. Dadurch entstehen erhebliche Archivierungslasten. Bei Einführung der digitalen Pflichten ins Besteuerungsverfahren wurde eine zeitnähere Prüfung und die Anpassung der Aufbewahrungspflichten in Aussicht gestellt. Zur Zeit wirkt die

Digitalisierung bei Buchführung und Betriebsprüfung nur einseitig belastend. Die Finanzverwaltung hat weitreichende Auswertungsmöglichkeiten, aber die Pflichten der Steuerpflichtigen wurden nicht angepasst. Die Unparität steht für das generelle Problem der gleichmäßigen Verteilung der Dividende der Digitalisierung.

Hinsichtlich des Untersuchungsgrundsatzes und der Abgrenzung: Jedes Risikomanagementsystem ist eigentlich nur eine Plausibilitätskontrolle. Diese wird besser, je größer der Datenbestand ist und je besser sie auf die konkrete Ermittlungssituation zugeschnitten ist. Dabei muss man zwischen Risikomanagementsystemen in der Veranlagung und solchen hinsichtlich der E-Bilanzen zur Vorprüfung unterscheiden. Letztlich ist das Risikomanagementsystem nur ein Aktionshinweis darauf, dass der Bearbeiter etwas prüfen soll. Mir ist aber wichtig, dass, wenn das Programm nicht anspringt, gleichwohl der Bearbeiter den Fall aufgreifen und eigene Prüfungsansätze verfolgen kann.

Zu Herrn *Heinemann* möchte ich anmerken, dass ich die Metaphorik von Staat und Steuerpflichtigem als Partner im Staat des Grundgesetzes für verfehlt halte. Trotz des Kooperationsverhältnisses bleibt es bei einem Grundrechtseingriff und Mitwirkungspflichten sind eine Grundrechtsverkürzung. Das sollte nicht euphemistisch verklärt werden. Die Programmgläubigkeit und Hoffnung, mit Hilfe des Computers gar nicht mehr in einen Fall hineinschauen zu müssen, wäre aus meiner Sicht eine Fehlentwicklung beim Amtsermittlungsgrundsatz.

Prof. Dr. *Gregor Kirchhof*, Augsburg

Ich habe Anmerkungen zum Referat von *Klaus-Dieter Drüen*. Eine digitalisierte Rechtsanwendung darf in der Tat nicht dazu führen, dass Verwaltung und Rechtsprechung strukturell nicht mehr prüfen. Die Digitalisierung erlaubt uns gerade nicht, das Steuerrecht komplex zu halten. Ganz im Gegenteil müssen wir es bewusst vereinfachen, damit die Gleichheit im Vollzug garantiert ist und die Ergebnisse der digitalisierten Rechtsanwendung nachgeprüft werden können. Wenn nur noch ein Computer die berechnete Rechtsanwendung nachvollziehen kann, werden Finanzverwaltung und Gerichte entmachtet. Das aber verbietet das Grundgesetz. Das Risikomanagementsystem hat auf die Überforderung der Finanzverwaltung reagiert. Das komplizierte Steuerrecht hat der Finanzverwaltung Aufgaben übertragen, die sie nicht erfüllen konnte. Durch das Risikomanagementsystem wurde die Arbeitsbelastung reduziert. Die Funktionsfähigkeit der Verwaltung zu stärken ist eine wichtige, auch verfassungsrechtliche Perspektive. Doch ein Vollzugsdefizit im Steuerrecht bleibt und damit auch der Auftrag der Steuervereinfachung.

Die Finanzverwaltung war Thema des Referats. Ich erlaube mir, die Perspektive auf die Steuerpflichtigen zu weiten. Wenn das Risikomanagementsystem nicht ausschlägt, führt dies faktisch zu einer rechnergeleiteten Selbstveranlagung. Doch ist unser materielles Steuerrecht auf ein solches System nicht ausgerichtet. Die verfassungsrechtliche Perspektive kritisiert zudem, dass die hohen Befolgungslasten des viel zu komplizierten Steuerrechts dann einseitig beim Bürger liegen. Die nahezu ausschließliche Entlastung der Finanzverwaltung entspricht nicht dem freiheitlichen Verständnis des Grundgesetzes.

Mein letzter Punkt: Wenn die Finanzverwaltung beginnt, wie Sie, lieber *Klaus-Dieter Drüen*, angedeutet haben, verschiedene parallele Fälle mit modernen Algorithmen zu vergleichen, werden wir bemerkenswerte Erkenntnisse gewinnen. Diese würden zu einem neuen Informationsgefälle führen. Die Finanzverwaltung weiß dann in der Regel mehr über den konkreten Steuerfall als der Steuerbürger. Müsste dann nicht die Finanzverwaltung mit offenen Karten spielen und eine so weit wie möglich vollständig vorausgefüllten Steuererklärung bereitstellen? Die Finanzverwaltung sollte ihre – auch durch den Abgleich paralleler Fälle gewonnenen – Informationen den Steuerpflichtigen im Sinne des Kooperationsverhältnisses zur Verfügung stellen, auch um steuerstrafrechtliche Folgen zu vermeiden.

Prof. Dr. *Marc Desens*, Leipzig

Ich möchte einen Aspekt noch etwas vertiefen, nämlich die Möglichkeiten und Gefahren, die durch einen digitalen Datenzugriff in der Betriebsprüfung entstehen können. Es geht um die Frage, was man mit den Daten machen kann. Ich möchte das an einem Beispiel verdeutlichen: E-Mails können Geschäftsbriefe sein und diese dürfen eingesehen werden. Jetzt verlangt der Betriebsprüfer die Herausgabe aller Geschäfts-E-Mails mit dem Ziel, Gewinne bestimmten Betriebsstätten zurechnen zu können. Dafür liest der Betriebsprüfer diese E-Mails gar nicht, sondern schaut sich nur an, von wem sie an wen gesendet wurden. Aus den Standorten mit der höchsten E-Mail Kommunikation innerhalb des Konzerns wird dann auf eine Geschäftsleitung oder eine Personalfunktion geschlossen. Dieses Indiz zu entkräften, ist schwierig. Es handelt sich hierbei um ein echtes Beispiel aus der aktuellen Prüfungspraxis. Dabei frage ich mich, ob dies rechtmäßig ist.

Noch eine Bemerkung zu Herrn *Heinemann* und den digitalen Aufzeichnungen. Ich fand es gut, wie Sie es hier dargestellt haben. Nach der Geset-
zesbegründung ergibt sich nämlich ein anderes Bild der Steuerpflichtigen,
nämlich das Bild, dass alle Steuerpflichtigen potentielle Steuerhinterzieher sind. Dies sieht man, wenn man sich die Vorschrift des § 146a AO im
Detail anschaut und es Probleme gibt. Probleme entstehen, wenn die
technische Sicherheitseinrichtung nicht funktioniert ohne Verschulden
des Steuerpflichtigen. Wegen eines technischen Fehlers ist die formelle
Beweiskraft dann verloren. Damit muss die Finanzverwaltung – wie Sie
betont haben – mit Augenmaß umgehen und nicht sofort eine potentielle
Steuerhinterziehung annehmen. Gleiches gilt, wenn die formelle Beweiskraft entfällt, weil das verwendete Sicherheitszertifikat an anderer Stelle
geknackt wurde. Wie soll man in solchen Fällen mit den ehrlichen Steuerpflichtigen umgehen? Würde man im bargeldintensiven Bereich jeden
Steuerpflichtigen als einen potentiellen Steuerhinterzieher ansehen, würde das dazu führen, dass die ehrlichen Steuerpflichtigen unverhältnismäßig belastet werden.

Prof. Dr. *Klaus-Dieter Drüen*, München

Die vorausgefüllte Steuererklärung sehe ich als sinnvolle paritätische
Komponente im Steuerverfahren. Der Service der Finanzverwaltung sollte allgemein ausgebaut werden. Das reduziert zugleich die Mitwirkungspflichten des Steuerpflichtigen. Der Hinweis auf die rechnergestützte
Quasiselbstveranlagung ist berechtigt. Wir stehen beim Wechsel zum
Selbstveranlagungssystem quasi auf halbem Wege. Das BMF hat vor einiger Zeit ein Forschungsprojekt zu der Frage ausgeschrieben, ob für die
Körperschaftsteuer nicht offiziell die Selbstveranlagung eingeführt werden sollte. Denn faktisch ist es bei Körperschaften der Normalfall, dass
zunächst erklärungsgemäß veranlagt wird. Aus meiner Sicht sind die
Strafbarkeitskriterien nicht zugeschnitten auf ein unechtes Selbstveranlagungssystem. Immerhin ist die Steuererklärung eine gesetzlich nor-
mierte Pflicht. Es besteht ein Graubereich zu Lasten des Steuerpflichtigen, gerade beim bedingten Vorsatz. Strafbarkeitsrisiken sollten insoweit
dem Deklarationssystem angepasst werden. Graubereiche dürfen nicht
im Bereich der Strafbarkeit, sondern allenfalls im Bereich der Ordnungs-
widrigkeiten bestehen.

Was die vollständige Transparenz der finanzbehördlichen Ermittlungsmaßnahmen angeht, meine ich, hat der Gesetzgeber diese in zutreffender
Auslegung der Datenschutzgrundverordnung durch § 32a Abs. 2 Nr. 1

Buchst. c, Nr. 2 AO ausgeschlossen. Das Ermittlungsverhalten darf nicht so transparent werden, dass die Mitwirkungspflichten nur noch entsprechend den Erkenntnissen der Finanzbehörden erfüllt werden.

Dr. *Peter Heinemann*, Köln

Zu Prof. *Desens*: Die Gefahr von technischen Fehlern, die sie angesprochen haben, ist real. Lösungen müssen wir hier im Einzelfall erarbeiten. Die Kooperationsmaxime und Mitwirkungspflicht des Steuerpflichtigen begründet aber auch dessen Sphärenverantwortung. Das darf nicht unberücksichtigt bleiben.

Dr. *Hans Hermann Bowitz*, Frankfurt a.M.

Ich möchte auf einen Punkt zurückkommen, den Herr *Drüen* in seinem Referat angesprochen hat. Ich glaube, dass die Finanzverwaltung von jeher immer Angst davor hat, dass sie das Veranlagungsgeschäft in der zur Verfügung stehenden Zeit nicht bewältigt. Deshalb werden immer wieder neue Regelungen und Strukturen geschaffen, mit denen man den Betroffenen signalisiert, dass die Arbeit so zu schaffen sei. Die Angst, die Arbeit in der zur Verfügung stehenden Zeit nicht bewältigen zu können, ist nicht unberechtigt. Man muss sich nur vor Augen halten, was im Veranlagungsbetrieb täglich zahlenmäßig an Steuererklärungen verarbeitet werden muss. Da entsteht ein erheblicher Druck. Und wenn die Betroffenen merken, dass die Fallzahlen steigen und gleichzeitig das Personal beständig abnimmt, ist die Angst, dass sich diese Arbeitsebene nicht mehr in der Lage zeigt, die Arbeit zu bewältigen, nicht unberechtigt. Also sagt man der Arbeitsebene ganz genau, wie sie die Arbeit bewältigen muss. Das EDV-System gibt gewisse Hinweise mit der Vorgabe, dass nur diese Hinweise manuell abgearbeitet werden sollen und dürfen. Allein das ordentlich zu bewältigen kann schon eine übermäßige Arbeit darstellen. Dann haben wir zusätzlich die Situation, dass der Sachbearbeiter in eine Erklärung schaut und etwas sieht, das nicht stimmt, er dies aber wegen der Vorgaben des Veranlagungssystems nicht aufgreifen darf. Das beschreibt die Situation, so denke ich, hinreichend deutlich.

Prof. Dr. *Tina Ehrke-Rabel*, Graz

Klaus-Dieter Drüen, Sie haben ausgeführt, dass Risikomanagement organisiertes Wegschauen sei, wenn es nicht entsprechend eingerahmt werde. Ich möchte fragen, ob Risikomanagement nicht als organisiertes Hinschauen gesehen werden kann. Diese Meinung wurde in Österreich, wo schon lange ein automatisiertes Risikomanagementsystem besteht, vertreten. Die rechtliche Grundlage für das Risikomanagementsystem wurde in Österreich erst mit der Datenschutz-Grundverordnung geschaffen. Außerdem hätte ich gerne von *Klaus-Dieter Drüen* gewusst, wie er zu selbstlernenden Systemen steht. Aus meiner Sicht ist es eine Illusion zu glauben, dass das Risikomanagementsystem auf Dauer nicht selbstlernend wird. Und eine letzte Frage: Wenn man sich die Visionen der OECD ansieht und die elektronische Registrierkasse, die wir in Österreich bereits eingeführt haben, könnte man weiter daran denken, dass die elektronischen Systeme in Echtzeit mit der Finanzverwaltung verbunden werden und damit die Besteuerung von Mikro-Steuerpflichtigen von einem Veranlagungs- und Verifikationsverfahren wegkäme. Das Verifikationsprinzip würde dann abgeschafft.

Prof. Dr. *Ekkehart Reimer*, Heidelberg

Im Referat von Herrn *Drüen* ist sehr deutlich geworden, dass die Grundrechte und die DSGVO dem Steuerpflichtigen im Grundsatz einen Anspruch auf Einsicht aller seiner personenbezogenen Daten, die bei den Finanzbehörden gespeichert sind, gewährt. Ausnahmen davon sind rechtfertigungsbedürftig. Das Gesetz zur Reform des Bundesversorgungsgetzes, das bekanntlich auch die Abgabenordnung umfangreich geändert hat, begegnet deswegen unionsrechtlichen Bedenken. Es kehrt die Ausnahme zur Regel um und lässt die Regel dahinter verschwinden. Der Steuerpflichtige hat nach den Vorschriften der AO jedenfalls kein Akteneinsichtsrecht und de facto schneidet ihm die AO auch die subjektiven Rechte aus der DSGVO ab. Auf dieser Linie liegt auch die m.E. kritikwürdige Rechtsprechung vieler Finanzgerichte, die einen grundrechtlichen Anspruch auf Akteneinsicht versagen. In diesen Tagen haben wir die Entscheidungsgründe einer Entscheidung des FG Köln zum internationalen Informationsaustausch gesehen. Der Senat verweigert darin im Grunde jede Konkretisierung der Gründe, die für die Verweigerung des Informationszugangsanspruchs sprechen, und stellt sie einfach apodiktisch fest. Dies ist nicht nur beklagenswert, sondern steht auch im Widerspruch zum Unionsrecht und den Grundrechten. Wenn man sich vergegenwärtigt, dass sich Risikomanagementsysteme mit ihren Algorithmen und Kriterien nicht als statisch darstellen müssen, sondern klugerweise jede Finanzverwaltung das Risikomanagementsystem neujustiert, dann könnte man doch für die Vergangenheit aufdecken, nach welchen Kriterien damals der Steuerpflichtige ausgesteuert worden ist. Der Steuerpflichtige lebt mit dem Risiko, dass heute neue Kriterien gelten. Deswegen ist diese Transparenz völlig gefahrlos. Die Kritik des FG Köln geht m.E. ins Leere.

Nadine Köster, Bonn

Ich freue mich, dass wir über ein Thema sprechen, das uns auch bewegt, nämlich den E-Mail Datenzugriff. Ich habe vorhin vom Kollegen aus Leipzig gehört, dass auf alle E-Mails zugegriffen werde. Dies ist aus unserer Perspektive nicht richtig. Wir erwarten von den großen Konzernen ein E-Mail-Journal, was einen sehr geringen Eingriff bedeutet. Es ist uns bei großen Konzernen gar nicht anders möglich, als elektronisch auf Daten zuzugreifen. Ich erinnere mich an die ersten DATEV-Kurse 2006, bei denen bereits hingewiesen wurde, dass man Daten und E-Mails entsprechend nach Handels- und Geschäftsbriefen sortieren und archivieren soll. Insofern bin ich überrascht, dass wir heute im Jahr 2018 immer noch darüber diskutieren, ob wir diese Daten haben können. Mich würde die Meinung des Podiums interessieren, wann es aus ihrer Sicht verhältnismäßig ist und wie der Zugriff erfolgen könne.

Dr. *Peter Heinemann*, Köln

Also in meinen Augen richtet sich der Umfang des Datenzugriffes insbesondere nach dem konkreten Prüfungsbedürfnis und der Prüfungsanordnung. Mit einer Ermittlung ins Blaue hinein ohne einen bestimmten Anlass tue ich mich schwer. Im Fall von Prof. *Desens* gab es jedenfalls den konkreten Anlass, dass man nachweisen wollte, dass eine bestimmte Funktion in einer bestimmten Betriebsstätte ausgeführt wird. Dazu scheint die Analyse des E-Mail-Verkehrs ohne inhaltliche Prüfung geeignet.

Prof. Dr. *Klaus-Dieter Drüen*, München

E-Mails als Geschäftsbriefe sind handelsrechtlich nach § 257 HGB und steuerrechtlich nach § 147 AO aufbewahrungspflichtig. Herr *Bowitz*, wenn eine Verwaltungsanweisung vorsehen würde, dass ein Bearbeiter, der etwas für prüfungswürdig hält, dies nicht prüfen darf, wäre diese gesetzwidrig, weil sie nach § 88 Abs. 5 AO verstößt. Zugleich wäre sie verfassungswidrig.

Frau *Ehrke-Rabel*, es sind zwei Seiten derselben Medaille: Risikomanagement ist vorstrukturiertes organisiertes Hinschauen, darf aber kein organisiertes Wegschauen sein, was zu strukturellen Defiziten führen würde. Die österreichischen Beschreibungen zur Kassenführungspflicht sind in

Modellversuchen in Deutschland erwogen worden. Es ist kein Erkenntnisproblem, sondern liegt allein am politischen Willen. Man könnte darüber nachdenken, ob die deutsche „kleine" Lösung verfassungsrechtlich eine Untererfüllung bedeutet. So weit würde ich aber nicht gehen.

Zu *Ekkehart Reimer* ist zu betonen, dass ich die Akzente bei der Umsetzung der DSGVO m.E. richtig gesetzt habe. Die DSGVO sieht den unionsrechtlichen Auskunftsanspruch vor, hat aber weitreichende Öffnungsklauseln für die Mitgliedstaaten bei der Datenverarbeitung für öffentliche Zwecke. Das Grundübel der DSGVO ist dabei der verfehlte Ansatz, den Datenschutz einheitlich für alle Fälle privater wie öffentlicher Datenverarbeitung und -nutzung regeln zu wollen. Der Gesetzgeber kann sich bei der Relativierung der Auskunftsansprüche durchaus auf die deutungsoffenen Öffnungsklauseln berufen.

Datenschutz und Datenaustausch

Prof. Dr. *Roman Seer*
Ruhr-Universität Bochum

I. Nationaler Datenschutz

1. Entwicklung des Rechts auf informationelle Selbstbestimmung durch das BVerfG

a) Verfassungsrechtlicher Schutzbereich

In dem grundlegenden Urteil zum Volkszählungsgesetz aus dem Jahr 1983 hat das BVerfG das *Recht auf informationelle Selbstbestimmung* aus dem allgemeinen Persönlichkeitsrecht entwickelt[1]. Das BVerfG hält dieses Recht durch die Automatisierung der Datenverarbeitung für gefährdet. Personenbezogene Daten sind technisch gesehen unbegrenzt speicherbar und ohne Rücksicht auf Entfernungen in Sekundenschnelle abrufbar. Schon im Jahr 1983 erkannte das BVerfG die Möglichkeit der Vernetzung der einzelnen Datensammlungen mit der Folge, dass ein Persönlichkeitsbild erstellt werden kann. Weiß der Einzelne nicht, welche Daten über ihn erfasst werden, wird er in der Ausübung seiner Grundrechte gehemmt, um nicht aufzufallen. Die freie Entfaltung der Persönlichkeit setzt damit den *Schutz des Einzelnen gegen eine unbegrenzte Erhebung, Speicherung, Verwendung und Weitergabe seiner persönlichen Daten* voraus. Das Recht auf informationelle Selbstbestimmung dient dem Schutz vor einem Einschüchterungseffekt, der entstehen und zu Beeinträchtigungen bei der Ausübung anderer Grundrechte (auch der Wirtschaftsfreiheiten in Gestalt der Berufs- und Eigentümerfreiheit, Art. 12, 14 GG) führen kann.

Der Schutzbereich umfasst alle *personenbezogenen Daten*. Dabei sind nicht nur die personenbezogenen Daten gemeint, die den Kern des Persönlichkeitsrechts ausmachen, ihrer Art nach äußerst sensibel sind und deshalb geschützt werden. Der Schutzbereich des Rechts auf informationelle Selbstbestimmung ist nicht auf diese Privatsphäre beschränkt. Vielmehr ist er weit und umfasst auch solche *individualisierbaren Besteuerungsgrundlagen*, die als wirtschaftliche Größen (Umsatz, Gewinn, Einkünfte u.a.) das Ergebnis eines „marktoffenen" Erwerbs sind[2]. Auch die Angaben, die ein Steuerpflichtiger aufgrund des geltenden Abgabenrechts zu machen hat, fallen in den Schutzbereich des Rechts auf informationelle Selbstbestimmung, da diese Daten weitreichende Einblicke in die persönlichen Verhältnisse, die persönliche Lebensführung und in die

---

1 BVerfG v. 15.12.1983 – 1 BvR 209/83 u.a., BVerfGE 65, 1 (42 f.).
2 *Drüen*, Verfassungsfragen der digitalen Außenprüfung, StuW 2003, 205 (211 f.); a.A. aber noch *P. Kirchhof*, Steueranspruch und Informationseingriff, in FS Tipke, Köln 1995, S. 27 (33 ff.).

beruflichen, betrieblichen, unternehmerischen und sonstigen wirtschaftlichen Verhältnisse gewähren[3]. Selbst die Speicherung und Verwendung solcher Daten, die an sich nur einen geringen Informationsgehalt haben, können durch die technischen Verarbeitungs- und Verknüpfungsmöglichkeiten erhebliche Auswirkungen auf die Freiheit des Einzelnen haben.

b) Datenschutzspezifische Schrankenbestimmung

Das Recht auf informationelle Selbstbestimmung ist aber *nicht schrankenlos*. Vielmehr betont das BVerfG, dass das Grundgesetz das Spannungsverhältnis zwischen Individuum und Gemeinschaft im Sinne der Gemeinschaftsbezogen- und -gebundenheit der Person entschieden hat[4]. Deshalb liegt der Schwerpunkt der Rechtsprechung des BVerfG auf den sog. *Schranken-Schranken*, die den *Vorbehalt des Gesetzes*, das *Bestimmtheitsgebot* und das *Verhältnismäßigkeitsprinzip* datenschutzrechtlich fortentwickeln. Den Kern beschreibt das BVerfG im Volkszählungsurteil mit den folgenden Worten:[5]

„Ein Zwang zur Angabe personenbezogener Daten setzt voraus, dass der Gesetzgeber den Verwendungszweck bereichsspezifisch und präzise bestimmt und dass die Angaben für diesen Zweck geeignet und erforderlich sind. Damit wäre eine Sammlung nicht anonymisierter Daten auf Vorrat zu unbestimmten oder noch nicht bestimmbaren Zwecken nicht zu vereinbaren. [...]

Die Verwendung der Daten ist auf den gesetzlich bestimmten Zweck begrenzt. Schon angesichts der Gefahren der automatischen Datenverarbeitung ist ein – amtshilfefester – Schutz gegen Zweckentfremdung durch Weitergabe- und Verwertungsverbote erforderlich. Als weitere verfahrensrechtliche Schutzvorkehrungen sind Aufklärungs-, Auskunfts- und Löschungspflichten wesentlich."

Es liegt auf der Hand, dass der Steuerpflichtige kein „*Recht auf steuerliche Selbstbestimmung*" besitzen kann. Vielmehr nimmt der Staat im Interesse der Belastungsgleichheit an den Steuerdaten der Bürger und Unternehmen teil[6]. Dies hat das BVerfG für den Bereich des Steuerrechts in den Entscheidungen zum sog. Kontenabruf nach § 93 Abs. 7, 8 AO[7] und zur sog. IZA-Sammlung des BZSt[8] anerkannt und auf den Verfassungsrang des Gebots der Besteuerungsgleichheit sowie die eigene Rechtspre-

---

3 Siehe BVerfG v. 17.7.1984 – 2 BvE 11 u. 15/83, BVerfGE 67, 100 (142 f.).
4 BVerfG v. 15.12.1983 – 1 BvR 209/83 u.a., BVerfGE 65, 1 (43 f.).
5 BVerfG v. 15.12.1983 – 1 BvR 209/83 u.a., BVerfGE 65, 1 (46).
6 *Drüen* (Fn. 2), StuW 2003, 205, (213 f.).
7 BVerfG v. 13.6.2007 – 1 BvR 1550/03 u.a., BVerfGE 118, 168 (196 ff.).
8 BVerfG v. 10.3.2008 – 1 BvR 2388/03, BVerfGE 120, 351 (366 ff.).

chung zum Verbot struktureller Vollzugsdefizite im Steuerrecht[9] hingewiesen.

In diesen Entscheidungen arbeitet das BVerfG aber zugleich *Mindestanforderungen* für den datenschutzrechtlichenen Steuereingriff heraus. Nach dem *Gebot der Normenklarheit und -bestimmtheit*[10] muss sich der betroffene Bürger auf mögliche belastende Maßnahmen einstellen können, so dass Anlass, Zweck und Grenzen des Eingriffs bereits in der Ermächtigung bereichsspezifsch, präzise und normenklar festgelegt sein müssen. Das BVerfG sieht eine spezielle Gefährdung der bürgerlichen Freiheit, wenn Informationsbestände für eine Vielzahl von Zwecken genutzt oder miteinander verknüpft werden können. Deshalb hat der Gesetzgeber den *Erhebungszweck im Gesetz festzulegen* und mindestens zu bestimmen, welche staatliche Stelle zur Erfüllung welcher Aufgaben zu der geregelten Informationserhebung berechtigt sein soll. Die Informationserhebung und -verwendung ist dabei auf das zu dem Zweck Erforderliche zu begrenzen. Eine Sammlung der dem Grundrechtsschutz unterliegenden personenbezogenen Informationen auf Vorrat zu unbestimmten oder noch nicht bestimmbaren Zwecken ist mit dem Grundgesetz unvereinbar.

c) Informationsanspruch des Betroffenen

In der IZA-Entscheidung vom 10.3.2008 hat das BVerfG zudem herausgearbeitet, dass das Recht auf informationelle Selbstbestimmung sich nicht in einem Abwehrrecht gegen staatliche Datenerhebung und -verarbeitung erschöpft. Vielmehr schützt es auch das Interesse des Einzelnen, von staatlichen informationsbezogenen Maßnahmen, die ihn in seinen Grundrechten betreffen, auch zu erfahren[11]. Im Hinblick auf Datensammlungen, bei denen keine Pflicht der Behörde zur aktiven Benachrichtigung der Betroffenen besteht, sieht das BVerfG ein *Informationsrecht des Betroffenen* als einen zentralen Baustein einer staatlichen Informationsordnung, die den grundrechtlichen Vorgaben genügt[12]. Dem-

---

9 BVerfG v. 27.6.1991 – 2 BvR 1493/89, BVerfGE 84, 239 (268 ff.); BVerfG v. 9.3.2004 – 2 BvL 17/02, BVerfGE 110, 94 (112 ff.).

10 BVerfG v. 13.6.2007 – 1 BvR 1550/03 u.a., BVerfGE 118, 168 (186 ff.).

11 BVerfG v. 10.3.2008 – 1 BvR 2388/03, BVerfGE 120, 351 (359 ff.) mit einem ergänzenden Hinweis auf das Gebot effektiven Rechtsschutzes nach Art. 19 Abs. 4 GG.

12 So ausdrücklich BVerfG v. 10.3.2008 – 1 BvR 2388/03, BVerfGE 120, 351 (364).

gemäß hat das BVerfG den Gesetzgeber für verpflichtet gehalten, ein derartiges Informationsrecht auch im Steuerverfahren zu schaffen.

Besondere Anforderungen stellt das BVerfG schließlich an *heimliche Datenerhebungen*. Sie müssen die Ausnahme bleiben und stehen unter einem *strengen Erforderlichkeitsvorbehalt*[13]. Durch heimliche Ermittlungen wird vorheriger Rechtsschutz faktisch verwehrt und nachträglicher Rechtsschutz zumindest potentiell erschwert[14]. Das Recht auf informationelle Selbstbestimmung verlangt im Grundsatz, dass der Einzelne erkennen und erfahren kann, welche Behörde was, wann und durch welche Gelegenheit über ihn weiß. Ist eine heimliche Datenermittlung zu Besteuerungszwecken notwendig, muss der Betroffene zumindest nach Durchführung der Datenerhebung – wie etwa beim Kontenabruf nach § 93 Abs. 9 Satz 2 AO – zeitnah informiert werden.

d) Schutz juristischer Personen

Das Recht auf informationelle Selbstbestimmung schützt über die Anwendung des Art. 19 Abs. 3 GG auch juristische Personen[15]. Dies mag auf den ersten Blick überraschen, weil eine juristische Person ihrem Wesen nach keine Privatsphäre besitzt. Der Begriff der Privatsphäre verdeckt aber, dass eine juristische Person – ebenso wie eine natürliche Person – Daten (z.B. *Geschäfts- und Betriebsgeheimnisse*) besitzt, die dem staatlichen Zugriff entzogen sind[16]. Nach der Rechtsprechung des BVerfG wird die juristische Person durch das Recht auf informationelle Selbstbestimmung vor Gefährdungen geschützt, denen sie sich durch die informationelle Maßnahme im Hinblick auf ihre spezifische *freiheitliche, insbesondere wirtschaftliche Betätigung* ausgesetzt sieht[17]. Maßgeblich kommt es insoweit auf die Bedeutung der betroffenen Information für den grundrechtlich geschützten Tätigkeitskreis der juristischen Person an. Handels-, Betriebs-, Berufs- und Geschäftsgeheimnisse sind für die Verwirklichung ihrer *wirtschaftlichen Freiheitsgrundrechte* (insbesondere der

---

13 Neben der Entscheidung zum sog. Kontenabruf (Fn. 7) s. BVerfG v. 12.4.2005 – 2 BvR 1027/02, BVerfGE 113, 29 (46 ff.) – Beschlagnahme von Datenträgern; BVerfG v. 27.2.2008 – 1 BvR 370/01 u.a., BVerfGE 120, 274 (325 f.) – Online-Durchsuchung; BVerfG v. 11.3.2008 – 1 BvR 2074/05, BVerfGE 120, 378 (402 f.) – automatische Kennzeichenerfassung; BVerfG v. 2.3.2010 – 1 BvR 256/08 u.a., BVerfGE 125, 260 (336 f.) – Vorratsdatenspeicherung.
14 So auch BFH v. 18.1.2012 – II R 49/10, BStBl. II 2012, 168 Rz. 42.
15 Siehe BVerfG v. 17.7.1984 – 2 BvE 11 u. 15/83, BVerfGE 67, 100 (142).
16 *Drüen* (Fn. 2), StuW 2003, 205 (213).
17 BVerfG v. 13.6.2007 – 1 BvR 1550/03 u.a., BVerfGE 118, 168 (204).

Berufs- und Eigentümerfreiheit) von erheblicher Bedeutung, so dass sie vom Schutz der informationellen Selbstbestimmung auch bei juristischen Personen (zu denen auch Personengesellschaften zählen) erfasst werden[18].

2. Datenschutzrechtliche Funktion des Steuergeheimnisses (§ 30 AO)

Das Steuergeheimnis war bereits in der Reichsabgabenordnung vom 13.12.1919 verankert (§ 10 Abs. 1 RAO 1919). *Enno Becker* sah in ihm nicht nur das Interesse der Steuerpflichtigen, sondern gerade auch der Verwaltung verwirklicht, der ein Steuerpflichtiger seine Einkommens- und Vermögensverhältnisse nur im Vertrauen auf Diskretion anvertrauen würde[19]. An dieser *doppelten Schutzrichtung* des Steuergeheimnisses hat sich auch unter der AO 1977 nichts geändert[20]. Jedoch hat das BVerfG bereits in seiner Entscheidung zum Flick-Untersuchungsausschuss vom 17.7.1984 die datenschutzrechtliche Funktion des Steuergeheimnisses herausgearbeitet[21]. Wenn es das Steuergeheimnis zu diesem Zeitpunkt nicht bereits gegeben hätte, hätte es der Gesetzgeber zum Schutz des Rechts auf informationelle Selbstbestimmung erfinden müssen. Denn in dessen Lichte sind die umfangreichen steuerlichen Mitwirkungs- und Offenbarungspflichten nur erträglich, wenn der offenbarende Steuerbürger gegen eine unbefugte Verwendung und Weitergabe seiner Daten geschützt ist. § 30 AO ist damit zugleich eine *bereichsspezifische Datenschutznorm*[22]. Das Steuergeheimnis schützt den Steuerbürger vor einer Weitergabe seiner Daten, die die Finanzbehörde über ihn erlangt hat. Die Weitergabe der Daten ist lediglich aufgrund der in § 30 Abs. 4 AO geregelten Ausnahmetatbeständen möglich. Die Verletzung des Steuergeheimnisses durch die Finanzbehörde ist gem. § 355 StGB strafbe-

---

18 *Seer*, Informationsaustausch innerhalb der EU über sog. Advance Pricing Agreements – zum Entwurf der EU-Kommission vom 18.3.2015 in FS Gosch, 2016, 387 (399).

19 *E. Becker*, Reichsabgabenordnung, 7. Aufl. 1930, § 10 RAO Rz. 2; s.a. *Hensel*, Steuerrecht, 3. Aufl. 1933, S. 115.

20 *Drüen* in Tipke/Kruse, § 30 AO Rz. 10 (Oktober 2018).

21 BVerfG v. 17.7.1984 – 2 BvE 11, 15/83, BVerfGE 67, 100 (142 ff.).

22 *Seer*, Datenschutz im Besteuerungsverfahren, in FS Meilicke, 2010, S. 687 (688).

wehrt. Hinzu kommen für den das Steuergeheimnis verletzenden Amtsträger disziplinarrechtliche Sanktionen[23].

II. Unionsrechtlicher Datenschutz

1. Entwicklungslinien in der Rechtsprechung des EuGH

a) Primärrechtlicher Schutzbereich

Primärrechtlich ist der Datenschutz sowohl in Art. 8 EUGrCh als auch in
Art. 16 AEUV verankert. Beide Artikel sind nicht als ein Recht auf „informationelle Selbstbestimmung" formuliert, sondern werden eng mit dem
Persönlichkeitsrecht, dem *Recht auf Privatheit* (Art. 7 EUGrCh) geführt[24]. Nach Art. 8 Abs. 1 EUGrCh hat jede Person das Recht auf Schutz
der sie betreffenden personenbezogenen Daten.

b) Datenschutzspezifische Schrankenbestimmung

Art. 8 Abs. 2 Satz 1 EUGrCh statuiert einen *besonderen Gesetzesvorbehalt* für die Datenverarbeitung. Einschränkungen müssen nach Art. 52
Abs. 1 EUGrCh das *Verhältnismäßigkeitsprinzip* wahren. In der jüngeren
Zeit hat die Große Kammer des EuGH durch mehrere Grundsatzentschei-
dungen dem europäischen Datenschutzgrundrecht Konturen verliehen.
Sie sind zwar nicht im steuerrechtlichen Kontext ergangen, wirken aber
auch auf das Steuerrechtsverhältnis auf unionaler Ebene ein. In den Fällen
Schecke GbR/Eifert[25] hat der EuGH untersucht, ob die Veröffentlichung
von Informationen über die Empfänger von Agrarbeihilfen auf der Website von staatlichen Stellen gegen (primäres) EU-Recht verstößt, obwohl
die Veröffentlichung ausdrücklich durch Sekundärrecht vorgesehen war,
um dem Grundsatz der Transparenz und dem Konzept einer „offenen
Regierung" Rechnung zu tragen[26]. Der EuGH versteht – ebenso wie das
BVerfG – den Begriff der „personenbezogenen Daten" nicht eng, sondern
weit als jede Information, die eine bestimmte oder bestimmbare Person

---

23 Außerdem besitzt der Verletzte nach Art. 34 GG i.V.m. § 839 BGB einen zivilrechtlichen Amtshaftungsanspruch auf Schadensersatz gegen den Staat, s.
Drüen in Tipke/Kruse, § 30 AO Rz. 147 ff. (Oktober 2018).

24 Zum Gewährleistungsgehalt s. *Reinhardt*, Konturen des europäischen Datenschutzgrundrechts, AöR Bd. 142 (2017), 529 (531 f.).

25 EuGH v. 9.11.2010 – C-92/09, C-93/09, ECLI:EU:C:2010:662 – Schecke GbR/
Eifert.

26 VO Nr. 1290/2005 v. 12.6.2005, ABl. Nr. L 209/1; VO Nr. 1437/2007 v.
26.11.2007, ABl. Nr. L 322/1; VO Nr. 259/2008 v. 18.3.2008, ABl. Nr. L 76/28.

betrifft[27]. Darunter fallen auch Daten, die sich – wie etwa die Summe der erhaltenen Argrarbeihilfen – auf berufliche oder unternehmerische Tätigkeiten beziehen[28]. Zwar stellt der EuGH eingangs klar, dass das Grundrecht auf Schutz personenbezogener Daten kein absolutes Recht ist. Wegen des geltenden Verhältnismäßigkeitsgrundsatzes dürfen Einschränkungen dieses Rechts aber nur vorgenommen werden, wenn sie notwendig sind und Interessen der Allgemeinheit verfolgen, die auch die EU anerkennt oder Schutz der Rechte und Freiheiten anderer dienen. Die *Rechtfertigungsprüfung* nimmt der EuGH in den folgenden *drei Stufen* vor[29].

1. Gibt es ein Gesetz, das die Beeinträchtigung des Grundrechts vorsieht/erlaubt?

2. Besteht ein allgemeines Interesse, welches das EU-Recht anerkennt, und kann dieses Interesse die Beeinträchtigung des Grundrechts rechtfertigen?

3. Ist die Beeinträchtigung des Grundrechts verhältnismäßig im Hinblick auf den damit verfolgten legitimen Zweck?

Im konkreten Fall nahm der EuGH eine *unverhältnismäßige öffentliche Transparenz* an[30]. Bei seiner Prüfung hat der EuGH das Transparenzgebot einerseits und den dadurch bewirkten Eingriff in das Grundrecht auf Schutz personenbezogener Daten des Betroffenen andererseits gegenübergestellt. Dazu führte das Gericht aus, dass Ausnahmen und Beschränkungen in Bezug auf den Schutz personenbezogener Daten nur insoweit zulässig sind, als sie sich auf das *„absolut Notwendige"* beschränken[31]. Der EuGH bemängelte die fehlende Begrenzung des Eingriffs in den Schutzbereich personenbezogener Daten. So hätte etwa die Veröffentlichung von Daten unter namentlicher Nennung der Empfänger nach Maßgabe der Zeiträume, während derer diese Beihilfen erhalten haben, der Häufigkeit oder auch nach Art und Umfang dieser Beihilfen eingegrenzt werden können[32].

In zwei weiteren Entscheidungen hat die Große Kammer des EuGH die Möglichkeit wahrgenommen, Grenzen für die Speicherung oder Ver-

---

27 EuGH (Fn. 25) Rz. 52.
28 EuGH (Fn. 25) Rz. 59; zuvor bereits EuGH v. 20.5.2003 – C-465/00 u.a., ECLI: EU:C:2003:294 Rz. 73 f. (Österreichischer Rundfunk u.a.).
29 EuGH (Fn. 25) Rz. 66 ff.
30 EuGH (Fn. 25) Rz. 80 ff.
31 EuGH (Fn. 25) Rz. 77.
32 EuGH (Fn. 25) Rz. 81, 83.

arbeitung personenbezogener Daten gegenüber der durch EU-Richtlinien sekundärrechtlich vereinbarten *Vorratsdatenspeicherung*[33] zu setzen[34]. Zwar liegt die Bekämpfung der schweren Kriminalität und des Terrorismus unzweifelhaft im allgemeinen öffentlichen Interesse. Auch dieses öffentliche Interesse muss aber unter Berücksichtigung der Schwere der Straftaten mit dem Grundrecht auf Schutz der Privatsphäre und den Rechten aus Art. 7, 8 EUGrCh, gemessen am Grundsatz der Verhältnismäßigkeit, abgewogen werden. In der sog. Vorratsdatenspeicherung von Mobilfunkdaten erkennt der EuGH – in Übereinstimmung mit dem BVerfG – einen besonders schwerwiegenden Eingriff in das Datenschutzgrundrecht. Aus der Gesamtheit der gespeicherten Daten ließen sich sehr genaue Schlüsse auf das Privatleben der jeweiligen Personen, etwa auf Gewohnheiten des täglichen Lebens, ständige oder vorübergehende Aufenthaltsorte, ausgeübte Tätigkeiten, soziale Beziehungen und das soziale Umfeld, in dem sie verkehren, ziehen. Die staatlichen Behörden könnten damit ein *detailliertes Persönlichkeitsprofil* des jeweiligen Nutzers ziehen. Zudem sei der Umstand, dass die Vorratsspeicherung der Daten vorgenommen werde, ohne den Nutzer der elektronischen Kommunikationsdienste darüber zu informieren, geeignet, bei den Betroffenen ein Gefühl zu erzeugen, dass ihr Privatleben Gegenstand einer ständigen Überwachung sei[35].

Das Gericht vermisste klare und präzise Regeln für das Ausmaß des Eingriffs in die Grundrechte der Art. 7, 8 EUGrCh. Es beanstandete, dass die Richtlinie keine Differenzierungen, Beschränkungen oder Ausnahmen vorsehe, die im Lichte der Zielsetzung der Richtlinie (der Bekämpfung schwerer Kriminalität) geboten wären[36]. Erneut fordert der EuGH, den Eingriff in das Datenschutzrecht auf das *„absolut Notwendige"* zu beschränken[37]. Das Gericht kritisierte zudem, dass der Zugang zu den gespeicherten Daten nicht von einer vorherigen Überprüfung durch ein Gericht abhängig sei oder von einer unabhängigen Behörde durchgeführt werde, die zu überprüfen habe, ob der Zugriff auf die Daten und die an-

---

33 RL 2006/24/EG über Vorratsspeicherung von Daten v. 15.3.2006, ABl. EG v. 13.4.2006, L 105/54.
34 EuGH v. 8.4.2014 – C-293/12 u.a., ECLI:EU:C:2014: 238 – Digital Rights Ireland Ltd, Kärntner Landesregierung u.a.; EuGH v. 21.12.2016 – C-203/15, ECLI:EU:2016:970 – Tele2 Sverige AB: Tom Watson u.a.
35 EuGH v. 8.4.2014 (Fn. 34) Rz. 26 f., 37; EuGH v. 21.12.2016 (Fn. 34) Rz. 98 ff.
36 EuGH v. 8.4.2014 (Fn. 34) Rz. 59–63; EuGH v. 21.12.2016 (Fn. 34) Rz. 109–111, 119.
37 EuGH v. 8.4.2014 (Fn. 34) Rz. 54; EuGH v. 21.12.2016 (Fn. 34) Rz. 109.

schließende Verwendung für den damit verfolgten Zweck unbedingt erforderlich ist[38].

c) Informationsanspruch des Betroffenen

In der Entscheidung „Tele2 Sverige AB" postulierte die Große Kammer des EuGH schließlich eine *Informationspflicht* der nationalen Behörden gegenüber den Betroffenen, sobald eine Beeinträchtigung der behördlichen Ermittlungen ausgeschlossen ist[39]. Durch geeignete technische und organisatorische Maßnahmen müssten die Mitgliedstaaten ein hohes Schutz- und Sicherheitsniveau gewährleisten, um der Gefahr von Datenmissbräuchen zu begegnen. Die Daten seien nach Ablauf ihrer Speicherungsfrist unwiderruflich zu löschen.

d) Schutz juristischer Personen

In persönlicher Hinsicht unterscheidet der EuGH allerdings zwischen natürlichen und juristischen Personen. Juristische Personen können sich nach seinem Verständnis der EUGrCh nur insoweit auf den persönlichen Datenschutz berufen, als dass durch den Namen der juristischen Person eine oder mehrere natürliche Personen identifiziert werden können[40]. Selbst aber wenn die Datenerhebung und -verwendung bei einer juristischen Person Rückschlüsse auf natürliche Personen zulässt, mildert der EuGH das Datenschutzniveau für juristische Personen ab. Das Gericht argumentiert, dass juristische Personen bereits einer strengeren Verpflichtung im Zusammenhang mit der Veröffentlichung der sie betreffenden Daten unterlägen und die Verletzung des Schutzes personenbezogener Daten anders als bei natürlichen Personen zu gewichten sei[41].

Die *Ausklammerung juristischer Personen aus dem Datenschutzbereich* entspricht Art. 16 Abs. 2 AEUV, der eine spezielle datenschutzrechtliche europäische Gesetzgebung nur für natürliche Personen vorschreibt. Dementsprechend bezieht sich die DSGVO vom 27.4.2016 nur auf die Daten natürlicher Personen. Das im personellen Anwendungsbereich verengte europarechtliche Verständnis des Datenschutzes wird in der deutschen Literatur kritisiert. So macht *Kingreen* darauf aufmerksam, dass Art. 8

---

38 EuGH v. 8.4.2014 (Fn. 34) Rz. 62; EuGH v. 21.12.2016 (Fn. 34) Rz. 120.
39 EuGH v. 21.12.2016 (Fn. 34) Rz. 121 f.
40 So eingehend EuGH v. 9.11.2010 (Fn. 25) Rz. 53; s.a. EuGH v. 17.12.2015 – C-419/14, ECLI:EU:C:2015:832 Rz. 79 – WebMindLicenses.
41 EuGH v. 9.11.2010 (Fn. 25) Rz. 87.

Abs. 1 EUGrCh die „Person" und nicht den „Menschen" schütze. Zudem habe der Schutz von Daten nicht nur für den engen Bereich der Intim- und Privatsphäre, sondern auch für Unternehmen eine Bedeutung. Vor diesem Hintergrund überzeuge die vom EuGH gemachte Unterscheidung nicht und führe zudem bei einer Unterscheidung zwischen Personen- und Kapitalgesellschaften zu willkürlichen Ergebnissen[42].

Nun mag der EUGrCh eine dem Art. 19 Abs. 3 GG entsprechende Vorschrift fehlen und diese aus der Tradition der Mitgliedstaaten nicht als ungeschriebener Verfassungsgrundsatz ableitbar sein[43]. Dies schließt aber nicht aus, dass die Kapital- und Personengesellschaften zuzuordnenden unternehmensbezogenen Daten nicht auf der Basis anderer Normen primärrechtlichen Schutz genießen. Art. 16 EUGrCh garantiert die unternehmerische Freiheit. Art. 17 EUGrCh schützt das rechtmäßig erworbene Eigentum einschließlich des geistigen Eigentums. Auf beide Grundrechte können sich auch juristische Personen in vollem Umfang berufen[44]. Diesem *unternehmensrechtlichen Grundrechtsschutz* unterfallen insbesondere selbst geschaffene immaterielle Wirtschaftsgüter. Zwar hat die Sozialpflichtigkeit des Eigentums auch auf der Ebene des Unionsrechts in Art. 17 Abs. 1 Satz 3 EUGrCh ihren Niederschlag gefunden. Unbeschadet dessen unterliegen Eingriffe in das unternehmerische Eigentum nach Art. 52 Abs. 1 EUGrCh dem Gemeinwohlvorbehalt und dem Verhältnismäßigkeitsprinzip. Weitergehende enteignende Eingriffe unterliegen nach Art. 17 Abs. 1 Satz 2 EUGrCh dem Gesetzesvorbehalt und einer Entschädigungspflicht. In der Zusammenschau von Art. 16 und Art. 17 EUGrCh erhält der *Schutz von Handels-, Betriebs-, Berufs- und Geschäftsgeheimnissen* außerhalb des eigentlichen Datenschutzrechts eine primärrechtliche Absicherung.

e) Datenschutz bei Datentransfer in Drittstaaten

Schließlich hat die Große Kammer des EuGH zwei richtungsweisende Entscheidungen hinsichtlich des Datenschutzes in Drittstaaten-Sachverhalten getroffen. In der Rechtssache „Google Spain" hat er ein in den

---

42 *Kingreen* in Calliess/Ruffert (Hrsg.), EUV/AEUV, Kommentar, 6. Aufl. 2016, Art. 8 EUGrCh Rz. 11; krit. auch *Reinhardt* (Fn. 24), AöR 142 (2017), 528 (539 f.); *Knecht* in Schwarze (Hrsg.), EU-Kommentar, 4. Aufl. 2019, Art. 8 EUGrCh Rz. 3.

43 *Knecht* in Schwarze (Fn. 42), Art. 8 EUGrCh Rz. 3.

44 *Ruffert* u. *Calliess* in Calliess/Ruffert (Fn. 42), Art. 16 EUGrCh Rz. 3; Art. 17 EUGrCh Rz. 4.

USA ansässiges Unternehmen den europäischen Datenschutzstandards unterworfen, wenn dieses innerhalb der EU eine Niederlassung unterhält[45]. Materiell-rechtlich sieht der EuGH auch in der Tätigkeit von Internet-Suchmaschinen einen Akt der Datenverarbeitung, der datenschutzrechtlich relevant ist, und billigt dem Betroffenen einen Löschungsanspruch hinsichtlich seiner personenbezogenen Daten (ein *„Recht auf Vergessenwerden"*) zu[46]. Für unser Thema von größerer Relevanz ist aber das nachfolgende EuGH-Urteil zur Kommissionsentscheidung[47] über die sog. „Safe harbour"-Regelung des US-Handelsministeriums[48]. Die Kommission hatte festgestellt, dass die USA als Drittland auf der Basis bestimmter vom US-Handelsministerium zur Verfügung gestellter Dokumente ein angemessenes Datenschutzniveau für von der EU in die USA transferierte Daten gewährleiste. Auf dieser Basis sind personenbezogene Daten von EU-Bürgern (so auch von Herrn *Maximilian Schrems*) auf die in den USA befindlichen Server großer amerikanischer Internetunternehmen wie z.B. der Facebook Inc. gelangt. Gegen die ungeprüfte Weitergabe seiner persönlichen Daten durch die Facebook Ireland Ltd. hatte sich Herr *Schrems* beim irischen Datenschutzbeauftragten beschwert und ein gerichtliches Verfahren initiiert. Auf Vorlage des irischen High Courts hat der EuGH nicht nur den Angemessenheitsbeschluss der EU-Kommission als von den nationalen Kontrollstellen (allerdings ohne Verwerfungskompetenz) für überprüfbar erklärt. Vielmehr hat er darüber hinaus die EU-Kommission ihrerseits zur inhaltlichen Prüfung verpflichtet, ob der jeweilige Drittstaat ein im Lichte des Datenschutzgrundrechts hinreichendes („angemessenes") Schutzniveau garantiert[49]. Dabei hat der EuGH den Maßstab des „angemessenen" Schutzniveaus leider nicht deutlich herausgearbeitet[50]. Jedoch deuten die Ausführungen des EuGH, der auf die Anforderungen seines Urteils in der Rechtssache *Digital*

---

45 EuGH v. 13.5.2014 – C-131/12, ECLI:EU:C:2014:317 Rz. 55 – Google Spain S.L.

46 EuGH v. 13.5.2014 (Fn. 45) Rz. 94.

47 Entscheidung der Kommission v. 26.7.2000 (2000/520/EG) gemäß der Richtlinie 95/46/EG über die Angemessenheit des von den Grundsätzen des „sicheren Hafens" und der diesbezüglichen „häufig gestellten Fragen (FAQ)" gewährleisteten Schutzes, vorgelegt vom Handelsministerium der USA, ABl. EG v. 25.8.2000, L 215/7.

48 EuGH v. 6.10.2015 – C-362/14, ECLI:EU:C:2015:650 – Schrems.

49 EuGH v. 6.10.2015 (Fn. 48) Rz. 73.

50 Dazu etwa krit. *Kühling/Heberlein*, EuGH „reloaded": „unsafe harbor" USA vs. „Datenfestung" EU, NVwZ 2016, 7 (9).

Rights Ireland verweist[51], auf ein eher strenges Datenschutzverständnis hin. Dies gilt auch vor dem Hintergrund, dass das Schutzniveau ansonsten durch Serververlagerungen in Drittstaaten leicht umgangen werden könnte[52]. Der EuGH hat demnächst die Gelegenheit, seine Position weiter zu verdeutlichen. Nachdem sich *Maximilian Schrems* auch gegen den nachfolgenden Beschluss der EU-Kommission zum sog. „EU-US-Privacy Shield" gewandt hat, hat der irische High Court am 9.5.2018 beim EuGH ein Vorabentscheidungsersuchen mit insgesamt 11 detaillierten Fragen gestellt[53].

2. Sekundärrechtliche Harmonisierung des Datenschutzes durch die EU-Datenschutzgrundverordnung vom 27.4.2016 (EU-DSGVO)

Auf sekundärrechtlicher Ebene hat die am 25.5.2018 in Kraft getretene Europäische Datenschutzgrundverordnung vom 27.4.2016[54] die bis dahin geltende Datenschutzrichtlinie 95/46[55] abgelöst. Sie beruht auf der Ermächtigung des Art. 16 Abs. 2 Satz 1 AEUV und soll für ein „gleichmäßiges und hohes Datenschutzniveau" in sämtlichen Mitgliedstaaten sorgen[56]. Im Unterschied zur Richtlinie bedarf sie als Verordnung keiner besonderen Umsetzung in den einzelnen Mitgliedstaaten. Nach ihrer Konzeption als „Grundverordnung" hinterlässt sie aber nicht wenige „Öffnungsklauseln" für die nationale Rechtssetzung, so dass von einer „hinkenden Harmonisierung" oder einem „atypischen Hybrid aus Verordnung und Richtlinie" gesprochen wird[57]. Als „lex imperfecta" bedarf

---

51 EuGH v. 6.10.2015 (Fn. 48) Rz. 91 f.

52 So EuGH v. 6.10.2015 (Fn. 48) Rz. 73.

53 High Court Ireland v. 9.5.2018 (Rs. C-311/18) – Data Protection Commissioner vs. Facebook Ireland, Maximilian Schrems, ABl. EU 2018 Nr. C 249/15.

54 ABl. EU Nr. L 119/1 v. 6.5.2016; berichtigt in ABl. Nr. L 314/72 v. 22.11.2016 u. ABl. Nr. L 127/2 v. 23.5.2018.

55 RL 95/46/EG zum Schutz natürlicher Personen bei der Verarbeitung personenbezogener Daten und zum freien Datenverkehr v. 24.10.1995, ABl. EG Nr. L 281/31 v. 23.11.1995.

56 Erwägungsgründe 10 ff. zur DSGVO, s. ABl. EU Nr. L119/2 f. v. 6.5.2016.

57 *Kühling/Martini*, Die Datenschutz-Grundverordnung: Revolution oder Evolution im europäischen und deutschen Datenschutzrecht?, EuZW 2016, 448 (449); *Buchholtz*, Grundrechte und Datenschutz im Dialog zwischen Karlsruhe und Luxemburg, DÖV 2017, 837 (838); *Drüen* in Tipke/Kruse, § 2a AO Rz. 1, 5 (August 2018).

die DSGVO ungeachtet ihrer unmittelbaren Geltung ergänzender mitgliedstaatlicher Rechtssetzung[58].

Entsprechend ihrer Ermächtigung in Art. 16 Abs. 2 AEUV beschränkt sich der persönliche Schutzbereich der DSGVO auf *natürliche Personen*. In sachlicher Hinsicht findet die DSGVO nach Art. 2 Abs. 2 Buchst. a keine Anwendung auf Tätigkeiten, die nicht in den Anwendungsbereich des Unionsrechts fallen. Soweit es um die *Verwaltung nationaler Steuern* (z.B. bei der Einkommen-, Erbschaft- und Schenkungsteuer) geht, sind die Vorschriften der DSGVO daher jedenfalls nicht unmittelbar anwendbar[59]. Etwas anderes gilt für den Bereich der durch *EU-Richtlinien harmonisierten besonderen Verbrauchsteuern und der Umsatzsteuer*. Jedenfalls seit der Entscheidung in der Rechtssache *Åkerberg* Fransson versteht der EuGH den Begriff der „Durchführung des Rechts der Union" i.S.d. Art. 51 EUGrCh weit und wendet die EUGrCh auf den Vollzug des Umsatzsteuerrechts einschließlich damit zusammenhängender strafrechtlicher Sanktionen an[60]. Dasselbe gilt für den Datenaustausch auf der Basis der EU-Amtshilferichtlinie 2011/16/EU vom 15.2.2011[61]. Überträgt man diese Rechtsprechung folgerichtig auf die Anwendungsbereichsbestimmung des Art. 2 Abs. 2 Bucht. a DSGVO, kann die DSGVO damit punktuell auch auf nicht harmonisierte direkte Steuern unmittelbar anwendbar sein[62].

Die DSGVO verpflichtet als „Verantwortliche" (s. Art. 4 Nr. 7 DSGVO) sowohl Privatrechtssubjekte als auch staatliche Behörden. Art. 5 DSGVO nennt als *Grundsätze der Datenverarbeitung* die Rechtmäßigkeit, Verarbeitung nach Treu und Glauben, Transparenz, Zweckbindung, Datenmininierung, Richtigkeit, Speicherbegrenzung, Integrität und Vertraulichkeit. Art. 6 DSGVO statuiert dazu ein *präventives Ver-*

---

58 *Kibler/Sandhu*, Vorwirkung von EU-Verordnungen am Beispiel der Datenschutz-Grundverordnung, NVwZ 2018, 528 (531).

59 *Krumm*, Grundfragen des steuerlichen Datenverarbeitungsrechts, DB 2017, 2182 (2186); *Seer* in Tipke/Lang, Steuerrecht, 23. Aufl. 2018, § 21 Rz. 18; *Drüen* in Tipke/Kruse, § 2a AO Rz. 6 (August 2018).

60 EuGH v. 26.2.2013 – C-617/10, ECLI:EU:C:2013:105 Rz. 25–27 – Åkerberg Fransson); EuGH v. 17.12.2015 – C-419/14, ECLI:EU:C:2015:832 Rz. 67 – Web-MindLicenses.

61 Siehe EuGH (Große Kammer) v. 16.5.2017 – C-682/15, ECLI:EU:C:2017:373 Rz. 33–41 – Berlioz Investment Funds SA.

62 So auch *Krumm* (Fn. 59), DB 2017, 2182 (2186) – Beispiel 3.

arbeitungsverbot mit Erlaubnisvorbehalt[63]. Für das Steuerverfahren bedeutsam ist der Erlaubnistatbestand des Art. 6 Abs. 1 Buchst. e DSGVO. Danach ist die Verarbeitung personenbezogener Daten gestattet, wenn sie zur Wahrnehmung einer Aufgabe, die im öffentlichen Interesse liegt oder in Ausübung öffentlicher Gewalt erfolgt, die dem Verantwortlichen übertragen worden ist. Um personenbezogene Daten steuerlich zu verarbeiten, bedürfen die Mitgliedstaaten einer speziellen gesetzlichen Grundlage, wozu Art. 6 Abs. 2–4 DSGVO gewisse Vorgaben macht. Dabei stellt Art. 9 DSGVO besondere Anforderungen an die Verarbeitung *sensibler personenbezogener Daten* (z.B. Herkunft, religiöse oder politische Weltanschauung, genetische oder biometrische Daten, sexuelle Orientierung, Gesundheitsdaten). Insoweit bedarf es grundsätzlich der Einwilligung des Betroffenen (Art. 9 Abs. 2 Buchst. a DSGVO). Unabhängig davon können die Mitgliedstaaten die Verarbeitung sensibler Daten gesetzlich vorsehen, soweit dies aus Gründen eines erheblichen öffentlichen Interesses erforderlich ist, im angemessenen Verhältnis zum verfolgten Ziel steht, den Wesensgehalt des Datenschutzgrundrechts wahrt und die Regelung spezifische Maßnahmen zur Wahrung der Grundrechte und Interessen des Betroffenen vorsieht (Art. 9 Abs. 2 Buchst. g DSGVO).

Art. 13, 14 DSGVO enthalten zudem *Informationspflichten* gegenüber betroffenen Personen, die ihrerseits nach Art. 15 DSGVO jeweils ein *Auskunftsrecht* besitzen. Gegenstand der Informationspflicht sind insbesondere Angaben über die Kategorie der verarbeiteten Daten und die Verarbeitungszwecke, über Empfänger bzw. Kategorien von Empfängern, an die Daten weitergeleitet werden, über die Dauer bzw. Kriterien der Speicherung und die Herkunft der Daten. Nach Art. 13 Abs. 1 DSGVO hat der Verantwortliche (d.h. hier die Finanzbehörde) den Betroffenen u.a. über den Zweck der Datenerhebung, die Rechtsgrundlage für die Datenverarbeitung, die Kontaktdaten des Datenschutzbeauftragten und eine ggf. bestehende Absicht der Datenübermittlung in ein Drittland zu informieren[64]. Art. 13 Abs. 2 DSGVO verlangt auch eine Information über die Dauer der Speicherung und eine Belehrung über die Rechte des Betroffenen. Dasselbe gilt nach Art. 13 Abs. 3 DSGVO für den Fall, dass der Verantwortliche die Daten für andere Zwecke weiterverarbeiten will. In der Gesamtschau ist die DSGVO von den Gedanken der *Transparenz* und *Ver-*

---

63 *P. Reimer* in Sydow (Hrsg.), Europäische Datenschutzgrundverordnung, 2. Aufl. 2018, Art. 6 Rz. 1.
64 Siehe *Myßen/Kraus*, Steuerliches Datenschutzrecht: Verfahrensrechtsanpassung an die Datenschutz-Grundverordnung, DB 2017, 1860 (1868).

hältnismäßigkeit geprägt (s.a. die Anforderungen des Art. 12 DSGVO). Es gilt der *Grundsatz des offenen Visiers*. Der europäische Verordnungsgeber will mit den Informationsrechten gewährleisten, dass die betroffene Person bereits zum Zeitpunkt der Datenerhebung über deren Zweck und Ziel sowie über den weiteren Verarbeitungsvorgang unterrichtet wird[65].

Allerdings sieht Art. 23 Abs. 1 Buchst. e DSGVO für die Mitgliedstaaten die Möglichkeit vor, die vorgenannten Datenschutzrechte der Betroffenen durch Gesetzgebungsmaßnahmen zur Sicherstellung wichtiger *öffentlicher Interessen zu beschränken*. Als Beispiele nennt die Vorschrift ausdrücklich die wirtschaftlichen oder finanziellen Interessen eines Mitgliedstaates im Währungs-, *Haushalts- und Steuerbereich*. Die gesetzlichen Beschränkungen müssen dabei aber den Wesensgehalt der Grundrechte und Grundfreiheiten (insbesondere des Datenschutzgrundrechts) achten, eine notwendige und verhältnismäßige Maßnahme darstellen und dazu bestimmte, in Art. 23 Abs. 2 DSGVO detailliert aufgezählte Mindestanforderungen erfüllen.

3. Nationales Regelungsregime der §§ 2a, 29b-c, 32a-j AO an der Schnittstelle zum Unionsrecht

Das unionsrechtliche Datenverarbeitungsverbot mit Erlaubnisvorbehalt zwang den nationalen Gesetzgeber zum Handeln im Steuerrecht. Dies tat er allerdings nicht in einem speziellen steuerdatenschutzrechtlichen Gesetzgebungsverfahren, sondern ohne Beteiligung des Finanzausschusses des Deutschen Bundestages und weitgehend unter Ausschluss der steuerlichen Fachöffentlichkeit in Art. 17 des Gesetzes zur Änderung des Bundesversorgungsgesetzes und anderer Vorschriften vom 17.7.2017[66]. Das Regelungsregime erweist sich insgesamt als sehr unübersichtlich, was aber nicht nur am deutschen Gesetzgeber liegt. Der EuGH postuliert für EU-Verordnungen ein *Wiederholungsverbot*, um eine Verschleierung seines Auslegungsmonopols zu verhindern[67]. Daran anknüpfend lässt es der 8. Erwägungsgrund zu der Verordnung nur zu, dass die Mitgliedstaaten zum besseren Verständnis und zur Kohärenz ihrer nationalen Re-

---

65 Siehe Erwägungsgründe 60 u. 61 zur DSGVO, ABl. EU Nr. L119/12 v. 4.5.2016.

66 BGBl. I 2017, 2541. Zu den verfassungsrechtlichen Bedenken gegenüber dem Gesetzgebungsverfahren s. *Drüen* in Tipke/Kruse, § 29b AO Rz. 4 m.w.N. (August 2018).

67 EuGH v. 10.10.1973 – C-34/73, ECLI:EU:C:1973:101 Rz. 9–11.

gelungen „Teile der Verordnung" in das nationale Recht übernehmen[68].
Resultat ist, dass der Rechtsanwender mindestens zwei Quellen neben-
einanderlegen muss, um die Rechtslage zu eruieren: DSGVO und AO[69].
Vor diesem Hintergrund war eine klare Anwendungsregel wünschenswert. Das Gegenteil aber findet sich in § 2a Abs. 3 AO. Danach soll die
AO insoweit keine Anwendung finden, als die DSGVO gilt. Dies ist zumindest missverständlich, weil die AO die Öffnungsklauseln der DSGVO
als „spezifische mitgliedstaatliche Regelung" füllt, also nicht etwas anderes, sondern ein Element des datenschutzrechtlichen Regelungsbereichs
ist[70]. Erfreulicherweise erweitert sodann § 2a Abs. 5 Nr. 2 AO den Anwendungsbereich der DSGVO auf nationaler Ebene u.a. auf Körperschaften, rechtsfähige und nicht rechtsfähige Personenvereinigungen und
Vermögensmassen. Die Vorschrift lässt aber insgesamt im Unklaren, ob
nun ein *gespaltenes steuerliches Datenschutzrecht* existiert, bei dem
die DSGVO zusammen mit ihren AO-Ergänzungen nur auf *durch das
EU-Recht determinierte Steuern* (z.B. besondere Verbrauchsteuern, Umsatzsteuer) oder auf *alle* (also auch auf die rein national determinierten)
Steuern Anwendung findet. Der historische Gesetzgeber ging und die Finanzverwaltung geht offenbar – wie selbstverständlich – von einer umfassenden, steuerartenübergreifenden Anwendung der DSGVO aus[71]. Das
ist der Sache nach zwar sinnvoll; im Gesetz fehlt dazu aber der Anhalt[72].
Die Grundfrage nach dem Regelungsregime ist nicht nur akademisch,
sondern für die Ausgestaltung des Rechtsschutzes praktisch relevant. Soweit die unmittelbare Anwendung der EU-Verordnung reicht, bildet die

---

68 ABl. EU Nr. L119/2 v. 4.5.2016.
69 Soweit die AO auf das Bundesdatenschutzgesetz (BDSG) verweist, sind es so-
    gar drei Rechtsquellen.
70 *Krumm* (Fn. 59), DB 2017, 2182 (2187).
71 So nennt der Bericht des Ausschusses für Arbeit und Soziales, BT-Drucks.
    18/12611, 77 f., 90, Beispiele für die Einschränkung der DSGVO aus dem Be-
    reich der Einkommensteuer (so zum Werbungskostenabzug, zu außergewöhn-
    lichen Belastungen u. Sonderausgaben) und muss daher von der Anwendung
    der DSGVO auf die Einkommensteuer ausgegangen sein. Ebenso verfährt das
    BMF-Schreiben v. 12.1.2018 – IV A 3 - S 0030/16/10004-07, BStBl. I 2018, 185
    (186, 188) Rz. 2 f., 22; für den Ausschluss nach Art. 2 Abs. 2 Buchst. a DSGVO
    nennt *Wargowske* in Gosch, AO/FGO, § 2a AO Rz. 20 (Juni 2018) nur die
    den Mitgliedstaaten selbst überlassene Tätigkeit zum Schutz der nationalen
    Sicherheit.
72 Krit. *Krumm* (Fn. 59), DB 2017, 2182 (2186); *Seer* in Tipke/Lang, Steuerrecht,
    23. Aufl. 2018, § 21 Rz. 18; *Drüen* in Tipke/Kruse, § 2a AO Rz. 6 (August
    2018).

EUGrCh und nicht das Grundgesetz den Maßstab für den Grundrechtsschutz. Insoweit ist das Auslegungsmonopol des EuGH zu achten. Soweit die Regelungskompetenz unverändert bei den Mitgliedstaaten liegt, bleiben die nationalen Grundrechte anwendbar, die dem Auslegungsmonopol des BVerfG unterfallen[73].

Im Hinblick auf die DSGVO enthält das im letzten Jahr in die AO eingeführte Regelungsregime vor allem *Beschränkungen*. § 29b Abs. 1 AO lässt die Verarbeitung personenbezogener Daten durch eine Finanzbehörde zu, wenn sie zur Erfüllung der ihr obliegenden Aufgabe oder in Ausübung öffentlicher Gewalt, die ihr übertragen worden ist, erforderlich ist. § 29b Abs. 2 AO erhöht die Anforderung an die Verarbeitung sensibler Daten i.S.d. Art. 9 Abs. 2 DSGVO. § 29c AO unterscheidet streng zwischen der *Verarbeitung* und der *Weiterverarbeitung* personenbezogener Daten für Zwecke, die über die ursprüngliche Datenerhebung bzw. -erfassung hinausgehen. § 29c Abs. 1 AO führt insgesamt sechs Fallgruppen auf, in denen eine Weiterverarbeitung zulässig ist. Darauf wird bei der Prüfung der datenschutzrechtlichen Grenzen des Datenaustausches noch zurückzukommen sein.

§§ 32a–32c AO statuieren Einschränkungen der von Amts wegen von den Finanzbehörden zu erfüllenden *Informationspflicht* der Art. 13, 14 DSGVO sowie des damit korrelierenden *Auskunftsrechts* der betroffenen Person aus Art. 15 DSGVO. Einschränkungsgründe sind das Interesse des Staates an der ordnungsgemäßen Erfüllung der in der Zuständigkeit der Finanzbehörden und anderer öffentlicher Stellen liegenden Aufgaben i.S.d. Art. 23 Abs. 1 Buchst. d–h DSGVO sowie der Schutz überwiegender berechtigter Interessen eines Dritten (Art. 23 Abs. 1 Buchst. i DSGVO), also das Steuergeheimnis Dritter nach § 30 AO. § 32a Abs. 2 Nr. 1 AO hält die ordnungsgemäße Erfüllung der öffentlichen Aufgaben der Finanzbehörde bei bestimmten Regelungsbeispielen für gefährdet. Dazu nennt die Vorschrift Fälle, in denen die Erteilung der Information den Betroffenen oder Dritte in die Lage versetzen könnte, steuerlich bedeutsame Sachverhalte zu verschleiern oder steuerlich bedeutsame Spuren zu verwischen oder Art und Umfang der Erfüllung steuerlicher Mitwirkungspflichten auf den Kenntnisstand der Finanzbehörden ein-

---

73 Zur Konkurrenz zwischen EU-Recht und GG s. BVerfG v. 2.3.2010 – 1 BvR 256/08 u.a., BVerfGE 125, 260 (306 f.) – Vorratsdatenspeicherung; BVerfG v. 24.4.2013 – 1 BvR 1215/07, BVerfGE 133, 277 (315) – Antiterrordatei; BVerfG v. 21.3.2018 – 1 BvF 1/13, NJW 2018, 2109 Rz. 20 m.w.N. – Transparenz im Lebensmittelrecht.

zustellen (Nr. 1). Nr. 2 ergänzt dies um Fälle, in denen die Informationserteilung Rückschlüsse auf die Ausgestaltung automationsgestützter Risikomanagementsysteme oder auf geplante Kontroll- oder Prüfungsmaß-
nahmen zulassen würde. Gemeinsame zusätzliche Voraussetzung für die
Geheimhaltung ist, dass die Informationserteilung die Aufdeckung steuerlich bedeutsamer Sachverhalte wesentlich erschweren würde. Der
Informationsausschluss setzt eine bei einer Ex-ante-Betrachtung bestehende *konkrete Gefährdungslage* voraus[74]. Es ist daher nicht (mehr) zulässig, bloß abstrakt auf die Möglichkeit einer Gefährdung hinzuweisen[75]. Daher bedarf es auch einer besonderen konkreten Begründung der
Gefährdungslage, wenn die Finanzbehörden Informationsansprüche im
Hinblick auf die *Kritierien sog. Risikomanagementsysteme* (Regelungsbeispiel des § 32a Abs. 2 Nr. 2 AO) abweisen wollen[76].

III. Inländischer Datenaustausch im Lichte des Datenschutzrechts

1. Datensammlung durch Inanspruchnahme der Steuerpflichtigen

In eigenen Angelegenheiten werden Steuerpflichtige mannigfaltig zur
Mitwirkung nach den §§ 90 ff. AO, also auch zur Offenbarung personenbezogener Daten, herangezogen. Im Zentrum stehen dabei die Steuererklärungspflichten der §§ 149, 150 AO, wobei personenbezogene (auch
sensible) Daten vor allem im Bereich der direkten Einkommensbesteue-
rung zu übermitteln sind. Auch wenn man die DSGVO auf einen rein
nationalen Einkommensteuerfall nicht anwendet (s. oben II.3.), ergeben
sich die datenschutzrechtlichen Vorgaben aber gleichwohl aus dem vom
BVerfG bereichsspezifisch entfalteten *Normenbestimmtheitsgebot* und
Übermaßverbot. Am Beispiel der Einkommensteuer lässt sich Folgen-
des festhalten: Gemäß § 149 Abs. 1 AO i.V.m. § 25 Abs. 3 EStG hat die
steuerpflichtige Person für den jeweiligen Veranlagungszeitraum eine
eigenhändig unterschriebene Einkommensteuererklärung abzugeben.
Nach § 150 Abs. 1 AO hat das auf einem amtlich vorgeschriebenen Vor-

---

74 Eingehend *Drüen* in Tipke/Kruse, AO/FGO, § 32a AO Rz. 20 m.w.N. (Oktober
    2018).

75 So aber noch FG Köln v. 15.2.2018 – 2 K 465/17, EFG 2018, 1050 m. Anm.
    Hennigfeld, was aber bereits im bisherigen Recht unzutreffend war.

76 Bereits krit. zur Intransparenz *Seer*, Modernisierung des Besteuerungsverfah-
    rens – Gedanken zum Reformentwurf zur Modernisierung des Besteuerungs-
    verfahrens, StuW 2015, 315 (324 f.).

druck zu geschehen oder – wie bei Vorliegen von Gewinneinkünften mittlerweile grundsätzlich obligatorisch – nach amtlich vorgeschriebenem Datensatz durch Datenfernübertragung. Die Parlamentsgesetze schweigen jedoch über den *Inhalt des amtlich vorgeschriebenen Vordrucks oder Datensatzes.* Stattdessen ermächtigt § 51 Abs. 4 Nr. 1 Buchst. b EStG das BMF, im Einvernehmen mit den obersten Finanzbehörden der Länder die Vordrucke für die Einkommensteuererklärungen zu bestimmen.

Diese Ausgestaltungsdelegation ist datenschutzrechtlich zweifelhaft. Jedenfalls kann diese Regelung am Maßstab des *datenschutzrechtlichen Gesetzesvorbehalts* nicht in ein freies Entscheidungsermessen der Finanzbehörden fallen. Eine gesetzlicher Hinweis zur Eingrenzung des abfragefähigen Datensatzes findet sich immerhin in § 150 Abs. 5 AO. Danach dürfen Steuererklärungsformulare auch Fragen enthalten, die zur Ergänzung der Besteuerungsgrundlagen für Zwecke einer Statistik nach dem Gesetz über Steuerstatistiken erforderlich sind. Im Umkehrschluss ergibt sich daraus, dass die in einer Steuererklärung zu offenbarenden Daten an sich *„Besteuerungsgrundlagen"* betreffen müssen. Nach § 29b Abs. 1 AO ist die Verarbeitung personenbezogener Daten durch eine Finanzbehörde (nur) zulässig, wenn sie zur Erfüllung der ihr obliegenden Aufgabe oder in Ausübung der ihr übertragenen öffentlichen Gewalt erforderlich ist. Es gilt der *zentrale Grundsatz der Zweckbindung der Datenverarbeitung* (s. auch Art. 5 Abs. 1 Buchst. b DSGVO). Vereinfacht gesagt, muss es sich um Daten handeln, die für die gesetzeskonforme Berechnung der Einkommensteuer benötigt werden. Bezogen auf die Einkommensteuererklärung gehören dazu auch sensible Daten wie z.B. der Güterstand, die Religionszugehörigkeit, der Grad einer Körperbehinderung oder der Anlass und Umfang von Krankheitskosten. Die Offenbarung all dieser Daten ist bei Anwendung des datenschutzrechtlichen Verhältnismäßigkeitsprinzips für den Betroffenen grundsätzlich nur zumutbar, wenn er sicher sein kann, dass diese Daten *nur für den steuerlichen Erhebungszweck* verwendet werden und durch das Steuergeheimnis geschützt sind. Dies entspricht der von § 29b Abs. 2 AO für sensible Steuerdaten geforderten *Rechtsgüterabwägung,* wonach die Finanzbehörde die Interessen der betroffenen Person durch angemessene und spezifische Maßnahmen wahren muss. Vor diesem Hintergrund sind die in § 30 Abs. 4 AO enthaltenenen *Durchbrechungen des Steuergeheimnisses* und vor allem dessen „Achillesferse" in § 30 Abs. 4 Nr. 5 AO („zwingendes öffentliches Interesse") *eng auszulegen.*

Aus dem datenschutzrechtlichen Verhältnismäßigkeitsprinzip folgen die in Art. 5 Abs. 1 Buchst. c, e DSGVO ebenfalls herausgestellten Grundsätze der *Datenminimierung* und *Speicherbegrenzung*. Diese verbieten, vom Erhebungszweck nicht gedeckte, für die Erfüllung der staatlichen Aufgabe überflüssige Daten zu erheben und zu speichern. In den Erwägungsgründen zur DSGVO werden für die Speicherbegrenzung in zeitlicher Hinsicht *Löschungsfristen* verlangt[77]. Im Hinblick auf vom Steuerpflichtigen selbst übermittelte Daten sucht man in der AO danach vergebens. Der Gesetzgeber scheint von einer zeitlich unbefristeten Verfügbarkeit der digitalen Daten im Besteuerungsverfahren auszugehen. Dies widerspräche aber dem datenschutzrechtlichen Verhältnismäßigkeitsprinzip und dem daraus folgenden Grundsatz der Datenminimierung.

Eine *äußere Löschungsfrist* lässt sich mittelbar aus den „Bestimmungen über das Aufbewahren und Aussondern von Unterlagen der Finanzverwaltung" (*AufbewBest-FV*) vom 1.6.2011 entnehmen. Dabei handelt es sich allerdings nur um eine bloße Verwaltungsvorschrift. Nach 4.3.1 der Anlage 1 der AufbewBest-FV beträgt die Aufbewahrungsfrist für Steuerakten eines Steuerpflichtigen grundsätzlich 10 Jahre nach Ablauf des Kalenderjahres, in dem die letzte in dem Aktenband befindliche Steuerfestsetzung unanfechtbar geworden ist[78]. Die in der Verwaltungsvorschrift enthaltene 10-Jahresfrist soll es im Einklang mit der verlängerten Festsetzungsfrist i.S.d. § 169 Abs. 2 Satz 2 AO offenbar ermöglichen, auch Steuerhinterziehungsfälle noch zu verarbeiten. Im digitalen Besteuerungsverfahren ist an die Stelle der Aktenvernichtung die Löschung der digitalen Akte zu setzen. Allerdings muss gesehen werden, dass der Eingriff in das Recht auf informationelle Selbstbestimmung bei durch algorithmische Datenverknüpfungen einsetzbaren Akten deutlich intensiver ist als bei einer manuellen Verwendung von Papier-Akteninhalten. Dies wird bei der gebotenen Anpassung der Regelungen auf die digitale Aktenführung zu berücksichtigen sein.

Seit 2012 verpflichtet § 5b Abs. 1 EStG bilanzierende Steuerpflichtige dazu, den Inhalt der Bilanz sowie der Gewinn- und Verlustrechnung nach amtlich vorgeschriebenen Datensatz durch Datenfernübertragung zu übermitteln. Der Inhalt der Bilanz und Gewinn- und Verlustrechnung folgt den handelsrechtlichen Grundsätze ordnungsgemäßer Buch-

---

77 39. Erwägungsgrund, Satz 12, zur DSGVO (ABl. EU Nr. L119/7 v. 6.5.2016).
78 BMF v. 1.6.2011 – Z A 1-O 1542/06/0002//2011/0449721, BStBl. I 2011, 632 (646).

führung mit den in §§ 5, 6–7 EStG normierten steuerrechtlichen Modifikationen. Auf der Ebene des Parlamentsgesetzes knüpft daran § 5b EStG, der durch das sog. Steuerbürokratieabbaugesetz vom 20.12.2008[79] eingeführt worden ist, an. Nach der Intention des historischen Gesetzgebers sollte die *E-Bilanz* Steuerverfahren beschleunigen, indem papierbasierte Verfahrensabläufe durch elektronischen Kommunikation ersetzt werden („Elektronik statt Papier")[80]. Den technischen Standard sollte nach § 51 Abs. 4 Nr. 1b EStG – vergleichbar mit der Ausgestaltung des Vordrucks der Einkommensteuererklärung – das BMF im Einvernehmen mit den obersten Finanzbehörden der Länder nur den *Mindestumfang* der elektronisch zu übermittelnden Bilanz und Gewinn- und Verlustrechnung festlegen[81]. Lediglich in den Beratungen des Finanzausschusses zu dem Gesetzesvorhaben erwähnte die Regierungskoalition beiläufig, dass eine Verkennzifferung elektronischer Bilanzen auch den Einstieg in eine risikoorientierte Betriebsprüfung eröffnen würde[82].

Auf der Grundlage des § 51 Abs. 4 Nr. 1b EStG hat das BMF dann aber nicht bloß einen sich am handelsrechtlichen Jahresabschluss orientierenden Mindestumfang an elektronisch zu übermittelnden Informationen festgelegt. Vielmehr gibt es als sog. *Taxonomie* ein Datenschema im XBRL-Format (Extensible Business Reporting Language) vor, das den Boden handelsrechtlicher Vorgaben (§§ 266, 277 HGB) verlässt und eine Gliederungstiefe bis hinunter zur Kontenebene erreicht[83]. Das BMF spricht in diesem Zusammenhang von einer *E-Taxation-Wertschöpfungskette* und feiert das E-Bilanz-Projekt als einen Erfolg und wichtigen Baustein der Digitalisierung des Besteuerungsverfahrens[84]. Im Jahr 2017 wurden bundesweit insgesamt 2,5 Millionen Datensätze von Unternehmen an die Finanzverwaltung übermittelt. Nach Meinung des BMF ist die Ein-

---

79 BGBl. I 2008, 2850.
80 Gesetzentwurf der Bundesregierung eines Steuerbürokratieabbaugesetzes, BT-Drucks. 16/10188 v. 2.9.2008, 13.
81 Gesetzentwurf (Fn. 80), BT-Drucks. 16/10188 v. 2.9.2008, 26.
82 Bericht des Finanzausschusses zum Entwurf eines Steuerbürokratieabbaugesetzes, BT-Drucks. 16/10940, 2.
83 Siehe BMF-Schreiben v. 28.9.2011 – IV C 6 - S 2133-b/11/10009, BStBl. I 2011, 855; zuletzt aktualisiert durch BMF v. 6.6.2018 – IV C 6 - S 2133-b/18/10001, BStBl. I 2018, 714 (Taxonomie 6.2 v. 1.4.2018) mit Hinweis auf www.esteuer.de, wo die Kern-, Ergänzungs- und Spezialtaxonomien zum Abruf zur Verfügung stehen.
84 So BMF, Das Projekt E-Bilanz – ein wichtiger Baustein der Digitalisierung des Besteuerungsverfahrens, Monatsbericht August 2018, 35.

führungsphase damit erfolgreich abgeschlossen und auf allgemeine Akzeptanz gestoßen.

Zwar enthält das detaillierte Datenmaterial keine sensiblen personenbezogenen Daten. Jedoch fallen auch auf eine Person zurückführbare, das wirtschaftliche Ergebnis betreffende Daten in den Schutzbereich informationeller Selbstbestimmung (s. oben I.1.a, II.1.a). Die Taxonomie erhöht gegenüber dem vom Wortlaut des § 5b EStG vorgegebenen Übermittlungsniveau die grundrechtliche Eingriffsintensität und muss sich daher am datenschutzrechtlichen *Vorbehalt des Gesetzes* im Sinne einer hinreichenden gesetzlichen Normenklarheit und -bestimmtheit messen lassen[85]. Für eine spezielle Taxonomie, die nicht dem Abbau von Bürokratielasten, sondern dem Aufbau eines *finanzbehördlichen Risikomanagements* dient, geben weder § 5b EStG noch § 51 Abs. 4 Nr. 1b EStG etwas her. Es fehlt schlicht an einer gesetzlichen Grundlage. Die sog. Taxonomie ermöglicht dem staatlichen Eingriff eine unbegrenzte Nutzung und Verknüpfung der Daten, ohne dass der Betroffene einen Einblick in die weitere Verwendung seiner Daten hätte. Über die angewandten Methoden der Datenverarbeitung- und -verknüpfung informiert die Finanzverwaltung den Betroffenen nicht. Ebenso wenig werden irgendwelche Zugriffseinschränkungen oder maximale Aufbewahrungszeiten erkennbar. Damit verstößt die derzeitige E-Bilanz-Verwaltungspraxis gegen das Recht auf informationelle Selbstbestimmung der betroffenen Steuerpflichtigen und ist verfassungswidrig.

Vor dem Hintergrund des datenschutzspezifischen Übermaßverbots (s. oben I.1.b) und des unionsrechtlichen *Grundsatzes der Datenminimierung/-sparsamkeit* (s. Art. 5 Abs. 1 Buchst. c DSGVO) spricht für den „Erfolg" einer Datenerhebung nicht die beeindruckende Zahl übermittelter Datensätze. Vielmehr bedarf es einer Darlegung seitens der Finanzbehörden, was sie mit den Datensätzen konkret tun und worin der an den Steuervollzugszielen (strukturelle Sicherstellung einer gesetz- und gleichmäßigen Besteuerung) gemessene *Mehrwert der sog. E-Bilanzdaten* eigentlich besteht. Nach einer nun mehr als 5-jährigen Einführungsphase steht die Finanzverwaltung unter einem *Rechtfertigungszwang* dahingehend, ob es der E-Bilanz überhaupt bedarf und in welchem Umfang diese tatsächlich (mit welchem Erkenntnisgewinn?) zu Verifikationszwecken eingesetzt werden.

---

85 Eingehend *Beckmann*, E-Government im Besteuerungsverfahren am Beispiel der E-Bilanz, Diss., 2016, 159 ff.; s.a. *J. Müller* in Herrmann/Heuer/Raupach, EStG/KStG, § 5b EStG Rz. 7 m.w.N. (Mai 2017).

2. Datensammlung durch Inanspruchnahme Dritter

Das von dritter Seite den Finanzbehörden zu übermittelnde Datenvolumen hat in den vergangenen Jahren auf beachtliche Weise zugenommen. *Elektronische Mitteilungspflichten Dritter* finden sich in den Einzelsteuergesetzen, insbesondere im Einkommensteuergesetz. Beispiele dafür sind Mitteilungen über Vorsorgeaufwendungen i.S.d. § 10 Abs. 2, 2a, 4b EStG und Altersvorsorgebeiträge i.S.d. § 10a EStG (jeweils mit Einwilligung des Steuerpflichtigen), Rentenbezugsmitteilungen i.S.d. § 22a EStG, Lohnersatzleistungen i.S.d. § 32b Abs. 1 Nr. 1 EStG, Lohnsteuerbescheinigungen i.S.d. § 41b Abs. 1 EStG, Bescheinigungen i.S.d. § 43 Abs. 1 Satz 6, Abs. 2 Satz 7 EStG oder Freistellungsaufträge i.S.d. § 45d Abs. 1 EStG. Mit Einwilligung des Steuerpflichtigen können auch Zuwendungsempfänger von steuerbegünstigten Spenden i.S.d. § 10b EStG die Spendendaten nach Maßgabe des § 93c AO elektronisch übermitteln (s. § 50 Abs. 2 EStDV). Zukünftig sollen gem. § 65 Abs. 3a EStDV auch die Daten über die Feststellung einer Behinderung i.S.d. § 33b EStG von den Versorgungsämtern elektronisch übermittelt werden.

Im Unterschied zur gesetzlich nicht hinreichend determinierten E-Bilanz ergeben sich Zweck, Umfang und Verwendung der sog. *E-Daten* aber aus dem Gesetz. Die Funktionsfähigkeit des mit dem Gesetz zur Modernisierung des Besteuerungsverfahrens vom 18.7.2016[86] intendierten *vollautomatischen Steuerveranlagungsverfahrens* hängt wesentlich davon ab, dass die Finanzverwaltung über einen elektronischen Datenbestand sowohl als Grundlage der Steuerfestsetzung als auch zur Verifikation der vom Steuerpflichtigen erklärten Daten verfügt. § 93c AO liefert für die Mitteilungspflichten Dritter nunmehr eine vereinheitlichende Rahmenregelung. Während § 93c Abs. 1 Nr. 2 AO im Wesentlichen die für die Datenzuordnung erforderlichen Identifikationsmerkmale aufführt, folgen die zu übermittelnden materiellen Besteuerungsgrundlagen bezogen auf den jeweiligen Regelungsbereich aus dem Einzelsteuergesetz. Erst beide Rechtsquellen (§ 93c AO und Einzelsteuergesetze) zusammen geben ein komplettes Bild über den konkreten Gegenstand und die konkreten Mitteilungspflichten Dritter. Dies erschwert den Überblick, ist aber den unterschiedlichen Regelungsmaterien geschuldet.

§ 93c Abs. 1 AO sieht eine Frist zur elektronischen Datenübermittlung innerhalb von zwei Monaten bis zum 28.2./29.2. für den abgelaufenen Besteuerungszeitraum vor und definiert die Mindestanforderungen an

---

86 BGBl. I 2016, 1679.

den zu übermittelnden Datensatz. Gleichzeitig hat die mitteilungspflichtige Stelle den Steuerpflichtigen darüber zu informieren, welche
für seine Besteuerung relevanten Daten sie an die Finanzbehörden übermittelt hat oder übermitteln wird (§ 93c Abs. 1 Nr. 3 AO). Die Daten
sind bis zum siebten auf den Besteuerungszeitraum/-zeitpunkt folgenden
Kalenderjahr von dem Dritten zu speichern und aufzubewahren. Innerhalb dieses Zeitraums sind unrichtige Daten ggf. zu korrigieren oder gar
zu stornieren (§ 93c Abs. 3 AO). § 93c Abs. 4 AO berechtigt die zuständigen Finanzbehörden, die Einhaltung der Datenerfassung, -übermittlung
und -aufbewahrung zu überprüfen und dazu Ermittlungen durchzuführen.

Nach § 150 Abs. 7 Satz 2 AO gelten die von Dritten nach Maßgabe des
§ 93c AO übermittelten Daten als Angaben des Steuerpflichtigen, soweit er nicht in dem sog. qualifizierten Freitextfeld der Steuererklärung
abweichende Angaben macht. Damit werden die von dritter Seite übermittelten Daten zu Angaben des Steuerpflichtigen, soweit er ihnen
nicht widerspricht. Diese Regelung ermöglicht zum einen eine automatische Steuerveranlagung. Zum anderen aber können die übermittelten Daten durch Übernahme zur *vorausgefüllten Steuererklärung* werden[87]. Auch im Hinblick auf die von dritter Seite zu übermittelnden
Daten stellt sich die Frage nach der Datensparsamkeit. Immerhin hat der
Gesetzgeber bei der Ausgestaltung der Übermittlungspflichten Dritter eine größere Sorgfalt als bei der Inanspruchnahme des eigentlichen Steuerpflichtigen an den Tag gelegt. Dies ist auch erforderlich, weil den Dritten
nicht in eigenen, sondern in fremden Steuerangelegenheiten ein beacht-
licher datentechnischer Bürokratieaufwand zugemutet wird. Schließlich
stellt sich hier auch die Frage einer finanziellen Kompensation.

3. Datenaustausch zwischen den Finanzbehörden

Die von Steuerpflichtigen und Dritten in Erfüllung ihrer Mitwirkungspflichten übermittelten Daten bilden zusammen einen umfangreichen
Datenbestand, den die Finanzbehörden zur Verifikation, Verprobung und
Realisierung der Steueransprüche nutzen können. Hinzu kommen ho-
heitlich im Wege von Einzelermittlungen i.S.d. §§ 93 ff. AO, Außenprüfungen i.S.d. §§ 193 ff. AO und durch in Einzelsteuergesetzen verankerte

---

[87] Regierungsbegründung v. 3.2.2016, BT-Drucks. 18/7457, 51.

Nachschauen[88] gewonnene Informationen. Der *ressortinterne Austausch* dieser Daten zwischen Finanzbehörden mit derselben sachlichen Zuständigkeit (s. § 16 AO i.V.m. § 17 Abs. 2 FVG: z.B. zwischen den sachlich zuständigen Finanzämtern) wurde früher datenschutzrechtlich nicht weiter problematisiert[89]. Unter dem Eindruck des von Art. 5 Nr. 1 Buchst. b DSGVO besonders herausgestellten Zweckbindungsgrundsatzes unterscheiden §§ 29b, 29c AO nunmehr scharf zwischen der *zweckgebundenen Datenerhebung* (§ 29b AO) und der *Datenweiterverarbeitung zu anderen Zwecken* (§ 29c AO). Dabei versteht das DSGVO-Anwendungsschreiben des BMF vom 12.1.2018 den Zweck der ursprünglichen Datenerhebung denkbar eng und die zweckändernde Datenweiterverarbeitung dazu komplementär weit. Das BMF hält eine Weiterverarbeitung i.S.d. § 29c Abs. 1 AO bereits dann für gegeben, wenn derselbe Amtsträger (!) die ursprünglich für die Einkommensteuer-Veranlagung erhobenen Daten auch für die Umsatzsteuer-Festsetzung verwendet[90]. Um den Anforderungen des Art. 6 Abs. 4 DSGVO zu genügen, regelt § 29c AO detailliert die Weiterverarbeitungsfälle. Der ressortinterne Datenaustausch wird dabei durch den Zulässigkeitsgrund des § 29c Abs. 1 Nr. 1 AO gedeckt, der dem Offenbarungsgrund des § 30 Abs. 4 Nr. 1 AO entspricht. Die Vorschrift sichert ferner die in § 194 Abs. 3 AO angesprochene *Kontrollmitteilungspraxis* datenschutzrechtlich ebenso ab wie einen weitergehenden *ressortübergreifenden Datenaustausch* (z.B. zwischen Landes- und Bundesfinanzbehörden, z.B. zwischen BZSt und Finanzämtern oder zwischen Finanzämtern und Hauptzollämtern) bis hin zur Weiterverarbeitung der Daten für *steuerstrafrechtliche Zwecke* durch die Strafverfolgungsbehörden.

4. Datenaustausch zwischen Finanzbehörden und anderen Behörden

Für den *ressortübergreifenden Datenaustausch* zwischen den Finanzbehörden und anderen Behörden bedurfte es schon bisher einer datenschutzspezifischen Ermächtigungsgrundlage. So finden sich in den

---

88 Zur Nachschau als besonderes Steueraufsichtsinstrument *Seer* in Tipke/Lang, Steuerrecht, 23. Aufl. 2018, § 21 Rz. 258 ff.

89 Dazu etwa *Vogelgesang*, Grundrecht auf informationelle Selbstbestimmung, Diss., 1987, S. 227 ff.; *Seer*, Datenschutz im Besteuerungsverfahren, FS für W. Meilicke, 2010, S. 687 (695).

90 BMF v. 12.1.2018 – IV A 3 - S 0030/16/10004-07, BStBl. I 2018, 185 (189) Rz. 26.

§§ 31–31b AO Ermächtigungen zur Weitergabe personenbezogener Daten an Verwaltungs-, Sozial- und Strafverfolgungsbehörden mit dem Ziel der Bekämpfung der Schwarzarbeit, des Leistungsmissbrauchs, der Geldwäsche und der Terrorismusbekämpfung. Der sich daraus ergebende *datenschutzrechtliche Zielkonflikt*[91] ist dadurch zu lösen, dass zwar einerseits das berechtigte öffentliche Interesse an der Sicherung der Erhebung von Sozialabgaben und der Bekämpfung des Leistungsmissbrauchs in Gestalt der Mitteilungspflicht gewahrt, andererseits aber das Steuergeheimnis auch auf die Empfängerbehörden als *sog. verlängertes Steuergeheimnis* angewendet wird[92]. Zudem dürfen die Mitteilungspflichten der §§ 31–31b AO nicht den Nemo-tenetur-Grundsatz unterlaufen, so dass die mitgeteilten Steuerdaten, die vom Steuerpflichtigen unter verfahrensrechtlichem Zwang erhoben worden sind, für strafrechtliche Zwecke unverwertbar sein dürften.

In umgekehrter Richtung ermöglicht § 93a AO i.V.m. der Mitteilungsverordnung (MV) vom 7.9.1993 einen Datenaustausch innerhalb Deutschlands anderer Behörden hin zu den Finanzbehörden. Der Kreis der dort genannten Mitteilungspflichten ist enumerativ und tatbestandlich begrenzt. Die wohl wichtigste in § 2 Abs. 1 MV aufgeführte Fallgruppe bilden die Zahlungen, die auf kein Geschäftskonto des Empfängers (also insbesondere bar) geleistet worden sind. Seine Verordnungsermächtigung hat der Verordnungsgeber aber nicht in vollem Umfang ausgeschöpft, weil er Mitteilungen über Subventionen und andere Fördermaßnahmen sowie über das Vorliegen von Anhaltspunkten der Schwarzarbeit nicht einbezogen hat. Allerdings kann insoweit eine Mitteilungspflicht nach § 116 Abs. 1 Satz 1 AO bestehen. Danach haben Gerichte und Behörden der Gebietskörperschaften dienstlich erfahrene Tatsachen, die auf eine Steuerstraftat schließen lassen, dem BZSt oder – falls bekannt – der für die Verfolgung von Steuerstraftaten zuständigen Finanzbehörde zu übermitteln.

---

91 *Drüen* in Tipke/Kruse, AO/FGO, Vor § 31 AO Rz. 1 (Mai 2015).
92 BFH v. 4.10.2007 – VII B 110/07, BStBl. II 2008, 42 (45); *Drüen* in Tipke/Kruse, AO/FGO, § 31a AO Rz. 8 (Mai 2015).

IV. Grenzüberschreitender Datenaustausch im Lichte des Datenschutzes

1. Zwischenstaatliche Ersuchens- und Spontanauskünfte

Die klassische Form der internationalen Amtshilfe bildet die sog. *Ersuchensauskunft*, wo ein Staat einen anderen Staat um Amtshilfe ersucht. Ihr entspricht in umgekehrter Richtung die sog. *Spontanauskunft*, wo ein Staat ohne vorheriges Ersuchen („spontan") einem anderen Staat Auskunft erteilt. Beiden Instrumenten ist gemeinsam, dass sie jeweils einen konkreten Einzelfall betreffen. Sie bilden den typischen Gegenstand der sog. Auskunftsklauseln in bilateralen Doppelbesteuerungsabkommen[93]. Sie finden sich aber ebenso in der EU-Amtshilferichtlinie 2011/16/EU vom 15.2.2011 (Art. 5, 9 DAC – Directive on Administrative Cooperation)[94] sowie in dem multilateralen Abkommen des Europarats und der OECD vom 25.1.1988/27.5.2010 (Art. 5, 7 CMAA – Convention on Mutual Administrative Assistance)[95].

Eine wichtige datenschutzrechtliche Funktion übernimmt das nach Maßgabe des Art. 26 Abs. 2 OECD-MA ausgestaltete *internationale Steuergeheimnis*. Es wirkt zweispurig. Zum einen hat der Empfängerstaat die erhaltenen Informationen ebenso geheim zu halten wie aufgrund innerstaatlichen Rechts beschaffte Informationen (Art. 26 Abs. 2 Satz 1 Halbs. 1 OECD-MA). Zum anderen dürfen die erhaltenen Informationen nur bestimmten Personen und Behörden des Empfängerstaates zu bestimmten Zwecken zugänglich gemacht werden (Art. 26 Abs. 2 Satz 1 Halbs. 2, Satz 3 OECD-MA). Zwar ist das Datenschutzniveau im internationalen Vergleich unterschiedlich ausgestaltet, so dass man in der Anknüpfung an den Empfängerstaat eine Relativierung des internationalen Steuergeheimnisses sehen kann[96]. Allerdings fängt dies Art. 26 Abs. 2 Satz 1 Alt. 2 OECD-MA durch die Zugangsbeschränkung und deutliche Zweckbindung wieder auf[97]. Letztlich wird dadurch ein *absoluter* – vom inner-

---

93 *Seer* in Gosch/Kroppen/Grotherr/Kraft, DBA, Kommentar, Art. 26 OECD-MA Rz. 20 ff. (30. Erg.-Lfg. 2016).

94 ABl. EU Nr. L 64/1 v. 11.3.2011.

95 SEV Nr. 127 u. 208. Die Bundesrepublik Deutschland ist dem Abkommen beigetreten und hat es mit Gesetz v. 16.7.2015, BGBl. II 2015, 966, in das innerstaatliche Recht übernommen.

96 *Engelschalk* in Vogel/Lehner, DBA, Kommentar, 6. Aufl. 2015, Art. 26 OECD-MA Rz. 78 f.

97 *Czakert* in Schönfeld/Ditz, DBA, Kommentar, 2013, Art. 26 OECD-MA Rz. 67.

staatlichen Recht losgelöster – *Geheimhaltungsstandard* begründet[98]. Die übermittelten Daten dürfen nur für steuerrechtliche (allerdings auch steuerstrafrechtliche) Zwecke verwendet werden. Der Zugang ist auf solche Personen, Behörden und Gerichte beschränkt, die mit dieser zweckgebundenen Datenverwendung betraut sind. Eine weitergehende Verwendung der Daten lässt Art. 26 Abs. 2 Satz 4 OECD-MA nur zu, wenn das Recht beider Staaten dies gestattet und die zuständige Behörde des informierenden Staates (in Deutschland: das BZSt) damit einverstanden ist.

Adressat der Geheimhaltungsverpflichtung ist ausschließlich der Empfängerstaat. Der Auskunftsstaat wird nur nach nationalem Recht (wenn die Bundesrepublik Deutschland Auskunftsstaat ist: nach § 30 AO) verpflichtet. Allerdings ist eine nach dem Vorbild des Art. 26 Abs. 2 OECD-MA abgeschlossene völkervertragliche Regelung nicht nur Bestandteil des objektiven Rechts, sondern begründet zugunsten des geschützten Geheimnisträgers auch ein *subjektives Recht*[99]. Der Betroffene kann sich auf zweierlei Wegen gegen die unbefugte Weitergabe „seiner" personenbezogenen Daten wehren. Im *Auskunftsstaat* kann er auf Einhaltung dessen nationalen Steuergeheimnisschutzes klagen. Dazu bedarf es aber der Glaubhaftmachung, dass das Steuergeheimnis im Empfängerstaat in substantieller Weise entgegen Art. 26 Abs. 2 OECD-MA gefährdet wird[100]. Dies kann den Auskunftsstaat nach Art. 26 Abs. 3 Buchst. c OECD-MA (Ordre-public-Vorbehalt) ggf. zur Auskunftsverweigerung gegenüber dem anderen Vertragsstaat berechtigen. Im *Empfängerstaat* kann sich der Betroffene nicht nur auf das dortige nationale Steuergeheimnis, sondern darüber hinaus auch auf das Schutzniveau des Art. 26 Abs. 2 OECD-MA berufen. Die deutsche Verhandlungsgrundlage sieht in dem Zusatzprotokoll in Buchst. c und d zudem eine Informationspflicht des Empfängerstaates gegenüber dem Betroffenen vor[101].

---

98 *Hendricks* in Wassermeyer, DBA, Kommentar, Art. 26 OECD-MA Rz. 50 (Februar 2013).

99 *Herlinghaus*, Zu Möglichkeiten und Grenzen des Rechtsschutzes gegen Maßnahmen des zwischenstaatlichen Informationsaustausches nach den Doppelbesteuerungsabkommen, in FS Herzig, 2010, S. 933 (948 f.); *Engelschalk* in Vogel/Lehner, DBA, 6. Aufl. 2015, Art. 26 OECD-MA Rz. 81 f.; *Hendricks* in Wassermeyer, DBA, Kommentar, Art. 26 OECD-MA Rz. 52 (Februar 2013).

100 FG Köln v. 20.8.2008 – 2 V 1948/085, EFG 2008, 1764 m. Anm. *Herlinghaus*; *Seer/Gabert*, Der internationale Auskunftsverkehr, StuW 2010, 3 (19 f.).

101 Text bei *Schönfeld/Ditz*, DBA-Kommentar, 2013, Art. 26 DE-VG, Anh. vor Rz. 187, abgedruckt.

Eine *entsprechende Geheimhaltungsregel* enthält Art. 22 CMAA. Sie ist sogar *strenger*, weil sich das Geheimhaltungsniveau gem. Art. 22 Abs. 1 CMAA nach dem jeweils strengsten Recht der am Informationsaustausch beteiligten Vertragsstaaten richtet.

Dagegen orientiert Art. 16 Abs. 1 EU-AmtshilfeRL (DAC) das internationale Steuergeheimnis an der Ausgestaltung im Empfängerstaat. Verfügt der auskunftserteilende Mitgliedstaat über strengere Geheimhaltungsregelungen als der Empfängerstaat, besteht kein Anspruch auf Einhaltung dieser strengeren Vorschriften[102]. Allerdings begrenzt Art. 16 Abs. 1 DAC die Verwendung der Daten auf die der Amtshilfe-Richtlinie unterfallenden Steuern, einschließlich deren Beitreibung und steuerstrafrechtlichen Sanktionen. Eine weitergehende Verwendung bindet Art. 16 Abs. 2 DAC an die Zustimmung des übermittelnden Mitgliedstaates, die dieser nur dann zu erteilen hat, wenn er die Informationen nach seinem innerstaatlichen Recht in ähnlicher Weise verwenden könnte.

2. Ausbau des automatischen Austausches von Finanzkontendaten

Ein erster Einstieg in den automatischen Informationsaustausch gelang im Jahr 2003 mit der Zinsrichtlinie 2003/48/EG vom 3.6.2003[103]. Sie führte den automatischen Informationsaustausch für bestimmte Zinseinkünfte ein. Ihre Effektivität litt aber an einem engen Zinsbegriff, an der fehlenden Transparenz bei zwischengeschalteten Einheiten und an dem Umstand, dass mit Belgien, Luxemburg und Österreich drei Mitgliedstaaten zumindest zunächst einen mit einem Quellensteuerabzug bedingten Sonderstatus einnahmen.

Die EU-Zinsrichtlinie hat sich durch die weltweite Akzeptanz eines automatischen Informationsaustausches über Finanzkonten überlebt. Diese Entwicklung ist ebenso rasant wie bemerkenswert. Mit dem US-amerikanischen Foreign Account Tax Compliance Act (FATCA)[104] hat die USA erheblichen Druck zur Etablierung des automatischen Informationsaustausches als einen sog. *Common Reporting Standard (CRS)* auf ausländische Finanzinstitute ausgeübt. Vor dem Hintergrund einer uni-

---

102 *Glaser*, Die datenschutzrechtlichen Grenzen bei der internationalen Informationshilfe durch deutsche Steuerbehörden innerhalb der Europäischen Union, Diss., 2014, S. 111 f.

103 ABl. EG 2003 Nr. L 157/38.

104 Dazu näher *Lappas/Ruckes*, Die praktische Umsetzung von FATCA in Deutschland, IStR 2013, 929.

lateralen „Strafsteuer-Drohkulisse" hat die USA sog. *Intergovernmental Agreements (IGA)* entwickelt, die sie den ausländischen Staaten anbietet, um die in dem jeweiligen ausländischen Staat ansässigen Finanzinstitute der Strafsteuergefahr zu entledigen. Auf dieses Angebot der USA sind mittlerweile mehr als 100 Staaten, darunter auch alle EU-Staaten, eingegangen.

Daran anknüpfend hat die OECD den „*Global Standard for Automatic Exchange of Financial Account Information in Tax Matters*" entwickelt und inklusive Kommentar im Juli 2014 veröffentlicht[105]. Dieser besteht aus zwei Elementen:

1. der Mustervereinbarung zwischen den zuständigen Behörden über den automatischen Informationsaustausch bezüglich Finanzkonten („**Competent Authority Agreement**" – **CAA**) und

2. dem gemeinsamen Melde- und Sorgfaltsstandard für Informationen über Finanzkonten („**Common Reporting Standard**" – **CRS**).

Das CAA schreibt die Modalität des Informationsaustausches vor, um den angemessenen Informationsfluss zu gewährleisten[106], während der CRS die Melde- und Sorgfaltspflichten der Finanzinstitute beinhaltet, welche diesem automatischen Austausch zugrunde liegen[107]. Mit diesem globalen Schwung hat auch die EU die Melde- und Sorgfaltsvorschriften mit der Richtlinie 2014/107/EU vom 9.12.2014[108] in die EU-Amtshilferichtlinie 2011/16/EU eingearbeitet (DAC 2).

Der automatische Auskunftsverkehr ist auf ein abstraktes Risiko mit einer breiteren Streuung ausgelegt. Es werden Informationen von *abstrakt-generell definierten Fallgruppen* ohne weitergehenden konkreten Einzelfallanlass übermittelt. Dadurch unterscheidet er sich grundlegend von Spontan- und Ersuchensauskünften. Treffend beschreibt Art. 1 Nr. 1 DAC 2 den Charakter des automatischen Informationsaustausches als

„systematische Übermittlung zuvor festgelegter Informationen über in anderen Mitgliedstaaten ansässige Personen an den entsprechenden Ansässigkeitsmitgliedstaat ohne dessen vorheriges Ersuchen in regelmäßigen, im Voraus bestimmten Abständen".

---

105 Abrufbar unter: http://www.oecd.org/ctp/exchange-of-tax-information/standard-for-automatic-exchange-of-financial-information-in-tax-matters.htm.
106 OECD Standard, Einleitung, S. 14 Rz. 17.
107 OECD Standard, Einleitung, S. 15 Rz. 19.
108 ABl. EU 2014 Nr. L 359/1.

Die automatischen Auskünfte lassen sich damit als Teil eines *grenzüberschreitenden elektronischen Risikomanagements* verstehen[109], weil sie dem Empfängerstaat Kontrollmaterial zum automatischen Abgleich mit den Angaben der Steuererklärungen liefern. Damit die Finanzbehörden dies tun können, werden Finanzinstitute verpflichtet, ihre Kunden auf deren Ansässigkeit und eine damit zusammenhängende Steuerpflicht in einem anderen Staat zu untersuchen. Deutet eine solche *indizienbasierte Überprüfung* auf eine Steuerpflicht in einem anderen EU-Mitgliedstaat oder einem MCAA-Drittstaat hin, so hat das Finanzinstitut entsprechende Kundeninformationen jährlich dem zentralen Verbindungsbüro seines Sitzstaates (in Deutschland: dem BZSt[110]) zu melden, das die Informationen an den ausländischen Staat weiterleitet bzw. umgekehrt entsprechende Meldungen empfängt[111].

Auf der Basis der vorgenannten Rechtsgrundlagen sind für den Meldezeitraum 2016 erstmals zum 30.9.2017 Finanzkontendaten automatisch ausgetauscht worden. Nach Auskunft der Bundesregierung hat das BZSt als zentrale Finanzbehörde der Bundesrepublik Deutschland insgesamt ca. 1,5 Millionen Datensätze von insgesamt 49 Staaten erhalten[112]. Das Volumen der gemeldeten Einkünfte belief sich auf ca. 58 Mrd. €; die gemeldeten Kontenstände betrugen insgesamt ca. 85 Mrd. €. Für den Meldezeitraum 2017 werden zum 30.9.2018 insgesamt 102 Staaten am automatischen Informationsaustausch teilnehmen[113], so dass mit einer noch deutlich größeren Anzahl von Datensätzen zu rechnen ist. BZSt und Länderfinanzbehörden stehen nun vor der Aufgabe, dieses umfangreiche Datenmaterial zuzuordnen und systematisch auszuwerten. Nach Auskunft der Bundesregierung werden die technischen Voraussetzungen dafür erst

---

109 So bereits *Seer/Gabert* (Fn. 100), StuW 2010, 3 (14).
110 Das BZSt ist die zentrale deutsche Verbindungsbehörde, über die nach § 7 Abs. 1 i.V.m. § 3 Abs. 2 AmtshilfeRLUmsG (BGBl. I 2013, 1809) und nach § 9 Abs. 1, 2 FATCA-USA-UmsV (BGBl. I 2014, 1222) der grenzüberschreitende Informationsaustausch verläuft.
111 Zu den Details der Meldepflicht s. *Seer/Wilms*, Der automatische Informationsaustausch als neuer OECD-Standard zur steuerlichen Erfassung des Finanzkapitals im Spannungsverhältnis zu Maßnahmen der Geldwäschebekämpfung, StuW 2015, 118 (121 ff.).
112 Antwort der Bundesregierung v. 27.7.2018 auf eine Anfrage der FDP-Fraktion und einiger Abgeordneter, BT-Drucks. 19/3630, 3.
113 Liste der Signaturstaaten des Multilateral Competent Authority Agreements (MCAA) mit Stand v. 26.6.2018, s. http://www.oecd.org/tax/automatic-ex change/international-framework-for-the-crs/MCAA-Signatories.pdf. Dies deckt sich mit dem Antwort der Bundesregierung (Fn. 112), 2.

im Jahr 2020 geschaffen worden sein[114]. Gleichwohl wird man den Finanzbehörden deshalb nicht den Vorwurf eines Verstoßes gegen den Grundsatz der Datenminimierung und Datensparsamkeit machen können. Um das bisher im Hinblick auf im Ausland erzielte Kapitaleinkünfte bestehende *strukturelle Vollzugsdefizit* zu beseitigen, bedarf es eines globalen Verifikationssystems. Dass dieses nicht sofort, sondern erst nach einer gewissen Implementationsphase lauffähig ist, liegt in der Natur der Sache. Allerdings müssen die Finanzbehörden unter *dauernder Beobachtung* bleiben, wie sie die umfangreichen Datensätze verwenden und welche datenschutzrechtlichen Vorkehrungen sie treffen.

Im Anwendungsbereich der DSGVO besitzt der Steuerpflichtige – wie dargelegt – nach Art. 15 DSGVO einen *Auskunftsanspruch* über die Verarbeitung personenbezogener Daten, der allerdings auf der Grundlage des Art. 23 Abs. 1 Buchst. e DSGVO durch die Mitgliedstaaten eingeschränkt werden kann. Dies ist in § 32c AO unter Verweis auf die in § 32b Abs. 1, 2 AO statuierten Informationsverweigerungsgründe geschehen. Allerdings werden die Finanzbehörden nicht pauschal auf eine irgendwie geartete Gefährdungslage verweisen können[115]. Die automatische Übermittlung von Finanzkontendaten allein begründet noch keine konkrete Gefährdungslage. Ganz im Gegenteil: Der Steuerpflichtige hat einen legitimen Anspruch darauf zu erfahren, welche Daten die Finanzbehörde über ihn und seine Vermögensverhältnisse gespeichert hat. Denn nur so wird es ihm ermöglicht, die Richtigkeit der gespeicherten Daten zu überprüfen und ggf. in seiner Steuererklärung mit einer Erläuterung zu korrigieren, um im Falle eines sog. Mismatching nicht in den Verdacht einer vorsätzlichen Steuerverkürzung zu geraten.

Etwas anderes kann dann gelten, wenn sich etwa aus einzelfallbezogenen Kontrollmitteilungen ernsthaft die Gefahr ergibt, dass der Steuerpflichtige bei deren Kenntnis den verwirklichten Sachverhalt nachträglich verschleiern und Beweismaterial verändern oder vernichten könnte. Dies könnte etwa der Fall sein, wenn die Finanzbehörde erstmalig von Auslandssachverhalten erfährt, die nicht nur bloße gewöhnliche Routine-Geldanlagen betreffen und auf noch unbekannte Steuertatbestände schließen lassen. Aber auch dann ist die Ablehnung der Auskunftserteilung gegenüber der betroffenen Person nach § 32c Abs. 4 AO zu begrün-

---

114 Antwort der Bundesregierung (Fn. 112), 4.
115 So aber noch VG Berlin v. 13.10.2016 – 2 K 507/15, zum Ausschlussgrund des § 3 Nr. 1 Buchst. d IFG; dagegen bereits *Seer* in Tipke/Kruse, AO/FGO, § 88 AO Rz. 82 (Januar 2017).

den. Da die Einschränkung des Datenschutzrechts unter der Schranken-Schranke des *Verhältnismäßigkeitsprinzips* steht, darf diese Begründung nicht auf einer abstrakten Ebene verbleiben, sondern muss die Gefährdungslage im Hinblick auf den *konkreten Einzelfall* des Steuerpflichtigen darlegen.

Verbreitet ist die Sorge, dass die Finanzdaten in *Drittstaaten* für nicht-steuerliche Zwecke verwendet werden. Dieser Sorge hat der EuGH in der bereits behandelten sog. Safe-Harbour-Entscheidung[116] in anderem Zusammenhang eindrucksvoll Rechnung getragen. In der Tat fordern Art. 44 ff. DSGVO für die Datenübermittlung an Drittstaaten grundsätzlich ein vergleichbares *Datenschutzniveau im Drittstaat* und eine zweistufige Legitimationsprüfung. Davon macht aber Art. 49 Abs. 1 Buchst. d DSGVO eine Ausnahme, wenn die Datenübermittlung aus *wichtigen Gründen des öffentlichen Interesses* notwendig ist. Dabei muss das öffentliche Interesse nach Art. 49 Abs. 4 DSGVO im Unionsrecht oder im Recht des Mitgliedstaates des Verantwortlichen anerkannt sein. Der Erwägungsgrund Nr. 112 zur DSGVO nennt als wichtige Gründe des öffentlichen Interesses ausdrücklich den *internationalen Datenaustausch zwischen den Steuerbehörden*[117].

Zudem ist zu beachten, dass Art. 22 CMAA mit seinem strengen Maßstab des *internationalen Steuergeheimnisses* nicht nur für Einzel- und Spontanauskünfte, sondern auch im Bereich des automatischen Informationsaustausches gilt. Das auf der Basis von Art. 6 CMAA abgeschlossene Multilateral Competent Authority Agreement (MCAA) vom 29.10.2014[118] sieht zudem in § 5 MCAA Vertraulichkeitsvorschriften und gegenseitige Datenschutzvorkehrungen vor, die als Anlage C zu dem MCAA von der Bundesrepublik Deutschland offiziell hinterlegt worden sind. Diese dürfen datenschutzrechtlich allerdings nicht nur auf dem Papier stehen. Werden der Bundesrepublik Deutschland *faktische Verstöße* eines Empfängerstaats gegen das internationale Steuergeheimnis bekannt, hat es den automatischen Auskunftsverkehr vorläufig einzustellen und in Konsultationen mit dem Empfängerstaat zu treten, damit dieser seine konventionswidrige Praxis ändern kann.

---

116 Siehe EuGH v. 6.10.2015 (Fn. 48).

117 Erwägungsgrund 112 zur DSGVO, s. ABl. EU Nr. L119/21 v. 6.5.2016; darauf weist *Krumm* (Fn. 59), DB 2017, 2182 (2190) mit Recht hin.

118 In das nationale Recht übernommen durch Gesetz v. 21.12.2015, BGBl. I 2015, 2531.

3. Ausbau des automatischen Austausches von Unternehmensdaten

Anknüpfend an die Anti-BEPS (Base Erosion and Profit Shifting)-Aktionspläne Nr. 5, 13 der OECD/G20 hat die EU zur *Transparenzsteigerung* das Instumentarium des automatischen Datenaustausches jüngst auch auf bestimmte Unternehmensdaten erstreckt. Dazu ist die EU-Amtshilfe-Richtlinie 2011/16/EU (DAC) gleich mehrfach geändert worden. Vor dem Hintergrund der von der EU-Kommission gegen mehrere Mitgliedstaaten eröffneten EU-Beihilfeprüfverfahren[119] verpflichtet die Richtlinie (EU) 2015/2376 vom 8.12.2015 (DAC 3) die Mitgliedstaaten nunmehr, Informationen über „grenzüberschreitende Vorbescheide" (sog. Advance Tax Rulings – ATR) und Verrechnungspreis-Vorabverständigungsvereinbarungen (sog. *Advance Pricing Agreements – APA*)[120] miteinander automatisch auszutauschen[121].

Die mit DAC 3 verankerte neue Idee ist es, den *automatischen Auskunftsverkehr* mit einem daran anschließenden *Einzelauskunftsersuchen zu verknüpfen*. Deshalb sollen die automatisch weiterzugebenden Informationen zum einen so knapp wie möglich gehalten, zum anderen aber so hinreichend sein, dass die Informationen empfangenden Mitgliedstaaten beurteilen können, ob sie vom Auskunftsstaat weitere Informationen anfordern. Auf der zweiten Stufe haben diejenigen Mitgliedstaaten, die nachweisen können, dass die Informationen für sie voraussichtlich relevant sind, dann die Möglichkeit, im Wege eines konkreten Einzelauskunftsersuchens vom Auskunftsstaat detailliertere Informationen zu erlangen. Das Auskunftsersuchen kann in dieser Verfah-

---

119 Die EU-Kommission hatte in 2014 gegen Irland, Luxemburg und die Niederlande Beihilfeverfahren zur Prüfung von Verrechnungspreisvereinbarungen eingeleitet (s. IWB 2014, 435 und *Rasch*, IWB 2015, 163; *Linn*, IStR 2015, 114). Laut Pressemitteilung v. 17.12.2014 (IP/14/2742) hat sie ihre Untersuchungen zwischenzeitlich sogar auf alle Mitgliedstaaten ausgeweitet. Laut Pressemitteilung v. 21.10.2015 (IP/15/5880) hat die EU-Kommission die beihilferechtliche Unzulässigkeit von Vereinbarungen zwischen Luxemburg und der Fa. Fiat Finance sowie zwischen der Niederlande und der Fa. Starbucks festgestellt und beide Staaten verpflichtet, die gewährten Vorteile zurückzufordern, d.h. Steuern nachträglich festzusetzen.

120 Zu den Begrifflichkeiten s. *Seer* (Fn. 18) in FS Gosch, 2016, S. 387 (388 ff.).

121 RL 2015/2376/EU v. 8.12.2015, ABl. EU Nr. L 332/1, umgesetzt in das nationale Recht in § 7 Abs. 3–9 EUAHiG durch Gesetz v. 20.12.2016, BGBl. I 2016, 3000 (3005 ff.).

rensphase auch auf die Anfrage nach dem vollständigen Inhalt des ATR bzw. des APA gerichtet sein.

Die Richtlinie 2016/881/EU vom 25.5.2016 (= DAC 4) erweitert den automatischen Informationsaustausch außerdem auf länderbezogene Berichte multinationaler Konzerne (sog. *Country-by-Country-Reporting [CbCR]*)[122]. DAC 4 folgt der am 27.1.2016 durch 31 Staaten abgeschlossenen zweiten mehrseitigen Vereinbarung (MCAA 2)[123]. Danach haben multinationale Konzerne mit einem konsolidierten Jahresumsatz von mindestens 750 Mio. € länderbezogene Berichte nach einem bestimmten elektronischen Datenschema zu erstellen und den jeweiligen nationalen zentralen Finanzbehörden (in Deutschland: dem BZSt) zu übermitteln, die dann zwischen den Mitglieds- bzw. Vertragsstaaten automatisch ausgetauscht werden. Die automatisch ausgetauschten Länder-Basisdaten sollen den Finanzbehörden die steuerliche Prüfung von Konzernstrukturen und Wertschöpfungsketten erleichtern und ihnen Anhaltspunkte für weitere konkrete Einzelauskunftsersuchen bieten. Das Konzept entspricht damit dem mit DAC 3 in die EU-AmtshilfeRL implementierten *zweistufigen Informationsaustauschsystem.*

Zuletzt hat die EU schließlich am 25.5.2018 den Informationsaustausch für *grenzüberschreitende Steuergestaltung,* die sog. Intermediäre den nationalen Finanzbehörden zukünftig anzuzeigen haben, durch eine erneute Änderung der Amtshilfe-Richtlinie eingeführt (Richtlinie (EU) 2018/822 = DAC 6[124]). Nach der auf den Anti-BEPS-Aktionsplan Nr. 12 der OECD/G20 zurückgehenden Regelung sind sog. Intermediäre zur Vorlage der ihnen bekannten, in ihrem Besitz oder unter ihrer Kontrolle befindlichen Informationen über meldepflichtige grenzüberschreitende Gestaltungen innerhalb von 30 Tagen, nachdem die Gestaltung zur Nutzung bereit gestellt ist, zu verpflichten. Die von den sog. Intermediären zu liefernden Informationen ergeben sich mittelbar aus dem zwischen den Mitgliedstaaten auszutauschenden Informationskatalog i.S.d. Art. 8ab Abs. 14 DAC 6. Dieser Katalog umfasst konkrete Angaben über

---

122 RL 2016/881/EU v. 25.5.2016, ABl. EU Nr. L 146/8: Die länderbezogene Berichtspflicht statuiert auf nationaler Ebene § 138a AO, der automatische Informationsaustausch ist in § 7 Abs. 9–13 EUAHiG verankert.
123 Mittlerweile haben 72 Staaten das MCAA 2 unterzeichnet und sich zum Datenaustausch verpflichtet, s. http://www.oecd.org/ctp/beps/CbC-MCAA-Signatories.pdf (letztes Update 18.11.2018). In Deutschland ist das Abkommen durch Gesetz v. 19.10.2016, BGBl. II 2016, 1178 in das nationale Recht übernommen worden.
124 Richtlinie (EU) 2018/822 v. 25.5.2018, ABl. EU v. 5.6.2018, L 139/1.

die Steuerintermediäre und Steuerpflichtigen sowie zu den eine Meldepflicht auslösenden Kennzeichen, eine Zusammenfassung des Inhalts der meldepflichtigen grenzüberschreitenden Gestaltung und über dessen Wert. Diese und weitere mitteilungspflichtige Daten sollen sodann durch die Mitgliedstaaten der EU-Kommission mittels eines elektronischen Datenblatts gemeldet und dort in ein Zentralverzeichnis eingestellt werden, auf das die einzelnen Mitgliedstaaten zugreifen können (s. Art. 21 Abs. 5 DAC 6). Art. 25a DAC verpflichtet die Mitgliedstaaten, Sanktionen einzuführen, die „wirksam, verhältnismäßig und abschreckend" sein sollen. DAC 6 ist bis zum 31.12.2019 in das nationale Recht umzusetzen. Ein erster Informationsaustausch über die anzeigepflichtigen Steuergestaltungen soll im Herbst 2020 erfolgen.

Das *Konzept digitaler Zentralregister* der EU-Kommission, auf das die Mitgliedstaaten zugreifen können, findet sich bereits in DAC 3 für die automatisch zu übermittelnden Daten grenzüberschreitender ATR und APA. Die zentrale Erfassung der Daten soll einen effizienten Ressourceneinsatz gewährleisten und vermeiden, dass alle EU-Mitgliedstaaten einzeln ähnliche Änderungen an ihren nationalen Systemen zur Speicherung von Daten vornehmen müssen. Der auf die Information der Finanzbehörden der Mitgliedstaaten beschränkte Datenerhebungszweck verbietet es aber, das Register öffentlich zu machen[125].

Der automatische Auskunftsverkehr passt zu *Massenverfahren* und zur Übermittlung leicht abgreifbarer, elektronisch vorrätiger Daten wie z.B. Kapitalerträge, Kontenstände, Gehalts-, Renten- oder Beitragszahlungen. Dem entspricht der bereits behandelte Standard für den automatischen Informationsaustausch über Finanzkontendaten. In diesem Bereich besteht das dringende Bedürfnis vor allem nach der *wirksamen Ausgestaltung des internationalen Steuergeheimnisses*, damit die Steuerpflichtigen sicher sein können, dass ihre Finanzdaten auch im ausländischen Staat nur für Besteuerungszwecke verwendet werden. Das vorgelagerte Problem möglicher Verletzung von Unternehmensgeheimnissen stellt sich hier typischerweise nicht.

Das internationale Informationshilferecht verlässt sich aber nicht auf die Einhaltung des internationalen Steuergeheimnisses, soweit es um *Unter-*

---

125 So hält auch der französische Verfassungsrat in seiner Entscheidung v. 8.12.2016 (Nr. 2016-741 DC) ein öffentliches CbCR-Register (nach französischem Recht) für verfassungswidrig, s. *Lüdicke/Salewski*, Informationsaustausch: Entwurf einer EU-Richtlinie zur Veröffentlichung von Steuerdaten, Besonderheiten bei Personengesellschaften und Grundrechte, ISR 2017, 99.

nehmensgeheimnisse geht. Vor dem Hintergrund, dass die Rechtsordnungen einiger Staaten umfassende und schwer kalkulierbare Durchbrechungen des Steuergeheimnisses vorsehen, sollen sowohl die nationale Volkswirtschaft als auch die betroffenen Unternehmen vor dem *Risiko einer Wirtschaftsspionage* geschützt werden. Wenn im Zuge der verfolgten Transparenzinitiative nun generell bestimmte Unternehmensdaten automatisch übermittelt werden sollen, gerät das Instrument der automatischen Auskunft latent in Konflikt mit dem sowohl in Art. 17 Abs. 4 EU-AmtshilfeRL als auch in Art. 26 Abs. 3 Buchst. c DBA besonders pointierten Schutz von Unternehmensgeheimnissen.

Diesen Konflikt mögen ECOFIN/OECD „wegdefinieren", indem sie anordnen, dass die zum Geheimnisschutz statuierten Beschränkungen des Informationsaustausches unbeschadet bleiben. Letztlich verlagern sie damit das Problem auf die Finanzbehörden der jeweiligen Mitglieds- bzw. Vertragsstaaten[126]. Diese müssen die Relevanz der übermittelten Daten für den Unternehmensgeheimnisschutz einschätzen, um zu entscheiden, ob sie auf ermessensfehlerfreie Weise vom Recht zur Informationsverweigerung Gebrauch machen.

Jeder Mitgliedstaat hat vor der „automatischen" Weitergabe des zusammengefassten Inhalts von ATR, APA oder Country-by-Country-Reporting-Länderberichten daher zu prüfen, ob der Inhalt ein *Betriebs- oder Geschäftsgeheimnis* verletzen könnte. Bestehen hierfür nicht nur theoretische Anhaltspunkte, hat das BZSt das betroffene Unternehmen gem. § 117 Abs. 4 Satz 3 AO i.V.m. § 91 Abs. 1 AO *zuvor anzuhören*, um die Gefahr einer Preisgabe von Unternehmensgeheimnissen i.S.d. Art. 17 Abs. 4 DAC sachgerecht prüfen zu können. Dies gilt erst recht auch im Verhältnis zu Drittstaaten, die dem MCAA 2 beigetreten sind.

Im Übrigen wird mit Recht bezweifelt, ob die Sammlung der länderbezogenen Berichte nicht gegen die *Grundsätze der Datenvermeidung und -minimierung* verstoßen[127]. Der Gesetzgeber selbst sieht im länderbezogenen Bericht als solchen kein geeignetes Mittel zur Prüfung der Angemessenheit von Verrechnungspreisen. Die Berichtsgrößen (z.B. Umsatzerlöse, Eigenkapital, Beschäftigungszahl, Steuerzahlungen) haben mit dem Fremdvergleichsmaßstab nichts zu tun und können eher zu

---

126 *Seer*, Europäisierung des Steuerverfahrensrechts – Wege zu einem Steuerverwaltungsraum, HFSt Bd. 6, Heidelberg 2018, 191 (215).

127 *Drüen* in Tipke/Kruse, AO/FGO, § 138a AO Rz. 4 (Februar 2018).

Fehlschlüssen Anlass bieten[128]. Dementsprechend macht § 5 Abs. 2 Satz 3 und 4 MCAA 2 die folgende Verwendungseinschränkung:

„Die Informationen werden nicht als Ersatz für eine eingehende Verrechnungspreisanalyse einzelner Geschäftsvorfälle und Preise auf der Grundlage einer umfassenden Funktionsanalyse und einer umfassenden Vergleichbarkeitsanalyse verwendet werden. Es wird anerkannt, dass die Informationen im länderbezogenen Bericht für sich genommen keinen eindeutigen Nachweis für die Angemessenheit oder Nichtangemessenheit von Verrechnungspreisen darstellen und folglich Verrechnungspreiskorrekturen nicht auf dem länderbezogenen Bericht beruhen werden."

Vor diesem Hintergrund erscheint es doch sehr fraglich, ob die von § 5 Satz 2 MCAA 2 ins Feld geführten „wirtschaftlichen und statistischen Analysen" zu einer brauchbaren Risikoeinschätzung taugen, die den damit verbundenen Erfüllungsaufwand der betroffenen Unternehmen rechtfertigt. *Klaus-Dieter Drüen* macht mit Recht darauf aufmerksam, dass der fragwürdige Informationsgewinn der Finanzverwaltung mit den erheblichen Informations- und Beschaffungslasten der betroffenen Unternehmer in Relation zu setzen ist[129]. Hier drängt sich ein Missverhältnis geradezu auf.

V. Schlussbemerkungen und Ausblick

Die rasante Entwicklung der Informationstechnologie und des dadurch ermöglichten Austausches umfangreicher steuerrelevanter Daten zwischen den Finanzbehörden erhöht das Bedürfnis nach angemessenem Datenschutz. Mit der Einhegung der in der DSGVO enthaltenen Schutzrechte in einzelnen Vorschriften der AO ist es nicht getan. Vielmehr sind die Auskunfts- und Informationsrechte der betroffenen Bürger und Unternehmen zu stärken[130]. Transparenz kann nicht einseitig durch den „gläsernen Steuerbürger" geschaffen werden. Vielmehr bedarf es auch einer „gläsernen Finanzverwaltung", die offenbart, über welche Daten sie verfügt und was sie mit den vielen Daten eigentlich macht. Dies wird in nächster Zeit ein Betätigungsfeld des *Bundesbeauftragten für den Datenschutz und die Informationsfreiheit* sein, der nach § 32h AO nunmehr

---

128 So ausdrücklich die Reg. Begr. zum Entwurf eines Gesetzes zur Umsetzung der Änderungen der EU-Amtshilferichtlinie und von weiteren Maßnahmen gegen Gewinnkürzungen und -verlagerungen, BT-Drucks. 18/9536, 37.

129 *Drüen* in Tipke/Kruse, AO/FGO, § 138a AO Rz. 4 (Februar 2018).

130 Siehe dazu den Forderungskatalog des *Wiss. Arbeitskreises „Steuerrecht" des DWS-Instituts*, Recht auf Information und Auskunft im Besteuerungsverfahren, 2017, S. 51 ff.

die datenschutzrechtliche Aufsicht über die Finanzbehörden ausübt[131]. Zeigt sich die Finanzverwaltung auch in Zukunft weiterhin zugeknöpft, werden unweigerlich Beschwerden das BfDI erreichen. Ich denke, dass dann auch die Finanzgerichte, die für den gerichtlichen Rechtsschutz nach § 32i AO zuständig sind[132], gefragt sein werden.

---

131 Zu der Funktion des BfDI s. ausf. die Kommentierung von *Krumm* in Tipke/Kruse, § 32h AO (August 2018).

132 § 32i Abs. 1–3 AO enthält abdrängende Sonderzuweisungen zugunsten der FG, s. *Krumm* in Tipke/Kruse, § 32i AO Rz. 1 (August 2018).

Gerichtliche Kontrolle des digitalen Gesetzesvollzugs

Prof. Dr. h.c. *Rudolf Mellinghoff*
Präsident des Bundesfinanzhofs

I. Einleitung

Die Digitalisierung des Steuerrechts hat sich in den vergangenen Jahren außerordentlich schnell entwickelt und prägt bereits heute weite Teile des Steuervollzugs. Steuerpflichtige, Beraterschaft und die Wirtschaft arbeiten ebenso mit der Hilfe moderner Datenverarbeitung wie die Finanzverwaltung. Der Gesetzgeber hat diese Entwicklung aufgegriffen und den digitalen Gesetzesvollzug insbesondere durch das Gesetz zur Modernisierung des Besteuerungsverfahrens[1] geregelt. Zahlreiche neuere Entwicklungen im Besteuerungsverfahren, wie z.B. der automatische Informationsaustausch von Daten, sind ohne die Digitalisierung nicht denkbar.

Der digitale Gesetzesvollzug wird seit dessen Anwendung von den Finanzgerichten kontrolliert. Schon die ersten Schritte der Digitalisierung, wie z.B. das maschinelle Veranlagungsverfahren[2], die mit Hilfe der

---

[1] Gesetz zur Modernisierung des Besteuerungsverfahrens v. 22.7.2016, BGBl. I 2016, 1679.
[2] BFH v. 9.10.1979 – VIII R 226/77, BStBl. II 1980, 62.

EDV erlassenen Verwaltungsakte[3] oder die Verwendung von Eingabebogen für die automatische Datenverarbeitung[4] haben die Rechtsprechung beschäftigt. Aktuelle Fragen im Zusammenhang mit der Digitalisierung des Besteuerungsverfahrens sind auf dieser Tagung im Zusammenhang mit dem Risikomanagement, der digitalen Betriebsprüfung oder dem vollautomatischen Informationsaustausch angesprochen worden. Die rasante Entwicklung der Digitalisierung wird dazu führen, dass Gerichte sich immer mehr mit den damit zusammenhängenden Fragen beschäftigen müssen.

Nach einem Überblick über den digitalen Gesetzesvollzug werden zunächst einige aktuelle Beispiele der gerichtlichen Kontrolle des elektronischen Besteuerungsverfahrens behandelt. Die Digitalisierung betrifft aber auch das materielle Recht. In diesem Zusammenhang geht es um die Frage, ob der Gesetzgeber Recht in Form von Algorithmen setzen kann, und um die Eignung von Vorschriften für den digitalen Gesetzesvollzug. Die Verarbeitung, Auslegung und Anwendung von Steuerrechtsnormen im digitalen Gesetzesvollzug werfen sodann die Frage auf, ob und in welchem Umfang die Gerichte die Auslegung und Anwendung des digitalisierten Rechts überprüfen und überprüfen können.

II. Digitaler Gesetzesvollzug heute und morgen

Bereits heute prägt die Digitalisierung den Gesetzesvollzug. In jüngerer Zeit hat der Gesetzgeber in allen Bereichen des Besteuerungsverfahrens Regelungen zur Digitalisierung eingeführt. Im Ermittlungsverfahren verpflichten zahlreiche Normen zur Abgabe elektronischer Steuererklärungen. Seit dem Jahr 2005 waren die Umsatzsteuervoranmeldungen und die Lohnsteuer-Anmeldungen auf elektronischem Wege abzugeben. Seit 2011 müssen auch die Einkommensteuererklärungen elektronisch übermittelt werden, wenn Gewinneinkünfte erzielt werden; außerdem muss die Einnahmen-Überschuss-Rechnung in digitaler Form eingereicht werden. § 5b EStG schrieb schon 2008 die elektronische Übermittlungspflicht von Bilanzen und Gewinn- und Verlustrechnungen vor, die einer äußerst umfangreichen Taxonomie folgen sollen.

Neben diesen, von den Steuerpflichtigen selbst übermittelten Daten, gibt es weitere Regelungen, die die automatische Datenübermittlung durch Dritte regeln. So gibt es elektronische Mitteilungen über Vorsorgeauf-

---

3 BFH v. 15.4.1981 – IV R 44/79, BStBl. II 1981, 554.
4 Dazu z.B. BFH v. 31.7.1975 – V R 121/73, BStBl. II 1975, 868.

wendungen, Rentenbezüge und Löhne oder Gehälter sowie den damit verbundenen Steuerabzug. Diese von Dritten vorzuhaltenden Daten werden ergänzt durch die Daten, die im Rahmen eines ausgedehnten automatisierten internationalen Informationsaustauschs gewonnenen werden.[5]

Die Daten, die in digitaler Form vorliegen, werden mit Hilfe von elektronischen Risikomanagementsystemen (RMS)[6] überprüft. Dadurch soll erreicht werden, trotz der umfangreichen Daten und der begrenzten Kapazitäten der Finanzverwaltung den gesetzmäßigen Steuervollzug sicherzustellen. Mit Hilfe von bestimmten voreingestellten Filtern sollen risikoorientiert Fälle aus dem elektronischen Veranlagungsverfahren ausgesteuert werden, die dann einer genaueren Prüfung zugeführt werden. Einen Schwerpunkt im Ermittlungsverfahren bildet sodann die digitale Außenprüfung.[7] Angesichts der Datenmengen, die heute in den Unternehmen vorliegen, findet die Außenprüfung nicht mehr durch manuelle Prüfung einzelner Papierdokumente, sondern mit Hilfe von Spezialsoftware der Finanzverwaltung statt.[8] Die Finanzverwaltung greift in diesem Zusammenhang umfassend auf die unternehmerischen Daten zu und prüft die Steuererklärungen mit Hilfe von mathematisch-statistischen Methoden.

Auch das Festsetzungsverfahren ist nicht von der Digitalisierung verschont geblieben. Steuerbescheide werden in digitaler Form übermittelt und stehen zum Abruf online zur Verfügung. Seit dem 1.1.2017 kann die Steuerfestsetzung nach § 155 Abs. 4 Satz 1 AO ausschließlich automationsgestützte vorgenommen werden, soweit kein Anlass besteht, den Einzelfall durch einen Amtsträger zu bearbeiten (vollautomatischer Steuerbescheid). Eine manuelle Prüfung des Einzelfalls wird damit durch eine vollautomatische Überprüfung mit Hilfe von Veranlagungsprogrammen der Finanzverwaltung ersetzt.

Die gesetzlichen Regelungen, die die einzelnen Schritte des Besteuerungsverfahrens betreffen, werden durch eine Vielzahl weiterer Regelungen zur Digitalisierung ergänzt. Dabei geht es um Anforderungen, Vor-

---

5 Vgl. dazu den Beitrag von *Seer*, Datenschutz und Datenaustausch, in diesem Band.
6 Dazu z.B. *Marx*, Ubg 2016, 358.
7 Ausführlich hierzu *Kulosa*, Entwicklungslinien und Zukunftsfragen des Steuerrechtsschutzes, in Drüen/Hey/Mellinghoff, 100 Jahre Steuerrechtsschutz in Deutschland, 2018, Bd. II, S. 1831 (1844 ff.).
8 Vgl. zum Datenanalyseprogramm der Finanzverwaltung IDEA *Schleep/Köster/Jungen*, FR 2018, 548; *Peters*, DB 2018, 2846.

gaben und Haftungsfragen in Zusammenhang mit Steuersoftware (vgl. §§ 72a AO, §§ 87b–87e AO), die Einführung einer elektronischen Vollmachtsdatenbank (§ 80a AO) oder Bestimmungen im Zusammenhang mit der Datenübermittlung Dritter an die Finanzbehörden (§§ 93c–93d AO).

Mit der umfassenden Ausdehnung der Digitalisierung in den Besteuerungsvollzug ist auch verbunden, dass die Tatbestände der Steuergesetze jeweils in die digitale Form transformiert werden müssen. Programmierer müssen den jeweiligen gesetzlichen Tatbestand in ein Computerprogramm umwandeln oder übersetzen. Dies stellt die Frage, ob und inwieweit diese Programmierung überprüfbar ist. Gleiches gilt sodann für die Anwendung des geltenden Steuerrechts auf den konkreten Fall. Es geht in diesem Zusammenhang darum, teilweise sehr komplexe Sachverhalte durch eine Software beurteilen zu lassen. Auch in diesen Fällen muss die Rechtsanwendung für den Rechtsanwender jederzeit kontrollierbar bleiben.

Die Digitalisierung wird sich weiterentwickeln. Bereits heute wird über zukünftige Anwendungen und über den Einsatz von Künstlicher Intelligenz diskutiert. Aus dem angelsächsischen Bereich ist bekannt, dass auf der Basis umfangreicher Datensammlungen, Urteile statistischer Algorithmen und maschineller Lerntechniken Vorhersagen getroffen werden können (sog. predictive analytics).[9] Damit können auch im Bereich des Besteuerungsverfahrens und der gerichtlichen Kontrolle konkrete Entscheidungsvorschläge gegeben werden. Auch sog. Legal Robots, die in der Lage sind, im Zeitpunkt ihrer Nutzung eine selbständige rechtliche Beurteilung zu treffen oder selbständig über den Inhalt eines rechtlichen Dokuments zu entscheiden, werden im Steuerrecht diskutiert.[10] Die in anderen Rechtsgebieten sich ausbreitende Online-Streitbeilegung (Online Dispute Resolution – ODR)[11] könnte zukünftig auf Streitigkeiten zwischen dem Steuerpflichtigen und der Finanzverwaltung Anwendung finden. Auch Verfahren der Künstlichen Intelligenz beschäftigen die Autoren im Bereich des Legal Tech.[12] Zwar erscheint es unwahrscheinlich, dass eine vollständige Automatisierung der Anwendung des Steuerrechts

---

9 *Hartung/Bues/Halbleib*, Legal Tech, S. 197; *Schanz/Sixt*, DB 2018, 1097.
10 Dazu ausführlich *Burr*, BB 2018, 476.
11 Vgl. *Jens Wagner*, Legal Tech und Legal Robots, S. 20.
12 Zu den realistischen Einsatzmöglichkeiten *Bünau*, Künstliche Intelligenz im Recht in Breidenbach/Glatz, Rechtshandbuch Legal Tech, 2018, S. 47 ff.

mit der Hilfe von Systemen der Künstlichen Intelligenz möglich ist.[13] Allerdings könnten Tätigkeiten, die soziale Intelligenz, Kreativität und Umgebungsinteraktion nur in einem geringeren Ausmaß erfordern, mit Hilfe der Künstlichen Intelligenz automatisiert werden. In welche Richtung sich die Digitalisierung im Steuerrecht entwickelt und welche Auswirkungen sich aus diesen Entwicklungen auf das Besteuerungsverfahren noch ergeben können, kann heute noch nicht gesagt werden.

III. Kontrolle des Besteuerungsverfahrens

Der digitale Gesetzesvollzug unterliegt vollumfänglich der Kontrolle durch die Finanzgerichtsbarkeit. Da einzelne gesetzliche Regelungen schon seit fast 20 Jahren existieren, gibt es Bereiche, zu denen schon heute umfangreiche Rechtsprechung vorliegt. Dies gilt insbesondere für die digitalen Deklarationspflichten. In anderen Bereichen befindet sich die Rechtsprechung noch in der Entwicklung. Besonders die Digitalisierung der Außenprüfung beschäftigt gegenwärtig die Finanzgerichte. Die teilweise erst kürzlich in Kraft getretenen Vorschriften des Steuermodernisierungsgesetzes und die Umsetzung der Datenschutzgrundverordnung sind noch nicht Gegenstand von Entscheidungen der Finanzgerichtsbarkeit.

1. Digitale Deklarationspflichten

Die digitalen Deklarationspflichten sind schon seit längerem Gegenstand von finanzgerichtlichen Entscheidungen, denn schon seit 2005 mussten zunächst Steueranmeldungen und seit 2011 müssen zahlreiche Steuererklärungen digital übermittelt werden. Die hierzu ergangenen Entscheidungen zeigen, mit welcher Skepsis und Ablehnung die Digitalisierung im Steuerrecht anfangs kämpfen musste.

a) Elektronische Voranmeldung und Steuererklärung

Schon gegen die Verpflichtung zur Einreichung von Voranmeldungen in elektronischer Form wurden verfassungsrechtliche Bedenken erhoben. Demgegenüber entschied der BFH, dass diese Verpflichtung verfassungsgemäß ist, denn sie dient legitimen Zielen, weil die Automatisierung und

---

13 WTS, Künstliche Intelligenz im Steuerbereich, Innovationsstudie zur Digitalisierung und den Potentialen Künstlicher Intelligenz im Bereich Steuer, 2017.

maschinelle Bearbeitungsfähigkeit der Steueranmeldungen in besonderem Maße geeignet sind, sowohl die aus Art. 3 Abs. 1 GG folgenden Gleichmäßigkeit der Besteuerung als auch eine effektive, möglichst wirtschaftliche und einfache Verwaltung zu gewährleisten.[14] Einer im Einzelfall gegebenen Unzumutbarkeit wird durch die gesetzlichen Härtefallregelungen in einer Weise Rechnung getragen, die den Anforderungen des Verhältnismäßigkeitsgrundsatzes genügt.

Dabei bekräftigte die Rechtsprechung, dass die Finanzverwaltung Anträgen auf Befreiungen von der Pflicht zur Abgabe der Voranmeldung in elektronischer Form entsprechen musste, wenn dem Unternehmer die elektronische Datenübermittlung wirtschaftlich oder persönlich unzumutbar ist (vgl. § 150 Abs. 8 AO).[15] Angesichts der Tatsache, dass heute nahezu jeder Steuerpflichtige über einen Internetanschluss, einen PC und die nötige Kommunikationskompetenz verfügt, dürfte ein Anspruch auf die Befreiung von der Pflicht zur elektronischen Abgabe nur noch in seltenen Ausnahmefällen bestehen.[16]

Die Pflicht zur elektronischen Abgabe von Steuererklärungen ist nach den gleichen Maßstäben zu beurteilen.[17] Auch in diesen Fällen dient die Verpflichtung zur Einreichung der Steuererklärung der Gesetzmäßigkeit und Gleichmäßigkeit der Besteuerung. Die Datenübermittlung muss dabei nach amtlich vorgeschriebenem Datensatz durch Datenfernübertragung durchgeführt werden; eine Datenübermittlung durch Übergabe eines Datenträgers (z.B. CD oder USB-Stick) ist unzulässig.[18]

Zwar besteht für Steuerpflichtige, die ausschließlich Überschusseinkünfte erzielen, gegenwärtig noch keine Pflicht zur Abgabe elektronischer Steuererklärungen. Unabhängig davon ist jedoch zu erwarten, dass sich die elektronische Steuererklärung auf Dauer durchsetzen wird. Schon heute werden etwa 75 % aller Einkommensteuererklärungen elektronisch abgegeben; im unternehmerischen Bereich beträgt der Anteil 97 %.[19] Wenn der Gesetzgeber die Verpflichtung zur Abgabe von Steuererklärungen weiter ausdehnen sollte, dürften hiergegen keine verfassungs-

---

14 BFH v. 14.3.2012 – XI R 33/09, BStBl. II 2012, 477.
15 Vgl. auch BFH v. 15.12.2015 – V B 102/15, BFH/NV 2016, 373.
16 Z.B. wenn auf dem Land keine Internetverbindung existiert: *Seer* in Tipke/Kruse, AO/FGO, § 150 AO Rz. 34.
17 BFH v. 14.2.2017 – VIII B 43/16, BFH/NV 2017, 729.
18 BFH v. 17.8.2015 – I B 133/14, BFH/NV 2016, 72.
19 Zahlen auf https://blog.elster.de/wordpress/daten-und-fakten/ (Stand 02/2019).

mäßigen Bedenken bestehen, solange es eine Befreiungsmöglichkeit gibt, die dem Verhältnismäßigkeitsgrundsatz entspricht.

b) Standardisierung

Die Digitalisierung hat dazu geführt, dass insbesondere im Bereich der Gewinnermittlung die Finanzverwaltung auf eine Standardisierung drängt.

Seit 2005 müssen Steuerpflichtige, die ihren Gewinn durch Einnahmen-Überschuss-Rechnung ermitteln, ihrer Steuererklärung eine Gewinnermittlung nach amtlich vorgeschriebenem Vordruck beifügen (§ 60 Abs. 4 EStDV). Mit der seit 2011 bestehenden Verpflichtung, die Einnahmen-Überschuss-Rechnung in digitaler Form einzureichen, gilt dies auch für die Datenübermittlung durch Datenfernübertragung. Eine selbst gewählte Systematik, die ebenfalls den Vorschriften des Einkommensteuergesetzes genügen würde, ist nicht mehr zulässig.[20]

Noch weitergehend ist die Standardisierung im Bereich der E-Bilanz. Der Gesetzgeber hat bereits im Jahr 2008 mit § 5b EStG die Rechtsgrundlage für die elektronische Übermittlung von Bilanzen sowie Gewinn- und Verlustrechnungen geschaffen. Auch in diesem Fall haben die Steuerpflichtigen die Daten elektronisch nach einem amtlichen Datenschema, der sog. Taxonomie zu übermitteln. Der Umfang dieser Taxonomien geht sowohl über die Gliederungsschemata der §§ 266, 275 HGB als auch über die bisher in Papier-Jahresabschlüssen übliche Untergliederungstiefe weit hinaus.[21] Ein Beispiel ist die vorgesehene Differenzierung von Umsatzerlösen. Die hier geforderten Pflichtangaben können einer auf den gesetzlichen Rechnungslegungsvorschriften beruhenden Buchführung nicht entnommen werden und sind darüber hinaus (allenfalls) für die Umsatzsteuer relevant, nicht jedoch für den ertragsteuerlichen Gewinn als alleiniges Bezugsobjekt des § 5b EStG. Auch die Untergliederungen bei den Verbindlichkeiten, Rückstellungen, sonstigen betrieblichen Erträge und Aufwendungen erscheint als zu detailliert und durch die gesetzlichen Regelungen nicht veranlasst. Als Rechtsgrundlage für die Taxonomie soll § 51 Abs. 4 Nr. 1b EStG dienen, bei dem es sich aber nicht um eine auf Art. 80 GG gestützte Ermächtigungsgrundlage zum Erlass

---

20 BFH v. 16.11.2011 – X R 18/09, BStBl. II 2012, 129.
21 *Goldshteyn/Purer*, StBp 2011, 185; *Graf Kerssenbrock/Kirch*, Stbg 2015, 486.

einer Rechtsverordnung handelt. Deshalb ist die Rechtsgrundlage für die vom BMF geforderte Taxonomie nach wie vor nicht gesichert.[22]

Die Standardisierung im Zusammenhang mit den Steuererklärungspflichten dient der weiteren digitalen Bearbeitung, der Vergleichbarkeit von wirtschaftlichen Vorgängen und der elektronischen Überprüfung von Steuererklärungen durch die Finanzverwaltung. Insbesondere ermöglicht diese Strukturierung routinemäßige maschinelle Abgleiche und Plausibilitätsprüfungen. Das bedeutet, dass in steuerlichen Massenverfahren eine wesentlich höhere Kontrolldichte erreicht werden kann als durch eine rein personelle Bearbeitung der Gewinnermittlungen.

Der BFH hat die Standardisierung im Zusammenhang mit der Verkennzifferung der Steuererklärungsvordrucke mit Blick auf die elektronischen Deklarationspflichten grundsätzlich gebilligt. Die maschinelle Prüfung von Steuererklärungen bietet sowohl quantitative als auch qualitative Vorteile. Gerade bei routinemäßig durchzuführenden Plausibilitätskontrollen solcher Angaben, die jährlich sowie bei einer größeren Anzahl von Steuerpflichtigen wiederkehren, zeige sich der Vorteil einer maschinellen Prüfung im Vergleich zu einer rein personellen Bearbeitung. Letztere benötige erheblich mehr Zeit und verursache damit – bei gleichbleibenden Qualitätsanforderungen – entweder einen höheren Personalbedarf und damit höhere Verwaltungskosten oder führe – auf der Grundlage eines durch den Haushaltsgesetzgeber fest vorgegebenen Personalbestands – zu Arbeitsergebnissen von geringerer Qualität als sie mittels einer durch geeignete maschinelle Vorprüfungen unterstützten Veranlagung erzielt werden könnten.[23]

Gleichzeitig betont der BFH in dieser Entscheidung aber auch, dass der Steuerpflichtige nicht schutzlos gestellt ist. Denn die Grenze der Verhältnismäßigkeit ist überschritten, soweit der Vordruck unzumutbare oder unter keinem steuerlichen Gesichtspunkt erforderliche Fragen enthält.[24] Damit zieht der BFH eine deutliche Grenze für eine übertriebene Datenerhebung im digitalen Besteuerungsverfahren. Die von dem Steuerpflichtigen geforderten Daten müssen der steuerlichen Gewinnermittlung dienen. Soweit die Daten für die Steuererhebung nicht erforderlich sind, ist die Anforderung dieser Daten unverhältnismäßig. Darüber hinaus darf die vom Steuerpflichtigen geforderte einheitliche Systematisierung der

---

22 *Seer*, FR 2012, 1000.
23 BFH v. 16.11.2011 – X R 18/09, BStBl. II 2012, 129.
24 BFH v. 16.11.2011 – X R 18/09, BStBl. II 2012, 129 Rz. 77.

angeforderten Daten nicht unzumutbar sein. Diese beiden Anforderungen dienen dazu, der Finanzverwaltung Grenzen für den Umfang der Datenerhebung aufzuzeigen. Diese Begrenzung der Datenerhebung ist umso mehr erforderlich, als ohnehin die Gefahr der Ansammlung übermäßiger Datenmengen besteht.

Bisher hat sich der BFH noch nicht zur E-Bilanz geäußert. Soweit § 5b EStG dem Grunde nach die Einreichung von Jahresabschlüssen in elektronischer Form anordnet, dürften hiergegen keine Bedenken bestehen. Auch die generelle Verpflichtung zur strukturierten Übermittlung einer E-Bilanz dürfte unproblematisch sein, denn sie dient dazu, der Finanzverwaltung die Möglichkeit zu geben, durch die Standardisierung der Jahresabschlüsse und ihre elektronischen Verarbeitung schneller und gründlicher als bisher die Steuererklärungen prüfen zu können.

Die Bedenken richten sich daher auch eher gegen die äußerst umfangreiche Taxonomie. Zum einen könnte argumentiert werden, dass die Befugnis der Finanzverwaltung nur so weit reicht, wie die einschlägigen Steuergesetze dies vorsehen. Insbesondere dürfte problematisch sein, wenn das Zusammenspiel von detaillierter Untergliederung und technischer Notwendigkeit von Wertangaben faktisch zu einer Definition einer Steuerbilanz und einer Steuer-GuV führt. Eine solche Definition dürfte den Wertungsrahmen der Finanzverwaltung übersteigen. Darüber hinaus stellt sich im Hinblick auf den Umfang der Taxonomie die Frage, ob der Grundsatz der Verhältnismäßigkeit gewahrt ist.[25]

2. Datenabgleich im Besteuerungsverfahren

Eine der wesentlichen Entwicklungen bei der Digitalisierung des Besteuerungsverfahrens ist die zunehmende Vernetzung der Datenbestände und der automatische Informationsaustausch, insbesondere im Bereich der Kapitaleinkünfte. Auf die Fragen des Datenschutzes geht der Beitrag von *Seer* ein.[26] Daneben gibt es aber auch weitere Fragen, die die Rechtsprechung beschäftigen.

Die Digitalisierung ist zwar mit einer erheblichen Vereinfachung für die Finanzverwaltung und mit Erleichterungen für den Steuerpflichtigen verbunden. Die bisherige Rechtsprechung zeigt aber auch, dass die Daten-

---

25 *Kulosa*, Entwicklungslinien und Zukunftsfragen des Steuerrechtsschutzes, in Drüen/Hey/Mellinghoff, 100 Jahre Steuerrechtsschutz in Deutschland, 2018, Bd. II, S. 1831 (1842) m.w.N.
26 *Seer* oben in diesem Band.

übermittlung fehleranfällig ist, einer regelmäßigen Überprüfung bedarf und die Korrektur von Steuerbescheiden geregelt werden muss.

In zahlreichen jüngeren Entscheidungen zu den Korrekturvorschriften der §§ 172 ff. AO und der Berichtigungsvorschrift des § 129 AO geht es um die Korrektur von fehlerhafter Dateneingabe, unrichtiger Datenübernahme oder unzutreffendem Datenabgleich. Die Verfahren betreffen die Berichtigungsmöglichkeit des § 129 AO bei Abweichen des erklärten Arbeitslohns von dem elektronisch beigestellten Arbeitslohn[27], die manuelle Erfassung der Steuererklärung nach gescheiterter elektronischer Übermittlung (ELSTER)[28], Fehler bei der Einrichtung eines Datenverarbeitungsprogramms[29] oder die fehlerhafte Eingabe in ein digitales Steuerverwaltungsformular[30]. All diese Entscheidungen belegen, dass auch die Digitalisierung des Besteuerungsverfahrens fehlerbehaftet ist, von den Beteiligten am Gesetzesvollzug kontrolliert und von der Rechtsprechung begleitet werden muss.

Insbesondere der Datenabruf und der Datenabgleich können fehlerhaft sein. Die Einzelsteuergesetze enthalten zahlreiche Verpflichtungen zur Datenübermittlung durch Dritte: z.B. § 10 Abs. 2a i.V.m. Abs. 2 EStG (Vorsorgeaufwendungen), § 10 Abs. 4b EStG (Steuerfreie Zuschüsse zu Vorsorgeaufwendungen), § 10a Abs. 5 i.V.m. Abs. 2a EStG (Altersvorsorgebeiträge), § 22a Abs. 1 EStG (Rentenbezugsmitteilungen), § 32b Abs. 3 EStG (Lohnersatzleistungen) oder § 50 EStDV (Zuwendungsbestätigung). Durch das Besteuerungsmodernisierungsgesetz sind nunmehr die verfahrensrechtlichen Pflichten der mitteilungspflichtigen Dritten in § 93c AO vereinheitlicht worden.[31] Dies führt dazu, dass diese Regelung ein wesentlicher Baustein für die Verwirklichung eines vollelektronischen Steuerveranlagungsverfahrens ist.[32]

Zwar erleichtert die Übernahme von Daten Dritter die Arbeit der Finanzverwaltung, weil automatisch abgeglichen werden kann, ob die Angaben des Steuerpflichtigen zutreffen. Allerdings besteht auch das Risiko der Übernahme unzutreffender Daten zu Lasten des Steuerpflichtigen. Aus diesem Grund wird § 93c AO um weitere Neuregelungen ergänzt: Anpassung der elektronischen Kommunikation und Datenübermittlung

---

27 BFH v. 16.1.2018 – VI R 41/16, BStBl. II 2018, 378.
28 BFH v. 4.3.2016 – IX B 113/15, BFH/NV 2016, 892.
29 BFH v. 29.7.2003 – VII B 384/02, juris.
30 BFH v. 26.10.2016 – X R 1/14, BFH/NV 2017, 257.
31 *Seer*, StuW 2015, 315 (326).
32 *Seer* in Tipke/Kruse, AO/FGO, § 93c AO Rz. 1.

(§§ 87a ff. AO); der neue Haftungstatbestand für Dritte bei Datenübermittlungen an Finanzbehörden (§ 72a AO), eine neue Ablaufhemmung bei Drittdatenübermittlung (§ 171 Abs. 10a AO), eine neue Korrekturnorm für Steuerbescheide bei Datenübermittlung durch Dritte (§ 175b AO) und eine neue Berechtigung zur Außenprüfung bei einer Datenübermittlung durch Dritte (§ 203a AO).

Zu diesen Vorschriften sind bisher noch keine Entscheidungen des BFH ergangen. Allerdings ist die Problematik der Fehleranfälligkeit der digitalen Besteuerung, der stets auch das Handeln von Menschen zugrunde liegt, schon seit längerem Gegenstand von finanzgerichtlichen Entscheidungen. Dabei tauchten diese Fallgestaltungen zumeist im Zusammenhang mit den Korrekturvorschriften der §§ 172 ff. AO oder der Berichtigungsvorschrift des § 129 AO auf.

Sowohl die bisherige Rechtsprechung als auch die neu geschaffenen Regelungen belegen die Notwendigkeit der Überprüfung des digitalen Gesetzesvollzugs. Auch ein vollautomatisierter Steuervollzug bedarf der Kontrolle. Es wird zwangsläufig neue Rechtsfragen und neue Herausforderungen geben, derer sich die Finanzgerichtsbarkeit annehmen muss.

3. Digitale Außenprüfung

Bei der digitalen Außenprüfung handelt es sich um einen besonders sensiblen Bereich des digitalen Gesetzesvollzugs. Dies liegt zum einen daran, dass die Finanzverwaltung durch den Datenzugriff auf die digitale Buchführung einen nahezu vollständigen Einblick in die Unternehmen erhält. Die enormen Datenmengen ermöglichen aber nicht nur eine umfassende und vertiefte Prüfung, sondern in zahlreichen Wirtschaftsbereichen vergleichende Prüfungen und Kontrollen.

a) Datenerhebung und Datensammlung

Die Digitalisierung der Außenprüfung setzt zum einen den weitreichenden Datenzugriff auf die beim Steuerpflichtigen gespeicherten Daten voraus. Die Datenerhebung wird ergänzt durch die Möglichkeit, umfangreiche Datensammlungen anzulegen, um eine gleichmäßige Besteuerung sicherzustellen.

Der Datenzugriff des Finanzamts auf die Daten des Steuerpflichtigen im Rahmen der Außenprüfung ist in § 147 Abs. 6 AO geregelt. Diese Vorschrift ermöglicht nicht nur den unmittelbaren Zugriff auf das Datenverarbeitungssystem selbst, sondern auch den mittelbaren Datenzugriff bei dem Steuerpflichtigen nach Vorgaben des Prüfers und die Überlassung der Daten auf einem Datenträger. Außerdem ermöglicht § 147 Abs. 6 Satz 3 AO den Zugriff auf Daten des Steuerpflichtigen, die sich bei einem Dritten (z.B. Steuerberater) befinden.[33]

Soweit sich die Rechtsprechung bisher mit dem Datenzugriff gem. § 147 Abs. 6 AO beschäftigt hat, ging es um den Umfang der Daten, die der Steuerpflichtige dem Zugriff der Finanzbehörde öffnen muss. Grundsätzlich hat der Steuerpflichtige den Zugriff nur auf solche Daten zu gewähren, die unter § 147 Abs. 1 AO fallen, nicht aber auf sonstige Daten, die bei ihm vorhanden sind.[34] Auf der anderen Seite ist der Steuerpflichtige nicht berechtigt, gegenüber der Außenprüfung bestimmte Einzelkonten (hier: Drohverlustrückstellungen, nicht abziehbare Betriebsausgaben, organschaftliche Steuerumlagen) zu sperren, die aus seiner Sicht nur das handelsrechtliche Ergebnis, nicht aber die steuerliche Bemessungsgrundlage beeinflussen.[35] Unabhängig davon, ob eine Einzelaufzeichnungspflicht besteht, ist ein Zugriff auf sämtliche Einzeldaten zu gewähren, wenn diese Aufzeichnungen vorliegen.[36] Zwar kann damit die Finanzverwaltung die Herausgabe digitalisierter Steuerdaten zur Speicherung und Auswertung in großem Umfang verlangen; allerdings verlangt der BFH aus Verhältnismäßigkeitsgründen und wegen der Gefahr einer missbräuchlichen Verwendung der Daten, dass der Datenzugriff und die Auswertung in den Geschäftsräumen des Steuerpflichtigen oder in den Diensträumen der Finanzverwaltung stattfindet.[37]

Neben der Datenerhebung beim Steuerpflichtigen ermächtigt die Abgabenordnung gem. § 88a AO zur Anlage umfangreicher Datensammlungen. Diese Vorschrift enthält eine Ermächtigung, vorhandene Daten auch für Zwecke zukünftiger Besteuerungsverfahren zu verarbeiten. Erkenntnisse aus Prüfungen oder aufgrund anderer steuerlicher Verfahren dürften auf diese Weise insbesondere zur Gewinnung von Vergleichswerten gesammelt und verwendet werden.[38] Die Verpflichtungen zu den elektronischen Deklarationspflichten, die immer weiter zunehmende Nutzung der elektronischen Steuererklärung (ELSTER) und die aus dem Ausland

---

33 *Peters*, DB 2018, 2846.
34 BFH v. 24.6.2009 – VIII R 80/06, BStBl. II 2010, 452.
35 BFH v. 26.9.2007 – I B 53, 54/07, BStBl. II 2008, 415.
36 BFH v. 16.12.2014 – X R 42/13, BStBl. II 2015, 519.
37 BFH v. 16.12.2014 – VIII R 52/12, DStR 2015, 1920; krit. *Ochs/Warkowske*, DStR 2015, 2689.
38 *Roser* in Gosch, Abgabenordnung/Finanzgerichtsordnung, § 88a AO Rz. 6.

übermittelten Finanzkonten-Daten bilden die wesentliche Grundlage für die Datensammlungen der Finanzverwaltung.[39]

Ergänzt wird § 88a AO durch § 88b AO, der den Datenaustausch zwischen den Finanzbehörden des Bundes und der Länder ermöglicht. Erst durch die Digitalisierung ist es der Finanzverwaltung möglich, die nunmehr umfassend ermittelten Daten der Steuerpflichtigen in große Datensammlungen zu überführen und für neuartige digitale Prüfungsmethoden zu verwenden.

b) Durchführung der digitalen Außenprüfung

Die digitale Außenprüfung wird heute überwiegend in Form einer Datenanalyse mit Hilfe von Softwareprogrammen durchgeführt. Dabei nutzen die Betriebsprüfer das Programm IDEA in Verbindung mit AIS Tax Audit der Firma audicon.[40] Mit Hilfe dieser Software ist es möglich, große Datenbestände innerhalb kürzester Zeit aufzubereiten und zu analysieren. Ein Teil der Prüfroutinen ist öffentlich zugänglich, nicht aber sämtliche von der Finanzverwaltung eingesetzten Prüfroutinen. Auch Wirtschaftsprüfungs-, Steuerberatungs- und Rechtsberatungsgesellschaften bieten heute an, ihre Mandanten anhand vordefinierter Prüfroutinen auf Betriebsprüfungen vorzubereiten und diese zu simulieren. Von Gesetzes wegen hat der Steuerpflichtige allerdings nur den Datenzugriff zu gewähren; eine Ausrichtung auf die von der Finanzverwaltung eingesetzten Analyseprogramme ist nicht erforderlich.[41] Es genügt, dass die Daten in einem allgemein erkennbaren Datenformat zur Verfügung stehen und keine Auswertungssperren oder -erschwernisse bestehen.[42]

Für die gerichtliche Kontrolle ist derzeit der Einsatz mathematisch-statistischer Methoden in der Außenprüfung von besonderer Bedeutung. Dabei geht es zum einen um die Frage, ob mit Hilfe dieser Methoden die Ordnungsgemäßheit der Buchführung widerlegt werden kann. Dabei ist davon auszugehen, dass die durch eine formell ordnungsgemäße Buchführung nach § 158 AO begründete Richtigkeitsvermutung erst dann entkräftet ist, wenn das Finanzamt nachweist, dass das Buchführungsergebnis sachlich schlechterdings nicht zutreffen kann; es gilt das Beweismaß

---

39 *Seer* in Tipke/Kruse, AO/FGO, § 88a AO Rz. 5.
40 https://audicon.net/software/idea-solutions/idea/ (Stand Februar 2019).
41 *Peters*, DB 2018, 2846; FG Münster v. 15.1.2013 – 13 K 3764/09, EFG 2013, 638.
42 *Drüen* in Tipke/Kruse, AO/FGO, § 147 AO Rz. 41c.

der vollen Überzeugung.[43] Ist die schützende Wirkung des § 158 AO überwunden, weil ein rechtserheblicher Anlass besteht, die sachliche Richtigkeit der Buchführung und der Aufzeichnungen zu beanstanden, stellt sich die weitere Frage, ob die neuen mathematisch-statistischen Methoden auch zur Grundlage für einen Schätzungsbescheid gemacht werden können.

Insbesondere die Summarische Risikoprüfung mit Hilfe mathematisch-statistischer Methoden sorgt gegenwärtig für Diskussionen. Schon die zutreffende Beschreibung dieser Prüfungsmethode scheint Schwierigkeiten zu bereiten. Vehemente Verfechter dieser Prüfungsmethode werfen anderen Autoren vor, dass die Summarische Risikoprüfung häufig unkorrekt beschrieben werde und entscheidende Merkmale offensichtlich nicht gesehen werden.[44] *Kulosa* macht gegenüber derartigen Vorwürfen geltend, dass am BFH durchaus Methodenkenntnisse vorhanden seien.[45]

Die Summarische Risikoprüfung wird als „zeitgemäße Datenanalyse unter Einsatz des systematisch-visualisierenden, interaktiven Prüfungsnetzes" bezeichnet, die ein risikoorientiertes Durchleuchten von vielen tausend Aufwandspositionen, die als variable Kosten einen Entstehungsbezug zum Umsatz des geprüften Unternehmens haben, ermöglicht.[46] Wesentlicher Bestandteil der Summarischen Risikoprüfung ist die Anwendung eines Zeitreihenvergleichs, bei dem für jede Kalenderwoche die erzielten Betriebseinnahmen zu den Wareneinkäufen gesetzt und die sich daraus ergebenden Rohgewinnaufschläge miteinander verglichen werden. Dieser Zeitreihenvergleich wird in rollierende (verschobene) Zeitreihen (auch „Gleitschlittenmodell") verfeinert, um durch ungewisse Warenbestände hervorgerufenen Zufälligkeiten zu begegnen. Ergänzt wird diese Methode durch die Quantilsschätzung, die Ausreißer nach oben und unten nach statistischen Überlegungen der Normalverteilung pauschal mit 20 % ausklammert.[47]

Die Rechtsprechung und insbesondere der BFH haben bisher nur wenige Entscheidungen zu dieser Art der digitalen Außenprüfung getroffen. In zwei Entscheidungen hat der BFH zum Zeitreihenvergleich Stellung ge-

---

43 *Seer* in Tipke/Kruse, AO/FGO, § 158 AO Rz. 14.
44 *Mehret/Wähnert*, DStR 2018, 314.
45 *Kulosa*, FR 2017, 501.
46 *Wähnert*, DB 2016, 2627.
47 *Seer* in Tipke/Kruse, AO/FGO, § 158 AO Rz. 20; vgl. ausführlich zum Ablauf der Summarischen Risikoprüfung *Bleschick*, DStR 2017, 353.

nommen.[48] Dabei hat der X. Senat eine ganze Reihe von Themen aufgezeigt, die den dort angewandten Zeitreihenvergleich als problematisch erscheinen lassen. So führe die Methode auch bei einer formell und materiell ordnungsgemäßen Buchführung denklogisch immer zu einem Mehrergebnis gegenüber der Buchführung. Das Ergebnis eines Zeitreihenvergleichs werde in erheblichem Umfang durch mathematische Hebelwirkungen beeinflusst.[49] In zwei weiteren Entscheidungen hat sich der BFH mit der Methode der Quantilsschätzung beschäftigt und dort ebenfalls methodische Probleme hervorgehoben.[50]

Besonders hat der BFH jedoch auf rechtsstaatliche Bedenken hingewiesen, die auch andere Arten der Summarischen Risikoprüfung betreffen. Die Ergebnisse dieser Art der Prüfung seien für die Steuerpflichtigen, ihre Berater und die Finanzgerichte wegen der dabei anfallenden umfangreichen Datenmengen nur beschränkt überprüfbar. In vielen Fällen lege der Außenprüfer noch nicht einmal das vollständige Zahlenwerk vor, auf das er sich stützt; insbesondere rechnerische Zwischenschritte werden dem Berater oder dem Gericht häufig nicht übermittelt.

Zwar sieht der BFH durchaus das Bedürfnis der Finanzverwaltung, sich auch moderner digitaler Prüfungsmethoden zu bedienen, und verwirft daher den Zeitreihenvergleich nicht als grundsätzlich ungeeignete Prüfungsmethode. Allerdings schränkt er deren Anwendung am Maßstab des Verhältnismäßigkeitsgrundsatzes in Form einer „Drei-Stufen-Theorie" ein. 1. Bei einer formell ordnungsgemäßen Buchführung, die allenfalls geringfügige Mängel aufweist und die Richtigkeitsvermutung des § 158 AO genießt, kann der Nachweis der materiellen Unrichtigkeit gundsätzlich nicht allein aufgrund des Ergebnisses eines Zeitreihenvergleichs geführt werden. 2. Können bei einer formell nicht ordnungsgemäßen Buchführung materielle Unrichtigkeiten nicht konkret nachgewiesen werden, sind andere Schätzungsmethoden, die die individuellen Verhältnisse des Steuerpflichtigen berücksichtigen, vorrangig heranzuziehen. 3. Nur wenn solche Schätzungsmethoden nicht sinnvoll einsetzbar

---

48 BFH v. 25.3.2015 – X R 19/14, BFH/NV 2016, 4; BFH v. 25.3.2015 – X R 20/13, BStBl. II 2015, 743.

49 BFH v. 25.3.2015 – X R 20/13, BStBl. II 2015, 743.

50 BFH v. 12.7.2017 – X B 16/17, BFH/NV 2017, 1204; BFH v. 18.7.2017 – IV B 4/17 (nicht veröffentlicht); dazu auch *Kulosa*, Entwicklungslinien und Zukunftsfragen des Steuerrechtsschutzes, in Drüen/Hey/Mellinghoff, 100 Jahre Steuerrechtsschutz in Deutschland, 2018, Bd. II, S. 1831 (1847 f.); *Nöcker*, NWB Nr. 40 v. 2.10.2017, S. 3050.

sind oder dem Steuerpflichtigen ohne die Summarische Risikoprüfung schwerwiegende Mängel nachgewiesen werden können, können die Ergebnisse eines Zeitreihenvergleichs Grundlage für eine Schätzung sein.[51]

Unabhängig davon, ob die im Urteil des BFH zum Zeitreihenvergleich hervorgehobenen Probleme nur die dort konkret behandelte Zeitreihenanalyse mit der Zehn-Wochen-Gleitschlittenzeitreihe betreffen[52], bleiben bei allen Formen der Summarischen Risikoprüfung die rechtsstaatlichen Bedenken, die sich aus dem spezifischen Gefährdungspotential ergeben, dass jedes komplexe Zahlenwerk in sich trägt. Der Steuerpflichtige und sein Berater kann die ihm präsentierten Ergebnisse nur schwer hinterfragen, so dass es zu den vom BFH angesprochenen Defiziten in rechtsstaatlicher Hinsicht kommen kann.[53] Sowohl die Grundlagen der Summarischen Risikoprüfung im Einzelnen, als auch die korrekte Anwendung und ihre Auswirkung im Einzelfall lassen sich nur sehr schwer überprüfen. Die mit dem Herrschaftswissen verbundene Vormachtstellung der Finanzverwaltung kann sich zu einer dominanten Verhandlungsmacht entwickeln, die den Steuerpflichtigen auch angesichts des strafrechtlichen Ahndungsrisikos zu ungerechtfertigten Zugeständnissen veranlasst, zumal allgemein bekannt ist, dass Betriebsprüfer intern an ihren Mehrergebnissen gemessen werden.[54] Umso wichtiger ist es, dass die Steuerpflichtigen, ihre Berater und anschließend die Finanzgerichte die technisch korrekte Umsetzung der komplexen mathematisch-statistischen Prüfungsmethoden nachvollziehen und kontrollieren können.[55] Sowohl der aus dem Rechtsstaatsprinzip folgende Grundsatz des fairen Verfahrens als auch die Gewährleistung effektiven Rechtsschutzes erfordern verfahrensrechtliche Absicherungen, die es dem Steuerpflichtigen ermöglichen, sich tatsächlich und rechtlich mit den von der Finanzverwaltung angewandten Maßnahmen im Allgemeinen und im konkreten Einzelfall auseinanderzusetzen. Dabei kann er sich auf gesetzlich geregelte Informations- und Auskunftsansprüche stützen. Der Steuerpflichtige hat nach § 199 Abs. 2 AO einen Unterrichtungsanspruch schon während der Außenprüfung und im Einspruchs- und Klageverfahren einen Mittei-

---

51 Vgl. auch *Seer* in Tipke/Kruse, AO/FGO, § 158 AO Rz. 20; *Kulosa*, Entwicklungslinien und Zukunftsfragen des Steuerrechtsschutzes, in Drüen/Hey/Mellinghoff, 100 Jahre Steuerrechtsschutz in Deutschland, 2018, Bd. II, S. 1831 (1847 f.).
52 So *Mehret/Wähnert*, DStR 2018, 314.
53 *Krumm*, DB 2017, 1105 (1109 f.).
54 *Krumm*, DB 2017, 1105 (1110); vgl. auch *Bleschick*, DStR 2017, 353 f.
55 *Bleschick*, DStR 2018, 1050.

lungsanspruch gem. § 364 AO und § 75 FGO. Außerdem steht ihm im gesamten Verwaltungsverfahren ein einschlägiger Informationsanspruch aus Art. 15 Abs. 1 Halbs. 2 DS-GVO i.V.m. § 32c AO zu.[56] Daraus ergibt sich ein Anspruch auf Offenlegung der Kalkulationsgrundlagen möglichst in Form eines Tabellenkalkulationsprogramms, um den Anspruch auf Einsicht in die digitalen Verarbeitungsvorgänge wirksam überprüfen zu können. Dabei müssen die Daten, die angewendeten Programme und die zugrunde gelegten Querverbindungen in einer für jedermann verständlichen Form nachvollziehbar erläutert werden. Demgegenüber kann sich die Finanzverwaltung auch nicht auf die Geheimhaltungsvorschriften für Risikomanagementsysteme (§ 88 Abs. 3 Satz 3, Abs. 5 Satz 4 AO und § 156 Abs. 2 Satz 3 AO) berufen, denn bei der Summarischen Risikoprüfung geht es nicht um Prüfparameter, die erst zu einer Kontrolle des einzelnen Besteuerungsfalles führen. Vielmehr sollen die Ergebnisse der Summarischen Risikoprüfung zu konkreten Rechtsfolgen führen, indem die Beweiskraft der Buchführung nach § 158 AO überwunden werden soll oder indem die Ergebnisse zur Grundlage einer Schätzung nach § 162 AO gemacht werden.

IV. Kontrolle digitaler Auslegung und Anwendung des materiellen Rechts

Bei der Digitalisierung geht es nicht nur um die Überprüfung von Rechenwerken auf etwaige Unstimmigkeiten, die Übermittlung von digitalen Dokumenten oder die Aussonderung von Besteuerungsfällen zur näheren Kontrolle durch einen Finanzbeamten. Digitalisierung des Rechts bedeutet auch, dass die gesetzlichen Tatbestände in Rechenprogramme transformiert werden müssen. Damit rückt ein Problem in den Mittelpunkt der Betrachtung, das auf dieser Tagung vereinzelt angesprochen worden ist. Für die gerichtliche Kontrolle stellt sich die zentrale Frage, ob und inwieweit eine Kontrolle der digitalen Auslegung und Anwendung des geltenden Rechts sichergestellt werden kann. Nach Art. 20 Abs. 3 GG sind die vollziehende Gewalt und die Rechtsprechung an Gesetz und Recht gebunden. Art. 19 Abs. 4 GG und das Rechtsstaatsprinzip gewährleisten, dass der Bürger durch die Rechtsprechung prüfen lassen kann, ob die Gesetze nach dem Willen des Gesetzgebers ausgelegt und angewendet werden und nicht ein Dritter die Vorgaben z.B. im Rahmen einer Umwandlung in Computerprogramme verfälscht.

---

56 *Bleschick*, DStR 2018, 1050 ff. und 1105 ff.

1. Gesetzestext

Bereits bei der Gesetzgebung stellt sich die Frage, ob und inwieweit der Gesetzestext in Datendiagrammen, Algorithmen oder anderer digitaler Form gestaltet und verabschiedet werden kann. Grundsätzlich ist ein Gesetz in deutscher Sprache abzufassen.[57] Zwar enthalten Gesetze Bilder[58], Formeln[59] und Tabellen[60]; diese vervollständigen, konkretisieren und präzisieren jedoch nur einen in Sprache abgefassten Text. So werden die Straßenverkehrszeichen durch entsprechende Zusätze erläutert. Formeln wie diejenige zum Einkommensteuertarif in § 32a EStG werden verwendet, damit ein bestimmtes Rechenergebnis vom Anwender berechnet werden kann. Tabellen finden z.b. Anwendung, wenn bei Rechtsfolgen nach Alter oder anderen Vorgaben differenziert werden soll (vgl. z.B. § 24a EStG). Zeichen, Zahlen, Formeln und Tabellen stehen in einem systematischen Zusammenhang mit einem in Sprache überbrachten Gesetzesbefehl, sind zumeist ohne weiteres von dem Rechtsanwender zu verstehen oder zu berechnen. Die verbindliche Regel, die der Gesetzgeber verabschiedet, wird aber in einer Sprache verfasst, die mit herkömmlichen Auslegungsmethoden ausgelegt und angewendet werden kann. Die Sprache sichert die Objektivität und Kontrollierbarkeit des Rechts.[61]

Schon in den 1970er Jahren des vorigen Jahrhunderts ist über den Einsatz von der EDV bei der Rechtsetzung diskutiert worden.[62] Im Mittelpunkt der Diskussion stand die „automationsgerechte Rechtsetzung", deren Ziel die Berücksichtigung der Anforderungen der Datenverarbeitung als alleiniges oder dominierendes Prinzip bei der Gestaltung neuen Rechts war.[63] Im BMI wurden „Grundsätze für die Gestaltung automationsgeeigneter Rechts- und Verwaltungsvorschriften" erlassen, die davon ausgingen, dass die Vorteile der elektronischen Datenverarbeitung nur dann sinnvoll und wirtschaftlich genutzt werden könnten, wenn die zugrunde liegenden Vorschriften den Anforderungen der Automation ent-

---

57 Davon geht das grundlegende Lehrbuch von *Hans Schneider*, Gesetzgebung, 3. Aufl. 2002, S. 261 ff., wie selbstverständlich aus.
58 Vgl. § 39 ff. StVO mit Anlagen.
59 Vgl. z.B. § 32a Abs. 1 EStG.
60 Vgl. z.B. § 24a Abs. 1 EStG.
61 *P. Kirchhof*, Deutsche Sprache, in Isensee/Kirchhof, HStR II, 3. Aufl. 2004, § 20 Rz. 32.
62 *Raisch*, JZ 1970, 433.
63 Dazu insb. *Fiedler*, Wandlungen der „Automationsgerechten Rechtsetzung", DVR 1972, 41; *Fiedler* in Rödig, Studien zu einer Theorie der Gesetzgebung, 1976, S. 666.

sprechen.[64] Dabei wurde von einer verstärkten Systematisierung, Typisierung, Pauschalierung und Berechenbarkeit bei gleichzeitiger Reduzierung von Differenzierungen, Verzicht auf Ermessenstatbestände und Vermeidung unbestimmter Rechtsbegriffe ausgegangen.[65]

Diese heute fast vergessenen Anfänge sollten wieder aufgegriffen werden, um im Gesetzgebungsverfahren zu prüfen, ob sich ein Besteuerungstatbestand leicht und nachvollziehbar in ein Computerprogramm umsetzen lässt. Dies würde der Komplexität mancher Regelung möglicherweise entgegenwirken. Die Digitalisierung erleichtert zudem die Durchsetzung des Gebots der Folgerichtigkeit, ermöglicht die Geltungskontrolle einzelner Regelungen und vermag das Zusammenwirken verschiedener Rechtsquellen zu erkennen und abzugleichen.[66] Dabei ist zu berücksichtigen, dass auch das Steuerrecht unbestimmte Rechtsbegriffe, offene Tatbestandsmerkmale und Wertungsspielräume enthält, die im Hinblick auf die Vielgestaltigkeit der Lebenssachverhalte erforderlich sind, die durch menschliche Entscheidungen konkretisiert werden müssen.

Allerdings kann die Berücksichtigung der Digitalisierung des Rechts nicht so weit gehen, dass der Gesetzgeber nur noch einen Algorithmus beschließt, der dann für den Rechtsunterworfenen maßgeblich ist. Das Gesetz ist die grundlegende Handlungsform des Parlaments, das in der traditionellen Gewaltenteilung die Verwaltung anleitet und den Gerichten einen Maßstab für die Auslegung und Anwendung des geltenden Rechts gibt. Nur die menschliche Sprache, nicht aber ein Algorithmus ist den Parlamentariern unmittelbar zugänglich, ermöglicht den politischen Kompromiss und die Berücksichtigung materieller Gerechtigkeit. Die jedermann verständliche Sprache ist damit die maßgebliche Handlungsform, die dem Demokratieprinzip entspricht.[67] Die vollziehende Gewalt und die Rechtsprechung sind an Gesetz und Recht gebunden (Art. 20

---

64 „Grundsätze für die Gestaltung automationsgeeigneter Rechts- und Verwaltungsvorschriften" des Bundes v. 22.11.1973, GMBl 1973, S. 555; zur Fortentwicklung und Problematik: BT-Drucks. 7/3480 (Antwort der Bundesregierung zu einer Kleinen Anfrage zur automationsgerechten Gesetzgebung).

65 Vgl. *Hans Schneider*, Gesetzgebung, 3. Aufl., S. 75.

66 *P. Kirchhof*, DStR 2018, 497; zur Erarbeitung von Gesetzentwürfen mit digitaler Unterstützung *Breidenbach/Schmid*, Gesetzgebung und Digitalisierung – Digitale Instrumente der Erarbeitung von Gesetzentwürfen, in Breidenbach/Glatz, Rechtshandbuch Legal Tech, S. 170 ff.

67 *Kube*, E-Government: Ein Paradigmenwechsel in Verwaltung und Verwaltungsrecht, in VVDStRL 2018, im Erscheinen.

Abs. 3 GG). Auch aus dieser Perspektive kann ein Gesetz nur in einer jedermann verständlichen und nachvollziehbaren Sprache verabschiedet werden. Ein Computerprogramm kann zwar im Rahmen der Besteuerung eingesetzt werden; nur ein in Sprache gefasster Normbefehl gibt aber der Finanzverwaltung die Möglichkeit. die Anwendung auf den Einzelfall nachvollziehbar zu gestalten. Die Gerichte sind auf eine Textfassung angewiesen, um prüfen zu können, ob die Besteuerung gesetzmäßig ist, sich im Rahmen der Gesetzeszwecke hält und mit höherrangigem Recht vereinbar ist. Schließlich verbieten die Grundsätze eines freiheitlich, demokratischen Rechtsstaates Gesetze, die – wie dies Computerprogramme voraussetzen – jedes Ermessen, jede Einzelfallgerechtigkeit und jede individuelle Wertung des Einzelfalls verhindern. Das abstrakt-generelle, typisierende Parlamentsgesetz hält Freiheitsräume normativ offen, auch zukunftsoffen, und sichert rechtliche Gleichheit. Die Unbestimmtheit von Tatbestand und Rechtsfolge überantwortet der Exekutive, Freiheit und Gleichheit im Einzelfall zu sichern, und ermöglicht so eine einzelfallgerechte Entscheidung.[68] Der Algorithmus regelt demgegenüber eine absolute Gleichheit, die gegenüber der Einzelfallgerechtigkeit blind ist. Zwar ist ein strikter Rechtsanwendungsbefehl in vielen Situationen denkbar, verhältnismäßig und bedarf auch keiner Einzelfallkorrektur. Auf der anderen Seite erscheint ein schon im Gesetzgebungsverfahren allein in einem Computerprogramm verborgener Besteuerungstatbestand mit den grundlegenden Wertungen der Gewaltenteilung in einem freiheitlich demokratischen Rechtsstaat nicht vereinbar.[69]

Teilweise wird vertreten, dass das geltende Steuerrecht nicht nachprüfbar digitalisiert angewandt werden kann. Es bestehe zudem die Gefahr von strukturellen Vollzugsdefiziten bei der digitalen Besteuerung.[70] Dies zwinge zu einer Vereinfachung des geltenden Steuerrechts. So wünschenswert eine Vereinfachung des geltenden Steuerrechts ist, geht es hier doch in erster Linie um die Frage der Normenklarheit und Normenwahrheit[71], und damit um die Nachvollziehbarkeit geltenden Rechts. Solange sich die gesetzlichen Tatbestände mit herkömmlichen Methoden auslegen und anwenden lassen, dürfte der Bestimmtheitsgrundsatz des Grundgesetzes noch nicht verletzt sein. Schon heute lässt sich ein über-

---

68 *Kube* (Fn. 67).
69 So auch *Ahrendt*, NJW 2017, 537.
70 Ausführlich *G. Kirchhof*, Einzelfallgerechtigkeit und Maßstabbildung im digitalisierten Massenfallrecht, in: Drüen/Hey/Mellinghoff, 100 Jahre Steuerrechtsschutz in Deutschland, 2018, Bd. I, S. 361.
71 Zu diesen Begriffen BVerfG v. 19.3.2003 – 2 BvL 9/98, BVerfGE 108, 1.

aus komplexes Steuerrecht sowohl in den Unternehmen digital erfassen als auch mit Hilfe von Datenverarbeitungsprogrammen von der Finanzverwaltung anwenden.[72] Allerdings darf der Steuerpflichtige nicht auf ein Rechenprogramm oder einen Sachverständigen verwiesen werden; vielmehr müssen die Gesetze so formuliert sein, dass der Steuerpflichtige selbst grundsätzlich die auf ihn entfallende Steuerlast vorausberechnen kann.[73] Soweit Normen des geltenden Steuerrechts diese Voraussetzungen nicht erfüllen, ist es Aufgabe des BVerfG, dies zu beanstanden.[74]

2. Kontrolle der computergestützten Rechtsanwendung durch die Gerichte

Auch wenn das geltende Recht nur in deutscher Sprache verabschiedet werden darf, bedeutet dies nicht, dass es im Vollzug nicht in Computerprogramme umgesetzt und digital angewendet werden darf. Der digitale Vollzug des Steuerrechts und die Kontrolle mit Hilfe von Computerprogrammen ist ohne weiteres zulässig. Damit stellt sich aber die Frage der Kontrolle des digitalen Gesetzesvollzugs durch die Finanzgerichte.

In vielen Fällen wird sich an der Kontrolle der Rechtsfragen durch die Finanzgerichte wenig ändern. Dies gilt insbesondere in den Fällen, in denen in ein Computerprogramm lediglich strukturiert eingegebene Daten mit Hilfe mathematischer Programme berechnet. So werden z.B. die Fahrtkosten nach den konkreten Angaben des Steuerpflichtigen berechnet, ohne dass es einer Wertung oder einer komplizierten Datenstruktur bedarf. Krankheitskosten oder andere außergewöhnliche Belastungen werden in die Berechnung einbezogen, ohne dass ein digitaler Prozess prüft, ob tatsächlich eine Krankheit vorliegt oder nicht. Es kommt allenfalls zur Aussteuerung von Aufwendungen, die nach einer vorherigen Programmierung durch einen Menschen auf der Grundlage der bisherigen Rechtslage nicht zu berücksichtigen sind. Auch in anderen Fällen, in denen es um die Auslegung und Anwendung von Gesetzen geht, wird nur die von Menschen getroffene Entscheidung nachvollzogen und als Berechnungsziffer

---

72 Zu den Grenzen der Digitalisierung durch das komplexe Steuerrecht *Welling/Ghebrewebet*, DB Beilage 2016, Nr. 04, 33.

73 BVerfG v. 12.10.1978 – 2 BvR 154/74, BVerfGE 49, 343 (362) m.w.N.; zum Bestimmtheitsgrundsatz auch: BVerfG v. 3.3.2004 – 1 BvF 3/92, BVerfGE 110, 33 (54); BVerfG v. 22.3.2005 – 1 BvQ 2/05, BVerfGE 112, 284 (304); BVerfG v. 13.6.2007 – 1 BvR 1550/03, BVerfGE 118, 168.

74 Kritisch zur bisherigen Rechtsprechung des BVerfG zum Bestimmtheitsgrundsatz *Hey* in Tipke/Lang, 23. Aufl., § 3 Rz. 247.

in ein Programm eingetragen. So wird die Aufteilung bei einem Haus auf Gebäude und Grund und Boden nicht von einem Computerprogramm geleistet, sondern vom Steuerpflichtigen oder dessen Berater eingetragen. Diese Art der Digitalisierung wirft auch bei der Kontrolle durch die Gerichte keine besonderen Probleme auf, denn ihr liegt die Gesetzesauslegung und Gesetzesinterpretation durch den Steuerpflichtigen, den Berater oder die Finanzverwaltung zugrunde. Werden Aufwendungen nicht anerkannt oder Positionen aufgrund eines Datenabgleichs in die Besteuerung einbezogen, wird dies kenntlich gemacht, im Bescheid erläutert und kann dann in dieser Einzelposition überprüft werden. Es ist nach den herkömmlichen Grundsätzen zu prüfen, ob sich die Auslegung und Anwendung der steuerrechtlichen Vorschriften innerhalb des Wertungsrahmens des Gesetzes hält. In dem Fall, dass z.B. bestimmte Aufwendungen innerhalb eines Rechenprogramms nicht anerkannt werden, kann der Steuerpflichtige vor Gericht überprüfen lassen, ob diese Auslegung und Anwendung des geschriebenen Rechts gesetzeskonform ist.

Teilweise entziehen sich Rechtsfragen auch der Digitalisierung. Dies gilt z.B. in den Fällen, in denen es um Ermessensentscheidungen oder um die Prüfung der Verhältnismäßigkeit geht. Auch die Abgrenzung der Berufs- von der Privatsphäre, die Unterscheidung von freiberuflicher und gewerblicher Tätigkeit, die Bewertung und die Abschreibungsdauer bei Wirtschaftsgütern, die Einkünfteerzielungsabsicht oder der Veranlassungszusammenhang sind von zahlreichen unterschiedlichen Faktoren beeinflusst, die eine wertende Entscheidung im Rahmen der Besteuerung erfordern. Zwar können zahlreiche vergleichbare Fälle für die Entscheidungsfindung hilfreich sein und ein lernendes System kann für komplexe Rechtsfragen eine Entscheidung vorschlagen. Ein eindeutiges Ergebnis, das ohne wertende menschliche Kontrolle von einem Computerprogramm entwickelt wird, dürfte aber in diesen Fällen selten sein. Vielmehr hat der Steuerpflichtige eine Wert- oder eine Zuordnungsentscheidung aufgrund einer komplexen Bewertung von verschiedenen Sachverhaltsdaten zu treffen, die zur Grundlage der weiteren Steuerberechnung gemacht werden kann, aber auf einer wertenden Subsumtion beruht und von der Finanzverwaltung nach herkömmlichen Maßstäben überprüft werden muss.

Probleme ergeben sich, wenn komplexe und komplizierte Rechtsvorschriften des bindenden Rechts durch einen Programmierer umgesetzt werden. So sind z.B. bei der Regelung der Zinsschranke zahlreiche Entscheidungen und Wertungen schon bei der Programmierung der Vorschrift vorzunehmen. Insbesondere in den Fällen, in denen ein Gesetz verschiedene Programmierungsmöglichkeiten mit unterschiedlichen Ergebnissen erlaubt, wird die Auslegung eines Gesetzes in die Hände des Programmierers gelegt. In all denjenigen Fällen, in denen Auslegungsfragen selbständig von einem Programmierer vorgenommen werden, stellt sich die Frage der Kontrolle dieser Programmierung, die immer nur eine der möglichen Auslegungen einer gesetzlichen Vorschrift ist.

Da sich die einzelnen Rechenschritte des Programmierers in einem Besteuerungsprogramm in der Regel weder vom Steuerpflichtigen noch von einem Berater oder einem Richter überprüfen lassen, bleibt der Rechtsanwender in diesen Fällen auf eine Ergebniskontrolle beschränkt. Dabei darf der Steuerpflichtige nicht auf ein Rechenprogramm oder einen Sachverständigen verwiesen werden.

Ob die Rechtsfolgen des jeweiligen Steuergesetzes zutreffend durch den digitalen Gesetzesvollzug umgesetzt worden sind, muss für den Steuerpflichtigen und die Gerichte zunächst auch ohne ein Computerprogramm nachvollziehbar bleiben. Erreicht das Gesetz eine Komplexität, dass es nicht mehr auf der Grundlage des sprachlichen Anwendungsbefehls ausgelegt und nachvollzogen werden kann, kann nicht auf die Vollziehbarkeit durch ein Rechenprogramm verwiesen werden.[75] Die Steuer steht unter Gesetzesvorbehalt und nicht unter einem Computervorbehalt.[76]

Auch die Steuerpflichtigen und ihre Berater verwenden heute Computerprogramme zur Erstellung von Steuererklärungen. Dabei kann es durchaus zu unterschiedlichen Ergebnissen bei der Berechnung der zutreffenden Besteuerung kommen. Insbesondere bei wertungsoffenen Tatbeständen ist dabei der Steuerpflichtige nicht verpflichtet, ein bestimmtes Steuerberechnungsprogramm zu verwenden. Bei der gerichtlichen Überprüfung obliegt es dem Gericht nicht, eine Auswahl zwischen verschiedenen Programmalternativen zu treffen. Vielmehr ist entscheidend, welches Ergebnis sich nach herkömmlichen Auslegungsmethoden aus dem Gesetz selbst ableiten lässt. Bewegt sich das Berechnungsergebnis des Steuerpflichtigen oder seines Beraters dabei im Wertungsrahmen des geltenden Steuerrechts, liegt kein Rechtsverstoß vor.

---

75 Vgl. zur früheren Mindestbesteuerung in § 2 Abs. 3 EStG *Raupach/Böckstiegel*, FR 1999, 617 (622).

76 *Kirchhof/Geserich* in Kirchhof/Söhn/Mellinghoff, § 2 EStG Rz. D 281 (Mai 2002).

Die Digitalisierung führt im Besteuerungsverfahren nicht nur dazu, dass die Finanzverwaltung mit Hilfe von Computerprogrammen das geltende Recht sehr viel konsequenter nach gleichen Maßstäben anwenden kann. Vielmehr besteht auch die Gefahr, dass die Finanzverwaltung den Gesetzesbefehl abwandelt und damit ihre Kompetenzen überschreitet. So genannte Nichtaufgriffsgrenzen oder die Festlegung von Risikowertgrenzen entkoppeln das Besteuerungsverfahren vom materiellen Steuerrecht und führen zum sog. code law.[77] Derartige eigenmächtige – im geltenden Steuerrecht nicht angelegte – Wertgrenzen der Finanzverwaltung widersprechen dem Grundsatz der Gesetzmäßigkeit der Verwaltung (Art. 20 Abs. 3 GG), denn die Finanzbehörden sind nicht nur berechtigt, sondern verpflichtet, die wegen Verwirklichung eines steuerrechtlichen Tatbestands entstandenen Steueransprüche (§ 38 AO) festzusetzen und die Steuer zu erheben. Einen im Belieben der Finanzverwaltung stehenden, freien Verzicht auf Steuerforderungen gibt es nicht.[78] Zwar mag aus Wirtschaftlichkeitserwägungen die Kontrolldichte in den Fällen zurückgenommen werden, in denen der Steuerausfall weniger hoch erscheint als in anderen Fällen.[79] Ein vollständiger Verzicht auf eine Verifikation ist aber nicht möglich; zumindest eine angemessene Zahl von Stichproben auch in weniger gewichtigen Steuerfällen ist schon mit Blick auf den allgemeinen Gleichheitssatz geboten.

Jedenfalls in den Fällen, in denen im Rahmen eines gerichtlichen Verfahrens ein strukturelles Vollzugsdefizit durch eine unzureichende Programmierung geltend gemacht wird, stellt sich die Frage, ob und in welchem Umfang die Finanzverwaltung verpflichtet ist, die Veranlagungsprogramme so weit offenzulegen, dass überprüft werden kann, ob ein gleichmäßiger und vollständiger Gesetzesvollzug sichergestellt ist. Den Rechnungshöfen von Bund und Ländern kommt hier eine wichtige Funktion zu. Zu ihren Aufgaben gehört es, den gleichmäßigen, gesetzesmäßigen und vollständigen Gesetzesvollzug durch die Finanzverwaltung zu prüfen.

V. Zukunftsfragen

Derzeit gibt es wohl kaum einen Bereich im Recht, der sich so rasant entwickelt wie die Digitalisierung. Sie hat schon weite Teile des Steuerrechts erreicht. Insbesondere beim Besteuerungsverfahren wird diese

---

77 *Ahrendt*, NJW 2017, 537.
78 BFH v. 28.11.2016 – GrS 1/15, BStBl. II 2017, 393.
79 *Ahrendt*, NJW 2017, 537.

Entwicklung gegenwärtig durch die Rechtsprechung des BFH intensiv begleitet. Die Digitalisierung der Außenprüfung gehört zu den Zukunftsfragen des Steuerrechtsschutzes.[80]

Einige aktuelle Probleme im Zusammenhang mit der gerichtlichen Kontrolle des digitalen Gesetzesvollzuges konnten in diesem Beitrag behandelt werden. Viele Fragen hängen jedoch von der weiteren Entwicklung der Digitalisierung ab. Dabei ist es schwer vorherzusagen, ob und wann bestimmte heute prognostizierte Entwicklungen eintreten, welches Potential z.B. die Künstliche Intelligenz im Recht hat[81] und ob sich manche Visionen überhaupt verwirklichen.

Denkbar sind z.B. Richterassistenzsysteme, die das richterliche Arbeiten vereinfachen werden. So sind digitale Textanalysetools denkbar, die die vorhandenen Daten analysieren und strukturieren. Aus Amerika sind Programme bekannt, die Schriftsätze scannen, auf ihren juristischen Bedeutungsgehalt überprüfen und auf juristische Probleme hinweisen. Unter dem Stichwort „predictive analytics" werden bereits heute in anderen Ländern die Erfolgsaussichten eines Rechtsstreits vorausgesagt. Lexi-Nexis wirbt damit, dass sie diejenigen Argumente herausfiltern kann, denen der jeweilige Richter am meisten vertraut.[82] In Deutschland funktionieren diese Systeme derzeit wegen zu geringer Datenmengen nicht[83], während Österreich im Zusammenhang mit dem Profiling im Steuervollzug ein PACC (predictive analytics competence center) eingerichtet hat[84]. Bei diesem Befund ist es naheliegend, dass es in Deutschland nicht nur für Richter Tools geben wird, die bei unveränderter Rechtslage und aus-

---

80 *Kulosa*, Entwicklungslinien und Zukunftsfragen des Steuerrechtsschutzes, in Drüen/Hey/Mellinghoff, 100 Jahre Steuerrechtsschutz in Deutschland, 2018, Bd. II, S. 1831.

81 *von Bünau*, Künstliche Intelligenz im Recht, in Breidenbach/Glatz, Rechtshandbuch Legal Tech, S. 47.

82 What if you knew the exact language your judge would cite when ruling on your motion? Extract persuasive language from court opinions, challenges and motions – the language your judge relies on most often. Only Context analyzes 100 motion types and examines millions of case-law documents to reveal powerfully persuasive language relevant to your case. (https://www.lexisnexis.com/en-us/products/lexis-analytics.page?access=1-5965378631&treatcd=1-596 5378662&keyword=%2Bjudge%20 %2Banalytics&gclid=Cj0KCQiAzePjBRCR ARIsAGkrSm4AMwDuvW1Hg0FYM1JcdTzEZ0-7NNtP2Gm1Ey1mmjfz6ZG DNfIavygaAmRYEALw_wcB) (Stand 15. Februar 2019).

83 *Zunker*, AnwBl. 2018, 330.

84 *Ehrke-Rabel*, FR 2019, 45 (Fn. 50).

reichender Datenmenge Hinweise für den Ausgang eines Rechtsstreits geben.

Die zunehmenden Datenmengen im Bereich der Finanzverwaltung werfen die Frage auf, mit welchen digitalen Mitteln diese bearbeitet und analysiert werden. In diesem Zusammenhang wird es nicht nur um die Zulässigkeit derartiger Datenanalysetools und deren Nutzung im Besteuerungsverfahren gehen.[85] Vielmehr stellt sich die Frage, ob und in welchem Umfang die Finanzgerichtsbarkeit in einem Rechtsstreit selbst unmittelbar auf die Datenbestände der Finanzverwaltung und der Steuerpflichtigen zugreifen darf, um diese Daten selbst zu analysieren und anhand von Metadaten z.B. Fragen der Zulässigkeit oder der Richtigkeit von Angaben zu überprüfen. Bisher verweigert die Finanzverwaltung einen unmittelbaren Datenzugriff und legt in einem Rechtsstreit lediglich PDF-Ausdrucke vor.

Dies sind nur zwei naheliegende Zukunftsfragen im Zusammenhang mit der gerichtlichen Kontrolle des digitalen Gesetzesvollzugs. Unabhängig davon, welche weiteren Fragen und Probleme zu lösen sind, werden sich die Richterinnen und Richter ebenso wie alle anderen Steuerrechtler mit dieser Entwicklung beschäftigen müssen. Es wird nicht mehr ausreichen, die herkömmlichen Auslegungsmethoden zu beherrschen und einen Gesetzestext auszulegen und anzuwenden. Grundkenntnisse der Informationstechnik, Datenkompetenz und interdisziplinäres Denken werden schon bald zu den Voraussetzungen gehören, um im Steuerrecht erfolgreich zu sein.

---

85 Vgl. *Ehrke-Rabel*, FR 2019, 45 zum Profiling im Steuervollzug.

Diskussion

Roland Franke, Berlin

Ich habe eine Frage an Herrn Professor *Seer*. Sie haben in ihrem Vortrag das Stichwort Country-by-Country Reporting erwähnt. Dieses ist durch das BEPS-Projekt vorgeprägt, aber es gibt ja auch auf EU-Ebene Überlegungen, eine Verpflichtung zur Veröffentlichung einzuführen. Wie würden sie dies einordnen? Dies ist schließlich auch wettbewerbsrechtlich je nach Sachverhalt ziemlich sensibel.

Prof. Dr. *Gregor Kirchhof*, Augsburg

Zwei Fragen habe ich zum Referat von *Roman Seer*: Verletzt das Country-by-Country Reporting die Datenschutz-Grundverordnung? Sind hier – zweitens – die Grundrechte, die Sie zu Recht abwehrrechtlich entfaltet haben, auch in ihrer Schutzdimension aufgerufen, wenn die deutsche Öffentliche Hand Daten weitergibt und mit diesen Daten in anderen Ländern nicht rechtskonform umgegangen wird?

Eine Anmerkung zum Referat von *Rudolf Mellinghoff*: In der Tat müssen Menschen entscheiden. Als Grundsatz gilt dies auch für die Verwaltung. Zudem erlaube ich mir zu unterstreichen, dass im Gesetz keine Algorithmen und Programme stehen dürfen, sondern das Gesetzesrecht in Worten zu verfassen ist. Damit stellen sich die von *Ekkehart Reimer* aufgeworfenen Fragen der Verallgemeinerung durch Algorithmen auf der Ebene der Verwaltung. Ihre Beschreibung des geltenden Rechts teile ich uneingeschränkt. Noch subsumieren Rechner nicht, wird das Recht nicht vollautomatisch angewandt. Wenn wir in diese Richtung voranschreiten wollen, müssen wir das Recht so vereinfachen, dass die Berechnungen von Menschen überprüft werden können. Auch ist zu erörtern, welches materielle Steuerrecht ein System der Selbstveranlagung fordert.

Ein letzter Punkt zu den Grenzen der Digitalisierung des Steuerrechts: Wie sich die technischen Möglichkeiten entwickeln werden, ahnen wir nur. Gleichwohl stellt sich auch in Zukunft die Frage, wie ein Rechner die genannten Beispielsfälle der Abgrenzung der Erwerbs- von der Privatsphäre oder der Veranlassung eigenständig lösen soll. Rechner können schon jetzt Regelfälle herausfiltern. Doch auch dann bleibt ein wichtiger Problembereich: das Tatsächliche. Jede Berechnung ist nur so gut wie die Daten, die eingegeben wurden. Die Digitalisierung des Rechts stellt die Frage, wer die Dateneingabe verantwortet und wie mit Fehlern bei der Dateneingabe umgegangen wird. Aus dieser Perspektive wäre das Ziel ein Steuerrecht, das die Finanzverwaltung so weit wie möglich aus eigener Kenntnis anwenden kann.

Prof. Dr. *Jochen Lüdicke*, Düsseldorf

Eine Frage an Herrn *Mellinghoff*: Sie haben in Ihrer Gliederung auch den Punkt Datenschutz und Datensparsamkeit erwähnt. Am letzten Donnerstag wurde gemeldet, dass die TSL/SSL-Verschlüsselung durch ein Forscherteam der TU Darmstadt gehackt wurde. Ist es unter diesen Umständen eigentlich wirklich zumutbar, dass die Finanzverwaltung die Übermittlung elektronischer Informationen über öffentliche Netze verlangt? Oder müsste nicht, wie die Abgabe der Erklärung in der Rechtsantragsstelle des Finanzamtes möglich ist, eine Abgabe der elektronischen Daten direkt ins sichere System möglich sein, so dass Datenschnittstellenprobleme nicht mehr bestehen. Und wie wird abgesichert, dass die elektronische Akte des Finanzamtes tatsächlich auch ohne Datenänderung der gerichtlichen Kontrolle zugänglich gemacht wird? Im Gegensatz zur Absicherung der elektronischen Kassen ist die Absicherung der elektronischen Akten der Finanzverwaltung nicht in der AO geregelt.

Prof. Dr. *Heribert Anzinger*, Ulm

Ich möchte beiden Referenten zustimmen. Die DSGVO gilt im Bereich des Steuerverfahrensrechts, weil die Bereichsausnahmen nicht weit genug reichen. Daneben gilt auch die europäische Datenschutzkonvention, die nun revidiert auf gleichem Rang mit der DSGVO verabschiedet wird. Beide sind im Lichte der europäischen Grundrechtscharta auszulegen. Deshalb glaube ich, wie Sie Herr *Seer*, dass auch im Steuerverfahrensrecht ein Auskunftsanspruch besteht, der gerichtlich durchsetzbar ist. Ebenso besteht ein Anspruch auf menschliche Überprüfung automatisierter Entscheidungen. Er ist in Art. 22 DSGVO, in der europäischen Datenschutzkonvention und in der Charta angelegt. Spannend sind die Fragen nach seiner Durchsetzung, tatsächlichen Hürden und der Rechtfertigung der Schranke der Praktikabilität. Diskutiert man den Auskunftsanspruch mit Mitgliedern der Finanzverwaltung, hört man, er sei nicht umsetzbar und dürfe daher nur in engen Grenzen bestehen. Er wird faktisch verwehrt. Was lässt sich also tun, um diesem Auskunfts-recht zur Durchsetzung zu verhelfen? Ähnliche Hürden ergeben sich für die Durchsetzung des Anspruchs auf menschliche Überprüfung auto-matisierter Entscheidungen. Man hört immer wieder von Finanzrich-tern, dass man im Massenfallrecht, beispielsweise bei der Riester-Zu-lage, beim Förderbetrag zur betrieblichen Altersvorsorge oder beim Baukindergeld, nicht in automationsgerecht strukturierte Prozesse ein-greifen könne. Wo das materielle Recht schon so automationsgerecht angelegt ist, dass im Einzelfall gar keine Überprüfung der Tatsachen mehr möglich sein soll, bleibt für menschliche Überprüfung kein An-wendungsbereich. Wo nur eine digitalisierte Lebenswirklichkeit zugrun-de gelegt werden darf, wird die Rolle des Richters reduziert. Gibt es hier verfassungsrechtliche Grenzen für automationsgerechte Gesetze? Und schließlich noch eine Anmerkung zur Aufsicht: Die Zuständigkeit für sämtliche Länderfinanzbehörden ist konzentriert bei der Bundesdaten-schutzbeauftragten. Diese soll mit einem winzigen Team jedes einzelne Finanzamt in Deutschland kontrollieren, Gesetzgebungsverfahren be-gleiten und die großen Fragen im Blick behalten. Besteht hier ein struk-turelles Datenschutzhindernis? Und wie gehen wir damit um?

Sophie Schurowski, Frankfurt a.M.

Ich habe mich mit dem Thema Finanzkontenaustausch sowohl wissen-schaftlich in meiner Dissertation als auch beruflich bei meiner Arbeit für eine Bank beschäftigt. Wir haben immer wieder von der Auskunfts-pflicht gesprochen. Nun werden aber die Daten, und das ist ganz oft so, gar nicht immer beim Betroffenen erhoben, sondern auch bei Dritten. So werden auch wir als Finanzinstitute in Dienst genommen, die Daten für den Steuerpflichtigen zu verarbeiten. Dann hat er überhaupt keine Kenntnis davon, dass wir die Daten für ihn verarbeiten und an das BZSt schicken. Dementsprechend kann er auch nicht *aktiv* sein Auskunfts-recht in Anspruch nehmen. Sollte man sich hier nicht über eine Infor-mationspflicht des übermittelnden Dritten Gedanken machen? Dies ist auch im Hinblick auf den effektiven Rechtsschutz wichtig.

Prof. Dr. *Roman Seer*, Bochum

Ich fange mit den Fragen zum Country by Country Reporting an. Die DSGVO gilt erstmal nicht unmittelbar, weil die betroffenen Unterneh-men juristische Personen sind. Relevant ist aber die EU-Grundrechte-charta, aus der man ein Unternehmensdatenschutzrecht herleiten könnte. Nun kommt aber der Vorbehalt, um Verrechnungspreise angemessen prüfen zu können. Da haben die Staaten, die sich zum Austausch einmal völkerrechtlich und auf der Ebene des EU-Rechts verpflichtet haben, letztlich eine gewisse Einschätzungsprärogative. Ich habe Zweifel daran. Die Staaten können danach anhand der Anzahl der Arbeitsplätze beispielsweise den Ort der Wertschöpfung bestimmen. Dass man diese Daten austauschen darf, sehe ich als unproblematisch. Die Frage ist allerdings, wenn es sich um unternehmenssensible Daten handelt: Besteht hier ggf. die Verpflichtung, die Unternehmen vor einer Weitergabe hinzuweisen und sie zu bitten, sensible Daten zu kennzeichnen? Hier könnte vielleicht im Sinne einer Anhörungspflicht, wie wir sie aus § 117 Abs. 4 AO kennen, eine verfahrensrechtliche Schranke zu entwickeln sein. Einen grundsätzlichen Ausschluss des Austauschs über die DSGVO sehe ich aber jedenfalls nicht.

Kritisch bin ich allerdings gegenüber einer allgemeinen Transparenz von CbCR-Daten, wie sie über das Bilanzrichtlinienrecht versucht wird herbeizuführen. Ich sehe dafür keine Notwendigkeit und halte es für unverhältnismäßig. Das hat auch nichts mit „Naming and Shaming" zu tun. Die Daten gehen die Öffentlichkeit gar nichts an. Es würde auch gegen den Grundsatz der Datensparsamkeit verstoßen.

Herr *Anzinger*, ich bin mir gar nicht sicher, ob die von der Finanzverwaltung behaupteten faktischen Hürden überhaupt existieren. Es besteht eine Darlegungslast der Finanzverwaltung dahin gehend, dass sie erklären muss, warum sie bestimmte Informationen nicht herausgibt. Es ist ein Paradigmenwechsel. Verhinderung von Transparenz seitens der Finanzverwaltung ist rechtfertigungsbedürftig.

Frau *Schurowski*, Finanzbehörden sollen, wenn ich es richtig verstanden habe, beim erstmaligen Melden ihre Kunden informieren, welche Daten weitergegeben wurden. Bei den darauffolgenden jährlichen Meldungen ist das nicht mehr der Fall.

Sophie Schurowski, Frankfurt a.M.

Also die Informationspflicht ergibt sich ursprünglich als Mindestmaß aus der Amtshilferichtlinie und wurde eins zu eins in das Finanzkontenaustauschgesetz übernommen. Sie ist vom Umfang her extrem beschränkt. Sie bezieht sich nur auf die *erstmalige* Übermittlung. Diese wurde dieses Jahr für CRS (bereits 2015 für FATCA) durchgeführt – es besteht damit keine gesetzliche Pflicht zur Information der Steuerpflichtigen in den Folgejahren der jährlichen Übermittlung. Außerdem ist die Meldung formlos möglich. In Praxis haben die großen Finanzinstitute einfach einen kleinen Hinweis auf die Kontoauszüge gedruckt.

Prof. Dr. *Roman Seer*, Bochum

Vielen Dank für ihren Hinweis. Grundsätzlich halte ich die Information für sinnvoll. In dieser Form sehe ich das aber kritisch. Der Auskunftsanspruch gegenüber der Finanzverwaltung wird jedoch dadurch nicht obsolet. Der Datenpool wird nachher in einem Matching-Prozess mit den Daten aus der Steuererklärung abgeglichen. Auch im Hinblick auf die mannigfaltigen Fehlerquellen ist der Auskunftsanspruch wichtig. Beispielsweise könnte so eine Verwechslung von Steuerpflichtigen, die den gleichen Namen haben, aufgeklärt werden.

Prof. Dr. h.c. *Rudolf Mellinghoff*, München

Im Zusammenhang mit dem Country by Country Reporting möchte ich nur kurz an die Entscheidung des französischen Verfassungsgerichts erinnern. Das Französische Verfassungsgericht hat 2017 entschieden, dass ein öffentliches Country by Country Reporting zu einer Verletzung der Unternehmerfreiheiten führe, weil eine Offenlegung einen tiefen Einblick in sensible Bereiche des Unternehmens, wie z.B. die Unternehmensstrategie, erlaube.

Zu der Fehleranfälligkeit und Datenquellen: Ich möchte in diesem Zusammenhang auf die Verordnung der EU zur Bekämpfung des internationalen Terrorismus hinweisen, auf der namentlich benannte Personen mit Sanktionen belegt werden. Diese müssen allein wegen fehlerhafter Schreibweisen regelmäßig kontrolliert und aktualisiert werden. Diese hohe Fehleranfälligkeit ist für alle Beteiligten ein großes Problem.

Herr *Lüdicke*, Sie sehen mir nach, dass ich ihre Frage nicht konkret beantworte. Noch bin ich Präsident des BFH. Daher kann ich zu aktuellen und konkreten Rechtsfragen keine Stellung nehmen. Und wenn ich in der Öffentlichkeit die Frage beantworte, ob es unzumutbar sei, diese Daten zu übermitteln, dann können Sie sich vorstellen, was los ist.

Johannes *Klug*, Heidelberg

Ich habe eine Frage an Herrn Professor *Mellinghoff*: Wo sehen Sie den kategorialen Unterschied zwischen einem deutschen Satz oder einer mathematischen Gleichung, wie beispielsweise in § 32d EStG, und einem Ablaufdiagramm oder kurzen Programm? Hinsichtlich der Verständlichkeit sehe ich hier gar keinen grundsätzlichen Unterschied.

Prof. Dr. *Philipp Lamprecht*, Frankfurt a.M.

Herr *Mellinghoff*, Sie haben sich m.E. zu Recht für eine Stärkung der Auskunftsrechte der Steuerpflichtigen bzgl. der Mittel, die auf die Daten angewandt werden, ausgesprochen. Meine Frage ist, ob es nicht mehr braucht. Bedarf es nicht einer systematischen Berichterstattung der deutschen Finanzverwaltung darüber, erstens, wie sie den Stand von Gesetz und Gleichmäßigkeit des Vollzugs der Steuergesetze einschätzt, zweitens, wie sie diese Gleichmäßigkeit und Gesetzmäßigkeit in Zukunft noch besser gewährleisten will, und drittens, welche Mittel sie dafür verwendet. Bedarf es außerdem nicht auch einer systematisch aufbereiteten Darstellung der Daten, welche die Finanzverwaltung speichert, und, zumindest in den Grundzügen, wie sie diese Daten verwendet. Andere Staaten kennen einen solchen Tax Compliance Management Report bereits. Meine Befürchtung ist, dass einzelne Auskunftsrechte nicht ausreichen werden, um die erforderliche demokratische und rechtsstaatliche Kontrolle der Finanzverwaltung zu gewährleisten. Hier gilt das Gleiche wie für die Steuerpflichtigen. Man braucht für eine solche Kontrolle eine systematische Darstellung der Vorgehensweise und Datenbestände.

Hans Schüller, München

Herr Professor *Mellinghoff*, während meiner Tätigkeit in der Rechtsbehelfsstelle eines Finanzamts wurde ich noch von keinem Senat gefragt, was ein Bearbeiter sich gedacht und welche Schemata er angewandt hat, um zu einem bestimmten Ergebnis zukommen. Was hat sich hierbei durch die Digitalisierung geändert, dass man nun so großen Wert auf ein Prüfungsrecht bezüglich der Verfahren legt? Ist der Streitgegenstand noch der Steuerbescheid, soweit ihn der Kläger zum Streitgegenstand gemacht hat, oder ist inzwischen das Verfahren, mit dem der Finanzbeamte zu seinem Ergebnis gekommen ist, Streitgegenstand geworden?

Prof. Dr. h.c. *Rudolf Mellinghoff*, München

Vielen Dank für ihre Fragen. Natürlich ist es nicht ausgeschlossen, dass auch einzelne Formeln im Gesetzestext enthalten sind. Das haben wir beispielsweise auch bei der Regelung des Einkommensteuertarifs. Mir ging es darum, deutlich zu machen, dass eine Programmierung, die nicht schriftlich niedergelegt worden ist und nicht in deutscher Sprache interpretierbar ist, nicht ausreicht.

Herr *Lamprecht*, einen Anspruch auf eine systematische Berichterstattung sehe ich verfassungsrechtlich nicht. Es gibt andere Institutionen, die für diese Dinge zuständig sind. Einerseits ist die Finanzverwaltung gegenüber dem Parlament auskunftspflichtig. Wenn man sich die kleinen Anfragen im Bundestag ansieht, wundert man sich, was die Finanzverwaltung alles beantworten muss. Darüber hinaus obliegt die Aufsicht darüber, dass die Finanzverwaltung ihre Mittel effizient und kostengünstig einsetzt, dem Bundesrechnungshof. Dort ist sie auch richtig angesiedelt. Wenn Sie sich die Berichte des Bundesrechnungshofs ansehen, sehen Sie, dass der Bereich der Finanzverwaltung sehr genau geprüft wird.

Zur Frage, ob sich etwas bei den Inhalten der zu entscheidenden Rechtsstreitigkeiten verändert hat, kann ich dies bestätigen. Natürlich entscheidet der Richter nur über das, was zum Gegenstand eines Rechtsstreits gemacht wird. Wenn aber z.B. die Frage thematisiert wird, welche Rechtsfolgen sich bei einer fehlerhaften Eingabe bei einer digitalen Steuererklärung mit ELSTER ergeben, dann muss das Gericht auch das jeweils konkrete ELSTER-Verfahren prüfen. Auch bei der digitalen Betriebsprüfung muss der Sachverhalt genau ermittelt und geprüft werden, welche Programme angewendet worden sind. Erst dann kann die Rechtsfrage zutreffend beantwortet werden.

Christoph Schmidt, Berlin

Ich habe eine Frage an Herrn Professor *Seer*, anknüpfend an die Betroffenenrechte. Wie sehen Sie die Zukunft der Akteneinsichtnahme? Das aktuelle BMF-Schreiben[1] greift dies nur als Ermessensentscheidung auf. Im Vergleich zu Österreich gilt gem. §§ 90 ff. Bundesabgabenordnung ein Akteneinsichtsrecht uneingeschränkt. Aus meiner Sicht wurde es dort in Verbindung mit der elektronischen Akte ganz charmant gelöst. Was halten Sie von einem automatisierten elektronischen Fernzugriffsrecht für den Steuerpflichtigen auch in Deutschland? Bei Betrachtung der §§ 6 und 8 des deutschen E-Government-Gesetzes ist ernüchternd zu konstatieren, dass diese nur Bundesbehörden betreffen.

---

1 BMF v. 12.1.2018 – IV A 3-S 0030/16/10004-07 Rz. 32.

Prof. Dr. *Roman Seer*, Bochum

Ich befürworte einen Rechtsanspruch auf Akteneinsicht. Es ist aus Sicht der Finanzverwaltung zu einfach zu sagen, es sei zu viel Aufwand. Dieses Argument ist heute im Hinblick auf die DSGVO schwer haltbar. Ein weiteres Argument, welches regelmäßig nicht einschlägig ist, ist die Frage des Steuergeheimnisses. Es handelt sich zumeist um eigene Daten oder um Daten Dritter, mit denen der Steuerpflichtige selbst in einen geschäftlichen Kontakt getreten ist. Diese Daten hat er freiwillig im vertraglichen Austausch geöffnet. Es würde regelmäßig zu einem Akteneinsichtsrecht führen, jedenfalls als Sollbestimmung. Die Fälle, in denen das Steuergeheimnis Dritter entgegenstehen würde, sind nicht viele.

Die Unterscheidung zwischen Bundesbehörden und Landesbehörden überzeugt mich auch nicht. Von Österreich bin ich immer wieder überrascht. Dort geht einiges, bei dem wir immer Probleme sehen. Die Österreicher sind auch bei der Betriebsprüfung weiter (siehe das Jahressteuergesetz 2018: sog. begleitende Kontrolle). Wir sollten da regelmäßig mal Richtung Alpen gucken.

Noch ein Letztes: Tax Compliance Management Reporting sehe ich de lege lata auch wie der BFH-Präsident. Nach einem Blick ins Ausland kann ich mir vorstellen, dass es eine Art Ombudsmann geben könnte, an den man sich mit Fragen wenden kann. Das ist in den USA gut gelöst. Wir haben einen Datenschutzbeauftragten, warum nicht auch einen von der Finanzverwaltung abgetrennten institutionellen Steuerbeauftragten?

Grenzüberschreitendes digitales Wirtschaften (Ertragsteuerrecht)

Dr. *Reimar Pinkernell*, LL.M., Bonn
Rechtsanwalt, Steuerberater

I. Einführung

Globalisierung und Digitalisierung gehören mittlerweile zu den prägenden Merkmalen jeder modernen Volkswirtschaft. Dies beruht vor allem darauf, dass die OECD-Mitgliedstaaten, bei denen es sich traditionell um wirtschaftlich hoch entwickelte Industrieländer handelt, den grenzüberschreitenden Handel und die Digitalisierung von Geschäftsprozessen bislang aktiv gefördert haben. Ziele dieser Bemühungen sind u.a. die Öffnung neuer Märkte durch den Abschluss von Freihandelsabkommen, die bessere Allokation von Ressourcen, die zu größeren Wohlfahrtsgewinnen führt, und die Senkung der Herstellungskosten durch Automatisierung, was letztlich den Verbrauchern zugute kommen soll. Dieser weltoffene und fortschrittsfreundliche Ansatz spiegelt sich auch im OECD-MA 2014 wider, das derzeit noch die Grundlage der meisten DBA zwischen Industriestaaten bildet. Diese DBA dienen primär der Vermeidung einer handelshemmenden Doppelbesteuerung und lassen deshalb eine Besteuerung von grenzüberschreitenden Warenverkäufen und gewerblichen Dienstleistungen durch den Quellenstaat nur dann zu, wenn das ausländische Unternehmen dort eine nicht nur unerhebliche Aktivität entwickelt. Dabei verlangt das Betriebsstättenprinzip für Unternehmensgewinne gem. Art. 5, 7 Abs. 1 OECD-MA, dass das ausländische Unternehmen im anderen Vertragsstaat eine Geschäftseinrichtungsbetriebsstätte unterhält bzw. einen abhängigen Vertreter bestellt hat, der nachhaltig Verträge im Namen des ausländischen Unternehmens abschließt.[1] Selbst wenn eine Betriebsstätte vorhanden ist, darf der Quellenstaat nur den Gewinn besteuern, der in dieser Betriebsstätte erwirtschaftet worden ist, was eine funktionsbezogene Gewinnaufteilung zwischen Stammhaus und Betriebsstätte erfordert.[2] Art. 12 OECD-MA 2014 untersagt außerdem eine Quellenbesteuerung von Lizenzgebühren, was den Wissensaustausch zwischen den OECD-Mitgliedstaaten fördert. Die Festlegung einer hohen Betriebsstättenschwelle wurde bislang auch als fiskalisch sinnvoll eingeschätzt, wenn zwischen den beiden Vertragsstaaten zumindest annähernd symmetrische Wirtschaftsbeziehungen bestehen. Denn die gegenseitige Besteuerung von Bagatellbetriebsstätten würde per saldo kein zusätzliches Steuersubstrat generieren und nur den Verwaltungsaufwand erhöhen.[3] Erfolgt zugleich eine hinreichende Besteuerung der Exportgewinne im anderen Vertragsstaat, in dem das aus-

---

1 *Hruschka* in Schönfeld/Ditz, DBA, 2013, Art. 5 OECD-MA Rz. 1.
2 *Ditz* in Schönfeld/Ditz, DBA, 2013, Art. 7 OECD-MA Rz. 3.
3 *Görl* in Vogel/Lehner, DBA, 6. Aufl. 2015, Art. 5 OECD-MA 2014, Rz. 85.

ländische Unternehmen ansässig ist, kann auch keine steuerliche Wettbewerbsverzerrung eintreten, die dem Grundgedanken eines fairen Freihandels zuwiderlaufen würde.

Grenzüberschreitende „Direktgeschäfte" ohne physische Präsenz im Quellenstaat[4] sind kein neues Phänomen wurden schon früher in großem Umfang per Telefon oder Telefax abgeschlossen. Das mittlerweile omnipräsente Internet ermöglicht es ausländischen Anbietern allerdings, wirklich jedes Unternehmen und jeden Verbraucher im Inland zu erreichen, ohne dass es dafür einer eigenen physischen Unternehmenspräsenz im Inland bedürfte.[5] Besteht die vertragstypische Leistung zudem in der Lieferung eines „digitalen Produkts" bzw. in der Erbringung einer digitalen Dienstleistung, kann der grenzüberschreitende B2B- oder B2C-Geschäftsvorfall in wenigen Sekunden online abgewickelt werden. Dadurch entfällt ein potentieller Wettbewerbsvorteil lokaler Anbieter, die sich in geografischer Nähe zum Kunden befinden. Vielmehr sind ausländische Anbieter, die eine überlegene Technologie oder eine zugkräftige Marke besitzen, nunmehr in der Lage, innerhalb kurzer Zeit große Marktanteile zu erobern. Mitunter werden inländische Unternehmen mit ihren traditionellen Geschäftsmodellen unter enormen wirtschaftlichen Druck gesetzt und zu tiefgreifenden Änderungen veranlasst, wie es u.a. in der Werbebranche passiert ist. Denn hier hat die grenzüberschreitende, personalisierte Onlinewerbung die inländischen Zeitungsverlage und Fernsehsender gezwungen, sich als digitale Unternehmen neu zu erfinden. Der „disruptive" Charakter globaler, digitalisierter Geschäftsmodelle wird auch an anderen Beispielen deutlich, zu denen u.a. der grenzüberschreitende Internetversandhandel, ausländische Vermittlungsplattformen für die kurzzeitige Vermietung von Privatwohnungen sowie das Cloud-Computing gehören. In allen diesen Fällen ist der ausländische Konkurrent dem inländischen Anbieter schon deshalb überlegen, weil er die Kostenvorteile seiner globalen Plattform ausspielen kann. Und be-

---

4 Zum Begriff „Direktgeschäft" s. *Jacobs/Endres/Spengel* in Jacobs, Internationale Unternehmensbesteuerung, 8. Aufl. 2016, S. 371.

5 Der Vertrag wird über die Grenze abgeschlossen, wobei das Unternehmen, das die vertragstypische Leistung schuldet, im Ausland ansässig ist. In der Praxis setzen ausländische Anbieter aber oft konzernangehörige inländische Gesellschaften ein, die Vorbereitungs- und Hilfstätigkeiten ausüben (z.B. Marktanalyse, Anpassung der digitalen Leistung an den örtlichen Markt, Webhosting, Kundensupport). Jedoch erhalten die inländischen Gesellschaften nur eine geringe Vergütung, da es sich um Routinetätigkeiten handelt. Der Residualgewinn wird dem ausländischen Strategieträger zugeordnet.

steht der Zweck einer Plattform in der Vernetzung der Teilnehmer, setzt sich in der Regel die Plattform mit den meisten Teilnehmern durch, wodurch eine monopolartige Marktbeherrschung entstehen kann. Vor diesem Hintergrund besteht in vielen Ländern die diffuse Befürchtung, dass die zunehmende Digitalisierung letztlich in allen Branchen eine „Disruption" herbeiführt, bei der viele Unternehmen und auch deren Mitarbeiter ihre Existenzgrundlage verlieren.

Jedoch ist das Risiko des Erfolgs großer ausländischer Anbieter, die inländische Unternehmen verdrängen, dem Freihandel immanent und gehört zur Geschäftsgrundlage des Handels zwischen den OECD-Mitgliedstaaten. Deshalb sind protektionistische Maßnahmen unangebracht; eine rigorose Marktabschottung nach dem Vorbild der Volksrepublik China („Great Firewall")[6] kommt erst recht nicht Betracht. Der Erfolg ausländischer Anbieter liefert grundsätzlich auch keine überzeugende Rechtfertigung für eine Neuverteilung der internationalen Besteuerungsrechte, wenn weiterhin symmetrische Wirtschaftsbeziehungen bestehen und keine steuerliche Wettbewerbsverfälschung vorliegt. Jedoch drohen viele OECD-Mitgliedstaaten den technologischen Anschluss zu verlieren, weil sie in Schlüsselbereichen zurückgefallen sind. Dadurch verwandeln sich Länder, die ursprünglich ausgeglichene Wirtschaftsbeziehungen hatten oder sogar Kapitalexporteure waren, in kapitalimportierende Länder bzw. „Digitalimporteure", die eine andere Perspektive entwickeln[7] und in Abkehr von den bisherigen Grundsätzen ein erweitertes Quellenbesteuerungsrecht fordern.[8] Zudem ist es vor allem amerikanischen Konzernen gelungen, einen großen Teil ihrer Gewinne in Niedrigsteuerländer zu verlagern, was das Risiko einer steuerlichen Wettbewerbsverzerrung geschaffen hat. Dies entspricht nicht dem Gedanken des fairen Handels und ist auch nicht mit der impliziten Erwartung des jeweiligen Quellenstaats vereinbar, dass die an der Quelle entlasteten Unternehmensgewinne und

---

6 China hat den eigenen Markt konsequent gegen ausländische Anbieter digitaler Geschäftsmodelle abgeschottet. Deshalb dominieren lokale Anbieter wie z.B. Alibaba (Versandhandel), Alipay (mobiles Bezahlen), Weibo (Microblogging), Baidu (Social Media, Suchmaschine) und Tencent (Computerspiele).

7 Die europäischen Länder befürchten, im Hinblick auf die Dominanz von Google, Amazon & Co. zu Quellenstaaten zu werden (*Valta*, IStR 2018, 765).

8 Dies gilt z.B. für Großbritannien, das nicht nur die neuartige Diverted Profits Tax eingeführt hat, sondern weitergehende Maßnahmen in Gestalt einer eigenen Digital Services Tax und einer Sondersteuer auf Zahlungen an nahestehenden Personen in Niedrigsteuergebiete beabsichtigt; s. dazu *Sarfo*, TNI 2018 (Vol. 92), 777.

Lizenzgebühren tatsächlich im anderen DBA-Vertragsstaat besteuert werden.[9]

Die im Wandel begriffene wirtschaftliche Ausgangslage hat – wenn auch mit einer gewissen Verzögerung – einen dynamischen Entwicklungsprozess im internationalen Steuerrecht ausgelöst. Nachdem bereits einzelne OECD-Mitgliedstaaten einseitige Maßnahmen zum Schutz ihres Steuersubstrats ergriffen hatten, hat die OECD im Auftrag der G20 im Oktober 2015 umfangreiche Vorschläge zur Änderung nationaler Bestimmungen und der DBA vorgelegt. Ziel des BEPS-Projekts ist die Besteuerung der Konzerngewinne am Ort der wirtschaftlichen Aktivität,[10] was durch mehr Kohärenz und Transparenz sowie durch erhöhte Substanzerfordernisse erreicht werden soll. Es besteht im Hinblick auf die Souveränität der G20-Mitgliedstaaten aber keine Verpflichtung, Unternehmensgewinne mit einem Mindeststeuersatz zu belegen, weshalb sich der internationale Steuerwettbewerb zwischen den OECD-Mitgliedstaaten sogar noch verschärft hat.[11] Auch konnten sich die G20-Mitgliedstaaten (noch) nicht auf konkrete Maßnahmen im Bereich der digitalen Wirtschaft einigen, weshalb die OECD weiterhin den Auftrag hat, die steuerlichen Besonderheiten digitaler Geschäftsmodelle bzw. der Digitalisierung der Wirtschaft insgesamt zu untersuchen.[12] Im Hinblick auf die vermeintliche Untätigkeit der OECD ist die EU-Kommission im März 2018 mit eigenen Vorschlägen für eine Digitalsteuer und die Besteuerung digitaler Betriebsstätten vorgeprescht, die an eine vermutete Wertschöpfung mit Nutzerdaten anknüpfen und eine radikale Abkehr von den bisherigen internationalen Besteuerungsgrundsätzen darstellen. Der vorliegende Beitrag erläutert anhand des Beispiels eines fiktiven Unternehmens, wie die potentiell betroffenen grenzüberschreitenden digitalen Geschäftsmodelle nach geltendem Recht besteuert werden (II.),

---

9 *Fehling/Schmid*, IStR 2015, 493, 497 bezeichnen die bewusste Nichtbesteuerung von Lizenzgebühren im Ansässigkeitsstaat des Nutzungsberechtigten sogar als „Störung der Geschäftsgrundlage", die den Quellenstaat zur aktiven Verteidigung seines Steuersubstrats gegenüber dem Ansässigkeitsstaat berechtigen soll.

10 OECD (2016), BEPS Project Explanatory Statement: 2015 Final Reports, OECD/G20 Base Erosion and Profit Shifting Project, OECD Publishing, Paris, Rz. 22.

11 S. zu dieser Entwicklung *Schreiber/v. Hagen/Pönnighaus*, StuW 2018, 239 (242); *Eichfelder*, DStR 2018, 2397, 2398.

12 OECD (2018), Tax Challenges Arising from Digitalisation – Interim Report 2018: Inclusive Framework on BEPS, OECD/G20 Base Erosion and Profit Shifting Project, OECD Publishing, Paris, Rz. 397.

wie sich die BEPS-Maßnahmen nach ihrer vollständigen Umsetzung auf die Besteuerung des fiktiven Unternehmens auswirken werden (III.) und welche zusätzlichen Änderungen sich bei Einführung einer Digitalsteuer bzw. einer digitalen Betriebsstätte ergeben würden (IV.). Den Abschluss bildet eine Zusammenfassung der wesentlichen Ergebnisse (V.).

II. Besteuerung des Inboundgeschäfts

1. Sachverhalt „FANG Ltd."

Die FANG Ltd.[13] mit Sitz in Dublin (Irland) ist eine Tochtergesellschaft des amerikanischen FANG-Konzerns und bietet auf ihrer Website www.fang.de folgende Leistungen an:

– Verkauf von Elektronikgeräten an inländische Verbraucher (B2C-Versandhandel);

– Streaming von Fernsehserien an inländische Verbraucher (kostenpflichtiges Abonnement, B2C-Geschäft);

– Vertrieb von Standardsoftware an gewerbliche Endnutzer im Inland (Download oder Software-as-a-Service; B2B-Geschäft);

– FANG-Marketplace, eine kostenpflichtige Vermittlungsplattform für B2C-Geschäfte (B2B-Geschäft);[14]

– Social-Media-Plattform „Meine Freunde" (kostenlos, Einwilligung in Datennutzung);

– Schaltung von Werbung auf „Meine Freunde" für Kunden im Inland und China (B2B-Geschäft).

Die FANG Ltd. unterhält ein Warenlager in Köln. Zusätzlich hat sie 1.000 virtuelle Server in einem Datencenter der Telekom in Köln angemietet („TelekomCloud"), die sie für ihre digitalen Geschäftsprozesse verwendet und von Dublin aus fernsteuert. Zudem hat sie inländische „Marketing Affiliates" beauftragt, ihr durch Schaltung von Internet-Bannerwerbung neue Kunden zu vermitteln.

---

13 Das Akronym „FANG" wird gelegentlich als Sammelbezeichnung für Facebook, Amazon, Netflix und Google verwendet. Gebräuchlicher ist das Akronym „GAFA", das die US-Unternehmen Google, Apple, Facebook und Amazon als Gruppe bezeichnet, *Hoke*, TNI 2017 (Vol. 88), 842.

14 Auf dem FANG-Marketplace können Versandhändler ihre Waren an Verbraucher verkaufen. Der Vertrag zwischen dem Marktplatzbetreiber FANG Ltd. und dem Versandhändler ist ein B2B-Geschäft.

Fragen: Kann Deutschland die Einkünfte der FANG Ltd. besteuern? Wie werden die Einkünfte der FANG Ltd. in Irland und den USA besteuert?

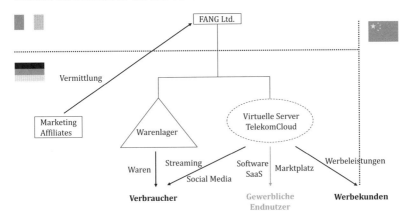

2. Besteuerung im Inland

Bei der FANG Ltd. handelt es sich um eine in Irland ansässige ausländische Kapitalgesellschaft (Private Company Limited by Shares). Diese Rechtsform ist mit einer deutschen GmbH vergleichbar.[15] Die Gesellschaft unterliegt mangels Bestehens eines inländischen Geschäftsleitungsorts nicht der unbeschränkten Körperschaftsteuerpflicht gem. § 1 Nr. 1 KStG, § 10 AO. Daher ist eine Besteuerung im Inland nur möglich, wenn die FANG Ltd. inländische Einkünfte im Rahmen der beschränkten Körperschaftsteuerpflicht gem. § 2 Nr. 1, § 8 Abs. 1 KStG i.V.m. § 49 Abs. 1 EStG erzielt und wenn das deutsche Besteuerungsrecht nicht durch das DBA-Irland ausgeschlossen wird.

a) Inländische Betriebsstätteneinkünfte gem. § 49 Abs. 1 Nr. 2 Buchst. a EStG

aa) Warenlager und virtuelle Server

Die FANG Ltd. erfüllt in Bezug auf das inländische Warenlager, das sie für ihren grenzüberschreitenden Versandhandel mit physischen Produkten benötigt, den Tatbestand der Erzielung inländischer gewerblicher

---

15 Betriebsstätten-Verwaltungsgrundsätze v. 24.12.1999, Tabelle 1, BStBl. I 1999, 1076.

Einkünfte gem. § 49 Abs. 1 Nr. 2 Buchst. a Alt. 1 EStG. Denn es handelt sich bei dem Warenlager um eine feste Geschäftseinrichtung i.S.d. § 12 Satz 2 Nr. 5 AO, die der Unternehmenstätigkeit „Versandhandel" dient, auf Dauer angelegt ist und sich in der Verfügungsmacht der FANG Ltd. befindet. Jedoch wird das deutsche Besteuerungsrecht für diese inländischen Einkünfte durch Art. 7 Abs. 1 DBA-Irland ausgeschlossen. Die FANG Ltd. ist aufgrund ihrer unbeschränkten Steuerpflicht in Irland ansässig (Art. 4 Abs. 1 DBA-Irland) und kann sich auf die Ausnahmeregelung für Vorbereitungs- und Hilfstätigkeiten gem. Art. 5 Abs. 4 DBA-Irland berufen. Danach gilt ein Warenlager nicht als Betriebsstätte, selbst wenn es eine feste Geschäftseinrichtung des ausländischen Unternehmens bildet (Art. 5 Abs. 4 Buchst. a DBA-Irland). Auch die Unterhaltung eines inländischen Warenbestands ist gem. Art. 5 Abs. 4 Buchst. b DBA-Irland unschädlich, wobei dieser Tatbestand gegenüber Art. 5 Abs. 4 Buchst. a DBA-Irland ohnehin keine eigenständige Bedeutung hat, wenn sich der Warenbestand im eigenen Warenlager des Unternehmens befindet.[16] Aufgrund der Fiktion („gilt nicht als Betriebsstätte") ist auch das – durchaus erwägenswerte – Argument abgeschnitten, dass die Unterhaltung eines lokalen Warenlagers im konkreten Fall des Online-Versandhändlers, der im Wettbewerb mit örtlichen Einzelhändlern steht, die die Ware sofort liefern können, mehr als nur eine Vorbereitungs- oder Hilfstätigkeit ist.

Zwar lässt der Umstand, dass die FANG Ltd. 1.000 virtuelle Server bei einem inländischen Anbieter angemietet hat, die zudem nur unter der deutschen Internetdomain „www.fang.de" erreichbar sind, auf eine erhebliche wirtschaftliche Präsenz im deutschen Markt schließen. Jedoch sind Marktdurchdringung bzw. Kundenanzahl nach geltendem Recht keine Kriterien für das Vorliegen inländischer gewerblicher Betriebsstätteneinkünfte. Entscheidend ist im Rahmen von § 49 Abs. 1 Nr. 2 Buchst. a EStG i.V.m. § 12 AO allein die physische Präsenz bzw. „Verwurzelung" im Inland.[17] Daher würde nur die Anmietung eines „dedizierten" (d.h. exklusiven) physischen Servers eine inländische „Serverbetriebsstätte" begrün-

---

16 Nach einer weitergehenden Auffassung hat die Ausnahme für Warenbestände überhaupt keinen Anwendungsbereich, weil der Warenbestand keine feste Geschäftseinrichtung i.S.d. Art. 5 Abs. 1 OECD-MA ist, sondern das Objekt der Unternehmenstätigkeit bildet, *Wassermeyer/Kaeser* in Wassermeyer, DBA, Art. 5 OECD-MA 2014, Rz. 163.
17 BFH v. 4.6.2008 – I R 30/07, BStBl. II 2008, 922.

den können.[18] In diesem Fall wäre der Betriebsstättentatbestand des Art. 5 Abs. 1 DBA-Irland nach Ansicht der OECD zumindest dann erfüllt, wenn der dedizierte Server Kernfunktionen des Unternehmens wie z.B. Bestellung, Bezahlung und „Auslieferung" digitaler Produkte per Download ausübt.[19] Demgegenüber fehlt in Bezug auf virtuelle Server bereits die gem. § 12 Satz 1 AO und Art. 5 Abs. 1 DBA-Irland erforderliche Verfügungsmacht über eine feste Geschäftseinrichtung, wenn sich das ausländische Unternehmen eines Webhosters bedient, bei dem es lediglich variablen Webspace bzw. virtuelle Ressourcen angemietet hat.[20] Das Datencenter bzw. die physischen Server, auf denen sich die Daten des Ausländers befinden, bilden eine feste Geschäftseinrichtung ausschließlich des Webhosters, der damit sein eigenes Unternehmen betreibt. Und eine Website kann mangels dauerhafter physischer Verkörperung schon keine feste Geschäftseinrichtung sein.[21]

bb) Marketing Affiliates

Bei den Marketing Affiliates handelt es sich um selbständige inländische Websitebetreiber. Dazu gehören Preisvergleichsseiten für Elektronikartikel, auf denen die FANG-Produkte gelistet werden, aber z.B. auch Zeitungsverlage, die Leser mit kostenlosen Online-Angeboten anlocken und diesen Besucherverkehr („Traffic") durch entgeltliche Bewerbung der FANG-Produkte „monetarisieren". Ein im Inland ansässiger Marketing Affiliate ist bereits dann als ständiger Vertreter i.S.d. § 49 Abs. 1 Nr. 2 Buchst. a Alt. 2 EStG, § 13 Satz 1 AO einzuordnen, wenn er für ein ausländisches Unternehmen nachhaltig Geschäfte vermittelt. Demgegenüber ist die Befugnis zum Abschluss von Verträgen im Namen des ausländischen Unternehmens nach § 13 Satz 2 AO nicht unbedingt erforderlich. In der Praxis kommen häufig Marketing Affiliates vor, die eine fixe Vergütung für die Anzeige von Werbebannern eines ausländischen Unternehmens erhalten („pay per view" oder „pay per impression"). Diese Tätigkeit ist als Werkleistung gem. § 631 BGB einzuordnen, die – ähn-

---

18 S. dazu ausf. *Pinkernell* in Mössner, Steuerrecht international tätiger Unternehmen, 5. Aufl. 2018, S. 325 f.

19 Art. 5 Rz. 129 OECD-MK 2017. Jedoch könnte dieser Serverbetriebsstätte auf der Grundlage des AOA kein Gewinn zugeordnet werden, ausf. *Pinkernell* in Mössner, Steuerrecht international tätiger Unternehmen, 5. Aufl. 2018, 335 f.

20 Art. 5 Rz. 124 und 131 OECD-MK 2017.

21 Art. 5 Rz. 123 OECD-MK 2017. Die Speicherung von Daten auf dem Endgerät des Nutzers erfolgt nur vorübergehend. Zudem hat das ausländische Unternehmen keine Verfügungsmacht über das Endgerät des Nutzers.

lich wie der Abdruck einer Zeitungsannonce – keinen Geschäftsbesorgungscharakter hat[22] und deshalb nicht unter § 13 AO fällt, auch wenn sie nachhaltig für einen bestimmten ausländischen Kunden ausgeübt wird.[23] Weit überwiegend ist jedoch das Revenue Sharing („pay per sale"), bei dem der Marketing Affiliate eine erfolgsabhängige Vermittlungsgebühr für die Weiterleitung von Kunden erhält und zivilrechtlich als Handelsvertreter oder Handelsmakler zu qualifizieren ist. In diesem Fall kann – je nach Ausgestaltung der vertraglichen Beziehung – eine nachhaltige Geschäftsbesorgung vorliegen, die den Tatbestand des § 13 Satz 1 AO erfüllt.[24] Gleichwohl darf Deutschland die Einkünfte der FANG Ltd. aus den vermittelten Geschäften nicht im Rahmen der beschränkten Steuerpflicht erfassen, weil die – höheren – Anforderungen einer DBA-Vertreterbetriebsstätte gem. Art. 5 Abs. 5 DBA-Irland nicht erfüllt sind. Erstens fehlt es beim Revenue Sharing regelmäßig an einer Vollmacht des Marketing Affiliate, für das ausländische Unternehmen Verträge abzuschließen; der Vertragsabschluss mit dem Kunden erfolgt erst auf der Website des ausländischen Unternehmens. Zweitens werden selbständige Marketing Affiliates für eine Vielzahl von Unternehmen tätig, so dass sie jedenfalls als unabhängige Vertreter einzuordnen sind, die gem. Art 5 Abs. 6 DBA-Irland keine Vertreterbetriebsstätte des ausländischen Unternehmens begründen können.

cc) Ergebnis

Im Ergebnis löst also die inländische Aktivität der FANG Ltd. keine Besteuerung gem. § 49 Abs. 1 Nr. 2 Buchst. a EStG aus, obwohl in Gestalt des Warenlagers und der Vermittler nicht unerhebliche physische Anknüpfungspunkte im Inland bestehen und zudem eine relativ hohe Marktdurchdringung vorliegt.

---

22 BGH v. 22.3.2018 – VII ZR 71/17, NJW-RR 2018, 687.

23 Ausf. dazu *Pinkernell*, Internationale Steuergestaltung im Electronic Commerce, 2014, S. 41 ff. Auch das Webhosting für ein ausländisches Unternehmen stellt eine Werkleistung dar, weshalb die Telekom keine nachhaltige Geschäftsbesorgungsleistung i.S.d. § 13 Satz 1 AO an die FANG Ltd. erbringt.

24 Jedoch verzichtet die Finanzverwaltung bei Nicht-DBA-Fällen im Rahmen einer Bagatellausnahme auf die Besteuerung (Abschn. R 49.1 Abs. 1 Satz 2 und 3 EStR).

b) Inländische gewerbliche Einkünfte gem. § 49 Abs. 1 Nr. 2 Buchst. f EStG

aa) Streaming und Software

Die weitgehende Digitalisierung von Geschäftsprozessen und Produkten ermöglicht es ausländischen Anbietern, auf eine physische Präsenz im Inland ganz zu verzichten oder – wie bereits dargestellt – unterhalb der Betriebsstättenschwelle des einschlägigen DBA zu operieren. Die „Entmaterialisierung" der Geschäftätigkeit bewirkt aber zugleich eine Verlagerung der Wertschöpfung in den Bereich der immateriellen Wirtschaftsgüter, zu denen u.a. urheberrechtlich geschützte Inhalte („Content" wie z.B. Filme, Musik), Software, Datenbestände und Know-how gehören. Dies führt zu der heftig diskutierten Frage, ob die auf elektronischem Weg erbrachten Leistungen eines ausländischen Unternehmens unter den Tatbestand der gewerblichen Veräußerung oder der gewerblichen Vermietung und Verpachtung von Rechten gem. § 49 Abs. 1 Nr. 2 Buchst. f Satz 1 EStG fallen können.[25] Der Anwendungsbereich dieser Norm könnte im Hinblick auf die von der FANG Ltd. an Verbraucher gestreamten Fernsehserien grundsätzlich eröffnet sein, weil Filmwerke und ähnliche Werke bei hinreichender Schöpfungshöhe urheberrechtlichen Schutz genießen (§ 73a Abs. 2 EStDV i.V.m. § 2 Abs. 1 Nr. 6 UrhG) und darüber hinaus auch noch ein separates Leistungsschutzrecht des Herstellers besteht (§ 94 Abs. 1 UrhG). Zudem handelt es sich bei der FANG Ltd. um eine ausländische Kapitalgesellschaft, deren Veräußerungs- bzw. Vermietungseinkünfte kraft Rechtsform als gewerblich gelten (§ 49 Abs. 1 Nr. 2 Buchst. f Satz 3 EStG). Jedoch dürfte beim Streaming an einen Verbraucher schon keine Rechteüberlassung vorliegen, weil der Empfänger das geschützte Werk ähnlich wie ein Fernsehzuschauer konsumiert (zustimmungsfreier Werkgenuss) und allenfalls flüchtige Vervielfältigungshandlungen vornimmt, die gem. § 44a UrhG zulässig sind (z.B. Zwischenspeicherung des Datenstroms). Außerdem erfordert der Tatbestand bei Rechten, die z.B. wie das Urheberrecht nicht in ein inländisches Register eingetragen sind, als Anknüpfungspunkt für das inländische Besteuerungsrecht eine „Verwertung" des Urheberrechts in einer inländischen Betriebsstätte oder anderen Einrichtung. Dies hat im B2C-Geschäft zur Folge, das schon deshalb keine inländischen Einkünfte

---

25 Ausf. dazu *Pinkernell* in Mössner, Steuerrecht international tätiger Unternehmen, 5. Aufl. 2018, S. 343 ff.

i.S.d. § 49 Abs. 1 Nr. 2 Buchst. f EStG vorliegen können, weil Verbraucher weder eine Betriebsstätte noch eine andere Einrichtung unterhalten.[26]

Schwieriger zu beurteilen ist die Rechtslage in Bezug auf die im B2B-Geschäft angebotenen Softwareprodukte der FANG Ltd. (Softwaredownload bzw. Software-as-a-Service), weil hier eine Verwendung in einer inländischen Betriebsstätte des gewerblichen Kunden erfolgt. Hinter der Softwarelizenz steht jedenfalls ein „Recht" i.S.d. § 49 Abs. 1 Nr. 2 Buchst. f EStG, wenn das Computerprogramm ein individuelles Werk darstellt und urheberrechtlichen Schutz genießt, was bei den kommerziell vertriebenen Softwareprodukten wie z.B. Office-Paketen oder Datenbankprogrammen ausnahmslos der Fall sein dürfte (§ 73a Abs. 2 EStDV i.V.m. § 2 Abs. 1 Nr. 1, § 69a Abs. 3 UrhG). Nicht abschließend geklärt ist aber, ob die einem gewerblichem Endanwender erteilte Gestattung der Nutzung einer Programmkopie, wonach der Lizenznehmer das Programm lediglich auf seinem Computer installieren und damit arbeiten darf, eine „Verwertung" i.S.d. § 49 Abs. 1 Nr. 2 Buchst. f EStG darstellt. Ein Teil der Lit. vertritt in Anlehnung an die BFH-Rspr. zur Auslegung des Verwertungsbegriffs in § 49 Abs. 1 Nr. 3 und 4 EStG ein eher weites Begriffsverständnis im Sinne eines „Nutzens" oder „Nutzbarmachens" der Software.[27] Danach würde der Tatbestand auch die Nutzungsüberlassung von (Standard-)Software an gewerbliche Endanwender erfassen, die die Software lediglich für ihre internen Geschäftsprozesse nutzen. Demgegenüber unterscheidet die Finanzverwaltung im Rahmen einer für § 49 Abs. 1 Nr. 2 Buchst. f und Nr. 6 EStG tatbestandsspezifischen Auslegung zwischen der Einräumung umfassender Nutzungsrechte zur wirtschaftlichen Weiterverwertung und der bloßen Gestattung des bestimmungsgemäßen Gebrauchs einer Software durch einen Endanwender.[28] Die Finanzverwaltung orientiert sich dabei an der urheberrechtlichen Abgrenzung zwischen den zustimmungs- und den nicht zustimmungsbedürftigen Nutzungshandlungen gem. §§ 69c, 69d UrhG, was in der Praxis dazu führt, dass das typische grenzüberschreitende Massengeschäft mit Standardsoftware aus dem Tatbestand der inländischen Einkünfte herausgehalten wird. Der maßvolle Ansatz der Finanzverwaltung ist vereinzelt

---

26 Bei einer anderen Einrichtung handelt es sich um eine feste Geschäftseinrichtung oder Anlage i.S.d. § 12 AO, die nur deshalb nicht als Betriebsstätte anzusehen ist, weil sie nicht der Unternehmenstätigkeit dient wie z.B. Einrichtungen von Rundfunk- und Fernsehanstalten, *Blümich/Reimer*, § 49 EStG Rz. 288.
27 *Petersen*, IStR 896 (901); *Holthaus*, IStR 2017, 729 (730).
28 BMF v. 27.10.2017, BStBl. I 2017, 1448 Rz. 3 f.

als „rechtswidrig" bezeichnet worden,[29] lässt sich aber mit den folgenden Argumenten sehr wohl rechtfertigen: Erstens ist der bloße Genuss eines urheberrechtlich geschützten Werks zustimmungsfrei; dies gilt auch für Computerprogramme.[30] Zweitens beschränkt sich der wirtschaftliche Gehalt der Nutzungsüberlassung von Standardsoftware auf die Nutzung der Funktionalität des Computerprogramms, ohne dass zugleich eine ins Gewicht fallende Nutzung des Urheberrechts an dem Computerprogramm vorliegt.[31] Aus diesem Grund ist auch der ermäßigte Umsatzsteuersatz für die Einräumung bzw. Übertragung von Urheberrechten gem. § 12 Abs. 2 Nr. 7 Buchst. c UStG nicht auf die Überlassung von Standardsoftware anwendbar.[32] Drittens ist Software-as-a-Service entgegen der Auffassung der Finanzverwaltung für Zwecke des § 49 Abs. 1 EStG ohnehin nicht als Nutzungsüberlassung eines Rechts, sondern als gewerbliche Werk- oder Dienstleistung einzuordnen.[33] Viertens, und das ist vermutlich der ausschlaggebende Grund für den restriktiven Ansatz der Finanzverwaltung, hätte Deutschland auf Abkommensebene auch kein Besteuerungsrecht für die Einkünfte aus dem grenzüberschreitenden Verkauf bzw. aus der grenzüberschreitenden Vermietung von (Standard-)Software an Endanwender. Denn es handelt sich um Unternehmensgewinne i.S.d. Art. 7 Abs. 1 OECD-MA, für die das Betriebsstättenprinzip gilt.[34] Im Ergebnis unterliegen die Einkünfte der FANG Ltd. aus dem B2B-Geschäft mit Software nicht der Besteuerung in Deutschland.

bb) Vermittlungs- und Werbeleistungen

Die FANG Ltd. verwendet ihre Internetplattform auch dazu, Vermittlungs- und Werbeleistungen an gewerbliche Kunden zu erbringen (B2B-Geschäft). Daraus ergeben sich aber keine inländischen Einkünfte gem. § 49 Abs. 1 Nr. 2 Buchst. f EStG, weil es wiederum an einer Rechteüberlassung an den inländischen Kunden fehlt. Der BFH hat bereits zum ähnlich strukturierten Tatbestand der Rechteüberlassung gem. § 8 Nr. 1 Buchst. f GewStG entschieden, dass eine automatisierte Vermittlungsleistung, bei der sich das Entgelt nach dem vermittelten Umsatz richtet,

---

29 *Holthaus*, IStR 2017, 729 (730).
30 BGH v. 20.1.1994 – I ZR 267/91, GRUR 1994, 363 (Holzhandelsprogramm).
31 *Ackermann*, ISR 2016, 258 (260); *Pinkernell*, ISR 2012, 82 (83).
32 Abschn. 12.7 Abs. 1 Satz 7 ff. UStAE.
33 *Ackermann*, ISR 2016, 258 (262); *Pinkernell*, Ubg 2017, 497 (505); *Tappe*, IStR 2011, 870 (873).
34 Art. 12 Rz. 14 OECD-MK 2017.

nicht als passive Nutzungsüberlassung der Plattform, sondern als aktive, automatisierte Dienstleistung anzusehen ist.[35] Dies gilt auch im Rahmen des § 49 Abs. 1 Nr. 2 Buchst. f EStG, denn die zivilrechtliche Einordnung als Geschäftsbesorgungsleistung spiegelt den wirtschaftlichen Gehalt der Vermittlungsplattform „FANG-Marketplace" zutreffend wider. Die zivilrechtliche Ausgangslage ist m.E. auch im Fall der FANG-Onlinewerbung entscheidend: Zwar wird in der Lit. vereinzelt unter Berufung auf den Bandenwerbungsfall[36] die Auffassung vertreten, dass Vergütungen für die Schaltung von Onlinewerbung (z.B. Bannerwerbung, Werbeclips) zu den inländischen Einkünften i.S.d. § 49 Abs. 1 Nr. 2 Buchst. f EStG gehören. Nach dieser Auffassung soll eine Rechtspacht i.S.d. § 581 BGB bzw. ein „Werberecht" vorliegen, das dem inländischen Kunden zur Nutzung überlassen wird.[37] *Hruschka* hat in einem höchst umstrittenen Aufsatz sogar die Ansicht vertreten, dass es sich bei Onlinewerbung um die Nutzungsüberlassung von Know-how bzw. „Werbealgorithmen" handelt, die eine Verpflichtung zum Steuerabzug gem. § 49 Abs. 1 Nr. 9, § 50a Abs. 1 Nr. 3 EStG auslöst.[38] Gegen die Rechteüberlassung spricht jedoch der Umstand, dass zivilrechtlich entweder eine Geschäftsbesorgungsleistung (Maklerleistung) oder eine erfolgsbezogene Dienstleistung (Werkvertrag gem. § 631 Abs. 2 BGB) vorliegt. Und die vermeintliche Nutzung von Werbealgorithmen scheitert daran, dass der Werbekunde keinen Einblick in Software des Leistenden erhält, die dessen Geschäftsgeheimnis bleibt.[39] Es ist daher zu begrüßen, dass die Finanzverwaltung die unnötige Diskussion um den Steuerabzug bei Vergütungen für Onlinewerbung mit BMF-Schreiben vom 4.3.2019[40] im Sinne der Steuerpflichtigen beendet hat. Auf DBA-Ebene wären die Einkünfte aus dem Werbegeschäft ohnehin als Unternehmensgewinne i.S.d. Art. 7 Abs. 1 DBA-Irland einzuordnen, für die Deutschland mangels Vorliegens einer Betriebsstätte kein Besteuerungsrecht hätte. Hinsichtlich der in China ansässigen Werbekunden der FANG Ltd. würde es zudem an der Verwertung des vermeintlichen „Werberechts" in einer inländischen Betriebsstätte fehlen. Denn beide Vertragspartner sind im Ausland ansässig, so dass kein hinreichen-

---

35 BFH v. 26.4.2018 – III R 25/16, DStR 2018, 1860.
36 BFH v. 16.5.2001 – I R 64/99, BStBl. II 2003, 641.
37 *Hruschka* in StBJb 2017/2018, S. 712.
38 *Hruschka*, IStR 2019, 88 (92); dagegen mit zutreffenden Argumenten *Haase*, DStR 2019, 761 ff.
39 Ausf. dazu *Diffring/Saft*, DB 2019, 387 ff.
40 BStBl. I 2019, 256.

der Bezug zum Inland besteht, auch wenn sich die Zielgruppe der Werbung im Inland befindet (inländische Verbraucher).

cc) Kostenlose Social-Media-Leistungen

Abschließend zur Rechteüberlassung könnte man noch überlegen, ob im Hinblick auf die kostenlos erbrachten Social-Media-Leistungen an Verbraucher („Meine Freunde") ein entgeltliches Austauschverhältnis besteht, das möglicherweise zu inländischen Einkünften des ausländischen Social-Media-Anbieters FANG Ltd. führt. Den Ausgangspunkt dieser Überlegung bildet die zivilrechtliche Rechtsprechung, wonach die Einwilligung eines Verbrauchers in die Nutzung seiner personenbezogenen Daten zumindest dann ein Gegenseitigkeitsverhältnis begründet, wenn der Verbraucher ein Nutzerkonto eröffnen muss, um die kostenlose Leistung eines Internet-Suchmaschinenbetreibers empfangen zu können.[41] Daraus wird vereinzelt der Schluss gezogen, dass zumindest für Zwecke der Umsatzsteuer ein Leistungsaustausch „Internetleistung gegen Datenverwertungsrecht" vorliegt, der nach § 1 Abs. 1 Nr. 1, § 3a Abs. 5 UStG eine Umsatzsteuerpflicht des ausländischen Anbieters begründet, wenn der Nutzer der kostenlosen Leistung im Inland ansässig ist.[42] Der vermeintliche tauschähnliche Umsatz i.S.d. § 3 Abs. 12 Satz 2 UStG scheitert m.E. aber schon daran, dass personenbezogene Daten im Unterschied zu urheberrechtlich geschützten Werken nicht lizenzfähig sind, weshalb dem behaupteten „Datenverwertungsrecht" die zivilrechtliche Grundlage fehlt.[43] Mangels Gegenleistung kommt dann auch kein Leistungsaustausch in Betracht. Selbst wenn ein Leistungsaustausch vorliegen sollte, der auch ertragsteuerlich relevant wäre (Erlösrealisierung gem. § 252 Abs. 1 Nr. 4 HGB?), ergäben sich keine inländischen Einkünfte gem. § 49 Abs. 1 Nr. 2 Buchst. f EStG. Denn der Tatbestand erfordert eine Rechteüberlassung in umgekehrter Richtung (Rechteüberlassung durch den Steuerausländer). Hier erbringt die FANG Ltd. aber eine aktive Plattformleistung an die inländischen Nutzer (Bereitstellung der Plattform einschließlich der Möglichkeit Informationen

---

41 LG Berlin v. 14.11.2013 – 15 O 402/12, juris. Allerdings hat das LG Berlin auch entschieden, dass Facebook keine irreführende Werbung betreibt, wenn es seine Leistungen als „kostenlos" bezeichnet, LG Berlin, Urt. v. 16.1.2018 – 16 O 341/15 (nrkr.). Die Mitgliedschaft sei kostenlos, weil dem Nutzer keine Aufwendungen in Gestalt einer Vermögenseinbuße entstehen.

42 *Melan/Wecke*, DStR 2015, 2267 (2268); *Melan/Pfeiffer*, DStR 2017, 1072 (1073); *Dietsch*, MwStR 2017, 868 (871).

43 Ausf. dazu *Pinkernell*, Ubg 2018, 139 (144).

zu posten, mit anderen Mitgliedern in Kontakt zu treten und die Suchfunktion zu nutzen); zudem würde es an einer Vewertung in einer inländischen Betriebsstätte fehlen. Die Social-Media-Leistung fällt daher nicht unter § 49 Abs. 1 Nr. 2 Buchst. a EStG, sondern wäre als gewerbliche Dienstleistung nur dann im Inland steuerpflichtig, wenn die FANG Ltd. dafür eine inländische Betriebsstätte unterhalten würde (§ 49 Abs. 1 Nr. 2 Buchst. a EStG).

dd) Ergebnis

Zusammenfassend lässt sich daher festhalten, dass die von der FANG Ltd. im B2B- und B2C-Geschäft erbrachten Leistungen nicht den Tatbestand der „betriebsstättenlosen" gewerblichen Einkünfte gem. § 49 Abs. 1 Nr. 2 Buchst. f EStG erfüllen. Da aufgrund der hohen Betriebsstättenschwelle des DBA-Irland auch die Warenverkäufe nicht im Inland besteuert werden dürfen, ergibt sich die Anschlussfrage, ob wenigstens in den Staaten, in denen die FANG-Konzerngesellschaften ansässig sind, eine (hinreichende) Besteuerung erfolgt.

3. Besteuerung in Irland und den USA

a) Besteuerung in Irland

Die FANG Ltd. hat sowohl ihren Gründungsort als auch ihren Verwaltungssitz in Irland und unterliegt dort der unbeschränkten Körperschaftsteuerpflicht.[44] Allerdings beträgt der reguläre irische Steuersatz für aktive gewerbliche Einkünfte lediglich 12,5 %. Einkünfte aus selbst geschaffenen Patenten und Softwareurheberrechten werden in Irland unter bestimmten Voraussetzungen sogar ermäßigt besteuert (Steuersatz 6,25 %),[45] so dass sich für das Einkommen der FANG Ltd. eine Steuerbelastung von insgesamt lediglich 9 % ergeben könnte.[46] Dabei wird un-

---

44 Gesellschaften, die nach dem 31.12.2014 in Irland gegründet worden sind, gelten als in Irland ansässig und unterliegen dort grundsätzlich der unbeschränkten Körperschaftsteuerpflicht (*Pietrek* in Wassermeyer, DBA, Anh. DBA Irland Rz. 28). Dies gilt ab 1.1.2020 auch für Altgesellschaften.

45 Die Begünstigung (Knowledge Development Box) gilt seit dem 1.1.2016 und entspricht dem Nexus-Ansatz gem. Aktionspunkt 5 des BEPS-Projekts, *Weigel/Schega*, StuB 2018, 668 (674).

46 Anwendung des ermäßigten Steuersatzes von 6,25 % auf die in die Umsatzerlöse „eingebetteten" Einkünfte aus begünstigten Immaterialgütern, Besteuerung der übrigen Einkünfte mit dem Regelsteuersatz von 12,5 %. Bislang war es möglich, mittels der „Double-Irish"-Gestaltung eine noch geringere Steuer-

terstellt, dass die FANG Ltd. für Verrechnungspreiszwecke als ein Mittelunternehmen bzw. zweiter Strategieträger einzuordnen ist, der über eigenes qualifiziertes Personal verfügt, gemeinsam mit der US-Muttergesellschaft FANG Inc. im Rahmen eines Cost Sharing Arrangements immaterielle Vermögenswerte entwickelt und als Miteigentümer dieser immateriellen Vermögenswerte auch nach den OECD-Leitlinien berechtigt ist, entsprechend hohe Einkünfte zu erzielen. Eventuell kommt auch ein Profit Split zwischen FANG Ltd. und FANG Inc. in Betracht, wenn beide Unternehmen wirtschaftlich integriert sind und über einzigartige immaterielle Vermögenswerte verfügen, die für das FANG-Geschäftsmodell prägend sind.[47] Die Einkünfte der FANG Ltd. unterliegen in Irland einer nach deutschen Maßstäben niedrigen Besteuerung, die deutlich unter der 25 %-Grenze liegt, die der deutsche Gesetzgeber in § 8 Abs. 3 AStG und § 4j Abs. 2 Satz 1 EStG als Referenzwert verwendet. Jedoch hängt die Gewährung von Abkommensvergünstigungen gem. Art. 4 Abs. 1 DBA-Irland nicht von der Höhe der irischen Steuerbelastung ab, weshalb Deutschland die Niedrigbesteuerung nach derzeitigem Recht hinnehmen muss.[48] Daraus kann sich ein erheblicher Wettbewerbsnachteil inländischer Anbieter ergeben, deren typisierte Steuerbelastung 29,83 % beträgt[49] und in Abhängigkeit vom Gewerbesteuerhebesatz auch noch deutlich höher ausfallen kann.

b) Besteuerung in den USA

Die FANG Ltd. ist aus der Perspektive des amerikanischen Steuerrechts als Controlled Foreign Corporation (CFC) einzuordnen. Jedoch kommt eine Hinzurechnung der niedrig besteuerten Einkünfte dieser CFC bei der US-Muttergesellschaft FANG Inc. im Rahmen der regulären US-Hinzurechnungsbesteuerung gem. § 951 IRC (Internal Revenue Code) nicht

---

belastung zu erreichen (s. dazu *Pinkernell*, StuW 2012, 369). Dieser Gestaltungstrick ist aufgrund der irischen Körperschaftsteuerreform aber spätestens ab 1.1.2020 nicht mehr möglich, wenn auch die nach irischem Recht gegründeten Altgesellschaften der unbeschränkten Körperschaftsteuerpflicht unterliegen.

47 S. dazu *Baumhoff/Liebchen* in Mössner, Steuerrecht international tätiger Unternehmen, 5. Aufl. 2018, 503.

48 Die irischen Niedrigsteuersätze verstoßen mangels Selektivität auch nicht gegen das unionsrechtliche Beihilfenverbot gem. Art. 107 Abs. 1 AEUV. Da die KDB dem Nexus-Ansatz i.S.d. BEPS-Aktionspunkts 5 entspricht, hat die EU-Kommission auch kein Beihilfeverfahren eingeleitet.

49 Bei einem Gewerbesteuerhebesatz von 400 %.

in Betracht, wenn die FANG Ltd. als zweiter Strategieträger aktive Einkünfte aus dem Vertrieb von Waren bzw. der Erbringung von Dienstleistungen erzielt. Vermutlich unterliegt aber ein großer Teil der Einkünfte der CFC der neuen GILTI-Hinzurechnungsbesteuerung gem. § 951A IRC, die ab dem 1.1.2018 greift. Danach wird dem Einkommen der US-Muttergesellschaft der Teilbetrag der Einkünfte der CFC hinzugerechnet, der den pauschalierten Routineertrag des Sachanlagevermögens der CFC übersteigt. Das Ziel der Regelung besteht darin, die Überrenditen substanzarmer CFCs, auf die immaterielle Wirtschaftsgüter verlagert worden sind, in den USA einer Mindestbesteuerung zu unterziehen.[50] Unterstellt man einmal, dass die FANG Ltd. als Online-Versandhändler und Dienstleister über kein nennenswertes Sachanlagevermögen verfügt, würde praktisch der gesamte Gewinn in die GILTI-Hinzurechnungsbesteuerung eingehen.[51] Nach Abzug des GILTI-Kürzungsbetrags für Kapitalgesellschaften i.H.v. 50 % (§ 250(a) IRC), beträgt die Steuerbelastung auf Ebene der FANG Inc. vor Steueranrechnung 10,5 %, was der Hälfte des US-Regelsteuersatzes von 21 % entspricht. Die tatsächliche US-Steuerbelastung („residual tax") beläuft sich aber nur auf ca. 3,3 %, weil die irische Steuer gem. § 960(d) IRC zu 80 % auf die tarifliche Steuer angerechnet wird.[52] Insgesamt erhöht sich die Steuerbelastung der Einkünfte des FANG-Konzerns aus dem Deutschlandgeschäft dadurch auf 12,3 % (9,0 + 3,3) und liegt damit immer noch deutlich niedriger als die Steuerbelastung eines vergleichbaren Unternehmens, das in Deutschland ansässig ist. Es besteht daher auch unter Berücksichtigung der GILTI-Hinzurechnungsbesteuerung immer noch ein deutlicher steuerlicher Vorteil des FANG-Konzerns. Jedoch darf dabei nicht außer Acht gelassen werden, dass Deutschland im Vergleich zu anderen EU-Mitgliedstaaten mittlerweile ein „Hochsteuerland" geworden ist, weshalb ein Teil des steuerlichen Wettbewerbsnachteils quasi hausgemacht ist. Zudem können die USA einwenden, dass die GILTI-Hinzurechnungsbesteuerung zumindest im Hinblick auf EU-Niedrigsteuerländer wie Ungarn (9 %) und Irland (12,5 %) sowie im Vergleich zu europäischen Patentboxen, die sogar nur

---

50 *Schönfeld/Zinowsky/Rieck*, IStR 2018, 127 (133).
51 Jedoch ist vorstellbar, dass andere ausländische Gesellschaften des FANG-Konzerns über eigene Logistikzentren verfügen, in denen der Warenversand abgewickelt wird. Dieses Sachanlagevermögen wäre im Rahmen der GILTI-Hinzurechnungsbesteuerung zu berücksichtigen, weil bei der Ermittlung des Hinzurechnungsbetrags eine Gesamtbetrachtung aller ausländischen Gesellschaften erfolgt.
52 $10,5 - 9,0 \times 0,8 = 3,3$.

minimale Steuersätze von 5 oder 6 % für begünstigte Einkünfte vorsehen, nicht unangemessen niedrig ist.

III. Auswirkungen des BEPS-Projekts

1. BEPS-Aktionspunkte

Die OECD hat sich im Rahmen des Aktionspunkts 1 des BEPS-Projekts der G20-Mitgliedstaaten intensiv mit der internationalen Steuervermeidung in der Digitalen Wirtschaft bzw. Digital Economy befasst.[53] Federführend ist die Task Force on the Digital Economy (TFDE), eine OECD-Arbeitsgruppe, die ihren vorläufigen Abschlussbericht am 5.10.2015 vorgelegt hat (TFDE-Abschlussbericht).[54] Die Arbeit der TFDE war ein zentraler Baustein des BEPS-Projekts[55] und dient dem übergeordneten Ziel, Steuervermeidung und Gewinnverlagerungen in der Digital Economy zu bekämpfen, damit die Besteuerung (wieder) am Ort der wirtschaftlichen Aktivität und der Wertschöpfung erfolgen kann.[56] Im Bereich der Ertragsteuern hat die TFDE mehrere Eigenschaften der Digital Economy identifiziert, die der Gewinnverlagerung und Gewinnkürzung in besonderer Weise Vorschub leisten. Dabei handelt es sich u.a. um die herausragende Bedeutung immaterieller Wirtschaftsgüter, die „mobile" Einkünfte generieren und bislang relativ leicht im Konzern verlagert werden konnten. Da auch die Vertriebsfunktion nicht an einen bestimmten Standort gebunden ist, weil sich die Kunden von jedem Land aus über das weltumspannende Internet erreichen lassen, kann ein IT-Unternehmen wesentliche Teile der Wertschöpfungskette in Niedrigsteuerländern ansiedeln.[57] Weitere Besonderheiten sind die Wertschöpfung mit Daten, die zu einer Art Rohstoff des Internets geworden sind, sowie Netzwerkeffekte und die Verwertung von Nutzerbeiträgen. So genügt es im Bereich Social Media bereits, eine Online-Community zu organisie-

---

53 Ausf. dazu *Fehling*, IStR 2015, 797; *Pinkernell*, DK 2015, 57; *Rogge*, BB 2015, 2966.

54 OECD, Addressing the Tax Challenges of the Digital Economy, Action 1 – 2015 Final Report, 2015, OECD/G20 Base Erosion and Profit Shifting Project, OECD Publishing, Paris.

55 Überblick zum BEPS-Projekt bei *Oppel*, SteuK 2016, 53.

56 TFDE-Abschlussbericht, S. 3 und 86 f.

57 Der TFDE-Abschlussbericht enthält dazu ab S. 167 einige anschauliche Beispiele: Online Retailer, Internet Advertising, Cloud Computing, Internet App-Store.

ren, die aus den (kostenlosen) Beiträgen ihrer Nutzer besteht und sich durch Schaltung von Werbung „monetarisieren" lässt.

Der Abschlussbericht der TFDE war in erster Linie eine Bestandsaufnahme, enthält aber auch konkrete Ergebnisse und legt den Rahmen für weitere Untersuchungen fest. Zentraler Ausgangspunkt ist die Erkenntnis, dass sich die Digital Economy nicht sinnvoll von anderen unternehmerischen Tätigkeiten abgrenzen lässt, weil mittlerweile alle Branchen digitale Geschäftsprozesse verwenden. Daher hatte die TFDE nicht einmal den Versuch unternommen, ein besonderes Besteuerungssystem für die mobilen Einkünfte der Digitalunternehmen zu entwickeln.[58] Stattdessen sollte die internationale Minderbesteuerung kurzfristig im Rahmen der übrigen Maßnahmen des BEPS-Projekts bekämpft werden (2.). Die TFDE hatte jedoch auch steuerpolitischen Handlungsbedarf identifiziert, der aus dem offenen zwischenstaatlichen Verteilungskonflikt zwischen „Digitalexporteuren" und „Digitalimporteuren" resultiert und derzeit untersucht wird. Der Zwischenbericht vom 16.3.2018 gibt den Diskussionsstand innerhalb der Arbeitsgruppe wieder, ohne aber Empfehlungen auszusprechen. Jedoch hat die OECD einen neuen Bericht für das Frühjahr 2019 angekündigt, der sich eingehend mit der Neuverteilung der Besteuerungsrechte befassen soll.[59]

2. Konkrete Maßnahmen im Rahmen des BEPS-Projekts

Die TFDE erwartete 2015, dass das BEPS-Projekt das Steueraufkommen sowohl des „Marktstaats" als auch des Ansässigkeitsstaats der Muttergesellschaft erhöhen würde, was sich wohl schon im Ansatz zu bestätigen scheint.[60] Das Besteuerungsrecht des Marktstaats wird insbesondere durch BEPS-Aktionspunkt 7 gestärkt (Maßnahmen gegen die künstliche Vermeidung einer Betriebsstätte). Hierbei geht es um eine gezielte Absenkung der Betriebsstättenschwelle gem. Art. 5 OECD-MA 2017, die sich auf den Internet-Versandhandel und andere E-Commerce-Geschäftsmodelle auswirken wird, sobald sie in die Doppelbesteuerungsabkommen übernommen worden ist. Das neue DBA-Australien vom 15.12.2015

---

58 TFDE-Abschlussbericht, S. 143.
59 OECD (2018), Tax Challenges Arising from Digitalisation – Interim Report 2018: Inclusive Framework on BEPS, OECD/G20 Base Erosion and Profit Shifting Project, OECD Publishing, Paris, Rz. 399.
60 OECD (2018), Tax Challenges Arising from Digitalisation – Interim Report 2018: Inclusive Framework on BEPS, OECD/G20 Base Erosion and Profit Shifting Project, OECD Publishing, Paris, Rz. 308.

setzt bereits einen Großteil der OECD-Empfehlungen um.[61] Die erste Erweiterung des Betriebsstättenbegriffs betrifft die Ausnahmen für Hilfs- und Vorbereitungstätigkeiten in Art. 5 Abs. 4 OECD-MA 2017.[62] An die Stelle einer Gesamtbetrachtung tritt nunmehr eine Einzelbetrachtung der jeweiligen Aktivität, wobei es auf die konkrete Bedeutung der Hilfs- oder Vorbereitungstätigkeit für das betroffene Unternehmen ankommt.[63] Dies eröffnet die Möglichkeit, das Warenlager eines Online-Versandhändlers als DBA-Betriebsstätte zu qualifizieren, wenn es für dessen Geschäftsmodell ein besonderes Gewicht hat (z.B. schnelle Auslieferung, besonders fortschrittliches Logistikkonzept), während Warenlager der Unternehmen anderer Branchen weiterhin nur eine Hilfsfunktion hätten.[64] Dazu kommt eine neue Gesamtbetrachtung bei „fragmentierten" bzw. zersplitterten Aktivitäten von eng verbundenen Unternehmen. Nach Art. 5 Abs. 4.1 OECD-MA 2017 fallen Hilfs- und Vorbereitungstätigkeiten nicht unter die Ausnahme gem. Art. 5 Abs. 4 OECD-MA 2017, wenn sie von verbundenen Unternehmen ausgeübt werden und einander ergänzende Funktionen im Rahmen einer zusammenhängenden Geschäftstätigkeit darstellen. Diese „Anti-Fragmentierungsregel" richtet sich insbesondere gegen die Errichtung von selbständigen Tochtergesellschaften, die im Quellenstaat Routinetätigkeiten wie Online-Marketing, Webhosting, Kunden-Support und Versandlogistik ausüben, die in der Summe praktisch einen vollständigen Geschäftsbetrieb ergeben.[65]

Aktionspunkt 7 des BEPS-Projekts erweitert zudem die Definition der Vertreterbetriebsstätte.[66] Nach Art. 5 Abs. 5 und 6 OECD-MA 2017 sind nunmehr auch die im eigenen Namen handelnden Kommissionäre und solche Vermittler erfasst, die, ohne Vertreter zu sein, Verträge für das ausländische Unternehmen unterschriftsreif vorbereiten. Zudem soll ein „Ein-Firmen-Vertreter", der nur für eng verbundene Unternehmen tätig wird, schon im Ansatz nicht mehr als unabhängiger Vertreter eingeordnet werden. Die Ausnahme für unabhängige Vermittler und Vertreter bleibt aber im Übrigen bestehen, weshalb der unabhängige Betreiber eines Internetmarktplatzes bzw. ein Marketing Affiliate weiterhin keine Vertreterbetriebsstätte seines Geschäftsherrn bzw. Auftraggebers begründet. Zu-

---

61 S. dazu *Becker*, IStR 2016, 621.
62 TFDE-Abschlussbericht, S. 145.
63 *Schmidt-Heß*, IStR 2016, 165 (166).
64 *Schoppe/Popat*, BB 2016, 1113 (1115 f.); *Kahle/Braun*, Ubg 2018, 365 (372); *Kraft/Hentschel/Apler*, Ubg 2017, 318 (321).
65 *Schmidt-Heß*, IStR 2016, 165 (169).
66 TFDE-Abschlussbericht, S. 145.

dem wird Deutschland die Änderungen bei der Vertreterbetriebsstätte nicht im Rahmen des Multilateralen Instruments in die bestehenden DBA übernehmen.[67] Das DBA-Australien 2015, das bilateral geändert wurde und in Art. 5 Abs. 8 und 9 DBA-Australien auch den erweiterten Vertreterbegriff übernommen hat, wird daher vorerst eine Ausnahme bleiben.

Die Aufwertung von Hilfs- und Vorbereitungstätigkeiten zu Betriebsstätten sowie die Erweiterung der Vertreterbetriebsstätte sind aus fiskalischer Sicht jedoch nur sinnvoll, wenn dem höheren Verwaltungsaufwand ein nennenswertes Steueraufkommen gegenübersteht. Deshalb hat die OECD im März 2018 einen ergänzenden Bericht zur Anwendung des AOA in Fällen des Art. 5 OECD-MA 2017 veröffentlicht, in dem anhand von Beispielen typische Konstellationen erläutert werden.[68] Ob sich die Aufwertung der Hilfsbetriebsstätten und der bislang nicht als wesentlich eingestuften Unternehmensaktivitäten zu steuerauslösenden Anknüpfungspunkten fiskalisch lohnen wird, bleibt aber abzuwarten.

3. Umsetzung durch Deutschland

Die Änderung bestehender DBAs durch bilaterale Änderungsprotokolle würde in Anbetracht der Vielzahl der betroffenen Abkommen viele Jahre, wenn nicht gar Jahrzehnte in Anspruch nehmen. Aktionspunkt 15 des BEPS-Projekts sieht daher einen anderen Weg vor: Das Multilaterale Instrument (MLI) ist ein mehrseitiger völkerrechtlicher Vertrag, der die partielle Überschreibung bestehender DBA „auf einen Schlag" ermöglichen soll, um die Ergebnisse des BEPS-Projekts und das darauf beruhende OECD-MA 2017 in geltendes Recht umzusetzen. Die teilnehmenden Staaten, zu denen auch Deutschland gehört, haben dafür in einem ersten Schritt die betroffenen DBA benannt („Covered Tax Agreement" – CTA). Deutschland hat 35 CTA ausgewählt, wobei aber nur 32 tatsächlich modifiziert werden, weil bei drei DBA der andere Vertragsstaat nicht am MLI teilnimmt.[69] Zu den DBA, die nicht geändert werden, gehört insbesondere das DBA-USA. Im zweiten Schritt haben die am MLI teilnehmenden Staaten die einzelnen Punkte benannt, in denen sie eine Änderung der DBA wünschen. Dabei bestehen verschiedene Wahlrechte, so dass die Änderung eines bestimmten DBA-Artikels nur zustande kommt, wenn bei-

---

67 Krit. dazu *van Lück*, BB 2017, 2141 (2142).
68 OECD/G20 Base Erosion and Profit Shifting Project, Additional Guidance on the Attribution of Profits to Permanent Establishments, Paris 2018.
69 *Gradl/Kiesewetter*, IStR 2018, 1 (3).

de Vertragsstaaten das jeweilige Wahlrecht übereinstimmend ausgeübt haben. Im Bereich des Art. 5 OECD-MA 2017 will Deutschland nur die Absenkung der Betriebsstättenschwelle für Hilfs- und Vorbereitungstätigkeiten in seine DBA übernehmen (Art. 5 Abs. 4 OECD-MA 2017 bzw. Art. 13 MLI), während es die Anti-Fragmentierungsregel und die Erweiterung der Vertreterbetriebsstätte ablehnt.[70] Die Änderung betrifft 15 DBA, darunter auch das DBA-Österreich. Unklar ist noch, ob die Änderung bereits zum 1.1.2020 in Kraft treten kann. Zum Vergleich Art. 5 Abs. 4 DBA-Ö in beiden Fassungen:

Bisherige Fassung:	Neue Fassung, anwendbar ab 1.1.2020(?):
„(4) Ungeachtet der vorstehenden Bestimmungen dieses Artikels gelten nicht als Betriebsstätten:	„(4) Ungeachtet der vorstehenden Bestimmungen dieses Artikels gelten nicht als Betriebsstätten:
a) Einrichtungen, die ausschließlich zur Lagerung, Ausstellung oder Auslieferung von Gütern oder Waren des Unternehmens benutzt werden; …	a) Einrichtungen, die ausschließlich zur Lagerung, Ausstellung oder Auslieferung von Gütern oder Waren des Unternehmens benutzt werden; …
f) eine feste Geschäftseinrichtung, die ausschließlich zu dem Zweck unterhalten wird, mehrere der unter den Buchstaben a bis e genannten Tätigkeiten auszuüben, vorausgesetzt, dass die sich daraus ergebende Gesamttätigkeit der festen Geschäftseinrichtung vorbereitender Art ist oder eine Hilfstätigkeit darstellt."	f) eine feste Geschäftseinrichtung, die ausschließlich zu dem Zweck unterhalten wird, mehrere der unter den Buchstaben a bis e genannten Tätigkeiten auszuüben, vorausgesetzt, dass die betreffende Tätigkeit oder im Fall des Buchstabens f die Gesamttätigkeit der festen Geschäftseinrichtung vorbereitender Art ist oder eine Hilfstätigkeit darstellt."

Dazu ein Beispiel:[71] Ein Unternehmen R, das in Staat R ansässig ist, unterhält in Staat S ein sehr großes Lagerhaus, in dem eine bedeutende Anzahl von Beschäftigten arbeitet. Der Zweck des Lagerhauses besteht darin, Waren zu lagern und an Kunden im Staat S auszuliefern, denen R die Waren online verkauft. Das Lagerhaus ist eine feste Geschäftseinrichtung i.S.d. Art. 5 Abs. 1 OECD-MA 2017, gilt aber gem. Art. 5 Abs. 4 Buchst. a

---

70 *Gradl/Kiesewetter*, IStR 2018, 1 (7).
71 Rz. 62 OECD-MK zu Art. 5 OECD-MA 2017.

OECD-MA 2017 grundsätzlich nicht als Betriebsstätte. Im konkreten Fall ist das Lagerhaus aber ein bedeutender Vermögensgegenstand und erfordert eine erhebliche Anzahl von Mitarbeitern. Zudem hat die schnelle Auslieferung für den Versandhandel eine große Bedeutung. Daher liegt im konkreten Fall des Online-Versandhändlers keine Hilfs- oder Vorbereitungstätigkeit vor, weshalb das Lagerhaus eine DBA-Betriebsstätte ist.

4. Auswirkung auf die Besteuerung der FANG Ltd.

Das DBA-Irland gehört zu den 32 deutschen DBA, die durch das MLI geändert werden.[72] Jedoch ist eine Änderung des Art. 5 DBA-Irland nicht vorgesehen, weil Irland Art. 13 MLI komplett abgewählt hat. Damit wird Deutschland die inländischen Betriebsstätteneinkünfte der FANG Ltd., die auf das Warenlager entfallen (§ 49 Abs. 1 Nr. 2 Buchst. a EStG), auch in Zukunft nicht an der Quelle besteuern dürfen. Im Hinblick auf die inländischen Marketing Affiliates, die der FANG Ltd. im Rahmen des „Revenue Sharing" neue Kunden vermitteln, würde sich durch die Umsetzung von Art. 5 OECD-MA 2017 ohnehin keine Änderung ergeben. Denn die Marketing Affiliates gehören nicht zum FANG-Konzern und gelten damit weiterhin als unabhängige Vertreter, die keine Vertreterbetriebsstätte begründen können.

IV. Richtlinienvorschläge zur fairen Besteuerung der Digitalen Wirtschaft

1. Vorschläge der EU-Kommission vom 21.3.2018

Der vorhergehende Abschnitt hat gezeigt, dass das BEPS-Projekt den Staaten, in denen lediglich die Kunden bzw. Nutzer grenzüberschreitender digitaler Leistungen ansässig sind, kein zusätzliches Stück vom Steuerkuchen beschert. Dies ist nur folgerichtig, weil sich das BEPS-Projekt lediglich gegen Missbrauch und internationale Minderbesteuerung richtete, ohne damit eine Neuverteilung von Besteuerungsrechten für Direktgeschäfte zu verbinden. Zunächst schien es, dass die Europäer – und insbesondere auch Deutschland – mit diesem Ergebnis zufrieden waren. Denn dadurch war zugleich sichergestellt, dass die Auslandsgewinne der eigenen Exportwirtschaft, die ihre physischen Produkte wie z.B. deutsche Autos und französischen Champagner in der ganzen Welt verkauft, ebenfalls nicht an der Quelle besteuert werden dürfen.

---

72 *Gradl/Kiesewetter*, IStR 2018, 1 (10).

Jedoch wackelte der Burgfrieden zwischen den USA und Europa bereits beim Treffen der G20-Finanzminister am 17./18.3.2017. Eine Mehrheit ungeduldiger Länder beauftragte die TFDE, ihren Anschlussbericht zu BEPS-Aktionspunkt 1, der ursprünglich für das Jahr 2020 geplant war, in das Frühjahr 2018 vorzuziehen.[73] Einer der maßgeblichen Antreiber war Deutschland, das die Besteuerung der Digital Economy zu einem Schwerpunkt seiner einjährigen G20-Präsidentschaft gemacht hatte.[74] Am 16.9.2017 forderten schließlich etliche europäische Finanzminister die EU-Kommission auf, Vorschläge für eine Besteuerung von Unternehmen der digitalen Wirtschaft im Marktstaat zu machen. Die EU-Kommission reagierte am 21.9.2017 mit einer Mitteilung, in der sie das Ziel der Herstellung eines steuerlichen „level playing field" für alle Unternehmen betonte.[75] Zugleich skizzierte sie die Kernelemente der „equalisation tax",[76] einer zeitnah einzuführenden Ausgleichssteuer auf niedrig besteuerte Umsatzerlöse von Unternehmen der Internetwirtschaft, sowie einer langfristigen Lösung im Rahmen der GKKB. Nachdem sich aber die Forderung nach einer Mindestbesteuerung teilweise durch die US-amerikanische GILTI-Hinzurechnungsbesteuerung erledigt hat, ist der Gedanke der Wertschöpfung mit Daten und Nutzerbeiträgen noch stärker in den Vordergrund getreten. Deshalb hat die EU-Kommission am 21.3.2018 ein Maßnahmenpaket zur „fairen Besteuerung der Digitalen Wirtschaft" vorgestellt, das an die – vermeintliche – Wertschöpfung ausländischer Anbieter anknüpft, die im Quellenstaat bzw. im Ansässigkeitsstaat der Nutzer stattfinden und ein Besteuerungsrecht begründen soll.[77]

Die EU-Kommission bezieht sich dabei auf eine Leitlinie des BEPS-Projekts, wonach die Unternehmensbesteuerung die Gewinne dort erfassen soll, wo die Wertschöpfung erfolgt.[78] Dafür sei das herkömmliche OECD-

---

73 Ziff. 10 des Kommuniqués v. 18.3.2017.
74 *Fehling*, IStR 2017, 339 (343).
75 KOM(2017) 547 endg.
76 Zu den Begriffen „equalisation levy" und „equalisation tax" s. *Schanz/Siegel*, IStR 2018, 853 (855 f.).
77 S. dazu *Schlund*, DStR 2018, 937; *Roderburg*, Ubg 2018, 249; *van Lück*, ISR 2018, 158; *Benz/Böhmer*, DB 2018, 1233; *Eilers/Oppel*, IStR 2018, 361; *Kokott*, IStR 2019, 123.
78 COM(2018) 147 final, Explanatory Memorandum, 1. Die EU-Kommission greift damit eine zentrale Aussage des BEPS-Projekts auf, die z.B. im Explanatory Statement enthalten ist (OECD [2016], BEPS Project Explanatory Statement: 2015 Final Reports, OECD/G20 Base Erosion and Profit Shifting Project, OECD Publishing, Paris, Rz. 7). Bei genauerer Betrachtung handelt es sich je-

Besteuerungskonzept aber nicht geeignet, soweit es sich um neuartige digitale Geschäftsaktivitäten handele. Im Unterschied zu herkömmlichen Unternehmenstätigkeiten sei bei den digitalen Geschäftsaktivitäten

- eine globale Marktabdeckung ohne Betriebsstätten möglich ("scale without mass"),

- würden Wertschöpfungsbeiträge der Nutzer nicht erfasst werden,

- beruhten die Geschäftsmodelle auf hochmobilen immateriellen Wirtschaftsgütern und

- würde die Entstehung marktbeherrschender Anbieter durch Netzwerkeffekte und Datenbestände begünstigt.

Dies führe dazu, dass der Ort der Besteuerung (Ansässigkeitsstaat des Anbieters) und der Ort der Wertschöpfung (Ansässigkeitsstaat der Nutzer) nicht identisch seien, was insbesondere bei Geschäftsmodellen mit hoher Teilnahme von Nutzern zu beobachten sei.

Die EU-Kommission hält daher eine globale Reform der Unternehmensbesteuerung für digitale Geschäftsaktivitäten für erforderlich, die im Rahmen des Inclusive Framework der OECD erfolgen müsse. Ziel des Reformvorhabens ist die Besteuerung der Erträge der Internetunternehmen im Ansässigkeitsstaat der Nutzer und Kunden. Auf dem Weg dorthin hat die EU-Kommission eine europäische Zwischenlösung in Gestalt einer „Digitalsteuer auf Erträge aus der Erbringung bestimmter digitaler Dienstleistungen" (Digital Services Tax – DST) vorgeschlagen, bei er es sich um eine indirekte Steuer i.S.d. Art. 113 AEUV handeln soll.[79] Außerdem soll die EU eine Vorreiterrolle bei der Einführung der virtuellen Betriebsstätte für betriebsstättenlose digitale Dienstleistungen einnehmen, die von der EU-Kommission als „signifikante digitale Präsenz" bezeichnet wird. Dieser Vorschlag dient der Harmonisierung des Körperschaftsteuerrechts und beruht auf Art. 115 AEUV.[80] Die Richtlinien sollen nationale Alleingänge einzelner EU-Mitgliedstaaten verhindern

---

doch um einen politischen Formelkompromiss, weil die Kriterien, nach denen die Wertschöpfung bzw. die wirtschaftliche Aktivität einem bestimmten Ort zugeordnet werden kann, nicht festgelegt worden sind, Wiss. Beirat Steuern EY, DB 2016, 2078. Unabhängig davon lässt sich der Ort der Wertschöpfung im internationalen Konzern ohnehin nicht eindeutig festlegen, weil Synergien und Skaleneffekte auf der schieren Größe des als wirtschaftliche Einheit agierenden Konzerns beruhen.

79 COM(2018) 148 final.
80 COM(2018) 147 final.

und so den digitalen Binnenmarkt vor einer steuerlichen Zersplitterung schützen.

2. Richtlinienentwurf zur Digitalsteuer

a) Wesentlicher Inhalt des Richtlinienentwurfs

Besteuerungsgrund der Digitalsteuer, die von der EU-Kommission als indirekte Steuer gem. Art. 113 AEUV konzipiert worden ist, ist die Wertschöpfung der Nutzer, die für bestimmte digitale Dienstleistungen prägend ist. Als Steuerobjekt werden die „Erträge" (Umsatzerlöse) definiert, die ein Unternehmer durch Erbringung bestimmter digitaler Dienstleistungen erzielt, die Nutzerdaten oder Netzwerkeffekte verwerten (Art. 3 Abs. 1 RL-E). Dabei handelt es sich um

(1) Erträge aus Platzierung von Werbung auf einer digitalen Schnittstelle, die sich an die Nutzer dieser Schnittstelle richtet (z.B. Google, Facebook);

(2) Erträge aus Bereitstellung einer mehrseitigen digitalen Schnittstelle für Nutzer, die es diesen ermöglicht, andere Nutzer zu finden und mit ihnen zu interagieren, und die darüber hinaus die Lieferung zugrunde liegender Gegenstände oder Dienstleistungen unmittelbar zwischen Nutzern ermöglichen kann (z.B. eBay, AirBnB);

(3) Erträge aus Übermittlung gesammelter Nutzerdaten, die aus den Aktivitäten der Nutzer auf digitalen Schnittstellen generiert werden (z.B. Datenverkauf an andere Unternehmen).

Unter dem Begriff „digitale Schnittstelle" versteht der Richtlinienentwurf jede Art von Software, darunter auch Websites oder Teile davon sowie Anwendungen, einschließlich mobiler Anwendungen, auf die Nutzer zugreifen können (Art. 2 Nr. 3 RL-E). Damit sind z.B. nicht nur Websites gemeint, sondern auch der AppStore und die Smartphone-App des Unternehmens, die auf dem Endgerät des Nutzers installiert ist. Der Begriff „Nutzer" ist ebenfalls weit gefasst und beinhaltet sowohl Unternehmen als auch natürliche Personen (Art. 2 Nr. 4 RL-E).

Steuerpflichtiger i.S.d. Digitalsteuer ist jeder Rechtsträger, der im maßgebenden Geschäftsjahr einen weltweiten Umsatz von mehr als 750 Mio. Euro erzielt hat und dessen steuerbarer Digitalumsatz in der EU im maßgebenden Geschäftsjahr mehr als 50 Mio. Euro betragen hat (Art. 4 Abs. 1 RL-E). Maßgebendes Geschäftsjahr ist das letzte Geschäftsjahr, das vor dem Besteuerungszeitraum endet (Art. 4 Abs. 3 RL-E); Besteuerungszeitraum ist das Kalenderjahr (Art. 2 Nr. 7 RL-E). Ist der Rechtsträger in einen Konzernabschluss einbezogen, sind beide Schwellenwerte auf den Konzern anzuwenden (Art. 4 Abs. 6 RL-E), wobei konzerninterne Umsätze von der Digitalsteuer ausgenommen sind (Art. 3 Abs. 7 RL-E).

Der Ort der Besteuerung liegt in dem EU-Mitgliedstaat, in dem sich die Nutzer mit Bezug auf die jeweilige steuerbare Dienstleistung befinden (Art. 5 Abs. 1 RL-E): Dies ist bei Erträgen aus der Platzierung von Werbung der Ort, wo sich das Endgerät des Nutzers befindet. Das Unternehmen soll diesen Ort durch Geolocation mittels IP-Adresse oder durch ein anderes Verfahren ermitteln. Für Erträge aus der Bereitstellung einer mehrseitigen digitalen Schnittstelle kommt es darauf an, wo sich das Endgerät des Nutzers befindet, mit dem er über die Schnittstelle ein Geschäft abschließt bzw. bei Fehlen eines Geschäftsvorfalls das Benutzerkonto eröffnet hat (z.B. bei kostenlosen Angeboten). Bei den Erträgen aus der Übermittlung gesammelter Nutzerdaten entscheidet der Ort, an dem sich das Endgerät des Nutzers befunden hat, als die Daten erzeugt wurden. An den Ortsregelungen wird noch einmal deutlich, dass die EU-Kommission ausschließlich auf die Nutzer abstellt, die nicht unbedingt auch die zahlenden Leistungsempfänger sein müssen. Daher würde sich der Ort der Besteuerung z.B. in Deutschland befinden, wenn ein ausländisches Unternehmen kostenlose Internetleistungen an inländische Nutzer erbringt und diesen zugleich Werbebanner zeigt, die es für einen Werbekunden schaltet, der in demselben Staat wie das Unternehmen oder in einem anderen ausländischen Staat ansässig ist. Dies unterscheidet die Digitalsteuer zugleich von der Umsatzsteuer, die für B2B-Leistungen das Empfängerortprinzip vorsieht (§ 3a Abs. 2 UStG bzw. Art. 44 MwStSystRL). Die Digitalsteuer erfasst auch reine Inlandssachverhalte, weil anderenfalls ein Verstoß gegen die Dienstleistungsfreiheit gem. Art. 56 AEUV vorliegen würde. Erbringt ein inländisches Unternehmen z.B. über eine digitale Schnittstelle Online-Werbeleistungen an ein anderes inländisches Unternehmen, die sich an inländische Nutzer richtet, liegt der Ort der Besteuerung im Inland.

Liegen die Orte der Besteuerung in mehreren EU-Mitgliedstaaten, ist eine Aufteilung der Bemessungsgrundlage erforderlich (Art. 5 Abs. 3 RL-E). Der Aufteilungsmaßstab richtet sich nach der Art der digitalen Leistung: Bei der Platzierung von Werbung ist die Anzahl der Werbeanzeigen im jeweiligen EU-Mitgliedstaat maßgeblich. Betreibt das steuerpflichtige Unternehmen eine mehrseitige digitale Schnittstelle, entscheidet die Anzahl der Nutzer-Geschäftsvorfälle oder Benutzerkonten im jeweiligen

EU-Mitgliedstaat. Bei der Übertragung von Nutzerdaten kommt es auf die Anzahl der Nutzer im jeweiligen EU-Mitgliedstaat an, deren Daten verwendet worden sind. Schaltet z.b. ein in Irland ansässiges Unternehmen für einen Werbekunden aus Deutschland Bannerwerbung in deutscher Sprache, die Nutzern in Deutschland und Österreich gezeigt wird, müsste die Bemessungsgrundlage ausschließlich zwischen Deutschland und Österreich aufgeteilt werden. Der Umstand, dass der Vergütungsschuldner in Deutschland ansässig ist, begründet kein deutsches Besteuerungsrecht. Ebenso unerheblich ist, dass die digitale Dienstleistung von einem Steuerpflichtigen erbracht wird, der in Irland ansässig ist. Wird die Bannerwerbung dagegen Nutzern in Deutschland, Österreich und der Schweiz gezeigt, entfällt ein Teil des Umsatzes auf die Schweiz und unterliegt nicht der Digitalsteuer, weil die Digitalsteuer nur von EU-Mitgliedstaaten erhoben wird.

Die Steuer beträgt 3 % der auf den jeweiligen EU-Mitgliedstaat entfallenden Umsätze (Art. 7 und 8 RL-E). Aufgrund der nutzerbezogenen Aufteilung der Bemessungsgrundlage werden viele Unternehmen in mehreren EU-Mitgliedstaaten steuerpflichtig sein. Hier bietet der Richtlinienentwurf eine gewisse Verfahrenserleichterung, die sich an den aus der Umsatzsteuer bekannten Mini-One-Stop-Shop anlehnt: Es genügt, wenn sich der Steuerpflichtige in einem EU-Mitgliedstaat steuerlich registrieren lässt und die Steuererklärung im One-Stop-Shop des EU-Mitgliedstaats der Registrierung abgibt. Es handelt sich um ein Selbstveranlagungsverfahren (Steueranmeldung), wobei der Steuerpflichtige seine Umsätze und die darauf berechneten Steuerbeträge nach EU-Mitgliedstaaten aufschlüsseln muss (Art. 14 und 15 RL-E). Nach einer ersten Schätzung der EU-Kommission sollen ca. 100 bis 150 Steuerpflichtige von der Digitalsteuer betroffen sein, wobei sich das Aufkommen auf ca. 5 Mrd. Euro pro Jahr belaufen würde.[81]

Die Digitalsteuer, die im Unterschied zur Umsatzsteuer nicht bewusst auf Überwälzung angelegt ist, verursacht eine Doppelbesteuerung, wenn der Steuerpflichtige auch der Körperschaftsteuer bzw. einer anderen Ertragsteuer unterliegt. Nach Vorstellung der EU-Kommission sollen die EU-Mitgliedstaaten einen Betriebsausgabenabzug für die Digitalsteuer zulassen, wenn der Steuerpflichtige in der EU ansässig ist.[82] Zudem geht die EU-Kommission davon aus, dass die Erhebung der Digitalsteuer auf grenzüberschreitende Umsätze nicht durch das jeweilige DBA ausge-

---

81 *Johnston*, TNI 2018 (Vol. 89), 1259.
82 Tz. 27 der Erwägungsgründe; krit. dazu *Kokott*, IStR 2019, 123 (129).

schlossen wird, weil die Digitalsteuer eine indirekte Steuer ist und damit nicht unter Art. 2 Abs. 2 bzw. Abs. 4 OECD-MA 2014 fällt (keine Einkommensteuer).

b) Auswirkung auf die Besteuerung der FANG Ltd.

Unterstellt man, dass die FANG Ltd. die beiden Größenkriterien der Digitalsteuer erfüllt (Konzernumsatz > 750 Mio. Euro, EU-Umsatz mit steuerbaren digitalen Leistungen > 50 Mio. Euro), würden die Umsatzerlöse des FANG-Marketplace (B2B-Geschäft) und die Umsatzerlöse aus dem Werbegeschäft auf der Social-Media-Plattform „Meine Freunde" (B2B-Geschäft) insoweit der Digitalsteuer in Deutschland unterliegen, als der jeweilige Umsatz mit inländischen Nutzern verbunden ist (Art. 3 Abs. 1 Buchst. a und b RL-E). Davon wären auch die Umsatzerlöse mit den chinesischen Werbekunden erfasst, wenn die Werbung Nutzern in Deutschland gezeigt wird. Im Unterschied dazu bleiben die Umsatzerlöse aus dem B2C-Versandhandel, dem B2B-Geschäft mit Software und dem B2C-Streaming unbesteuert, weil die Digitalsteuer nicht auf physische Leistungen anwendbar ist und aus dem großen Bereich der digitalen Leistungen nur die in Art. 3 Abs. 1 RL-E bezeichneten Leistungen erfasst.

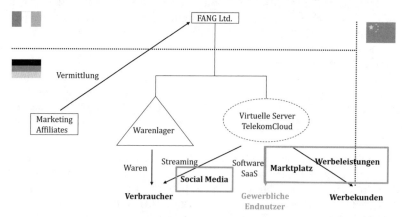

Die FANG Ltd. müsste eine nutzerbezogene Aufteilung der steuerpflichtigen Umsätze vornehmen und dann die Bemessungsgrundlage sowie den Steuerbetrag im One-Stop-Shop des EU-Mitgliedstaats ihrer Registrierung (Irland) erklären. Sodann wäre Irland verpflichtet, die Steuer an Deutschland weiterzuleiten. Nach den Vorstellungen der EU-Kommission ist Irland außerdem gehalten, die rechtlichen Voraussetzungen dafür zu schaffen, dass die FANG Ltd. die Digitalsteuer im Rahmen der Körperschaftsteuer als Betriebsausgabe zum Abzug bringen kann, wodurch die Doppelbesteuerung abgemildert wird.[83] In Bezug auf die USA ergibt sich die Frage, ob die Digitalsteuer im Rahmen der GILTI-Hinzurechnungsbesteuerung bei der FANG Inc. anrechenbar sein könnte. Dies würde voraussetzen, dass die Digitalsteuer aus amerikanischer Sicht die wesentlichen Elemente einer Einkommensteuer aufweist („predominant character of an income tax").

3. Richtlinienentwurf zur signifikanten digitalen Präsenz

a) Wesentlicher Inhalt des Richtlinienentwurfs

Der Vorschlag zur Unternehmensbesteuerung einer signifikanten digitalen Präsenz dient der Harmonisierung im Bereich der Körperschaftsteuer und wird kompetenzrechtlich auf Art. 115 AEUV gestützt. Er soll als „langfristige Lösung" neben die Digitalsteuer treten bzw. diese ersetzen. Mit der Idee der Besteuerung einer „signifikanten digitalen Präsenz" (sdP) greift die EU-Kommission die im Rahmen der TFDE geführte Diskussion zur Besteuerung virtueller Betriebsstätten bzw. zur Besteuerung von grenzüberschreitenden Unternehmenstätigkeiten aufgrund einer erheblichen „wirtschaftlichen Präsenz" im Quellenstaat auf („economic presence" oder „economic nexus"). Auslösendes Moment der Besteuerung ist – in Durchbrechung des Betriebsstättenprinzips gem. Art. 5, 7 OECD-MA 2014 – die Überschreitung bestimmter Schwellenwerte. Dementsprechend erweitert die sdP die bisherige Betriebsstättendefinition und soll ein Besteuerungsrecht für Einkünfte aus grenzüberschreitenden digitalen Dienstleistungen herstellen, wenn zumindest einer der Schwellenwerte überschritten ist und somit ein Anknüpfungspunkt für die Besteuerung besteht („nexus"). Jedoch erfasst die sdP ausschließlich Gewinne aus „digitalen Dienstleistungen"; das Direktgeschäft mit Waren und anderen Dienstleistungen wird ausgeklammert, d.h. insoweit bleibt es bei dem in Art. 7 Abs. 1 OECD-MA 2014 verankerten Betriebsstättenprinzip. Der Richtlinienentwurf enthält auch Vorgaben zur Gewinnaufteilung zwischen Stammhaus und sdP, da der virtuellen Betriebsstätte auf der Grundlage des AOA gem. Art. 7 Abs. 2 OECD-MA 2014, der

---

83 Nach einer Schätzung des irischen Finanzministeriums würde Irland durch den Abzug der Digitalsteuer ca. 160 Mio. Euro Körperschaftsteueraufkommen pro Jahr verlieren, *Johnston*, TNI 2018 (Vol. 90), 785.

auf wesentliche Personalfunktionen im Quellenstaat abstellt, kein Gewinn zugewiesen werden könnte. Ohne diese Regelung würde das neu geschaffene Besteuerungsrecht leerlaufen.

Das Konzept der sdP ist nicht mit den bestehenden DBA vereinbar. Daher bewirkt die Richtlinie im Fall der Umsetzung einen sofortigen partiellen Treaty Override der DBA zwischen den EU-Mitgliedstaaten, was nach Ansicht der EU-Kommission erforderlich ist, um die sdP zeitgleich im Binnenmarkt einzuführen. Demgegenüber sollen die DBA mit Drittstaaten nicht durch die Richtlinie überschrieben werden, weil dies einen tiefen Eingriff in die bilateral ausgehandelten Drittstaaten-DBA bedeuten würde. Allerdings erwartet die EU-Kommission, dass die EU-Mitgliedstaaten ihre Drittstaaten-DBA alsbald durch bilaterale Verhandlungen anpassen und die sdP auch in diesen DBA implementieren. Die Vorschriften zur sdP sollen ab 1.1.2020 anwendbar sein (Art. 9 Abs. 2 RL-E); später erfolgt dann eine Integration in die Vorschriften zur GKKB, die allerdings auch noch der Zustimmung der Mitgliedstaaten bedarf.

Der Richtlinienvorschlag sieht vor, dass für Zwecke der Körperschaftsteuer eine Betriebsstätte vorliegt, wenn eine sdP besteht, durch die die Geschäftätigkeit eines Unternehmens ganz oder teilweise ausgeübt wird (Art. 4 Abs. 1 RL-E). Der Schlüsselbegriff der sdP wird im Kern definiert als Erbringung einer digitalen Dienstleistung durch eine digitale Schnittstelle und Erfüllung weiterer Bedingungen, bei denen es sich um quantitative Schwellenwerte handelt (Art. 4 Abs. 3 RL-E). Als digitale Dienstleistung ist jede Leistung einzuordnen, die über das Internet oder ein Netzwerk erbracht wird, ihrer Art nach automatisch ist, allenfalls minimale menschliche Eingriffe erfordert und ohne Informationstechnologie nicht vorstellbar wäre (Art. 3 Abs. 5 RL-E). Diese Definition entspricht dem Begriff der elektronisch erbrachten Dienstleistung in Art. 7 Abs. 1 MwStVO bzw. der auf elektronischem Weg erbrachten sonstigen Leistung i.S.d. § 3a Abs. 5 Satz 2 Nr. 3 UStG. Damit wären z.B. folgende Leistungen erfasst (vgl. auch Abschn. 3a.12 Abs. 1 bis 3 UStAE): Download digitaler Produkte einschließlich Software, Streaming bzw. Download von Musik und Filmen, Cloud Computing, Webhosting, Versteigerungsplattformen, Internetwerbung, Datenbanken und Online-Zeitschriften. Interessanterweise hat der BFH zum Begriff der elektronischen Dienstleistung bereits entschieden, dass die Mitwirkung der Nutzer nicht als eine „menschliche Beteiligung" bei der Leistungserbringung einzuordnen ist, die das Vorliegen einer elektronischen Dienstleistung ausschließen würde. Demgegenüber geht die EU-Kommission von einer erheblichen Wertschöpfung seitens der Nutzer aus, die dem Unternehmen zugerechnet wird, aber gleichwohl keine menschliche Beteiligung bei der Leistungserbringung sein soll.

Unter dem Begriff „digitale Schnittstelle" versteht der Richtlinienentwurf jede Art von Software, darunter auch Websites oder Teile davon sowie Anwendungen, einschließlich mobiler Anwendungen, auf die Nutzer zugreifen können (Art. 3 Abs. 2 RL-E). Dies entspricht der Begriffsdefinition im Rahmen der Digitalsteuer. Die Bedingungen bzw. Schwellenwerte für die Begründung einer sdP im Quellenstaat sind (alternativ):

(1) Die Umsatzerlöse aus digitalen Dienstleistungen mit Nutzern in dem betreffenden EU-Mitgliedstaat i.H.v. mehr als 7 Mio. Euro (wobei monetäre und nicht nicht monetäre Erträge erfasst werden);

(2) die Anzahl der Nutzer der digitalen Dienstleistungen in dem betreffenden EU-Mitgliedstaat übersteigt 100.000; oder

(3) die Anzahl der während des Besteuerungszeitraums abgeschlossenen B2B-Verträge über digitale Dienstleistungen im betreffenden EU-Mitgliedstaat beträgt mehr als 3.000.[84]

Ein Nutzer gilt als inländischer Nutzer, wenn er im betreffenden EU-Mitgliedstaat ein Endgerät verwendet hat, um auf die Schnittstelle zuzugreifen (Art. 4 Abs. 4 u. 6 RL-E, Geolocation). Bei B2B-Verträgen entscheidet dagegen der Ansässigkeitsort bzw. die Betriebsstätte des gewerblichen Nutzers.

Während sich die Anknüpfungspunkte bzw. Schwellenwerte für eine wirtschaftliche Präsenz im Quellenstaat noch relativ einfach festlegen lassen, besteht die eigentliche Herausforderung virtueller Betriebsstätten in der Gewinnaufteilung.[85] Der Richtlinienentwurf lehnt sich dabei terminologisch an den AOA gem. Art. 7 Abs. 2 OECD-MA 2014 an. Bemessungsgrundlage sind gem. Art. 5 Abs. 2 RL-E die Gewinne, die mit der digitalen Präsenz erzielt worden wären, wenn diese als separates und unabhängiges Unternehmen die gleiche oder eine ähnliche Geschäftstätigkeit unter gleichen oder ähnlichen Bedingungen ausgeübt hätte; dabei sind die über eine digitale Schnittstelle ausgeübten Funktionen, ein-

---

84 Dieses Kriterium ist nicht ganz eindeutig formuliert. Es bezieht sich wohl nur auf Neuabschlüsse, nicht aber auf bestehende Verträge wie z.B. Dauerschuldverhältnisse in Gestalt von Abonnements und langfristigen Nutzungsverträgen.

85 *Schön*, Bulletin for International Taxation, 2018, 278 (289 f.); *Cloer/Gerlach*, FR 2018, 105 (110); *Kofler/Mayr/Schlager*, ET 2017, 1(9).

gesetzten Wirtschaftsgüter und übernommenen Risiken zu berücksichtigen. Nach Art. 5 Abs. 3 RL-E basiert die Bestimmung der Gewinne, die der sdP zuzuordnen sind, auf einer Funktionsanalyse. Dabei gelten die von dem Unternehmen über eine digitale Schnittstelle ausgeübten Tätigkeiten im Zusammenhang mit Daten oder Nutzern als wirtschaftlich signifikante Tätigkeiten der sdP, anhand der die Risiken und das wirtschaftliche Eigentum an den Vermögenswerten dieser Präsenz zugeordnet werden. Bei der Bestimmung der zuzuordnenden Gewinne werden die wirtschaftlich signifikanten Tätigkeiten der sdP, die für Entwicklung, Ausweitung, Wartung, Schutz und Nutzung der immateriellen Vermögenswerte des Unternehmens wichtig sind, gebührend berücksichtigt (Art. 5 Abs. 4 RL-E). Im Ergebnis gilt die sdP als Beteiligter bei der Vornahme der DEMPE-Funktionen i.S.v. Tz. 6.67 OECD-Leitlinien 2017,[86] wenn sie u.a. Nutzerdaten erhebt und verwendet, Nutzerinhalte erhebt und wiedergibt, Online-Werbeflächen verkauft oder die Inhalte Dritter auf einen digitalen Marktplatz öffentlich zugänglich macht (Art. 5 Abs. 5 RL-E). Daraus folgt nach Ansicht der EU-Kommission, dass das Unternehmen grundsätzlich eine Gewinnaufteilung zwischen Stammhaus und sdP vornehmen soll (Profit-Split-Methode), wobei als geeignete Aufteilungsfaktoren u.a. die Aufwendungen für FuE und Marketing bzw. die Anzahl der Nutzer je EU-Mitgliedstaat in Betracht kommen (Art. 5 Abs. 6 RL-E). Der Gewinn der sdP wird nur im Quellenstaat besteuert, um eine Doppelbesteuerung zu verhindern (Freistellung des Betriebsstättengewinns durch den Ansässigkeitsstaat gem. Art. 5 Abs. 1 RL-E).

b) Auswirkung auf die Besteuerung der FANG Ltd.

Unterstellt man, dass die FANG Ltd. mindestens einen der in Art. 4 Abs. 3 RL-E genannten Schwellenwerte überschreitet, unterliegt sie mit einem Teil ihres Gewinns der beschränkten Steuerpflicht in Deutschland, während Irland diesen Teil des Einkommens von der Körperschaftsteuer freistellen muss. Das Betriebsstättenprinzip gem. Art. 7 Abs. 1 DBA-Irland steht der Besteuerung in Deutschland nicht entgegen, weil die Richtlinie mit ihrer Umsetzung in das nationale Recht einen Treaty Override bewirkt. Erfasst wären die Einkünfte aus dem Streaming von Fernsehserien an inländische Verbraucher (B2C-Geschäft), der Vertrieb von Standardsoftware an gewerbliche Endnutzer im Inland (B2B-Geschäft), der FANG-Marketplace (B2B-Geschäft) sowie die Schaltung von Werbung auf „Meine Freunde" für Kunden im Inland und möglicherwei-

---

86 Development, Enhancement, Maintenance, Protection und Exploitation.

se auch in China (B2B-Geschäft). Dies könnte eine Doppelbesteuerung verursachen, wenn China eine ähnliche Regelung einführt und den Abschluss von B2B-Werbeverträgen mit chinesischen Kunden als virtuelle Betriebsstätte ansieht. Nicht der deutschen Steuer unterliegen dagegen die Einkünfte aus dem Versandhandel, für die Irland gem. Art. 7 Abs. 1 DBA-Irland weiterhin das Besteuerungsrecht hat. Unklar ist, ob die weite Definition der „Erträge" (Umsatzerlöse) in Art. 3 Abs. 6 RL-E dazu führt, dass die FANG Ltd. bei der Erbringung vermeintlich kostenloser Leistungen an Verbraucher (Social-Media-Website „Meine Freunde") „nicht monetäre" Erträge in Gestalt von Nutzerdaten erzielt, die die Bemessungsgrundlage erhöhen würden. Gegen die Einordnung der Nutzerbeiträge als Entgelt spricht der Umstand, dass die Nutzerbeiträge der sdP als eigene Wertschöpfung zugerechnet werden, was ein entgeltliches Austauschgeschäft mit den Nutzern ausschließt (anderenfalls würde ein entgeltlicher Anschaffungsvorgang vorliegen).

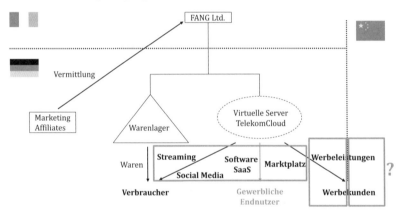

4. Kritische Würdigung der Richtlinienvorschläge

a) Allgemeine Aspekte

Die Vorschläge der EU-Kommission werden zu Recht überwiegend skeptisch gesehen, weil es sowohl an einer ausreichenden Rechtfertigung als auch einem stringenten Konzept fehlt.[87] Die beiden Hauptargumente für die Besteuerung digitaler Geschäftsmodelle, die in der Wertschöpfung

---

87 *Roderburg*, Ubg 2018, 249 (258); *Eilers/Oppel*, IStR 2018, 361 (370).

mit Nutzerdaten und der Vermeidung von nationalen Alleingängen bestehen, vermögen jedenfalls nicht zu überzeugen.

aa) Wertschöpfung mit Nutzerdaten

Die Argumentationstopoi „Ort der Wertschöpfung" bzw. der „Ort der wirtschaftlichen" Aktivität sind aus dem BEPS-Projekt hervorgegangen. Sie dienen dort aber nicht der Begründung von staatlichen Besteuerungsrechten, sondern bilden lediglich die Grundlage für die Korrektur unangemessener Verrechnungspreise zwischen verbundenen Unternehmen („align taxation of profits with economic activity"). Dadurch wird es insbesondere möglich, substanzarme Holdinggesellschaften, die sich als „cash box" nur durch Finanzierungsbeiträge an der Entwicklung von immateriellen Vermögenswerten beteiligen, von den Erträgen der Verwertung dieser immateriellen Vermögenswerte auszuschließen und das Phänomen des „stateless income" zu bekämpfen.[88] Die Erträge werden nunmehr nicht mehr dem zivilrechtlichen (Mit-)Eigentümer zugerechnet, der sich in einem Niedrigsteuerland niedergelassen hat, sondern derjenigen Konzerngesellschaft, die die FuE-Tätigkeit steuern kann und das wirtschaftliche Risiko trägt. Maßgebend dafür sind die ausgeübten Funktionen, die ihrerseits Personal und menschliche Entscheidungsträger erfordern. Daher findet die Wertschöpfung an dem Ort statt, an dem die wesentlichen Funktionen *durch eigenes Personal des Unternehmens* ausgeübt werden. In entsprechender Weise erfolgt die Wertschöpfung bei einer Produktionstätigkeit nach Ansicht der OECD dort, wo die Waren oder Investitionsgüter hergestellt werden.[89]

Wendet man diese Kriterien auf grenzüberschreitende digitale Geschäftsmodelle an, liegt der Ort der Wertschöpfung nicht in dem Staat, in dem sich ausschließlich Kunden bzw. Nutzer befinden. Dort findet vielmehr der Konsum der digitalen Dienstleistung statt, also der Verbrauch, der in der EU bereits durch die Umsatzsteuer abgedeckt wird (Art. 58 MwStSystRL, § 3a Abs. 5 UStG). Es mutet befremdlich an, in Abkehr von den allgemeinen OECD-Prinzipien bei digitalen Dienstleistungen von einer Wertschöpfung auszugehen, weil sich Internetnutzer beim Konsum be-

---

88 OECD (2016), BEPS Project Explanatory Statement: 2015 Final Reports, OECD/G20 Base Erosion and Profit Shifting Project, OECD Publishing, Paris, Rz. 16.
89 „Supply approach", s. dazu *Cloer/Gerlach*, FR 2018, 105 (107).

obachten lassen und dem Unternehmen erlauben, die dabei gewonnenen Informationen für gewerbliche Zwecke zu nutzen. Erstens ist schon fraglich, ob die Daten im Zeitpunkt der Erhebung einen Wert besitzen, oder ob nicht vielmehr die anschließende Verarbeitung zu einer Datenbank und die Erbringung entgeltlicher Leistungen an Kunden („Monetarisierung") die eigentliche Wertschöpfung bewirken. Die oft verwendete Metapher vom „Rohöl des 21. Jahrhunderts" ist zumindest in Bezug auf personenbezogene Daten unzutreffend. Denn diese Daten können mangels Eigentumsfähigkeit gerade nicht wie Rohstoffe an einer Börse gehandelt werden, sondern unterliegen strengen datenschutzrechtlichen Restriktionen. Zweitens lässt sich einwenden, dass eine etwaige Wertschöpfung im Zeitpunkt der Datenerhebung dem Nutzer zuzurechnen sein könnte, der – im Unterschied zu einem Arbeitnehmer – nicht in das ausländische Unternehmen eingegliedert ist. Vielmehr könnte der Nutzer Daten und Beiträge für eigene Rechnung hingeben, um eine Gegenleistung in Gestalt eines Suchmaschinenergebnisses oder eines Facebook-Posts zu erhalten und dadurch selbst Einkünfte erzielen.[90] In diesem Fall läge aus Sicht des Unternehmens ein erfolgsneutraler Anschaffungsvorgang vor, der keine steuerliche Leistungsfähigkeit vermittelt.[91] Drittens erscheint auch die These, dass gerade die internetbasierte Wertschöpfung mit Nutzerbeiträgen besonders hoch ist und einen wirtschaftlichen Sonderfall darstellt, der eine steuerliche Sonderbehandlung rechtfertigt, angreifbar. Zwar trifft es zu, dass einige bekannte US-Konzerne, die aufgrund ihrer globalen Präsenz auch als „Internetgiganten" bezeichnet werden, sehr hohe Vorsteuergewinne erzielen. Insbesondere Alphabet und Facebook sind bezogen auf die Anzahl ihrer eigenen Mitarbeiter extrem produktiv und profitabel, wie der Vergleich mit dem größten europäischen Automobilhersteller VW und dem US-Plattformbetreiber Twitter zeigt.[92]

---

90 *Roderburg*, Ubg 2018, 249 (255); *Schön*, Bulletin for International Taxation, 2018, 278 (288).

91 Zu den weitergehenden Auswirkungen der Annahme eines Leistungsaustauschs im Rahmen einer „Was-wäre-wenn-Analyse" s. *Scheffler*, DStR 2018, 1783. Knackpunkt ist dabei die Bewertung der Nutzerdaten, die einen unvertretbar hohen Aufwand erfordern würde.

92 Die Zahlen stammen aus den Geschäftsberichten der vier Unternehmen für das Jahr 2017.

31.12.2017 1 € = 1,20$	Gewinn vor Steuern	Mitarbeiter	Gewinn vor Steuern je Mitarbeiter
VW	13,913 Mrd. €	634.396	21.931 €
Alphabet (Google)	22,661 Mrd. €	80.110	282.872 €
Facebook	17,162 Mrd. €	25.105	683.596 €
Twitter	-0,08 Mrd. €	3.372	-19.651 €

Jedoch erscheint es voreilig, aus der hohen Produktivität von Alphabet und Facebook auf einen erheblichen, wenn auch verdeckten Wertschöpfungsbeitrag der Nutzer zu schließen. Denn der Einsatz von Computern und Netzwerken führt im Regelfall zu Kosteneinsparungen (Rationalisierung), die bei funktionierendem Wettbewerb über Preissenkungen an den Kunden weitergegeben werden müssen.[93] Gleiches gilt für die ersparten Aufwendungen bei der Nutzung öffentlicher Güter, die dem Unternehmen kostenlos zur Verfügung stehen (z.B. ein mautfreies Straßennetz, das Unternehmen zur Auslieferung ihrer Produkte nutzen). Alphabet und Facebook können sich dem Preisdruck vermutlich nur entziehen, weil sie jeweils ein Monopol für ihren speziellen Bereich der personalisierten Onlinewerbung etabliert haben (führende Internetsuchmaschine bzw. führende Social-Media-Website) und deshalb hohe Preise durchsetzen können. Dazu kommt der Umstand, dass die Grenzkosten pro zusätzlicher Werbeeinblendung praktisch null Euro betragen, weshalb jeder zusätzliche Euro Umsatz zugleich auch ein Euro Gewinn ist. Gelingt es den Unternehmen auch noch, ihre Alleinstellung – mit Ausnahme Chinas – weltweit zu etablieren, ergibt sich eine sagenhaft hohe Monopolrente.[94] Daher stellt sich die Frage, ob kartellrechtliche Maßnahmen nicht besser geeignet wären, die vermeintliche Übermacht einiger großer Anbieter in den Griff zu bekommen.

Das Gegenbeispiel zu Alphabet und Facebook bildet das US-Unternehmen Twitter, das eine weltbekannte werbefinanzierte Plattform betreibt, aber anhaltend Verluste erzielt. Die Plattform hat ebenfalls eine globale Nutzerschaft, die freiwillig interessante Inhalte postet, scheint aber für

---

93 Beispiele hierfür sind das Cloud Computing (Infrastructure-as-a-Service) und das Webhosting, bei denen es sich um vertretbare Leistungen handelt („commoditization"), die einem hohen Preisdruck ausgesetzt sind.
94 Ebenso *Dorenkamp*, IStR 2018, 640 (642).

Werbekunden weniger attraktiv zu sein, was sich im geringeren Umsatz niederschlägt. Daraus lässt sich schließen, dass kostenlose Nutzerbeiträge nicht automatisch zu hohen Gewinnen führen, selbst wenn der US-Präsident persönlich auf der Plattform präsent ist und viele Follower hat.[95] Zudem gibt es außerhalb des Internets andere werbefinanzierte Geschäftsmodelle, die über eine hohe Nutzerbeteiligung und ein Monopol verfügen.[96] Es handelt sich um hochprofitable Unternehmen, die auf der Grundlage der Wertschöpfungslogik der EU-Kommission auch im Ansässigkeitsstaat der Nutzer bzw. der Fans besteuert werden müssten. Hier stellt sich die Frage, warum ausgerechnet die Verwendung des Internets besonders besteuerungswürdig ist, zumal die Herbeiführung einer Niedrigbesteuerung durch Gewinnverlagerung auch bei herkömmlichen Geschäftsmodellen stattfindet.[97]

Blendet man den Branchenbezug zu den digitalen Geschäftsmodellen aus, stößt man auf eine andere Wertschöpfungsargumentation, die deutlich plausibler wäre, aber den Fiskalinteressen der exportstarken EU-Mitgliedstaaten zuwiderlaufen würde:[98] Der Preis einer Ware oder Dienstleistung kommt bekanntlich durch Angebot und Nachfrage zustande, weshalb man argumentieren könnte, dass den Staaten, die einen Markt für digitale Dienstleistungen zur Verfügung stellen, neben der Umsatzsteuer auch noch ein Teil des (Körperschaft-)Steuersubstrats zustehen sollte. Begründen ließe sich dies mit äquivalenztheoretischen Argumenten,[99] zumal der „Supply-Demand-Approach" auch finanzwissenschaftlich untermauert ist.[100] Ein weiteres Argument für die Besteuerung nach dem Bestimmungslandprinzip ist die möglicherweise höhere Resistenz

---

95 Der derzeitige amerikanische Präsident *Donald J. Trump* verwendet Twitter als persönliches Sprachrohr, um die etablierten Medien zu umgehen und direkt zu seinen Anhängern zu sprechen.

96 Z.B. globale Vermarktung von populären Mannschaftssportarten, die eine begeisterte Fanbasis haben, durch Verbände und Vereine unter Ausschluss anderer Anbieter.

97 *Schön*, Bulletin for International Taxation, 2018, 278 (283). Ursache der Besteuerungslücken ist die fehlende Besteuerung im Ansässigkeitsstaat, die daher auch vorrangig angegangen werden sollte, *Kroppen/van der Ham*, IWB 2018, 334 (344).

98 *Cloer/Gerlach*, FR 2018, 105 (113).

99 *Schön*, Bulletin for International Taxation, 2018, 278 (285 f.).

100 Grundlegend zum Supply-Demand-Approach *Musgrave/Musgrave*, International Equity, in Bird/Head, Modern Fiscal Issues – Essays in honor of Carl S. Shoup, S. 63 ff. Dabei ist aber zu berücksichtigen, dass die EU-Mitgliedstaaten bereits ein sehr hohes Aufkommen aus der Umsatzsteuer beziehen.

gegen Gewinnverlagerung und Steuergestaltung, weil die Nachfrageseite im Unterschied zur Angebotsseite weniger geografisch mobil ist. Daraus würde allerdings erstens folgen, dass der Ansässigkeitsstaat und der jeweilige „Marktstaat" nunmehr einen verschärften Kampf um das Steuersubstrat ausfechten, der schnell in einer Doppelbesteuerung enden kann. Zweitens dürfte der „Marktstaat" nach dieser Logik nicht nur grenzüberschreitende digitale Dienstleistungen, sondern ganz allgemein das Direktgeschäft mit physischen Produkten wie z.B. deutschen Autos und französischem Champagner besteuern. Diesen Weg ist die EU-Kommission aber nicht gegangen, weil er Begehrlichkeiten der Schwellen- und Entwicklungsländer wecken könnte. Im Ergebnis verfolgt die EU-Kommission mit ihrem Eingrenzungsversuch der digitalen Geschäftsmodelle eine politisch wohlfeile „Rosinentheorie", wonach man sich die Besteuerungsobjekte in Gestalt der amerikanischen Internetriesen so geschickt herauspickt, dass das traditionelle Exportgeschäft der europäischen Konzerne möglichst verschont wird.

bb) Schutz des Binnenmarkts vor Rechtszersplitterung

Die EU-Kommission begründet ihr Handeln auch damit, dass einige EU-Mitgliedstaaten unilaterale Maßnahmen angedroht bzw. bereits beschlossen haben, um eine Besteuerung digitaler Dienstleistungen zu erreichen. Das Argument, den (digitalen) Binnenmarkt vor einer Zersplitterung zu schützen, ist aber nur auf den ersten Blick plausibel. Erstens hat die EU-Kommission im Fall Ungarn genau den entgegengesetzten Weg eingeschlagen und die „Advertisement Tax" auf Werbeleistungen beihilferechtlich angegriffen, weil sie in ihrer ursprünglichen Form den Wettbewerb im Binnenmarkt behinderte.[101] Dies träfe auch auf die Digitalsteuer zu, die in selektiver Weise nur sehr große Unternehmen belastet, die bestimmte Geschäftsmodelle haben. Die signifikante digitale Präsenz würde ebenfalls eine Wettbewerbsverzerrung bewirken, weil sie nur bei Überschreitung bestimmter Schwellenwerte eine Besteuerung im Marktstaat auslöst und Drittlandsanbieter, die weiterhin DBA-Schutz genießen, verschont. Zudem schafft die EU-Kommission mit der Digitalsteuer einen Präzedenzfall für eine neue Steuer auf grenzüberschreitende Geschäfte, die weder eine Körperschaftsteuer noch eine Mehrwertsteuer sein soll, und deshalb weder mit den DBA noch mit Art. 401

Der Supply-Demand-Approach kann aber sehr attraktiv für Staaten sein, die keine oder nur eine geringe Umsatzsteuer erheben.

101 Pressemitteilung der EU-Kommission v. 4.11.2016, IP-16-3606.

MwStSystRL in Konflikt stehen soll. Es ist nur eine Frage der Zeit, bis die EU-Mitgliedstaaten diese „pfiffige" Idee aufgreifen und weitere Steuern einführen, die sie ohne Rücksicht auf die bisherigen rechtlichen Beschränkungen erheben können. Abschließend sei noch angemerkt, dass sowohl die Digitalsteuer als auch die signifikante digitale Präsenz erhebliche Mängel aufweisen, die durch eine Harmonisierung nicht verschwinden, sondern vielmehr auf sämtliche EU-Mitgliedstaaten erstreckt werden. Die EU sollte daher die vorgeschlagenen Konzepte weiter untersuchen und nicht vorschnell einführen.[102]

b) Digitalsteuer

Gegen die Digitalsteuer lassen sich zahlreiche rechtliche und wirtschaftliche Argumente anführen,[103] weshalb der Richtlinienvorschlag wieder in der Schublade der EU-Kommission verschwinden sollte.[104] Der erste, grundlegende Einwand betrifft die zweifelhafte Richtlinienkompetenz der EU.[105] Denn die Digitalsteuer ist eine „hybride" Steuer, die sich nicht eindeutig als indirekte Steuer i.S.d. Art. 113 AEUV einordnen lässt:[106] Einerseits soll die Steuer die Internetunternehmen selbst treffen, um einen Ausgleich für die vermeintliche Niedrigbesteuerung der Plattformgewinne zu schaffen (die freilich ab 1.1.2018 zusätzlich der GILTI-Hinzurechnungsbesteuerung in den USA unterliegen). Andererseits würde die Einordnung als indirekte Steuer die Überwälzung der Steuerlast auf andere Personen erfordern.[107] Insoweit kommen die Nutzer, die werbefinanzierte (kostenlose) Leistungen in Anspruch nehmen, aber nicht als Zielgruppe in Betracht.[108] Gelingt es dem Unternehmen dagegen, die Steuerlast über höhere Preise an die Werbekunden weiterzugeben,[109]

---

102 *Schön*, Bulletin for International Taxation, 2018, 278 (292).
103 Wiss. Beirat beim BMF, Stellungnahme zu den EU-Vorschlägen für eine Besteuerung der digitalen Wirtschaft, Vorabfassung v. September 2018, S. 2 ff.; *Valta*, IStR 2018, 765 (772); ifo Institut, Die Besteuerung der Digitalwirtschaft, 2018, 31 f. (http://www.cesifo-group.de/DocDL/Studie-Digitalsteuer-2018.pdf); *Kelm/Müller*, WPg 2018, 587 (594 f.).
104 *Valta*, IStR 2018, 765 (772).
105 *Valta*, IStR 2018, 765 (768). Mittlerweile scheinen auch Zweifel auf Ebene des Ministerrats aufgekommen zu sein, s. dazu *Johnston*, TNI 2018 (Vol. 92), 311.
106 Wiss. Beirat beim BMF, Stellungnahme zu den EU-Vorschlägen für eine Besteuerung der digitalen Wirtschaft, Vorabfassung v. September 2018, 3.
107 *Eilers/Oppel*, IStR 2018, 361 (369).
108 *Valta*, IStR 2018, 765 (766).
109 So die Vermutung von *Schanz/Sixt*, DStR 2018, 1985 (1989).

trifft die Digitalsteuer letztlich nur die inländischen Unternehmen und vielleicht auch deren Kunden bzw. Endverbraucher. Ein weiterer Angriffspunkt sind die hohen Schwellenwerte, die dazu führen, dass nur eine relativ geringe Anzahl von Steuerpflichtigen zur Steuer herangezogen werden wird. Dies widerspricht nicht nur dem Grundgedanken einer indirekten Steuer, die z.B. die im Konsum verkörperte Leistungsfähigkeit möglichst weit erfassen soll, sondern macht die Digitalsteuer auch zu einer wettbewerbsverzerrenden Sonderlast, die bewusst kleinere Unternehmen verschont.[110] Darin könnte zugleich ein Verstoß gegen Art. 20 EU-Grundrechtecharta liegen.[111] In verfassungsrechtlicher Hinsicht weist die Digitalsteuer ganz ähnliche Probleme wie die gescheiterte Kernbrennstoffsteuer auf.[112] In Anbetracht des steuerlichen Typenzwangs gem. Art. 106 GG würde die Umsetzung der Richtlinie eine Verfassungsänderung erfordern, da die Digitalsteuer keine Verbrauchsteuer i.S.d. Art. 106 Abs. 1 Nr. 2 GG wäre.[113] In materieller Hinsicht sind sowohl die mögliche Substanzbesteuerung (Bruttobesteuerung i.H.v. 3 % des Umsatzes)[114] als auch der hohe Schwellenwert von 750 Mio. Jahresumsatz bedenklich. Zudem führt der hybride Charakter der Digitalsteuer zu einer weiteren Frage, die bereits im Zusammenhang mit der indischen Equalisation *Levy* diskutiert worden ist:[115] Sollte die Steuer nicht auf zahlende Nutzer bzw. Werbekunden abwälzbar sein, könnte es sich um eine (Brutto-)Einkommensteuer handeln, die unter Art. 2 Abs. 2 OECD-MA fällt.[116] Dies würde es den steuerpflichtigen Unternehmen erlauben, sich auf das Betriebsstättenprinzip gem. Art. 7 Abs. 1 OECD-MA zu berufen. In der Folge müsste der Richtliniengeber auch noch einen Treaty Override vorsehen, der aber auf die EU-Mitgliedstaaten beschränkt wäre.[117] Ein weiterer rechtlicher Schwachpunkt der Digitalsteuer ist der wahrscheinliche Verstoß gegen WTO-Regeln,[118] und in einigen Fallkon-

---

110 *Valta*, IStR 2018, 765 (767).
111 *Valta*, IStR 2018, 765 (771).
112 *Eilers/Oppel*, IStR 2018, 361 (370).
113 *Valta*, IStR 2018, 765 (769); *Roderburg*, Ubg 2018, 249 (256). Die Digital-steuer trifft im Fall der Überwälzbarkeit inländische Unternehmen, die die Werbeleistungen unternehmerisch verwenden und keine Letztverbraucher sind.
114 *Roderburg*, Ubg 2018, 249 (254); *Kokott*, IStR 2019, 123 (128).
115 *Ismer/Jescheck*, IStR 2017, 501. Zur indischen Equalisation *Levy* s. *Ruh/Bairagra*, IWB 2018, 24 (28 f.).
116 *Valta*, IStR 2018, 765 (772); a.A. *Cloer/Niemeyer*, DStZ 2018, 609 (615).
117 *Valta*, IStR 2018, 765 (772).
118 S. dazu *Pieron/Schueren/Durant/Geraets*, TNI 2018 (Vol. 92), 165 (170 ff.).

stellationen ist sogar fraglich, ob ein hinreichender völkerrechtlicher Anknüpfungspunkt für die Erhebung der Steuer besteht.[119] Unklar ist auch noch, wie sich die Verpflichtung der Unternehmen, die Aufenthaltsorte der Nutzer zur ermitteln und für Zwecke der späteren Überprüfung durch die Finanzbehörden langfristig zu speichern, mit der DSGVO vereinbaren lässt.[120]

Die wirtschaftlichen Einwände betreffen vor allem die wettbewerbsverzerrende Wirkung der Digitalsteuer, die wie eine Strafsteuer auf bestimmte digitale Geschäftsmodelle wirkt.[121] Gleichzeitig lassen sich „Digitalwirtschaft" und „traditionelle Wirtschaft" praktisch nicht mehr voneinander abgrenzen, weshalb die Digitalsteuer Kollateralschäden z.B. in den Bereichen vernetztes Fahren und Smart Home verursachen würde.[122] Unterliegen die Einkünfte des Unternehmens einer Körperschaftsteuer, verursacht die Digitalsteuer eine handelshemmende Doppelbesteuerung, weil der vorgesehene Abzug von der Bemessungsgrundlage der Körperschaftsteuer die Doppelbesteuerung lediglich abmildert.[123] Die Bruttobesteuerung würde bei weniger profitablen Unternehmen eine Substanzbesteuerung auslösen, die existenzbedrohend sein kann.[124] Zudem erscheint das geschätzte Aufkommen mit bis zu 5 Mrd. Euro im Jahr eher gering, weshalb die Steuer trotz der erheblichen Belastung einzelner Unternehmen praktisch keinen spürbaren fiskalischen Effekt haben würde.[125] Schließlich ist in steuerpolitischer Hinsicht zu beachten, dass Deutschland selbst über ein erhebliches digitales Exportgeschäft verfügt, das im Zuge der weiteren Digitalisierung der inländischen Industrieunternehmen („Industrie 4.0") stark zunehmen wird. In diesem Fall fließt Steuersubstrat in andere Länder ab, so dass die Digitalsteuer zu einem ungeplanten Solidarbeitrag Deutschlands für die europäischen

---

119 Sind das Unternehmen und der Werbekunde im Drittstaatsgebiet ansässig, während sich die Adressaten der Werbung im Inland befinden, unterliegt das Entgelt für die Werbeleistung der Digitalsteuer im Inland. Jedoch besteht der territoriale Anknüpfungspunkt allein in dem Umstand, dass inländische Nutzer die Werbung auf ihrem Endgerät sehen können.
120 *Rüscher*, MwStR 2018, 419 (426); *Kokott*, IStR 2019, 123 (129).
121 ifo Institut, Die Besteuerung der Digitalwirtschaft, 2018, 31.
122 *Schanz/Sixt*, DStR 2018, 1985 (1990).
123 Wiss. Beirat beim BMF, Stellungnahme zu den EU-Vorschlägen für eine Besteuerung der digitalen Wirtschaft, Vorabfassung vom September 2018, 2.
124 ifo Institut, Die Besteuerung der Digitalwirtschaft, 2018, 31.
125 Das BMF erwartet ca. 600 Mio. Euro Mehreinnahmen pro Jahr, http://www.spiegel.de/wirtschaft/unternehmen/digitalsteuer-olaf-scholz-verwirft-offenbar-plaene-der-eu-a-1226578.html (abgerufen am 25.11.2018).

Nachbarn werden könnte. Dabei ist keineswegs sicher, dass die als Zwischenlösung konzipierte Digitalsteuer alsbald nach ihrer Einführung wieder abgeschafft werden könnte, denn das unionsrechtliche Einstimmigkeitserfordernis stellt eine hohe Hürde dar.[126] Ein weiterer Gesichtspunkt, der bei der Einführung der Digitalsteuer berücksichtigt werden müsste, sind Vergeltungsmaßnahmen der USA, deren Internetkonzerne faktisch das Hauptziel der Steuer darstellen.[127] Die Digitalsteuer wirkt wie ein Einfuhrzoll auf Dienstleistungen, was einen Handelskrieg auslösen könnte.[128]

c) Signifikante digitale Präsenz

Der Richtlinienvorschlag zur Einführung einer sdP stellt einen Paradigmenwechsel dar, weil er für bestimmte digitale Dienstleistungen die Besteuerung nach dem Bestimmungslandprinzip vorsieht, die dem internationalen Ertragsteuerrecht im Bereich der Unternehmensgewinne bisher fremd ist.[129] Dabei ist zu beachten, dass Deutschland das Betriebsstättenprinzip nicht nur im Bereich der Einkommen- und Körperschaftsteuer, sondern auch im Rahmen der Gewerbesteuer verwendet. Hier bildet der herkömmliche Betriebsstättenbegriff i.S.d. § 12 AO den zentralen Anknüpfungspunkt, der zugleich bestimmt, welcher Kommune das Besteuerungsrecht zukommt (§ 2 Abs. 1 Satz 2, § 4 Abs. 1 Satz 1 GewStG). Insoweit würde es nicht genügen, bei Überschreitung eines der drei sdP-Schwellenwerte für Zwecke der Körperschaftsteuer eine inländische Betriebsstätte zu fingieren. Vielmehr müsste der Gesetzgeber auch festlegen, welche Gemeinde die Steuer erheben darf, wofür es aber kein offensichtliches Auswahlkriterium gibt. Die Alternative wäre, die sdP im Hinblick auf das gewerbesteuerliche Territorialitätsprinzip vollständig von der Gewerbesteuer auszunehmen. Die Gewerbesteuerbefreiung würde aber nicht nur das erwartete Steueraufkommen halbieren (Körperschaftsteuersatz i.H.v. lediglich 15,825 %). Sie würde zugleich eine neue steuerliche Wettbewerbsverzerrung verursachen, weil nur die Gewinne der inländischen Digitalanbieter zusätzlich der Gewerbesteuer unterliegen, während der Gewinn der sdP im Ansässigkeitsstaat des Unternehmens keine weitere Steuerbelastung auslöst.

---

126 *Cloer/Niemeyer*, DStZ 2018, 609 (617); *Eilers/Oppel*, IStR 2018, 361 (370).
127 *Rüscher*, MwStR 2018, 419 (426); *Roderburg*, Ubg 2018, 249 (256); *Kokott*, IStR 2019, 123 (129).
128 ifo Institut, Die Besteuerung der Digitalwirtschaft, 2018, 32.
129 *Eilers/Oppel*, IStR 2018, 361 (370); *Cloer/Gerlach*, FR 2018, 105 (108).

Unabhängig davon stellt sich in Bezug auf die sdP verschärft die Frage, worin das wesentliche Merkmal der betroffenen digitalen Dienstleistungen besteht, das eine steuerliche Sonderbehandlung erfordert. Denn während die EU-Kommission das Steuerobjekt der Digitalsteuer auf „qualifizierte" Geschäftsmodelle begrenzt hat, die nach Einschätzung der EU-Kommission in besonderer Weise von Nutzerdaten, Plattformen und Netzwerkeffekten Gebrauch machen, erfasst die sdP sämtliche digitale Leistungen. So würde die sdP bei Überschreiten des Umsatzschwellenwerts von 7 Mio. Euro p.a. z.B. auch dann ausgelöst, wenn das ausländische Unternehmen sein Geschäftsmodell vom grenzüberschreitenden Versandhandel mit physischen Produkten (Bücher, Audio-CDs) auf den Vertrieb von digitalen Substituten wie E-Books und MP3-Dateien umstellt. Beide Geschäftsmodelle basieren auf immateriellen Wirtschaftsgütern (Urheberrechte), doch nur die Unternehmensgewinne aus dem Vertrieb der digitalen Substitute werden im Quellenstaat besteuert. Dieses Beispiel zeigt, dass die weitgefasste Definition der digitalen Dienstleistung, die der Umsatzsteuer entlehnt ist, leicht zu einer Diskriminierung des technischen Fortschritts schlechthin werden könnte. Zudem steht beim entgeltlichen Download digitaler Produkte durch Verbraucher eindeutig der Konsum im Vordergrund, weshalb diese Geschäftsvorfälle im Inland bislang zu Recht nur der Umsatzsteuer unterworfen werden.

Ebenfalls unausgereift ist der alternative Schwellenwert von mehr als 100.000 Nutzern, der bereits erfüllt ist, wenn die Nutzer lediglich „kostenlose" digitale Leistungen in Anspruch nehmen. Hier könnte es schon am völkerrechtlich erforderlichen Anknüpfungspunkt für die Besteuerung fehlen („genuine link").[130] Und befinden sich der Anbieter eines werbefinanzierten Angebots und dessen Werbekunden im Ausland, entsteht im Ansässigkeitsstaat der Werbekunden durch den Abschluss von B2B-Verträgen eine weitere sdP. In diesem Fall ist unklar, wie die beiden Anknüpfungspunkte zueinander zu gewichten sind, wenn sich die Nutzer in Staat A, das Stammhaus in Staat B und die Werbekunden in Staat C befinden. Oder lässt sich die Entstehung einer sdP gar dadurch vermeiden, dass das Unternehmen in den Staaten A und C funktionsarme Tochtergesellschaften einsetzt, die als „Reseller" Leistungen im eigenen Namen und für eigene Rechnung an die Nutzer und die Geschäftskunden erbrin-

---

130 *Haase*, Ubg 2018, 259 (264): Reicht das Betrachten von Internetwerbung durch einen Nutzer innerhalb des Staatsgebiets aus, um einen Steueranspruch zu erheben?

gen?[131] Dem Entwurf werden in der Lit. also zu Recht „deutliche Defizite" bescheinigt.[132]

Besonders schwerwiegend ist der Umstand, dass der Richtlinienvorschlag unvollständige und unausgegorene Bestimmungen zur Gewinnaufteilung zwischen Stammhaus und sdP enthält. Da nur der Profit Split dem Quellenstaat überhaupt ein lohnendes Steueraufkommen bescheren kann, ist eine Reihe von aufeinander aufbauenden Unterstellungen und Fiktionen erforderlich, um zu dem erwünschten Ergebnis zu kommen. Der Entwurf lehnt sich äußerlich an den AOA an,[133] überschreibt aber das maßgebliche Kriterium der wesentlichen Personalfunktionen mit der Fiktion der Ausübung wesentlicher DEMPE-Funktionen. Das Grundproblem besteht darin, dass der Richtlinienentwurf Schwellenwerte als Anknüpfungspunkt für das Besteuerungsrecht vorsieht, was aber nur im Rahmen einer formelhaften Aufteilung der Bemessungsgrundlage wie z.B. der GKKB sinnvoll ist, weil dort die fixen Aufteilungsfaktoren immer für ein klares Ergebnis sorgen. Stattdessen verwendet die sdP für die Gewinnaufteilung qualitative Kriterien, die in Anlehnung an die Funktionsanalyse des AOA wirtschaftliche Substanz unterstellen sollen, die aber tatsächlich nicht vorhanden ist. Die EU-Kommission hat hier ein eingestandenermaßen unvollständiges Konzept vorgelegt und etwas ratlos auf die weitere Diskussion in den internationalen Gremien verwiesen.[134]

Ein weiterer Schwachpunkt besteht darin, dass die EU-Kommission versucht, verschiedene digitale Transaktionen über einen Kamm zu scheren, obwohl die dahinterstehenden Geschäftsmodelle ganz unterschiedlich sind und oftmals kein Fremdvergleich möglich ist.[135] Und stellt ein Unternehmen z.B. physische Produkte her, in die digitale Leistungen und Sensoren integriert sind (z.B. Fahrzeug mit Bordcomputer und Internetverbindung), wäre eine Gewinnaufteilung in Bezug auf Stammhaus und sdP gar nicht machbar, ohne auch die physischen Produkte einzubeziehen. Dies führt zu der kaum lösbaren Frage, welcher Wertanteil bei einem modernen Fahrzeug der Technik und welcher Wertanteil den Daten bzw. der Software zukommt. Und wie soll die Gewinnaufteilung in der EU zu einheitlichen Ergebnissen führen, wenn einem Stammhaus bis zu 27 sdP in 27 EU-Mitgliedstaaten gegenüberstehen? Kritisch zu se-

---

131 Zu dieser Gestaltungsmöglichkeit s. *Jimenez*, INTERTAX 2018, 620 (630).
132 *Roderburg*, Ubg 2018, 249 (258).
133 *Kroppen/van der Ham*, IWB 2018, 334 (344).
134 *Haase*, Ubg 2018, 259 (263).
135 *Becker*, IStR 2018, 634 (638).

hen ist auch der Treaty Override in Bezug auf die DBA zwischen EU-Mitgliedstaaten, der einen erheblichen Eingriff in deren steuerliche Autonomie darstellt.[136] Zugleich erhalten die Drittstaatsanbieter einen zumindest vorübergehenden steuerlichen Vorteil beim Inbound-Geschäft, weil das Drittstaaten-DBA mit dem jeweiligen EU-Mitgliedstaat nur durch bilaterale Verhandlungen geändert werden könnte, was geraume Zeit in Anspruch nehmen wird. Der Richtlinienentwurf zur sdP ist derzeit schlicht nicht umsetzungsfähig. Die EU – und Deutschland – sollten daher besser auf einen internationalen Konsens hinwirken, der zu brauchbaren Ergebnissen führt.

V. Zusammenfassung

Der hohe Verbreitungsgrad internetfähiger Endgeräte erlaubt es ausländischen Anbietern, in großem Umfang grenzüberschreitende digitale Dienstleistungen zu erbringen. Verfügt ein Anbieter über ein technisch bedingtes oder auf der Popularität seiner Plattform beruhendes Monopol, das er global ausnutzen kann, kann er sogar märchenhafte Monopolrenten erzielen. Diese Einkünfte werden bislang aber nicht immer vollständig der Besteuerung unterworfen, woraus sich eine steuerliche Wettbewerbsverzerrung ergibt. Nach derzeitigem Recht kann Deutschland als Quellenstaat die Einkünfte aus typischen digitalen Dienstleistungen wie z.B. Überlassung von Standardsoftware, Streaming und Onlinewerbung nicht im Rahmen der beschränkten Steuerpflicht erfassen, weil der Tatbestand der inländischen gewerblichen Einkünfte i.S.d. § 49 Abs. 1 Nr. 2 Buchst. f EStG mangels einer Rechteüberlassung bzw. mangels der erforderlichen Verwertung des Rechts in einer inländischen Betriebsstätte nicht erfüllt ist. Eine Besteuerung im Inland ist auch dann ausgeschlossen, wenn der ausländische Anbieter zwar über ein Warenlager im Inland verfügt oder unabhängige Marketing Affiliates als Vermittler einschaltet (§ 49 Abs. 1 Nr. 2 Buchst. a EStG i.V.m. §§ 12, 13 AO), jedoch durch ein DBA geschützt wird, das eine höhere Betriebsstättenschwelle als das nationale Recht vorsieht (Ausnahme für Vorbereitungs- und Hilfstätigkeiten). Dies gilt u.a. für Art. 5 DBA Irland, weshalb die exemplarisch untersuchte FANG Ltd. nicht der beschränkten Steuerpflicht unterliegt. Der Umstand, dass die FANG Ltd. in Irland einer Besteuerung von ca. 9 % unterliegt, die nach deutschen Maßstäben als Niedrigbesteuerung einzuordnen ist, steht dem Abkommensschutz

---

136 *Haase*, Ubg 2018, 259 (264).

nicht entgegen. Zudem entspricht die irische Steuervergünstigung für bestimmte Erträge aus Immaterialgüterrechten (Knowledge Development Box) dem Nexus-Ansatz gemäß Aktionspunkt 5 des BEPS-Projekts. An dieser Ausgangslage wird sich durch die Umsetzung von Aktionspunkt 7 des BEPS-Projekts nichts ändern. Erstens hat sich Deutschland dagegen entschieden, die erweiterte Definition der DBA-Vertreterbetriebsstätte im Rahmen des MLI zu übernehmen. Zudem wären die Marketing Affiliates als unabhängige Personen auch von Art. 5 Abs. 6 OECD-MA 2017 nicht erfasst. Zweitens ist der Versuch Deutschlands, die Neuregelung für Warenlager in Art. 5 Abs. 4 OECD-MA 2017 im Rahmen des MLI in Bezug auf Irland zu übernehmen, am Widerstand Irlands gescheitert. Drittens war die Neuverteilung von Besteuerungsrechten ohnehin nicht Gegenstand des BEPS-Projekts, weshalb eine stark ausgeprägte wirtschaftliche Präsenz im inländischen Markt allein nicht ausreicht, um ein Besteuerungsrecht des Quellenstaats für Direktgeschäfte zu begründen. Jedoch ergibt sich – unabhängig vom BEPS-Projekt – eine geringfügige Erhöhung der Steuerbelastung auf Ebene der Konzernmuttergesellschaft FANG Inc., weil die USA mit Wirkung ab dem 1.1.2018 eine neuartige Hinzurechnungsbesteuerung für die Überrenditen ausländischer Zwischengesellschaften eingeführt haben (GILTI-Hinzurechnung gem. § 951A IRC).

Die EU-Kommission hat am 21.3.2018 ein Maßnahmenpaket zur „fairen Besteuerung der digitalen Wirtschaft" vorgelegt, das die vermeintlichen Defizite des BEPS-Projekts kompensieren soll. Ziel ist die Besteuerung von Wertschöpfung am Ansässigkeitsort der Nutzer. Der Richtlinienentwurf zur Digitalsteuer (COM(2018) 148 final) betrifft eine neuartige indirekte Steuer i.S.d. Art. 113 AEUV auf die Erträge großer Anbieter bestimmter digitaler Leistungen, die drei Prozent ihrer Umsätze abführen sollen, die eine Verbindung mit Nutzern in der EU haben. Die Digitalsteuer ist als Zwischenlösung gedacht, an deren Stelle eine dauerhafte Lösung in Gestalt der Besteuerung einer signifikanten digitalen Präsenz treten soll (COM(2018) 147 final). Dabei handelt es sich um eine Harmonisierungsmaßnahme im Bereich der Körperschafteuer, die auf Art. 115 AEUV gestützt wird, und eine Durchbrechung des Betriebsstättenprinzips zwischen EU-Mitgliedstaaten vorsieht. Die EU-Kommission hält die Maßnahmen für erforderlich, um die Minderbesteuerung im Bereich digitaler Dienstleistungen zu beenden, die Wertschöpfung mit Nutzerdaten sachgerecht am Ort der Wertschöpfung zu erfassen und eine rechtliche Zersplitterung des digitalen Binnenmarkts zu verhindern. Die Maßnahmen würden im Fall ihrer Umsetzung dazu führen, dass die exemplarisch untersuchte FANG Ltd. in Deutschland sowohl Digitalsteuer auch als auch Körperschaftsteuer zahlen müsste. Jedoch sind die Richtlinienvorschläge in der derzeitigen Form nicht für eine Umsetzung geeignet. Es bestehen nicht nur erhebliche Zweifel an der Grundthese der Wertschöpfung mit Nutzerbeiträgen und der vernünftigen Eingrenzbarkeit der betroffenen Geschäftsmodelle, die in vielen Fällen von US-amerikanischen Konzernen betrieben werden, sondern auch gewichtige rechtliche und wirtschaftliche Einwände. So könnte z.B. die Digitalsteuer aufgrund ihres hybriden Charakters unionsrechtswidrig sein. Und die im Richtlinienentwurf nur skizzierte Gewinnaufteilung im Rahmen der signifikanten digitalen Präsenz wird kaum administrierbar sein, weil sie quantitative Elemente einer formelhaften Gewinnaufteilung (Schwellenwerte) mit den qualitativen Elementen des Fremdvergleichsgrundsatzes und des AOA verbindet (Funktionsanalyse). Abschließend ist aus deutscher Sicht zu bedenken, dass die Ertragsbesteuerung digitaler Direktgeschäfte nach dem Bestimmungslandprinzip früher oder später auf das Exportgeschäft aller Branchen ausstrahlen wird, wodurch der deutsche Fiskus per saldo Steuersubstrat an das Ausland verlieren könnte.

Aspekte grenzüberschreitenden digitalen Wirtschaftens in der Umsatzsteuer

Prof. Dr. *Tina Ehrke-Rabel*

Universität Graz

371

I. Vorbemerkung

Digitales Wirtschaften ist immer grenzüberschreitend,[1] weil das Internet in seiner derzeitigen Konzeption Staatsgrenzen mühelos überwindet.[2] Es impliziert aus meiner Sicht zweierlei: einerseits einfach die Verwendung neuer technischer Instrumente zur Erbringung von Lieferungen und sonstigen Leistungen und andererseits neue Geschäftsmodelle, die sich nur oder vor allem durch die Digitalisierung entwickeln konnten.

„Aspekte grenzüberschreitenden digitalen Wirtschaftens in der Umsatzsteuer" ermöglicht es, die vielen Bereiche, die es im Zusammenhang mit digitalisiertem Wirtschaften in der Umsatzsteuer für eine umfassende Analyse zu beleuchten gäbe, einzuengen.

Ich will hier ausschließlich auf digital erbrachte Dienstleistungen eingehen und mich dabei zweierlei widmen: Erstens will ich zeigen, wie der EuGH bestehendes Umsatzsteuerrecht auf durch die Digitalisierung veränderte Geschäftsmodelle anwendet. Zweitens will ich deutlich machen, dass und wie das Umsatzsteuerrecht mit der sog „Sharing Economy", mit mehrseitigen Geschäftsmodellen und mit blockchainbasierten Geschäftsmodellen umgeht. In allen Fällen konzentriere ich mich auf das für mich Wesentliche und muss aus Gründen des Umfanges sowohl auf eine umfassende Darlegung des Meinungsstandes im Schrifttum als auch auf detaillierte Erläuterungen meiner Gedankengänge verzichten.

II. Medienneutralität des Umsatzsteuerrechts

Das Mehrwertsteuerrecht der Europäischen Union zählt zu jenen Gebieten des Steuerrechts, das auf zivilrechtliche Ein- und Zuordnungen we-

---

1 *Lessig*, Code is Law 2.0, 2006, 20 f.
2 Als Beispiel sei hier nur das Online-Glücksspiel genannt, das in vielen Staaten streng reglementiert oder gar verboten ist und dennoch angeboten wird.

nig Rücksicht nimmt. Die Begriffe der Mehrwertsteuersystemrichtlinie sind nach der st. Rspr. des EuGH grundsätzlich autonom auszulegen. Jedes andere Ergebnis würde das Harmonisierungsziel verfehlen. Daraus ergibt sich, dass das Umsatzsteuerrecht Vorgänge primär nach ihrem wirtschaftlichen Gehalt und ihrer geschäftlichen Realität beurteilt.[3]

Was in Deutschland und Österreich vielfach unter dem Etikett der wirtschaftlichen Betrachtungsweise oder wirtschaftlichen Anknüpfung steuerrechtsmaterienspezifisch eingeordnet wird, hat daher gerade im Mehrwertsteuerrecht einen besonderen Stellenwert. Das Zivilrecht hat allenfalls Indizfunktion, um festzustellen, was tatsächlich geschehen ist, wenn Vertragsbeziehungen die Gestaltung eines Lebenssachverhalts „dokumentieren".

So kann das Mehrwertsteuerrecht auch dem Grundsatz der Medienneutralität in besonderem Maße gerecht werden. Dieser Grundsatz besagt, dass das Recht in seiner Ausgestaltung nicht auf das technische Medium, das bei einer Sachverhaltsverwirklichung verwendet wird, abstellen soll, es sei denn besondere Gründe machen dies erforderlich.[4] Damit soll gewährleistet werden, dass generelle Rechtssätze universell anwendbar bleiben, auch wenn vom Gesetzgeber nicht vorhergesehene technische Entwicklungen die Lebensrealität modifizieren.

Ein vollkommen medienneutrales Umsatzsteuerrecht müsste so gefasst sein, dass seine Regeln gleichermaßen auf die analoge wie auf die digitale Welt anwendbar sind. Eine solche Indifferenz des Umsatzsteuerrechts würde den Vollzug durch die Steuerbehörden auf der einen Seite und die Rechtsbefolgung durch den Steuerschuldner auf der anderen Seite maßgeblich erschweren. Die Herausforderung bei Lieferungen und Dienstleistungen, die entweder digital (elektronisch[5]) erbracht werden oder auf elektronischem Wege angebahnt werden, besteht in der *vollziehbaren* Verwirklichung des Verbrauchsteuerprinzips. Ein Unternehmer, der Lie-

---

3 Z.B. EuGH v. 6.2.2003 – C-185/01, ECLI:EU:C:2003:73 – Auto Lease Holland Rz. 35 f.; EuGH v. 7.10.2010 – C-53/09, ECLI:EU:C:2009:144 – Loyalty Management und Baxi Rz. 39; EuGH v. 20.6.2013 – C-653/11, ECLI:EU:C:2013:409 – Newey Rz. 42 f.

4 Der Grundsatz der Medienneutralität (auch) des Umsatzsteuerrechts wurde im Übrigen anlässlich der Konferenz der G20-Minister zum elektronischen Handel im Oktober 1998 als Bestandteil der „Ottawa Taxation Framework Conditions" von den Ministern anerkannt (OECD, The Role of Digital Platforms in the Collection of VAT/GST on Online Sales, 2018, 18).

5 Die Begriffe „digital" und „elektronisch" werden im vorliegenden Zusammenhang synonym verwendet.

ferungen oder Dienstleistungen außerhalb des Staates ausführt, in dem er ansässig ist (zu dem er physisch verbunden ist), ist schwerer zu entdecken und zu kontrollieren als ein ansässiger Unternehmer. Außerdem hat ein solcher Unternehmer im Regelfall im Bestimmungsland im Verhältnis zu dem ihm bekannten Ansässigkeitsstaat erhöhte Rechtsbefolgungskosten zu tragen. Beide Umstände sind einer effizienten Besteuerung abträglich.[6]

Der Grundsatz der Medienneutralität des Umsatzsteuerrechts wird daher an verschiedenen Stellen von der MwStRL durchbrochen. So wird insb.[7] bei Dienstleistungen an Letztverbraucher für die Bestimmung des Leistungsortes nach dem Medium ihrer Erbringung unterschieden. Auf elektronischem Weg erbrachte Dienstleistungen werden – anders als analog erbrachte Dienstleistungen im Regelfall – am Sitz des Leistungsempfängers erbracht. Obwohl diese Regelung von dem Grundsatz der Medienneutralität des Umsatzsteuerrechts abweicht, wird sie der Konzeption der Mehrwertsteuer als Verbrauchsteuer viel mehr gerecht als das im Übrigen geltende Ursprungslandprinzip. Mit einer materiellrechtlichen Durchbrechung des Grundsatzes der Medienneutralität einher geht auch dessen formelle Durchbrechung: Unternehmer, die im Unionsgebiet Dienstleistungen auf elektronischem Wege ausführen, können – anders als analog leistende Unternehmer – von der verfahrensrechtlichen Erleichterung des MOSS (Mini-One-Stop-Shop) Gebrauch machen.

III. Der Umgang des EuGH mit digitalen Geschäftsmodellen

1. Ermäßigter Steuersatz auf elektronische Bücher

Bereits im Jahr 2015 hatte der EuGH in zwei Vertragsverletzungsverfahren gegen Frankreich und Luxemburg darüber zu entscheiden, ob die beiden Staaten elektronische Bücher („E-Books") gleich wie physisch auf Pa-

---

6 Dass der Grundsatz der Effizienz einer Steuer ein relevanter Maßstab ist, soll hier nur angedeutet werden. Dies gilt freilich nur, wenn man Effizienz – wie die OECD – als ein Prinzip sieht, das bei der Ausgestaltung des Steuerrechts sowohl für den Mitteleinsatz des Staates im Verhältnis zum Nutzen als auch für den Mitteleinsatz des Steuerzahlers für die Erfüllung seiner Pflichten gilt.

7 Um den Rahmen des Beitrages nicht zu sprengen wird auf andere Durchbrechungen dieses Grundsatzes, insb. im Zusammenhang mit grenzüberschreitenden Lieferungen, nicht eingegangen.

pier gedruckte Bücher zu Recht dem ermäßigten Steuersatz unterworfen hatten.[8] Der EuGH hat dies verneint.

Er leitet zunächst aus dem Wortlaut der den ermäßigten Steuersatz zulassenden Bestimmung in der MwStRL ab, dass elektronische Bücher zwingend dem Normalsteuersatz zu unterwerfen sind. Dort wird nämlich ausdrücklich die „Lieferung von Büchern auf jeglichen physischen Trägern" genannt. Wenn auch andere als physische Bücher erfasst würden, würde dem Begriff „auf jeglichen physischen Trägern" sein Sinn genommen.[9] Er räumt zwar ein, dass der Unionsgesetzgeber mit seiner Formulierung dem technischen Fortschritt Rechnung tragen[10] und vor allem kulturelle Leistungen begünstigt besteuern wollte[11], aber der Unionsgesetzgeber habe sich ebenfalls entschieden, „die Möglichkeit der Anwendung des ermäßigten Steuersatzes auf ‚elektronisch erbrachte Dienstleistungen' auszuschließen".[12] Den Geltungsbereich eines ermäßigten Steuersatzes auszuweiten, hält der EuGH vor dem Hintergrund des Neutralitätsgrundsatzes für unzulässig, soweit es an einer eindeutigen Bestimmung fehlt.[13] Da ein elektronisches Buch kein Gegenstand ist, qualifiziert es der EuGH als eine auf elektronischem Weg erbrachte Dienstleistung.[14]

2. Handel mit Bitcoin als steuerbefreite Tätigkeit

In der Rs. Hedqvist[15] hatte der EuGH den Tausch der virtuellen Währung Bitcoin[16] in eine gesetzliche Währung gegen eine im Wechselkurs enthaltenen Provision (also ein Entgelt) aus umsatzsteuerrechtlicher Sicht zu beurteilen. Dabei stellt er zunächst fest, dass es sich bei Bitcoin nicht um

---

8 EuGH v. 5.3.2015 – C-479/13, ECLI:EU:C:2015:141 – Kommission/Frankreich; EuGH v. 5.3.2015 – C-502/13, ECLI:EU:C:2015:143 – Kommission/Luxemburg.
9 EuGH v. 5.3.2015 – C-479/13 – Kommission/Frankreich Rz. 27.
10 EuGH v. 5.3.2015 – C-479/13 – Kommission/Frankreich Rz. 31.
11 EuGH v. 5.3.2015 – C-479/13 – Kommission/Frankreich Rz. 32.
12 EuGH v. 5.3.2015 – C-479/13 – Kommission/Frankreich Rz. 33.
13 EuGH v. 5.3.2015 – C-479/13 – Kommission/Frankreich Rz. 43; unter Verweis auf EuGH v. 15.11.2012 – C-174/11, ECLI:EU:C:2012:716 – Zimmermann Rz. 50.
14 EuGH v. 5.3.2015 – C-479/13 – Kommission/Frankreich Rz. 35.
15 EuGH v. 22.10.2015 – C-264/14, ECLI:EU:C:2015:718 – Hedqvist.
16 Zur Funktionsweise und zur Erzeugung von Bitcoin s. ausführlich *Ehrke-Rabel/Eisenberger/Hödl/Zechner*, Bitcoin-Mincr als Prosumer: Eine Frage staatlicher Regulierung?, ALJ 2017, 188 (191 ff.), http://alj.uni-graz.at/index.php/alj/article/view/116 (abgerufen am 8.4.2018).

einen Gegenstand i.S.d. MwStRL handelt, „weil der Zweck dieser Währung, (...), ausschließlich in der Verwendung als Zahlungsmittel besteht."[17] Der EuGH hat schließlich die virtuelle Währung Bitcoin einem gesetzlichen Zahlungsmittel gleichgestellt.[18] Umsätze, die im Umtausch solcher Währungen bestehen, stellen daher Dienstleistungen dar,[19] die nach Art. 135 Abs. 1 lit. e MwStRL von der Mehrwertsteuer befreit sind. Anders als bei den elektronischen Büchern hatte der EuGH bei Bitcoin keine Probleme, die Steuerbefreiung für Umsätze, die sich auf „Devisen, Banknoten und Münzen beziehen, die gesetzliche Zahlungsmittel sind", auf Bitcoin als virtuelle nicht gesetzliche Währung auszudehnen. Die verschiedenen Sprachfassungen der MwStRL würden nämlich nicht die eindeutige Feststellung erlauben, dass nur konventionelle Währungen erfasst sein sollen.[20] Daher schließt der EuGH aus dem Kontext und im Licht des Zwecks und der Systematik der MwStRL,[21] dass „Umsätze, die sich auf nicht konventionelle Währungen beziehen, d.h. auf andere Währungen als solche, die in einem oder mehreren Ländern gesetzliche Zahlungsmittel sind, (...) indessen Finanzgeschäfte dar(stellen), soweit diese Währungen von den an der Transaktion Beteiligten als alternatives Zahlungsmittel zu den gesetzlichen Zahlungsmitteln akzeptiert worden sind und sie keinem anderen Zweck als der Verwendung als Zahlungsmittel dienen."[22]

3. Beurteilung

a) Steuerbefreiungen und -ermäßigungen auch für digitale Leistungen

Aus den hier wiedergegebenen Urteilen ergibt sich, dass elektronisch erbrachte Dienstleistungen – gleich wie ihre analogen Pendants – Steuerbefreiungen oder Steuersatzermäßigungen unterliegen können. Dies ist die logische Konsequenz des Grundsatzes der Medienneutralität des Umsatzsteuerrechts: Für die Zwecke der Leistungsortbestimmung von elektronischen Dienstleistungen gebieten vor allem Vollzugsaspekte und der Verbrauchsteuergedanke eine von der allgemeinen Regel abweichende Norm. Dies gilt aber weder für Steuersatzermäßigungen noch für Befrei-

---

17 EuGH v. 22.10.2015 – C-264/14 – Hedqvist Rz. 24.
18 EuGH v. 22.10.2015 – C-264/14 – Hedqvist Rz. 25.
19 EuGH v. 22.10.2015 – C-264/14 – Hedqvist Rz. 26.
20 EuGH v. 22.10.2015 – C-264/14 – Hedqvist Rz. 46.
21 EuGH v. 22.10.2015 – C-264/14 – Hedqvist Rz. 47.
22 EuGH v. 22.10.2015 – C-264/14 – Hedqvist Rz. 49.

ungen. Sind die elektronischen Dienstleistungen mit analog erbrachten Dienstleistungen gleichzusetzen, sind auch die korrespondierenden Befreiungen oder Ermäßigungen anzuwenden.

b) Subsumtion in Abhängigkeit von der Medienneutralität des gesetzlichen Tatbestandes

aa) Vorbemerkung

Die dennoch auftretende Frage, ob ein digitaler Umsatz einem analogen Umsatz gleichzusetzen und beide Umsätze daher umsatzsteuerrechtlich gleich zu behandeln sind, stellt sich nur, weil dem Unionsgesetzgeber zum Zeitpunkt der Schaffung vieler Befreiungs- und Ermäßigungsbestimmungen die analoge Dienstleistung bekannt, die elektronische jedoch unbekannt war. Ist ein Befreiungs- oder Ermäßigungstatbestand medienneutral gefasst, ist auch geboten, den analogen und den digitalen Umsatz gleich zu behandeln. Ist dies hingegen nicht der Fall, stellt sich die Frage, ob der Befreiungs- oder Ermäßigungstatbestand als planwidrig lückenhaft verstanden werden muss, so dass die Lücke im Wege der Interpretation zu schließen ist.

bb) E-Books: Beispiel für fehlende Medienneutralität

Bei E-Books war der Ermäßigungstatbestand gerade nicht medienneutral gefasst, stellte er doch auf Bücher *in Papierform* ab. Dem Gesetzgeber anno dazumal war wahrscheinlich gar nicht bewusst, dass Bücher in anderer als Papierform existieren können. Dementsprechend tat sich mit dem Aufkommen der E-Books evident eine Regelungslücke auf. Dies hat auch der EuGH so erkannt, sonst hätte er sich nicht mit dem Wortlaut und dem Willen des historischen Gesetzgebers auseinandergesetzt. Nur im Fall einer planwidrigen Lücke hätte der EuGH aber die Anwendung des ermäßigten Steuersatzes auf E-Books ausdehnen können. Diese Wertung wollte er offenbar nicht vornehmen.

cc) Bitcoin: Beispiel für Medienneutralität

(1) Offener Gesetzeswortlaut

Für die Frage nach der umsatzsteuerrechtlichen Behandlung des entgeltlichen Tausches von Bitcoin in gesetzliche Währung und umgekehrt war der einschlägige Richtlinienwortlaut hingegen offen (unterschiedlich je nach Sprachfassung) gefasst. Anders bei den elektronischen Büchern, bei denen außer Frage stand, dass es sich auch bei ihnen um Bücher handelte, stellte sich im Bitcoin-Fall jedoch die Frage (und das muss eine Sachverhaltsfrage sein), ob Bitcoin etwas Ähnliches wie gesetzliche Zahlungsmittel sind. Dies bringt das m.E. das größte Problem bei der Beurteilung digitalen Wirtschaftens zutage: Wenn das Recht medienneutral ist, jedoch in Zeiten der analogen Welt formuliert wurde, muss herausgefunden werden, welcher analoge Sachverhalt dem digitalen Sachverhalt am ehesten entspricht. Zu diesem Zweck ist die Technologie auszublenden und allein auf die wirtschaftliche Realität des Sachverhalts abzustellen.

Der EuGH hat nicht nur mit dem Wortlaut der Befreiungsbestimmung argumentiert, sondern vor allem den Regelungszweck herangezogen und – anders als in den E-Book-Fällen – die Warte des Betrachters eingenommen, der um die Existenz von Bitcoin weiß. Man mag darüber streiten, ob es sich um eine teleologische Interpretation eines unklaren Gesetzeswortlautes oder gar um einen Analogieschluss handelt, sicher ist, dass der EuGH jedenfalls keine historische Interpretation vorgenommen hat. Er hat vielmehr den Versuch unternommen, ein neu aufgetretenes „Phänomen" der Informations- und Kommunikationstechnologie „in wirtschaftlicher Betrachtungsweise" in das bestehende Rechtssystem einzuordnen. Dieser Ansatz trägt der Forderung nach der Medienneutralität des Rechts Rechnung und demonstriert die Anpassungsfähigkeit genereller Umsatzsteuerrechtsnormen an neue reale Verhältnisse.

(2) Gilt die Entscheidung in der Rs. Hedqvist für heutige Sachverhalte noch immer?

Gerade der Fall von Bitcoin zeigt aber auch, dass ein solches Vorgehen gewisse Unsicherheiten mit sich bringt: Denn Bitcoin waren zweifelsohne – zumindest suggeriert dies das White-Paper von *Satoshi Nakamoto*[23] – geschaffen, um die klassischen gesetzlichen Zahlungsmittel zu ersetzen. Sie werden auch in der Tat (vereinzelt) als Zahlungsmittel akzeptiert.[24] Aber die Entwicklungen der letzten Jahre haben gezeigt, dass sie eher Spekulationsobjekt als Zahlungsmittel sind.[25] Ihren Umtausch in gesetzli-

---

23 *Nakamoto*, Bitcoin: A Peer-to-Peer Electronic Cash System, 2008, https://bitcoin.org/bitcoin.pdf (abgefragt am 6.4.2018).

24 Details dazu bei *Zechner*, Kryptowährungen: Sind Wechselstuben, Handelsplätze und Walletanbieter umsatzsteuerpflichtig?, taxlex 2017, 388.

25 So etwa auch *Tumpel*, Umsatzsteuer bei „unentgeltlichen" Onlinedienstleistungen, in Kirchmayr/Mayr/Hirschler/Kofler/Ehrke-Rabel, Digitalisierung

che Währung daher umsatzsteuerrechtlich dem klassischen Geldwechsel gleichzustellen, könnte, im Nachhinein betrachtet, als eine Gleichstellung mit Ungleichem qualifiziert werden. In jenem Jahr, in welchem die Rs. Hedqvist entschieden worden ist, war das jedenfalls so klar noch nicht. Aus heutiger Sicht ist jedoch angesichts der offenkundig (zumindest) nicht ausschließlichen Verwendung als Zahlungsmittel fraglich, ob die Steuerbefreiung des § 4 Nr. 8 UStG weiterhin einschlägig sein kann.

Vertritt man mit der Verfasserin die Auffassung, dass der EuGH in der Rs. Hedqvist nicht gesagt hat, dass Bitcoin ein Zahlungsmittel nach der MwStRL *sind*, sondern in wirtschaftlicher Betrachtungsweise (und damit in teleologischer Interpretation) angesichts ihrer zum Urteilszeitpunkt einschlägigen Verwendung *wie* gesetzliche Zahlungsmittel zu beurteilen sind, muss eine Verwendungsänderung zu einem späteren Zeitpunkt auch eine andere rechtliche Beurteilung nach sich ziehen können.

Geht man des weiteren mit der Verfasserin davon aus, dass der Zweck der virtuellen Währung Bitcoin *nicht* ausschließlich in der Verwendung als Zahlungsmittel besteht,[26] kann die Aussage des EuGH, wonach Bitcoin nicht als „Gegenstand" i.S.v. Art. 14 MwStRL eingestuft werden kann,[27] nicht mehr aufrechterhalten werden. Nur für Zahlungsmittel gilt, dass sie keine andere Funktion haben als den Austausch von Gütern in einer Volkswirtschaft zu erleichtern.[28] Nur gesetzliche Zahlungsmittel können als solche als Güter weder verbraucht noch verwendet werden.[29]

Als Spekulationsobjekte sind Bitcoin selbständig be- und verwertbar.[30] Sie werden daher aus ertragsteuer- und bilanzrechtlicher Sicht als nicht

---

im Konzernsteuerrecht, 2018, 57 (67). Zweifelnd auch *Schlund/Pongratz*, Distributed-Ledger-Technologie und Kryptowährungen – eine rechtliche Betrachtung, DStR 2018, 598 (602).

26 EuGH v. 22.10.2015 – C-264/14 – Hedqvist Rz. 24.

27 EuGH v. 22.10.2015 – C-264/14 – Hedqvist Rz. 24.

28 EuGH, Schlussanträge der Generalanwältin *Kokott* v. 16.7.2015 – C-264/14 – Hedqvist, Nr. 12 ff.; unter Verweis auf EuGH v. 14.7.1998 – C-172/96, ECLI: EU:C:1998:354 – First National Bank of Chicago Rz. 25; EuGH v. 9.10.2001 – C-409/98, ECLI:EU:C:2001:524 – Mirror Group Rz. 26; EuGH v. 21.2.2008 – C-271/06, ECLI:EU:C:2008:105 – Netto Supermarkt Rz. 21; EuGH v. 6.3.2014 – C-606/12, ECLI:EU:C:2014:125 – Dresser Rand Rz. 28.

29 EuGH, Schlussanträge der Generalanwältin *Kokott* v. 16.7.2015 – C-264/14 – Hedqvist, Nr. 14.

30 Bitcoin werden an digitalen „Börsen" zu Wechselkursen gehandelt (s. z.B. www.bitpanda.com).

abnutzbarer immaterieller Vermögensgegenstand qualifiziert.[31] Fraglich ist, ob es sich angesichts dieser veränderten Funktion aus umsatzsteuerrechtlicher Sicht um einen Gegenstand i.S.d. Art. 14 MwStRL handelt. Als „Lieferung von Gegenständen" gilt nach Art. 14 Abs. 1 MwStRL die Übertragung der Befähigung, über einen *körperlichen* Gegenstand faktisch so zu verfügen wie ein Eigentümer.[32] Unkörperliche Gegenstände können nur dann Gegenstände einer Lieferung sein, wenn es sich um Elektrizität, Gas, Wärme oder Kälte und ähnliche Sachen handelt (Art. 15 MwStRL). Jeder Umsatz, der keine Lieferung von Gegenständen ist, ist nach Art. 24 MwStRL als Dienstleistung zu qualifizieren.

Bitcoin vermitteln ohne Zweifel nicht die Befähigung, wie ein Eigentümer über einen körperlichen Gegenstand zu verfügen. Besteht ihre Funktion nicht mehr (ausschließlich) in der Verwendung als Zahlungsmittel, muss ihre Übertragung als Dienstleistung qualifiziert werden.[33] Bitcoin können nur über das Internet generiert und übertragen werden. Dies erfolgt aufgrund ihrer Art im Wesentlichen automatisiert und nur mit minimaler menschlicher Beteiligung. Bitcoin gäbe es ohne Informationstechnologie überhaupt nicht. Die Übertragung von Bitcoin ist mit der Übertragung von Software vergleichbar. Bei ihr handelt es sich daher um auf elektronischem Weg erbrachte Dienstleistungen i.S.v. Art. 7 MwStDVO, die am Empfängerort zu besteuern und mangels einschlägiger Steuerbefreiung auch steuerpflichtig sind.[34]

---

31 *Hirschler/Stückler*, Die Bilanzierung von Kryptowährungen, in Kirchmayr/Mayr/Hirschler/Kofler/Ehrke-Rabel, Digitalisierung im Konzernsteuerrecht, 2018, S. 115 (119). Aus der Sicht der österr. Finanzverwaltung handelt es sich um nicht abnutzbare immaterielle Wirtschaftsgüter (BMF v 23.7.2014 – 1485/AB 25.GP; so auch *Varro/Sturma*, Ertragsteuerrechtliche Behandlung von Kryptowährungen und ICOs, in Kirchmayr/Mayr/Hirschler/Kofler/Ehrke-Rabel, Digitalisierung im Konzernsteuerrecht, 2018, 127 [131]).

32 Für viele: EuGH v. 15.12.2005 – C-63/04, ECLI:EU:C:2005:773 – Centralan Property Rz. 63; EuGH v. 15.12.2005 – C-63/04, ECLI:EU:C:2005:773 – Centralan Property Rz. 63; EuGH v. 27.3.2019 – C-201/18 – Mydibel SA Rz. 35.

33 So wohl auch *Dietsch*, Umsatzsteuerliche Behandlung von Bitcoin-Mining, MwStR 2018, 250 (252).

34 Auf die umsatzsteuerrechtlichen Folgen, die sich aus dieser Einordnung für den Unternehmer ergeben, der mit Bitcoin handelt, kann hier aus Gründen des Umfanges nicht näher eingegangen werden.

c) Fazit

Die faktische Entwicklung von Bitcoin nach dem Ergehen der Entscheidung des EuGH in der Rs. Hedqvist zeigt, dass sich die rechtliche Einordnung von Geschäftsmodellen im Zusammenhang mit neuen Technologien im Laufe der Zeit ändern kann, weil die Technologie eine andere Funktion ein- oder annehmen kann. Wäre sich ein Gerichtshof dieser Wandelbarkeit von Technologien bzw. ihres Einsatzes bewusst, könnte er dies in der Begründung seiner Entscheidung berücksichtigen und so erkennbar machen, dass sich die rechtliche Beurteilung mit der Veränderung der Funktion ändern kann. Wenn also ein Gerichtshof zu einem Zeitpunkt X die Meinung vertritt, dass etwas, das definitiv nicht dasselbe ist wie der ursprüngliche Regelungsgegenstand, wie der Regelungsgegenstand zu sehen ist, könnte er dies methodisch deutlich machen. Veränderungen der Funktion zu einem späteren Zeitpunkt Y würden dann auch ohne weiteres eine veränderte rechtliche Beurteilung zu diesem Zeitpunkt ermöglichen.

Methodische Deutlichkeit in der Herleitung der Rechtsfolgen bei digitalen Geschäftsmodellen hätte nicht nur den Vorteil, offensichtlich zu machen, dass Veränderungen in der Wahrnehmung der wirtschaftlichen Realität eines Geschäftsmodells auch eine veränderte rechtliche Beurteilung nach sich ziehen können. Sie würde auch offenkundig machen, dass eine Entscheidung zur (umsatz-)steuerrechtlichen Beurteilung eines digitalen Geschäftsmodells nicht ohne weiteres auf ein anderes ähnliches, aber nicht unbedingt tatsächlich vergleichbares Geschäftsmodell übertragbar ist.

IV. Sharing Economy

Für anregende Diskussionen zu diesem Kapitel möchte ich Univ.-Ass. Mag.a *Lily Zechner* sehr herzlich danken. Sie verfasst zu diesem Thema eine Dissertation. Ohne ihr Mitdenken wäre dieses Kapitel so nicht entstanden.

1. Definition

Andere umsatzsteuerrechtliche Fragen werfen Aktivitäten im Zusammenhang mit Internetplattformen auf, deren Geschäftsmodelle als „Sharing Economy" oder auch als „Collaborative Economy" oder „Gig

Economy" bezeichnet werden.[35] Dabei handelt es sich um Aktivitäten, die durch kollaborative Plattformen erleichtert werden. Solche Plattformen eröffnen einen offenen Marktplatz für die vorübergehende Nutzung von Gegenständen oder Dienstleistungen.[36]. Die Sharing Economy bindet drei Kategorien von Akteuren ein: (1) Erbringer von Leistungen, die Gegenstände, Ressourcen, Zeit und oder Fähigkeiten zur Verfügung stellen (in der Folge kurz: Dienstleister). Diese Personen können Privatpersonen sein, die ihre Leistungen gelegentlich anbieten (sog. „Peers") oder professionelle Anbieter. Anderere Akteure sind die (2) Nutzer dieser Angebote (in der Folge kurz: Kunden) und (3) Intermediäre, die Leistungsanbieter mit Nutzern über eine Online-Plattform miteinander verbinden und den Leistungsaustausch zwischen den Anbietern und den Nutzern zumindest erleichtern (in der Folge kurz: Plattformen).[37]

Den unter dem Begriff der Sharing Economy zusammengefassten Geschäftsmodellen ist gemeinsam, dass in den Leistungsaustausch regelmäßig zumindest drei voneinander unabhängige Akteure eingebunden sind, von denen ein Akteur, der Betreiber der Plattform, seine Leistung in erhöhtem Maße (wenn nicht ausschließlich) auf automatisiertem Weg über das Internet erbringt. Im Einzelfall variieren vor allem der Umfang der Einbindung der Plattform in den Austausch der Leistungen zwischen den anderen Akteuren, das heißt den Dienstleistern einerseits und den Kunden andererseits, das Portfolio der von der Plattform erbrachten Leistungen und ihr Rechtsverhältnis zum Dienstleister.

Als der Prototyp der Sharing Economy wird vielfach das Unternehmen *Uber* genannt. Dabei handelt es sich um eine Plattform, die über eine Anwendung im Internet Fahrdienstleistungen zwischen Fahrern und Nutzern ermöglicht.[38] Andere Plattformen im Internet funktionieren ähnlich, ermöglichen Beherbergungsdienstleistungen, organisieren die Zustellung von Essen bestimmter Restaurants durch Boten oder schlie-

---

35 Siehe auch OECD (2019), The Sharing and Gig Econnomy: Taxation of Platform Sellers, 15 ff.

36 Mitteilung der Europäischen Kommission an das Parlament, den Rat, den Europäischen Wirtschafts- und Sozialausschuss und den Ausschuss der Regionen „Eine Europäische Agenda für die Sharing Economy", COM(2016) 356 final, 3.

37 Eine umfangreiche Darstellung des Phänomens mit weiterführenden Nachweisen bietet *Beretta*, VAT and the Sharing Economy, WTJ 2018, 382 (384 ff.).

38 EuGH v. 20.12.2017 – C-434/15 – Asociación Profesional Elite Taxi gg. Uber Systems Spain, SL Rz. 33.

ßen Menschen zum Austausch anderer Dienstleistungen oder auch zum Tausch von Gegenständen zusammen.

2. Umsatzsteuerrechtliche Problemstellung

Die Umsatzbesteuerung der Sharing Economy richtet sich – im Einklang mit dem Grundsatz der Medienneutralität des Umsatzsteuerrechts – nach dem allgemeinen Umsatzsteuerrecht.

Obwohl daher die die umsatzsteuerrechtliche Bewertung der Sharing Economy genauso eine Einzelfallbeurteilung verlangt wie jedes andere Geschäftsmodell in der analogen Welt, stellen sich insgesamt ähnliche grundsätzliche Fragen. Sie sollen hier dargelegt werden, um die strukturierte Beurteilung im Einzelfall zu ermöglichen.

Zunächst stellt sich die Frage, wem der Akteure Unternehmereigenschaft zukommt. Daran schließt sich die Fragen an, welche Art von Leistungen zwischen welchen Akteuren gegen welches Entgelt und an welchem Ort ausgetauscht wird. Dafür kommen ein Rechtsverhältnis zwischen der Plattform und dem Kunden, ein Rechtsverhältnis zwischen der Plattform und dem Dienstleister, und/oder schließlich ein Rechtsverhältnis zwischen dem Kunden und dem Dienstleister in Betracht.

a) Unternehmereigenschaft

Unternehmer ist nach § 2 UStG, wer nachhaltig in der Absicht, Einnahmen zu erzielen, einer gewerblichen oder beruflichen Tätigkeit nachgeht. Nach Art. 9 MwStRL gilt als Steuerpflichtiger, wer eine wirtschaftliche Tätigkeit unabhängig von ihrem Ort, Zweck und Ergebnis selbständig ausübt. Zu den wirtschaftlichen Tätigkeiten zählen (auch) alle Tätigkeiten eines Dienstleistenden (Art. 9 Abs. 1 Unterabs. 2 MwStRL).

aa) Unternehmereigenschaft der Plattform

Die Plattformen treten jedenfalls nach außen selbständig in Erscheinung. Im Regelfall heben sie zumindest Vermittlungsprovisionen von ihren Nutzern ein, so dass sie auch gegen Entgelt tätig werden. Sollten sie keine Vermittlungsprovision einheben, erwerben sie zumindest das Recht zur Verarbeitung der von den Nutzern der Plattform (bewusst oder unbewusst) überlassenen Daten, die sie im Regelfall für kommerzielle Zwecke im Verhältnis zu Dritten verwenden. Sofern die Plattform nicht erkennbar uneigennützig, ohne einen eigenen entgeltlichen oder entgeltwerten

Vorteil aus ihrer Aktivität zu ziehen tätig wird, ist ihr daher Unternehmereigenschaft zuzuerkennen.

bb) Unternehmereigenschaft des Dienstleisters

Ob der Dienstleister Unternehmer ist, hängt von mehreren Faktoren ab. Erstens muss er die Dienstleistung gegen Entgelt ausführen, wobei das Entgelt auch in einer anderen Dienstleistung oder einer Lieferung bestehen kann. Da die über Plattformen ermöglichten „Geschäfte" im Regelfall auf den Austausch zwischen zwei Personen abzielen, ist die Entgeltlichkeit regelmäßig zu bejahen. Unternehmer ist aber zweitens trotz Entgeltlichkeit nur, wer nachhaltig und selbständig auf dem Markt handelt. Nachhaltigkeit ist dann zu verneinen, wenn der Dienstleister einmalig oder nur gelegentlich seine Dienste anbietet (z.B. eine Tauschbörse für Hausrat). Solche Personen werden aus den vorliegenden Überlegungen ausgeklammert.

Ob der Dienstleister selbständig auf dem Markt auftritt, hängt ganz maßgeblich von seinem Verhältnis zur Plattform ab. Die selbständige Ausübung einer wirtschaftlichen Tätigkeit liegt insb. bei Lohn- und Gehaltsempfängern und sonstigen Personen nicht vor, „soweit sie an ihren Arbeitgeber durch einen Arbeitsvertrag oder ein sonstiges Rechtsverhältnis gebunden sind, das hinsichtlich der Arbeitsbedingungen," der Entlohnung sowie der Verantwortlichkeit des Arbeitgebers „ein Verhältnis der Unterordnung schafft" (Art. 10 MwStRL; § 2 Abs. 2 Z 1 UStG). Ist eine Person bei der Bestimmung ihres Entgeltes von jemand anderem abhängig, spricht dies gegen das Vorliegen einer selbständigen wirtschaftlichen Tätigkeit.[39] Wesentlich für die Annahme einer selbständigen wirtschaftlichen Tätigkeit ist, dass die betroffene Person im eigenen Namen, auf eigene Rechnung und auf eigenes wirtschaftliches Risiko handelt.[40] Ein solches trägt eine Person etwa dann, wenn der Gewinn, den sie aus dieser Tätigkeit zieht, auch vom Einsatz der für ihre Arbeit benötigten Arbeitskräfte und sachlichen Mittel verbundenen Ausgaben abhängt.[41]

Bei den meisten Geschäftsmodellen der Sharing Economy sind die Personen, die die über die Plattform organisierten Leistungen unmittelbar

---

39 EuGH v. 18.10.2007 – C-355/06 – van der Steen Rz. 22.
40 Vgl. EuGH v. 27.1.2000 – C-23/98 – Heerma Rz. 18; EuGH v. 25.7.1991 – C-202/90 – Ayuntamiento de Sevilla, Slg. 1991, I-4247 Rz. 13; EuGH v. 18.10.2007 – C-355/06 – van der Steen Rz. 13, Rz. 23.
41 EuGH v. 25.7.1991 – C-202/90 – Ayuntamiento de Sevilla, Slg. 1991, I-4247 Rz. 13.

erbringen, Eigentümer der dafür notwendigen Betriebsmittel (oder kümmern sich wenigstens eigenverantwortlich und unabhängig von der Plattform darum). Sie sind außerdem bei der Entscheidung über die Erbringung der Leistungen sowohl an sich (also hinsichtlich des „Ob") als auch zeitlich völlig frei und unterliegen keiner durch die Plattform auferlegten Verpflichtung zur Leistungserbringung. Ein Unterordnungsverhältnis im umsatzsteuerrechtlichen Sinn ist daher im Regelfall nicht anzunehmen. Im Ergebnis handeln dann sowohl die Plattform als auch der Dienstleister selbständig. Da im vorliegenden Zusammenhang nur solche Geschäftsmodelle untersucht werden, bei denen eine Gegenleistung für die angebotenen Leistungen zu erbringen ist und bei denen alle Akteure mit einer gewissen Nachhaltigkeit (Regelmäßigkeit und Wiederholungsabsicht) ihre Leistungen anbieten, ist sowohl der Plattform als auch dem unmittelbaren Leistungserbringer grundsätzlich Unternehmereigenschaft i.S.d. § 2 UStG (Art. 9 MwStRL) zuzuerkennen.

b) Zurechnung der Leistungen an die einzelnen Akteure – Maßgeblichkeit der wirtschaftlichen Realität

Treten sowohl die Plattform als auch der Dienstleister als Unternehmer auf, stellt sich die Frage, wer gegenüber wem mit welcher Art von Leistung auftritt. Außerdem stellt sich die Frage, ob die Leistung, um die es dem Kunden geht, vom Dienstleister selbst, von der Plattform oder von beiden erbracht wird.

Nach der Rspr. des BFH richtet sich die Zurechnung von Umsätzen an einen Unternehmer nach dem dem Leistungsaustausch zugrunde liegenden schuldrechtlichen Verpflichtungsgeschäft.[42] Auch der EuGH geht davon aus, dass die vertragliche Situation normalerweise die wirtschaftliche und geschäftliche Realität widerspiegelt, so dass sich daraus im Regelfall ergibt, wem ein steuerbarer Umsatz zuzurechnen ist.[43] Im Ergebnis indiziert das Schuldverhältnis somit die Vertragspartner eines Leistungsaustausches. Weicht die reale Umsetzung des Verpflichtungsgeschäfts jedoch von der vertraglichen Vereinbarung ab, ist (in wirtschaftlicher Betrachtungsweise) die wirtschaftliche Realität für die umsatzsteuerrechtliche Beurteilung ausschlaggebend. In diesem Sinn stellt der österr. Verwaltungsgerichtshof darauf ab, wer im Außenverhältnis, d.h.

---

42 BFH v. 16.3.1995 – V R 128/92, BStBl. II 1995, 651; BFH v. 12.8.2009 – XI R 48/07, BFH/NV 2010, 259; *Robisch* in Bunjes, 17. Aufl. 2018, § 1 UStG Rz. 87.
43 EuGH v. 20.6.2013 – C-653/11 – Newey Rz. 42 ff.

gegenüber dem jeweiligen Leistungsempfänger, als leistender Unternehmer im eigenen Namen in Erscheinung tritt.[44] Es ist das Außenverhältnis, das die wirtschaftliche Realität widerspiegelt und im Regelfall durch das schuldrechtliche Verpflichtungsgeschäft determiniert ist.

In der Sharing Economy findet der Vertragsabschluss immer über die Plattform statt. Daraus kann angesichts des seinerseits unternehmerisch auftretenden Dienstleisters nicht geschlossen werden, dass die Plattform selbst gegenüber dem Kunden die letztendlich vom Dienstleister ausgeführten Leistung erbringt. Es ist somit zu untersuchen wie die Plattform im Außenverhältnis gegenüber dem Kunden auftritt, um bestimmen zu können, welche Art von Umsatz sie gegenüber welchem Akteur erbringt.[45] Gleichzeitig stellt sich die Frage, mit welchem Akteur der Dienstleister in einen Leistungsaustausch tritt.

c) Art der erbrachten Leistungen

aa) Vorbemerkung

Gemeinsam ist allen Geschäftsmodellen der Sharing Economy, dass der Kunde zunächst nur mit der einen bestimmten (erwünschten) Umsatz organisierenden Plattform in Kontakt tritt. Die Plattform stellt nicht bloß Kontaktdaten zur Verfügung, derer sich der Kunde dann außerhalb der Plattform bedienen kann oder muss, um die gewünschte Dienstleistung zu erhalten. In der Regel stellt sie zumindest (automatisiert) den Kontakt zwischen dem Kunden und dem Dienstleister her. In vielen Fällen übernimmt sie auch die Zahlungsabwicklung.

Der Umsatz, um den es dem Kunden geht, lässt sich im Regelfall leicht bestimmen, da es sich im Regelfall um einen Umsatz in der analogen Welt handelt. Werden über eine Plattform etwa Beförderungsdienstleistungen ermöglicht, handelt es sich bei dem Grundumsatz um eine (Personen-)Beförderungsdienstleistung. Werden Schlafgelegenheiten, möblierte Zimmer, möblierte Wohnungen oder möblierte Häuser angeboten, handelt es sich entweder um eine Beherbergungsleistung oder um die Vermietung von Wohnraum. Wird die Zustellung von Essen ermöglicht, geht es dem Kunden darum, dass bestimmte Speisen zu ihm transpor-

---

44 Z.B. VwGH v. 19.12.2018 – Ra 2017/15/0003; VwGH v. 18.12.2017 – Ro 2017/15/0012.

45 Im vorliegenden Zusammenhang wird unterstellt, dass die Plattform auf Grund ihrer zivil- und gesellschaftsrechtlichen Ausgestaltung Trägerin von Rechten und Pflichten sein kann.

tiert werden. Es geht also einerseits um den Erwerb bestimmter Speisen und Getränke ohne Zusatzleistungen, die einem Restaurant eigentümlich sind, so dass von einer Lieferung von Gegenständen auszugehen ist.[46] Andererseits geht es darum, dass diese Speisen und Getränke auch zum Kunden transportiert werden.

Fraglich ist in allen Konstellationen, ob die Plattform oder aber der Dienstleister gegenüber dem Kunden selbständig auftreten. Die unmittelbare Dienstleistung kann nämlich nur von einem der beiden Akteure erbracht werden. Da die Plattform als erste Ansprechpartnerin für den Kunden fungiert, ist zunächst auf ihr Verhältnis zum Kunden abzustellen.

bb) Die Plattform als Dienstleistungskommissärin – Dienstleister als Vertragspartner der Plattform

Da die Plattform diejenige ist, die regelmäßig die Abwicklung des Geschäfts gegenüber dem Kunden vornimmt, der (selbständige) Dienstleister aber die Leistung tatsächlich erbringt, ist der Gegenstand des Vertrages regelmäßig nicht sofort deutlich erkennbar. Sind die vertraglichen Beziehungen und sonstigen Umstände nicht aussagekräftig, ist nach der wirtschaftlichen Realität des Geschäftsmodells zu suchen. Dabei ist auf das Gesamtbild der Verhältnisse aus der Perspektive eines Durchschnittsverbrauchers abzustellen.[47] Für das Gesamtbild der Verhältnisse ist vor allem der Eindruck ausschlaggebend, der dem Nutzer bei der „Buchung" der Dienstleistung über die elektronische Plattform einerseits und andererseits über die Zahlungsabwicklung entsteht. Gibt die Plattform über ihren Außenauftritt gegenüber potentiellen Kunden zu verstehen, dass sie die Kontrolle über die Qualität der organisierten Dienstleistung innehat, werden allfällige Beschwerden betreffend eine konkrete Dienstleistung über die Plattform und damit über den diese bereitstellenden Unternehmer behandelt und erfolgt auch die Abwicklung der Bezahlung über diese Plattform, so entsteht einem Nutzer zumindest der Eindruck, einen Leistungsaustausch mit der Plattform anzubahnen.

Daran ändert auch der Umstand nichts, dass ein Nutzer nach Annahme seiner Dienstleistungs-„Anfrage" durch den unmittelbaren Dienstleister den Namen des Dienstleisters und die Einträge über die Zufriedenheit früherer Nutzer über die digitale Anwendung der Plattform ein-

---

46 EuGH v. 10.3.2011 – C-497/09 u.a. – Bog u.a.
47 Ist der Verbrauch das Belastungsziel, muss auch die Art des Umsatzes aus der Sicht des (Durchschnitts-)Verbrauchers beurteilt werden.

sehen kann. Obwohl der Kunde in einem solchen Fall davon ausgehen wird, dass er mit der Plattform in Leistungsaustausch tritt, weiß er, dass die Plattform die Dienstleistung, um die es dem Kunden im Ergebnis geht, nicht selbst erbringt. Entrichtet der Kunde den Preis für die Dienstleistung an die Plattform, ohne dass ihm erkennbar ist, dass die Plattform dieses Entgelt nicht selbst vereinnahmt, so ist jedenfalls von einem Leistungsaustausch zwischen dem Kunden und der Plattform auszugehen. Dies gilt selbst dann, wenn dem Kunden erkennbar ist, welcher Teil des Entgelts auf die Ausführung der tatsächlich angeforderten Dienstleistung und welcher Teil auf die Ermöglichung der Dienstleistungserbringung durch die Plattform zurückzuführen ist.[48] Zeigt sich die Plattform in der wirtschaftlichen Realität somit als „Herrin" über die dem Kunden im Ergebnis erbrachte Dienstleistung, ist sie die Vertragspartnerin des Kunden. Sie erbringt gegenüber dem Kunden dann auch die Dienstleistung und tritt damit jedenfalls in eigenem Namen auf.

Ob sie im Innenverhältnis zum unmittelbaren Dienstleister im eigenen oder im fremden Namen auftritt, ist schließlich ausschlaggebend dafür, ob die Plattform gegenüber dem Kunden eine Eigenleistung oder eine Dienstleistungskommission (Besorgungsleistung) erbringt. Für die umsatzsteuerrechtliche Beurteilung ist die Antwort auf diese Frage auf Ebene der Plattform rein akademischer Natur, teilt doch die Besorgungsleistung das Schicksal der besorgten Leistung.

Für die Abgrenzung zwischen Besorgungsleistung und Eigenleistung ist auf das Innenverhältnis zwischen dem Betreiber der Plattform und dem unmittelbaren Dienstleister abzustellen. Die Ausgestaltung jener Geschäftsmodelle in der Sharing Economy, bei denen sich die Plattform auf Grund des Gesamtbildes der Verhältnisse als Herrin des Geschäftes zu erkennen gibt, zeigt, dass sie dem Dienstleister gegenüber auf fremde Rechnung auftritt, weil sie die Dienstleistung nur nach Bezahlung durch den Kunden für einen bestimmten vom Kunden definierten Zweck beim unmittelbaren Dienstleister „einkauft". Die Plattform erbringt daher, selbst wenn sie nach außen Herrin des Geschäftsverhältnisses ist, so dass ihr die Leistung an den Kunden zuzurechnen ist, keine Eigenleistungen. Sie handeln im Innenverhältnis auf fremde Rechnung. Es ist von einem Leis-

---

48 EuGH v. 10.3.2011 – C-497/09 – Bog u.a. Rz. 57; in diesem Sinn auch EuGH v. 2.12.2010 – C-276/09, ECLI:EU:C:2010:730 – Everything Everywhere Rz. 28.

tungseinkauf (einer Dienstleistungskommission oder Besorgungsleistung[49]) auszugehen.

In einem solchen Fall ist die Interaktion zwischen dem Kunden und der Plattform umsatzsteuerrechtlich folgendermaßen zu sehen: Der Kunde erteilt der Plattform den Auftrag, eine bestimmte Leistung im eigenen Namen aber für fremde Rechnung für den Kunden einzukaufen. Dabei kann es sich etwa um eine Personenbeförderungsleistung, eine kurzfristige Wohnraumvermietung, eine Beherbergungsleistung oder die Zustellung von Speisen und Getränken handeln. Die Plattform sucht für den Kunden nach einem geeigneten Leistungserbringer, kommt mit ihm über den Preis überein und verrechnet ihm Preis für die Gesamtleistung. Es handelt es sich um einen Leistungseinkauf für Rechnung des Kunden.

Besorgungsleistungen werden umsatzsteuerrechtlich gleich behandelt wie die besorgte Leistung. Nach § 3 Abs. 11 UStG gilt eine sonstige Leistung, die ein Unternehmer im eigenen Namen, jedoch auf fremde Rechnung erbringt, als an diesen Unternehmer und als von ihm erbracht.[50] Sowohl der das Geschäft besorgende Unternehmer als auch der die Leistung tatsächlich erbringende Unternehmer führen somit umsatzsteuerrechtlich dieselbe Leistung aus.

cc) Die Plattform als Vermittlerin – Dienstleister als Vertragspartner des Kunden

Entpuppt sich die Plattform in der wirtschaftlichen Realität hingegen nicht als die „Herrin" über die dem Kunden im Ergebnis erbrachte Dienstleistung, erbringt sie auch nicht die von ihm letztendlich erwünschte Dienstleistung. Sie kann nur Vertragspartnerin des Kunden für eine andere (begleitende) Dienstleistung sein, wenn sie vom Kunden (oder einem Dritten) dafür ein (gesondertes) Entgelt erhält. Ein solcher Fall kann in der wirtschaftlichen Realität etwa anzunehmen sein, wenn die Plattform deutlich zu erkennen gibt, dass sie den Dienst nicht selbst erbringt, sondern nur anbahnt und so nicht in den Leistungsaustausch zwischen dem Dienstleister und dem Kunden eingebunden ist. Entrichtet etwa der Kunde kein Entgelt an die Plattform, indem die Plattform entweder weder ein Entgelt noch Zahlungsdaten verlangt oder gibt er seine Bank- oder Kreditkartendaten – erkennbar und tatsächlich gelebt –

---

49 In Österreich wird dafür der Begriff „Besorgungsleistung" verwendet.
50 § 3 Abs. 11 UStG setzt Art. 28 MwStRL um.

nur als Sicherheit bekannt, die dem unmittelbaren Dienstleister von der Plattform weitergeleitet werden, kann zwischen der Plattform und dem Kunden auch kein umsatzsteuerbarer Leistungsaustausch stattfinden. Ein Leistungsaustausch findet bei unterstellter Ausrichtung der Plattform auf Einnahmenerzielung gegenüber dem Dienstleister und der Plattform statt. Erhält die Plattform nicht nur von dem Dienstleister, sondern auch vom Kunden ein Entgelt (etwa in einem gewissen Prozentsatz vom Preis der unmittelbar konsumierten Leistung), findet auch ein Leistungsaustausch zwischen der Plattform und dem Kunden statt. Dieser unterscheidet sich aber von dem Leistungsaustausch, bei dem die Plattform als „Herrin" der gegenüber dem Kunden im Ergebnis erbrachten Dienstleistung auftritt. Sie erbringt weder an den Kunden noch an den Dienstleister die im Endergebnis verbrauchte (und auch vom Kunden gewünschte) Leistung:[51]

Die Plattform ermöglicht den automatisierten Vertragsabschluss durch eine elektronische Anwendung.[52] In einigen Fällen wickelt sie zusätzlich den Zahlungsverkehr ab. Der Abschluss des Vertrages über die Plattform wäre der analogen Welt als Vermittlungsleistung zu qualifizieren: Eine Person ermöglicht die Erbringung einer Dienstleistung durch eine andere Person, indem sie gegenüber dem Dienstleistungsempfänger als eine bloß ermöglichende Person auftritt und im Auftrag der die Dienstleistung erbringenden Person den Vertrag über diese Dienstleistung abschließt. Sie handelt in fremdem Namen und auf fremde Rechnung und ist daher Vermittlerin.[53]

Nach § 3a Abs. 3 Nr. 4 UStG werden Vermittlungsleistungen an dem Ort ausgeführt, an dem der vermittelte Umsatz als ausgeführt gilt, wenn es sich bei dem Empfänger der Vermittlungsleistung um einen Nichtunternehmer i.S.d. § 3a Abs. 4 UStG handelt. Ist der Empfänger hingegen ein Unternehmer i.S.v. § 3a Abs. 2 UStG, richtet sich der Ort der Vermittlungsleistung grundsätzlich nach dem Sitz des Leistungsempfängers (§ 3a Abs. 1 UStG).

---

51 Gerade die Überlassung von Wohnraum zur kurzfristigen Beherbergung dürfte in den meisten Fällen so ausgestaltet sein.
52 Aus der Sicht der Informatik handelt es sich auch dabei um einen „Smart Contract".
53 EuGH v. 21.6.2007 – C-453/05 – Ludwig Rz. 23, Rz. 28; unter Verweis auf EuGH v. 13.12.2001 – C-235/00 – CSC Financial Services Rz. 39; EuGH v. 5.7.2012 – C-259/11 – DTZ Zadelhoff Rz. 27; s. auch *Stadie* in Rau/Dürrwächter, § 3a UStG Rz. 442, 444; *Langer* in Reiß/Kraeusel/Langer, § 31 UStG Rz. 105.1.

Fraglich ist, ob diese Vermittlungsleistung an einen Nichtunternehmer (was sie in der Sharing Economy im Regelfall ist) als auf elektronischem Weg erbrachte Dienstleistung zu qualifizieren ist, so dass Art. 7 MwSt-DVO als lex specialis Vorrang gegenüber § 3a Abs. 3 Nr. 4 UStG hat. Fest steht, dass die hier betrachteten Geschäftsmodelle der Sharing Economy nur durch und über das Internet so funktionieren, wie sie funktionieren. Eine Plattform, die nicht „Herrin" im hier beschriebenen Verständnis ist, erbringt eine Dienstleistung über das Internet, deren Erbringung im Wesentlichen automatisiert und nur mit minimaler menschlicher Beteiligung erfolgt. Die Erbringung dieser Dienstleistung auf die Art, wie sie tatsächlich erbracht wird, wäre auch ohne Informationstechnologie nicht möglich. Art. 7 Abs. 1 MwSt-DVO scheint somit erfüllt. Nach Art. 7 Abs. 2 lit. d MwSt-DVO gilt insbesondere als auf elektronischem Weg erbrachte Dienstleistung die „Einräumung des Rechts, gegen Entgelt eine Leistung auf einer Website, die als Online-Marktplatz fungiert, zum Kauf anzubieten, wobei die potentiellen Käufer ihr Gebot im Wege eines automatisierten Verfahrens abgeben und die Beteiligten durch eine automatische computergenerierte E-Mail über das Zustandekommen eines Vertrages unterrichtet werden." Nach Art. 7 Abs. 3 lit. u MwSt-DVO stellen hingegen online gebuchte Beherbergungsleistungen, Mietwagen, Restaurantdienstleitungen, Personenbeförderungsdienste oder ähnliche Dienstleistungen *keine* auf elektronischem Weg erbrachten Dienstleistungen dar.

Die in Art. 7 Abs. 2 MwSt-DVO genannten Beispiele für elektronische Dienstleistungen vermitteln den Eindruck, dass das Ausmaß der tatsächlichen menschlichen Beteiligung am Zustandekommen des konkreten Leistungsaustausches für die Annahme einer elektronischen Dienstleistung sehr gering sein muss. Dies scheint bei den meisten Plattformen der Sharing Economy zuzutreffen. Bei den expliziten Ausnahmen in Art. 7 Abs. 3 MwSt-DVO handelt sich hingegen einerseits um Vorgänge, in denen das Ausmaß der menschlichen Beteiligung im Einzelfall strittig sein kann. Anderseits handelt es sich aber um Vorgänge, die eindeutig unter minimaler menschlicher Beteiligung stattfinden. Dies trifft insb. für online gebuchte Eintrittskarten für Sport- und Unterhaltungsveranstaltungen und die Online-Buchungen der bereits erwähnten Leistungen (Beherbergung, Mietwagen etc.) zu. Art. 7 Abs. 3 lit. u MwSt-DVO zielt explizit auf die online gebuchten Beherbergungsleistungen, Mietwagen, etc. ab, d.h. nicht auf die Buchung als Leistung sondern auf die der Buchung zugrunde liegende Leistung. Es ist daher davon auszugehen, dass damit nur klargestellt werden sollte, dass die einer Online-Buchung zugrunde liegende Dienstleistung, die selbst nicht über das Internet erbracht wird, auch durch die Online-Buchung nicht zur elektronisch erbrachten Dienstleistung wird.

Zu prüfen bleibt also, ob die von Plattformen erbrachten Dienstleistungen, wenn sie nicht Herrin über die im Ergebnis erbrachte Leistung sind, unter Art. 7 Abs. 2 lit. d MwSt-DVO zu subsumieren sind. Das analoge Pendant zu Art. 7 Abs. 3 lit. d MwSt-DVO ist ein Marktplatz, für dessen Nutzung Personen ein Entgelt entrichten, auf dem sie dann ihre Leistungen anbieten können, ohne dass der Betreiber des Marktplatzes auf das Zustandekommen eines Leistungsaustausches auf dem Marktplatz oder auf die Preisbildung einen Einfluss ausüben kann und ausübt. Eine solche Leistung eines Marktplatzbetreibers beschränkt sich also auf die Zurverfügungstellung einer Möglichkeit, Handel zu betreiben. Die von einer Plattform zur Verfügung gestellte Internet-Anwendung zum Angebot bestimmter Dienstleistungen und zu dessen Nachfrage kann mit einem solchen analogen Marktplatz verglichen werden. Stellt eine Plattform tatsächlich nur einen digitalen Marktplatz zur Verfügung, wofür sie sowohl vom nachfragenden Kunden als auch vom leistenden Unternehmer ein Entgelt verlangen kann, das auch in einem Prozentsatz des abgeschlossenen Geschäftes bestehen kann, ist ein Fall des Art. 7 Abs. 3 lit. d MwSt-DVO gegeben. Liegt eine auf elektronischem Weg erbrachte Dienstleistung vor, ist der Leistungsort am Sitz des Leistungsempfängers anzunehmen (§ 3a Abs. 5 UStG).

Fraglich ist, ob Art. 7 MwStRL auf elektronischem Weg erbrachte Vermittlungsleistungen umfasst. Art. 7 Abs. 2 lit. d MwSt-DVO umfasst gerade auch solche digitalen Marktplatzbetreiber, die, anders als analoge Marktplatzbetreiber, in den Vertragsabschluss eingebunden sind. Wenn ein Gebot im Wege eines automatisierten Verfahrens abgegeben wird und die Beteiligten durch eine automatische computergenerierte E-Mail über das Zustandekommen des Vertrages informiert werden, dann ist der Vertrag über Vermittlung der Plattform zustande gekommen. Art. 7 MwStRL umfasst daher die Vermittlungsleistungen und geht daher der klassischen Vermittlungsleistung vor.

In vielen Fällen übernimmt die Plattform gegenüber dem unmittelbaren Dienstleistungsempfänger zusätzliche Dienstleistungen, wie etwa die Abwicklung des Zahlungsverkehrs. Hinsichtlich dieser Leistungen muss im Einzelfall geprüft werden, ob es sich um unselbständige Nebenleistungen zur Hauptleistung der Plattform oder um eigenständige Hauptleistungen handelt. Übernimmt etwa die Plattform den Zahlungsdienst, handelt es sich dabei im Regelfall[54] um eine eigenständige (Haupt-)Leistung, die umsatzsteuerrechtlich nicht das Schicksal der auf elektronischem Weg erbrachten Dienstleistung teilt.[55] Nach der Rspr. des EuGH sind Leistungen nämlich grundsätzlich jede für sich gesondert als Hauptleistung zu qualifizieren. Gerade Zahlungsdienstleistungen dienen nicht dazu, die von der Plattform erbrachte Vermittlungsleistung unter optimalen Bedingungen in Anspruch zu nehmen. Zahlungsdienstleistungen sind nach § 4 Nr. 8 UStG von der Umsatzsteuer befreit.

3. Fazit

Die vorangegangenen Überlegungen haben gezeigt, dass die umsatzsteuerrechtliche Beurteilung der sog. Plattformökonomie immer einzelfallbezogen vorzunehmen ist. Was für die Durchführung von Personenbeförderungsdienstleistungen durch eine Plattform wie Uber gilt, muss nicht selbstverständlich für eine andere Plattform, die gleichartige Dienstleistungen ermöglicht, gelten.

Vor diesem Hintergrund ist in den Fällen, in denen die Plattform als „Herrin" über das gesamte Geschäft auftritt, von einer Besorgungsleistung auszugehen. Diese Beurteilung bietet ein medienneutrales umsatzsteuerrechtliches Ergebnis, das gleichzeitig den Verbrauchsteuergedanken der Umsatzsteuer wahrt.

Ist die Plattform nicht „Herrin" des Geschäftes insgesamt, erbringt sie zwar eine Vermittlungsleistung, diese ist aber als auf elektronischem Weg erbrachte Dienstleistung zu qualifizieren. So wird der Grundsatz der Medienneutralität durchbrochen, weil die Dienstleistung der Plattform immer dort ausgeführt hat, wo der Leistungsempfänger sein Unternehmen betreibt oder wo der Leistungsempfänger als Nichtunternehmer seinen Wohnsitz, seinen gewöhnlichen Aufenthaltsort oder seinen Sitz hat. Würde die Plattform dieselbe Leistung in der analogen Welt anbieten, läge eine Vermittlungsleistung vor, die, so sie an einen Nicht-Unternehmer erbracht wird, an dem Ort als ausgeführt gilt, an dem der vermittelte Umsatz als ausgeführt gilt. Eine Vermittlungsleistung an einen Unternehmer oder eine diesem nach § 3a Abs. 2 Satz 2 UStG gleichgestellte Person wür-

---

54 Abschließend kann dies freilich nur vor dem Hintergrund des konkreten Geschäftsmodells beurteilt werden.
55 EuGH v. 27.10.2005 – C-42/04 – Levob Verzekeringen und OV Bank Rz. 19; EuGH v. 29.3.2007 – C-111/05 Aktiebolaget NN Rz. 21; EuGH v. 10.3.2011 – C-497/09 – Bog u.a. Rz. 52; EuGH v. 21.2.2013 – C-18/12 – Mesto Zamberk Rz. 27.

de am Empfängerort ausgeführt. Ist der Leistungsempfänger einer Plattform ein Unternehmer, besteht somit im Ergebnis kein Unterschied zwischen der Erbringung der Leistung in der analogen und in der digitalen Welt. Hinsichtlich der Vermittlungsleistung an den Nichtunternehmer ergibt sich jedoch ein Unterschied. Das Ergebnis der analogen Vermittlungsleistung wird m.e. dem Verbrauchsteuergedanken besser gerecht als das Ergebnis der digitalen Vermittlungsleistung.

Die Durchbrechung des Grundsatzes der Medienneutralität hinsichtlich der auf elektronischem Weg erbrachten Dienstleistungen soll, wie eingangs erläutert, den Vollzug des Umsatzsteuerrechts erleichtern. Ob dies für auf elektronischem Weg erbrachte Vermittlungsleistungen notwendig ist, muss hinterfragt werden. Bedenkt man, dass Plattformen auch dann, wenn sie nicht vollumfänglich Herrinnen des Geschäfts sind, in der Regel über die für die Festlegung umsatzsteuerrechtlicher Folgen erforderlichen Informationen verfügen, wäre der Vollzug bei medienneutraler Ausgestaltung nicht weniger effizient und effektiv als bei der derzeitigen Gestaltung. Dem Verbrauchsteuercharakter der Umsatzsteuer würde die Ausklammerung der elektronisch erbrachten Vermittlungsdienstleistung aus dem Sonderdienstleistungstyp der auf elektronischem Weg erbrachten Dienstleistung jedenfalls besser gerecht.

V. „Unentgeltliche" Online-Dienstleistungen

1. Multilaterale Geschäftsmodelle

Bestimmte Unternehmer (im Folgenden kurz: Online-Dienstleister) in der Welt des Internet zeichnen sich durch sog. „multilaterale Geschäftsmodelle" aus.

Das Geschäftsmodell der Online-Dienstleister beruht auf zumindest zwei Funktionen. Einerseits wird ein Dienst – zumeist unentgeltlich – an Nutzer angeboten, der ihnen etwa die Kommunikation oder/und das Teilen von Fotos und anderen Botschaften oder aber das Finden von Freunden oder von bestimmten Peers, die Dienstleistungen anbieten, ermöglicht. Je mehr Nutzer einen bestimmten Online-Dienst in Anspruch nehmen, desto besser erfüllt der Dienst im Regelfall seinen Zweck, weil er den Austausch zwischen sehr vielen Menschen ermöglicht (sog. Netzwerkeffekt). Erst die zweite Funktion ermöglicht Online-Dienstleistern tatsächlich die Erzielung von Umsätzen: Sie besteht darin, von den Nutzern der Dienste das Recht zu erwerben, ihre personenbezogenen[56] und nicht personenbezogenen Daten zu verarbeiten[57] und kommerziell zu nutzen. Online-Dienstleister stellen somit nicht bloß die Dienstleistung an die Nutzer zur Verfügung, sondern sammeln auch deren Daten, um sie entweder selbst zu verarbeiten und Dritten gegen Entgelt über die so erstellten Benutzerprofile und den Zugang zu den Nutzern ganz gezielte Werbung zu ermöglichen, die Daten zur Aufbereitung an Dritte zu verkaufen oder Dritten Zugang zu den Daten selbst zu verschaffen, die dann von den „Käufern" selbst verarbeitet werden können. Je mehr Nutzer solche Unternehmen aufweisen können, desto mehr Daten sind sie in der Lage über Menschen zu generieren, zu denen sie über ihr unentgeltliches Leistungsangebot auch direkten Zugang haben.

Die Online-Dienstleister erheben im Regelfall mehrere Kategorien von Daten, einerseits willentlich durch den Nutzer preisgegebene Daten, wie Fotos, Name, Adresse oder Geburtsdatum, und andererseits „beobachtete" Daten. Letztere betreffen Daten, die Software-Maschinen erzeugen, indem sie das Online-Verhalten (Clicks, Websurf-Verhalten, Aufenthaltsort und Bewegungsdaten auf Basis des Smartphones, etc.) der Nutzer beobachten.[58]

---

56 Unter „personenbezogenen Daten" sind nach Art. 4 Nr. 1 DS-GVO alle Informationen zu verstehen, die sich auf eine identifizierte oder identifizierbare natürliche Person beziehen. Als identifizierbar wird eine natürliche Person angesehen, die direkt oder indirekt, insb. mittels Zuordnung zu einer Kennung wie einem Namen, zu einer Kennnummer, zu Standortdaten, zu einer Online-Kennung oder zu einem oder mehreren besonderen Merkmalen, die Ausdruck dieser physischen, physiologischen, genetischen, psychischen, wirtschaftlichen, kulturellen oder sozialen Identität dieser natürlichen Person sind, identifiziert werden.

57 Der Begriff der Datenverarbeitung wird im vorliegenden Zusammenhang im umfassenden Verständnis der DS-GVO verwendet. Nach Art. 4 Nr. 2 DS-GVO ist unter „Verarbeitung" jeder mit oder ohne Hilfe automatisierter Verfahren ausgeführte Vorgang oder jede solche Vorgangsreihe im Zusammenhang mit personenbezogenen Daten wie das Erheben, Erfassen, die Organisation, das Ordnen, die Speicherung, die Anpassung oder Veränderung, das Auslesen, das Abfragen, die Verwendung, die Offenlegung durch Übermittlung, Verbreitung oder eine andere Form der Bereitstellung, den Abgleich oder die Verknüpfung, die Einschränkung, das Löschen oder die Vernichtung.

58 Zur Differenzierung zwischen willentlich preisgegebenen Daten und beobachteten Daten näher *Hillebrandt*, Smart Technologies and the End(s) of Law, 2016, 32.

Der wirtschaftliche und geschäftliche Nutzen dieser Unternehmen ergibt sich vor allem aus der Nutzung der Benutzerdaten und aus dem Zugang zu den Nutzern zugunsten von Dritten. Der Rohstoff, aus dem das Geschäftsmodell solcher Unternehmen besteht, sind somit die Daten der Nutzer einerseits und der Zugang zu den Nutzern andererseits.

Dass diese Werbedienstleistungen auf Grund der Erstellung von Nutzerprofilen aus gesammelten Nutzerdaten besonders zielgenau zu sein scheinen und daher auch einen hohen Marktwert haben, ist im Marketing inzwischen allgemein bekannt. Die moderne Datenverarbeitung und das Profiling erlauben die Herstellung eines „Produkts", nämlich eines Nutzeravatars, der für andere greifbar die persönlichen Präferenzen und gewisse psychische Muster widerspiegelt und anderen damit gezielte verhaltensbeeinflussende Maßnahmen ermöglicht. Dieses Produkt ist wieder – wie so vieles in der digitalen Welt – unkörperlich, aber es kann verkauft werden und es können Nutzungsrechte daran eingeräumt werden. Der Nutzer solcher Online-Dienste verschafft somit mit der (bewussten und unbewussten) Preisgabe der seine Person betreffenden Daten dem Online-Dienstleister einen wirtschaftlich verwertbaren Vorteil.[59]

Die hier in Frage stehenden Geschäftsmodelle funktionieren auch als Geschäftsmodelle nur wegen ihrer Mehrseitigkeit.[60] Würden die Nutzer der Verwendung ihrer Daten nicht zustimmen, würde das Geschäftsmodell unentgeltlich überhaupt nicht funktionieren und vermutlich auch nicht angeboten. Dass dies zutrifft, indizieren auch die sog. „Freemium"-Dienste. Solche Dienste zeichnen sich dadurch aus, dass sie unentgeltlich

---

59 Inzwischen wird von Datenmärkten als Märkten gesprochen, auf denen digitale Daten „als Produkte oder Dienstleistungen gewonnen aus Rohdaten" ausgetauscht werden (z.B. Europäische Kommission, Mitteilung der Kommission an das Europäische Parlament, den Rat, den Europäischen Wirtschafts- und Sozialausschuss und den Ausschuss der Regionen: Für eine florierende datengesteuerte Wirtschaft, COM(2014) 442 final, 8; IDC/Open Evidence, European Data Market SMART 2013/0063, 2017, 14; *Mayer-Schönberger/Ramga*, Reinventing Capitalism in the Age of Big Data, 2018). – Diese eigene Marktbezeichnung stützt die von der Verfasserin vertretene Auffassung, dass es sich bei den multilateralen Geschäftsmodellen gerade nicht um mit Rabattgutscheinen und Zeitungsinseraten in der analogen Welt vergleichbare „Phänomene" handelt, umsatzsteuerrechtlich unbeachtlich sein müssen (dieser Auffassung aber *Tumpel*, Umsatzsteuer bei „unentgeltlichen" Onlinediensten, in Kirchmayr/Mayr/Hirschler/Kofler/Ehrke-Rabel, Digitalisierung im Konzernsteuerrecht, 2018, 57 [65]; *Grambeck*, DStR 2016, 2030).
60 Prominentestes Beispiel ist Facebook.

in Anspruch genommen werden können, wenn der Nutzer der Verarbeitung seiner Daten und dem damit verbundenen Empfang von maßgeschneiderter Werbung zustimmt. Wenn er eine solche Werbung nicht zu erhalten wünscht, ist ein Entgelt für die Nutzung des Dienstes zu entrichten.[61]

Vor dem Hintergrund dieser Realität wurde im Schrifttum inzwischen kontrovers diskutiert,[62] ob die Überlassung der Daten durch die Nutzer an Online-Dienstleister zur Inanspruchnahme des Online-Dienstes als umsatzsteuerbares Entgelt für den „unentgeltlichen" Online-Dienst zu qualifizieren ist. Diese Diskussion soll hier eigenständig bewertet werden.

Gegenstand der nachfolgenden Abhandlung sind ausschließlich multilaterale Geschäftsmodelle, die eine ihrer Geschäftsfunktionen zumindest scheinbar unentgeltlich anbieten. Die umsatzsteuerrechtliche Diskussion konnte sich nach Auffassung der Verfasserin nämlich ausschließlich im Zusammenhang mit Geschäftsmodellen entfachen, die zumindest zwei Funktionen zum Geschäftsgegenstand haben, nämlich das vermeintlich unentgeltliche Angebot zur Nutzung eines bestimmten Dienstes und die zielgenaue Bewerbung von Produkten oder Dienstleistungen Dritter (gegen Entgelt) gegenüber der Gruppe der den Online-Dienst nutzenden Personen. Verarbeitet ein Unternehmer die Daten seiner Nutzer ausschließlich, um den Nutzern überhaupt die Verwendung des Dienstes zu ermöglichen, zieht er daraus also keinen weitergehenden Nutzen, ist in der Tat mit vielen Stimmen im Schrifttum von einer umsatzsteuerrechtlich unbeachtlichen Leistungsbeistellung auszugehen.[63] Auf sie

---

61 Dazu etwa *Englisch*, ‚Kostenlose' Online-Dienstleistungen: tauschähnlicher Umsatz?, UR 2017, 875 (881).

62 Einen umsatzsteuerbaren Vorgang bejahend *Melan/Wecke*, Umsatzsteuerpflicht von „kostenlosen" Internetdiensten und Smartphone-Apps, DStR 2015, 2267; *Pfeiffer*, VAT on „Free" Electronic Services?, European VAT Monitor 2016, 158; *Ehrke-Rabel/Pfeiffer*, Umsatzsteuerbarer Leistungsaustausch durch „entgeltlose" Dienstleistungen, SWK 2017, 532; verneinend *Aigner/Bräumann/Kofler/Tumpel*, Digitale Leistungen ohne Geldzahlung im Internet, SWK 2017, 349; *Ruppe/Achatz*, 5. Aufl. 2018, § 5 UStG Rz. 68/1; *Tumpel*, Umsatzsteuer bei „unentgeltlichen" Onlinediensten, in Kirchmayr/Mayr/Hirschler/Kofler/Ehrke-Rabel, Digitalisierung im Konzernsteuerrecht, 2018, 57; grundsätzlich bejahend aber die Bewertbarkeit verneinend *Englisch*, ‚Kostenlose' Online-Dienstleistungen: tauschähnlicher Umsatz?, UR 2017, 875.

63 *Looks/Bergau*, Tauschähnlicher Umsatz mit Nutzerdaten – Kein Stück vom Kuchen, MwStR 2016, 864; *Grambeck*, DStR 2016, 2029; *Tumpel*, Umsatz-

soll hier nicht weiter eingegangen werden. Die vorliegende Analyse erfasst außerdem nur jene Fälle von vordergründig unentgeltlichen Online-Diensten, die ihren vollen Funktionsumfang nur bei Zustimmung zur (weiterführenden) Datenverarbeitung oder gegen Bezahlung eines gesonderten Entgelts entfalten.[64] Jener Teil von Dienstleistungen, für die an Stelle der Zustimmung zur Datenverarbeitung ein Entgelt zu leisten ist, werden von der vorliegenden Abhandlung ebenso nicht erfasst, weil sie keine von gewöhnlichen entgeltlichen Geschäften abweichenden umsatzsteuerrechtlichen Fragen aufwerfen.

2. Unternehmereigenschaft des Diensteanbieters

Die Unternehmereigenschaft der Diensteanbieter wird im Schrifttum nicht in Frage gestellt und steht außer Streit. Sie soll daher als gegeben angenommen werden.

3. Synallagmatisches Rechtsverhältnis

a) Vorbemerkung

Steuerbare Umsätze setzen nach der Rspr. des EuGH eine Vereinbarung zwischen den Parteien über den Preis oder einen Gegenwert voraus. Es bedarf also auf beiden Seiten eines Leistungswillens. Die Tätigkeit eines Dienstleistenden, die sich darauf beschränkt, ausschließlich Leistungen ohne unmittelbare Gegenleistung zu erbringen, entbehrt einer Besteuerungsgrundlage und unterliegt daher nicht der Mehrwertsteuer.[65] Ein umsatzsteuerbarer Leistungsaustausch setzt also nach der Rspr. des EuGH voraus, dass eine Dienstleistung „gegen Entgelt" erbracht wird. Es bedarf eines Rechtsverhältnisses zwischen dem Leistenden und dem Leistungsempfänger, in dessen Rahmen gegenseitige Leistungen ausgetauscht werden. Dabei muss die vom Leistenden empfangene Vergütung den tatsäch-

steuer bei „unentgeltlichen" Onlinediensten, in Kirchmayr/Mayr/Hirschler/Kofler/Ehrke-Rabel, Digitalisierung im Konzernsteuerrecht, 2018, 57 (62 ff.).

64 Mit *Englisch* ist ein Entgeltcharakter der Einräumung des Rechts zur Datenverarbeitung nämlich jedenfalls dann zu verneinen, wenn der Online-Dienst auch bei Versagung einer Zustimmung zur Datenverarbeitung mit unverändertem Funktionsumfang (und tatsächlich keiner Datenverarbeitung) zugänglich wäre (*Englisch*, UR 2017, 875 [882], unter Verweis auf EuGH v. 2.6.1994 – C-33/93 – Empire Stores Rz. 15, e contrario).

65 EuGH v. 1.4.1982 – 89/81 – Hong-Kong Trade Development Council Rz. 9 f.; EuGH v. 3.3.1994 – C-16/93 – Tolsma Rz. 12; EuGH v. 29.10.2009 – C-246/98 – Kommission/Finnland Rz. 43.

lichen Gegenwert für die vom Leistungsempfänger erbrachte Dienstleistung bilden.[66] Dies verlangt einerseits einen direkten und unmittelbaren Zusammenhang zwischen der erbrachten Dienstleistung und dem erhaltenen Gegenwert[67] und andererseits einen in Geld ausdrückbaren Gegenwert.[68] In wirtschaftlicher und in geschäftlicher Sicht sind nämlich Sachverhalte, bei denen die Gegenleistung in einem Geldbetrag besteht, und Sachverhalte, bei denen die Gegenleistung in der Lieferung einer Sache oder in einer Dienstleistung besteht, vergleichbar.[69] Sie müssen daher nach der MwStRL auch gleichbehandelt werden.[70] Jede andere Beurteilung würde gegen den Grundsatz der Gleichbehandlung verstoßen.[71]

b) Leistungswille des Nutzers

Vor diesem Hintergrund hat der EuGH etwa den Zusammenhang zwischen der Lieferung eines Gegenstandes und einer Dienstleistung in der Form der Vorstellung einer potentiellen Kundin als unmittelbar bewertet, wenn der Gegenstand ohne Vorstellung der potentiellen Kundin nicht geliefert wurde.[72] Ähnliches geschieht bei den hier in Frage stehenden Online-Diensten: Stimmt ein potentieller Nutzer der Verarbeitung seiner Daten nicht zu, kann er den Dienst nicht nutzen. Der Nutzer willigt in die Datennutzung ein, weil er die Dienste nutzen will. Ohne Einwilligung wäre die Nutzung nicht möglich.

Seit dem Inkrafttreten der Datenschutzgrundverordnung (DS-GVO) muss auch davon ausgegangen werden, dass die Einwilligung zumindest

---

66 EuGH v. 3.3.1994 – C-16/93 – Tolsma Rz. 14; EuGH v. 5.6.1997 – C-2/95 – SDC Rz. 45; EuGH v. 29.10.2009 – C-246/98 – Kommission/Finnland Rz. 44.

67 EuGH v. 8.3.1988 – 102/86 – Apple and Pear Development Council Rz. 11 f.; EuGH v. 23.11.1988 – 230/87 – Naturally Yours Cosmetics Rz. 11; EuGH v. 16.10.1997 – C-258/95 – Fillibeck Rz. 12; EuGH v. 29.10.2009 – C-246/98 – Kommission/Finnland Rz. 45.

68 EuGH v. 2.6.1994 – C-33/93 – Empire Stores Rz. 12; EuGH v. 16.10.1997 – C-258/95 – Fillibeck Rz. 14; EuGH v. 26.9.2013 – C-283/12, ECLI:EU:C: 2013:599 – Serebryannay vek Rz. 37; EuGH v. 10.1.2019 – C-410/17 – A oy Rz. 31.

69 EuGH v. 26.9.2013 – C-283/12, ECLI:EU:C:2013:599 – Serebryannay vek Rz. 39; EuGH v. 10.1.2019 – C-410/17 – A oy Rz. 36.

70 EuGH v. 3.7.1997 – C-330/95 – Goldsmiths Rz. 23; EuGH v. 19.12.2012 – C-549/11 – Orfey Balgaria Rz. 35.

71 EuGH v. 3.7.1997 – C-330/95 – Goldsmiths Rz. 24 f.; EuGH v. 19.12.2012 – C-549/11 – Orfey Balgaria Rz. 36.

72 EuGH v. 2.6.1994 – C-33/93 – Empire Stores Rz. 16.

mit hinreichendem Bewusstsein erfolgt. Denn nach Art. 6 Abs. 1 lit. a DS-GVO ist die Verarbeitung von Daten nur rechtmäßig, wenn die betroffene Person ihre Einwilligung zu der Verarbeitung der sie betreffenden personenbezogenen Daten für einen oder mehrere bestimmte Zwecke gegeben hat. Da die hier in Frage stehende Datenverarbeitung über das hinaus geht, was für die Erfüllung des Vertrages zwischen dem Nutzer und dem Online-Diensteanbieter erforderlich ist, bedarf es nach der DS-GVO der dezidierten Einwilligung. So liegt aber eine bewusste und explizite Disposition des Nutzers über seine personenbezogenen Daten vor, die von *Ruppe/Achatz* als ausschlaggebend für die Annahme eines Leistungsaustausches gefordert wird. Wenn *Ruppe/Achatz* schließlich gegen die Annahme eines Leistungsaustausches ins Treffen führen, dass dem Nutzer des Online-Dienstes das Ausmaß der Datenverarbeitung subjektiv nicht bekannt sei und es objektiv nicht erkennbar sei,[73] so ist entgegenzuhalten: Angesichts der Vorgaben der DS-GVO muss das Ausmaß der Datenverarbeitung objektiv erkennbar sein, weil die Datenverarbeiter sonst nicht ihren Informations- und Auskunftspflichten[74] gegenüber der betroffenen Person[75] (des Nutzers eines Online-Dienstes) nachkommen könnten. Für das Vorliegen eines Leistungswillens einerseits und eines unmittelbaren und direkten Zusammenhanges zur Online-Dienstleistung bedarf es aus umsatzsteuerrechtlicher Sicht nicht der vollständigen Kenntnis von der Bedeutung der Überlassung der Nutzungsrechte. Mit *Englisch* ist der für die Annahme eines umsatzsteuerbaren Leistungsaustausches notwendige Leistungswille auf Seiten des Nutzers daher regelmäßig gegeben.[76]

c) Unmittelbarer Zusammenhang zwischen Leistung und Gegenleistung

Was den unmittelbaren Zusammenhang zwischen der erbrachten Dienstleistung und der erhaltenen Gegenleistung anbelangt, wurde bisweilen erwogen, ob der unmittelbare Zusammenhang zwischen der Einräumung

---

73 *Ruppe/Achatz*, 5. Aufl. 2018, § 5 UStZ Rz. 68/1.
74 Der Datenverarbeiter hat gegenüber der betroffenen Person Informationspflichten (Art. 13 und Art. 14 DS-GVO), Auskunftspflichten (Art. 15 DS-GVO) und Berichtigungs- und Löschungspflichten (Art. 16 und Art. 17 DS-GVO). Ihnen kann nur nachgekommen werden, wenn das Ausmaß einer Datenverarbeitung objektiv erkennbar ist.
75 Betroffene Person sind jene identifizierten oder identifizierbaren Personen, auf die sich personenbezogene Daten beziehen (Art. 4 Nr. 1 DS-GVO).
76 *Englisch*, UR 2017, 875 (883).

des Rechts auf Datennutzung und den erbrachten Online-Dienstleistungen vor dem Hintergrund des Urteils des EuGH in der Rs. Kommission/ Finnland als zu lose zu betrachten ist, um einen Leistungsaustausch zu begründen.[77] Die Inanspruchnahme von Online-Dienstleistungen ist gerade nicht mit dem besagtem EuGH-Urteil zugrundeliegenden Sachverhalt vergleichbar: Bei Online-Dienstleistern, die Nutzerdaten sammeln und verarbeiten, besteht gerade ein direkter und unmittelbarer Zusammenhang zwischen dem angebotenen Dienst und den erhobenen Daten: Je intensiver ein Nutzer einen Online-Dienst in Anspruch nimmt, desto mehr Daten gibt er (willentlich oder beobachtbar) preis, so dass zwischen der Intensität der erbrachten Dienstleistung und dem Volumen an generierten Daten ein direkter und unmittelbarer Zusammenhang besteht.[78] Dabei ist das Verhalten des Nutzers bei der Inanspruchnahme der Dienstleistung ursächlich für den vom Dienstleister erhaltenen Gegenwert.[79]

Im Schrifttum wird bisweilen bezweifelt, ob die von einem Online-Dienstleister empfangene Vergütung in Form von Daten den tatsächlichen Gegenwert für die dem Leistungsempfänger erbrachte Leistung[80] bildet.[81] Der monetäre Wert der Gegenleistung hänge nämlich vom Nutzerverhalten und damit aus der Sicht des Anbieters von unsicheren Faktoren ab. Geht man von der Annahme aus, dass die personenbezogenen Daten des Nutzers die Gegenleistung für die Inanspruchnahme des Online-Dienstes sind, muss man auch unterstellen, dass mit jeder Inanspruchnahme des Dienstes neuerlich personenbezogene Daten zur Verfügung gestellt werden. Der Nutzer des Online-Dienstes zahlt also quasi eine geringwertige Eintrittsgebühr in Form seiner „Grund"-Daten. Wenn immer er dann den Dienst in Anspruch nimmt, stellt er neue Daten zur Verfügung (zahlt also) und erhält dafür den Vorteil der Inanspruchnahme des Dienstes. Damit ist aber aus meiner Sicht der erforderliche Zusammenhang auch in Form eines tatsächlichen Gegenwertes gegeben.

---

77 *Aigner/Bräumann/Kofler/Tumpel*, Digitale Dienstleistungen ohne Geldzahlung im Internet, SWK 2017, 349 (351); problematisierend *Pfeiffer*, VAT Monitor 2016, 159 f.; *Englisch*, UR 2017, 875 (877).
78 *Ehrke-Rabel/Pfeiffer*, SWK 2017, 535.
79 In diesem Sinn wohl auch *Englisch*, UR 2017, 875 (882).
80 Dies fordert der EuGH für die Annahme eines Leistungsaustausches (EuGH v. 26.9.2013 – C-283/12, ECLI:EU:C:2013:599 – Serebryannay vek Rz. 37; EuGH v. 3.9.2009 – C-37/08 – RCI Europe Rz. 24; EuGH v. 3.5.2012 – C-520/ 10 – Lebara Rz. 27).
81 *Englisch*, UR 2017, 875 (882).

Da der Anbieter der digitalen Dienstleistung einen umso größeren Umfang an Daten und damit umso wertvollere unternehmerisch verwendbare Wirtschaftsgüter (Datensätze) erhält, je intensiver der Nutzer die digitalen Dienstleistungen in Anspruch nimmt, korrelieren das Ausmaß der erbrachten Leistung und der Umfang der zur Verfügung gestellten Daten unmittelbar.[82] Unstrittig bringen der Online-Dienst dem Nutzer und das Nutzungsrecht an den Daten dem Online-Dienstleister individuelle Vorteile. Beide Vertragsparteien erwerben durch die einander gegenseitig eingeräumten Rechte einen verbrauchsfähigen Nutzen.

Ein anderes Argument gegen den unmittelbaren Zusammenhang zwischen der Einräumung des Rechts zur Nutzung der Daten und den bereitgestellten Online-Dienstleistungen sieht *Englisch* in dem Urteil des EuGH in der Rs. Bastóva. In dieser Entscheidung habe der EuGH verlangt, dass der Geldeswert nicht „schwierig zu beziffern"[83] sein dürfe. Außerdem – so *Englisch* – habe der EuGH festgestellt, dass ein steuerbares Tauschgeschäft nicht anzunehmen ist, wenn der leistende Unternehmer nur einen „ungewissen" Vorteil erhält.[84] Die Aussagen des EuGH in der Rs. Bastóva lassen sich weder verallgemeinern noch auf den vorliegenden Fall übertragen: Anders als bei einem Pferderennen für den Eigentümer des Pferdes – darum ging es in der Rs. Bastóva – steht der Vorteil für den Nutzer eines Online-Dienstes fest: Er kann den Dienst in Anspruch nehmen und das ist der einzige Zweck seiner Teilnahme. Der Vorteil aus der Nutzung des Online-Dienstes ist damit nicht ungewiss. Ob er schwierig zu beziffern ist, soll später noch erörtert werden. Die Erlangung eines Preisgeldes bei einem Pferderennen – auch darum ging es in der Rs. Bastóva – ist gerade nicht mit der Erlangung des Rechts zur Nutzung von Daten bei Inanspruchnahme einer elektronischen Dienstleistung vergleichbar. Ersteres ist hochgradig vom Zufall abhängig, wohingegen letzteres, nämlich der Erwerb des Rechts zur Nutzung jedenfalls eintritt, wenn sich der Nutzer für einen bestimmten elektronischen Dienst registriert. Gerade die Zufallsabhängigkeit war aber ausschlaggebend dafür, dass der EuGH den direkten und unmittelbaren Zusammenhang zwischen Leistung und Gegenleistung

---

82 *Ehrke-Rabel/Pfeiffer*, SWK 2017, 536; *Englisch*, UR 2017, 875 (882).
83 EuGH v. 10.11.2016 – C-423/15, ECLI:EU:C:2016:855 – Bastóva Rz. 35.
84 *Englisch*, ‚Kostenlose' Online-Dienstleistungen: tauschähnlicher Umsatz?, UR 2017, 875 (877), unter Verweis auf EuGH v. 10.11.2016 – C-423/15, ECLI: EU:C:2016:855 – Bastóva Rz. 35.

verneint hat.[85] Hinzu kam, dass die Einstufung des Preisgeldes als Gegenleistung im Fall Bastóva der st. Rspr. des EuGH widersprochen hätte, wonach der Begriff „Dienstleistung" objektiven Charakter hat und unabhängig von Zweck und Ergebnis der betroffenen Umsätze anwendbar sein muss. Denn die Annahme eines Umsatzes wäre von der Voraussetzung abhängig gemacht worden, dass das Pferd platziert würde und einen Preis gewinne.[86] Die Überlassung von Daten anlässlich der Inanspruchnahme eines Online-Dienstes ist hingegen völlig anders gelagert. Bereits mit der Registrierung beim Online-Dienst überlässt der Nutzer personenbezogene Daten, die, ohne dass eine Vielzahl anderer Daten erforderlich wäre, für sich einen Werbewert tragen. In den meisten Fällen räumt der Nutzer darüber hinaus ein von seinem konkreten Verhalten in der Sphäre des Diensteanbieters unabhängiges Recht zur Verfolgung seiner digitalen Fußspuren ein.[87] Der Nutzen, den der Online-Diensteanbieter aus der Registrierung eines Nutzers erzielt, ist daher in wesentlich geringerem Ausmaß ungewiss als der mit der Erzielung eines Preisgeldes anlässlich eines Pferderennens verbundene Nutzen. Ein Pferderennen ist mit einem Glücksspiel vergleichbar, die Wahrscheinlichkeit eines Gewinnes hängt nur zu einem geringen Anteil vom eigenen Geschick, zu einem viel höheren Anteil aber von anderen (zufälligen) Umständen ab. Die Abschöpfung personenbezogener Daten zur Verarbeitung ist hingegen mit der Geschäftstätigkeit eines Produzenten vergleichbar. Der Vertragspartner räumt das Recht auf Verwertung der Daten ein. Wann immer der Nutzer sein Dienstleistungsangebot nutzen will, muss er auch das Datennutzungsrecht einräumen. Daher kommt es Zug um Zug zu einem Leistungsaustausch.

Auch aus der Perspektive des Online-Diensteanbieters ist der Vorteil aus dem Recht zur Datennutzung nicht weniger ungewiss als für einen Unternehmer, der einen Rohstoff für die Herstellung eines Produktes anschafft. Niemand wird in Frage stellen, dass es sich auch beim Ankauf beschädigter Kakaobohnen – selbst wenn sie qualitativ hochwertig hätten sein sollen – um einen Leistungsaustausch handelt. Die einzelne Kakaobohne kann immer unbrauchbar sein, dennoch fand ein Leistungsaus-

---

85 Der EuGH spricht in diesem Zusammenhang von „Unwägbarkeiten" (EuGH v. 10.11.2016 – C-423/15, ECLI:EU:C:2016:855 – Bastová Rz. 37).

86 EuGH v. 10.11.2016 – C-423/15, ECLI:EU:C:2016:855 – Bastová Rz. 38.

87 So erlauben Nutzer bestimmter Apps dem Anbieter des Dienstes vielfach nicht nur die Verarbeitung der bei der Nutzung der App hinterlassenen personenbezogenen Daten, sondern ganz allgemein den Zugriff auf Daten, die sich aus der Nutzung des Smartphones generieren lassen.

tausch statt. Dasselbe gilt für personenbezogene Daten: Daten, die ein nicht besonders aktiver Nutzer zur Verarbeitung hinterlässt, mögen dem Verarbeiter (dem Online-Diensteanbieter) einen geringeren wirtschaftlichen Vorteil bringen als die Daten eines sehr aktiven Nutzers. Nichtsdestotrotz weisen sie einen potentiellen Nutzen auf, der sich im Regelfall auch materialisiert.

d) In Geld ausdrückbare Gegenleistung

Nach der st. Rspr. des EuGH muss eine Gegenleistung, wenn sie nicht in Geld besteht, in Geld ausgedrückt werden können.[88] So wie der EuGH die Ausdrückbarkeit in Geld angenommen hat, weil die von der Klägerin erbrachten Dienstleistungen durch die Lieferung eines Gegenstandes vergütet werden, kann sie auch im Fall der Erbringung von Online-Dienstleistungen gegen Überlassung von Daten zur Nutzung angenommen werden. Dass die Online-Dienstleistungen einen wirtschaftlichen Wert haben, ist bei Freemium-Diensten ganz offenkundig und bei nur unentgeltlichen Online-Dienstleistungen angesichts der vom EuGH entwickelten Anforderungen an eine Gegenleistung ebenso offensichtlich: Eine Gegenleistung im umsatzsteuerrechtlichen Sinn stellt nämlich den subjektiven, im konkreten Fall tatsächlich erhaltenen Wert und nicht einen nach objektiven Maßstäben geschätzten Wert dar.[89] Ein solcher Gegenwert ist auch dann gegeben, wenn dem Kunden der Wert der erhaltenen Leistung nur annähernd bekannt ist und wenn er den Wert des Vorteils, der dem leistenden Unternehmer aus der Gegenleistung des Kunden erwächst, überhaupt nicht bekannt ist. Entscheidend ist nur, dass der dem Leistungsempfänger erwachsende Vorteil für ihn tat-

---

88 EuGH v. 5.2.1981 – 154/80 – Coöperatieve Aardappelenbewaarplaats Rz. 13; EuGH v. 23.11.1988 – 230/87 – Naturally Yours Cosmetics Rz. 16; EuGH v. 24.10.1996 – C-288/94 – Argos Distributors Rz. 17; EuGH v. 2.6.1994 – C-33/93 – Empire Stores Rz. 17; EuGH v. 19.12.2012 – C-549/11 – Orfey Balgaria Rz. 36.

89 Z.B. EuGH v. 5.2.1981 – 154/80 – Coöperatieve Aardappelenbewaarplaats Rz. 14; EuGH v. 23.11.1988 – 230/87 – Naturally Yours Cosmetics Rz. 16; EuGH v. 5.5.1994 – C-38/93 – Glawe Rz. 8; EuGH v. 24.10.1996 – C-288/94 – Argos Distributors Rz. 16; EuGH v. 16.10.1997 – C-258/95 – Fillibeck Rz. 13; EuGH v. 3.7.2001 – C-380/99 – Bertelsmann Rz. 22; EuGH v. 29.7.2010 – C-40/09 – Astra Zeneca UK Rz. 28; EuGH v. 19.12.2012 – C-549/11 – Orfey Balgaria Rz. 44.

sächlich einen wirtschaftlichen Wert hat.[90] In diesem Sinn hat es der EuGH auch für unerheblich gehalten, dass dem Käufer von Waren unter Verwendung eines Gutscheines der tatsächliche Geldwert des von ihm verwendeten Gutscheines unbekannt war.[91] Dass Online-Dienstleistungen für ihre Nutzer einen wirtschaftlichen Wert haben, ist unbestritten, sonst wären sie weder bereit, dafür ein Nutzungsrecht an ihren Daten einzuräumen, noch ihre Freizeit für ihre Inanspruchnahme zu opfern.

e) Bewertung der Nutzerdaten

Für überaus wertvolle Anregungen und intensive Diskussionen zu diesem Punkt danke ich Univ.-Prof. Dr. *Klaus Rabel* sehr herzlich.

Fest steht, dass eventuelle praktische Schwierigkeiten bei der Bestimmung des Werts der Gegenleistung es nicht erlauben, allein aus diesem Grund von dem Fehlen einer Gegenleistung auszugehen.[92] Dass die Bewertung der vom Nutzer überlassenen Daten praktisch nicht einfach sein dürfte, ändert daher nichts an dem Vorliegen eines Leistungsaustausches.

Bei der Bewertung von Umsätzen, bei denen die Gegenleistung nicht in Geld besteht, ist angesichts des subjektiven Werts der Gegenleistung[93] der Wert ausschlaggebend, den der Empfänger der Dienstleistung, die die Gegenleistung für seine eigene Leistung darstellt, den Dienstleistungen beimisst, die er sich verschaffen will. Er muss dem Betrag entsprechen, den er zu diesem Zweck aufzuwenden bereit ist.[94] Wenn es sich bei diesem Aufwand um die Lieferung eines Gegenstandes handelt, kann dieser Wert nur der Kaufpreis sein, den der Lieferer für den Erwerb dieses Artikels gezahlt hat, den er als Gegenleistung für die betreffende Dienstleistung ohne Zuzahlung liefert.[95]

---

90 Vgl. EuGH, Schlussanträge des Generalanwalts *van Gerven* C-33/93 – Empire Stores, Nr. 18; im Ergebnis gleich EuGH v. 2.6.1994 – C-33/93 – Empire Stores Rz. 17; EuGH v. 14.7.1998 – C-172/96, ECLI:EU:C:1998:354 – First National Bank of Chicago Rz. 49; EuGH v. 19.12.2012 – C-549/11 – Orfey Balgaria Rz. 36; EuGH v. 10.1.2019 – C-410/17 – A oy Rz. 43.

91 EuGH v. 24.10.1996 – C-288/94 – Argos Distributors Rz. 20.

92 EuGH v. 14.7.1998 – C-172/96 – First National Bank of Chicago Rz. 31; EuGH v. 10.1.2019 – C-410/17 – A oy Rz. 41.

93 EuGH v. 10.1.2019 – C-410/17 – A oy Rz. 38.

94 EuGH v. 2.6.1994 – C-33/93 – Empire Stores Rz. 19; EuGH v. 3.7.2001 – C-380/99 – Bertelsmann Rz. 23; EuGH v. 19.12.2012 – C-549/11, ECLI:EU:C:2012:832 – Orfey Balgaria Rz. 45; EuGH v. 10.1.2019 – C-410/17 – A oy Rz. 38.

95 EuGH v. 2.6.1994 – C-33/93 – Empire Stores Rz. 19.

Für die Bewertung der durch den Nutzer eines Online-Dienstes überlassenen Daten ist somit jener Wert heranzuziehen, den der Online-Dienstleister als Empfänger der Daten für seine eigene Dienstleistung dieser Datenbereitstellung beimisst. Dieser Wert muss dem Betrag entsprechen, den der Online-Dienstleister zu diesem Zweck, nämlich zum Zweck der Verarbeitung zur Nutzung im Rahmen von Werbedienstleistungen, aufzuwenden bereit ist. Bislang hatte der EuGH, soweit zu sehen, noch nicht über einen Fall zu entscheiden, in dem die Dienstleistung des Leistungsempfängers ebenfalls durch eine Dienstleistung abgegolten worden ist. Wird die Dienstleistung des Leistungsempfängers durch die Lieferung eines Gegenstandes abgegolten, so sind die Kosten des leistenden Unternehmers für den Erwerb des Gegenstandes und die Kosten für seine Übermittlung an den Leistungsempfänger als Bemessungsgrundlage heranzuziehen. Damit hat der EuGH nicht gesagt, dass nur die Grenzkosten ausschlaggebend wären.[96] Der Online-Dienstleister ist bereit, die gesamte Infrastruktur aufzuwenden, die der Inanspruchnahme des Online-Dienstes durch die Nutzer dient, um so Daten zu generieren, die er schließlich verarbeiten und kommerziell nutzen kann. Für die Bewertung der zur Nutzung überlassenen Daten ist daher auf die Kosten abzustellen, die dem Online-Dienstleister für die Zurverfügungstellung des Online-Dienstes entstehen. Dabei sind die Kosten für die zweite Geschäftsfunktion des Online-Dienstleisters, nämlich die Kosten für die Datenverarbeitung, außer Betracht zu lassen. Es sind also jene Kosten heranzuziehen, die dem Dienstleister ohne seine zweite „Geschäftsseite", also nur bei Erbringung der Online-Dienstleistungen an die Nutzer, entstünden. Nach Ansicht der Verfasserin wird nicht das einzelne Datum, sondern das Recht zur Nutzung der Daten in einer Art Dauerschuldverhältnis überlassen. Daher können diese Kosten sachgerecht auf die Zahl der Nutzer in einem Voranmeldungszeitraum verteilt werden. Dass das auf den einzelnen Nutzer entfallende Entgelt mit zunehmender Nutzerzahl sinkt, könnte durch einen Vergleich in die analoge Welt der Massenproduktion gerechtfertigt werden: Auch die Einkaufspreise von Rohstoffen sinken, je mehr Rohstoffe zur Verfügung stehen und je effizienter die Verarbeitungsverfahren sind.

---

96 So aber offenbar *Englisch*, UR 2017, 875 (883).

f) Konsumaufwand

Auch das Argument, dass es beim Daten-„Träger", d.h. beim Nutzer, nicht zu einer Entäußerung komme,[97] trägt nicht. Bei der Überlassung von Nutzungsrechten im Allgemeinen kommt es regelmäßig nicht zu einer Entäußerung. Wer einem anderen eine Wohnung zur Nutzung überlässt, behält dennoch das Eigentum an der Wohnung. Wer das Nutzungsrecht an seinen personenbezogenen Daten überlässt, bleibt dennoch verfügungsberechtigt über seine personenbezogenen Daten. Anders als der Vermieter einer Wohnung kann er diese Daten auch weiteren Personen zur Nutzung überlassen. Dies kann angesichts der technischen Möglichkeiten zur Datengenerierung über diverse technische Medien (wie etwa Smartphones oder andere mit dem Internet verbundene Dinge, etwa einen persönlichen virtuellen Assistenten mit dem Namen Alexa) sogar mehreren Personen gleichzeitig ermöglicht werden. Daraus zu schließen, dass eine spezielle Gegenleistung nicht vorliege[98] oder kein Konsumaufwand anzunehmen sei, halte ich für falsch. Wenn nämlich ein umsatzsteuerrechtlich relevanter Aufwand bzw. eine spezielle Gegenleistung nur im Verlust eines unmittelbar in Geld bewerteten Moments zu sehen ist, könnte die Umsatzbesteuerung des tauschähnlichen Umsatzes in der Form des Austausches von Dienstleistungen ganz allgemein nicht gerechtfertigt werden: Ein Universitätsprofessor, der für einen Karton besten Weines an der Besprechung eines komplizierten Umsatzsteuerfalles teilnimmt, tätigt keinen unmittelbaren Konsumaufwand, er stellt nur seine Zeit und seine Gedankenleistung zur Verfügung, die nahezu[99] beliebig vermehrbar sind. Dennoch liegt aus umsatzsteuerrechtlicher Sicht ein tauschähnlicher Umsatz vor. Dasselbe geschieht bei der Überlassung von personenbezogenen Daten zur Verarbeitung.

g) Folgen für den Nutzer

Mit *Pfeiffer* sind die Daten, die der Nutzer überlässt, für den Nutzer als „schlichtes" Entgelt zu qualifizieren.[100] Abgesehen von der Parallele zur

---

97 *Englisch*, UR 2017, 875 (884).
98 *Tumpel* in Kirchmayr/Mayr/Hirschler/Kofler/Ehrke-Rabel, 57.
99 Sowohl die verfügbare Zeit als auch verfügbare Gedankenressourcen unterliegen natürlichen Grenzen. Diese können jedoch je nach individueller Konstitution sehr weit hinausgeschoben werden.
100 *Pfeiffer*, VAT Monitor 2016, 161; gl. A. *Ehrke-Rabel/Pfeiffer*, SWK 2017, 532; a.A. *Englisch*, UR 2017, 875 (883); *Tumpel*, Umsatzsteuer bei „unentgeltlichen" Onlinediensten, in Kirchmayr/Mayr/Hirschler/Kofler/Ehrke-

umsatzsteuerrechtlichen Behandlung von Bitcoin stellt die Datenüberlassung einen der Ausgabe von Gesellschaftsrechten vergleichbaren Vorgang dar: Auch die Ausgabe von Gesellschaftsrechten kann auf Seiten der ausgebenden Gesellschaft nicht steuerbar sein, weil ihr eine nicht wirtschaftliche Tätigkeit zugrunde liegt. Gleichzeitig können aber genau diese Gesellschaftsrechte das Entgelt für die Sacheinlage des Gesellschafters aus seinem Unternehmen darstellen und im Fall einer Übertragung in der Eigenschaft eines Unternehmers einen steuerbaren Umsatz begründen.[101]

4. Fazit

Bei den im Rahmen von multilateralen Geschäftsmodellen angebotenen Dienstleistungen an Nutzer handelt es sich nur vermeintlich um unentgeltliche und damit nicht umsatzsteuerbare Leistungen. Bei genauer Betrachtung leistet der Nutzer des Online-Dienstes mit Hilfe der personenbezogenen Daten, die er willentlich oder nur beobachtbar bei der Nutzung des Online-Dienstes und vielfach darüber hinausgehend zur Verarbeitung überlässt, ein Entgelt für die Nutzung des Online-Dienstes. Der so erbrachte Online-Dienst ist daher als eine auf elektronischem Weg erbrachte Dienstleistung am Empfängerort der Umsatzsteuer zu unterwerfen.

VI. Blockchaintechnologie-basierte Geschäftsmodelle

1. Vorbemerkung

Der vorliegende Beitrag beschränkt sich auf jene Bereiche im Zusammenhang mit blockchaintechnologiebasierten Geschäftsvorgängen, die die Verfasserin bereits an anderen Stellen bearbeitet hat. Daher beschränken sich die nachfolgenden Ausführungen auf Zusammenfassungen von an anderer Stelle veröffentlichten umfassenden Abhandlungen.

Untersucht wird einerseits, wie der sog. „proof-of-work" in der Bitcoin-Blockchain aus umsatzsteuerrechtlicher Sicht zu bewerten ist. Dieser Vorgang wird auch als „Mining" bezeichnet, weil die Belohnung für die

---

Rabel, Digitalisierung im Konzernsteuerrecht, 2018, 57 (67), die von einem tauschähnlichen Umsatz ausgehen.

101 *Ehrke-Rabel/Pfeiffer*, SWK 2017, 532, unter Verweis auf *Ehrke-Rabel/Tumpel*, Sacheinlagen in Gesellschaften, SWK 2010, 590; *Robisch* in Bunjes, 15. Aufl. 2016, § 1 UStG Rz. 70.

erfolgreiche Lösung des kryptographischen Rätsels in neuen Bitcoin besteht. Wie bei den Geschäftsmodellen der Sharing Economy ist in diesem Zusammenhang zu betonen, dass die Blockchain-Technologie eine Vielzahl von verschiedenen Organisationsformen und Anwendungsfällen ermöglicht, so dass verschiedene blockchainbasierte Geschäftsmodelle auch umsatzsteuerrechtlich nicht unbedingt gleich, sondern einzelfallbezogen zu beurteilen sind. Der Handel mit Bitcoin, der außerhalb der außerhalb der Blockchain stattfindet, wurde bereits umsatzsteuerrechtlich beleuchtet. Ein Blick soll auf die umsatzsteuerrechtliche Beurteilung Initial Coin Offerings (im Folgenden kurz: ICO) geworfen werden.

2. Blockchain-Technologie im Überblick

Bei der Blockchain-Technologie, englisch auch „distributed ledger technology" handelt es sich um eine Kombination aus verschiedenen Technologien, die es Menschen ermöglicht, Informationen, digitale Wirtschaftsgüter oder digitale Anwendungen über dezentrale Netzwerke auszutauschen oder zu betreiben, ohne dass diese Menschen einander kennen oder einen vertrauenswürdigen Intermediär einbinden müssen.[102] Die Ausgestaltungsmöglichkeiten der Technologie sind vielfältig.[103] Sie kann als geschlossenes oder als offenes Netzwerk, dezentral oder zentral konzipiert werden.[104] Eine Blockchain kann jedenfalls als ein digitales Register verstanden werden, in dem Vorgänge unveränderbar (mit einem Zeitstempel versehen) verbucht werden können.

Berühmtheit hat die Blockchain-Technologie durch die offene und dezentral organisierte Bitcoin-Blockchain erfahren.[105] Als dezentrale offene

---

102 Dazu etwa ausführlich *Tasca/Ulieru*, Blockchain as an Institutional Technology – Spearheading an Equitable Exchange Economy, 5.

103 Dazu ausführlich *Buocz/Ehrke-Rabel/Hödl/Eisenberger*, Bitcoin and the GDPR: Allocating Responsibilty in distributed networks, Computer Law & Security Review, 2019, 182 ff.

104 Für einen illustrativen Überblick s. Government Office For Science, Distributed Ledger Technology: beyond block chain – A report by the UK Government Chief Scientific Advisor (2015; https://www.gov.uk/government/uploads/attachment_data/file/492972/gs-16-1-distributed-ledger-technology.pdf, abgefragt am 9.5.2019).

105 Zur technischen Funktionsweise ausführlich *Boehm/Pesch*, Rechtliche Herausforderungen einer virtuellen Währung – eine erste juristische Einordnung, MMR 2014 75 ff.; *Ehrke-Rabel/Eisenberger/Hödl/Zechner*, Bitcoin-Miner als Prosumer: Eine Frage staatlicher Regulierung?, ALJ 2017, 188; s. auch *Dietsch*, Umsatzsteuerliche Behandlung von Bitcoin-Mining, MwStR

Blockchain halten die Teilnehmer des Bitcoin-Netzwerks die Blockchain gemeinsam am Leben, indem sie alle dieselbe Software auf ihren Computern laufen lassen, auf der die über die Blockchain abgewickelten Geschäftsvorfälle verbucht werden. Die Verbuchung eines Geschäftsvorfalls setzt voraus, dass ein digitales „Zertifikat", eine Befugnis zur Vornahme dieses Geschäftsvorfalls vorliegt, das auch übertragen werden kann (sog. Token; bei Bitcoin ist der Token Bitcoin). Die Verbuchung des Geschäftsvorfalls setzt einerseits den Besitz eines Tokens voraus und anderseits einen Validierungsvorgang durch die Teilnehmer des Blockchain-Systems. Derzeit erfolgt die Validierung der meisten Blockchain-Systeme durch den sog. „proof-of-work". Dabei handelt es sich um (automatisierte) Rechenoperationen, die bestimmte Teilnehmer des Blockchain-Systems, sog. Miner, auf ihren Rechnern durchführen. Die Rechenoperationen haben die Lösung eines kryptografischen Rätsels zum Ziel. Sie werden vom Programmcode gesteuert. Bei Bitcoin ist er so ausgestaltet, dass nur ein Rechner das Rätsel als erster lösen kann. Wurde das Rätsel gelöst, was bei der Bitcoin-Blockchain etwa alle zehn Minuten geschieht – werden die in diesem Zeitfenster durchgeführten Transaktionen in einem Block in dem digitalen Register für alle Teilnehmer des Netzwerks einsehbar verbucht. Verbucht wird aber nur die Übertragung des digitalen Zertifikats, das durch eine kryptografische Verschlüsselung keinem realen wirtschaftlichen Eigentümer unmittelbar zugeordnet werden kann.[106] Die Verbuchung von Transaktionen in einem Block verlangt den Einsatz hochspezialisierter Hardware, einer bestimmten Software und konsumiert Energie.

Um die Teilnehmer eines Netzwerks dazu anzuregen, an diesem Validierungsprozess teilzunehmen, wird nach der erfolgreichen Bildung jedes Blocks ein sog. „Block-Reward" an denjenigen ausbezahlt, der das zur Validierung einer Bitcoin-Transaktion vorgesehene kryptografische Rätsel zuerst gelöst hat. Dieser Block Reward besteht seinerseits in digitalen Token, in Bitcoin. Diese Bitcoin werden vom System neu geschaffen, entstehen somit als Begleitprodukt der erfolgreichen Validierung. Zusätzlich zu

---

2018, 250; *Schlund/Pongratz*, Distributed-Ledger-Technologie und Kryptowährungen – eine rechtliche Betrachtung, DStR 2018, 598 f.

106 Der wirtschaftliche Eigentümer hat für jedes Zertifikat zwei „Schlüssel", einen öffentlichen Schlüssel, der jedem einsehbar ist, und dahinterliegend einen privaten Schlüssel, über den nur er verfügt. Über den privaten Schlüssel erhält er Zugriff auf sein digitales Zertifikat. Die Verschlüsselung erzeugt Pseudonymität; dazu *Ehrke-Rabel/Hödl*, Effizienter Steuervollzug im Lichte des Datenschutzes, in Jahnel, Jahrbuch Datenschutzrecht, 2016, 231 (258 ff.).

den Block-Rewards werden von den Transakteuren Transaktionsgebühren ausgelobt. Dabei handelt es sich mit *Dietsch* um einen gesonderten Vertrag, der m.E. zwischen dem einzelnen Miner, der den „Zuschlag" erhält, und den Transakteuren zustande kommt und daher umsatzsteuerrechtlich nach den allgemeinen Grundsätzen zu bewerten ist. Darauf soll hier nicht näher eingegangen werden.[107]

Erwähnt sei im vorliegenden Zusammenhang, dass nicht allen Teilnehmern am Netzwerk dieselben Handlungsmöglichkeiten offenstehen. So ist im Bitcoin-Netzwerk zwischen „ligthweight nodes" und „full nodes" zu unterscheiden. Miner können nur über full nodes aktiv werden, nicht jeder full node ist Miner. Außerdem gibt es Teilnehmer, die den Status des Developer haben.[108] Die nachfolgenden Überlegungen betreffen nur die Gruppe der Miner.

Einmal verbuchte Vorgänge können nicht gelöscht werden. Eine Rückgängigmachung setzt eine neuerliche Transaktion in die andere Richtung voraus, die wiederum in einem eigenen Block verbucht werden muss. Solange der Programmcode nicht geändert wird, was – bei entsprechend ausgestalteten Codes – nur mit der Zustimmung der Mehrheit der Teilnehmer an dem Blockchain-System möglich ist, bleiben Transaktionen fix verbucht. Da alle Rechner dasselbe Programm laufen lassen und dieselbe Abbildung des digitalen Registers speichern, wird das Register nicht an einer zentralen Stelle, sondern verteilt (distribuiert) aufbewahrt. Dies erhöht die Wahrscheinlichkeit, dass Cyber-Angriffe ins Leere gehen.[109]

Der (anfängliche) Erfolg von Bitcoin und nicht zuletzt ein beeindruckendes Marketing haben eine Vielzahl neuer digitaler Token auf einen Internet-Markt gebracht, die sich alle Kryptowährungen nennen. Ob diese sog. Kryptowährungen tatsächlich Bitcoin sowohl ihrer Funktion nach als auch ihrer Kreations- und Übertragungsweise nach vergleichbar sind, muss jeweils im Einzelfall beurteilt werden. Fest steht, dass zum Zeitpunkt des Abschlusses dieses Manuskripts bei bitinfocharts.com an die

---

107 *Dietsch*, Umsatzsteuerliche Behandlung von Bitcoin-Mining, MwStR 2018, 250 (252); s. auch *Schlund/Pongratz*, Distributed-Ledger-Technologie und Kryptowährungen – eine rechtliche Betrachtung, DStR 2018, 598 (602).

108 Dazu im Detail *Buocz/Ehrke-Rabel/Hödl/Eisenberger*, Computer Law & Security Review 2019, 183.

109 Eine sog. 51-%-Attacke, die einen solchen Angriff darstellen würde, wird angesichts der distribuierten Organisation des Bitcoin-Netzwerks für unwahrscheinlich gehalten; dazu *Ehrke-Rabel/Eisenbegerg/Hödl/Zechner*, ALJ 2017, 188 (193).

über 1000 Kryptowährungen mit Wechselkursen in Euro und in USD gelistet sind.

Soweit es sich bei diesen anderen sog. Kryptowährungen um blockchainbasierte Token handelt, bauen diese mehrheitlich auf der Ethereum-Blockchain auf. Von der technischen Funktionsweise ist sie der Bitcoin-Blockchain vergleichbar, die auf ihr übertragenen und im Zuge der Vailidierung generierten Token heißen jedoch „Ether" und sollten von Beginn an nicht als Zahlungsmittel in der realen Welt fungieren.

Die Ethereum-Blockchain erlaubt es, einfache Transaktionen über sog. Smart Contracts vollautomatisiert vorzunehmen. Smart Contracts können als computergestützte Protokolle, die bestimmte Vertragsbedingungen automatisch (computergestützt) ausführen, verstanden werden.[110] Sie können die Funktion der Blockchainanwendung ergänzen und erweitern. Ein Blick auf die Website von Ethereum[111] zeigt, dass so etwa finanzielle Mittel zur Finanzierung einer Geschäftsidee aufgebracht werden können. Dies ist vor allem im Jahr 2017 als sog. „Initial Coin Offering (ICO)" geschehen.

3. Bitcoin-Mining

a) Vorbemerkung

Wenn das Mining von Bitcoin umsatzsteuerrechtlich relevant sein soll, muss ihm ein Leistungsaustausch zugrunde liegen. Ohne synallagmatische Beziehung zwischen zwei Akteuren kann Umsatzsteuer nämlich nur bei unentgeltlichen Wertabgaben anfallen. Als Akteure mit umsatzsteuerrechtlicher Relevanz in Betracht kommen der Miner selbst und das Bitcoin-Netzwerk als Gemeinschaft der Miner, das für seine Funktionsfähigkeit der Leistung der einzelnen Miner bedarf und dafür eine Gegenleistung in Form eines Block-Reward in Aussicht stellt und dann tatsächlich ausbezahlt. Außerdem muss zumindest einer der Akteure Untenrehmer i.S.v. § 2 UStG sein.

---

110 Dazu etwa ausführlich *Buchleitner/Rabl*, Blockchain und Smart Contracts – Revolution oder alter Wein im digitalen Schlauch?, ecolex 2017, 4 (6); *De Filippi/Wright*, Blockchain and the Law, 2018, 72 ff.

111 www.Ethereum.org (abgerufen am 1.5.2019). – Zu Ethereum im Detail *Diedrich*, ethereum – blockchains, digital assets, decentralized autonomous organizations, 2016.

Bisweilen wird die Auffassung vertreten, das Mining von Bitcoin sei nicht steuerbar.[112] Dies trifft m.E. nicht zu: Die Erzeugung von Bitcoin beruht auf einem Programmcode, der die Erzeugung von der Aktivität eines Netzwerkes abhängig macht, das seinerseits über die Ausgestaltung des Programmcodes entscheidet. Dies ist mit Konstruktion einer Maschine vergleichbar, die schließlich durch Anwender gemeinsam betrieben wird und sich nur durch diesen gemeinsamen Betrieb am Leben erhält, um zwei Produkte erzeugen: Das eine Produkt ist die betrugssichere Verbuchung von Transaktionen (Produkt 1) und das andere Produkt ist der Bitcoin als Belohnung für die Verifizierung und Validierung der Transaktion (Produkt 2). Produkt 1 kommt allen Betreibern der Maschine zugute, steigert die allgemeine Attraktivität der Maschine und trägt dazu bei, dass die betrugssichere Verbuchung von Transaktionen zunimmt. Produkt 2 kommt nur demjenigen zugute, der durch überproportional hohen Ressourceneinsatz und eine große Portion Glück ausgewählt wurde.

Die Entstehung von Bitcoin wird durch die Aktivität des Netzwerks ermöglicht. Nicht der einzelne Miner lässt den Bitcoin entstehen, sondern die Miningaktivitäten aller Miner im Netzwerks. Letzendlich erhält aber nur ein Miner den (neu) entstandenen Bitcoin. Es ist somit das Netzwerk, das sowohl die Miningaktivitäten ermöglicht als auch den Bitcoin als Belohnung für den erfolgreichen Miner erschafft.

b) Unternehmereigenschaft des Miners

Als Unternehmer ist der Miner nur zu qualifizieren bzw. er wird nur wirtschaftlich tätig, wenn er einen Einsatz leistet, der als wirtschaftliche Tätigkeit qualifiziert werden kann.[113] Wie *Ehrke-Rabel/Eisenberger/ Hödl/Zechner*[114], *Varro*[115] und *Enzinger*[116] – mit sehr unterschiedlichen Schlussfolgerungen – dargelegt haben, ist die Wahrscheinlichkeit, durch Mining Bitcoin zu lukrieren, so gering wie die Wahrscheinlichkeit, bei der Teilnahme an einem Glücksspiel einen Gewinn zu machen.[117] *Ehrke-*

---

112 UStAE 4.8.3 Abs. 3a; ö. BMF v. 27.2.2018, BStBl. I 2018, 316.
113 Zum Begriff des Unternehmers bzw. der wirtschaftlichen Tätigkeit s. schon vorher 2.a.
114 *Ehrke-Rabel/Eisenberger/Hödl/Zechner*, ALJ 2017, 188 (210 f.).
115 *Varro*, Bitcoin-Mining: nicht steuerbares Glücksspiel?, Taxlex 2017, 399.
116 *Enzinger*, Mining von Kryptowährungen, SWK 2017, 2013 (2017).
117 Den Block-Reward erhält jener Miner, der den richtigen Hashwert errechnet hat. Der für Bitcoin verwendete Hash-Algorithmus zählt zum Typ SHA256.

413

Rabel/Eisenberger/Hödl/Zechner sind daher zu dem Ergebnis gelangt, dass das Mining von Bitcoin als Teilnahme an einem Glücksspiel zu qualifizieren ist.[118] Wer an einem Glücksspiel teilnimmt, indem er dafür Ressourcen einsetzt, handelt zumindest gegenüber demjenigen, der den Gewinn ausbezahlt, nicht wie ein Unternehmer und kann daher im Verhältnis zum Anbieter des Glücksspiels nicht als ein solcher qualifiziert werden.[119] Leistet er aber einen Einsatz, kann er als Empfänger einer Glücksspieldienstleistung (der Aussicht auf Erlangung eines Block-Rewards bei erfolgreicher Lösung des krypotgrafischen Rätsels) zu qualifizieren sein.

Für die umsatzsteuerrechtliche Beurteilung des Mining von Bitcoin auf Seiten des Miners liefert das Urteil des EuGH in der Rs. Hedqvist keine Antwort. Fest steht, dass Miner Rechenleistung, d.h. Hardware, Software und Energie aufbringen, um zu Bitcoin zu gelangen. Damit unterscheidet sich ein Miner vorderhand nicht von einem anderen Unternehmer. Was er am Ende für seinen Einsatz erhält, sind Bitcoin, bei einem gewöhnlichen Unternehmer sind es in der Regel gesetzliche Zahlungsmittel.

c) Umsatzsteuerrechtlich relevante Leistung an den Miner?

Damit der Einsatz des Miners als Entgelt für eine umsatzsteuerbare Leistung gewertet werden kann, bedarf es eines Vertragspartners, der dem Miner einen Vorteil verschafft oder zumindest die Verschaffung eines Vorteils in Aussicht stellt. Der Umsatzsteuer unterliegen nämlich nur Lieferungen und sonstige Leistungen, die ein Unternehmer gegen Entgelt ausführt.

Fraglich ist, ob das Bitcoin-Netzwerk als eine Dienstleistung anbietender Unternehmer gegenüber dem einzelnen Miner in Betracht kommt. Ist dies zu verneinen, ist das Mining mangels Vertragspartners, der eine synallagmatische Verknüpfung zwischen der Bereitstellung der Hardware

---

Dieser ist besonders betrugssicher, weil er als völlig unvorhersehbare Pseudorandom-Funktion ausgestaltet ist. Der Miner kann somit nur durch Versuch und Irrtum einen gültigen Block erzeugen (s. dazu im Detail *Ehrke-Rabel/Eisenberger/Hödl/Zechner*, ALJ 2017, 188 (194 ff.).

118 Vgl. im Detail *Ehrke-Rabel/Eisenberger/Hödl/Zechner*, S. 188 ff.

119 A.A. *Dietsch*, Umsatzsteuerliche Behandlung von Bitcoin-Mining, MwStR 2018, 250 (252), der die Zufallsabhängigkeit nicht problematisiert und daher in dem Einsatz der Rechenleistungen ein sonstige Leistung zum Bezug eines Entgelts, nämlich von Bitcoin, in der Art einer wirtschaftlichen Tätigkeit sieht.

und dem Einsatz von Rechenleistung und dem erhaltenen Block-Reward herstellt, umsatzsteuerrechtlich irrelevant.

Wenn die Bitcoin-Blockchain mit der eingangs beschriebenen Maschine verglichen wird, die allen Anwendern im Netzwerk gemeinsam gehört und von allen Anwendern im Netzwerk gemeinsam betrieben wird, das Geschäftsmodell somit von allen Anwendern gemeinsam verwirklicht wird, vereinen die Miner ihre Kräfte zu einem gemeinsamen Zweck, ohne dafür eine besondere zivilrechtliche Form zu wählen.[120] Fraglich ist, ob diese Gemeinschaft Zurechnungssubjekt von Umsätzen sein kann.

Unternehmer ist nach § 2 UStG nämlich, wer selbständig und nachhaltig eine gewerbliche oder berufliche Tätigkeit ausübt in der Absicht, Einnahmen zu erzielen. Auf eine bestimmte Rechtsform oder gar Rechtsfähigkeit ist es dabei nach bisher herrschender Auffassung nicht angekommen.[121]

Nach einer jungen Entscheidung des BFH erfordert die Zurechenbarkeit von Leistungen an einen Unternehmer und damit die Unternehmereigenschaft jedoch die zivilrechtliche Fähigkeit, Träger von Rechten und Pflichten zu sein.[122] Nach der st. Rspr. des BFH richtet sich nämlich die Person des Leistenden und die des Leistungsempfängers nach dem der Leistung zugrunde liegenden Rechtsverhältnis.[123] Handelt es sich bei einer Gemeinschaft um eine Bruchteilsgemeinschaft i.S.d. §§ 741 ff. BGB, ist die Gemeinschaft selbst unfähig, Trägerin von Rechten und Pflichten zu sein. Sie nimmt weder selbst noch durch Rechtsvertreter am Rechtsverkehr teil,[124] so dass nur die einzelnen Gemeinschafter als Gläubiger der zu erbringenden Gemeinschaft in Betracht kommen, nicht die Gemeinschaft selbst.[125] In seiner Entscheidung aus dem Jahr 2018 hält der BFH daher in Abkehr von seiner bisherigen Rspr. fest, dass eine Bruchteilsgemeinschaft keine Unternehmerin sein kann. Es liegen vielmehr zivil- und umsatzsteuerrechtlich anteilig erbrachte Leistungen durch die Gemeinschafter als jeweilige Unternehmer vor.[126] Der BFH sieht

---

120 Dazu ausführlich *Ehrke-Rabel/Eisenberger/Hödl/Zechner*, ALJ 2017, 188 (210 f.).
121 *Korn* in Bunjes, 17. Aufl. 2018, § 2 UStG Rz. 13, 18; UStAE 2.1. Abs. 2.
122 BFH v. 22.11.2018 – V R 65/17 Rz. 21 ff.
123 BFH v. 28.8.2014 – V R 49/13; BFH v. 22.11.2018 – V R 65/17 Rz. 19.
124 BFH v. 1.10.1998 – V R 31/98, BStBl. II 2008, 497 Rz. 14.
125 BFH v. 1.10.1998 – V R 31/98, BStBl. II 2008, 497 Rz. 23 f.; BFH v. 22.11.2018 – V R 65/17 Rz. 22, ausdrücklich entgegen dem Nichtanwendungserlass des BMF v. 9.5.2008, BStBl. I 2008, 675.
126 BFH v. 22.11.2018 – V R 65/17 Rz. 23, mit Verweisen auf das Schrifttum.

seine Einschätzung als im Einklang mit dem Unionsrecht stehend. Eine Gesellschaft bürgerlichen Rechts als Gesamthandsgemeinschaft i.S.d. §§ 705 ff. BGB kann jedoch jedenfalls Unternehmerin und damit Zurechnungssubjekt von Leistungen sein.[127]

Hier ist nicht der Raum, sich mit dieser Entscheidung kritisch auseinanderzusetzen. Wiewohl die Argumentation des BFH den Charme hat, das Umsatzsteuerecht besser vollziehbar zu machen, steht es doch dem Grundsatz entgegen, wonach Sachverhalte umsatzsteuerrechtlich nach der wirtschaftlichen Realität und nicht nach den zivilrechtlichen Gestaltungen zu beurteilen sind. Die Ansicht des BFH kann zudem die einheitliche Anwendung des Unionsrechts gefährden, weil danach für die Begründung der Unternehmereigenschaft mitgliedstaatliche außerumsatzsteuerrechtliche Wertungen maßgebend werden. Nachfolgend wird die Entscheidung des BFH daher einfach als gegeben hingenommen werden.

Das Bitcoin-Netzwerk ist dadurch gekennzeichnet, dass der einzelne Miner einerseits Mitglied des Netzwerks und somit am Funktionieren und Bestehen des Netzwerks interessiert ist, sich daran beteiligt und somit auf Erzielung eines gemeinschaftlichen Zwecks ausgerichtet an dem Netzwerk teilnimmt. Andererseits setzt der einzelne Miner selbst zusätzliche Ressourcen ein, um eine Chance auf den Block-Reward zu erwerben.[128] Kann dieses Netzwerk als Gesamthandsgemeinschaft qualifziert werden, kann es selbst dann Unternehmer sein, wenn es ausschließlich gegenüber seinen Mitgliedern in Erscheinung tritt. Voraussetzung ist nur, dass die Mitglieder gegenüber diesem Gebilde eigenständig auftreten und für die Leistungen des Gebildes ein gesondertes Entgelt entrichten.[129]

Ist das Bitcoin-Netzwerk als Bruchteilsgemeinschaft zu qualifizieren, kommt ihm keine Unternehmereigenschaft zu. Dem einzelnen Teilnehmer am Netzwerk wird aber nicht abzusprechen sein, dass die Teilnahme an dem Netzwerk einen für ihn übergeordneten gemeinschaftlichen Zweck hat, für den er sich einzusetzen bereit ist. Weil sich die Teilnehmer an dem Netzwerk in einem demokratischen Prozess geeinigt haben, jenem Miner, der das kryptographische Rätsel als erster löst, einen Vor-

---

127 BFH v. 22.11.2018 – V R 65/17 Rz. 32.
128 *Ehrke-Rabel/Eisenberger/Hödl/Zechner*, ALJ 2017, 188 (212).
129 EuGH v. 27.12000 – C-23/98 – Heerma Rz. 13; EuGH v. 18.10.2007 – C-355/ 06 – van der Steen Rz. 29; VwGH v. 29.6.2016 – 2013/15/0308; VwGH v. 3.7.2003 – 99/15/0190. – *Ehrke-Rabel/Eisenberger/Hödl/Zechner*, ALJ 2017, 188 (213).

teil in der Form des Block Reward zukommen zu lassen, entfalten sie im Rahmen der Bruchteilsgemeinschaft eine nachhaltige wirtschaftliche Tätigkeit. Der Vorteil, den die Teilnehmer an dem Netzwerk aus der Auslobung des Block Rewards erzielen, ist die Erhaltung der Funktionsfähigkeit des Netzwerks. Da die Funktionsfähigkeit des Netzwerks die Übertragung von Bitcoin möglich macht und ihre Qualität mitbestimmend ist für den in Geld ausdrückbaren Wert, der Bitcoin zuerkannt wird, werden dem Netzwerk durch die Aktivitäten der Miner geldwerte Vorteile verschafft. Die Tätigkeit des Netzwerks ist somit auf die Erzielung von Einnahmen ausgerichtet und daher unternehmerisch. Ob nun dem einzelnen Teilnehmer an dem Netzwerk im Rahmen einer Bruchteilsgemeinschaft Unternehmereigenschaft zuzuerkennen ist oder aber dem Netzwerk, weil es als Gesamthandsgemeinschaft zu qualifizieren ist, richtet sich nach dem Zivilrecht und damit nach den Vereinbarungen zur Teilnahme an dem Netzwerk.[130]

Dies hat aber zur Folge, dass dem einzelnen Miner für den Einsatz seiner erhöhten Rechenleistung und seiner Spezialhard- und seiner Spezialsoftware von Seiten der Teilnehmer an der Bruchteilsgemeinschaft oder von Seiten der Gesamthandsgemeinschaft eine Dienstleistung angeboten wird. Da das Netzwerk diese Leistungen nachhaltig anbietet, kommt dem Netzwerk oder den einzelnen Teilnehmern am Netzwerk Unternehmereigenschaft zu.[131] Damit handelt es sich bei dem Einsatz des Miners zum Mining und der vom Netzwerk angebotenen Dienstleistung um einen umsatzsteuerbaren Leistungsaustausch.[132]

---

130 Zur Rechtspersönlichkeit des Bitcoin-Netzwerks und der Zurechnung von Verantwortung im Rahmen der DS-GVO s. *Buocz/Ehrke-Rabel/Hödl/Eisenberger*, Computer Law & Security Review 2019, 187.

131 A.A. *Varro*, Bitcoin-Mining: nicht steuerbares Glücksspiel?, taxlex 2017, 399 (401).

132 A.A. *Dietsch*, Umsatzsteuerliche Behandlung von Bitcoin-Mining, MwStR 2018, 250 (252), der die Transaktionsgebühren als unselbständige Nebenleistung zum Block-Reward sieht und offenbar den Leistungsaustausch insgesamt zwischen den Transakteuren, deren Transaktionen in dem vom einzelnen Miner verifizierten Block verbucht werden, und dem erfolgreichen Miner sieht. Dies ist angesichts des Umstands, dass der Block-Reward im Netzwerk generiert und nicht von den Transakteuren aufgewendet wird, nicht nachvollziehbar. Hinzu kommt, dass m.E., wenn überhaupt, die Transaktionsgebühren unselbständige Nebenleistung des Block-Rewards sein könnten, sind sie doch dispositiv, der Block-Reward hingegen nicht. Anders als den Block-Reward müssen die Transaktionsgebühren aber von den konkreten Transakteu-

Fraglich ist, welche Dienstleistung durch das Netzwerk angeboten wird. Da die Erlangung eines Block-Rewards in der Bitcoin-Blockchain überwiegend vom Zufall abhängt, handelt es sich dabei – wie hier vertreten – um ein Glücksspiel, genauer um eine elektronische Lotterie. Diese sind nach § 4 Nr. 9 UStG nur dann von der Umsatzsteuer befreit, wenn sie unter das Rennwett- und Lotteriegesetz fallen und nicht von der Rennwett- oder Lotteriesteuer befreit sind oder die Steuer allgemein nicht erhoben wird. Das Entgelt des Miners besteht in einer Dienstleistung, es handelt sich also um einen tauschähnlichen Umsatz.

4. ICO aus umsatzsteuerrechtlicher Sicht

a) Das Geschäftsmodell

Initial Coin Offerings (ICO) bieten die Möglichkeit, über eine Blockchain-Technologie Kapital aufzubringen. Sie können als eine automatisierte Form des Crowdinvesting verstanden werden. Anders als bei der Bitcoin-Blockchain erzeugt dabei eine Gruppe von Personen oder eine Person allein Token auf einer Blockchain (z.B. auf Ethereum), die über eine Website zum Verkauf angeboten werden. Die Ausgabe der Token wird über die Ethereum-Blockchain und darauf aufbauende Smart Contracts effektuiert. Teilnehmen an einem ICO kann jede Person, die über einen Internetzugang verfügt. Im Regelfall muss ein Investor zunächst Ether zu erwerben, die er dann auf der Ethereum-Blockchain in die im Rahmen des ICO ausgegebenen Token tauschen kann.

Welche Funktion die Token schließlich für deren (neue) Besitzer haben, richtet sich nach dem White Paper, das im Rahmen des ICO ausgegeben wird. Gemeinsam ist den meisten ICO, dass sich deren Organisatoren verpflichten, den Token über kurz oder lang auf einer digitalen Handelsplattform für Kryptwährungen als Kryptowährung zu listen,[133] so dass sie dort gehandelt werden können. Darüber hinaus wird den Investoren im Regelfall in Aussicht gestellt, dass sie mit diesen Token künftig Leistungen in dem finanzierten Geschäft beziehen können (sog. Utility-Token). Bisweilen wurden den Investoren auch Teilhaberechte am Gewinn in Aussicht gestellt (sog. Security-Token). Dies ist jedoch aus finanzmarkt-

---

ren aufgewendet werden, so dass m.E. von zwei verschiedenen Vertragspartnern für den erfolgreichen Miner auszugehen ist.

133 Zur Unterscheidung zwischen Token und Kryptowährungen s. etwa *Dietsch*, Umsatzsteuerliche Einordnung von Initial Coin Offerings, MwStR 2018, 546; *Schmidt*, Kryptowährungen und Blockchain, 2019, 67 f.

aufsichtsrechtlichen Gründen zumeist vermieden worden. Eingegangen wird im vorliegenden Zusammenhang daher nur auf die sog. Utility-Token.

b) Token als Recht auf (künftige) Leistungen

Ein (im Wege eines ICO ausgegebener) Token kann an Stelle einer Beteiligung am Gewinn oder Umsatz des ausgebenden Unternehmers das Recht zum Bezug künftiger Leistungen des ausgebenden Unternehmers vermitteln. Bei derartigen Token wird im Zeitpunkt seines Erwerbs vom ausgebenden Unternehmer noch keine Leistung erbracht. Aus umsatzsteuerrechtlicher Sicht stellt sich in solchen Fällen die Frage, ob die zu erbringende Leistung so hinreichend konkretisiert ist, dass die Zahlung für den Token als Zahlung für eine umsatzsteuerrechtlich relevante Leistung zu qualifizieren ist. Nur dann ist im Zeitpunkt der Ausgabe des Token bereits von einem umsatzsteuerrechtlich relevanten Leistungsaustausch oder zumindest einer Anzahlung auf eine künftige Leistung auszugehen (Art. 65 MwStRL). Alternativ kann die Leistung so wenig bestimmt sein, dass die Ausgabe des Token als Recht auf Bezug einer künftigen Leistung wie die Ausgabe eines besonderen Zahlungsmittels und daher als nicht umsatzsteuerbar zu qualifizieren ist.[134] Der steuerbare Umsatz würde dann erst im Zeitpunkt des Eintausches der Kryptowährung gegen die konkrete Leistung verwirklicht.

Die Besonderheit eines ICO besteht darin, dass das Geschäft, in dem der ausgegebene Token verwendet werden soll, im Zeitpunkt der Ausgabe des Token noch nicht existiert. Das Recht auf Zutritt zu diesem Geschäft kann daher konkret erst zu einem späteren Zeitpunkt ausgeübt werden.

Im Zeitpunkt seiner Ausgabe kann ein Token – obwohl die Dienstleistung, die durch ihn bezogen werden soll, noch nicht erbracht werden kann – nur dann Gegenstand eines Leistungsaustauschs im umsatzsteuerrechtlichen Sinn sein, wenn der Token als Leistung für das vom „Investor" hingegebene Geld zu qualifizieren ist. Eine Leistung setzt einen bestimmbaren Inhalt voraus und verlangt, dass die Modalitäten der Leistungserbringung so feststehen, dass eine umsatzsteuerrechtliche Beurteilung möglich ist. Dies verlangt auch, dass der Leistungsort festgestellt werden kann. Der Token muss somit als Substitut für die tatsächliche Leistung im Zeitpunkt seiner Ausgabe taugen. Ein Token, der keine

---

134 *Englisch*, Das neue MwSt-Sonderregime für Gutscheine, ifst-Schrift 515, 2017, 17 f.

Rechte an dem zu gründenden Unternehmen vermittelt, könnte also mit einem Gutschein verglichen werden. Ist die Leistung, die der Gutschein verbrieft, im Zeitpunkt seiner Ausgabe so hinreichend bestimmt, dass sie als Einzweckgutschein i.S.v. Art. 30a Abs. 1 MwStRL zu qualifizieren ist, entsteht die Umsatzsteuerschuld im Zeitpunkt der Ausgabe des Token. Ist sie hingegen noch nicht derart bestimmt – weil sie etwa das Recht auf Bezug einer elektronischen Dienstleistung verbrieft –, handelt es sich um einen sog. Mehrzweckgutschein (Art. 30a Nr. 2 MwStRL), der erst im Zeitpunkt seiner Einlösung umsatzsteuerrechtliche Folgen nach sich zieht, weil der Ort der sonstigen Leistung und damit vor allem der Steuersatz und der erhebungsberechtigte Staat noch nicht feststehen.[135]

Ob dem Offerenten des Token ein Vorsteuerabzug zusteht, richtet sich nach dem von ihm verfolgten Geschäftsmodell. Gibt er Token zur Inanspruchnahme künftiger steuerpflichtiger Leistungen aus, kann er bei Vorliegen der allgemeinen Voraussetzungen den Vorsteuerabzug geltend machen. Gibt er hingegen Tokens zur Inanspruchnahme künftiger umsatzsteuerbefreiter Leistungen aus, besteht kein Recht zum Vorsteuerabzug.

5. Fazit

Blockchainbasierte Geschäftsmodelle lassen sich, wie alle anderen internetbasierten Geschäftsmodelle auch, umsatzsteuerrechtlich einordnen. Die Herausforderung liegt primär in der Erfassung der wirtschaftlichen Realität, die diese Geschäftsmodelle erzeugen. Die Rechtsunsicherheit in der umsatzsteuerrechtlichen Beurteilung ergibt sich vor allem aus der Neuartigkeit der Aktivitäten, die sich nicht immer einfach in bekannte Muster einsortieren lassen.

VII. Thesen

Die Anwendung des Umsatzsteuerrechts auf digitales Wirtschaften fordert heraus,

– weil bereits die Erfassung des Sachverhalts angesichts der weitreichenden „Unsichtbarkeiten", die diesen Technologien inhärent sind, schwierig ist.

---

135 Zu dieser Unterscheidung i.Z.m. der Ausgabe von Utility-Token s. *Ehrke-Rabel*, Kryptowährungen und Umsatzsteuer, in Kirchmayr/Mayr/Hirschler/Kofler/Ehrke-Rabel, Digitalisierung im Konzernsteuerrecht, 2018, 145 (167 ff.).

- weil das maßgebliche Umsatzsteuerrecht oft vor dem Auftauchen dieser Geschäftstätigkeiten geschaffen wurde. Daher kann nur die methodisch präzise Herleitung des anwendbaren Rechts den stetigen und raschen Veränderungen bestimmter Technologien oder ihrer Funktion Rechnung tragen.

- weil internetbasierte Geschäftsmodelle erfolgreicher mehrseitig ausgestaltet werden können als vergleichbare analoge Modelle. Die vielfach für eine Seite der Vertragspartner vorgesehene „Unentgeltlichkeit" entpuppt sich bei näherer Betrachtung als neue Form des tauschähnlichen Umsatzes mit neuen Herausforderungen an die Bewertung und an den Vollzug. Diese Beziehungen wegen dieser Herausforderungen schlichtweg nicht zu besteuern, widerspricht dem Verbrauchsteuercharakter der Umsatzsteuer und ist rechtspolitisch problematisch.

- Das wirklich ungelöste Problem in der digitalisierten Steuerwelt bleibt nach wie vor der effiziente Vollzug. Eine echte grenzüberschreitende Zusammenarbeit zwischen den Behörden verschiedener Staaten mit klaren Regeln über das anwendbare Verfahren und Inhalt und Verteilung von Rechten und Pflichten zwischen den involvierten Parteien ist essentiell, aber wahrscheinlich nicht ausreichend. Bei der Ausnutzung der Möglichkeiten der Informations- und Kommunikationstechnologie zur Verbesserung des Vollzuges ist stets die individuelle Freiheit als Grundlage einer freien Gesellschaft im Blick zu behalten. Die Balance zum effizienten Vollzug ist zu wahren, denn ein Überwachungsstaat erlaubt keine individuelle Freiheit.

Diskussion

zu den Referaten von Dr. *Reimar Pinkernell*,
und Prof. Dr. *Tina Ehrke-Rabel*

Prof. Dr. Dr. h.c. *Wolfgang Schön*, München

Ganz herzlichen Dank für zwei fabelhafte Vorträge. Ich würde gerne beiden Referenten die Grundfrage nach den Maßstäben stellen, die wir an eine Reform entweder im Ertragsteuerrecht oder im Umsatzsteuerrecht anlegen würden. Weshalb soll man etwas ändern? Der Ausgangspunkt der Diskussion zur Besteuerung der digitalen Wirtschaft im BEPS-Projekt war eigentlich ein Wettbewerbsargument. Das große Amazon zahlt keine Steuer, während sie der lokale Buchhändler in Köln zahlt. Dies war seitens der Bundesregierung immer mit der Vorstellung verbunden, dass man die großen Akteure zwar besteuert, aber nicht notwendigerweise durch Deutschland. Seitens der USA wurde mit GILTI reagiert. Auch andere Staaten haben zum Teil nachgezogen. Daher meine erste Frage: Ist dieser Wettbewerbsgedanke nun zurückzustellen?

Der zweite Punkt ist das Bedürfnis nach Steueraufkommen. Dies steht bei unseren Nachbarländern wie Frankreich oder Italien ganz im Vordergrund. Große amerikanische und asiatische Unternehmen sollen in Europa erfasst werden. Die Bundesregierung hat dabei natürlich die große Sorge eines Nullsummenspiels im Hinblick auf die deutschen Exporte. Dazu hätte ich gerne eine kurze Einschätzung von Ihnen.

Zu drittens möchte ich Sie beide fragen, ob nun das Ertragsteuerrecht oder das Umsatzsteuerrecht das richtige Mittel ist, um die digitale Wirtschaft zu besteuern. Es wird in der digitalen Wirtschaft ein Markt genutzt, es werden Werte geschaffen, es werden nach dem Äquivalenzprinzip Leistungen in einem Staat in Anspruch genommen, es werden Kunden beliefert, es werden Nutzerstrukturen aufgebaut. All das muss schließlich finanziert werden. Ich halte das Umsatzsteuerrecht, und ich glaube Sie, Frau *Ehrke-Rabel*, tendieren auch dazu, für das richtige Mittel. Schließlich gehe es hier um Konsum. Und selbst wenn es nicht gelingen sollte, den EuGH davon zu überzeugen, dass es sich um ein echtes entgeltliches Geschäft handelt, wäre es ein Leichtes, die Richtlinien dahin gehend zu ändern. Man könnte sich die ganze Digitalsteuer-Richtlinie schenken, wenn man hier mit nur einem Satz in der Umsatzsteuerrichtlinie reagiert. Warum wird dies noch nicht intensiv diskutiert? Ich würde fast sagen, es liegt an einer politischen Täuschung. Man will nicht offenlegen, dass egal welche Steuer hier erhoben wird, letztlich der Verbraucher durch höhere Preise belastet wird. Deswegen wird eine Digitalsteuer oder eine Steuer nach Maßgabe der digitalen Präsenz erfunden, die angeblich von den großen Unternehmen getragen werde. Es wird nicht zugegeben, dass jede Mehrbelastung auf digitale Wertschöpfung irgendwann nach den Regeln über Angebot und Nachfrage beim Kunden landet. Wäre es also nicht das Beste, die ganze Thematik in die Umsatzsteuer zu verschieben?

Prof. Dr. *Christian Dorenkamp*, Bonn

Auch ich hätte eine Frage an beide Referenten. Aus meiner Sicht wird die Frage der Präsenz aus zwei Gründen in der Diskussion überbewertet. Zum einen scheinen die Multinationals eher zu Reseller-Strukturen zu neigen. D.h. vielleicht machen bald bayrische Gastwirte mit einer deutschen Google GmbH ihre Verträge. Zum anderen geht es letztlich nur um die Frage der ordnungsgemäßen Gewinnzuteilung auf die Präsenz. Wäre es hier vielleicht steuerpolitisch ratsam, den Consumer-Ländern eine Reseller-Marge von beispielsweise 5 % zuzugestehen? So ist es beispielsweise auch, wenn deutsche Automobilhersteller Autos in Indien verkaufen. Der eigentliche Residualgewinn würde weiterhin in den USA verbleiben, wo da IP geschaffen wird. Wäre dies vielleicht ein Kompromiss?

Frau *Ehrke-Rabel*, welche Bemessungsgrundlage würden Sie dem tauschähnlichen Umsatz zugrunde legen? Wären es die Grenzkosten, die Durchschnittskosten oder vielleicht der Wert der Daten?

Prof. Dr. *Heribert Anzinger*, Ulm

Ich habe zwei Fragen an *Tina Ehrke-Rabel*. Sie haben das Beispiel der Plattformen verknüpft mit der Blockchain-Technologie und dabei die Schwierigkeiten aufgezeigt, die Leistungsbeziehungen zu erkennen. Blickt man exemplarisch auf die AGB des Online-Vermittlungsdienstes Uber, scheinen die Leistungsbeziehungen klar abgegrenzt zu sein. Uber ist Vermittler und die Vertragsbeziehungen sollen zwischen Kunden und Fahrer zustande kommen. Im Verbraucherschutzrecht können wir diese Abgrenzung zwischen Vermittlung und Leistung nicht immer nachvollziehen, im Arbeitsrecht gelegentlich auch nicht. Aber warum lässt sich im Umsatzsteuerrecht nicht auf diese in den AGB vorgesehene Trennung der Leistungsbeziehungen abstellen?

Meine zweite Frage betrifft die Annahme einer Mitunternehmerschaft der Akteure der Blockchain-Technologie. Wer wären dort die Mitunternehmer? Sind es die Miner oder diejenigen, die Transaktionen abwickeln?

Prof. Dr. *Roman Seer*, Bochum

Ich stimme Herrn *Schön* zu, dass es sich an sich um eine Umsatzsteuerfrage handelt. Wo würdest Du, *Tina*, da anknüpfen? Hältst Du das Anknüpfen an den Marketplace für den richtigen Weg oder siehst Du hier Alternativen?

Prof. Dr. *Tina Ehrke-Rabel*, Graz

Ich glaube, die Fragen sind besser im Umsatzsteuerrecht aufgehoben. Stellt man ganz pauschal auf den Markt ab, dann habe ich den Eindruck, dass die Konzepte von Konsum- und Ertragsteuern zu verschwimmen drohen. Ich denke aber, dass ein Abstellen auf den Markt dort auch ertragsteuerrechtlich gerechtfertigt werden kann, wo der Konsument einen Beitrag zur „Wertschöpfung" des Unternehmers leistet, der über den Kauf der Ware oder Dienstleistung hinausgeht. Damit meine ich z.B. die multilateralen Geschäftsmodelle oder auch gewisse Aktivitäten von distribuierten und dezentralen Blockchainsystemen, wo die Grenzen zwischen Konsumenten und Produzenten verschwimmen.

Zur Frage der Bemessungsgrundlage des tauschähnlichen Umsatzes: Aus meiner Sicht sind dies die Selbstkosten des leistenden Unternehmers. Dies lässt sich auch aus der Rechtsprechung des EuGH ableiten. Ich würde im Urteil Bastóva des EuGH keine Abweichung zu dieser Rechtsprechung sehen. Das Urteil hat einen völlig anderen Fall betroffen. Und Selbstkosten wird es immer geben.

Ich gebe zu, dass das Bewertungsthema schwierig ist. Aber es wäre ein Ansatz. Weder der Gesetzgeber noch die Vollziehung dürfen sich wegen der Schwierigkeiten davor drücken.

Zu den Vertragsbeziehungen bei Uber: Die zivilrechtliche Ausgestaltung hat für das Umsatzsteuerrecht Indizwirkung. Aus meiner Sicht hat der Fahrer, abgesehen davon, dass er sich bereit erklärt zu fahren, kein Vertragsverhältnis mit dem Kunden. Er tritt gegenüber dem Kunden nicht als Unternehmer auf, so dass ich in der Tat davon ausgehen, dass die Fahrdienstleistung gegenüber dem Kunden von Uber erbracht wird.

Zur Mitunternehmerschaft: Die Mitunternehmerschaft besteht aus den Nodes. Und der einzelne Miner, der mit seiner Rechenleistung einen Mehraufwand erbringt, ist Kunde seiner eigenen Mitunternehmerschaft.

Zur Frage, ob es sachgerecht ist, für den Vollzug des Steuerrechts auf den einzelnen Teilnehmer des Bitcoin-Netzwerks zuzugreifen, gestehe ich ein, dass derzeit eindeutig ein Vollzugsdefizit und ein Regelungsnotstand herrschen. In bestimmten Bereichen, soweit konnte ich meinem Vortrag leider nicht kommen, scheinen neuartige Technologien die Finanzverwaltung jedoch auch zu befähigen, effizient zu kontrollieren. Hier ist einfach noch viel zu überlegen und neu zu denken.

Dr. *Reimar Pinkernell*, Bonn

Zunächst zu den Fragen von Herrn Professor *Schön*: In der Tat, ich meine auch, dass das Wettbewerbsargument jetzt mehr oder weniger vom Tisch ist. Über die GILTI-Hinzurechnungsbesteuerung erhält man einen Prozentsatz von über 10 %. Wir können nicht hingehen und den Amerikanern sagen, dass sie jetzt auch noch auf 20 % erhöhen sollen. Wir haben in den USA nun das, was auch in Europa gezahlt wird, wenn man den Steuersatz mit Irland oder Ungarn vergleicht. Was übrig bleibt, ist die Frage nach dem allgemeinen Steuerwettbewerb. Hier besteht weiterhin eine Wettbewerbsverfälschung, weil einzelne Staaten Niedrigsteuersätze anbieten, wozu auch die berüchtigten Patentboxen gehören. Aber das betrifft nicht speziell die Besteuerung der Digital Economy.

Zur zweiten Frage von Herrn Professor *Schön*: Ich glaube nicht, dass Deutschland mehr Aufkommen erzielen kann. Wir haben neben dem Handelsbilanzüberschuss auch einen Leistungsbilanzüberschuss. Die großen Konzerne versteuern den Großteil ihres Gewinns im Inland, weil eben diese Quellenbesteuerung im Ausland nicht da ist. Da macht es keinen Unterschied, ob ein Unternehmen digitale Leistungen über das Internet verkauft oder ein grenzüberschreitendes Direktgeschäft mit Waren betreibt. In Walldorf und in Wolfsburg kann man sich auf der Grundlage der derzeitigen internationalen Steueraufteilung vergoldete Bürgersteige leisten, weil trotz des niedrigen Gewerbesteuerhebesatzes ordentlich Geld in die Kassen kommt. Ich glaube nicht, dass Deutschland hier in irgendeiner Form beschwert ist. Solange die Google-Softwareingenieure Porsche oder Mercedes fahren, haben wir kein Problem. Das Geld, das die bei Google verdienen, landet dann wieder bei den deutschen Automobilherstellern.

Zur Frage nach der Rechtfertigung der Besteuerung im Marktstaat hat Herr Professor *Schön* schon das Schlagwort „Äquivalenzprinzip" genannt. Davon halte ich nicht viel. Die Grundidee besteht darin, dass ein ausländisches Unternehmen die Infrastruktur des Quellenstaats nutzt. Aber was ist der Besteuerungsmaßstab? Das Äquivalenzprinzip rechtfertigt nur eine Art Nutzungsgebühr, aber nicht gleich 30 % der Google-Profite. Das Problem besteht hinsichtlich der Bemessungsgrundlage, die niemals so hoch sein kann, wie sich das mancher Staat erträumt.

Das Problem kennen wir auch aus dem deutschen Steuerrecht. Die beschränkte Steuerpflicht hat einen Objektsteuercharakter, was in der Praxis bedeutet, dass der Quellenstaat die Betriebsausgaben am liebsten gar nicht zum Abzug zulassen möchte. Er schaut nur auf die Umsätze. Dann haben wir keine Nettobesteuerung, sondern eine Bruttobesteuerung, die zu einer Übermaßbesteuerung führt. Ich glaube wir sollten es bei der Aufteilung zwischen Körperschaftsteuer und Umsatzsteuer belassen. So haben beide Staaten etwas vom Steueraufkommen. Die Körperschaftsteuer erfasst die Wertschöpfung auf der Angebotsseite, die Marktseite wird über die Umsatzsteuer berücksichtigt.

Nun zum Thema der Überwälzung. Hier sehe ich bei der Digital Services Tax dieselbe Problematik, die Präsident *Trump* mit seinem geplanten Grenzsteuerausgleich hatte. Seine Berater haben ihn rechtzeitig darauf hingewiesen, dass die Einführung einer Border Adjustment Tax auf Importe lediglich bewirkt, dass die Verbraucher bei Walmart mehr für die Produkte bezahlen müssen.

Herr Professor *Dorenkamp* fragte nach den Unternehmensstrukturen. In der Tat verabscheuen es die großen Internetkonzerne, in jedem Land eine eigene Struktur zu haben, die anders tickt. Man versuchte erst, möglichst einheitlich ganz ohne lokale Präsenz auszukommen oder bei minimaler lokaler Präsenz weiterhin direkt über das Internet Verträge abzuschließen. Dann aber reagierte Großbritannien mit der Diverted Profit Tax, auch Australien hat eine Regelung geschaffen, wonach die Vermeidung einer Betriebsstätte eine Steuer auslöst. In dieselbe Richtung geht auch die Änderung von Art. 5 OECD-MA durch das BEPS-Projekt. Vor diesem Hintergrund habe einige Konzerne ihr System umgestellt und in jedem Land eine lokale Präsenz in Gestalt einer Vertriebsbetriebsstätte oder Vertriebstochtergesellschaft geschaffen. Das führt aber nicht dazu, dass der Quellenstaat nunmehr ein hohes Steueraufkommen hat. Nach den OECD-Verrechnungspreisgrundsätzen handelt es sich um funktions- und risikoarme Vertriebseinheiten, also um Routineunternehmen bzw.

einfache „Reseller", denen eine geringe Marge zugeordnet wird. Der Residualgewinn fällt nicht im Quellenstaat, sondern weiterhin im Ansässigkeitsstaat des Entrepreneurs an. Zwar kann sich der Politiker, der die Quellenbesteuerung erzwungen hat, nunmehr damit brüsten, dass er sein Wahlversprechen der Besteuerung der Internetgiganten eingelöst hat. Nüchtern betrachtet handelt es sich aber nur um Symbolpolitik, eine wesentliche Steigerung des Steueraufkommens ist damit nicht verbunden.

Prof. Dr. *Joachim Hennrichs*, Köln

Ich glaube, wir haben bei der Umsatzsteuer gar kein Problem. Herr *Pinkernell* hat uns ja sehr schön die verschiedenen Geschäftsmodelle der digitalen Wirtschaft vorgestellt. Die angebotenen entgeltlichen Leistungen von Amazon, Netflix oder Apple sind allesamt heute schon umsatzsteuerbar. Ein Problem ergibt sich dagegen bei den unentgeltlichen Leistungen an den Verbraucher, wie beispielsweise im Fall von Facebook oder den kostenlosen Leistungen von Google. Hier wird immer gesagt, der Verbraucher zahle mit seinen Daten. Aber wie soll man dies in der Umsatzsteuer einfangen? Was ist hier die Bemessungsgrundlage?

Herr *Pinkernell*, Sie sagen, die Digitalsteuer sei eine indirekte Steuer. Meines Erachtens handelt es sich aber zumindest um eine hybride Steuer. Sie zielt eigentlich auf den Fair Share der Unternehmen. Die Kommission und auch manche Ökonomen sagen, die Digitalsteuer sei nicht überwälzbar. Wenn dem so wäre, wäre es eine verkappte direkte Steuer. Ich glaube aber, sie liegt irgendwo dazwischen. Dies führt mich zu der Frage, ob die EU eigentlich ein freies Steuererfindungsrecht hat und Deutschland einer Maßnahme zustimmen darf, die zu einer uns unbekannten Steuer führt.

Prof. Dr. *Tina Ehrke-Rabel*, Graz

Hinsichtlich der Bewertung der Daten erlaube ich mir den Verweis auf auf die Schriftfassung.

Dr. *Reimar Pinkernell*, Bonn

Also ich vermute, dass diejenigen Monopolisten, die sowieso schon ihre Preissetzungsmacht voll ausgereizt haben, ihre Preise zwecks Überwälzung der Digitalsteuer nicht noch weiter erhöhen können und mit der Steuer endgültig belastet sein könnten. Die anderen Unternehmen könnten dagegen versuchen, ihre Preise zu erhöhen und die Steuer zu überwälzen.

Die Frage nach der Einordnung der Digitalsteuer als direkte oder indirekte Steuer strahlt auch in das deutsche Verfassungsrecht aus. Wenn uns die EU zwingen will, eine „hybride" Steuer einzuführen, die unser Grundgesetz nicht vorsieht, haben wir einen Verfassungskonflikt. Dazu sollte der Professor aber keine Antwort vom Anwalt erwarten, ich bin da auch nicht schlauer als Sie.

Schlusswort von Prof. Dr. *Klaus-Dieter Drüen*, München

Von meiner Seite aus auch den beiden letzten Referenten einen herzlichen Dank. Der Vorstand und der Beirat haben wohl einen Fehler gemacht: Wir hatten – wie berichtet – überlegt, ob wir die Tagung auf drei Tage anlegen. Ihre Referate und die Fragen sowie die letzte abgekürzte Diskussion haben gezeigt, wir hätten noch mehr Zeit auf das Thema der Digitalisierung im Steuerrecht verwenden können. Aber alles hat ein Ende und der eine oder andere hat schon mit den Füßen abgestimmt, so dass wir jetzt zum Ende der Tagung kommen. Ich darf allen, die gekommen sind und bis jetzt ausgeharrt haben, ganz herzlich danken. Unser besonderer Dank gilt Frau *Verhoeven* aus unserer Geschäftsstelle für die bewährte Organisation und Betreuung der Jahrestagung. Weiterhin gilt natürlich der Dank der Gesellschaft ganz herzlich Frau *Hey* und ihrem ganzen, tatkräftig wirkenden Team. Frau *Hey* hat große Teile der Vorbereitung aus der Ferne aus New York auf die Strecke gebracht. Wir haben gestern Abend einen gelungenen Empfang genossen, zu dem die Oberbürgermeisterin und der Landesfinanzminister persönlich gekommen sind. Das wird uns häufig zugesagt, diesmal auch eingehalten. Das ist auch Frau *Hey* zu verdanken, die uns mit ihrem ganzen Team an der Universität zu Köln eine wunderbare Tagung ermöglicht hat. Das Ganze wird noch dadurch getoppt, dass Frau *Hey* überdies auch den Tagungsband herausgeben wird. Alle Fragen, die offen sind, und die Zusammenfassung zur Digitalisierung im Steuerrecht, auf die ich jetzt aus Zeitgründen verzichte, finden Sie in dem Tagungsband, der von Frau *Hey* herausgegeben wird. Ganz herzlichen Dank und auf Wiedersehen im nächsten Jahr in Hamburg.

Resümee

Prof. Dr. *Johanna Hey*

Universität zu Köln

I. Zum Thema der Tagung: Digitalisierung im und des Steuerrechts

Tagungen zur Digitalisierung *im* Recht und zur Digitalisierung *des* Rechts haben Hochkonjunktur, neue Institute und Forschungsstellen zu Fragen von Künstlicher Intelligenz und Recht sprießen aus dem Boden. Das Steuerrecht als Massenfallrecht ist in besonderem Maße prädestiniert für die Automatisierung. Zwar haben Elemente elektronischer Kommunikation, insbesondere die Onlineabgabe von Steuererklärungen, zunächst eher schleichend[1] und punktuell Einzug in das Steuerverfahren genommen, mittlerweile sind sie jedoch fester Bestandteil eines sich etablierenden *E-Governments*[2]. Noch weiter als die Finanzverwaltung ist die private Wirtschaft mit der Digitalisierung steuerlicher Prozesse vorangeschritten. Hier hat sich passend zur modernen Technik der

---

1 Siehe *Bizer*, S. 136, 1950er Jahre: Lochkarten, IT-gestützte Bearbeitung seit 1980er Jahre; Einführung von ELSTER vor rd. 20 Jahren.

2 Siehe *Bizer*, S. 138 ff.; schon früh wissenschaftlich aufgearbeitet von *Roman Seer*, z.B. *Seer*, StbJb. 2004/05, 53 ff.; *Seer*, DStR 2008, 1553 ff.; *Seer*, FR 2012, 1000 ff. und grundlegend *Seer*, StuW 2015, 315 ff.

moderne Name der *Tax Compliance* eingebürgert, die sich elektronischer Datenverarbeitung bedient.

Dabei adressiert *„Digitalisierung im Steuerrecht"* zwei – sich nur teilweise überlappende – Themenbereiche: Zum einen geht es um die steuerliche Erfassung der sich zunehmend digitalisierenden Lebenswirklichkeit und infolgedessen entstehender neuer Wirtschaftsstrukturen[3], zum anderen um die Digitalisierung von Steuervollzug und Steuerbefolgung. Der Schwerpunkt der Kölner Tagung lag eindeutig auf Letzterem, auch wenn materiell-rechtliche Fragen der Besteuerung einer digitalisierten Wirtschaft am Nachmittag des zweiten Tages ebenfalls verhandelt wurden.

Zu leisten war sowohl eine Standortbestimmung durch Analyse des Bestandes vorhandener rechtlicher Rahmenbedingungen als auch ein Vorausdenken zukünftiger Digitalisierungsmöglichkeiten und der sich hieraus ergebenden Chancen und Risiken. Erhellend ist der einleitende Hinweis von *Klaus-Dieter Drüen* auf die Bedeutung der industriellen Revolution im 19. Jahrhundert für die Entwicklung moderner Steuersysteme. Die Auswirkungen der digitalen Revolution könnten sich als noch viel gewaltiger darstellen, nicht nur weil sie territoriale Grenzen vollends sprengt, sondern weil die erste Euphorie über das Potential digitaler Datenerfassung zunehmender Skepsis weicht. Die durch Digitalisierung ermöglichte Sammlung und Nutzung von Daten bedeutet Machtagglomeration und -missbrauchspotential. Das gilt keineswegs nur für die private Wirtschaft, sondern auch für die staatliche Datenherrschaft. Dieses Spannungsverhältnis spiegelt sich in zahlreichen Vorträgen und Diskussionsbeiträgen der Kölner Tagung wider. Auch wenn an der Digitalisierung kein Weg vorbeiführt, ist die Frage notwendiger Grenzen sehr kontrovers diskutiert worden.

II. Vom EDV-Einsatz zur Künstlichen Intelligenz – Zeitenwende?

Deutlich wurde, dass wir eine Zeitenwende erleben. Es geht nicht länger darum, Papier durch Elektronik zu ersetzen, sondern das – freilich nebulöse[4] – Stichwort der „Künstlichen Intelligenz" revolutioniert die Entscheidungsprozesse, auch wenn vieles davon noch Zukunftsmusik ist.

---

3 Siehe hierzu einleitend *Drüen*, S. 1 ff., und *Pinkernell*, S. 336 ff.; sowie *Ehrke-Rabel*, S. 394 ff.
4 „Wieselwort", s. *Bravidor/Lösse*, StuB 2018, 783.

Denn bei aller Digitalisierungseuphorie muss unterschieden werden zwischen dem theoretisch Möglichen und dem realen Einsatz der Digitalisierung, auf der Seite des Staates einerseits, beim Steuerpflichtigen andererseits. Während sich die Finanzverwaltung zum Teil mit der Translation noch schwertut, gehört die Automatisierung von Prozessen in Großunternehmen bereits zum von *Christian Kaeser*[5] anschaulich beschriebenen Alltag. In Konzernsteuerabteilungen werden IT-Systeme zur Verbesserung der *Tax Compliance* individuell auf die Unternehmensbedürfnisse zugeschnitten. In der Breite geht es dagegen um standardisierte Produkte. In jedem Fall wird die Digitalisierung die Berufswelt im Steuerrecht radikal verändern.

Dabei ist Digitalisierung, auch deren Einsatz im Recht, wahrlich keine neuartige Erscheinung. Die Rechtsinformatik entstand, dokumentiert in *Heribert Anzingers* Eingangsreferat[6], bereits in den späten 1960er Jahren, verbunden unter anderem mit dem Namen *Spiros Simitis*[7]. Sie führte freilich lange das Schattendasein einer Exotenmaterie, ließ sich weitgehend ignorieren. Technischer Fortschritt und die Allgegenwärtigkeit der elektronischen Datennutzung lassen dies nicht länger zu. Längst geht es nicht mehr nur um den Einsatz und die Verbesserung von Rechtsdatenbanken als elektronische Nachschlagewerke, sondern um die Automatisierung der Rechtsanwendung selbst, auch wenn wir hier noch ganz am Anfang stehen, was vor allem daran liegt, dass der Rechtssetzungsprozess eine spätere Digitalisierung der Rechtsanwendung bisher nur sehr unvollkommen in den Blick nimmt[8].

III. Querschnittsmaterie von Recht und Informatik

Schon bei der Konzeption der Tagung hatte sich die Frage gestellt, ob (Steuer-)Juristen überhaupt sprachfähig sind, wenn es um die Prozesse der Digitalisierung von Recht geht. *Heribert Anzinger* arbeitet in seinem Eingangsreferat die notwendige Zusammenarbeit zwischen Juristen und Informatikern heraus. Deutlich geworden ist, dass sich die Digitalisierung der Steuerrechtsanwendung nur arbeitsteilig bewältigen lässt. Es geht nicht darum, Steuerjuristen zu Informatikern weiterzubilden, sondern den Austausch zwischen beiden Disziplinen zu ermöglichen und

---

5 *Kaeser*, S. 145 ff.
6 *Anzinger*, S. 15 ff.
7 *Simitis*, Informationskrise des Rechts und der Datenverarbeitung, 1970; *Simitis*, ZSchR NF 91/2 (1972), 437.
8 *Reimer*, S. 104 ff.

Verständnis für die jeweilige Fachlogik zu wecken. So entscheidet eine realistische Vorstellung der Funktionsweise von Algorithmen über die Frage, ob nach wie vor der Mensch – unter Zuhilfenahme der Maschine – Recht anwendet oder ob (zukünftig) der Computer eigenstände Entscheidungen trifft[9]. Ohne diese technische Vorfrage lassen sich juristische Legitimations- und Verantwortungszusammenhänge nicht erörtern. Der Schlagabtausch in der Paneldiskussion am Ende des ersten Tages um die Frage, ob die Maschine subsumiert oder lediglich rechnet, hat dies auf lebhafte Weise untermalt[10]. Damit ist auch deutlich geworden, dass Digitalisierung mehr ist als einfach nur eine neue Technik, sondern Grundfesten der Rechtserzeugung und Rechtsanwendung betrifft.

IV. Digitalisierung – Chance und Risiko

Übereinstimmend wurden die Effizienzpotentiale der Digitalisierung der Steuerverwaltung als große Chance für einen gleichmäßigeren Gesetzesvollzug hervorgehoben[11]. Der Einsatz automatischer Risikomanagementsysteme kann jedenfalls solche Defizite der Rechtsanwendungsgleichheit vermeiden, die auf eine unzureichende Personalausstattung der Finanzverwaltung und hieraus resultierende Verifikationsdefizite zurückzuführen sind, auch wenn es bis dahin, dies ist vielfach deutlich geworden, zunächst noch eines erheblichen Ressourceneinsatzes bedarf, um die erforderlichen digitalen Prozesse aufzusetzen[12].

Das Zauberwort in diesem Zusammenhang lautet *Big Data*. Die Möglichkeit, Muster und Anomalien zu erkennen, wächst, je größer die zur Verfügung stehenden Datenbestände sind, damit aber auch der Anreiz immer mehr Daten zu sammeln und zu verknüpfen. Dies kann einerseits durch direkte Abfrage im Wege eines Informationseingriffs geschehen oder ohne Zutun des Steuerpflichtigen durch Nutzung öffentlich verfügbarer Daten, quasi von ihm unbemerkt.

Damit ist zugleich eine der größten Ängste angesprochen, die mit der Digitalisierung allgemein, aber gerade auch mit der Sammlung digitaler Daten durch den Staat, in unserem Fall durch die Finanzverwaltung, verbunden ist, und zwar der Verlust der Kontrolle über die eigenen Daten. Verfassungsrechtlich schützt das Grundrecht auf informationelle Selbst-

---

9 So *Fettke*, S. 177 f.
10 Siehe *Kaeser, Bitzer*, und *Fettke*, S. 178 ff.
11 Insbesondere die Vorträge von *Drüen*, S. 193 ff.; *Heinemann*, S. 223 ff.
12 Siehe insbesondere *Bizer*, S. 139 f.

bestimmung, freilich im Spannungsverhältnis mit den Entwicklungen auf europäischer Ebene. Rechtsgrundlagen der Datensammlung entspringen zunehmend dem europäischen Sekundärrecht[13]. Damit gehen Kompetenzverschiebungen in Richtung EuGH und EGMR einher, was die u.a. von *Roman Seer* thematisierte Frage aufwirft, ob es hierdurch auch zu Veränderungen des Schutzniveaus kommt[14]. Gleichzeitig wird das nationale Datenschutzrecht vom europäischen Datenschutzrecht überlagert.

V. Digitalisierung in Steuerrechtssetzung, Steuerverwaltung und Steuerrechtsprechung

1. Einfluss der Digitalisierung auf Gesetzgebungsprozesse und Gesetzesinhalte

Auf den ersten Blick betrifft die Digitalisierung die Technik der Besteuerung, ist aber eng mit den Inhalten verwoben. Digitalisierung der Rechtsanwendung setzt digitalisierbares Recht voraus. Viel zitiert wurde *Roman Seers* früher Hinweis auf die Reziprozität von Norm und Vollzug[15]. Vorbedingung einer stärkeren Automatisierung der Finanzverwaltung ist, dass bereits im Gesetzgebungsprozess die „Maschinenlesbarkeit"[16] des Gesetzestextes bedacht wird. Als plakatives Beispiel dafür, wie bedeutsam der Einfluss der digitalen Verfügbarkeit steuerlich relevanter Daten schon heute für die Gesetzesinhalte ist, wurde verschiedentlich auf die aktuelle Grundsteuerdebatte hingewiesen[17]. Der Aufbau der elektronischen Grundstücksdatenbank LANGUSTE[18] wird mit darüber entscheiden, welches Modell einer Grundsteuerreform innerhalb der vom BVerfG gesetzten Frist, d.h. bis zum 31.12.2024[19], vollzugstauglich sein wird. Dabei hatte das BVerfG mit der ungewöhnlichen Übergangsregelung bereits Rücksicht auf die Notwendigkeit der Automatisierung des

---

13 Insbesondere DAC I-VI (RL 2011/16/EU v. 15.2.2011 [DAC 1]; RL 2014/107/ EU v. 9.12.2014 [DAC 2]; RL (EU) 2015/2376 v. 8.12.2015 [DAC 3]; RL (EU) 2016/881 v. 25.5.2016 [DAC 4]; RL (EU) 2016/2258 v. 6.12.2016 [DAC 5]; RL (EU) 2018/822 v. 25.5.2018 [DAC 6]).
14 *Seer*, S. 253 ff.
15 *Seer* in DStJG 31 (2008), S. 6 ff.
16 *Anzinger*, S. 27 ff.
17 *Drüen*, Einführung, S. 8; *Anzinger*, S. 39; Diskussion *Hey*, S. 186.
18 Siehe hierzu die Kleine Anfrage der FDP-Fraktion v. 2.4.2019, BT-Drucks. 19/8910; mit Antwort v. 17.4.2019, BT-Drucks. 19/9538.
19 BVerfG v. 10.4.2018 – 1 BvL 11/14 u.a., BVerfGE 148, 147 Rz. 169.

Grundsteuervollzugs genommen, ein Aspekt, der sich in früheren Entscheidungen nicht findet.

Im Einzelnen sind mögliche Rückwirkungen auf Gesetzesinhalte und -stil noch nicht klar. *Heribert Anzinger* betont, dass der Einsatz von Algorithmen weder den Verzicht auf prinzipienorientierte Rechtssetzung nach sich ziehe noch der Verwendung offener Rechtsbegriffe und der Eröffnung von (prinzipiengeleiteten) Entscheidungsspielräumen entgegenstehe. Nicht abschließend klären ließ sich, ob die Digitalisierung eine Vereinfachung des materiellen Rechts voraussetzt oder sogar im Gegenteil, die Digitalisierung zu noch komplexeren Regeln verleitet[20]. Als Beispiel wurde die Zinsvorschrift des § 233a AO angeführt, deren Komplexität stets bemängelt wurde, die sich aber – so *Johann Bizer*[21] – automatisiert verhältnismäßig einfach erfassen lasse. *Rudolf Mellinghoff* hält dagegen, dass die Programmierbarkeit extrem komplizierter Steuergesetze dem Bestimmtheitsgrundsatz und der Verständlichkeit des Rechts nicht genüge[22]. Vor allem Normen, deren Anwendung komplizierte Rechenschritte erfordern – wie dies etwa auch für die Gliederungsrechnung des früheren Körperschaftsteueranrechnungsverfahrens galt – bleiben rechtsstaatlich bedenklich, auch wenn ein Computer diese Aufgaben übernehmen kann. *Klaus-Dieter Drüen* sieht zudem in der Komplexität des materiellen Rechts Grenzen des Einsatzes digitaler Risikomanagementsysteme[23].

Einigkeit bestand, dass die Übersetzung in Algorithmen rechtsstaatliche Verständlichkeit nicht ersetzt und an die Stelle des parlamentarischen Gesetzgebers nicht der Programmierer treten dürfe[24], auch wenn *Christian Waldhoff* und *Ekkehart Reimer* zu den Rechtsfragen eines Nebeneinanders unterschiedlicher Fassungen – Sprachfassung und mathematische Formel – interessante Parallelen zum Internationalen Steuerrecht anstellen.

In der realen Gesetzgebungspraxis hat die Digitalisierung bisher keinen erkennbaren Einzug gehalten. Selbst als Hilfstechnik, etwa um Begriffsgleichlauf zu gewährleisten, Fehlverweisungen zu vermeiden oder Gesetzestexte zwecks späterer Evaluation zu markieren, fehlt es bisher an einer

---

20 Dazu z.B. *Drüen*, S. 8 ff.; *Anzinger*, S. 39; *Reimer*, S. 106 ff., und die Diskussionsbeiträge von *Hey*, S. 132; *G. Kirchhof*, S. 239.
21 Hierzu *Bizer*, S. 137.
22 *Mellinghoff*, S. 306 f.
23 *Drüen*, S. 218.
24 *Waldhoff*, S. 69; ebenso *Mellinghoff*, S. 304 ff.

Kultur einer „*Legislative Tech*", obwohl hier erhebliches Potential der Verbesserung der Gesetzesqualität liegt[25]. Dies gilt auch für die Gesetzesfolgenabschätzung, obwohl gerade hier der Nutzung großer elektronisch verfügbarer Datenpools entscheidende Erkenntnisfortschritte versprechen.

Schwer auszumachen ist, wie sich die Digitalisierung auf den demokratischen Willensbildungsprozess auswirkt. Klassischerweise wird im Steuerrecht der Einfluss der gesetzesvorbereitenden Ministerialbürokratie einerseits, privatwirtschaftlicher Lobbygruppen andererseits auf den parlamentarischen Willensbildungsprozess problematisiert. Digitalisierung macht diesen Prozess transparenter, aber auch erratischer, weil in großer Geschwindigkeit ein öffentlicher Diskurs entsteht, dessen Einfluss auf Gesetzgebungsverfahren sich nur schwer prognostizieren lässt. Die seit jeher unerfüllte Forderung der Steuerrechtswissenschaft nach rationaler Steuergesetzgebung dürfte sich unter diesen neuen Bedingungen eher noch schwerer tun, jedenfalls dort wo es um breitenwirksame, vermeintlich allgemein verständliche Fragen von Fairness geht wie bei der Besteuerung international und digital agierender Verbrauchsgüterkonzerne.

2. Einfluss der Digitalisierung auf den Gesetzesvollzug

In der Digitalisierung des Steuervollzugs liegt eine große Chance nicht nur der Kostenreduktion, sondern auch der Gleichmäßigkeit des Vollzugs und damit der Effektuierung des Gebots der Rechtsanwendungsgleichheit. Die Steuerrechtsanwendung kann richtiger, und damit stärker am Ideal von § 85 AO ausgerichtet werden[26].

Einerseits erlaubt der IT-Einsatz die Bündelung von Entscheidungen, andererseits führt er zu Zentralisierung. *Christian Waldhoff* hebt das Spannungsverhältnis einer IT-bedingten Gleichschaltung des Vollzugs der Länder mit der Grundkonzeption des verfassungsrechtlichen Fiskalföderalismus hervor. Der tradierte Streit um Vor- und Nachteile einer Bundessteuerverwaltung könnte sich durch die Hintertür des Art. 91c GG weitgehend erledigen[27]. Ist Ausgangspunkt ein in Kooperation von Bund und Ländern einheitlich konzipiertes Computerprogramm für den Vollzug

---

25 *Anzinger*, S. 34; auch *Hey*, StuW 2019, 3 (17 f.).
26 Siehe *Heinemann*, S. 224, insbesondere im Hinblick auf die digitale Betriebsprüfung.
27 Siehe hierzu auch den Wortbeitrag von *Kempny*, S. 93.

einheitlich auf Bundesebene geregelter Steuern, bleiben landesspezifische Modifikationen zwar möglich, sind indes umso fragwürdiger.

Der Alltag der Steuerverwaltung ist mit ELSTER, ELStAM und E-Bilanz längst digital, auch wenn E-Bilanz und Taxonomie nach wie vor auf Widerstand der betroffenen Unternehmen stoßen, weil dem beträchtlichen Erstellungsaufwand kein erkennbarer Nutzen gegenübersteht. Die E-Bilanz ist damit, auch wenn das Verfahren nach den praktischen Erfahrungen von *Hartmut Schwab*[28] inzwischen etabliert ist, ein Beispiel dafür, dass die Möglichkeiten elektronischer Datensammlung zweckgerecht auf das zur Ermittlung des Steuertatbestandes begrenzt werden muss.

Eher temporär dürften die derzeitigen Unterschiede des Automatisierungsgrades zwischen den relativ einfachen Massenverfahren der Lohnsteuer und der bisher wenig IT-standardisierten Vorgehensweise im Bereich der Unternehmensbesteuerung sein, wenn man bedenkt, wie intensiv derzeit Großunternehmen die Digitalisierung ihrer *Tax-Compliance-Systeme* vorantreiben. Schon jetzt deuten sich in der Sachverhaltserfassung der Betriebsprüfung durch den Einsatz spezieller Suchprogramme in den Datenbeständen der Unternehmen erhebliche Effizienzgewinne an (*Peter Heinemann*). Nicht nur Prüfungstiefe und -dichte könnte auf diese Weise verbessert werden, im Interesse der Steuerpflichtigen ist vor allem der Zeitgewinn effektiverer Prüfungen.

Elektronik ersetzt nicht nur Papier, sondern verändert die Nutzung der erklärten Daten durch die Finanzverwaltung. Das Modernisierungsgesetz von 2016 hat die rechtlichen Grundlagen eines finanzbehördlichen Risikomanagements geschaffen, damit aber zugleich bisher ungeklärte Probleme der Kontrolle der verwendeten Algorithmen. Ob autonomes Fahren oder autonomes Verwalten – überall stellt sich die Frage nach dem Umgang mit Fehlern, nach Zurechnung[29] und Haftung. Interessant ist dabei das Verhältnis von Mensch und Maschine. Insbesondere beim weiteren Fortschreiten von *Predictive Analytics* stellen sich verfassungsrechtliche, aber auch ethische Fragen. Derzeit steckt in der Maschine noch das gebündelte Erfahrungswissen der Beamten der Finanzverwaltung sowie der gerichtlichen Entscheidungspraxis[30]. Das Computerprogramm ist menschengemacht und entscheidet nach menschlicher Vorgabe, legt das

---

28 *Schwab*, S. 158.
29 Dazu auch *Waldhoff*, S. 64.
30 *Mellinghoff*, S. 303 ff.

Steuergesetz also nicht autonom aus. Doch dies könnte sich ändern. *Klaus-Dieter Drüen* sieht – ganz unabhängig von den technischen Möglichkeiten – zu Recht verfassungsrechtliche Grenzen einer Vollautomatisierung des Steuervollzugs. Doch bedeutet das auch, dass der Finanzbeamte stets Letztentscheider ist? Darf er vom programmierten Verwaltungsvollzug ohne weiteres abweichen?

Von ganz besonderer Bedeutung für die Akzeptanz des digitalen Gesetzesvollzugs sind die von *Rudolf Mellinghoff* diskutierten Möglichkeiten (gerichtlicher) Kontrolle der Automatisierung. Dazu müssen jedenfalls in Gerichtsverfahren die von der Finanzverwaltung genutzten Algorithmen offengelegt werden. Das computergenerierte Vollzugsergebnis trägt keine Richtigkeitsvermutung in sich, sondern ist in gleicher Weise voll überprüfbar wie herkömmliche Verwaltungsentscheidungen. Gegenstand der gerichtlichen Überprüfung wird ohnehin nicht primär das einen Steuertatbestand umsetzende Computerprogramm sein, sondern ob der Steuertatbestand erfüllt ist. Anders kann dies sein, wenn weitergehende finanzbehördliche Ermittlungen eingeleitet werden, nachdem der Computer (fälschlicherweise) angeschlagen hat, ohne dass der Steuerpflichtige sich etwas hat zuschulden kommen lassen.

Noch nicht ausreichend genutzt ist das Potential zur Verbesserung der Servicefunktionen der Finanzverwaltung gegenüber dem Bürger. Digitalisierung darf nicht allein nach innen wirken, sondern muss auch genutzt werden, um den Steuerpflichtigen die Befolgung ihrer steuergesetzlichen Pflichten zu erleichtern. Den Gedanken der dienstleistungsorientierten Finanzverwaltung hat *Johann Bizer* in den Mittelpunkt seines Vortrags gestellt[31]. *Hartmut Schwabs* Bericht über den Alltag der Digitalisierung in einer mittelständischen Steuerberatungskanzlei unterstreicht diese Forderung[32]. Vereinfachend – so *Bizer*[33] – können Datenverknüpfungen zwischen unterschiedlichen Stellen der öffentlichen Verwaltung wirken, doch wird an dieser Stelle die Ambivalenz der allseitigen Verfügbarkeit einmal gegenüber dem Staat offenbarter Daten und die Bedeutung des bisher durch das Steuergeheimnis des § 30 AO gewährleisteten steuerlichen Datenschutzes deutlich.

---

31 *Bizer*, S. 138 ff.
32 *Schwab*, S. 167.
33 *Bizer*, S. 139.

Die Rasanz, mit der, insbesondere infolge der Europäisierung des Datenschutzrechts, die Rechtsgrundlagen auch des steuerlichen Datenschutzes anschwellen, ist in *Roman Seers* Referat plastisch geworden. Er stellt dem gläsernen Steuerpflichtigen die „gläserne Finanzverwaltung" gegenüber. In eine ähnliche Richtung geht *Rudolf Melllinghoffs* Forderung eines unmittelbaren Zugriffs auf die Datenbestände der Finanzverwaltung in Gerichtsverfahren[34], die es dem Gericht ermöglichen würden, die Daten selbst zu analysieren. Hier scheint aber noch ein erhebliches Umdenken erforderlich. Deutschland fällt, was die Transparenz der Finanzverwaltung gegenüber dem Steuerpflichten angeht, im internationalen Vergleich deutlich zurück[35].

Nur in Teilen kommt die Digitalisierung der Finanzverwaltung auch schon den Steuerpflichtigen zugute. Die Möglichkeit des Zugriffs auf bereits vorhandene, insbesondere von Dritten gemeldete Daten im Rahmen der vorausgefüllten Steuererklärung ist eine erhebliche Vereinfachung. Von der Möglichkeit, in die eigene elektronische Steuerakte umfassend Einsicht nehmen zu können, ist man jedoch trotz ELSTER-Steuerkontenabfrage zu offenen Beträgen, geleisteten Zahlungen und Sollstellungen noch entfernt.

Die Abgabenordnung befindet sich in einer Art Zwischenwelt, kennt einerseits noch die Denkmuster der Postlaufzeiten, muss parallel hierzu aber den Anforderungen elektronischer Informationsübermittlung Rechnung tragen. Von erheblicher praktischer Relevanz sind die nach wie vor bestehenden Medienbrüche zwischen Papier- und elektronischen Belegen.

Ungeachtet des erheblichen Verbesserungspotentials der elektronischen Kommunikation zwischen Finanzverwaltung und Steuerpflichtigen, ist die Digitalisierung aus dem Steuerberatungsalltag nicht mehr hinwegzudenken. Sie ist nicht nur Arbeitserleichterung, sondern dient vor allem in der Fehlervermeidung. Hier stellen sich Fragen von Haftung und Verschulden bis hin zur Verwirklichung von Ordnungswidrigkeits- und Straftatbeständen, wenn Steuerpflichtige nicht alles unternehmen, was technisch möglich ist.

---

34 *Mellinghoff*, S. 312.
35 Siehe *Basaran/Hey* (Hrsg.), Tax Transparency, EATLP 2019.

VI. Digitalisierung der Wirtschaft und materielles Steuerrecht

Die Beiträge von *Reimar Pinkernell* und *Tina Ehrke-Rabel* verlassen die Auswirkungen der Digitalisierung auf Rechtserzeugung und Rechtsanwendung und wenden sich in Querschnittsbetrachtungen zentralen Herausforderungen der Digitalisierung für das materielle Steuerrecht zu, wobei sie sehr viel mehr sind als bloße Überblicksaufsätze.

Das Kernproblem liegt darin, dass erst die Digitalisierung eine Globalisierung ermöglicht, in der sich territoriale Anknüpfungspunkte als Voraussetzung staatlicher Eingriffe auflösen und wirtschaftliche Prozesse immer schwerer beobachtbar werden[36]. Hieraus folgert *Christian Waldhoff*[37] neuartige verfassungsrechtliche Fragestellungen, indem er die Begrenztheit des Leistungsfähigkeitsprinzips in einer durch Digitalisierung entgrenzten Welt betont. Der Versuch der Problemlösung durch europäische Harmonisierung führt überdies zu Kompetenzverschiebungen und im Zweifel zu einer Abschwächung steuerverfassungsrechtlicher Gewährleistungen. Die Maßstabsbildung durch deutsches Verfassungsrecht wird aber zusätzlich durch ein Voranschreiten internationaler Kooperation jenseits europäischer Harmonisierung in Frage gestellt.

Dabei geht es einerseits um spezifische Rechtsfragen der Digitalwirtschaft. *Tina Ehrke-Rabel* postuliert für das Umsatzsteuerrecht zu Recht ein Gebot der Medienneutralität[38]. Das Umsatzsteuerrecht dürfe nicht zwischen digital und auf herkömmliche Weise erbrachten Leistungen differenzieren. Mit ihren Überlegungen zur umsatzsteuerlichen Behandlung der *Block-Chain-Technologie* zeigt sie zugleich, dass Digitalisierung ganz neue Arten von Austauschbeziehungen hervorbringt.

Andererseits ist deutlich geworden, dass sich die spezifischen materiellrechtlichen Steuerfragen der Digitalisierung nicht auf einzelne Digitalunternehmen oder einzelne Wirtschaftszweige begrenzen lassen, denn die Digitalisierung hat die gesamte Wirtschaft erfasst; die flächendeckende Datennutzung ist längst entscheidender Faktor im Wertschöpfungsprozess auch der traditionellen (Konsum-)Güterindustrie. Deshalb werden sich auch stärker bestimmungslandorientierte Aufteilungsmaßstäbe nicht auf die Digitalwirtschaft beschränken lassen. Diese Erkenntnis und ihre weitreichenden Konsequenzen setzen sich allmählich in der Diskus-

---

36 *Ehrke-Rabel*, S. 401.
37 *Waldhoff*, S. 82 ff.
38 *Ehrke-Rabel*, S. 372 ff.

sion um die Zukunft des Internationalen Steuerrechts in einem Zeitalter der Globalisierung durch Digitalisierung durch[39]. In ihren jüngsten Vorschlägen begrenzt nun auch die OECD ihre Vorschläge für eine stärkere Aufkommensbeteiligung der Marktstaaten nicht mehr auf die Digitalwirtschaft[40].

Staatlichen Begehrlichkeiten, die Daten als neues Besteuerungsgut etablieren und die Datenschürfung zum Anknüpfungspunkt der Besteuerung machen wollen, erteilt *Reimar Pinkernell* eine recht deutliche Absage; er spart nicht an Kritik an den EU-Vorschlägen einer Digitalsteuer. Sie sei kaum administrierbar und lasse sich als Zwitter zwischen Ertragsteuer und Verbrauchsteuer nur schwer mit bestehendem Doppelbesteuerungs- und Unionsrecht vereinbaren. Statt neue Steuern zu erfinden, könnte eine Lösung – dies ist in der Aussprache deutlich geworden[41] – in neuen Ansätzen im Umsatzsteuerrecht liegen, wenn es gelingt, die Hingabe von Daten als Entgelt im Rahmen tauschähnlicher Vorgänge zu werten. Dies würde andere Aufkommenszuordnungen im Bereich der Plattformökonomie und der sog. *Sharing Economy* ermöglichen.

VII. Zukunftsperspektiven und Forschungsagenda Digitalisierung im Steuerrecht

Der Versuch, das Phänomen der Digitalisierung im Steuerrecht, in seiner ganzen Breite zu erfassen, konnte nicht viel mehr leisten als eine Draufschau und eine Abschichtung der technischen Fragen von den rechtlichen. Zugleich kann eine solche Tagung nur eine Momentaufnahme sein. Insbesondere der Einsatz der vielbeschworenen Künstlichen Intelligenz und selbstlernender Systeme ist in der Breite noch Zukunftsmusik.

Vor allem in den Beiträgen aus der Praxis der Finanzverwaltung, Beraterschaft und unternehmerischer *Tax Compliance* lässt sich erahnen, dass die Digitalisierung den steuerlichen Berufsalltag komplett verändern wird. Dies wird sich auch in der Ausbildung niederschlagen müssen. Andererseits werden sich bei aller Digitalisierungseuphorie die Rechtsfragen der Besteuerung auch in Zukunft nicht von selbst lösen. Universitäre

---

39 Zu diesen Zusammenhängen *Waldhoff*, S. 81.
40 OECD, Programme of Work to Develop a Consensus Solution to the Tax Challenges Arising from the Digitalisation of the Economy, 31.5.2019, S. 5 Rz. 2.
41 Siehe *Schön*, S. 422; *Seer*, S. 424 *Ehrke-Rabel*, S. 424.

Steuerrechtsausbildung mit der Betonung von Methodik wird damit eher wichtiger denn obsolet.

Erheblicher Forschungsbedarf besteht hinsichtlich der Rückwirkungen der Digitalisierung des Steuervollzugs auf das materielle Steuerrecht. Kann die Digitalisierung die Forderung nach Vereinfachung stützen? Welche Komplexität kann durch Digitalisierung aufgelöst werden, welche Komplexität verhindert den Einsatz von Digitalisierung? Scheitert die Digitalisierung eher am unbestimmten Rechtsbegriff[42] oder an komplexen Regelungsstrukturen? Lässt sich ein § 33 EStG digitalisieren? Eine Zinsschranke? Die Forderung nach Vereinfachung des Steuerrechts hatte immer verschiedene Aspekte: Effizienz des Vollzugs als Ausfluss der Verhältnismäßigkeit des Grundrechtseingriffs einerseits, Vorhersehbarkeit des Steuereingriffs als Gebot der Rechtstaatlichkeit andererseits. Sie bekommt durch die Digitalisierung eine weitere Dimension.

Die 43. Jahrestagung der Deutschen Steuerjuristischen Gesellschaft war um eine erste Systematisierung der Phänomene der Digitalisierung im Steuerrecht bemüht. Vieles davon ist längst Verwaltungsalltag, auch wenn der tatsächliche Durchdringungsgrad innerhalb der öffentlichen (Finanz)verwaltung noch weit hinter den Möglichkeiten der Digitalisierung zurückbleibt. Die Modernisierung der Finanzverwaltung mag im Gesetz angekommen sein, in die Amtsstuben ist der volldigitale Steuervollzug, der Finanzbeamten *und* Steuerpflichtigen die Pflichterfüllung erleichtert, jedoch noch nicht eingezogen. Die Steuererklärung per App, wie sie in manchen anderen Staaten schon längst Realität ist, steht noch nicht unmittelbar bevor. Wichtig erscheint, dass die erheblichen Anstrengungen, derer es für eine umfassende Digitalisierung des Steuervollzugs bedarf, konsequent auch im Interesse der Steuerpflichtigen genutzt werden. Ebenso wichtig ist, dass diese Phase genutzt wird, um einen funktionstüchtigen steuerlichen Datenschutz zu etablieren. Parallel muss die Debatte der Methodenfragen fortgesetzt werden, die das Zusammenspiel zwischen menschlichen und maschinellen Entscheidungsträgern zum Gegenstand hat.

Ungelöst sind die materiell-rechtlichen Fragen der Digitalisierung im Umsatzsteuerrecht ebenso wie in der Ertragsbesteuerung und Internationalen Steuerrecht. Die Debatte ist in vollem Gange. Das jüngst veröffentlichte Arbeitsprogramm der OECD zur Besteuerung der Digital-

---

42 Zu automatisationsgeeigneten Rechtsvorschriften auch *Anzinger*, S. 33, 37.

wirtschaft[43] enthält lediglich eine Konkretisierung der Probleme und ihrer möglichen Lösungen, aber noch keinen Durchbruch einer konsensfähigen Anpassung der internationalen Steuerrechtsordnung an die durch die Digitalisierung beflügelte Globalisierung. Es ist absehbar, dass sich die Gesellschaft in nicht allzu ferner Zukunft diesen Themen erneut wird widmen müssen.

---

43 OECD, Programme of Work to Develop a Consensus Solution to the Tax Challenges Arising from the Digitalisation of the Economy, 31.5.2019.

Laudatio

aus Anlass der Verleihung des Albert-Hensel-Preises 2018
an Frau Dr. *Lisa Riedel* und Frau Prof. Dr. *Christine Osterloh-Konrad*

Prof. Dr. *Tina Ehrke-Rabel*
Karl-Franzens-Universität Graz

Dieses Jahr hatte die Kommission für die Auswahl des Preisträgers für den Albert Hensel Preis wieder zu tun. Insgesamt wurden elf Arbeiten eingereicht, zehn Dissertationsschriften und eine Habilitationsschrift. Wir sind, wie jedes Jahr, in zwei Schritten vorgegangen. Zunächst haben Herr *Kube*, Herr *Hennrichs* und ich aus den eingereichten elf Arbeiten jene ausgewählt, die in die engere Wahl kommen sollten. Dies ist uns, wie jedes Jahr, nicht leichtgefallen: Das Spektrum der Themen spannte sich von verfassungsrechtlichen Themen über unionsrechtliche Themen zu Steuergrundsatzfragen, Fragen des Steuerstrafrechts und zu Themen des einfachen Steuerrechts. Nach langen Diskussionen haben wir schließlich den engeren Kreis der uns besonders würdigenswert erscheinenden Arbeiten ausgewählt. Da eine von Herrn *Hennrichs* betreute Arbeit in diesen Kreis fiel, wurde die Endauswahl ohne Herrn *Hennrichs*, jedoch mit Herrn *Englisch* getroffen.

Wir haben uns dieses Jahr entschieden, zwei Arbeiten zu prämieren. Es war nicht leicht, unter all den interessanten Arbeiten nur jene zwei auszuwählen, die wir jedenfalls *jedem* Steuerrechtler, sei er Wissenschafter oder Praktiker, ans Herz legen wollen. Wir haben uns für die Dissertation von *Lisa Riedel* „Das Umwandlungssteuerrecht der Mitunternehmerschaft – Eine Analyse der § 6 Abs. 5 EStG, § 24 UmwStG und der Realteilung anhand der Prinzipien der Umwandlungs- und Unternehmensbesteuerung" und für die Habilitationsschrift von *Christine Osterloh-Konrad* „Die Steuerumgehung – Eine rechtsvergleichende und rechtstheoretische Analyse" entschieden.

Lisa Riedel

Zur Arbeit von Frau *Riedel* will ich mir heute erlauben, eine Passage aus dem Geleitwort von Herrn *Schön* und Herrn *Hüttemann* zur Publikationsfassung wörtlich zu zitieren: „Das Umwandlungssteuerrecht der Mitunternehmerschaft ist – anders als es die konzise Formulierung des Titels der Arbeit von *Lisa Riedel* vermuten lässt – keineswegs ein systematisch entstandenes und gedanklich widerspruchsfreies Gebiet. Weder § 24 UmwStG noch die auf §§ 6 Abs. 5 und 16 EStG verstreuten Anordnungen haben das Sachproblem auf eine verlässliche Grundlage stellen können. Bis heute sind Wissenschaft und Praxis mit einem eigenartigen Miteinander aus punktuellen Gesetzesnormen, tradierten Verwaltungsgrundsätzen und nicht immer kohärenten Rechtsprechungstendenzen konfrontiert."

Einen Ansatz zu mehr Kohärenz bietet diese Arbeit.

In einer umfassenden Einführung in die Grundprinzipien des Ertragsteuerrechts und des Umwandlungssteuerrechts misst Frau *Riedel* dem Markteinkommensprinzip und dem daraus abgeleiteten Kontinuitätsprinzip „als besonderes Besteuerungsprinzip des Umwandlungsrechts", das die Durchbrechung des Individualsteuerprinzips rechtfertigt, entscheidende Bedeutung bei. Danach ist für die Beurteilung von Umwandlungsvorgängen der Mitunternehmerschaften das Betriebsverständnis der Mitunternehmerschaft essentiell. Gleich zu Beginn der Arbeit macht *Lisa Riedel* deutlich, dass sie sich der Auffassung anschließt, die sowohl der Gesellschaft den Gesamthandsbetrieb als auch den Gesellschaftern jeweils eigene Sonderbetriebe zuweist.

In den nachfolgenden Kapiteln werden die Buchwertfortführung nach § 6 Abs. 5 EStG, die Einbringung nach § 24 UmwStG und die Realteilung anhand der Prinzipien der Mitunternehmer- und der Umwandlungsbesteuerung beurteilt. Bereits in diesen Kapiteln setzt sich die Verfasserin sehr kritisch mit den jeweiligen Konzepten auseinander und vertritt stets am Ende eine eigene pointierte Meinung.

Die zusammenfassende Kritik im vorletzten Kapitel der Arbeit spannt den Bogen über alle Teilbereiche. *Lisa Riedels* konzise Analyse zeigt, dass die unterschiedlichen Normen, die für Umwandlungsvorgänge bei Mitunternehmerschaften einschlägig sind, von unterschiedlichen Betriebskonzepten ausgehen. Dies ist hält *Lisa Riedel* zu Recht für nicht befriedigend, weil der Betriebsbegriff Fragen der Gewinnrealisierung beeinflusst und daher ausschlaggebend für die Umwandlungsbesteuerung ist. Sie plädiert daher für ein einheitliches Betriebsverständnis bei Mitunternehmerschaften in Hinblick auf Fragen der Gewinnrealisierung im Allgemeinen und für die Umwandlungsbesteuerung im Besonderen. Was die Rechtsnatur der Umwandlungsvorgänge anbelangt, kritisiert *Lisa Riedel*, dass die Realteilung tatbestandlich überwiegend als Betriebsaufgabe der Gesellschaft angesehen wird. Dies widerspreche dem Grundgedanken des Umwandlungssteuerrechts, das von einer Veräußerung durch den übertragenden Rechtsträger und einer Anschaffung durch den übernehmenden Rechtsträger ausgehe. Bei Betrachtung der Personengesellschaft als partielles Steuersubjekt im Umwandlungssteuerrecht könne die Rechtsnatur von § 6 Abs. 5 EStG bei Gewährung oder Minderung von Gesellschaftsrechten leicht als Tauschvorgang, im unentgeltlichen Fall als Entnahme qualifiziert werden. Diese Unterscheidung kommt de lege lata aber in § 6 Abs. 5 Satz 3 EStG nicht zum Ausdruck.

Zur Schaffung eines homogenen Umwandlungssteuerrechts regt die Verfasserin auch an, den Übertragungsgegenstand einheitlich zu definieren und nur einzelne Wirtschaftsgüter, welche die Qualität einer wesentlichen Betriebsgrundlage aufweisen, und betriebliche Sachgesamtheiten steuerlich zu begünstigen. Wahlrechte in der Bewertung sollten nicht nur der Personengesellschaft, sondern auch dem Einbringenden gewährt werden.

Dem Umwandlungssteuerrecht der Mitunternehmerschaften attestiert *Lisa Riedel* schließlich auch hinsichtlich der Rechtsfolgen bei Gewährung einer weiteren sonstigen Gegenleistung das Erscheinungsbild eines Flickenteppichs. Ihrer Ansicht nach wäre die Differenzierung zwischen offenen und verdeckten Sacheinlagen zielführender als die Unterscheidung zwischen der Umstrukturierung betrieblicher Sachgesamtheiten und einzelnen Wirtschaftsgütern.

Die Reformvorschläge bestehen in zwei Gesetzesvorschlägen für eine Änderung des § 24 UmwStG (Konzentration) und der Realteilung (Dekonzentration), die beide vor dem Hintergrund der im Laufe der Arbeit stetig geübten Kritik an dem bestehenden System erläutert werden.

Die Arbeit leistet einen wichtigen Beitrag zum Verständnis und zur Weiterentwicklung des Umwandlungssteuerrechts der Personengesellschaften und ist daher jedem ans Herz zu legen. Auch dem österreichischen Leser wird diese Arbeit (trotz nicht völlig gleichlautender Rechtslage) wertvolle neue Erkenntnisse bringen!

Herzlichen Glückwunsch Frau *Riedel*!

Christine Osterloh-Konrad

Ihnen allen als Lektüre ans Herz legen wollen wir außerdem die Habilitationsschrift von *Christine Osterloh-Konrad*. „Die Steuerumgehung – Eine rechtsvergleichende und rechtstheoretische Analyse" ist in Zeiten von BEPS, ATAD-Richtlinie und Ausweitung von Meldepflichten sog.

„aggressiver Steuergestaltungen" über die Grenze (und in manchen Staaten auch innerhalb der Grenzen) ein brandaktuelles Thema. Sie ist aber auch ein Dauerbrenner. Seit es Recht gibt, gibt es auch die Umgehung. Der Mensch ist ein Spieler – das kommt auch an manchen Stellen der Arbeit zum Ausdruck – und daher verleitet, seine Verhältnisse für ihn bestmöglich zu ordnen. Das ist ihm auch nicht verboten. In diesem Sinn „startet" die Arbeit auch mit dem Hinweis auf die Gestaltungsfreiheit auf der einen und den Gestaltungsmissbrauch auf der anderen Seite. So, ich zitiere wörtlich, „setzt sich die vorliegende Arbeit zum Ziel, ein Verständnis der Steuerumgehung und der Reaktionen des Steuerrechts auf dieses Phänomen zu entwickeln, das viele der bestehenden Unklarheiten beseitigen soll. Auf Basis der Annahme, dass aus der Gegenüberstellung für sich genommen unangreifbarer (Wert-)Aussagen (Rechtssicherheit, Besteuerungsgleichheit, …) kein weiterer Erkenntnisgewinn zu erwarten ist, geht sie (die Arbeit) der Frage nach, wie die Diskussion um die Grenzziehung zwischen legitimer Steuerplanung und illegitimem Gestaltungsmissbrauch auf andere Weise vorangebracht werden kann."

Nach einer Einführung in das Thema, die auch die internationalen Entwicklungen der letzten Jahre in den Blick nimmt, nähert sich *Christine Osterloh-Konrad* dem Problem der Steuerumgehung mit einer breit angelegten rechtsvergleichenden Analyse. Dafür hat sie die Steuersysteme Frankreichs, Deutschlands, der USA und Großbritanniens gewählt, die sie mit bemerkenswerter Sachkunde sehr instruktiv darstellt. Bereits die Auswahl der verglichenen Länder ist geschickt getroffen und spannend, stehen doch Deutschland und Frankreich auf dem Fundament eines Civil Law Systems mit völlig unterschiedlichen Rechtstraditionen. Dem stehen die USA und Großbritannien gegenüber, die als Common Law Systeme die Steuerumgehung als Konzept zunächst den Gerichten überlassen haben. Anders als die USA, die substanzorientiert verschiedene „Doktrinen" entwickelt haben, hat Großbritannien bald mit einer Fülle spezieller Antimissbrauchsbestimmungen reagiert und schließlich (vor ein paar Jahren) selbst eine generelle Anti-Missbrauchsvorschrift verabschiedet.

Die Arbeit beschränkt sich nicht auf eine rechtsvergleichende Analyse (die schon für sich sehr spannend ist), sondern löst sich in ihrem zweiten Teil von den konkreten Steuersystemen und nimmt, wie *Christine Osterloh-Konrad* es nennt, „eine systemexterne Perspektive ein." Diese Perspektive wird von einem ökonomischen Blick eingeleitet, der einen straffen Überblick über die ökonomischen Modelle der Steuerumgehung (allen voran das Modell von *Allingham/Sandmo*) gibt und damit dem Juristen den Blick darauf eröffnet, dass die Steuerumgehung auch als ein „Spiel" gesehen werden kann. *Christine Osterloh-Konrad* findet schließlich ihre Inspiration für weitere Überlegungen in der Untersuchung des US-amerikanischen Rechtstheoretikers *Frederick Schauer* „Playing by the Rules: A Philosophical Examination of Rule-Based Decision-Making in Law and Life". Vor dem Hintergrund dieser Untersuchung nähert sie sich dem Problem der Steuerumgehung auf einer von einer konkreten Rechtsordnung zunächst losgelösten Ebene und entführt in die Grundsatzfragen der Steuermethodenlehre: Was macht den Unterschied zwischen Regeln und Prinzipien aus? Die Steuerumgehung sieht sie schließlich als Problem regelbasierten Entscheidens. Zur belastenden Analogie im Steuerrecht ist sie nuanciert: Für mich völlig überzeugend legt *Christine Osterloh-Konrad* dar, dass die Frage der Analogie im Steuerrecht angesichts der nicht gleichrangigen Akteure nicht völlig gleich wie im Zivilrecht gesehen werden kann. Ich lege Ihnen die Lektüre dieser rechtsmethodischen Fragen sehr ans Herz!

Schlussendlich gelangt *Christine Osterloh-Konrad* zu dem Ergebnis, dass es sich bei der Steuerumgehung um ein Optimierungsproblem handelt, in dem es drei Akteure gibt: den Steuerpflichtigen, die Abgabenverwaltung und die Gerichtsbarkeit. In einem letzten Teil kehrt sie zu § 42 AO zurück, den sie vor dem Hintergrund der Ergebnisse aus dem Rechtsvergleich und aus der systemexternen Perspektive beurteilt.

Wie es so ist in Bereichen, die sich außerhalb des konkreten materiellen Steuerrechts bewegen, kann es weder de lege lata noch de lege ferenda ein Schwarz-Weiß-Ergebnis geben. Der Österreicher würde für die Lösung sagen „Es kommt darauf an …". Genau das ist aber, m.E. zu Recht, auch das Ergebnis von *Christine Osterloh-Konrad*. Eine Aufgabe eines allgemeinen Steuerumgehungsverbots zugunsten ausschließlich spezieller Anti-Missbrauchsvorschriften hält sie mit guten Gründen für den falschen Ansatz. Ihr Zugang relativiert auch das Spannungsfeld zwischen Innen- und Außentheorie insofern, als sie überzeugend darlegt, dass die Entscheidung des Gesetzgebers, außersteuerliche Gründe für die Rechtfertigung einer Gestaltung als erlaubt zuzulassen, eine zulässige Einengung des allgemeinen Umgehungsbegriffs ist (Anm: die ihn auch praktikabel macht). Aus den Rechtsvergleichen nimmt sie für Deutschland vor allem die Anregung mit, die Entscheidung über das Vorliegen einer Umgehung vielleicht von den Gerichten weg zu einer unabhängigen (paritätisch besetzten) Kommission nach französischem und englischen Vorbild zu lenken.

Ich könnte noch lange weitersprechen und auf viele Details eingehen, die mich zum Nachdenken angeregt, in meinen eigenen Gedanken zu dem Thema bestärkt und vielleicht auch an mancher Stelle meinen Widerstand geregt haben. Ich schließe aber hier mit dem Befund, dass diese Arbeit so ist, wie ich mir eine Habilitationsschrift vorstelle: Grundlegend und voll von neuen Gedanken, die zum Weiterdenken anregen. Diese Arbeit wird dazu beitragen, dass Wissenschaft und Praxis das Phänomen der Steuerumgehung besser fassen und besser damit arbeiten können.

Herzlichen Glückwunsch, Frau *Osterloh-Konrad*!

Deutsche Steuerjuristische Gesellschaft e.V.

Satzung i.d.F. v. 9.9.2013 (Auszug)[1]

§ 2 Vereinszweck

Der Verein verfolgt ausschließlich und unmittelbar gemeinnützige Zwecke im Sinne des Abschnitts „Steuerbegünstigte Zwecke" der Abgabenordnung. Der Verein hat den Zweck,

a) die steuerrechtliche Forschung und Lehre und die Umsetzung steuerwissenschaftlicher Erkenntnisse in der Praxis zu fördern;

b) auf eine angemessene Berücksichtigung des Steuerrechts im Hochschulunterricht und in staatlichen und akademischen Prüfungen hinzuwirken;

c) Ausbildungsrichtlinien und Berufsbilder für die juristischen Tätigkeiten im Bereich des Steuerwesens zu entwickeln;

d) in wichtigen Fällen zu Fragen des Steuerrechts, insbesondere zu Gesetzgebungsvorhaben, öffentlich oder durch Eingaben Stellung zu nehmen;

e) das Gespräch zwischen den in der Gesetzgebung, in der Verwaltung, in der Gerichtsbarkeit, im freien Beruf und in der Forschung und Lehre tätigen Steuerjuristen zu fördern;

f) die Zusammenarbeit mit allen im Steuerwesen tätigen Personen und Institutionen zu pflegen.

Der Verein ist selbstlos tätig; er verfolgt nicht in erster Linie eigenwirtschaftliche Zwecke.

Mittel des Vereins dürfen nur für die satzungsmäßigen Zwecke verwendet werden. Die Mitglieder erhalten keine Zuwendungen aus Vereinsmitteln. Es dürfen keine Personen durch zweckfremde Ausgaben oder durch unverhältnismäßig hohe Vergütungen begünstigt werden.

§ 3 Mitgliedschaft

(1) Mitglied kann jeder Jurist werden, der sich in Forschung, Lehre oder Praxis mit dem Steuerrecht befasst.

(2) Andere Personen, Vereinigungen und Körperschaften können fördernde Mitglieder werden. Sie haben kein Stimm- und Wahlrecht.

(3) Die Mitgliedschaft wird dadurch erworben, dass der Beitritt zur Gesellschaft schriftlich erklärt wird und der Vorstand die Aufnahme als Mitglied bestätigt.

---

1 Sitz der Gesellschaft ist Köln (§ 1 Abs. 2 der Satzung). Geschäftsstelle: Gustav-Heinemann-Ufer 58, 50968 Köln.

(4) Die Mitgliedschaft endet durch

a) Austrittserklärung zum Schluss des Geschäftsjahres unter Einhaltung einer Frist von drei Monaten;

b) Wegfall der in Abs. 1 für die Aufnahme als Mitglied genannten Voraussetzungen;

c) Ausschluss durch die Mitgliederversammlung;

d) Ausschluss durch Beschluss des Vorstands, wenn ein Mitglied seinen Beitrag für drei aufeinanderfolgende Jahre nicht gezahlt hat; der Beschluss bedarf keiner Ankündigung und keiner Mitteilung, wenn das Mitglied der Gesellschaft eine Adressänderung nicht angezeigt hat und seine Anschrift der Gesellschaft nicht bekannt ist.

(5) Der Mitgliedsbeitrag ist am 1. April des jeweiligen Jahres fällig. Tritt ein Mitglied während eines Jahres der Gesellschaft bei, ist der volle Beitrag nach Ablauf eines Monats nach Erwerb der Mitgliedschaft gem. Abs. 3 fällig.

(6) Der Vorstand kann rückständige Mitgliedsbeiträge erlassen, wenn deren Einziehung unbillig oder der für die Einziehung erforderliche Aufwand unverhältnismäßig hoch wäre.

Vorstand und Wissenschaftlicher Beirat der Deutschen Steuerjuristischen Gesellschaft e.V.

Vorstand

Prof. Dr. *Klaus-Dieter Drüen* (Vorsitzender); Präsident des Bundesfinanzhofs Prof. Dr. h.c. *Rudolf Mellinghoff* (stellv. Vorsitzender); Prof. Dr. Dr. h.c. *Michael Lang*; Ministerialdirigent Dr. *Rolf Möhlenbrock*; Verlagsleiter Prof. Dr. *Felix C. Hey* (Schatzmeister und Leiter der Geschäftsstelle); *Charlotte Schwenk* (Schriftführerin).

Wissenschaftlicher Beirat

Prof. Dr. *Rainer Hüttemann* (Vorsitzender); Prof. Dr. *Johanna Hey* (stellv. Vorsitzende); Prof. Dr. *Markus Achatz*; Prof. Dr. *Heribert M. Anzinger*; Rechtsanwältin Dr. *Stefanie Beinert*; Richter am Bundesfinanzhof Dr. *Peter Brandis*; Ltd. Ministerialrat Dr. *Stefan Breinersdorfer*; Rechtsanwalt Prof. Dr. *Axel Cordewener*, LL.M.; Rechtsanwalt Prof. Dr. *Christian Dorenkamp*, LL.M.; Prof. Dr. *Klaus-Dieter Drüen*; Prof. Dr. *Tina Ehrke-Rabel*; Prof. Dr. *Joachim Englisch*; Dr. *Wolfgang Haas*; Präsident der Bundesfinanzakademie Dr. *Robert Heller*; Prof. Dr. *Joachim Hennrichs*; Vors. Richter am Bundesfinanzhof Prof. Dr. *Bernd Heuermann*; Verlagsleiter Prof. Dr. *Felix C. Hey*; Prof. Dr. *Roland Ismer*; Vors. Richterin am Bundesfinanzhof Prof. Dr. *Monika Jachmann-Michel*; Prof. Dr. *Gregor Kirchhof*; Rechtsanwalt Dr. *Martin Klein*; Prof. Dr. Dr. *Juliane Kokott*; Ministerialdirigent *Martin Kreienbaum*; Prof. Dr. *Marcel Krumm*; Prof. Dr. *Hanno Kube*, LL.M.; Prof. Dr. Dr. h.c. *Michael Lang*; Prof. Dr. *Moris Lehner*; Richter am Bundesfinanzhof Prof. Dr. *Matthias Loose*; Prof. Dr. *René Matteotti*; Präsident des Bundesfinanzhof Prof. Dr. h.c. *Rudolf Mellinghoff*; Ministerialdirigent Dr. *Hans-Ulrich Misera*; Ministerialdirigent Dr. *Rolf Möhlenbrock*; Ministerialdirigent a.D. *Gert Müller-Gatermann*; Prof. Dr. *Andreas Musil*; Rechtsanwalt und Steuerberater Dr. *Jürgen Pelka*; Ministerialdirektor a.D. Dr. *Albert Peters*; Rechtsanwalt und Steuerberater Dr. *Dirk Pohl*; Prof. Dr. *Ekkehart Reimer*; Ministerialdirigent *Eckehard Schmidt*; Prof. Dr. Dr. h.c. *Wolfgang Schön*; Rechtsanwalt Dr. *Jens Schönfeld*; *Charlotte Schwenk*; Prof. Dr. *Roman Seer*; Prof. Dr. *Madeleine Simonek*; Präsident des Finanzgerichts Berlin-Brandenburg Prof. Dr. *Thomas Stapperfend*; Prof. Dr. *Christian Waldhoff*; Rechtsanwalt, Wirtschaftsprüfer und Steuerberater Dr. *Thomas Weckerle*,

LL.M.; Vorsitzender Richter am Bundesfinanzhof *Michael Wendt*; Prof. Dr. *Rainer Wernsmann*; Hofrat Prof. Dr. *Nikolaus Zorn*.

Ehrenmitglieder

Universitätsprofessor (em.) Dr. *Klaus Tipke*, Köln

Teilnehmerverzeichnis

Aufgrund der Vorgaben der Datenschutz-Grundverordnung der Europäischen Union wird ein Teilnehmerverzeichnis hier nicht abgedruckt.

Stichwortverzeichnis

Verfasserin: Dipl.-Kauffrau Dr. *Ursula Roth-Caspari*